中国标准化年鉴

STANDARDIZATION YEARBOOK OF CHINA

2016

SAC

国家标准化管理委员会　组织编纂

中国标准出版社

北　京

图书在版编目(CIP)数据

中国标准化年鉴.2016/国家标准化管理委员会组织编纂.—北京:中国标准出版社,2016.12
ISBN 978-7-5066-8520-7

Ⅰ.①中… Ⅱ.①国… Ⅲ.①标准化-中国-2016-年鉴
Ⅳ.①G307.72-54

中国版本图书馆 CIP 数据核字（2016）第 305532 号

中国标准出版社出版发行
北京市朝阳区和平里西街甲 2 号(100029)
北京市西城区三里河北街 16 号(100045)

网址:www.spc.net.cn
总编室:(010)68533533 发行中心:(010)51780238
读者服务部:(010)68523946

中国标准出版社秦皇岛印刷厂印刷
各地新华书店经销

*

开本 880×1230 1/16 印张 27 字数 882 千字
2016 年 12 月第一版 2016 年 12 月第一次印刷

*

定价 300.00 元

《中国标准化年鉴》编辑委员会

《中国标准化年鉴》办公室

《中国标准化年鉴》编辑部

编辑说明

2015 年，标准化工作改革全面启动，标准化事业发展进入一个新的历史阶段。党和国家对标准化的关心和重视前所未有，国务院出台了《深化标准化工作改革方案》等 5 份文件，批准建立国务院标准化协调推进部际联席会议制度。在国务院标准化主管部门，各部门、各行业、各地区的共同努力下，我国标准化工作取得了显著成绩。为记录历史，启迪未来，国家标准化管理委员会(以下简称:国家标准委)决定自 2016 年开始编纂出版《中国标准化年鉴》(以下简称:《年鉴》)，每年出版一卷。

一、《年鉴》编辑委员会主任委员由国家标准委主任、党组书记担任，副主任委员由国家标准委其他党组成员担任，委员由国家标准委各部门主要负责人担任，主编、副主编分别由国家标准委办公室负责人担任。

二、《年鉴》主要篇目包括:图片、大事记、特载、文献、专文、国家标准化管理委员会工作、行业主管部门标准化工作、地方标准化工作、全国专业标准化技术委员会工作、索引，主要记述 2015 年全国标准化事业的发展和成就。

三、《年鉴》收录的图片、大事记、特载、文献、专文，除署名者外，均由国家标准委办公室提供。国家标准化管理委员会工作由国家标准委各部门、京区标准化单位提供，行业主管部门标准化工作由国务院有关行政主管部门提供，地方标准化工作由各地质量技术监督局(市场监督管理部门)提供，全国专业标准化技术委员会工作由全国各专业标准化技术委员会提供。

四、行业主管部门标准化工作编排以国务院机构序列为序，地方标准化工作编排以全国行政区划序列为序，全国专业标准化技术委员会工作编排以全国各专业标准化技术委员会编号为序。

五、《年鉴》中提及的国务院机构，均依据《国务院办公厅秘书局关于印发国务院机构简称的通知》采用简称。

六、在《年鉴》组稿、编辑、出版过程中，各供稿单位给予了大力支持、积极配合和有力指导，一些国内享有盛誉的企业和单位对《年鉴》给予了较大的帮助。在此，一并表示衷心的感谢！诚请广大读者对《年鉴》编写、出版中的疏漏、错误之处给予批评、指正。

《中国标准化年鉴》办公室
《中国标准化年鉴》编辑部
2016 年 12 月

7月2日，国务院标准化协调推进部际联席会议第一次全体会议在北京召开，国务委员王勇出席会议并讲话

12月30日，国务院标准化协调推进部际联席会议第二次全体会议在北京召开，国务委员王勇出席会议并讲话

3月30日，质检总局局长支树平出席全国标准化工作会议并讲话

8月18日，质检总局局长支树平赴中国标准化协会调研标准化工作

11月5日，质检总局党组成员、国家标准委主任田世宏在陕西出席农业标准化20周年成果展

11月19日，质检总局党组成员、国家标准委主任田世宏在海尔集团调研标准化工作

3月20日，国家标准委副主任于欣丽参加国务院政策例行吹风会，介绍《深化标准化工作改革方案》情况

12月16日，国家标准委副主任殷明汉出席首届中德智能制造工业4.0发展与标准化交流会

8月3日，时任国家标准委纪检组长郭辉赴中国航天科工集团第二研究院调研标准化工作

7月2日，国家标准委副主任崔钢赴四川徽记食品股份有限公司调研厂务公开民主管理标准化建设工作情况

12月14日，国家标准委纪检组长贾科主持召开国家标准委2015年党建工作述职考评会

12月2日，国家标准委总工程师谷保中赴国家标准委标准信息中心调研

9月16日，新任国际标准化组织（ISO）主席、中国标准化专家张晓刚，在韩国承办的第38届国际标准化组织大会上发表讲话

3月30日，全国标准化工作会议在北京召开

5月15日，国家标准委举办“三严三实”专题党课

7月17日，质检总局、国家标准委在北京召开《中华人民共和国标准化法》修订工作座谈会

11月6日，标准联通“一带一路”国际合作交流会在陕西西安召开

5月4日，国家标准委在北京举行“话改革、谋发展”青年座谈会

10月14日，2015世界标准日中国宣传周主题活动在北京举行

5月27—28日，2015年中德标准化合作委员会会议在四川成都召开

目录

专 文 87

国家标准化管理委员会工作 97

行业主管部门标准化工作 135

大 事 记

1月

1 日　Δ　中国专家张晓刚正式就任国际标准化组织(ISO)主席,任职时间为 2015 年 1 月 1 日至 2017 年 12 月 31 日。

13 日　Δ　质检总局党组成员、国家标准委主任田世宏到中国航天科技集团调研,就航天标准体系建设工作与国防科工局、中国航天科技集团领导、专家座谈。国家标准委总工程师殷明汉参加调研。国防科工局副局长吴艳华、中国航天科技集团副总经理徐强、总工程师李锋等出席座谈会。

22 日　Δ　中国国务院总理李克强在瑞士苏黎世会见国际电信联盟(ITU)秘书长赵厚麟。李克强表示 ITU 作为联合国负责信息通信事务的专门机构,在世界发展进程、全球信息通信领域特别是标准设定方面发挥着重要作用。中国政府重视同国际组织合作,愿支持赵厚麟和 ITU 工作,为利用信息通信促进全球经济社会可持续发展作出贡献。中国是全球拥有最多互联网用户和手机用户的国家,但信息通信基础设施还处于世界较落后水准。希望赵厚麟作为在国际组织工作的中国籍高级职员,在履行好职责的同时,关心中国发展,促进中国信息通信技术和标准的良好发展。赵厚麟介绍 ITU 情况,表示将推动 ITU 同中国全方位合作。

Δ　是日至 23 日,国家标准委在深圳召开区域标准化研究中心交流会。质检总局党组成员、国家标准委主任田世宏出席会议并讲话。国家标准委副主任于欣丽、纪检组长郭辉参加会议。内蒙古、吉林、上海、广东、广西、宁夏、深圳、厦门 8 省(区、市)质监局(市场监管部门)、标准化院有关负责同志参加会议。

30 日　Δ　国家标准委在北京组织召开 2015 年农业标准化工作联席会议。会议总结和交流各涉农部门 2014 年农业标准化工作成绩,重点研究 2015 年农业标准化工作思路和措施,并达成诸多共识。国家标准委副主任于欣丽出席会议并讲话。中央农村工作领导小组办公室、发展改革委、水利部、农业部、商务部、质检总局、林业局、气象局、粮食局、烟草局、中华全国供销合作总社以及有关单位、直属标准化技术委员会派员参加会议。

是月,企业产品标准信息公共服务平台开通。平台开通运行后,企业可通过互联网自主发布企业产品标准信息,向消费者公开承诺自己的产品质量。

2月

4 日　Δ　质检总局党组成员、国家标准委主任田世宏到中国航空综合技术研究所调研标准化工作。田世宏参观考察所展室、标准验证实验室,观看标准数字化系统演示,听取中国航空综合技术研究所的有关工作汇报。

6 日　Δ　中德电动汽车标准化技术交流会在北京召开。会上,中德双方专家代表分别就电动汽车与智能电网互动等进行交流。中国国家质检总局党组成员、中国国家标准化管理委员会主任田世宏出席会议并致辞,强调要深化中德标准化技术合作,用标准引领电动汽车技术持续创新,推动电动汽车产业更好发展。

11 日　Δ　国务院总理李克强主持召开国务院常务会议。会议指出,必须深化改革,优化标准体系,完善标准管理,改变目前一些方面存在的标准管理“软”、标准体系“乱”和标准水平“低”的状况,促进提升产品和服务竞争力,激发市场活力,推进经济提质增效升级。会议确定,一是完善标准化法规制度，开展标准实施效果评价，强化监督检查和行政执法，严肃查处违法违规行为，让标准成为对质量的“硬约束”。二是全面清理和修订现行国家、行业、地方标准，整合现行各级强制性标准，建立统一的强制性国家标准，逐步缩减推荐性标准，推动向公益类标准过渡。三是鼓励学会、协会、商会和产业技术联盟等制定发布团体标准；允许企业自主制定实施产品和服务标准，建立企业标准自我声明公开制度。四是提高标准国际化水平，放宽外资企业参与中国标准制定工作，为中国制造走出去提供“通行证”。

Δ　第一届食品安全国家标准审评委员会第十一次主任会议在北京召开。会议传达国务院食品安全委员会第二次全体会议精神，部署2015年标准工作。卫生计生委主任、食品安全国家标准审评委员会主任委员李斌出席会议并讲话。卫生计生委副主任、食品安全国家标准审评委员会常务副主任委员金小桃主持会议。

13日　Δ　全国知识管理标准化技术委员会成立大会暨第一次全体委员会会议在北京举行。知识产权局局长申长雨，质检总局党组成员、国家标准委主任田世宏出席会议并致辞。

3月

2日　Δ　国际标准化组织ISO/IEC正式发布文件，中国主导的IEEE 1888《泛在绿色社区控制网络标准》通过ISO/IEC最后一轮投票，成为全球能源互联网产业首个ISO/IEC国际标准。

6日　Δ　首都标准化委员会在北京召开第三次全体会议。会议总结2014年实施首都标准化战略进展情况，审议通过2015年北京市标准化工作要点。首都标准化委员会主任、北京副市长戴均良，首都标准化委员会第一副主任、国家标准委副主任于欣丽出席会议并讲话。首都标准化委员会常务副主任、北京市政府副秘书长戴卫主持会议。天津市市场监管委、河北省质监局和北京市相关委办局委员出席会议。

11日　Δ　国务院印发《深化标准化工作改革方案》（以下简称：《方案》），部署改革标准体系和标准化管理体制，改进标准制定工作机制，强化标准的实施与监督，更好发挥标准化在推进国家治理体系和治理能力现代化中的基础性、战略性作用，促进经济持续健康发展和社会全面进步。《方案》提出改革的总体目标：建立政府主导制定的标准与市场自主制定的标准协同发展、协调配套的新型标准体系，健全统一协调、运行高效、政府与市场共治的标准化管理体制，形成标准化工作新格局，有效支撑统一市场体系建设，让标准成为对质量的“硬约束”，推动中国经济迈向中高端水平。

Δ　中国国家质检总局党组成员、中国国家标准化管理委员会主任田世宏在北京会见来访的国际标准化组织（ISO）秘书长罗博·斯蒂尔。双方就ISO学术研究工作、出版中文版ISO标准、杂志和宣传手册、ISO与中国联合开展国际标准化人才培训培养、互派工作人员和ISO标准销售等事宜交换意见。双方就续签国际标准化人才合作培训协议、筹备2016年第39届ISO大会等多项具体工作达成共识。罗博·斯蒂尔对中国承担ISO/TC154秘书处的工作表示赞赏，并希望中国更加深入参与旅游国际标准制定的相关活动。中国国家标准化管理委员会副主任于欣丽参加会谈。

Δ　国际标准化组织（ISO）秘书长罗博·斯蒂尔应邀在北京举办“国际标准化发展趋势和战略”讲座，中国国家质检总局局长支树平、副局长陈钢，中国国家质检总局党组成员、中国国家标准化管理委员会主任田世宏出席。

17日　Δ　国家标准委组织召开企业产品标准自我声明公开制度试点工作会议。会议采用网络视频会议形式召集上海、浙江、福建、山东、重庆、深圳、成都等7省、市标准化工作负责人以及代码中心有关工作人员研究企业产品标准自我声明公开制度试点工作。国家标准委副主任崔钢参加会议并讲话。

Δ 是日至18日，国际标准化组织（ISO）第97次理事会会议在瑞士日内瓦召开。中国国家质检总局党组成员、中国国家标准化管理委员会主任田世宏作为ISO常任理事国中国代表出席会议。

理事会会议前后，田世宏于3月16日率团访问瑞士标准化协会，于19日至23日率团访问意大利国家标准化机构，并赴沙特访问海合会标准化组织和沙特标准计量质量局，深入探讨共同感兴趣的合作项目。访问期间，签署《中国国家标准化管理委员会与瑞士标准化协会合作协议》《中国国家标准化管理委员会（SAC）与意大利国家标准化协会（UNI）谅解备忘录2015—2017年度行动计划》和《中华人民共和国国家标准化管理委员会与海湾阿拉伯国家合作委员会标准化组织谅解备忘录》，并就继续加强双边及国际标准化领域合作达成共识。

20日 Δ 国家新闻办举行国务院政策例行吹风会，国家标准委副主任于欣丽介绍《深化标准化工作改革方案》有关情况，并回答记者提问。

24日 Δ 国务院办公厅印发《关于加强节能标准化工作的意见》（以下简称：《意见》），全面部署进一步加强节能标准化工作。《意见》要求创新节能标准化管理机制，健全节能标准体系，强化节能标准实施与监督，有效支撑国家节能减排和产业结构升级，更好发挥标准化在生态文明建设中的基础性作用。《意见》提出探索能效标杆转化机制，将能效“领跑者”指标纳入强制性终端用能产品能效标准和行业能耗限额标准指标体系；完善标准体系，实施百项能效标准推进工程，形成覆盖工业、能源、建筑、交通、公共机构等重点领域的节能标准体系；推动节能标准国际化，扩大节能技术、产品和服务国际市场份额。

25日 Δ 是日至26日，由中国主办的国际标准化组织/信息技术技术委员会/国际自动识别与数据采集技术分技术委员会条码工作组会议（ISO/IEC JTC1/SC31/WG1）在北京召开。中国派7名专家参会，中国代表团提出的《汉信码》国际标准提案受到与会专家重视，并得到美国、德国、日本、英国等国支持。

27日 Δ 国家标准委在北京组织召开《物流标准化中长期发展规划（2015—2020年）》（送审稿）研讨会。来自发展改革委、商务部、工业和信息化部、公安部、中国物流与采购联合会等10余个部门相关负责人参加会议，国家标准委副主任崔钢出席会议并讲话。

30日 Δ 2015年全国标准化工作会议在北京召开。质检总局局长支树平、科技部副部长侯建国、工业和信息化部副部长怀进鹏、商务部副部长房爱卿出席会议并讲话。质检总局党组成员、国家标准委主任田世宏作题为《深化改革　服务发展　努力开启标准化事业发展新征程》工作报告。中国标准化专家委员会专家，国务院有关部委、行业协会、集团公司相关负责人，国家认监委、质检总局各司局及有关直属挂靠单位、在京部分行业标准化研究机构主要负责人，各省、自治区、直辖市及新疆生产建设兵团质量技术监督局（市场监督管理部门）负责标准化工作的同志参加会议。

31日 Δ 国家标准委组织参加2015年全国标准化工作会议的地方代表，召开地方标准化工作座谈会。国家标准委主任田世宏参加座谈会并讲话，要求各地方标准化主管部门要在深化标准化工作改革中发挥作用。

Δ 铁路局在北京组织召开铁路技术标准工作座谈会。会议回顾铁路技术标准发展成就，分析新常态下铁路技术标准发展面临的形势和任务，研究探讨当前及“十三五”铁路技术标准发展目标和工作任务，动员各方力量和资源，加快推进中国铁路技术标准体系建设，更好服务于经济社会和铁路改革发展大局。70余家单位、140多名代表参加会议。

Δ 卫生计生委在北京召开食品安全国家标准整合中期工作会议。会议通报2014年食品安全国家标准整合工作情况，布置2015年整合工作要求。2015年标准整合项目承担单位代表、食品安全国家标准审评委员会秘书处相关人员等140余人参加会议。

4月

8日 Δ 中国国家质检总局党组成员、中国国家标准化管理委员会主任田世宏在北京会见欧洲标准化代表团。双方就续签合作协议、欧洲标准化驻华专家项目、国际标准化合作以及采用欧洲标准等议题交换意见，并就下一步合作重点达成共识。中国国家标准化管理委员会副主任于欣丽参加会谈。

9日 Δ 中国国家质检总局党组成员、中国国家标准化管理委员会主任田世宏在北京会见英国标准化协会标准总裁斯科特·斯蒂德曼一行。双方就中英标准互认、人员交流与培训、成立中英标准化合作委员会、国际标准化合作及城市间标准化合作等议题进行交流，并就下一步合作重点达成共识。

Δ 中国航天科技集团公司召开标准化工程工作会。会议总结集团公司标准化一期工程工作，部署推进二期工程任务，对航天标准化一期工程先进集体及个人进行表彰。中国航天标准化与产品保证研究院、一院、五院、八院在会上做经验交流发言。国家标准委总工程师殷明汉，中国航天科技集团公司董事长、党组书记雷凡培等参加会议。

10日 Δ 新闻出版广电总局批准发布《绿色印刷 术语》《绿色印刷 通用技术要求与评价方法 第1部分：平版印刷》《绿色印刷 产品抽样方法及测试部位确定原则》《绿色印刷 产品合格判定准则 第1部分：阅读类印刷品》等4项行业标准，标志着中国绿色印刷自我声明认证工作进入实质性阶段。

11日 Δ 是日至16日，泛美标准委员会2015年大会在墨西哥首都墨西哥城召开。中国国家标准化管理委员会副主任于欣丽率中国代表团参加会议。代表团就进一步加强双方在标准化领域合作进行探讨，与美国、加拿大、巴西、阿根廷、哥斯达黎加等国举行双边会谈并达成共识。

16日 Δ 质检总局党组成员、国家标准委主任田世宏在北京会见台湾华聚基金会董事长陈瑞隆一行。双方肯定两岸在标准、计量、认证认可及检验等领域合作成果，并就相互关心的推动两岸共通标准深入合作以及加快两岸相关检测认证合作等问题交换意见。

Δ 国家标准委在北京组织召开行政审批标准化建设研讨会。会议讨论行政审批标准化建设原则、总体要求、服务窗口建设、审批事项管理等并提出建议。国家标准委副主任崔钢出席会议并讲话。

Δ 国家标准委就如何落实《中共中央国务院关于深化体制机制改革加快实施创新驱动发展战略的若干意见》在北京召开座谈会。国家标准委副主任崔钢出席会议并讲话。

26日 Δ 质检总局党组成员、国家标准委主任田世宏在广西北海调研国家珍珠产业综合标准化示范区项目。田世宏指出可探索挖掘标准化支撑引领作用，进一步拓宽北海南珠产业链，推进珍珠质量监管标准化和信息化建设，高标准、高质量地辐射发展相关养殖、商贸、旅游等产业，打响北海南珠品牌，实现科学发展。

27日 Δ 是日至29日，全国人大财经委员会副主任委员乌日图率调研组到上海、广东就《中华人民共和国标准化法》（修改）重点议案开展立法调研。

Δ 两化融合管理体系贯标工作会议暨成果展在北京召开。会议总结2014年工作，部署2015年贯标重点工作。工业和信息化部部长苗圩作题为《坚持创新引领确保本质贯标努力开创两化融合管理体系贯标工作新局面》的主题报告。工业和信息化部副部长怀进鹏主持会议。国家标准委总工程师殷明汉、中国企业联合会常务副会长李德成出席会议并致辞。

Δ 是日至28日，全国物品编码工作会议在广西南宁召开。质检总局党组成员、国家标准委主任田世宏出席会议并讲话。

28日 Δ 国务院总理李克强主持召开国务院常务会议，确定加快成品油质量升级措施，推动大气污染治理和企业技术升级。

30日 Δ 国家标准委批准下达2015年第1批国家标准制修订计划245项，其中制定标准144项、修订标准101项；强制性标准9项、推荐性标准233项、指导性技术文件3项。

5月

4日 Δ 国家标准委在北京举行“话改革、谋发展”青年座谈会，研讨标准化事业的改革发展。质检总局党组成员、国家标准委主任田世宏出席座谈会并讲话。国家标准委纪检组长郭辉、副主任崔钢出席座谈会。

Δ 是日至8日，第38届太平洋地区标准大会(PASC)及第51届PASC执委会(PASC/EC)会议在印度新德里举行。中国国家标准化管理委员会总工程师殷明汉率中国代表团参会。会议讨论PASC未来5年发展战略和目标，提出PASC发展愿景，制定重点发展目标，提议启动“PASC标准化优先行动计划”。PASC成员、国际标准化组织、区域标准化组织等80余名代表参会。期间，殷明汉率中国代表团与印度标准局局长M. J. 约瑟夫就加强中印两国标准化合作在印度新德里举行会谈。双方就尽快签署两国标准化合作协议，推动标准化工作更好服务两国经贸关系发展达成共识。

Δ 浙江省人民政府办公厅印发《浙江省企业产品标准备案管理办法(2015年修订)》。

8日 Δ 国家标准委批准发布第五阶段乙醇汽油、生物柴油和普通柴油国家标准，启动第六阶段成品油系列国家标准制修订工作。

12日 Δ 中国国家质检总局党组成员、中国国家标准化管理委员会主任田世宏在北京会见来访的新加坡标准、生产力与创新局(SPRING)首席执行官陈开河。双方就ISO新加坡办公室、签署合作协议、中新城市间标准化合作和东盟国家标准化官员研修班等议题交换意见并达成共识。

Δ 国家标准委在北京召开座谈会，就《中国标准创新贡献奖管理办法》修订草案以及如何改进提升中国标准创新贡献奖评选征求意见建议。国家标准委副主任于欣丽、崔钢出席会议。

13日 Δ 北京市委常委会审议通过《关于加强城市管理与服务标准化建设的意见》。

15日 Δ 东盟国家标准化官员研修班在中国常州开班。来自新加坡、印尼、柬埔寨、东帝汶、巴基斯坦和斯里兰卡等6个国家16名标准化官员和专家参加研修班活动。中国国家标准化管理委员会副主任于欣丽出席开班式并向参训代表介绍中国标准化概况及中国标准化改革。

18日 Δ 以“低碳、循环、智慧”为主题的京津冀生态环境协同发展高端会议在河北廊坊召开。河北省省长张庆伟，质检总局党组成员、国家标准委主任田世宏出席会议并讲话。

Δ 是日至22日，中国国家标准化管理委员会与国际标准化组织(ISO)在瑞士日内瓦合作举办ISO秘书周活动。

19日 Δ 企业产品和服务标准自我声明公开和监督制度建设试点工作第二次会议在北京召开。会议通报试点工作主要进展，了解试点省市工作推进情况，研讨解决一些突出困难和问题。国家标准委副主任崔钢出席会议并讲话。上海、浙江、福建、山东、重庆、深圳、成都、江苏、安徽、贵州、西藏、西安等省(区)市质监部门标准化方面负责人以及国家代码中心有关负责人参加会议。

20日 Δ 国际标准化组织饲料机械技术委员会(ISO/TC293)成立大会在江苏扬州举行。江苏省人民政府副省长徐南平,质检总局党组成员、国家标准委主任田世宏,国际标准化组织主席张晓刚出席并讲话。国内外300余名代表参加会议。

Δ 国际标准组织(ISO/IEC)在比利时布鲁塞尔召开物联网标准化(WG10)大会。新成立的WG10物联网标准工作组将同步转移中国主导的物联网体系架构国际标准项目(ISO/IEC 30141),并由中国无锡物联网产业研究院专家继续担任该体系架构项目组主编辑。

21日 Δ 北京市召开质量大会。北京市市长王安顺、质检总局副局长吴清海出席会议并讲话。国际标准化组织主席张晓刚、国际电工委员会副主席舒印彪被聘为首都标准化委员会专家顾问。

22日 Δ 海洋局在北京组织召开《深化标准化工作改革方案》宣贯会,研究海洋领域贯彻落实标准化工作改革的措施方案。海洋局副局长陈连增、国家标准委副主任于欣丽出席会议并讲话。

Δ 国家技术标准创新基地(华南中心)筹建启动会议在广西南宁召开。国家标准委副主任崔钢出席并讲话。

Δ 甘肃省人民政府办公厅印发《甘肃省标准化发展战略纲要实施方案(2015—2020年)》。

26日 Δ 国家标准委批准发布中国第一部专门针对婴幼儿及儿童纺织产品的强制性国家标准GB 31701—2015《婴幼儿及儿童纺织产品安全技术规范》。

27日 Δ 国家标准委举办GB/T 32000—2015《美丽乡村建设指南》国家标准发布会。质检总局党组成员、国家标准委主任田世宏出席会议并讲话,国家标准委副主任于欣丽主持会议。农业部有关负责人介绍农业系统美丽乡村建设工作情况,浙江省质量技术监督局、浙江省安吉县的有关负责人分别介绍浙江省和安吉县美丽乡村标准化试点情况。

Δ 是日至28日,2015年中德标准化合作委员会会议在四川成都召开。中国国家标准化管理委员会副主任殷明汉和德国联邦经济与能源部创新与信息技术司主管司长约翰·杨森共同主持会议。来自中国商务部、工业和信息化部、科技部、质检总局,德国联邦经济与能源部、德国国家标准化机构以及两国相关行业协会、科研机构和企业的110余名代表参加会议。

28日 Δ 国际标准化组织(ISO)技术管理局通过决议批准中方提议,正式成立ISO竹藤技术委员会,秘书处由中国承担。

6月

1日 Δ 国务院同意建立国务院标准化协调推进部际联席会议制度。国务委员王勇任召集人,质检总局局长支树平、国务院副秘书长江泽林任副召集人。联席会议由39个部门和单位组成,质检总局(国家标准委)为牵头单位。

Δ 国际标准化组织中医药技术委员会(ISO/TC249)第6次年会在北京召开。卫生计生委副主任、中医药局局长王国强,国家标准委副主任于欣丽,ISO/TC249主席大卫·格拉汉姆出席会议并讲话。国内外近300名代表参加会议。会议投票并通过TC名称和工作范围,相关结果报ISO/TNA批准。

8日 Δ 中国国家质检总局党组成员、中国国家标准化管理委员会主任田世宏在北京会见来访的美国国家标准机构(ANSI)主席兼首席执行官乔·巴提亚。双方就培育发展团体标准、建立中美标准化合作机制以及进一步加强国际标准化合作等议题交换意见并达成共识。

Δ 是日至27日，中国国家标准化管理委员会在江苏常州举办俄罗斯、中亚国家标准化官员研修班。来自俄罗斯、吉尔吉斯斯坦、哈萨克斯坦、乌兹别克斯坦、亚美尼亚和蒙古等6个国家17名标准化官员和专家参加研修班活动。中国国家标准化管理委员会副主任于欣丽出席研修班并向参训代表介绍中国标准化概况及中国标准化改革。

9日 Δ 中国国家标准化管理委员会副主任于欣丽在北京会见来访的沙特标准计量质量局局长萨德·阿尔·萨比(Saad Al kasabi)。双方就进一步加强高层互访、在重点领域联合制定标准和开展标准互认、在国际标准化领域加强合作以及续签标准合作谅解备忘录等事宜进行探讨并达成共识。

11日 Δ 国务院批转发展改革委、中央编办、民政部、财政部、人民银行、税务总局、工商总局、质检总局制定的《法人和其他组织统一社会信用代码制度建设总体方案》。

Δ 国家标准委联合商务部召开农产品冷链流通标准化工作动员会议。会议贯彻落实国务院领导同志批示精神，研究部署进一步加强农产品冷链流通标准体系建设和相关标准贯彻落实工作。国家标准委副主任于欣丽，商务部党组成员、部长助理王炳南出席会议并讲话。

12日 Δ 是日至13日，质检总局党组成员、国家标准委主任田世宏在安徽调研政务服务标准化建设工作。安徽省副省长花建慧一同调研。

16日 Δ 是日至18日，第十四届东北亚标准合作会议在山东青岛召开。中国国家标准化管理委员会副主任于欣丽出席会议。中日韩三国100名代表参加会议。

17日 Δ 经中央编办同意，国家标准化管理委员会标准信息中心加挂“国家标准化管理委员会国家标准技术审评中心”牌子，主要承担国家标准技术审评工作。

24日 Δ 质检总局党组成员、国家标准委主任田世宏在北京会见到访的工商总局副局长甘霖，就广告业标准化工作进行交流。

Δ 四川省人民政府办公厅印发《四川省推进节能标准化工作实施方案》。

25日 Δ 哈尔滨电工仪表研究所副所长、IEC/TC85秘书陈波获2015年国际电工委员会(IEC)托马斯·爱迪生大奖。

28日 Δ 是日至7月6日，为加强与欧洲国家标准化合作，配合中国国务院总理李克强对欧洲国家的访问，应欧洲标准化委员会、欧洲电工标准化委员会、法国农业部、德国联邦经济与能源部和德国国家标准机构邀请，中国国家质检总局党组成员、中国国家标准化管理委员会主任田世宏率团访问比利时、法国和德国。出访期间，代表团举行10场正式会谈，签署4份合作文件，做1次主旨发言。

30日 Δ 国家标准委批准发布中国第一个专门针对中小学生校服产品的国家标准GB/T 31888—2015《中小学生校服》。

7月

2日 Δ 国务院标准化协调推进部际联席会议第一次全体会议在北京召开。国务委员王勇出席会议并讲话。联席会议牵头单位质检总局局长支树平汇报贯彻落实《深化标准化工作改革方案》有关情况，科技部、工业和信息化部、商务部等部门做发言。

Δ 中国国家标准化管理委员会副主任殷明汉在北京会见来访的美国3M公司全球研发副总

裁刘尧奇。双方就进一步加强标准化合作、呼吸防护等议题进行探讨并达成共识。

3日 Δ 是日至4日，标准化核心价值理念课题组在中国计量学院召开会议。会议审定课题组工作方案，探讨标准化核心价值理念提炼工作。国家标准委纪检组长郭辉出席会议并讲话。

Δ 国土资源部办公厅印发《2015年国土资源标准制修订工作计划》。

10日 Δ 2015中国智慧城市国际博览会高峰论坛在北京举行。发展改革委副主任胡祖才，质检总局党组成员、国家标准委主任田世宏出席论坛并致辞。国内外300余名代表参加会议。

15日 Δ 是日至16日，2015年全国组织机构代码工作会议在福建福州召开。质检总局党组成员、国家标准委主任田世宏出席会议讲话，并参加分组讨论。福建省副省长郑栅洁到会致辞。

Δ 2015年节能标准化联合推进工作组会议在北京召开。会议宣读《国家标准委关于建立健全节能标准化联合推进机制的通知》，审议通过2015年节能标准化工作要点，原则同意节能标准化示范工作方案和节能标准化体系研究工作方案。国家标准委副主任、联合推进工作组组长殷明汉出席会议。

17日 Δ 质检总局、国家标准委在北京召开《中华人民共和国标准化法》修订工作座谈会。质检总局党组成员、国家标准委主任田世宏参加会议，发展改革委、工业和信息化部、环境保护部、住房城乡建设部以及法制办等22个部门有关司（局）负责人参加会议。

20日 Δ 国家标准委召开媒体通气会，对国家标准GB/T 31821—2015《电梯主要部件报废技术条件》进行解读。

21日 Δ 2016年第39届国际标准化组织大会筹备委员会第一次工作会议在北京召开。质检总局局长支树平主持会议并讲话，质检总局副局长孙大伟，质检总局党组成员、国家标准委主任田世宏，北京市副市长隋振江，ISO主席、鞍钢集团公司副董事长张晓刚，国家标准委副主任于欣丽等出席会议。田世宏宣读《质检总局办公厅 国家标准委办公室关于成立“2016年第39届国际标准化组织（ISO）大会筹备委员会”的通知》。于欣丽向参会代表介绍ISO大会筹备工作方案，以及提交会议审议的事项。与会代表讨论筹备工作方案和提交审议的事项。会议确定第39届ISO大会主题为“标准促进世界互联互通”。

Δ 国际标准化组织（ISO）发布中医药国际标准ISO 18664:2015《中医药 中草药重金属限量》。

23日 Δ 重庆市人民政府印发《重庆市深化标准化工作改革实施方案》。

24日 Δ 质检总局、国家标准委召开企业产品和服务标准自我声明公开和监督制度建设领导小组第一次会议。会议总结2014年以来开展企业产品和服务标准自我声明公开和监督制度建设情况，研究部署下一阶段改革重点工作。质检总局局长支树平主持会议并讲话。质检总局副局长陈钢，质检总局党组成员、国家标准委主任田世宏出席会议。

Δ 国家标准委组织召开国家技术标准创新基地（中关村）筹建中期评估会议。国家标准委副主任崔钢出席会议并讲话。

30日 Δ 国务院办公厅印发《关于加快转变农业发展方式的意见》，要求全面推行农业标准化生产。

31日 Δ 国家标准委批准下达2015年第2批国家标准制修订计划683项，其中制定标准466项、修订标准217项；推荐性标准679项、指导性技术文件4项。

是月，国家标准委启动中国电子学会等39家社会团体开展团体标准试点。试点基础上将提出团体标准服务、引导、规范和监督的建议，开展良好行为评价，完善团体标准发展的顶层制度设计，推动营造团体标准发展的良好政策环境，支持经济社会可持续发展。

8月

3 日　Δ　国家标准委组织召开企业产品和服务标准自我声明公开和监督制度改革试点工作第三次视频会议。会议要求，试点地区要进一步做实企业产品和服务标准自我声明公开和监督制度改革试点工作。代码中心通报企业产品标准公共信息服务平台运行情况，福建、浙江、上海等试点省市做交流发言，陕西、贵州等新参加试点的省发表意见。国家标准委副主任崔钢参加会议并讲话。

Δ　国家标准委以“心系国防、关注标准、军民融合、共同发展”为主题，到航天科工二院调研军民融合标准化工作。国家标准委纪检组长郭辉出席调研活动。国防科工局、解放军总装备部、中国计量科学院相关负责人一同调研，中国航天科工集团副总经理刘石泉及航天二院有关负责人陪同调研。

14 日　Δ　是日至 15 日，标准化核心价值理念课题组在山东威海召开研讨会。会议审议子课题研究报告和已征集核心价值理念条目。国家标准委纪检组长郭辉出席会议并讲话。

18 日　Δ　是日至 21 日，国家标准委在吉林长春举办 2015 年国际标准化综合知识培训班。国家标准委副主任于欣丽出席开班式并讲话。

19 日　Δ　企业标准管理制度改革领导小组办公室第一次全体会议召开。会议研究部署推进企业产品和服务标准自我声明公开和监督制度建设行业试点工作，探索在旅游、汽车售后服务业、食用植物油、肤用化妆品、建筑防水卷材、净水器、空气净化器等行业领域开展产品和服务标准自我声明试点。质检总局副局长陈钢，质检总局党组成员、国家标准委主任田世宏出席会议并讲话。企业标准管理制度改革领导小组办公室主任、国家标准委副主任崔钢主持会议。

22 日　Δ　安徽省人民政府办公厅印发《关于深化标准化工作改革的实施意见》。

23 日　Δ　是日至 30 日，应英国国家标准化机构（BSI）和瑞典国家标准化机构（SIS）邀请，中国国家标准化管理委员会纪检组长郭辉率团访问英国和瑞典。在英国访问期间，代表团分别与英国国家标准化机构、英国城市标准协会和斯旺西大学举行会谈。在瑞典访问期间，郭辉与瑞典国家标准化机构主席托马森・艾德马克举行会谈，双方分别介绍中瑞标准化发展情况，并着重就中瑞标准翻译与销售、国际标准化务实合作等工作进行交流，达成共识；共同签署中国国家标准化管理委员会与瑞典国家标准化机构合作意向书。

24 日　Δ　中国标准创新贡献奖领导小组会议在北京召开。会议审议《中国标准创新贡献奖管理办法（修订草案）》（送审稿）以及 2016 年中国标准创新贡献奖评选表彰工作方案。质检总局党组成员、国家标准委主任、中国标准创新贡献奖领导小组组长田世宏出席会议并讲话。国家标准委副主任于欣丽主持会议。

Δ　重庆市人民政府办公厅印发《重庆市加强节能标准化工作实施方案》。

30 日　Δ　国务院办公厅印发《贯彻实施〈深化标准化工作改革方案〉行动计划（2015—2016 年）》，协同推进标准化工作改革。行动计划明确 14 项工作任务：开展强制性标准清理评估；开展推荐性标准复审和修订；优化推荐性标准制修订程序；开展团体标准试点；开展企业产品和服务标准自我声明公开和监督制度试点；加强标准实施与监督；改进标准化技术委员会管理；提高标准国际化水平；推动中国标准“走出去”；加强信息化建设；加大宣传工作力度；加强标准化工作经费保障；加强标准化法治建设；建立国务院标准化统筹协调机制。

31 日　Δ　黑龙江省人民政府印发《黑龙江省人民政府关于深化标准化工作改革的意见》。

9月

7日 Δ “2015年知识产权服务标准化国际交流会”在北京召开。知识产权局副局长甘绍宁、国家标准委副主任崔刚出席开幕式并致辞。

9日 Δ 全国行政审批标准化工作组筹备会在北京召开。会议听取工作组筹建情况和工作安排后，决定加紧成立工作组，开展工作。国务院推进职能转变协调小组办公室副主任、中央编办副主任吴知论出席会议并讲话。

11日 Δ 国家标准委印发《国家标准委关于做好2015年世界标准日宣传工作的通知》。

Δ 国际电工委员会（IEC）首席执行官中国产业战略圆桌会在北京召开。会议围绕IEC国际标准助推中国产业发展的主题，介绍IEC的政策、规则和理念，围绕中国产业如何进入全球市场、中国企业参与IEC国际标准化活动的困难与挑战、IEC国际标准如何推动中国产业发展、中国企业的全球市场商机等议题，各与会企业代表进行讨论。质检总局党组成员、国家标准委主任田世宏，科技部副部长曹健林，IEC前任主席乌赫勒出席会议并致辞。IEC副主席、国家电网公司总经理舒印彪主持会议。

14日 Δ 是日至18日，第38届国际标准化组织（ISO）大会在韩国首尔举行，162个ISO成员的600余名代表参加大会。中国国家质检总局党组成员、中国国家标准化管理委员会主任田世宏率中国代表团参加ISO大会及大会同期举行的理事会、技术管理局、发展中国家事务委员会、亚太地区标准大会执委会等多个ISO管理层会议，并在会议期间与美、英、德、法、加、澳等国标准化机构进行会谈。

Δ ISO技术管理局（TNA）批准TC249名称和工作范围，TC249名称为“传统中医药”。

Δ 质检总局、国家标准委印发《企业产品和服务标准自我声明公开和监督制度建设工作方案》。

15日 Δ 2015年第一期国家农业标准化示范项目绩效考核培训暨国家矮砧苹果综合标准化示范区现场观摩会在陕西宝鸡开幕。国家标准委副主任于欣丽出席并讲话。培训活动采取现场观摩、专家授课、经验交流、座谈沟通等形式进行。全国31个省、自治区、直辖市及新疆建设兵团质量技术监督（市场监督管理）部门，林业局、中华全国供销合作总社的农业标准化示范项目管理人员，国家第八批农业标准化示范区承担单位代表150人参加培训活动。

16日 Δ 国家标准委在北京组织召开部分技术委员会秘书长座谈会。会议学习《深化标准化工作改革方案》和传达国务院标准化协调推进部际联席会议第一次联席会议精神，讨论技术委员会管理改革工作。国家标准委副主任崔钢出席会议并讲话。

17日 Δ 山西省人民政府正式成立山西省标准化工作领导小组。山西省副省长张建欣任组长。

21日 Δ 是日至23日，美国国家标准化机构副主席瑟夫·特雷德勒率团访问中国国家标准化管理委员会。中国国家质检总局党组成员、中国国家标准化管理委员会主任田世宏礼节性会见瑟夫·特雷德勒。中国国家标准化管理委员会副主任殷明汉与约瑟夫·特雷德勒举行工作会谈，双方共同回顾中美标准化良好合作关系，并就下一步合作达成共识。双方举办中美标准化研讨会，研讨两国在ISO政策与技术层面的合作。

22日 Δ 国家标准委与国防科工局在北京签订标准化战略合作议定书，并共同发布中国航天标准体系和首批中国航天标准英文版。工业和信息化部副部长、国防科工局局长许达哲，质检总局党组成员、国家标准委主任田世宏出席签约仪式并讲话。

Δ “标准化与国家治理”学术研讨会在人民日报社举行。会议围绕“习近平的标准化思想”“标准化与我国公共治理改革”等议题进行研讨，对“国家治理标准化”的深刻内涵、机遇与挑战等进行剖析。人民日报社副总编辑杜飞进、中央编译局副局长俞可平、国家标准委副主任于欣丽、中国行政管理学会执行副会长兼秘书长高小平出席会议并讲话。

23 日 Δ 林业局在湖南邵阳组织召开全国林业标准化工作会议。会议对近几年来林业标准化工作进行总结，分析存在的问题，确定今后一个时期全国林业标准化工作的指导思想和目标任务，并对下一步工作进行部署。会议组织与会代表参观全国油茶标准化示范区。林业局副局长彭有冬、国家标准委副主任于欣丽出席会议并讲话。

Δ 国家标准委在北京组织召开标准服务业研讨会。国家标准委副主任崔钢出席会议并讲话。

24 日 Δ 国家机器人标准化总体组成立大会暨第一次全体会议在辽宁沈阳举行。辽宁省副省长刘强，质检总局党组成员、国家标准委主任田世宏，中科院副院长阴和俊，国际标准化组织（ISO）主席张晓刚等出席会议。来自机器人领域相关标准化技术委员会、高校、科研机构、企业的100 余名委员、专家学者和代表参加会议。

25 日 Δ 陕西省人民政府印发《陕西省深化标准化工作改革实施方案》。

29 日 Δ 全国行政审批标准化工作组成立大会暨第一次工作会议在北京召开。国务院推进职能转变协调小组办公室副主任、中央编办副主任吴知论，质检总局党组成员、国家标准委主任田世宏出席会议并讲话。

10月

10 日 Δ 河北省政府印发《河北省深化标准化工作改革实施方案》《关于加强节能标准化工作的实施意见》。

12 日 Δ 是日至 13 日，全国政务大厅标准化工作组在山东新泰成立。质检总局党组成员、国家标准委主任田世宏，中国行政体制改革研究会会长魏礼群，山东省人民政府副省长王随莲出席会议并讲话。会议宣布工作组正式成立，并召开第一次工作组会议，举办“简政之道、标准笃行”专家讲座。会上，国家标准委副主任崔钢宣读发布《政务服务中心运行规范》等 7 项首批政务服务国家标准。

Δ 是日至 16 日，第 79 届国际电工委员会大会在白俄罗斯明斯克举行。IEC 中国国家委员会秘书长、中国国家标准化管理委员会副主任于欣丽和中国国家认证认可监督管理委员会副主任谢军率中国代表团参加大会及同期举行的 IEC 理事局、标准化管理局、合格评定局、国家委员会主席论坛、秘书论坛和亚太地区促进委员会等管理层会议。期间，代表团与美国、德国、日本、韩国等IEC 国家委员会，非洲电工标准化委员会，IEC 中央办公室 IT 部、市场推广部和新加坡办公室负责人举行多场正式会谈。

Δ “新丝路标准化战略联盟”成立大会在陕西西安举行。国家标准委副主任殷明汉出席会议并讲话。陕西、甘肃、青海、宁夏、新疆、内蒙古以及新疆生产建设兵团质监局负责人和有关企业代表、专家学者等 300 余人参加会议。

13 日 Δ 普及标准知识展示维权成果——世界标准日标准知识普及与维权成果展示活动在北京举行。质检总局党组成员、国家标准委主任田世宏出席活动并讲话。

14 日 Δ 2015 年世界标准日中国宣传周主题活动在清华大学举行。质检总局党组成员、国家标准委主任田世宏，人力资源社会保障部副部长汤涛出席活动并致辞。国际标准化组织主席（ISO）张晓刚做《国际标准化和未来发展趋势》专题讲座。国家标准委与清华大学签署《关于加强标准化合作的战略协议》。

Δ 是日至16日，质检总局党组成员、国家标准委主任田世宏赴青海质检两局调研“三证合一、一照一码”改革和农业标准化工作。期间，田世宏会见青海省副省长严金海。

16日 Δ 工业和信息化部办公厅印发《云计算综合标准化体系建设指南》。

Δ 推进“一带一路”建设工作领导小组办公室发布《标准联通“一带一路”行动计划(2015—2017)》。确定10个重点任务：(一)制定完善中国标准“走出去”专项规划和政策措施；(二)深化与沿线重点国家标准化互利合作；(三)推动共同制定国际标准；(四)组织翻译优先领域急需标准外文版；(五)开展大宗进口商品标准比对分析；(六)开展东盟农业标准化示范区建设；(七)加强沿线国家标准化专家交流及能力建设；(八)扶持标准化互联互通重点项目；(九)加强沿线重点国家和区域标准化研究；(十)推进各地开展特色标准化合作。

19日 Δ 国家标准委、发展改革委联合召开新闻发布会，发布11项温室气体管理国家标准。

22日 Δ 国家标准委在北京召开首批消费品安全国内外标准对比行动总结会，发布首批消费品安全国内外标准对比结果。

Δ 中国国家质检总局党组成员、中国国家标准化管理委员会主任田世宏在北京会见来访的美国特斯拉汽车公司全球联合创始人兼首席执行官埃隆·马斯克。双方就纯电动车监管要求、进口电动车检验法规、新能源汽车认证与标准等议题进行交流。

23日 Δ 中国国家质检总局党组成员、中国国家标准化管理委员会主任田世宏在北京会见来访的澳大利亚国家标准化机构首席执行官博朗温·埃文斯一行。双方通报中澳标准化近况，探讨双方在ISO的合作、中澳标准化合作协议、APEC标准协调项目研讨会及标准互认等有关事宜并达成共识。

24日 Δ 全国生物样本标准化技术委员会成立大会在上海召开。国家标准委副主任于欣丽出席会议并讲话。

26日 Δ 第30届ISO/IEC JTC1全会在北京开幕。JTC1主席Karen Higginbottom、秘书Lisa Rajchel、ISO代表Henry Cuschieri、IEC代表Gilles Thonet以及来自30余个国家成员体的120余名代表和专家参加会议。

27日 Δ 全国法院案号标准培训班在国家法官学院开班。最高人民法院常务副院长沈德咏对全国法院标准化工作提出要求，要求全国各级法院认识推进法院标准化工作对统一规范裁判标准、完善审判权力运行机制、破解司法工作难题、促进社会治理现代化等方面的作用，贯彻案号及案件信息业务标准，把握推进法院标准化工作的重点，顺应大势，改进方式方法，进一步推进法院标准化建设，为人民司法事业科学发展作出贡献。

Δ 国家标准委在北京组织召开国家技术标准创新基地(中关村)筹建验收会议。国家标准委副主任崔钢出席会议并讲话。

Δ 安徽省政府办公厅印发《关于加强节能标准化工作的实施意见》。

29日 Δ 金融风险防控标准化专家咨询组成立会在北京召开。国家标准委副主任崔钢出席会议并讲话。来自相关行业主管部门、高校、研究院所、金融机构和相关标准化技术机构等近30人参加会议。

30日 Δ 质检总局、版权局、国家标准委在深圳市联合举办全国标准版权政策宣贯会。质检总局执法司司长严冯敏，国家标准委纪检组长郭辉，全国“双打”办副主任马恩中，版权局版权管理司副司长李承武等参加会议。

Δ 上海市人民政府办公厅印发《关于深化标准化改革促进标准化服务科技创新中心建设工作方案》。

11月

2日　Δ　是日至6日，国家标准委在陕西西安举办2015年第二期农业综合标准化培训班，培训16个省、自治区、直辖市质量技术监督局(市场监督管理部门)农业标准化工作负责人及部分第八批农业综合标准化示范项目承担单位有关人员、中华全国供销合作总社负责农业标准化示范区信息填报的人员110名。

Δ　是日至9日，在第22届中国杨凌农业高新科技成果博览会期间，国家标准委、陕西省人民政府联合主办全国农业标准化示范区建设20周年成果展，全国31个省、自治区、直辖市及新疆生产建设兵团的119个示范区的12类348种产品参展。成果展受到社会各界和新闻媒体的广泛关注，参观人数60余万人次，中央电视台对成果展进行全面报道。通过举办成果展，充分展示标准化在“强农业、富农民、美农村”等方面发挥的重要作用。

Δ　是日至11日，中国国家标准化管理委员会与ISO合作举办ISO秘书周和TC、SC主席培训班。

3日　Δ　由中国牵头的国际标准化组织审计数据采集项目委员会(ISO/PC295)第一次国际会议在北京召开。会议确定ISO/PC295审计数据采集国际标准的框架、范围、成员结构以及后续会议计划。中华人民共和国审计署副审计长袁野出席会议并致开幕辞，中国国家标准化管理委员会副主任于欣丽和国际标准化组织项目技术官员千叶祐介出席会议并致辞。

5日　Δ　天津市人民政府办公厅印发《天津市加强节能标准化工作实施方案》。

6日　Δ　标准联通“一带一路”国际合作交流会在陕西西安召开。会议就中国加强同沿线国家技术标准体系对接，深化标准化双多边合作，发挥标准互联互通作用，促进投资贸易便利化，共同推动“一带一路”建设进行交流。质检总局党组成员、国家标准委主任田世宏出席会议并讲话。

Δ　中国国家标准化管理委员会与哈萨克斯坦、蒙古、新加坡、塔吉克斯坦、亚美尼亚等“一带一路”沿线国家标准化机构在陕西西安签署标准化合作协议，以标准化促进政策通、设施通、贸易通，支撑“一带一路”建设。

Δ　新疆维吾尔自治区人民政府印发《关于印发自治区深化标准化工作改革的实施意见》。

Δ　新疆维吾尔自治区人民政府办公厅印发《关于印发贯彻实施〈自治区深化标准化工作改革的实施意见〉行动计划(2015—2016年)的通知》。

9日　Δ　中国国家质检总局党组成员、中国国家标准化管理委员会主任田世宏在北京会见来访的英国国家标准化机构标准总裁斯科特·斯蒂德曼一行。双方就成立中英标准化合作委员会、开展智慧城市和核能领域标准化合作、中英标准互认以及中英国际标准化合作交换意见，达成共识。双方共同签署关于成立中英标准化合作委员会的谅解备忘录，中英首批标准互认清单和中英标准互认操作指南。中国国家标准化管理委员会副主任于欣丽参加会见。

10日　Δ　中欧标准化工作组会议在北京召开。会议探讨中欧双方标准化合作与发展。中国国家质检总局党组成员、中国国家标准化管理委员会主任田世宏出席会议并讲话。欧盟委员会企业与工业总司副总司长佩尔托马奇以及中欧标准化工作组的专家参加会议。

11日　Δ　国务院标准化部际联席会议联络员会议在北京召开。会议审议《强制性标准整合精简工作方案》《关于培育和发展团体标准的指导意见》《制造业标准化提升计划》等3份文件，听取各成员单位意见和建议。质检总局党组成员、国家标准委主任田世宏出席会议并讲话。国务院标准化部际联席会议39家成员单位联络员和国家标准委有关负责人参加会议。

Δ　福建省人民政府办公厅印发《关于深化标准化工作改革的实施意见》。

Δ　山西省人民政府办公厅发布《关于加强节能标准化工作的实施意见》。

12 日　Δ　解放军总装备部和国家标准委在北京共同组织召开《军民标准通用化工程建设方案(2015—2017 年)》评审会。会议成立评审组。评审组听取《军民标准通用化工程建设方案(2015—2017 年)》编制情况报告，研究讨论军民标准通用化工程的定位、目标、组织架构、重点任务等内容。评审组一致同意方案通过评审。

13 日　Δ　“2015 年绿色设计与制造技术及标准国际交流会”在北京召开。会议议题涉及绿色设计基础理论方法和工具、国际绿色设计与制造技术发展、绿色设计与制造标准化发展、绿色设计与制造产品监管机制及贸易发展、绿色设计与制造经典案例分享等。国家标准委副主任殷明汉出席会议并讲话。

Δ　国家标准委副主任崔钢与到访的商务部部长助理王炳南就农产品冷链物流标准化工作进行交流。

19 日　Δ　青岛市委市政府召开全市推进标准化建设工作会议，动员部署青岛建设标准国际化创新型城市。国家标准委与青岛市人民政府签署合作备忘录。质检总局党组成员、国家标准委主任田世宏，山东省委常委、青岛市委书记李群出席会议并讲话，国际标准化组织(ISO)主席张晓刚致辞。

20 日　Δ　是日至 22 日，“第六届两岸标准计量检验认证认可及消费品安全研讨会”在四川成都召开。国家标准委副主任郭辉就“两岸标准合作成果报告”做主题发言。国家标准委与台湾标准领域代表共同主持召开 2015 年两岸标准合作工作组会议。国家标准委组织两岸产业界专家举办以“标准与生活”为主题的专业研讨会，就涉及两岸民众生活的产品标准现状与未来进行研讨与交流。

24 日　Δ　国家标准委组织召开部分推荐性国家标准立项评估试点工作会议。会议邀请标准化、机械、电子、电器和解放军总后勤部等领域的 7 位专家组成评估专家组，对 6 个技术委员会申报的 63 项国家标准项目进行评估。

25 日　Δ　是日至 26 日，2015 年中法标准化合作委员会研讨会与双边机制会议在北京召开。会议旨在落实中国国家主席习近平与法国总统奥朗德见证下签署的《关于在中法经贸混委会框架下设立标准化合作委员会的谅解备忘录》与《中法标准互认协议》。中国国家质检总局党组成员、中国国家标准化管理委员会主任田世宏接见法国国家标准化机构部分成员。中国国家标准化管理委员会副主任郭辉、法国国家标准化机构标准部主任阿兰·考斯特、法国驻华大使馆公使衔参赞孟森出席会议并做主旨讲话。

27 日　Δ　质检总局企业标准管理制度改革领导小组办公室召开第二次会议。会议听取企业标准管理制度改革领导小组各专项小组工作进展情况汇报，讨论 2016 年工作计划，研究部署下一阶段企业标准管理制度改革工作。质检总局副局长陈钢，质检总局党组成员、国家标准委主任田世宏出席会议并讲话。企业标准管理制度改革领导小组办公室主任、国家标准委副主任崔钢主持会议。

29 日　Δ　国家标准委在北京举办国际标准化组织船舶与海洋技术委员会(ISO/TC8)主席交接发布会。国家标准委副主任郭辉、中船重工集团公司副总经理杜刚出席发布会并做主旨讲话。中船重工集团公司第七一四研究所所长李彦庆正式就任 ISO 船舶与海洋技术委员会主席，任期 6 年。

Δ　山西省人民政府印发《关于进一步推进标准化工作改革发展的实施意见》。

12月

3 日　Δ　国家标准委会同科技部、质检总局在北京召开《“十三五”技术标准创新规划》编制座谈会。研讨新形势、新常态下促进技术标准创新政策措施等问题。国家标准委副主任于欣丽出席会议并讲话。

Δ　是日至 4 日，国家标准委在北京召开部分省市地方标准化工作座谈会。会议听取各地标准化工作进展和完成情况，探讨 2016 年地方标准化工作在深入推进标准化改革、促进企业标准化管理创新、服务地方经济和社会发展等方面的新思路、新举措。质检总局党组成员、国家标准委主任田世宏出席会议并讲话。国家标准委副主任崔钢主持会议。

4 日　Δ　全国内贸流通体制改革发展综合试点城市标准化工作会议暨城市标准化创新联盟成立大会在北京召开。国家标准委副主任崔钢出席会议并讲话。

7 日　Δ　国家标准委批准下达 2015 年第 3 批国家标准制修订计划 867 项，其中制定标准 556 项、修订标准 311 项；推荐性标准 866 项、指导性技术文件 1 项。

Δ　中国国家质检总局党组成员、中国国家标准化管理委员会主任田世宏会见来访的德国经济与能源部议会国务秘书乌韦·贝克迈尔。双方就中国制造 2025 在标准领域的最新情况与德国“工业 4.0”产业政策交换意见，探讨中德智能制造/工业 4.0 标准化工作组等议题，并就双方在中德标准化合作委员会和国际标准化组织加强合作达成共识。中国国家标准化管理委员会副主任郭辉等参加会见。

8 日　Δ　国家标准委在北京召开生物技术标准化专家咨询组成立会。国家标准委副主任崔钢出席会议并讲话。

9 日　Δ　中韩自贸区标准化与认证认可研讨会在山东威海举行。与会专家学者围绕中韩自贸协定框架下两国的标准与认证认可工作开展交流，并就相关问题进行研讨。中国国家标准化管理委员会副主任郭辉出席研讨会并致辞。郭辉会见韩国技术标准署、韩国标准化协会代表团。

11 日　Δ　国家技术标准创新基地（广州）启动仪式暨标准创新工作研讨会在广东广州举行。国家标准委副主任于欣丽出席研讨会并讲话。

14 日　Δ　在中国国家副主席李源潮与阿联酋阿布扎比王储谢赫穆罕默德·本·扎耶德·阿勒纳哈扬见证下，中国国家质检总局党组成员、中国国家标准化管理委员会主任田世宏与阿联酋外交事务国务部长卡尔卡什在人民大会堂共同签署《中华人民共和国国家质量监督检验检疫总局与阿拉伯联合酋长国标准与计量局关于在标准化、计量与合格评定领域的谅解备忘录》。

15 日　Δ　强制性国家标准整合精简预评估工作培训会在北京召开。国家标准委副主任于欣丽出席会议并讲话。

Δ　中国国家标准化管理委员会副主任郭辉在北京会见由日本工业标准委员会秘书长星野岳穗为团长，副秘书长松本满男、日本三菱电机公司顾问堤和彦等有关人士组成的日本代表团。

16 日　Δ　是日至 17 日，中国国家质检总局党组成员、中国国家标准化管理委员会主任田世宏参加第二届世界互联网大会开幕式，并在智慧城市论坛上做“标准化支撑智慧城市发展”的主旨发言。

Δ　国家标准委在北京召开全国专业标准化技术委员会座谈会。会议总结 2015 年工作，就加强技术委员会管理及 2016 年工作思路听取意见建议。国家标准委副主任于欣丽出席会议并讲话。

Δ　中国国家标准化管理委员会副主任殷明汉出席首届中德智能制造/工业 4.0 发展与标准化交流会并发表致辞。

Δ 中国国家标准化管理委员会副主任郭辉会见国际标准化组织（ISO）中央秘书处项目官员哈特兰科，并共同考察2016年ISO大会场地。

17日 Δ 国务院办公厅印发《国家标准化体系建设发展规划（2016—2020年）》（以下简称：《规划》），这是中国标准化领域第一个国家专项规划。根据《规划》，到2020年，基本建成支撑国家治理体系和治理能力现代化的国家标准化体系，标准有效性、先进性和适用性显著增强，“中国标准”国际影响力和贡献力大幅提升，迈入世界标准强国行列。《规划》明确主要任务、重点领域和保障措施，对强制性标准改革、推荐性标准改革、团体标准和企业标准改革试点、标准国际化和统筹协调机制建设等重大改革举措提出实施要求。

Δ 国家标准委和浙江省政府在浙江杭州签署《关于深化标准化工作改革加快标准强省建设合作备忘录》。质检总局党组成员、国家标准委主任田世宏和浙江省政府副省长朱从玖签署合作备忘录并讲话。浙江省政府副秘书长陆建强主持会议，国家标准委副主任崔钢、浙江标准强省工作领导小组全体成员单位负责人参加会议。

Δ 中德智能制造/工业4.0标准化工作组启动会在上海召开。中国国家标准化管理委员会副主任殷明汉出席启动会。

18日 Δ 全国经济林产品和林化产品标准化技术委员会成立大会在北京召开。国家标准委总工程师谷保中、林业局副局长彭有冬出席会议并讲话。

Δ 工程管理硕士标准化方向教育签署合作协议在北京签署。全国工程管理硕士专业学位教育指导委员会、国家标准委、中国标准化研究院及清华大学、北京工业大学、中国矿业大学、华北电力大学等部分高校代表参加签约仪式。

23日 Δ 国家标准委在北京召开区域标准化研究中心工作座谈会。与会代表对区域中心2015年工作总结进行总结，畅谈2016年工作思路，并就如何更好的支撑国际标准化双多边合作和如何办好2016年ISO大会提出建议。质检总局党组成员、国家标准委主任田世宏出席会议并讲话。国家标准委副主任郭辉参加会议。

24日 Δ 山东省人民政府印发《关于深化标准化工作改革提升“山东标准”建设水平的意见》。

25日 Δ 国际标准化工作座谈会在北京召开。会议总结2015年工作，就2016年国际标准化工作思路及中国承办2016年ISO大会听取意见建议。国家标准委副主任郭辉出席会议并讲话。

28日 Δ 质检总局、国家标准委联合能源局、工业和信息化部、科技部等部门在北京召开新闻发布会，发布新修订的《电动汽车传导充电系统 第1部分：一般要求》《电动汽车传导充电用连接装置 第1部分：通用要求》《电动汽车传导充电用连接装置 第2部分：交流充电接口》《电动汽车传导充电用连接装置 第3部分：直流充电接口》《电动汽车非车载传导式充电机与电池管理系统之间的通信协议》等5项电动汽车充电接口及通信协议国家标准。质检总局党组成员、国家标准委主任田世宏，能源局副局长郑栅洁出席会议并讲话。

29日 Δ 根据《中国制造2025》战略部署，由工业和信息化部、国家标准委组织编制的《国家智能制造标准体系建设指南（2015年版）》发布。明确智能制造标准体系总体要求、建设思路、建设内容和组织实施方式，从生命周期、系统层级、智能功能等3个维度建立智能制造标准体系参考模型，并提出智能制造标准体系框架，包括5类基础共性标准和5类关键技术标准以及10大应用领域在内的不同行业的应用标准。

30日 Δ 国务院标准化协调推进部际联席会议第二次全体会议在北京召开。国务委员王勇出席会议并强调要落实党的十八届五中全会和中央经济工作会议、中央城市工作会议精神，树立创新、协调、绿色、开放、共享发展理念，深化标准化结构性改革，增加标准有效供给，加强标准实施与监督，更好发挥标准化支撑经济社会发展的基础性、战略性、引领性作用。

特　　载

国务院关于印发深化标准化工作改革方案的通知

国发〔2015〕13 号

各省、自治区、直辖市人民政府，国务院各部委、各直属机构：

现将《深化标准化工作改革方案》印发给你们，请认真贯彻执行。

国务院

2015 年 3 月 11 日

深化标准化工作改革方案

为落实《中共中央关于全面深化改革若干重大问题的决定》《国务院机构改革和职能转变方案》和《国务院关于促进市场公平竞争维护市场正常秩序的若干意见》（国发〔2014〕20 号）关于深化标准化工作改革、加强技术标准体系建设的有关要求，制定本改革方案。

一、改革的必要性和紧迫性

党中央、国务院高度重视标准化工作，2001 年成立国家标准化管理委员会，强化标准化工作的统一管理。在各部门、各地方共同努力下，我国标准化事业得到快速发展。截至目前，国家标准、行业标准和地方标准总数达到 10 万项，覆盖一二三产业和社会事业各领域的标准体系基本形成。我国相继成为国际标准化组织（ISO）、国际电工委员会（IEC）常任理事国及国际电信联盟（ITU）理事国，我国专家担任 ISO 主席、IEC 副主席、ITU 秘书长等一系列重要职务，主导制定国际标准的数量逐年增加。标准化在保障产品质量安全、促进产业转型升级和经济提质增效、服务外交外贸等方面起着越来越重要的作用。但是，从我国经济社会发展日益增长的需求来看，现行标准体系和标准化管理体制已不能适应社会主义市场经济发展的需要，甚至在一定程度上影响了经济社会发展。

一是标准缺失老化滞后，难以满足经济提质增效升级的需求。现代农业和服务业标准仍然很少，社会管理和公共服务标准刚刚起步，即使在标准相对完备的工业领域，标准缺失现象也不同程度存在。特别是当前节能降耗、新型城镇化、信息化和工业化融合、电子商务、商贸物流等领域对标准的需求十分旺盛，但标准供给仍有较大缺口。我国国家标准制定周期平均为 3 年，远远落后于产业快速发展的需要。标准更新速度缓慢，“标龄”高出德、美、英、日等发达国家 1 倍以上。标准整体水平不高，难以支撑经济转型升级。我国主导制定的国际标准仅占国际标准总数的 0.5%，“中国标准”在国际上认可度不高。

二是标准交叉重复矛盾，不利于统一市场体系的建立。标准是生产经营活动的依据，是重要的市场规则，必须增强统一性和权威性。目前，现行国家标准、行业标准、地方标准中仅名称相同的就有近 2000 项，有些标准技术指标不一致甚至冲突，既造成企业执行标准困难，也造成政府部门制定标准的资源浪费和执法尺度不一。特别是强制性标准涉及健康安全环保，但是制定主体多，28 个部门和 31 个省（区、市）制定发布强制性行业标准和地方标准；数量庞大，强制性国家、行业、地方三级标准万余项，缺乏强有力的组织协调，交叉重复矛盾难以避免。

三是标准体系不够合理，不适应社会主义市场经济发展的要求。国家标准、行业标准、地方标准均由政府主导制定，且 70% 为一般性产品和服务标准，这些标准中许多应由市场主体遵循市场规律制定。而国际上通行的团体标准在我国没有法律地位，市场自主制定、快速反映需求的标准不能有效供给。即使是企业自己制定、内部使用的企业标准，也要到政府部门履行备案甚至审查性备案，企业能动性受到抑制，缺乏创新和竞争力。

四是标准化协调推进机制不完善，制约了标准化管理效能提升。标准反映各方共同利益，各类标准之间需要衔接配套。很多标准技术面广、产业链长，特别是一些标准涉及部门多、相关方立场不一致，协调难度大，由于缺乏权威、高效的标准化协调推进机制，越重要的标准越"难产"。有的标准实施效果不明显，相关配套政策措施不到位，尚未形成多部门协同推动标准实施的工作格局。

造成这些问题的根本原因是现行标准体系和标准化管理体制是20世纪80年代确立的，政府与市场的角色错位，市场主体活力未能充分发挥，既阻碍了标准化工作的有效开展，又影响了标准化作用的发挥，必须切实转变政府标准化管理职能，深化标准化工作改革。

二、改革的总体要求

标准化工作改革，要紧紧围绕使市场在资源配置中起决定性作用和更好发挥政府作用，着力解决标准体系不完善、管理体制不顺畅、与社会主义市场经济发展不适应问题，改革标准体系和标准化管理体制，改进标准制定工作机制，强化标准的实施与监督，更好发挥标准化在推进国家治理体系和治理能力现代化中的基础性、战略性作用，促进经济持续健康发展和社会全面进步。

改革的基本原则：一是坚持简政放权、放管结合。把该放的放开放到位，培育发展团体标准，放开搞活企业标准，激发市场主体活力；把该管的管住管好，强化强制性标准管理，保证公益类推荐性标准的基本供给。二是坚持国际接轨、适合国情。借鉴发达国家标准化管理的先进经验和做法，结合我国发展实际，建立完善具有中国特色的标准体系和标准化管理体制。三是坚持统一管理、分工负责。既发挥好国务院标准化主管部门的综合协调职责，又充分发挥国务院各部门在相关领域内标准制定、实施及监督的作用。四是坚持依法行政、统筹推进。加快标准化法治建设，做好标准化重大改革与标准化法律法规修改完善的有机衔接；合理统筹改革优先领域、关键环节和实施步骤，通过市场自主制定标准的增量带动现行标准的存量改革。

改革的总体目标：建立政府主导制定的标准与市场自主制定的标准协同发展、协调配套的新型标准体系，健全统一协调、运行高效、政府与市场共治的标准化管理体制，形成政府引导、市场驱动、社会参与、协同推进的标准化工作格局，有效支撑统一市场体系建设，让标准成为对质量的"硬约束"，推动中国经济迈向中高端水平。

三、改革措施

通过改革，把政府单一供给的现行标准体系，转变为由政府主导制定的标准和市场自主制定的标准共同构成的新型标准体系。政府主导制定的标准由6类整合精简为4类，分别是强制性国家标准和推荐性国家标准、推荐性行业标准、推荐性地方标准；市场自主制定的标准分为团体标准和企业标准。政府主导制定的标准侧重于保基本，市场自主制定的标准侧重于提高竞争力。同时建立完善与新型标准体系配套的标准化管理体制。

（一）建立高效权威的标准化统筹协调机制。建立由国务院领导同志为召集人、各有关部门负责同志组成的国务院标准化协调推进机制，统筹标准化重大改革，研究标准化重大政策，对跨部门跨领域、存在重大争议标准的制定和实施进行协调。国务院标准化协调推进机制日常工作由国务院标准化主管部门承担。

（二）整合精简强制性标准。在标准体系上，逐步将现行强制性国家标准、行业标准和地方标准整合为强制性国家标准。在标准范围上，将强制性国家标准严格限定在保障人身健康和生命财产安全、国家安全、生态环境安全和满足社会经济管理基本要求的范围之内。在标准管理上，国务院各有关部门负责强制性国家标准项目提出、组织起草、征求意见、技术审查、组织实施和监督；国务院标准化主管部门负责强制性国家标准的统一立项和编号，并按照世界贸易组织规则开展对外通报;强制性国家标准由国务院批准发布或授权批准发布。强化依据强制性国家标准开展监督检查和行政执法。免费向社会公开强制性国家标准文本。建立强制性国家标准实施情况统计分析报告制度。

法律法规对标准制定另有规定的,按现行法律法规执行。环境保护、工程建设、医药卫生强制性国家标准、强制性行业标准和强制性地方标准,按现有模式管理。安全生产、公安、税务标准暂按现有模式管理。核、航天等涉及国家安全和秘密的军工领域行业标准,由国务院国防科技工业主管部门负责管理。

(三)优化完善推荐性标准。在标准体系上,进一步优化推荐性国家标准、行业标准、地方标准体系结构,推动向政府职责范围内的公益类标准过渡,逐步缩减现有推荐性标准的数量和规模。在标准范围上,合理界定各层级、各领域推荐性标准的制定范围,推荐性国家标准重点制定基础通用、与强制性国家标准配套的标准;推荐性行业标准重点制定本行业领域的重要产品、工程技术、服务和行业管理标准;推荐性地方标准可制定满足地方自然条件、民族风俗习惯的特殊技术要求。在标准管理上,国务院标准化主管部门、国务院各有关部门和地方政府标准化主管部门分别负责统筹管理推荐性国家标准、行业标准和地方标准制修订工作。充分运用信息化手段,建立制修订全过程信息公开和共享平台,强化制修订流程中的信息共享、社会监督和自查自纠,有效避免推荐性国家标准、行业标准、地方标准在立项、制定过程中的交叉重复矛盾。简化制修订程序,提高审批效率,缩短制修订周期。推动免费向社会公开公益类推荐性标准文本。建立标准实施信息反馈和评估机制,及时开展标准复审和维护更新,有效解决标准缺失滞后老化问题。加强标准化技术委员会管理,提高广泛性、代表性,保证标准制定的科学性、公正性。

(四)培育发展团体标准。在标准制定主体上,鼓励具备相应能力的学会、协会、商会、联合会等社会组织和产业技术联盟协调相关市场主体共同制定满足市场和创新需要的标准,供市场自愿选用,增加标准的有效供给。在标准管理上,对团体标准不设行政许可,由社会组织和产业技术联盟自主制定发布,通过市场竞争优胜劣汰。国务院标准化主管部门会同国务院有关部门制定团体标准发展指导意见和标准化良好行为规范,对团体标准进行必要的规范、引导和监督。在工作推进上,选择市场化程度高、技术创新活跃、产品类标准较多的领域,先行开展团体标准试点工作。支持专利融入团体标准,推动技术进步。

(五)放开搞活企业标准。企业根据需要自主制定、实施企业标准。鼓励企业制定高于国家标准、行业标准、地方标准,具有竞争力的企业标准。建立企业产品和服务标准自我声明公开和监督制度,逐步取消政府对企业产品标准的备案管理,落实企业标准化主体责任。鼓励标准化专业机构对企业公开的标准开展比对和评价,强化社会监督。

(六)提高标准国际化水平。鼓励社会组织和产业技术联盟、企业积极参与国际标准化活动,争取承担更多国际标准组织技术机构和领导职务,增强话语权。加大国际标准跟踪、评估和转化力度,加强中国标准外文版翻译出版工作,推动与主要贸易国之间的标准互认,推进优势、特色领域标准国际化,创建中国标准品牌。结合海外工程承包、重大装备设备出口和对外援建,推广中国标准,以中国标准"走出去"带动我国产品、技术、装备、服务"走出去"。进一步放宽外资企业参与中国标准的制定。

四、组织实施

坚持整体推进与分步实施相结合,按照逐步调整、不断完善的方法,协同有序推进各项改革任务。标准化工作改革分三个阶段实施。

(一)第一阶段(2015—2016年),积极推进改革试点工作。

——加快推进《中华人民共和国标准化法》修订工作,提出法律修正案,确保改革于法有据。修订完善相关规章制度。(2016年6月底前完成)

——国务院标准化主管部门会同国务院各有关部门及地方政府标准化主管部门,对现行国家标准、行业标准、地方标准进行全面清理，集中开展滞后老化标准的复审和修订，解决标准缺失、矛盾交叉等问题。（2016 年 12 月底前完成）

——优化标准立项和审批程序，缩短标准制定周期。改进推荐性行业和地方标准备案制度，加强标准制定和实施后评估。（2016 年 12 月底前完成）

——按照强制性标准制定原则和范围，对不再适用的强制性标准予以废止，对不宜强制的转化为推荐性标准。（2015 年 12 月底前完成）

——开展标准实施效果评价，建立强制性标准实施情况统计分析报告制度。强化监督检查和行政执法，严肃查处违法违规行为。（2016 年 12 月底前完成）

——选择具备标准化能力的社会组织和产业技术联盟，在市场化程度高、技术创新活跃、产品类标准较多的领域开展团体标准试点工作，制定团体标准发展指导意见和标准化良好行为规范。（2015 年 12 月底前完成）

——开展企业产品和服务标准自我声明公开和监督制度改革试点。企业自我声明公开标准的，视同完成备案。（2015 年 12 月底前完成）

——建立国务院标准化协调推进机制，制定相关制度文件。建立标准制修订全过程信息公开和共享平台。（2015 年 12 月底前完成）

——主导和参与制定国际标准数量达到年度国际标准制定总数的 50%。（2016 年完成）

（二）第二阶段（2017—2018 年），稳妥推进向新型标准体系过渡。

——确有必要强制的现行强制性行业标准、地方标准，逐步整合上升为强制性国家标准。（2017 年完成）

——进一步明晰推荐性标准制定范围，厘清各类标准间的关系，逐步向政府职责范围内的公益类标准过渡。（2018 年完成）

——培育若干具有一定知名度和影响力的团体标准制定机构，制定一批满足市场和创新需要的团体标准。建立团体标准的评价和监督机制。（2017 年完成）

——企业产品和服务标准自我声明公开和监督制度基本完善并全面实施。（2017 年完成）

——国际国内标准水平一致性程度显著提高，主要消费品领域与国际标准一致性程度达到 95% 以上。（2018 年完成）

（三）第三阶段（2019—2020 年），基本建成结构合理、衔接配套、覆盖全面、适应经济社会发展需求的新型标准体系。

——理顺并建立协同、权威的强制性国家标准管理体制。（2020 年完成）

——政府主导制定的推荐性标准限定在公益类范围，形成协调配套、简化高效的推荐性标准管理体制。（2020 年完成）

——市场自主制定的团体标准、企业标准发展较为成熟，更好满足市场竞争、创新发展的需求。（2020 年完成）

——参与国际标准化治理能力进一步增强，承担国际标准组织技术机构和领导职务数量显著增多，与主要贸易伙伴国家标准互认数量大幅增加，我国标准国际影响力不断提升，迈入世界标准强国行列。（2020 年完成）

国务院关于同意建立国务院标准化协调推进部际联席会议制度的批复

国函〔2015〕94 号

质检总局：

你局关于建立国务院标准化协调推进部际联席会议制度的请示收悉。现批复如下：

同意建立由国务院领导同志牵头负责的国务院标准化协调推进部际联席会议制度。联席会议不刻制印章，不正式行文，请按照国务院有关文件精神认真组织开展工作。

附件：国务院标准化协调推进部际联席会议制度

国务院

2015 年 6 月 1 日

附件

国务院标准化协调推进部际联席会议制度

为贯彻落实《国务院关于印发深化标准化工作改革方案的通知》（国发〔2015〕13 号），加强部门间协调配合，推进标准化工作，经国务院同意，建立国务院标准化协调推进部际联席会议（以下简称联席会议）制度。

一、主要职能

在国务院领导下，统筹协调全国标准化工作。研究提出促进标准化改革发展的重大方针政策，协调解决标准化改革发展中的重大问题；对跨部门跨领域、存在重大争议标准的制定和实施进行协调，审议确定需报请国务院批准发布的标准；完成国务院交办的其他事项。

二、成员单位

联席会议由质检总局（国家标准委）、中央网信办、外交部、发展改革委、教育部、科技部、工业和信息化部、国家民委、公安部、民政部、财政部、人力资源社会保障部、国土资源部、环境保护部、住房城乡建设部、交通运输部、水利部、农业部、商务部、文化部、卫生计生委、人民银行、国资委、税务总局、新闻出版广电总局、安全监管总局、食品药品监管总局、林业局、知识产权局、旅游局、法制办、粮食局、能源局、国防科工局、海洋局、铁路局、民航局、中医药局、总装备部等 39 个部门和单位组成，质检总局（国家标准委）为牵头单位。

国务院分管标准化工作的领导同志担任联席会议召集人，质检总局主要负责同志、协助分管标准化工作的国务院副秘书长担任副召集人，其他成员单位有关负责同志为联席会议成员（名单附后）。根据工作需要，联席会议可邀请其他相关部门参加。联席会议成员因工作变动需要调整的，由所在单位提出，联席会议确定。

联席会议办公室设在质检总局（国家标准委），承担联席会议日常工作，质检总局主要负责同志兼任办公室主任，国家标准委主要负责同志兼任办公室副主任。联席会议设联络员，由各成员单位有关司局负责同志担任。

三、工作规则

联席会议根据工作需要定期或不定期召开全体会议，由召集人或召集人委托的副召集人主持，主要审议促进标准化改革发展的重大方针政策，协调解决标准化改革发展中的重大问题；也可定期或不定期召开由相关成员单位参加的标准协调专题会议，由召集人或召集人委托的副召集人主持，主要对跨部门跨领域、存在重大争议标准的制定和实施进行协调，审议确定需报请国务院批准发布的标准。成员单位根据工作需要可以提出召开会议的建议。在全体会议和专题会议之前，召开联络员会议，研究讨论联席会议议题和需提交联席会议议定的事项及其他有关事项。联席会议以纪要形式明确会议议定事项，印发有关方面并抄报国务院，重大事项按程序报批。

四、工作要求

各成员单位要按照职责分工，主动研究标准化工作中的有关问题，及时向联席会议办公室提出需联席会议讨论的议题；按要求参加联席会议，认真落实联席会议确定的工作任务和议定事项；加强沟通，密切配合，相互支持，形成合力，充分发挥联席会议作用，形成高效运行的工作机制。联席会议办公室要及时向各成员单位通报有关情况。

国务院标准化协调推进部际联席会议成员名单

召 集 人：王　勇　　国务委员

副召集人：支树平　　质检总局局长

江泽林　　国务院副秘书长

成　　员：王秀军　　中央网信办副主任

李保东　　外交部副部长

林念修　　发展改革委副主任

郝　平　　教育部副部长

侯建国　　科技部副部长

怀进鹏　　工业和信息化部副部长

陈改户　　国家民委副主任

杨焕宁　　公安部副部长

窦玉沛　　民政部副部长

胡静林　　财政部副部长

杨志明　　人力资源社会保障部副部长

汪　民　　国土资源部副部长

吴晓青　　环境保护部副部长

陆克华　　住房城乡建设部副部长

王昌顺　　交通运输部副部长

汪　洪　　水利部总工程师

陈晓华　　农业部副部长

房爱卿　　商务部副部长

董　伟　　文化部副部长

刘　谦　　卫生计生委副主任

范一飞　　人民银行副行长

张喜武　　国资委副主任

范　坚　　税务总局总经济师

田世宏　　质检总局党组成员、国家标准委主任

田　进　　新闻出版广电总局副局长

杨元元　　安全监管总局副局长

孙咸泽　　食品药品监管总局药品安全总监

孙扎根　　林业局副局长

贺　化　　知识产权局副局长

吴文学　　旅游局副局长

袁曙宏　　法制办副主任

吴子丹　　粮食局副局长

刘　琦　　能源局副局长

吴艳华　　国防科工局副局长

陈连增	海洋局副局长
郑　健	铁路局党组成员
李　健	民航局副局长
于文明	中医药局副局长
王　力	总装备部副部长

国务院办公厅关于加强节能标准化工作的意见

国办发〔2015〕16号

各省、自治区、直辖市人民政府，国务院各部委、各直属机构：

节能标准是国家节能制度的基础，是提升经济质量效益、推动绿色低碳循环发展、建设生态文明的重要手段，是化解产能过剩、加强节能减排工作的有效支撑。为进一步加强节能标准化工作，经国务院同意，现提出以下意见。

一、总体要求

（一）指导思想。全面贯彻落实党的十八大和十八届二中、三中、四中全会精神，认真落实党中央、国务院的决策部署，充分发挥市场在资源配置中的决定性作用，更好发挥政府作用，创新节能标准化管理机制，健全节能标准体系，强化节能标准实施与监督，有效支撑国家节能减排和产业结构升级，为生态文明建设奠定坚实基础。

（二）基本原则。坚持准入倒逼，加快制修订强制性能效、能耗限额标准，发挥准入指标对产业转型升级的倒逼作用。坚持标杆引领，研究和制定关键节能技术、产品和服务标准，发挥标准对节能环保等新兴产业的引领作用。坚持创新驱动，以科技创新提高节能标准水平，促进节能科技成果转化应用。坚持共同治理，营造良好环境，形成政府引导、市场驱动、社会参与的节能标准化共治格局。

（三）工作目标。到2020年，建成指标先进、符合国情的节能标准体系，主要高耗能行业实现能耗限额标准全覆盖，80%以上的能效指标达到国际先进水平，标准国际化水平明显提升。形成节能标准有效实施与监督的工作体系，产业政策与节能标准的结合更加紧密，节能标准对节能减排和产业结构升级的支撑作用更加显著。

二、创新工作机制

（四）建立节能标准更新机制。制定节能标准体系建设方案和节能标准制修订工作规划，定期更新并发布节能标准。建立节能标准化联合推进机制，加强节能标准化工作协调配合。完善节能标准立项协调机制，每年下达1—2批节能标准专项计划，急需节能标准随时立项。完善节能标准复审机制，标准复审周期控制在3年以内，标准修订周期控制在2年以内。创新节能标准技术审查和咨询评议机制，加强能效能耗数据监测和统计分析，强化能效标准和能耗限额标准实施后评估工作，确保强制性能效和能耗指标的先进性、科学性和有效性。改进国家标准化指导性技术文件管理模式，探索团体标准转化为国家标准的工作机制，推动新兴节能技术、产品和服务快速转化为标准。（国家标准委、发展改革委、工业和信息化部等按职责分工负责）

（五）探索能效标杆转化机制。适时将能效“领跑者”指标纳入强制性终端用能产品能效标准和行业能耗限额标准指标体系，将“领跑者”企业的能耗水平确定为高耗能及产能严重过剩行业准入指标。能效标准中的能效限定值和能耗限额标准中的能耗限定值应至少淘汰20%左右的落后产品和落后产能。（国家标准委、发展改革委、工业和信息化部等按职责分工负责）

（六）创新节能标准化服务。建设节能标准信息服务平台，及时发布和更新节能标准信息，方便企业查询标准信息、反馈实施情况、提出标准需求。探索节能标准化服务新模式，开展标准宣传贯彻、信息咨询、标准比对、实施效果评估等服务，鼓励标准化技术机构为企业提供标准研制、标准体系建设、标准化人才培养等定制化专业服务。普及节能标准化知识，增强政府部门、用能单位和消费者的节能标准化意识。（国家标准委、发展改革委、工业和信息化部等按职责分工负责）

三、完善标准体系

（七）加强重点领域节能标准制修订工作。实施百项能效标准推进工程。在工业领域，加快制修订钢铁、有色、石化、化工、建材、机械、船舶等行业节能标准，形成覆盖生产设备节能、节能监测与管理、能源管理与审计等方面的标准体系；完善燃油经济性标准和新能源汽车技术标准。在能源领域，重点制定煤炭清洁高效利用相关技术标准，加强天然气、新能源、可再生能源标准制修订工作。在建筑领域，完善绿色建筑与建筑节能设计、施工验收和评价标准，修订建筑照明设计标准，建立绿色建材标准体系。在交通运输领域，加快综合交通运输标准的制修订工作，重点制修订用能设备设施能效标准、绿色交通评价等标准。在流通领域，加快制修订零售业能源管理体系、绿色商场和绿色市场等标准。在公共机构领域，制修订公共机构能源管理体系、能源审计、节约型公共机构评价等标准。在农业领域，加快制修订农业机械、渔船和种植制度等农业生产领域高产节能，省柴节煤灶炕等农村生活节能，以及农作物秸秆能源化高效利用等相关技术标准。（国家标准委、发展改革委、工业和信息化部、住房城乡建设部、交通运输部、农业部、商务部、国管局、能源局按职责分工负责）

（八）实施节能标准化示范工程。选择具有示范作用和辐射效应的园区或重点用能企业，建设节能标准化示范项目，推广低温余热发电、吸收式热泵供暖、冰蓄冷、高效电机及电机系统等先进节能技术、设备，提升企业能源利用效率。（国家标准委、发展改革委、工业和信息化部、能源局牵头负责）

（九）推动节能标准国际化。跟踪节能领域国际标准发展，实质性参与和主导制定一批节能国际标准，扩大节能技术、产品和服务等国际市场份额。加强节能标准双边、多边国际合作，推动与主要贸易国建立节能标准互认机制。（国家标准委、发展改革委、商务部牵头负责）

四、强化标准实施

（十）严格执行强制性节能标准。强化用能单位实施强制性节能标准的主体责任，开展能效对标达标活动，发挥节能标准对用能单位、重点用能设备和系统能效提升的规范和引导作用。以强制性能耗限额标准为依据，实施固定资产投资项目节能评估和审查制度，对电解铝、铁合金、电石等高耗能行业的生产企业实施差别电价和惩罚性电价政策，对煤炭、石油、有色、建材、化工等产能过剩行业和稀土等战略资源行业的生产企业进行准入公告。以强制性能效标准和交通工具燃料经济性标准为依据，实施节能产品惠民工程、节能产品政府采购、能效标识制度。建筑工程设计、施工和验收应严格执行新建建筑强制性节能标准。政府投资的公益性建筑、大型公共建筑以及各直辖市、计划单列市及省会城市的保障性住房，应全面执行绿色建筑标准。将强制性节能标准实施情况纳入地方各级人民政府节能目标责任考核。（地方各级人民政府，发展改革委、工业和信息化部、财政部、住房城乡建设部、交通运输部、质检总局、国管局等按职责分工负责）

（十一）推动实施推荐性节能标准。强化政策与标准的有效衔接，制定相关政策、履行职能应优先采用节能标准。在能源消费总量控制、生产许可、节能改造、节能量交易、节能产品推广、节能认证、节能示范、绿色建筑评价及公共机构建设等领域，优先采用合同能源管理、节能量评估、电力需求侧管理、节约型公共机构评价等节能标准。推动能源管理体系、系统经济运行、能量平衡测试、节能监测等推荐性节能标准在工业企业中的应用。积极开展公共机构能源管理体系认证。（发展改革委、工业和信息化部、财政部、住房城乡建设部、商务部、质检总局、国管局、国家认监委等按职责分工负责）

（十二）加强标准实施的监督。以节能标准实施为重点，加大节能监察力度，督促用能单位实施强制性能耗限额标准和终端用能产品能效标准。完善质量监督制度，将产品是否符合节能标准纳入产品质量监督考核体系。畅通举报渠道，鼓励社会各方参与对节能标准实施情况的监督。（发展改革委、工业和信息化部、质检总局等按职责分工负责）

五、保障措施

（十三）加大节能标准化科研支持力度。实施科技创新驱动发展战略，加强节能领域技术标准科研工作规划。强化节能技术研发与标准制定的结合，支持制定具有自主知识产权的技术标准。建设产学研用有机结合的区域性国家技术标准创新基地，培育形成技术研发—标准研制—产业应用的科技创新机制。（科技部、国家标准委牵头负责）

（十四）加快节能标准化人才培养步伐。完善节能标准化人才教育体系，鼓励节能标准化人才担任节能国际标准化技术组织职务。加强基层节能技术人员和管理人员培训工作，提升各类用能单位特别是中小微企业运用节能标准的能力。（国家标准委、工业和信息化部、发展改革委、科技部、国管局按职责分工负责）

各地区、各有关部门要充分认识节能标准化工作的重大意义，精心组织，加强配合，抓紧研究制定具体实施方案，拓宽节能标准化资金投入渠道，扎实推动各项工作，确保各项政策措施落实到位。

国务院办公厅

2015 年 3 月 24 日

国务院办公厅关于印发贯彻实施《深化标准化工作改革方案》行动计划（2015—2016年）的通知

国办发〔2015〕67号

各省、自治区、直辖市人民政府，国务院各部委、各直属机构：

《贯彻实施〈深化标准化工作改革方案〉行动计划（2015—2016年）》已经国务院同意，现印发给你们，请认真贯彻执行。

国务院办公厅

2015年8月30日

贯彻实施《深化标准化工作改革方案》行动计划（2015—2016年）

为贯彻实施《国务院关于印发深化标准化工作改革方案的通知》（国发〔2015〕13号，以下简称《改革方案》），协同有序推进标准化工作改革，确保第一阶段（2015—2016年）各项任务落到实处，制定本行动计划。

一、开展强制性标准清理评估。研究制定强制性标准整合精简工作方案。按照强制性标准制定范围和原则，对现行强制性国家、行业和地方标准及制修订计划开展全面清理、评估，不再适用的予以废止；不宜强制的转化为推荐性标准；确需强制的，提出继续有效或整合修订的工作建议。在工业领域先行开展整合修订试点，制定发布覆盖面广、通用性强的强制性国家标准。各部门、各地区不再下达新的强制性行业标准和地方标准计划。依法制定强制性国家标准管理办法，加快清理修订涉及强制性标准的相关规章制度。（质检总局、国家标准委牵头，各有关部门、各省级人民政府按职责分工负责）

法律法规另有规定以及《改革方案》已明确按或暂按现有模式管理的领域，依据现有管理职责，按照《改革方案》精神，分别开展强制性标准的清理评估工作。（各有关部门、各省级人民政府按职责分工负责）

二、开展推荐性标准复审和修订。对现行推荐性国家、行业和地方标准开展集中复审，不再适用的予以废止；不同层级间存在矛盾交叉的，根据复审结果进行整合修订；与国际标准存在较大差距、已经滞后于产业和技术发展的，分批次开展修订工作。（国家标准委、各有关部门、各省级人民政府按职责分工负责）

三、优化推荐性标准制修订程序。简化推荐性标准制修订程序，缩短制修订周期，提高标准质量和制修订效率。加强标准立项评估，从源头上确保标准质量和协调性。加强对标准起草、征求意见、技术审查等环节的监督。改进行业和地方标准备案管理，加强各级推荐性标准立项、批准发布信息交换和共享，提高各级推荐性标准的协调性。（国家标准委牵头，各有关部门、各省级人民政府按职责分工负责）

四、开展团体标准试点。研究制定推进科技类学术团体开展标准制定和管理的实施办法。做好学会有序承接政府转移职能的试点工作，在市场化程度高、技术创新活跃、产品类标准较多的领域，鼓励有条件的学会、协会、商会、联合会等先行先试，开展团体标准试点。在总结试点经验基础上,加快制定团体标准发展指导意见和标准化良好行为规范,进一步明确团体标准制定程序和评价准则。(国家标准委、民政部、中国科协牵头负责)

五、开展企业产品和服务标准自我声明公开和监督制度试点。建立完善企业产品和服务标准信息公共服务平台。研究制定企业产品和服务标准自我声明公开和监督制度指南,鼓励企业进行标准自我声明公开。(质检总局、国家标准委牵头负责)

六、加强标准实施与监督。加大科技研发对标准研制的支持,增强标准适用性。建立标准实施信息反馈机制,开展强制性标准实施效果评价,探索建立强制性标准实施情况统计分析报告制度。加强标准的培训、解读、咨询、技术服务,培育发展标准化服务机构,推动发展标准化服务业。加大依据强制性国家标准开展监督检查和行政执法的力度,严肃查处违法违规行为。(质检总局、国家标准委、科技部等有关部门、各省级人民政府按职责分工负责)

七、改进标准化技术委员会管理。修订《全国专业标准化技术委员会管理规定》,提高标准化技术委员会组成的代表性,完善广泛参与、公开透明、协商一致、管理科学的工作机制。(质检总局、国家标准委牵头负责)

加强对标准化技术委员会日常运行的监督管理,严格委员投票表决制度,完善考核评价机制。(国家标准委、各有关部门、各省级人民政府按职责分工负责)

八、提高标准国际化水平。加强参与国际标准化活动的管理,积极参与国际标准化战略规划、政策和规则的制定。推动我国企业、产业技术联盟和社会组织积极参与国际、区域标准化组织和国际国外先进产业技术联盟的标准化活动。鼓励外资企业参与我国标准化活动,营造更加公开、透明、开放的标准化工作环境。制定实施国际标准化人才培训规划,加大国际标准化人才培养和引进力度。不断拓宽参与国际标准化活动的领域范围,以新兴产业和我国特色优势领域为重点,争取承担更多国际标准组织技术机构领导职务和秘书处,实质参与国际标准制修订,逐步提高主导制定国际标准比例。加大对国际标准的跟踪、评估和转化力度,不断提高国内标准与国际标准水平一致性程度。(国家标准委牵头负责)

九、推动中国标准"走出去"。围绕"一带一路"、"中国制造2025"、国际产能和装备制造合作等战略,研究制定中国标准"走出去"工作方案,推动铁路、电力、钢铁、航天、核等重点领域标准"走出去"。研究制定标准联通"一带一路"行动计划,开展"一带一路"沿线重点国家国别分析和大宗商品标准、终端用能产品能效标准的比对分析研究。加强中国标准外文版翻译出版工作,加大与主要贸易国标准互认力度,推动农业标准化海外示范区建设。开展面向俄罗斯、中亚、东盟和非洲的标准化专家交流和人才培训项目。(国家标准委牵头负责)

十、加强信息化建设。按照积极稳妥、分步实施的原则,推进跨部门、跨行业、跨区域标准化信息交换与资源共享,规划建设统一规范的全国标准信息网站,为社会提供服务。建立标准公开制度,推动政府主导制定标准的信息公开、透明和共享,及时向社会公开标准制修订过程信息,免费向社会公开强制性标准全文,研究推动逐步免费向社会公开推荐性标准文本。(国家标准委牵头,各有关部门、各省级人民政府按职责分工负责)

十一、加大宣传工作力度。在全国范围内开展对标准化工作改革精神的宣传解读,组织电视媒体、平面媒体和网络媒体宣传标准化工作改革的重要意义。加强各部门之间的信息联动共享机制建设,加强对标准化重大政策和重点工作的普及性宣传,加大重要标准宣传贯彻力度,营造良好的舆论氛围。(国家标准委牵头负责)

十二、加强标准化工作经费保障。各级财政应根据工作实际需要统筹安排标准化工作经费。制定强制性标准和公益类推荐性标准以及参与国际标准化活动的经费,由同级财政予以安排。探索建立市场化、多元化经费投入机制,鼓励、引导社会各界加大投入。(财政部、质检总局、国家标准委牵头,各有关部门、各省级人民政府按职责分工负责)

十三、加强标准化法治建设。加快推进《中华人民共和国标准化法》修订工作,制定工作方案，组织开展有关重大问题研究，提出法律修正案，推动实现立法与改革决策的有效衔接。（质检总局、国家标准委、法制办牵头负责）

开展对现行标准化相关法规、规章和规范性文件的清理评估，明确立改废的重点。开展标准化法配套法规、规章的研究和起草工作。（各有关部门、各省级人民政府按职责分工负责）

十四、建立国务院标准化统筹协调机制。建立由国务院领导同志为召集人、各有关部门负责同志为成员的国务院标准化协调推进部际联席会议制度。鼓励地方参照建立相应的工作机制。（质检总局、国家标准委牵头负责）

各地区、各部门要按照国务院统一部署，进一步提高对深化标准化工作改革重要性的认识，加强对标准化工作的组织领导和统筹协调，强化协同配合。各地区、各部门要按照本行动计划，结合实际，落实责任分工，确保按时保质完成各项任务。

国务院办公厅关于印发国家标准化体系建设发展规划(2016—2020年)的通知

国办发〔2015〕89号

各省、自治区、直辖市人民政府,国务院各部委、各直属机构:

《国家标准化体系建设发展规划(2016—2020年)》已经国务院同意,现印发给你们,请认真贯彻执行。

国务院办公厅

2015年12月17日

国家标准化体系建设发展规划(2016—2020年)

标准是经济活动和社会发展的技术支撑,是国家治理体系和治理能力现代化的基础性制度。改革开放特别是进入21世纪以来,我国标准化事业快速发展,标准体系初步形成,应用范围不断扩大,水平持续提升,国际影响力显著增强,全社会标准化意识普遍提高。但是,与经济社会发展需求相比,我国标准化工作还存在较大差距。为贯彻落实《中共中央关于制定国民经济和社会发展第十三个五年规划的建议》和《国务院关于印发深化标准化工作改革方案的通知》(国发〔2015〕13号)精神,推动实施标准化战略,加快完善标准化体系,提升我国标准化水平,制定本规划。

一、总体要求

(一)指导思想。认真落实党的十八大和十八届二中、三中、四中、五中全会精神,按照"四个全面"战略布局和党中央、国务院决策部署,落实深化标准化工作改革要求,推动实施标准化战略,建立完善标准化体制机制,优化标准体系,强化标准实施与监督,夯实标准化技术基础,增强标准化服务能力,提升标准国际化水平,加快标准化在经济社会各领域的普及应用和深度融合,充分发挥"标准化+"效应,为我国经济社会创新发展、协调发展、绿色发展、开放发展、共享发展提供技术支撑。

(二)基本原则。

需求引领,系统布局。围绕经济、政治、文化、社会和生态文明建设重大部署,合理规划标准化体系布局,科学确定发展重点领域,满足产业结构调整、社会治理创新、生态环境保护、文化繁荣发展、保障改善民生和国际经贸合作的需要。

深化改革,创新驱动。全面落实标准化改革要求,完善标准化法制、体制和机制。强化以科技创新为动力,推进科技研发、标准研制和产业发展一体化,提升标准技术水平。以管理创新为抓手,加大标准实施、监督和服务力度,提高标准化效益。

协同推进,共同治理。坚持"放、管、治"相结合,发挥市场对标准化资源配置的决定性作用,激发市场主体活力;更好发挥政府作用,调动各地区、各部门积极性,加强顶层设计和统筹管理;强化社会监督作用,形成标准化共治新格局。

包容开放,协调一致。坚持各类各层级标准协调发展,提高标准制定、实施与监督的系统性和协调性;加强标准与法律法规、政策措施的衔接配套,发挥标准对法律法规的技术支撑和必要补充作用。坚持与国际接轨，统筹引进来与走出去，提高我国标准与国际标准一致性程度。

（三）发展目标。到2020年，基本建成支撑国家治理体系和治理能力现代化的具有中国特色的标准化体系。标准化战略全面实施，标准有效性、先进性和适用性显著增强。标准化体制机制更加健全，标准服务发展更加高效，基本形成市场规范有标可循、公共利益有标可保、创新驱动有标引领、转型升级有标支撑的新局面。“中国标准”国际影响力和贡献力大幅提升，我国迈入世界标准强国行列。

——标准体系更加健全。政府主导制定的标准与市场自主制定的标准协同发展、协调配套，强制性标准守底线、推荐性标准保基本、企业标准强质量的作用充分发挥，在技术发展快、市场创新活跃的领域培育和发展一批具有国际影响力的团体标准。标准平均制定周期缩短至24个月以内，科技成果标准转化率持续提高。在农产品消费品安全、节能减排、智能制造和装备升级、新材料等重点领域制修订标准9000项，基本满足经济建设、社会治理、生态文明、文化发展以及政府管理的需求。

——标准化效益充分显现。农业标准化生产覆盖区域稳步扩大，农业标准化生产普及率超过30%。主要高耗能行业和终端用能产品实现节能标准全覆盖，主要工业产品的标准达到国际标准水平。服务业标准化试点示范项目新增500个以上，社会管理和公共服务标准化程度显著提高。新发布的强制性国家标准开展质量及效益评估的比例达到50%以上。

——标准国际化水平大幅提升。参与国际标准化活动能力进一步增强，承担国际标准化技术机构数量持续增长，参与和主导制定国际标准数量达到年度国际标准制修订总数的50%，着力培养国际标准化专业人才，与“一带一路”沿线国家和主要贸易伙伴国家的标准互认工作扎实推进，主要消费品领域与国际标准一致性程度达到95%以上。

——标准化基础不断夯实。标准化技术组织布局更加合理，管理更加规范。按照深化中央财政科技计划管理改革的要求，推进国家技术标准创新基地建设。依托现有检验检测机构，设立国家级标准验证检验检测点50个以上，发展壮大一批专业水平高、市场竞争力强的标准化科研机构。标准化专业人才基本满足发展需要。充分利用现有网络平台，建成全国标准信息网络平台，实现标准化信息互联互通。培育发展标准化服务业，标准化服务能力进一步提升。

二、主要任务

（一）优化标准体系。

深化标准化工作改革。把政府单一供给的现行标准体系，转变为由政府主导制定的标准和市场自主制定的标准共同构成的新型标准体系。整合精简强制性标准，范围严格限定在保障人身健康和生命财产安全、国家安全、生态环境安全以及满足社会经济管理基本要求的范围之内。优化完善推荐性标准，逐步缩减现有推荐性标准的数量和规模，合理界定各层级、各领域推荐性标准的制定范围。培育发展团体标准，鼓励具备相应能力的学会、协会、商会、联合会等社会组织和产业技术联盟协调相关市场主体共同制定满足市场和创新需要的标准，供市场自愿选用，增加标准的有效供给。建立企业产品和服务标准自我声明公开和监督制度，逐步取消政府对企业产品标准的备案管理，落实企业标准化主体责任。

完善标准制定程序。广泛听取各方意见，提高标准制定工作的公开性和透明度，保证标准技术指标的科学性和公正性。优化标准审批流程，落实标准复审要求，缩短标准制定周期，加快标准更新速度。完善标准化指导性技术文件和标准样品等管理制度。加强标准验证能力建设，培育一批标准验证检验检测机构，提高标准技术指标的先进性、准确性和可靠性。

落实创新驱动战略。加强标准与科技互动，将重要标准的研制列入国家科技计划支持范围，将标准作为相关科研项目的重要考核指标和专业技术资格评审的依据，应用科技报告制度促进科技成果向标准转化。加强专利与标准相结合，促进标准合理采用新技术。提高军民标准通用化水平，积极推动在国防和军队建设中采用民用标准，并将先进适用的军用标准转化为民用标准，制定军民通用标准。

发挥市场主体作用。鼓励企业和社会组织制定严于国家标准、行业标准的企业标准和团体标准，将拥有自主知识产权的关键技术纳入企业标准或团体标准，促进技术创新、标准研制和产业化协调发展。

（二）推动标准实施。

完善标准实施推进机制。发布重要标准，要同步出台标准实施方案和释义，组织好标准宣传推广工作。规范标准解释权限管理，健全标准解释机制。推进并规范标准化试点示范，提高试点示范项目的质量和效益。建立完善标准化统计制度，将能反映产业发展水平的企业标准化统计指标列入法定的企业年度统计报表。

强化政府在标准实施中的作用。各地区、各部门在制定政策措施时要积极引用标准，应用标准开展宏观调控、产业推进、行业管理、市场准入和质量监管。运用行业准入、生产许可、合格评定/认证认可、行政执法、监督抽查等手段，促进标准实施，并通过认证认可、检验检测结果的采信和应用，定性或定量评价标准实施效果。运用标准化手段规范自身管理，提高公共服务效能。

充分发挥企业在标准实施中的作用。企业要建立促进技术进步和适应市场竞争需要的企业标准化工作机制。根据技术进步和生产经营目标的需要，建立健全以技术标准为主体、包括管理标准和工作标准的企业标准体系，并适应用户、市场需求，保持企业所用标准的先进性和适用性。企业应严格执行标准，把标准作为生产经营、提供服务和控制质量的依据和手段，提高产品服务质量和生产经营效益，创建知名品牌。充分发挥其他各类市场主体在标准实施中的作用。行业组织、科研机构和学术团体以及相关标准化专业组织要积极利用自身有利条件，推动标准实施。

（三）强化标准监督。

建立标准分类监督机制。健全以行政管理和行政执法为主要形式的强制性标准监督机制，强化依据标准监管，保证强制性标准得到严格执行。建立完善标准符合性检测、监督抽查、认证等推荐性标准监督机制，强化推荐性标准制定主体的实施责任。建立以团体自律和政府必要规范为主要形式的团体标准监督机制，发挥市场对团体标准的优胜劣汰作用。建立企业产品和服务标准自我声明公开的监督机制，保障公开内容真实有效，符合强制性标准要求。

建立标准实施的监督和评估制度。国务院标准化行政主管部门会同行业主管部门组织开展重要标准实施情况监督检查，开展标准实施效果评价。各地区、各部门组织开展重要行业、地方标准实施情况监督检查和评估。完善标准实施信息反馈渠道，强化对反馈信息的分类处理。

加强标准实施的社会监督。进一步畅通标准化投诉举报渠道，充分发挥新闻媒体、社会组织和消费者对标准实施情况的监督作用。加强标准化社会教育，强化标准意识，调动社会公众积极性，共同监督标准实施。

（四）提升标准化服务能力。

建立完善标准化服务体系。拓展标准研发服务，开展标准技术内容和编制方法咨询，为企业制定标准提供国内外相关标准分析研究、关键技术指标试验验证等专业化服务，提高其标准的质量和水平。提供标准实施咨询服务，为企业实施标准提供定制化技术解决方案，指导企业正确、有效执行标准。完善全国专业标准化技术委员会与相关国际标准化技术委员会的对接机制，畅通企业参与国际标准化工作渠道，帮助企业实质性参与国际标准化活动，提升企业国际影响力和竞争力。帮助出口型企业了解贸易对象国技术标准体系，促进产品和服务出口。加强中小微企业标准化能力建设服务，协助企业建立标准化组织架构和制度体系、制定标准化发展策略、建设企业标准体系、培养标准化人才，更好促进中小微企业发展。

加快培育标准化服务机构。支持各级各类标准化科研机构、标准化技术委员会及归口单位、标准出版发行机构等加强标准化服务能力建设。鼓励社会资金参与标准化服务机构发展。引导有能力的社会组织参与标准化服务。

（五）加强国际标准化工作。

积极主动参与国际标准化工作。充分发挥我国担任国际标准化组织常任理事国、技术管理机构常任成员等作用，全面谋划和参与国际标准化战略、政策和规则的制定修改，提升我国对国际标准化活动的贡献度和影响力。鼓励、支持我国专家和机构担任国际标准化技术机构职务和承担秘书处工作。建立以企业为主体、相关方协同参与国际标准化活动的工作机制，培育、发展和推动我国优势、特色技术标准成为国际标准，服务我国企业和产业走出去。吸纳各方力量，加强标准外文版翻译出版工作。加大国际标准跟踪、评估力度，加快转化适合我国国情的国际标准。加强口岸贸易便利化标准研制。服务高标准自贸区建设，运用标准化手段推动贸易和投资自由化便利化。

深化标准化国际合作。积极发挥标准化对"一带一路"战略的服务支撑作用，促进沿线国家在政策沟通、设施联通、贸易畅通等方面的互联互通。深化与欧盟国家、美国、俄罗斯等在经贸、科技合作框架内的标准化合作机制。推进太平洋地区、东盟、东北亚等区域标准化合作，服务亚太经济一体化。探索建立金砖国家标准化合作新机制。加大与非洲、拉美等地区标准化合作力度。

（六）夯实标准化工作基础。

加强标准化人才培养。推进标准化学科建设，支持更多高校、研究机构开设标准化课程和开展学历教育，设立标准化专业学位，推动标准化普及教育。加大国际标准化高端人才队伍建设力度，加强标准化专业人才、管理人才培养和企业标准化人员培训，满足不同层次、不同领域的标准化人才需求。

加强标准化技术委员会管理。优化标准化技术委员会体系结构，加强跨领域、综合性联合工作组建设。增强标准化技术委员会委员构成的广泛性、代表性，广泛吸纳行业、地方和产业联盟代表，鼓励消费者参与，促进军、民标准化技术委员会之间相互吸纳对方委员。利用信息化手段规范标准化技术委员会运行，严格委员投票表决制度。建立完善标准化技术委员会考核评价和奖惩退出机制。

加强标准化科研机构建设。支持各类标准化科研机构开展标准化理论、方法、规划、政策研究，提升标准化科研水平。支持符合条件的标准化科研机构承担科技计划和标准化科研项目。加快标准化科研机构改革，激发科研人员创新活力，提升服务产业和企业能力，鼓励标准化科研人员与企业技术人员相互交流。加强标准化、计量、认证认可、检验检测协同发展，逐步夯实国家质量技术基础，支撑产业发展、行业管理和社会治理。加强各级标准馆建设。

加强标准化信息化建设。充分利用各类标准化信息资源，建立全国标准信息网络平台，实现跨部门、跨行业、跨区域标准化信息交换与资源共享，加强民用标准化信息平台与军用标准化信息平台之间的共享合作、互联互通，全面提升标准化信息服务能力。

三、重点领域

（一）加强经济建设标准化，支撑转型升级。

以统一市场规则、调整产业结构和促进科技成果转化为着力点，加快现代农业和新农村建设标准化体系建设，完善工业领域标准体系，加强生产性服务业标准制定及试点示范，推进服务业与工业、农业在更高水平上有机融合，强化标准实施，促进经济提质增效升级，推动中国经济向中高端水平迈进。

着重健全战略性新兴产业标准体系，加大关键技术标准研制力度，深入推进《战略性新兴产业标准化发展规划》实施，促进战略性新兴产业的整体创新能力和产业发展水平提升。

专栏1　农业农村标准化重点
农业 制定和实施高标准农田建设、现代种业发展、农业安全种植和健康养殖、农兽药残留限量及检测、农业投入品合理使用规范、产地环境评价等领域标准，以及动植物疫病预测诊治、农业转基因安全评价、农业资源合理利用、农业生态环境保护、农业废弃物综合利用等重要标准。继续完善粮食、棉花等重要农产品分级标准，以及纤维检验技术标准。推动现代农业基础设施标准化建设，继续健全和完善农产品质量安全标准体系，提高农业标准化生产普及程度。
林业 制修订林木种苗、新品种培育、森林病虫害和有害生物防治、林产品、野生动物驯养繁殖、生物质能源、森林功能与质量、森林可持续经营、林业机械、林业信息化等领域标准。研制森林用材林、经营模式规范、抚育效益评价等标准。制定林地质量评价、林地保护利用、经济林评价、速生丰产林评价、林产品质量安全、资源综合利用等重要标准，保障我国林业资源的可持续利用。
水利 制定和实施农田水利、水文、中小河流治理、灌区改造、农村水电、防汛抗旱减灾等标准，研制高效节水灌溉技术、江河湖库水系连通、地下水严重超采区综合治理、水源战略储备工程等配套标准，提高我国水旱灾害综合防御能力、水资源合理配置和高效利用能力、水资源保护和河湖健康保障能力。
粮食 制修订和实施粮油产品质量、粮油收购、粮油储运、粮油加工、粮油追溯、粮油检测、品种品质评判等领域标准，研制粮油质量安全控制、仪器化检验、现代仓储流通、节粮减损、粮油副产品综合利用、粮油加工机械等标准，健全我国粮食质量标准体系和检验监测体系。
农业社会化服务 开展农资供应、农业生产、农技推广、动植物疫病防控、农产品质量监管和质量追溯、农产品流通、农业信息化、农业金融、农业经营等领域的管理、运行、维护、服务及评价等标准的制修订，增强农业社会化服务能力。
美丽乡村建设 加强农村公共服务、农村社会管理、农村生态环境保护和农村人居环境改善等标准的制修订，提高农业农村可持续发展能力，促进城乡经济社会发展一体化新格局的形成。

专栏2　工业标准化重点
能源 研制页岩气工厂化作业、水平井钻井、水力压裂和环保方面标准。研制海上油气勘探开发与关键设备等关键技术标准。优化天然气产品标准，开展天然气能量计量、上游领域取样、分析测试、湿气计量的标准研究。研制煤炭清洁高效利用、石油高效与清洁转化、天然气与煤层气加工技术等标准。研究整体煤气化联合循环发电系统、冷热电联供分布式电流系统等技术标准。研制油气长输管道建设及站场关键设备、大型天然气液化处理储运及设备、超低硫成品油储运等标准。加强特高压及柔性直流输电、智能电网、微电网及分布式电源并网、电动汽车充电基础设施标准制修订，研制大规模间歇式电源并网和储能技术等标准。研制风能太阳能气候资源测量和评估等标准。研制先进压水堆核电技术、高温气冷堆技术、快堆技术标准，全面提升能源开发转化和利用效率。

<table>
<tr><th>专栏2　工业标准化重点</th></tr>
<tr><td>机械
加强关键基础零部件标准研制，制定基础制造工艺、工装、装备及检测标准，从全产业链条综合推进数控机床及其应用标准化工作，重点开展机床工具、内燃机、农业机械等领域的标准体系优化，提高机械加工精度、使用寿命、稳定性和可靠性。</td></tr>
<tr><td>材料
完善钢铁、有色金属、石化、化工、建材、黄金、稀土等原材料工业标准，加快标准制修订工作，充分发挥标准的上下游协同作用，加快传统材料升级换代步伐。全面推进新材料标准体系建设，重点开展新型功能材料、先进结构材料和高性能复合材料等标准研制，积极开展前沿新材料领域标准预研，有效保障新材料推广应用，促进材料工业结构调整。</td></tr>
<tr><td>消费品
加强跨领域通用、重点领域专用和重要产品等三级消费品安全标准和配套检验方法标准的制定与实施。研制消费品标签标识、全产业链质量控制、质量监管、特殊人群适用型设计和个性化定制等领域标准。加强化妆品和口腔护理用品领域标准制定。</td></tr>
<tr><td>医疗器械
开展生物医学工程、新型医用材料、高性能医疗仪器设备、医用机器人、家用健康监护诊疗器械、先进生命支持设备以及中医特色诊疗设备等领域的标准化工作。</td></tr>
<tr><td>仪器仪表及自动化
开展智能传感器与仪器仪表、工业通信协议、数字工厂、制造系统互操作、嵌入式制造软件、全生命周期管理以及工业机器人、服务机器人和家用机器人的安全、测试和检测等领域标准化工作，提高我国仪器仪表及自动化技术水平。</td></tr>
<tr><td>电工电气
加强核电、风电、海洋能、太阳热能、光伏发电用装备和产品标准制修订，开展低压直流系统及设备、输变电设备、储能系统及设备、燃料电池发电系统、火电系统脱硫脱硝和除尘、电力电子系统和设备、高速列车电气系统、电气设备安全环保技术等标准化工作，提高我国电工电气产品的国际竞争力。</td></tr>
<tr><td>空间及海洋
推进空间科学与环境安全、遥感、超导、纳米等领域标准化工作，促进科技成果产业化。制定海域海岛综合管理、海洋生态环境保护、海洋观测预报与防灾减灾、海洋经济监测与评估、海洋安全保障与权益维护、生物资源保护与开发、海洋调查与科技研究、海洋资源开发等领域标准。研制极地考察、大洋矿产资源勘探与开发、深海探测、海水淡化与综合利用、海洋能开发、海洋卫星遥感及地面站建设等技术标准。</td></tr>
<tr><td>电子信息制造与软件
加强集成电路、传感器与智能控制、智能终端、北斗导航设备与系统、高端服务器、新型显示、太阳能光伏、锂离子电池、LED、应用电子产品、软件、信息技术服务等标准化工作，服务和引领产业发展。</td></tr>
<tr><td>信息通信网络与服务
开展新一代移动通信、下一代互联网、三网融合、信息安全、移动互联网、工业互联网、物联网、云计算、大数据、智慧城市、智慧家庭等标准化工作，推动创新成果产业化进程。</td></tr>
</table>

专栏2　工业标准化重点
生物技术 加强生物样本、生物资源、分析方法、生物工艺、生物信息、生物计量与质量控制等基础通用标准的研制。开展基因工程技术、蛋白工程技术、细胞工程技术、酶工程技术、发酵工程技术和实验动物、生物芯片，以及生物农业、生物制造、生物医药、生物医学工程、生物服务等领域标准的研制，促进我国生物技术自主创新能力显著提升。
汽车船舶 制修订车船安全、节能、环保及新能源车船、关键系统部件等领域标准，加强高技术船舶、智能网联汽车及相关部件等关键技术标准研究，促进我国汽车及船舶技术提升和产业发展。

专栏3　服务业标准化重点
交通运输 制定经营性机动车营运安全标准，研制交通基础设施和综合交通枢纽的建设、维护、管理标准。开展综合运输、节能环保、安全应急、管理服务、城市客运关键技术标准研究，重点加强旅客联程运输和货物多式联运领域基础设施、转运装卸设备和运输设备的标准研制，提高交通运输效率、降低交通运输能耗。
金融 开展银行业信用融资、信托、理财、网上银行等金融产品及监管标准的研制，开展证券业编码体系、接口协议、信息披露、信息安全、信息技术治理、业务规范以及保险业消费者保护、巨灾保险、健康医疗保险、农业保险、互联网保险等基础和服务标准制修订，增强我国金融业综合实力、国际竞争力和抗风险能力。
商贸和物流 加强批发零售、住宿餐饮、居民服务、重要商品交易、移动商务以及物流设施设备、物流信息和管理等相关标准的研制，强化售后服务重要标准制定，加快建立健全现代国内贸易体系。开展运输技术、配送技术、装卸搬运技术、自动化技术、库存控制技术、信息交换技术、物联网技术等现代物流技术标准的研制，提高物流效率。
旅游 开展网络在线旅游、度假休闲旅游、生态旅游、中医药健康旅游等新业态标准研制。制修订旅行社、旅游住宿、旅游目的地和旅游安全、红色旅游、文明旅游、景区环境保护和旅游公共服务标准，提高旅游业服务水平。
高技术等新兴服务领域 加强信息技术服务、研发设计、知识产权、检验检测、数字内容、科技成果转化、电子商务、生物技术、创业孵化、科技咨询、标准化服务等服务业标准化体系建设及重要标准研制，研制会展、会计、审计、税务、法律等商务服务标准，全面提高新兴服务领域标准化水平。
人力资源服务 加强人力资源服务业、人力资源服务机构评价、人力资源服务从业人员、人力资源产业园管理与服务、产业人才信息平台、培训等标准研制，提升人力资源服务质量。

（二）加强社会治理标准化，保障改善民生。

以改进社会治理方式、优化公共资源配置和提高民生保障水平为着力点，建立健全教育、就业、卫生、公共安全等领域标准体系，推进食品药品安全标准清理整合与实施监督（完善食品安全国家标准体系工作，在国家食品安全监管体系"十三五"规划中另行要求），深化安全生产标准化建设，加强防灾减灾救灾标准体系建设，加快社会信用标准体系建设，提高社会管理科学化水平，促进社会更加公平、安全、有序发展。

专栏4　社会领域标准化重点
公共教育 完善学校建设标准、学科专业和课程体系标准、教师队伍建设标准、学校运行和管理标准、教育质量标准、教育装备标准、教育信息化标准，制定学前教育、职业教育、特殊教育等重点领域标准，开展国家通用语言文字、少数民族语言文字、特殊语言文字、涉外语言文字、语言文字信息化标准制修订，加快城乡义务教育公办学校标准化建设，基本建成具有国际视野、适合中国国情、涵盖各级各类教育的国家教育标准体系。
劳动就业和社会保险 建立健全劳动就业公共服务国家标准体系，加快就业服务和管理、劳动关系等劳动就业公共服务的标准研制与推广实施，研制职业技能培训、劳动关系协调、劳动人事争议调解仲裁和劳动保障监察标准，加强就业信息公共服务网络建设标准研制，制修订人力资源社会保障系统信用体系建设、机关事业单位养老保险经办、待遇审核、服务规范、社会保险风险防控、医保经办、工伤康复经办等领域的标准，提高社会保障服务和管理的规范化、信息化、专业化水平。
基本医疗卫生 制修订卫生、中医药相关标准，包括卫生信息、医疗机构管理、医疗服务、中医特色优势诊疗服务和"治未病"预防保健服务、临床检验、血液、医院感染控制、护理、传染病、寄生虫病、地方病、病媒生物控制、职业卫生、环境卫生、放射卫生、营养、学校卫生、消毒、卫生应急管理、卫生检疫等领域的标准。制定重要相关产品标准，包括中药材种子种苗标准、中药材和中药饮片分级标准、道地药材认证标准，提高基本医疗卫生服务的公平性、可及性和质量水平。
食品及相关产品 开展食品基础通用标准以及重要食品产品和相关产品、食品添加剂、生产过程管理与控制、食品品质检测方法、食品检验检疫、食品追溯技术、地理标志产品等领域标准制定，支撑食品产业持续健康发展。
公共安全 建立健全公共安全基础国家标准体系，开展全国视频联网与应用和人体生物特征识别应用、警用爆炸物防护装备设计与安全评估、公共场所防爆炸技术等领域的标准研究，研究编制信息安全、社会消防安全管理、社会消防技术服务、消防应急救援、消防应急通信、刑事科学技术系列标准，研制危险化学品管理、化学品安全生产、废弃化学品管理和资源化利用、安全生产监管监察、职业健康与防护、事故应急救援、工矿商贸安全技术以及核应急、安防和电气防火等标准，完善优化特种设备质量安全标准，提高我国公共安全管理水平。
基本社会服务 制定和实施妇女儿童保护、优抚安置、社会救助、基层民主、社区建设、地名、社会福利、慈善与志愿服务、康复辅具、老龄服务、婚姻、收养、殡葬、社会工作等领域标准，提高基本社会服务标准化水平，保障基本社会服务的规模和质量。

专栏4　社会领域标准化重点
地震和气象 研制地震预警技术系统建设与管理、地震灾情快速评估与发布、地震基础探测与抗震防灾应用等服务领域标准，制修订气象仪器与观测方法、气象数据格式与接口、天气预报、农业气象等基础标准，重点研制气象灾害监测预警评估、气候影响评估、大气成分监测预警服务、人工影响天气作业等技术标准和服务标准，针对气象服务市场发展需求，加强市场准入、行为规范、共享共用等配套标准的研究与制定，提升我国防震减灾和气象预测的准确性、及时性与有效性。
测绘地理信息 重点研制地理国情普查与监测、测绘基准建设及应用、地理信息资源建设与应用、应急测绘与地图服务、地下空间测绘与管理、地理信息共享与交换、导航与位置服务、地理信息公共服务等标准，加速提升测绘地理信息保障服务能力。
社会信用体系 加快社会信用标准体系建设，制定和实施实名制、信用信息采集和信用分类管理标准，完善信贷、纳税、合同履约、产品质量等重点领域信用标准建设，规范信用评价、信息共享和应用，服务政务诚信、商务诚信、社会诚信和司法公信建设。
物品编码 完善和拓展国家物品编码体系及应用，加快物品信息资源体系建设，制定基于统一产品编码的电子商务交易产品质量信息发布系列标准，加强商品条码在电子商务产品监管中的应用研究，加强条码信息在质量监督抽样中的应用，加快物联网标识研究、二维条码标准研究，加强物品编码技术在产品质量追溯中的应用研究，加大商品条码数据库建设力度，支撑产品质量信用信息平台建设。
统一社会信用代码 研制跨部门跨领域统一社会信用代码应用的通用安全标准，加快统一社会信用代码地理信息采集、服务接口、数据安全、数据元、赋码规范、数据管理、交换接口等关键标准的制定和实施，初步实现相关部门法人单位信息资源的实时共享，推动统一社会信用代码在电子政务和电子商务领域应用。
城镇化和城市基础设施 重点开展城市和小城镇给排水、污水处理、节水、燃气、城镇供热、市容和环境卫生、风景园林、邮政、城市导向系统、城镇市政信息技术应用及服务等领域的标准制修订，提升城市管理标准化、信息化、精细化水平。提高建筑节能标准，推广绿色建筑和建材。

（三）加强生态文明标准化，服务绿色发展。

以资源节约、节能减排、循环利用、环境治理和生态保护为着力点，推进森林、海洋、土地、能源、矿产资源保护标准化体系建设，加强重要生态和环境标准研制与实施，提高节能、节水、节地、节材、节矿标准，加快能效能耗、碳排放、节能环保产业、循环经济以及大气、水、土壤污染防治标准研制，推进生态保护与建设，提高绿色循环低碳发展水平。

专栏5　生态保护与节能减排领域标准化重点
自然生态系统保护 加强森林、湿地、荒漠、海洋等自然生态系统与生物多样性保护、修复、检测、评价以及生态系统服务、外来生物入侵预警、生态风险评估、生态环境影响评价、野生动植物及濒危物种保护、水土保持、自然保护区、环境承载力等领域的标准制定与实施，实现生态资源的可持续开发与利用。

专栏5　生态保护与节能减排领域标准化重点
土地资源保护 制修订土地资源规划、调查、监测和评价，耕地保护、土地整治、高标准基本农田建设、永久基本农田红线划定，土地资源节约集约利用等领域的关键技术标准，制定不动产统一登记、不动产权籍调查以及不动产登记信息管理基础平台等领域的关键技术标准，制修订土地资源信息化领域标准，提高国土资源保障能力和保护水平。
水资源保护 制修订水资源规划、评价、监测以及水源地保护、取用水管理等标准，研制水资源开发利用控制、用水效率控制、水功能区限制纳污“三条红线”配套标准和重点行业节水标准、水资源承载能力监测预警标准，开展实施最严格水资源管理制度相关标准研究。
地质和矿产资源保护 制修订地质调查、地质矿产勘查、矿产资源储量、矿产资源开发与综合利用、地质矿产实验测试、矿产资源信息化等领域的关键技术标准以及石油、天然气、页岩气、煤层气等勘查与开采关键技术标准，研制水文地质、工程地质、地质环境和地质灾害等领域标准，制修订珠宝玉石领域基础性、通用性技术标准，提高地质、矿产资源开发利用效率和水平。
环境保护 制修订环境质量、污染物排放、环境监测方法、放射性污染防治标准，开展海洋环境保护和城市垃圾处理技术标准的研究，开展防腐蚀领域标准制定。研制工业品生态设计标准体系，制修订电子电气产品、汽车等相关有毒有害物质管控标准，制修订再制造、大宗固体废物综合利用、园区循环化改造、资源再生利用、废旧产品回收、餐厨废弃物资源化等标准，为建设资源节约型和环境友好型社会提供技术保障。
节能低碳 制修订能效、能耗限额等强制性节能标准以及在线监测、能效检测、能源审计、能源管理体系、合同能源管理、经济运行、节能量评估、节能技术评估、能源绩效评价等节能基础与管理标准，制修订高效能环保产品、环保设施运行效果评估相关标准，制修订碳排放核算与报告审核、碳减排量评估与审核、产品碳足迹、低碳园区、企业及产品评价、碳资产管理、碳汇交易、碳金融服务相关标准。

（四）加强文化建设标准化，促进文化繁荣。

以优化公共文化服务、推动文化产业发展和规范文化市场秩序为着力点，建立健全文化行业分类指标体系，加快文化产业技术标准、文化市场产品标准与服务规范建设，完善公共文化服务标准体系，建立和实施国家基本公共文化服务指导标准，制定文化安全管理和技术标准，促进基本公共文化服务标准化、均等化，保障文化环境健康有序发展，建设社会主义文化强国。

专栏6　文化领域标准化重点
文化艺术 重点开展公共文化服务、文化市场产品与服务术语、分类、文化内容管理、服务数量和质量要求、运行指标体系、评价体系，以及公共图书馆、文化馆（站）、博物馆、美术馆、艺术场馆和临时搭建舞台看台公共服务技术、质量、服务设施、服务信息、术语与语言资源等领域重要标准制修订与实施工作，推动文化创新，繁荣文化事业，发展文化产业。

专栏6　文化领域标准化重点
新闻出版 加强新闻出版领域相关内容资源标识与管理标准制修订，加快研制版权保护与版权运营相关标准，推进数字出版技术与管理、新闻出版产品流通、信息标准的研制与应用，完善绿色印刷标准体系，开展全民阅读等新闻出版公共服务领域相关标准研制，丰富新闻出版服务供给，满足多样化需求。
广播电影电视 开展新一代网络制播、超高清电视、高效视音频编码、广播电视媒体融合、下一代广播电视网、三网融合、数字音频广播、新一代地面数字电视、卫星广播电视、应急广播、数字电影与数字影院等标准的研制，提高影视服务质量。
文物保护 开展文化遗产保护与利用标准研究，制定与实施文物保护专用设施以及可移动文物、不可移动文物、文物调查与考古发掘等文物保护标准，重点制定文物保存环境质量检测、文物分类、文物病害评估等标准，加强文物风险管理标准的制定，提高文物保护水平。开展中国文化传承标准研究。
体育 加强公共体育服务、体育竞赛、全民健身、体育场馆设施以及国民体质监测等标准的研制与应用，重点推动体育产业标准化工作的开展，加快体育项目经营活动、竞赛表演业、健身娱乐业、中介活动、体育用品、信息产业等标准的制修订工作，促进体育事业又好又快发展。

（五）加强政府管理标准化，提高行政效能。

以推进各级政府事权规范化、提升公共服务质量和加快政府职能转变为着力点，固化和推广政府管理成熟经验，加强权力运行监督、公共服务供给、执法监管、政府绩效管理、电子政务等领域标准制定与实施，构建政府管理标准化体系，树立依法依标管理和服务意识，建设人民满意政府。

专栏7　政府管理领域标准化重点
权力运行监督 探索建立权力运行监督标准化体系，推进各级政府事权规范化。研究制定行政审批事项分类编码、行政审批取消和下放效果评估、权力行使流程等标准，实现依法行政、规范履职、廉洁透明、高效服务的政府建设目标。
基本公共服务 完善基本公共服务分类与供给、质量控制与绩效评估标准，研制政府购买公共服务、社区服务标准，制定实施综合行政服务平台建设、检验检测共用平台建设、基本公共服务设施分级分类管理、服务规范等标准，培育基本公共服务标准化示范项目，提高基本公共服务保障能力。
执法监管 强化节能节地节水、安全等市场准入标准和公共卫生、生态环境保护、消费者安全等领域强制性标准的实施监督，开展基层执法设备设施、行为规范、抽样技术等标准研制，提高执法效率和规范化水平，促进市场公平竞争。
政府绩效管理 加强政府工作标准的制定实施，制定实施政府服务质量控制、绩效评估、满意度测评方法和指标体系标准，促进政府行政效能与工作绩效的提升。

专栏7　政府管理领域标准化重点
电子政务服务 推进电子公文管理、档案信息化与电子档案管理、电子监察、电子审计等标准体系建设，加强互联网政务信息数据服务、便民服务平台、行业数据接口、电子政务系统可用性、政务信息资源共享等政务信息标准化工作，制定基于大数据、云计算等信息技术应用的舆情分析和风险研判标准，促进电子政务标准化水平提升。
信息安全保密 进一步完善国家保密标准体系，加强涉密信息系统分级保护、保密检查监管、安全保密产品等标准化工作，开展虚拟化、移动互联网、物联网等信息技术应用的安全保密标准研究，增强信息安全保密技术能力。

四、重大工程

（一）农产品安全标准化工程。结合国家农业发展规划和重点领域实际，以保障粮食等重要农产品安全为目标，全面提升农业生产现代化、规模化、标准化水平，保障国家粮食安全、维护社会稳定。

围绕安全种植、健康养殖、绿色流通、合理加工，构建科学、先进、适用的农产品安全标准体系和标准实施推广体系。重点加强现代农业基础设施建设，种质资源保护与利用，"米袋子""菜篮子"产品安全种植，畜禽、水产健康养殖，中药材种植，新型农业投入品安全控制，粮食流通，鲜活农产品及中药材流通溯源，粮油产品品质提升和节约减损，动植物疫病预防控制等领域标准制定，制修订相关标准3 000项以上，进一步完善覆盖农业产前、产中、产后全过程，从农田到餐桌全链条的农产品安全保障标准体系，有效保障农产品安全。围绕农业综合标准化示范、良好农业操作规范试点、公益性农产品批发市场建设、跨区域农产品流通基础设施提升等，大力开展以建立现代农业生产体系为目标的标准化示范推广工作，建设涵盖农产品生产、加工、流通各环节的各类标准化示范项目1 000个以上，组织农业标准化技术机构、行业协会、科研机构、产业联盟，构建农业标准化区域服务与推广平台50个，建立现代农业标准化示范和推广体系。

（二）消费品安全标准化工程。以保障消费品安全为目标，建立完善消费品安全标准体系，促进我国消费品安全和质量水平不断提高。

开展消费品安全标准"筑篱"专项行动，围绕化学安全、机械物理安全、生物安全和使用安全，建立跨领域通用安全标准、重点领域专用安全标准和重要产品安全标准相互配套、相互衔接的消费品安全标准体系。在家用电器、纺织服装、家具、玩具、鞋类、电器附件、纸制品、体育用品、化妆品、涂料、建筑卫生陶瓷等30个重点领域，开展1 000项国内外标准比对评估。加快制定消费品设计、关键材料、重要零部件、生产制造等产业技术基础标准，加强消费品售后服务、标签标识、质量信息揭示、废旧消费品再利用等领域标准研制，制定相关标准1 000项以上。建设消费品标准信息服务平台，完善产业发展、产品质量监督、进出口商品检验、消费维权等多环节信息与标准化工作的衔接互动机制，加强对消费品标准化工作的信息共享和风险预警。在重点消费品领域，扶持建立一批团体标准制定组织，整合产业链上下游产学研资源，合力研究制定促进产业发展的设计、材料、工艺、检测等关键共性标准。结合现有各级检验检测实验力量，建设一批标准验证检验检测机构，探索建立重要消费品关键技术指标验证制度。

（三）节能减排标准化工程。落实节能减排低碳发展有关规划及《国家应对气候变化规划（2014—2020年）》，以有效降低污染水平为目标，开展治污减霾、碧水蓝天标准化行动，实现主要高耗能行业、主要终端用能产品的能耗限额和能效标准全覆盖。

滚动实施百项能效标准推进工程，加快能效与能耗标准制修订速度，加强与能效领跑者制度的有效衔接，适时将领跑者指标纳入能效、能耗强制性标准体系中。重点研究制定能源在线监测、能源绩效评价、合同能源管理、节能量及节能技术评估、能源管理与审计、节能监察等节能基础与管理标准，为能源在线监测、固定资产投资项目节能评估和审查等重要节能管理制度提供技术支撑。针对钢铁、水泥、电解铝等产能过剩行业，实施化解产能过剩标准支撑工程，重点制定节能、节水、环保、生产设备节能、高效节能型产品、节能技术、再制造等方面标准，加速淘汰落后产能，引导产业结构转型升级。研究制定环境质量、污染物排放、环境监测与检测服务、再利用及再生利用产品、循环经济评价、碳排放评估与管理等领域的标准。制修订相关标准500项以上，有效支撑绿色发展、循环发展和低碳发展。围绕国家生态文明建设的总体要求，开展100家循环经济标准化试点示范。加强标准与节能减排政策的有效衔接，针对10个行业研究构建节能减排成套标准工具包，推动系列标准在行业的整体实施。完善节能减排标准有效实施的政策机制。

（四）基本公共服务标准化工程。围绕国家基本公共服务体系规划，聚焦城乡一体化发展中的基层组织和特殊人群保护等重点领域，加快推进基本公共服务标准化工作，促进基本公共服务均等化。

围绕基本公共服务的资源配置、运行管理、绩效评价，农村、社区等基层基本公共服务，老年人、残疾人等特殊人群的基本公共服务，研制300项以上标准，健全公共教育、劳动就业、社会保险、医疗卫生、公共文化等基本公共服务重点领域标准体系。鼓励各地区、各部门紧贴政府职能转变，开展基本公共服务标准宣传贯彻和培训，利用网络、报刊等公开基本公共服务标准，协同推动基本公共服务标准实施。开展100项以上基本公共服务领域的标准化试点示范项目建设，总结推广成功经验。加强政府自我监督，探索创新社会公众监督、媒体监督等方式，强化基本公共服务标准实施的监督，畅通投诉、举报渠道。加强基本公共服务供给模式、标准实施评价、政府购买公共服务等基础标准研究，不断完善基本公共服务标准化理论方法体系。

（五）新一代信息技术标准化工程。编制新一代信息技术标准体系规划，建立面向未来、服务产业、重点突出、统筹兼顾的标准体系，支撑信息产业创新发展，推动各行业信息化水平全面提升，保障网络安全和信息安全自主可控。

围绕集成电路、高性能电子元器件、半导体照明、新型显示、新型便携式电源、智能终端、卫星导航、操作系统、人机交互、分布式存储、物联网、云计算、大数据、智慧城市、数字家庭、电子商务、电子政务、新一代移动通信、超宽带通信、个人信息保护、网络安全审查等领域，研究制定关键技术和共性基础标准，制定相关标准1 000项以上，推动50项以上优势标准转化为国际标准，提升国际竞争力。搭建国产软硬件互操作、数据共享与服务、软件产品与系统检测、信息技术服务、云服务安全、办公系统安全、国家信息安全标准化公共服务平台。建立国家网络安全审查技术标准体系并试点应用。发布实施信息技术服务标准化工作行动计划，创建20个信息技术服务标准化示范城市（区）。开展标准化创新服务机制研究，推动“科技、专利、标准”同步研发的新模式，助力企业实现创新发展。

（六）智能制造和装备升级标准化工程。围绕“中国制造2025”，立足国民经济发展和国防安全需求，制定智能制造和装备升级标准的规划，研制关键技术标准，显著提升智能制造和装备制造技术水平和国际竞争力，保障产业健康、有序发展。

建立智能制造标准体系，研究制定智能制造关键术语和词汇表、企业间联网和集成、智能制造装备、智能化生产线和数字化车间、智慧工厂、智能传感器、高端仪表、智能机器人、工业通信、工业物联网、工业云和大数据、工业安全、智能制造服务架构等200项以上标准。搭建标准化验证测试公共服务平台，重点针对流程制造、离散制造、智能装备和产品、智能制造新业态新模式、智能化管理和智能服务5个领域开展标准化试点示范。组织编制制造业标准化提升计划，制修订2 000项以上技术标准。聚焦清洁发电设备、核电装备、石油石化装备、节能环保装备、航空装备、航天装备、海洋工程装备、海洋深潜和极地考察装备、高技术船舶、轨道交通装备、工程机械、数控机床、安全生产及应急救援装备等重大产业领域，开展装备技术标准研究。重点制定关键零部件所需的钢铁、有色、有机、复合等基础材料标准，铸造、锻压、热处理、增材制造等绿色工艺及基础制造装备标准，提高国产轴承、齿轮、液气密等关键零部件性能、可靠性和寿命标准指标。加快重大成套装备技术标准研制，在高铁、发动机、大飞机、发电和输变电、冶金及石油石化成套设备等领域，建立一批标准综合体。结合新型工业化产业示范，发挥地方积极性，加大推动装备制造产业标准化试点力度。通过产业链之间协作，开展优势装备“主制造商 + 典型用户 + 供应商”模式的标准化试点。组织编制《中国装备走出去标准名录》，服务促进一批重大技术装备制造企业走出去。

（七）新型城镇化标准化工程。依据《国家新型城镇化规划（2014—2020 年）》，建立层次分明、科学合理、适用有效的标准体系，基本覆盖新型城镇建设各环节，满足城乡规划、建设与管理的需要。

围绕推进农业转移人口市民化、优化城镇化布局和形态、提高城市可持续发展能力、推动城乡发展一体化等改革重点领域，研究编制具有中国特色的新型城镇化标准体系，组织制定相关标准700 项以上。加快制定用于指导和评价新型城镇化进程的量化指标、测算依据、数据采集、监测与评价方法等基础通用标准。加强新型城镇化规划建设、资源配置、管理评价以及与统筹城乡一体化发展相配套的标准制定。选择 10 个省、市开展新型城镇化标准化试点，推动标准在新型城镇化发展过程中的应用和实施，提升新型城镇化发展过程中的标准化水平。建设一批新型城镇化标准化示范城市，总结经验，形成可复制、可推广的发展模式，支撑和促进新型城镇化规范、有序发展。

（八）现代物流标准化工程。落实《物流业发展中长期规划（2014—2020 年）》，系统推进物流标准研制、实施、监督、国际化等各项任务，满足物流业转型升级发展的需要。

完善物流标准体系，加大物流安全、物流诚信、绿色物流、物流信息、先进设施设备和甩挂运输、城市共同配送、多式联运等物流业发展急需的重要标准研制力度，制定 100 项基础类、通用类及专业类物流标准。加强重要物流标准宣传贯彻和培训，促进物流标准实施。实施商贸物流标准化专项行动计划，推广标准托盘及循环共用。选择大型物流企业、配送中心、售后服务平台、物流园区、物流信息平台等，开展 100 个物流标准化试点。针对危险货物仓储运输、物流装备安全要求等强制性标准，推进物流设备和服务认证，推动行业协会、媒体和社会公众共同监督物流标准实施，加大政府监管力度。积极采用适合我国物流业发展的国际先进标准，在电子商务物流、快递物流等优势领域争取国际标准突破，支撑物流业国际化发展。

（九）中国标准走出去工程。按照“促进贸易、统筹协作、市场导向、突出重点”的要求，大力推动中国标准走出去，支撑我国产品和服务走出去，服务国家构建开放型经济新体制的战略目标。

围绕节能环保、新一代信息技术、高端装备制造、新能源、新材料、新能源汽车、船舶、农产品、玩具、纺织品、社会管理和公共服务等优势、特色领域以及战略性新兴产业领域，平均每年主导和参与制定国际标准 500 项以上。围绕实施“一带一路”战略，按照《标准联通“一带一路”行动计划（2015—2017）》的要求，以东盟、中亚、海湾、蒙俄等区域和国家为重点，深化标准化互利合作，推进标准互认；在基础设施、新兴和传统产业领域，推动共同制定国际标准；组织翻译 1 000 项急需的国家标准、行业标准英文版，开展沿线国家大宗进出口商品标准比对分析；在水稻、甘蔗和果蔬等特色农产品领域，开展东盟农业标准化示范区建设；在电力电子设备、家用电器、数字电视广播、半导体照明等领域，开展标准化互联互通项目；加强沿线国家和区域标准化研究，推动建立沿线重点国家和区域标准化研究中心。

（十）标准化基础能力提升工程。以整体提升标准化发展的基础能力为目标，推进标准化核心工作能力、人才培养模式和技术支撑体系建设，发挥好标准在国家质量技术基础建设及产业发展、行业管理和社会治理中的支撑作用。

围绕标准化技术委员会建设和标准制修订全过程管理，推进标准化核心工作能力建设。整合优化技术委员会组织体系，引入项目委员会、联合工作组等多种技术组织形式；建立技术委员会协调、申诉和退出等机制，加强技术委员会工作考核评价。推动标准从立项到复审的信息化管理，将标准制定周期缩短至24个月以内；加强标准审查评估工作，围绕标准立项、研制、实施开展全过程评估；依托现有检验检测机构，设立国家级标准验证检验检测点50个以上，加强对标准技术指标的实验验证；加快强制性标准整合修订和推荐性标准体系优化，集中开展滞后老化标准复审工作。

围绕标准化知识的教育、培训和宣传，完善标准化人才培养模式。开展标准化专业学历学位教育，推动标准化学科建设；开展面向专业技术人员的标准化专业知识培训；开展面向企业管理层和员工的标准化技能培训；开展面向政府公务人员和社会公众的标准化知识宣传普及。实施我国国际标准化人才培育计划，着力培养懂技术、懂规则的国际标准化专业人才；依托国际交流和对外援助，开展面向发展中国家的标准化人才培训与交流项目。

围绕标准化科研机构、标准创新基地和标准化信息化建设，加强标准化技术支撑体系建设。加强标准化科研机构能力建设，系统开展标准化理论、方法和技术研究，夯实标准化发展基础。加强标准研制与科技创新的融合，针对京津冀、长三角、珠三角等区域以及现代农业、新兴产业、高技术服务业等领域发展需求，按照深化中央财政科技计划管理改革的要求，推进国家技术标准创新基地建设。进一步加强标准化信息化建设，利用大数据技术凝练标准化需求，开展标准实施效果评价，建成支撑标准化管理和全面提供标准化信息服务的全国标准信息网络平台。

五、保障措施

（一）加快标准化法治建设。加快推进《中华人民共和国标准化法》及相关配套法律法规、规章的制修订工作，夯实标准化法治基础。加大法律法规、规章、政策引用标准的力度，在法律法规中进一步明确标准制定和实施中有关各方的权利、义务和责任。鼓励地方立法推进标准化战略实施，制定符合本行政区域标准化事业发展实际的地方性配套法规、规章。完善支持标准化发展的政策保障体系。充分发挥标准对法律法规的技术支撑和补充作用。

（二）完善标准化协调推进机制。进一步健全统一管理、分工负责、协同推进的标准化管理体制。加强标准化工作的部门联动，完善农业、服务业、社会管理和公共服务等领域标准化联席会议制度，充分发挥国务院各有关部门在标准制定、实施及监督中的作用。地方各级政府要加强对标准化工作的领导，建立完善地方政府标准化协调推进机制，加强督查、强化考核，加大重要标准推广应用的协调力度。在长江经济带、京津冀等有条件的地区建立区域性标准化协作机制，协商解决跨区域跨领域的重大标准化问题。加强标准化省部合作。建立健全军民融合标准化工作机制，促进民用标准化与军用标准化之间的相互协调与合作。

（三）建立标准化多元投入机制。各级财政应根据工作实际需要统筹安排标准化工作经费。制定强制性标准和公益类推荐性标准以及参与国际标准化活动的经费，由同级财政予以安排。探索建立市场化、多元化经费投入机制，鼓励、引导社会各界加大投入，促进标准创新和标准化服务业发展。

（四）加大标准化宣传工作力度。各地区、各部门要通过多种渠道，大力宣传标准化方针政策、法律法规以及标准化先进典型和突出成就，扩大标准化社会影响力。加强重要舆情研判和突发事件处置。广泛开展世界标准日、质量月、消费者权益保护日等群众性标准化宣传活动，深入企业、机关、学校、社区、乡村普及标准化知识，宣传标准化理念，营造标准化工作良好氛围。

（五）加强规划组织实施。国务院标准化行政主管部门牵头组织，各地区、各部门分工负责，组织和动员社会各界力量推进规划实施。做好相关专项规划与本规划的衔接，抓好发展目标、主要任务和重大工程的责任分解和落实，将规划实施情况纳入地方政府和相关部门的绩效考核。健全标准化统一管理和协调推进机制，完善各项配套政策措施，确保规划落到实处。适时开展规划实施的效果评估和监督检查，跟踪分析规划的实施进展。根据外部因素和内部条件变化，对规划进行中期评估和调整、优化，提高规划科学性和有效性。

各地区、各部门可依据本规划，制定本地区、本部门标准化体系建设发展规划。

文　献

支树平
质检总局局长

聚力改革　唱响标准

——在2015年全国标准化工作会议上的讲话

（2015年3月30日）

今天的会议很重要，既是一年一度的全国标准化工作会，又可以看作是全面推进标准化改革的动员会、部署会。刚才，科技部侯建国副部长、工业和信息化部怀进鹏副部长和商务部房爱卿副部长作了重要讲话，让我们深受启发，世宏同志作了工作报告，总结部署了年度工作，我都赞成。

过去一年确实是很不寻常的一年，是标准化工作锐意进取、富有成效的一年。其中，最令人鼓舞的是，标准化改革取得重大突破。2015年2月11日，国务院第82次常务会议专门研究标准化工作，审议通过了标准化改革方案，3月11日国务院正式印发。这是新中国标准化发展史上具有里程碑意义的一件大事。它标志着标准化改革全面启动，标准化事业发展进入了新的阶段。同时国家标准化体系建设规划也完成了编制会签工作，将由国务院审批发布。企业标准、团体标准、组织机构代码、强标全文公开等方面改革试点积极推进，为全面深化改革积累了经验、创造了条件。标准化支撑发展也更加有力。我们携手发展改革委、科技部、工业和信息化部、财政部、商务部等多个部门，开展新百项能效标准推进工程、新型城镇化标准体系建设、农村综合改革标准化试点、战略性新兴产业标准综合体建设、消费品安全标准“筑篱”专项行动、物流标准化及品牌标准建设等一系列工作；一些地方质监部门为政府制定好“三个清单”提供标准化服务，围绕地方发展重点组织实施了一批标准化试点示范。在国际化方面，我们组织出版一批外文版国家、行业标准，推动标准互认，新提交国际标准提案48项，成功申办了2016年ISO大会。

回顾过去一年的工作，我们深深感到，标准化是我们共同的事业，深化标准化改革、推进标准化发展是我们共同的责任。特别是标准化改革，每一项措施、每一条建议，都是标准化工作者共同研究、群策群力的结果，都是各部门、社会各有关方面顾全大局、相互支持的结果。标准化改革方案历经30多次专题研讨、近百次部门磋商、多次向国务院有关领导汇报、10余次重大修改、近50个部门两轮会签，特别是标准化任务比较重的公安部、环境保护部、住房城乡建设部、交通运输部、农业部、卫生计生委等部门，在关键时刻给予了大力支持。《改革方案》凝聚了大家的智慧、心血和汗水，实在来之不易，值得倍加珍惜。在此，我代表国家质检总局，向大家致以崇高的敬意和衷心的感谢！

国务院第82次常务会议，发出了标准化改革的动员令，确立了标准化事业发展的新坐标。当前和今后一个时期，标准化工作的主要任务就是，全面落实国务院常务会议精神，全面落实标准化改革方案，聚力改革，唱响标准。

第一，要进一步凝聚改革共识。

党和国家高度重视标准化工作。特别是党的十八大以来，以习近平同志为总书记的党中央对标准化更加看重。习近平总书记指出，“标准决定质量，有什么样的标准就有什么样的质量，只有高标准才有高质量”。李克强总理要求“加快强制性标准改革，不断提升标准的先进性、有效性和适用性，确立中国质量对市场的‘硬承诺’”，在今年政府工作报告中又10多次提到“标准”，涉及国计民生的各个领域。国务院常务会上，国务院领导对改革方案充分肯定，对改革提出许多新的要求。中央全面深化改革领导小组办公室将标准化改革列入今年我国深化改革工作要点，国务院常务会议后，又专门听取了汇报。应该说，党中央、国务院对标准化改革寄予厚望，看得重，期望高。

推进标准化改革是经济社会发展的需要。去年我们就曾提出，要围绕发挥标准作为国家治理能力提升助推器、市场经济运行耦合器和政府职能转变容纳器的作用，主动推进改革。当前，中央又明确提出“四个全面”作为统领我国经济社会发展的战略布局，这对标准化工作提出了更高的要求。全面建成小康社会，需要大力推进经济、社会、文化、生态等各领域标准建设，促进公共服务标准化、均等化，更好地保障改善民生；全面深化改革，需要加强标准制定和实施，强化市场准入标准，严格依据标准监管，建立公平开放透明的市场规则，同时转变政府职能，规范行政审批；全面推进依法治国，需要充分发挥标准的技术规则作用，为法律法规提供技术支撑和必要补充，构建法律、政策、标准有机统一的治理体系；全面从严治党，需要加强党员领导干部管理和行政管理的标准化工作，为加强干部管理、反腐倡廉、强化审计等提供服务。随着全球经济一体化进程推进，标准有利于促进公平竞争、打破贸易壁垒已成为普遍共识，特别是我国正在推动“一带一路”战略，更需要标准化促进互联互通，发挥好“通行证”作用。

推进标准化改革也是破解标准化事业发展瓶颈的利器。刚才几位部长从科技进步、工业和信息化发展、商贸特别是电子商务发展的角度都描述了标准化发展的趋势。随着改革开放的深化，我国标准化事业快速发展，标准化逐渐从生产领域向贸易领域、服务领域延伸，从经济层面向社会治理、文化建设、生态文明以及政府管理层面拓展，进入了全方位、广覆盖、多维度需求的“大标准”时代。而我国标准体系和管理体制脱胎于有计划的商品经济时代，政府包揽过多，市场活力不足，标准管理“软”、标准体系“乱”和标准水平“低”等问题越来越突出：标准老化滞后，整体水平不高，难以支撑经济转型升级；交叉重复，企业难以执行，政府资源浪费；体系不完善，市场作用发挥不足，竞争力不强；协调不够，实施政策不配套。究其原因，主要是政府与市场角色错位。因此，必须打破标准化体制机制束缚，建立政府主导制定的标准与市场自主制定的标准互为补充、衔接配套的新型标准体系，使政府和市场各就各位。

第二，要进一步把准改革方向。

改革方案的精神实质是发挥市场在标准化资源配置中的决定性作用和更好发挥政府作用，贯彻落实李克强总理提出的“放、管、治”总体思路。一要大胆“放”。简政放权，激发市场主体活力，用政府权力的“减法”换取市场活力的“乘法”。逐步取消企业标准备案，建立企业产品、服务标准自我声明公开与监督制度，同时培育发展团体标准，让市场主体从规则的被动执行者转为主动制定者。通过放开放到位，促进大众创业、万众创新，提升“中国标准”竞争力。二要精准“管”。发挥强制性标准“技术法规”作用，强化统一管理，确保有效实施，真正做到“一个市场、一条底线、一个标准”。同时，要优化完善推荐性标准，逐步缩减数量和规模，进一步突出政府制定标准的公益属性。通过管住管好，切实履行好政府保基本的职能。三要多元“治”。标准是协商一致的产物，标准化改革是社会各界共同的责任。要充分调动全社会的积极性，特别是鼓励企业、科研机构、社会组织和产业联盟参与标准化工作，强化新闻媒体和公众的监督，切实发挥出政府、市场、社会各方作用，形成标准化共同治理新格局。

第三，要进一步推进改革落实。

落实好改革方案，关键在于发动和依靠大家，形成强大的改革合力，逐个兑现改革措施，在更大和更广阔的舞台唱响标准。当然，这是一个长期的过程，需要大家持之以恒的付出。今年我们要集中精力，在关键和重大改革措施落实上取得突破。

一要细化改革实施方案。各位部长和世宏同志就落实标准化改革都提出了设想和要求。质检总局、标准委要会同各部门尽快出台改革方案实施意见，拿出改革“施工图”，明确具体任务和分工，使每项改革任务责任明确、措施到位，过程有监督、结果可考核，确保改革既有顶层设计，也能落地生花。各部门、各地方应根据方案和分工，细化各自承担的改革工作，逐项落实到位。要积极开展试点，注重消化存量与扩大增量相结合，既保证改革的进程，又做到循序渐进，保证改革的合理节奏。

二要完善法律法规体系。中央明确要求“改革于法有据”。国务院常务会已批准今年的立法计划，标准化法修订工作列入今年实施项目。按照改革方案确定的目标和思路，我们要尽快提出法律修正案，今年年底前争取报全国人大，以修法固化改革成果。同时要抓紧研究制定和修改强制性国家标准、团体标准管理等规章制度，各部门也要启动相关法律法规修订工作，全面推进标准化改革。要充分发挥地方人大立法作用，鼓励条件成熟的地区修改地方标准化法规，在一些点上率先突破。

三要建立健全协调机制。国务院标准化改革方案，明确要求建立高效权威的标准化统筹协调机制，统一协调和推进标准化改革。质检总局和标准委要按照改革方案要求，在与有关部委协商基础上，提出协调推进机制建设方案，尽快报国务院批准实施。各地方标准化管理部门要主动向当地政府汇报，建立健全地方标准化协调推进机制。

改革之年也是发展之年，我们要充分发挥标准化工作改革的带动作用，释放改革红利。要以改革引领创新发展，促进科技成果转化，支撑提质增效升级，推动中国经济迈向中高端水平，在主动适应经济新常态中唱响标准；要以改革促进开放合作，提高标准国际化水平，推动中国标准走出去，在支撑“一带一路”等开放战略中唱响标准；要以改革促进质量提升，推进标准、计量、认证认可和检验检测协同发展，夯实国家质量基础，在迈向质量时代中唱响标准。

标准化改革任务艰巨、前景喜人。我们要把思想和行动统一到党中央、国务院对标准化改革的决策部署上，以最大的决心和勇气深化改革，不断把标准化事业推向前进，在“四个全面”的战略布局中不断发挥新的更大的作用。

支树平
质检总局局长

提升中国标准　促进世界联通

——在人民日报上的署名文章

（2015 年 10 月 14 日）

10 月 14 日是世界标准日。国际电工委员会（IEC）、国际标准化组织（ISO）和国际电信联盟（ITU）将今年的世界标准日主题确定为“标准是世界的通用语言”，生动描绘了标准在全球化背景下对贸易往来和技术合作的重要作用。提高中国标准国际化水平，搭建中国与世界联通的桥梁，服务构建全方位对外开放新格局，是当前我国标准化工作面临的一项重要任务。

标准促进世界互联互通

IEC、ISO 和 ITU 在今年的世界标准日祝词中写道，“在没有标准的世界，不仅人与人之间难以沟通，机器、零部件以及产品之间的联络也将变得困难重重”。正是因为有了标准，社会化大生产和全球贸易往来才成为可能，不同肤色的人们才可以共享全世界的产品和服务。当前，标准已经从工业领域逐步延伸到农业、服务业和社会事业等领域，特别是国际标准已向可持续发展、气候变化、碳足迹和水足迹、公共安全和反恐、反欺诈、反贿赂等领域发展，对全球经济、社会、技术、贸易产生着深刻影响。

标准促进全球经济贸易和合作。标准通过建立共同遵循的秩序，大幅降低生产和交易的成本，成为经济贸易活动和产业合作最重要的技术基础和技术规则。经济合作与发展组织（OECD）和美国商务部的研究表明，标准和合格评定影响了 80% 的世界贸易。1946 年，国际标准化组织 ISO 成立，其宗旨就是为了促进商品和服务的国际交换。目前，ISO 已经拥有 160 多个成员体，其经济总量占全世界 98%。ISO、IEC、ITU 等国际标准组织已经成为世界各国高度关注、积极参与的“技术联合国”。随着国际贸易的发展，世界贸易组织（WTO）通过签署技术贸易壁垒协定（TBT 协定）等方式，使技术标准成为各成员国的共同行为准则。今天，以标准统一市场规则、促进公平竞争，已经成为普遍共识。

标准已成为国际产业竞争制高点。标准之争被经济学家称作“赢者通吃”。谁把住了标准，往往就把住了产业，把住了市场竞争主动权。英特尔和微软正是通过中央处理器（CPU）和操作系统的标准，主导了全球计算机产业系统和产业链，牢牢控制产生利润的最关键环节。各国高度重视标准主导权。发达国家积极扶持和推进本国标准成为国际标准或事实上的国际标准，主导和影响产业及技术发展。美国实施“再工业化”战略，德国实施“工业 4.0”战略，都把标准化作为支撑战略的重要手段。所谓“得标准者得天下”，深刻揭示了标准的全球影响力。

标准化是支撑全球经济复苏的重要工具。协力推动完善自由、开放、非歧视的多边贸易体制，共同促进包容平衡的增长、绿色可持续的发展，进而增强全球经济活力，需要充分发挥标准的桥梁纽带作用。ISO 官方杂志 ISO　focus 指出，经济全球化条件下，国际标准日益成为构建可靠、互信的有效工具。澳大利亚和加拿大的银行和金融业，通过制定实施风险控制标准，一定程度上缓解了金融危机的影响和冲击。标准化也为提高管理水平和科技创新提供有力支撑，推动经济提质增效升级。创新成果通过标准化，加快产业化进程和技术扩散的速度，带来产业升级、质量提升和综合效益的增加。当前，金融危机的大潮还远未平静，世界各国需要合力建好标准之筏，才能共同驶向经济复苏的彼岸。

高水平对外开放需要标准支撑

改革开放以来,我国经济社会发展取得了举世瞩目的成就,已经成为世界第二大经济体和第一货物贸易大国、第一出口大国、第一制造业大国。标准作为生产的依据、贸易的语言、市场的规则和合作的桥梁纽带,在国家建设特别是对外开放过程中发挥了重要作用。

在党中央、国务院的正确领导下,质检总局、国家标准委会同各部门、各地区大力推进标准化事业改革发展,国家标准、行业标准和地方标准总数超过10万项,企业标准超过百万项,覆盖一、二、三产业和社会事业各领域的标准体系基本形成。我国成为ISO、IEC常任理事国和ITU理事国,我国专家担任了ISO主席、IEC副主席、ITU秘书长等重要职务,承担国际标准组织技术机构75个,参加国际标准制修订工作的注册专家超过2 000人,影响力和话语权显著增强。由我国提出和主导制定的国际标准数量逐年增加,特别是在通信、高铁、特高压、电动汽车等领域,我国自主技术成为国际标准,实现了从跟随到引领的跨越。标准化国际合作不断深化,我国已与26个重点国家和地区签署了49个双边合作协议。经过共同努力,我国实质性参与国际标准化活动的能力水平不断提升,为国际标准化事业发展作出了重要贡献。

但也要看到,与发达国家相比,我国的标准国际化工作还存在较大差距。中国标准国际认可度不高,与我国贸易大国地位不相称。主导制定国际标准数量不多,仅占国际标准总数的0.7%。以企业为主体实质性参与国际标准化活动还有较大提升空间。在一些重点领域、重大战略中,标准化手段运用得还不够。国际标准化人才缺乏,尤其是能够熟练驾驭国际规则的技术型专家非常短缺。

当前,我国正在加快构建全方位对外开放新格局,对标准国际化提出新的更高要求。党中央、国务院印发的《关于构建开放型经济新体制的若干意见》,提出要增强我国在国际标准制定中的话语权,加大与主要贸易伙伴开展技术标准等方面交流合作与互认的工作力度。国务院《深化标准化工作改革方案》和《关于推进国际产能和装备制造合作的指导意见》,都明确要求提高标准国际化水平。我国发布的《推动共建丝绸之路经济带和21世纪海上丝绸之路的愿景与行动》,也积极倡议沿线国家加强基础设施建设规划、技术标准体系的对接。中国标准国际化,已经成为摆在全国标准化工作者面前的重大课题。

加快提高中国标准国际化水平

党的十八大以来,以习近平同志为总书记的党中央高度重视标准化建设,对标准化改革发展提出了一系列新的要求。李克强总理也多次就标准化工作作出重要指示批示。我们要认真贯彻落实党中央、国务院关于标准化工作的决策部署,按照《深化标准化工作改革方案》,进一步加大工作力度,不断提升中国标准的国际化水平。

第一,深化标准化国际和区域合作交流,推动中国经济和世界经济在更高层次上深度融合。持续增进多、双边标准化务实合作交流,推动建立标准化合作新机制,扩大我国参与区域标准化活动的影响力。深化与各国在经贸、科技框架内的标准化合作,推动共同制定国际标准。加大与主要贸易国标准互认力度,加强中国标准外文版翻译出版和海外推广应用。加快中国标准“走出去”步伐,支撑好“一带一路”“制造强国”等国家战略实施,带动我国产品、技术、装备、服务“走出去”,让中国标准更好地造福世界人民。

第二,推动实质参与国际标准化活动向高端迈进,努力形成国际合作竞争新优势。积极参与国际标准化战略规划、政策和规则的制定,不断提升我国在国际标准化活动中的影响力。争取承担更多国际标准组织技术机构和领导职务,增强国际标准话语权。鼓励外资企业参与我国标准化活动,营造更加公开、透明、开放的标准化工作环境。进一步加大对国际标准的跟踪、评估和转化力度，提高国内标准和国际标准水平一致性程度。拓宽参与国际标准化活动的领域和范围，以新兴产业和我国优势特色领域为重点，加大参与国际标准制定力度，逐步提高主导制定国际标准的比例。

第三，不断夯实国际标准化工作基础，主动适应和把握世界科技革命和产业变革新趋势。加强国际标准化人才建设，制定实施国际标准化人才培训规划，加快培养一支适应发展需要的国际标准化专家队伍。加强参与国际标准化活动管理，完善规则程序，畅通参与渠道，大力推动我国企业和专家积极参与国际标准化活动。加强对国际、区域以及发达国家标准化机制、政策和重要标准制定的研究，继续推进国际标准技术对口单位和区域（国外）标准研究中心建设。

标准是世界的通用语言。在经济全球化深入发展的当今世界，在“四个全面”战略布局协调推进的当代中国，标准的基础性、战略性作用更加凸显。我们期待并且相信，中国标准将更加开放地融入世界，更加稳健地迈向高端，为促进世界互联互通和全球贸易繁荣发展作出新的更大贡献。

田世宏
质检总局党组成员、国家标准委主任

深化改革 服务发展
努力开启标准化事业发展新征程

——在2015年全国标准化工作会议上的报告

（2015年3月30日）

今天我们召开全国标准化工作会议，主要任务是深入贯彻党的十八大、十八届二中、三中、四中全会和习近平总书记系列重要讲话精神，落实中央经济工作会议、中国质量（北京）大会及全国质检工作会议要求，总结2014年工作，安排2015年重点任务。科技部侯建国副部长、工业和信息化部怀进鹏副部长、商务部房爱卿副部长专门出席会议并讲话，体现了对标准化工作的关心、重视和支持。一会儿树平局长还将作重要讲话，我们要认真学习领会，抓好贯彻落实。

下面，我代表国家标准委作工作报告。

一、2014年标准化工作回顾

2014年，全国标准化战线认真落实党中央、国务院决策部署，在质检总局党组正确领导下，在各部门、各地方高度重视和大力支持下，团结一致，奋力拼搏，圆满完成全年各项工作任务。

（一）支撑发展，标准化作用更加凸显。

一是支撑转型升级措施有力。在新兴产业培育发展方面，发展改革委、科技部、标准委等12个部门联合发布2014年战略性新兴产业标准综合体指导目录，下达177项战略性新兴产业国家标准制定计划。启动了物联网基础共性标准研究项目。首个特高压输电重大工程标准化示范项目完成验收。在传统产业优化升级方面，实施化解产能过剩标准支撑工程，针对钢铁、水泥、平板玻璃、电解铝等重点行业，组织开展122项重要标准研制。落实工业转型升级规划，批准发布了21项高端装备制造关键技术标准。在服务业发展方面，标准化列入国家物流业发展中长期规划，商务部、标准委出台《加快推进商贸物流标准化工作的意见》，制定了专项行动计划。在财政部支持下，北京、上海、广州开展了物流标准化试点城市建设。交通运输部依托示范工程加快集装箱海铁联运相关标准制定，提升物流效率。在质量品牌建设方面，制定了质量信用评价标准，规范质量信用分级分类。批准发布了16项品牌价值评价国家标准。加强服务业质量标准化工作，组织开展《服务企业质量分级通则》等一批标准制定，形成质量政策与标准制定良性互动。深圳市提出大标准、大质量的发展理念，加快打造深圳标准、创造深圳质量、铸就深圳品牌。

二是保障改善民生务实有效。围绕保障粮食安全，批准发布了高标准农田建设通则国家标准，指导各地构建高标准农田建设标准体系。林业局、供销总社、标准委等部门开展了第八批468个农业综合标准化示范区和示范市县建设，有效提升农业综合生产能力。粮食局、工业和信息化部、质检总局联合下发促进粮油加工业节粮减损的通知，加强粮油加工标准化工作，引导和规范企业适度加工。围绕保护消费者利益，开展消费品安全标准“筑篱”专项行动，推动重点消费品领域基本实现国际国内标准水平一致，进一步完善消费品安全标准体系。大力推进儿童用品、电动自行车等重要标准研制，在家用电器、服装、家具等领域集中开展国内外标准比对。批准发布10项化妆品禁限用物质检测标准。完成了1 950项食品国家标准和1 675项计划的清理。围绕服务新型城镇化建设，标准化工作列为国家新型城镇化规划和综合试点方案重点任务。启动新型城镇化标准体系建设工作，在基本公共服务和社会治理、基础设施、资源环境、农业现代化等方面提出急需制修订的关键标准。住房城乡建设部制定完成城镇供水服务标准。围绕推进农村综合改革，标准委、财政部在辽宁、安徽、湖北等12个省39个县，联合开展农村综合改革标准化试点。加强美丽乡村建设、农村公共服务运行维护和农村社会化服务等领域标准研制。浙江、福建等地发布了美丽乡村建设地方标准。围绕提升社会治理水平，启动首批98项社会管理和公共服务综合标准化试点，在行政审批、旅游、家政服务等领域，开展了11个服务标准化示范项目建设。民政部、标准委等5部门联合出台加强养老服务标准化工作的指导意见，人力资源社会保障部加快建立完善社会保险标准体系。标准化工作纳入《关于加快构建现代公共文化服务体系的意见》。

三是促进绿色发展积极有为。狠抓节能低碳标准化工作，标准委、发展改革委、工业和信息化部等10部门制定了能效标准化工作联合推进方案。组织实施新百项能效标准推进工程，批准发布40项能效、能耗限额及节能基础标准。深化循环经济标准化工作，新启动37个试点项目。标准委、发展改革委共同代拟上报了《国务院办公厅关于加强节能标准化工作的意见》，加快健全节能标准体系，建立标准更新和有效实施机制。狠抓大气污染防治标准化工作，批准发布生活垃圾焚烧污染控制、锅炉污染物排放、商品煤质量评价等一批重要标准，启动乘用车燃料消耗量限值、生物柴油、乙醇汽油等标准修订工作。加快推动国五车用汽柴油标准实施。完善涂料、胶粘剂挥发性有机物限值标准。狠抓生态保护标准化工作，水利部制定实施城市供水水源规划导则等一批标准，落实最严格水资源管理制度，推进水生态文明建设。浙江省开展废水、废气排放等标准实施绩效评价，促进标准有效实施。青海省批准发布森林抚育技术规程等地方标准，支撑三江源保护和生态安全区建设。

（二）服务开放，国际标准化工作更加有效。

一是参与国际标准化活动能力不断增强。经国务院同意，我国成功申办2016年第39届ISO大会在北京召开。新承担6个ISO、IEC技术机构秘书处，新担任5个技术机构主席、副主席职务，新提出国际标准48项，城镇水回用、特高压交流输电、饲料机械等成为国际标准化新工作领域。在电动汽车、纺织服装、农林产品、船舶、海洋、石油化工、中医药、物联网、云计算等领域，正式发布了一批我国主导制定的国际标准。首次在ITU建立具有自主知识产权的同轴电缆宽带接入技术标准体系。加大国际标准版权保护力度，得到ISO以及成员国高度认可。

二是标准走出去取得初步成效。标准化纳入国家"一带一路"战略规划及三年滚动计划。在水利、铁路、能源、主要农产品等领域，翻译出版了一批外文版标准，为我国装备、产品和服务走出去提供了技术支持。依托对外合作项目，我国航天、铁路标准在委内瑞拉、巴西、尼日利亚等国实现海外应用。

三是标准化国际合作稳步推进。拓展与主要贸易国的标准化合作，与法国、希腊、意大利、墨西哥签署标准化合作协议。落实中英标准互认协议，成立中英标准化合作委员会，确定第一批66项互认标准。积极推进与法国在农业食品、铁路、电子医疗、智慧城市等领域的标准化合作项目。签订中德电动汽车标准化工作计划联合声明，巩固和提升现有合作机制。

四是国际标准化人才培养进一步加强。联合ISO、IEC举办10期国际标准化培训，培训国内专家760人次。加强与ISO以及德国、日本等国标准化机构的工作和人员交流，学习借鉴国外先进管理经验。标准委、商务部、科技部联合启动东盟、非洲、俄罗斯和中亚国家标准化官员培训工作。标准化首次纳入国家外专局因公出国（境）培训项目。

（三）创新机制，标准化管理更加完善。

一是标准化制度政策不断健全。组织开展标准化规章的实施后评估和规范性文件的清理工作。知识产权局、标准委联合实施国家标准涉及专利的管理规定，规范了国家标准在制定和实施中涉及专利的处置问题。制定国家农业标准化示范项目绩效考核办法，以绩效管理推动农业标准化示范区建设成效明显。林业局、标准委印发《国家林业标准化示范企业管理办法》，交通运输部出台关于加强和改进交通运输标准化工作的意见。陕西省颁布施行《陕西省标准化条例》，深圳市发布《关于加强特区标准建设若干问题的决定》，有力加强了地方标准化法规制度建设。山东、江苏、内蒙古等地方政府出台加强标准化工作的意见，加大标准化工作力度。

二是标准制修订管理得到加强。全年共发布国家标准 1 530 项，下达国家标准制修订计划 1 519 项。备案行业标准 4 381 项，地方标准 3 541 项。通过优化流程，国家标准审批出版周期缩短一半以上，国家标准公告发布与标准文本正式出版基本实现同步。加强地方标准管理，备案效率提高 40%。推进标准制修订经费分类管理改革，重点支持强制性标准和基础公益类推荐性标准。落实技术委员会组建和换届公示公开制度，选择建材、电工领域 60 多个技术委员会开展考核评价试点。新版国家标准制修订工作管理信息系统正式上线，技术委员会工作平台投入试运行。

三是标准与科技结合日益紧密。积极推动将标准化内容纳入国家科技体制改革重点任务和《国务院关于加快科技服务业发展的若干意见》。技术标准资源服务平台向国家科技计划试点开放，为科技创新活动提供标准化支撑。批准筹建华南、广州两个国家技术标准创新基地。组织开展 2014 年度中国标准创新贡献奖评选表彰工作，表彰了一批具有自主创新技术的标准，军用标准首次纳入评奖范围。公开征集遴选近 2 000 名标准化科技专家，为标准化创新发展提供智力支持。北京市政府批准发布技术创新行动四年计划，将形成技术标准作为重大专项考核指标。四川省质监局会同科技厅，率先启动技术标准研发基地和技术标准创制中心申请认定工作。

四是标准化宣传工作成效明显。成功举办“世界标准日”宣传周主题活动，以及万册标准图书赠送消费者、标准化改革圆桌会议等 10 项专题活动，65 个部门、行业协会、集团公司和各地方也举办了形式多样的宣传活动，推动标准化知识“进企业、进家庭、进社区、进机关、进学校”，在全国范围内营造了“知标、学标、用标”的良好氛围。配合质量月活动，组织开展了标准计量合格评定创新发展与提质增效研讨会。针对汽车安全、国五汽油、儿童玩具、贵金属首饰等 10 多项社会关注的重要标准，广泛组织宣传解读。新华社、人民日报、中央电视台、中国政府网等主流媒体发布的标准化新闻频次大幅增加，一批重要标准的科普读本陆续出版发行，社会反响热烈，标准化影响力日益增强。

（四）凝心聚力，标准化改革步伐更加坚定。

一方面，加强了改革顶层设计。一是在各部门、各地区的充分理解和大力支持下，经过一年多认真研究、充分协商和反复论证，起草了《国务院关于深化标准化工作改革方案》送审稿，经会签 49 个部门，于去年底上报国务院审批。二是经国务院同意，按照国家级专项规划要求，组织有关方面编制了《国家标准化体系建设发展规划（2015—2020 年）》送审稿，已上报国务院，对“十三五”期间标准化体系建设进行总体规划、提前布局。三是加快推进标准化法修改，加强与立法机关的沟通协调，开展修法重点问题研究。标准化法修改列入全国人大一类立法计划，中央财经领导小组第七次会议将标准化法修改作为重点工作任务，国务院法制办多次听取修法工作汇报。

另一方面，推出了一系列改革举措。一是加快企业标准管理制度改革。开展基础理论研究，制定改革工作方案，起草企业产品标准自我声明公开的指导意见和管理办法，选择上海、福建等 7 省市进行试点，切实推进简政放权。开通企业产品标准信息公共服务平台，已有超过 1 000 家企业公开了 4 000 余项标准。二是启动团体标准试点工作。会同中国科协组织中国标准化协会、中国汽车工程学会、中华中医药学会等单位，积极探索团体标准工作模式，开展团体标准的评价和监督机制研究。三是实现强制性国家标准全文公开。强制性国家标准全文公开服务纳入中国政府网，目前已将 3 559 项强制性国家标准全文公开，为全社会提供更加优质的公共服务。四是推进组织机构代码工作改革。将年检制度改为年报制度，开展网上实时赋码，探索收费制度改革。配合发展改革委研究 18 位代码设计方案，推动统一社会信用代码制度建设。深化拓展应用，新增宗教管理、知识产权、审计等 5 个组织机构代码应用领域。

一年来，标准化工作取得了显著成效。这些成绩的取得，得益于党和国家的高度重视，得益于各部门、各地方和社会各界的支持参与，得益于全体标准化工作者的辛勤付出。借此机会，我代表国家标准委向大家表示诚挚的感谢！

在肯定成绩的同时，我们也清醒地认识到当前标准化工作中存在的问题。主要表现在：一些方面依然存在标准缺失老化滞后、交叉重复矛盾的现象，标准体系不够合理，标准化法治建设仍然滞后，标准实施力度和效益尚有待加强，标准化发展基础比较薄弱，我们必须高度重视，切实加以解决。

二、今后一段时期标准化工作的总体思路

当前，我国经济发展进入新常态，党中央、国务院对标准化要求更高，社会各方面对标准化期望更多。党和国家把标准化工作提上更加重要的议事日程，党中央国务院刚刚下发的中发〔2015〕8号文件中明确要求“健全技术标准体系，强化强制性标准的制定和实施”，中央全面深化改革领导小组将标准化改革列入2015年工作要点，今年政府工作报告中强调要“加强质量、标准和品牌建设”。特别是，2月11日国务院第82次常务会议专门研究标准化改革工作，3月11日国务院印发《深化标准化工作改革方案》，确定了标准化改革的总体思路、基本原则、目标任务和一系列重大举措，为标准化事业发展指明了方向，具有里程碑式的意义。

国家标准委党组按照党中央、国务院对标准化工作的部署，认真研判形势，分析需求，准确把握标准化自身发展规律，研究提出了今后一段时期标准化工作的总体思路，即深入贯彻党的十八大、十八届二中、三中、四中全会和习近平总书记系列重要讲话精神，牢牢把握“四个全面”战略布局，紧紧围绕经济提质增效升级，坚持抓质量、保安全、促发展、强基础，按照“改革创新、协同推进、科学管理、服务发展”的基本要求，深化标准化工作改革，加强标准化体系建设，提高标准化法治水平，夯实标准化发展基础，推动标准国际化，提升标准先进性、有效性和适用性，更好发挥标准化在国家治理体系和治理能力现代化建设中的基础性、战略性作用，促进经济持续健康发展和社会全面进步。

第一，改革创新是促进标准化发展的不竭动力。从改革看，标准化的历史就是一部不断改革发展的历史。1962年发布《工农业产品和工程建设标准化管理办法》，确立了国家标准、部标准和企业标准三级标准体系。1989年实施《标准化法》，将标准单一的强制属性调整为强制与推荐两种性质。刚刚颁布的《改革方案》，将标准单一的政府供给调整为政府和市场共同供给。从计划经济到有计划的商品经济，再到社会主义市场经济，标准化的调整变革，都主动适应了时代变革的发展要求，也为事业发展注入了强大动力，推动了我国标准体系的不断完善和标准总体水平的不断提高。从创新看，标准服务于创新，在创新中发展。一方面，标准将创新成果转化为现实生产力，是未来创新的制度基础；另一方面，创新是推动标准发展的源泉动力，标准在持续创新中，不断提升先进性和科学性，增强生命力。当前，标准化正处于体系调整、管理优化、水平提升的关键时期，我们必须坚持改革创新，增强内生动力，突破发展瓶颈。唯改革者进，唯创新者强，唯改革创新者胜。

第二，协同推进是深化标准化改革的内在要求。标准反映各方的利益，是相关方共同商定、一致遵循的技术“规则”，其本质是协调一致。标准化工作涉及国际国内，涵盖部门多、技术面广、产业链长，需要协同推进。当前，深化标准化工作改革是一项庞大复杂的系统工程，任何一项改革措施都会牵一发而动全身。推进《改革方案》的落实，必将打破现有的工作格局和管理方式，重新调整各方的权利、责任和义务，这就需要各部门、各行业、各地方以及社会各方面，进一步增强大局意识和全局思维，一方面要各负其责，抓好各自领域和范围内改革任务的落实，另一方面要协调统一，更加团结配合，确保国务院确定的改革目标和改革措施落到实处、取得实效。从标准国际化的发展看，也需要我们更加强化与国际标准组织和区域标准组织的合作，加强与主要贸易国间的标准互认和工作交流，共同推进国际标准化发展，努力提升中国标准的国际化水平。

第三，科学管理是提升标准化水平的有效手段。近年来，我国标准化事业快速发展，国家标准、行业标准、地方标准总数超过十万项，备案企业标准达到百万余项，但标准管理“软”导致的标准体系“乱”、标准水平“低”状况，已经在一定程度上影响和制约了经济社会的发展。解决这些问题，必须依靠科学管理。科学管理首先是法治管理，要建立健全标准化法律法规制度，将标准化全面纳入法治轨道，确保标准化工作规范运行，提高标准化法治水平。科学管理也是效率管理，要优化标准制定程序，缩短标准制修订周期；提高标准化技术组织能力，确保工作质量水平；强化标准实施管理与监督，保证和提升标准化效益。科学管理更是系统管理，标准化工作应当秉承统一管理、分工负责的基本原则，既要注重加强宏观管理和综合协调，也要注重更好发挥各方面在标准制定和实施中的作用，还要很好地统筹和衔接国际标准化工作。我们应当运用法治思维、国际视野、科学方法，强化标准化科学管理，努力构建系统完善、科学规范、运行有效的标准化管理体系，促进标准化水平整体提升。

第四，服务发展是开展标准化工作的根本目的。标准根源于人类历史实践，立足于经济社会发展。离开经济社会发展，标准就是无源之水、无本之木。只有服务于经济社会发展，标准化的生命力才能鲜活长久。经济社会发展，需要标准化发挥技术基础作用。特别是，当前建立统一市场体系、保障市场公平竞争，需要健全协调配套、开放透明的标准体系，发挥好标准的杠杆作用。加快转变政府职能、简政放权，需要更多依据标准开展事中事后监管，发挥好标准的规制作用。节约资源保护环境、调整优化产业结构，需要标准升级，严把准入关，发挥好标准的门槛作用。促进质量发展、建设质量强国，需要夯实标准化、计量、认证认可、检验检测四大质量基础，发挥好标准的支撑作用。扩大对外开放、培育国际竞争新优势，需要加强中外标准互认，提高标准一致性水平，以中国标准走出去带动我国企业、产业走出去，发挥好标准的引领作用。随着时代发展和社会进步，标准覆盖范围日益扩展，服务对象不断增加，标准化服务发展使命光荣、任重道远。

改革创新、协同推进、科学管理是推动标准化事业再上新台阶的重要举措，服务发展是标准化工作一以贯之特别是进入全新发展阶段的必然抉择。我们要深刻认识和把握四者之间的内在联系，以改革创新统领发展全局，用协同推进凝聚各方力量，将科学管理贯穿工作始终，把服务发展全面体现在标准化实际行动中，更好地适应发展新常态，落实发展新要求，赢得发展新希望，开启标准化事业发展的新征程。

三、2015 年标准化工作安排

2015 年是深化标准化工作改革的启航之年，是开启标准化事业新征程的奋进之年，也是标准化更好服务经济社会发展大有作为之年，我们要以新的认识、新的思路和新的措施，全力做好以下几个方面的工作。

（一）深化改革，狠抓各项任务落实。

各方面要切实按照党中央、国务院的决策部署，统一思想，凝聚共识，坚定不移地推动各项改革任务落到实处。

一要抓好《改革方案》的学习宣传贯彻。充分运用媒体宣传、专家讲解以及培训班、研讨会等多种形式，广泛开展宣传解读，重点针对政府部门、科研院所、社会组织以及广大企业开展宣传培训，主动加强引导，使社会各界准确理解改革精神，自觉执行改革措施。质检总局、标准委正在按照《改革方案》确定的目标和实施步骤，抓紧起草上报改革任务分解落实行动计划，推动建立国务院标准化协调推进机制。各部门、各地方也应结合实际，做好今后一段时间本部门、本地区标准化改革的任务分解和工作安排。

二要抓好标准化法治建设。加快推进《标准化法》修订工作，在全国人大财经委、法工委和国务院法制办领导下，加强修法调研和协调工作，尽快提出法律修正案，争取年内上报国务院审议。开展现行标准化相关法规、规章和规范性文件的清理评估，明确下一步制度文件立改废的重点。加快启动《强制性国家标准管理办法》《全国专业标准化技术委员会管理规定》等重要规章制度的制修订工作。

三要抓好现行强制性标准的清理整合。强制性标准改革是今后一段时期改革的重中之重，必须花大力气予以推进。严格按照《改革方案》确定的强制性标准范围，对现行强制性国家、行业、地方标准和计划项目进行清理评估，不再适用的予以废止，不应强制的转化为推荐性，需要整合修订的，逐步列入强制性国家标准计划。选择部分领域先行开展强制性国家、行业、地方标准的整合精简试点。下一步，标准委将会同有关部门专门制定强制性标准清理整合工作方案，协同推进强制性标准改革。

四要抓好推荐性标准制定质量和效率。推荐性标准改革要逐步优化体系结构，提高各级标准的协调性，推动向公益类标准过渡。要利用信息化手段，优化推荐性标准立项和审批程序，缩短制定周期。建立面向部门和地方的标准信息交换机制，实时共享标准立项和批准发布信息。改进推荐性行业标准和地方标准备案制度，加强备案审查，避免产生新的交叉重复矛盾。加强标准立项评估，从源头上保证标准质量和协调性。强化对标准起草、征求意见、技术审查等环节的监督。建立标准实施信息反馈和评估机制，广泛搜集标准实施过程中遇到的问题和建议，及时开展标准维护更新。

五要抓好团体标准的试点和管理。团体标准以内生需求为动力，按市场机制产出，有助于满足市场、科技快速变化及多样性需求，当前要加快培育，做好引导、规范和监督。一方面，继续做好学协会有序承接政府转移职能的试点工作，在市场化程度高、技术创新活跃、产品类标准较多的领域进一步扩大试点范围。另一方面，要在总结试点经验基础上，加快制定团体标准发展指导意见和标准化良好行为规范，进一步明确团体标准制定主体资质、制定程序和评价准则。

六要抓好企业标准的管理改革。企业标准管理改革，就是要切实推进简政放权，放开搞活企业标准，允许企业自主制定实施产品和服务标准，逐步取消政府对企业标准的备案管理，促进大众创业、万众创新。要研究制定企业产品和服务标准自我声明公开和监督制度，加快推进企业产品标准信息公共服务平台的建设。在现有 7 省市基础上，进一步扩大试点范围，制定完善激励机制和政策，鼓励企业进行标准自我声明和公开。鼓励标准化专业机构对企业公开的标准开展比对和评价，强化社会监督。

七要抓好组织机构代码和物品编码体制机制改革。按照“信息对接、合作共赢”的原则，推进“三证合一”工作，在全国范围内推广组织机构代码网上实时赋码，在“一证三码”试点工作基础上，加快实现“一证一码”。配合发展改革委推进统一社会信用代码制度建设，做好试点相关准备，推动工作方案出台。积极推进组织机构代码收费改革。强化组织机构代码系统基础能力建设，扩大在地方政府和商务领域的应用范围。按照事业单位分类改革要求，推进物品编码管理体制及运行机制改革，制定全国物品编码分支机构改革调整方案。加大科技投入，拓展物品编码应用领域，建立适应改革要求的物品编码工作新体系。

八要抓好标准化规划编制。今年是“十二五”规划的收官之年，也是编制“十三五”规划的关键之年。《国家标准化体系建设发展规划(2015—2020 年)》已报送国务院，要继续推动规划的发布实施工作。交通、旅游、林业、机械、电力等部门和行业，北京、广东等地方在今年的工作安排中，也都在着手“十三五”标准化发展规划的组织编制工作。各部门、各地方要把编制规划作为落实改革任务的有效手段，做好规划与改革的衔接配套。同时，要注重部门、地方规划与国家规划的统一协调，树立“一盘棋”的全局意识，保证规划的协调性、整体性和科学性。

（二）紧贴需求，加强重点领域标准制定。

标准化工作要围绕经济社会发展需要，科学设计、合理布局，不断完善重点领域标准体系。

一要健全农业农村标准体系。加快制定《高标准农田建设评价规范》国家标准，出台高标准农田标准体系建设指导意见，进一步加强农田水利等重要基础标准研制。制修订鲜活农产品标签标识、冷链运输贮藏操作规范和质量溯源等标准。加强新型农业经营体系建设相关标准研制。实施农产品安全标准化工程，以养殖环境、营养需要、饲料安全使用等为重点，加强健康养殖标准体系建设。深入推进农村综合改革标准化工作，围绕美丽乡村建设、农村公共服务运行维护和农业社会化服务，加强标准前期研究和重要标准制修订。批准发布《美丽乡村建设指南》等标准。

二要加强产业升级关键技术标准研制。围绕实施“中国制造 2025”，加强新一代信息技术、高档数控机床和机器人、航空航天装备、海洋工程装备及高技术船舶、先进轨道交通装备、节能与新能源汽车、电力装备、新材料、生物医药及高性能医疗器械、农业机械装备等重点领域标准研制，助推智能制造、绿色制造。继续实施 2014—2015 年百项能效标准推进工程，确保完成制修订 100 项节能标准的任务。深入推进化解产能过剩标准支撑工程。加快推进战略性新兴产业标准综合体项目，抓紧完成产业园区循环化改造、智能电网并网、电动汽车充电设施等标准综合体研制。促进军民标准融合，加强北斗卫星导航军民通用标准制定，建设军民共用标准化技术组织，推动形成军民融合的长效工作机制。

三要提高服务业标准水平。加强物流标准体系建设，制定出台《物流标准化中长期发展规划》。继续推动商贸物流领域标准化，加大托盘、冷链物流标准制定和实施力度。抓好电子商务和社会信用标准体系建设，充分发挥组织机构代码主体标识功能和商品条码追溯功能，推动电子商务交易主客体信息描述、交易过程监管等关键标准研制。大力开展银行、证券、保险等领域的标准制修订，完善金融标准体系。推进通信服务、检验检测服务、知识产权服务和科技成果转化服务等高技术服务业标准研制。加快品牌评价、知识管理等新兴领域标准制定。建立健全公共文化服务标准体系，在公共文化设施运行管理和服务等领域制修订一批重要标准。加强养老服务标准体系建设，制定一批急需的基础通用、安全健康、设施配置标准。

四要加快民生改善和社会治理领域标准制定。开展碳排放、节能环保标准研制，加快油品质量和商品煤质量标准制修订工作，实施标准助推绿色化工产业发展工程，促进生态保护。加强公共安全标准化，重点做好危险化学品管理、客车、消防、特种设备、安全生产等领域的标准制修订工作。完成食品安全国家标准清理整合，强化食品领域重点标准制修订。深入推进消费品安全标准“筑篱”专项行动，完成首批 11 个领域国内外标准比对，推动空气净化器、口罩等一批重要标准出台。落实新型城镇化标准体系建设工作指导意见，加强重点领域标准制定。借鉴国际标准，加快城市可持续发展管理体系、评价体系和优化方法标准研制，提升我国城市可持续发展水平。抓好政务服务标准化工作，密切配合中央编办等部门，加强相关标准制定，服务行政审批规范化，协助有关部门制定好权力清单、责任清单、负面清单等“三个清单”。

（三）强化实施，提高标准化质量效益。

重制定、轻实施，一直以来都是标准化工作的“短板”。标准的生命力在于实施，标准的权威性也在于实施。进一步推进标准的有效实施和监督，是摆在各级标准化管理部门面前的一项重要任务。

一要充分发挥好各方作用。各部门要配合重要标准出台，提出相关实施要求，创新实施举措，组织做好宣贯工作。各地方要发挥好标准化主管部门的组织协调作用，特别要注重结合京津冀协同发展、长江经济带建设战略的实施，进一步探索建立区域标准化协作机制，共同制定实施相关标准，促进工作互通、资源共享，服务好区域一体化发展。企业应当在标准实施中发挥主体作用，建立标准化工作机制，加强企业标准体系建设，开展标准化良好行为创建活动，激发“贯标”“用标”的内生动力。行业组织、科研机构、学术团体以及相关标准化专业组织要发挥好桥梁纽带作用，搭建多方共同参与的平台，促进标准有效实施。

二要提升标准化试点示范水平。启动农业标准化示范项目提升工程，继续推进新型城镇化、循环经济、装备制造业、高新技术、服务业等试点示范建设。结合政府质量工作考核，开展政务服务标准化试点示范工作。加强试点示范项目管理，强化绩效考核，严格工作标准，坚决淘汰达不到管理要求的低水平项目，着力提高试点示范的质量效益和整体水平。总结提炼成功做法，推广先进管理理念和方法，更好发挥试点示范的辐射带动作用，让各方学有榜样、赶有方向。

三要加强标准的实施监督。研究建立标准分类实施监督机制，以行政管理、执法检查、强制性认证为主要形式，强化依据标准监管，保证强制性标准得到严格执行。以标准符合性检测、监督抽查、自愿性认证为主要形式，多渠道开展实施信息反馈与监测，健全推荐性标准实施监督机制。逐步建立标准实施评估制度，以强制性标准为重点，加快建立标准实施情况统计分析报告制度，开展标准实施效果评价。加强标准实施的社会监督，进一步畅通标准化投诉举报渠道，充分发挥新闻媒体、社会组织和消费者对标准实施情况的监督作用，让大众监督的“正能量”倒逼标准化工作水平提升。

四要培育发展标准化服务业。坚持专业化、市场化、产业化方向，建立完善标准化服务体系。支持各级各类标准化技术机构开展标准化服务，不断提升标准化服务能力。通过政府购买服务，引导社会力量参与标准化服务机构建设。依托技术标准创新基地，打造标准创新服务平台。开展标准信息的综合加工、深度开发，提供深层次、高质量、定制化的标准信息产品，把“纸标准”变为“活信息”。加大对中小微企业标准化服务力度，帮助企业建立标准体系，提高产品服务质量。加强各级标准馆建设，加大馆际资源共享。

（四）提升水平，加快标准走出去步伐。

随着加快构建全方位对外开放新格局和“一带一路”战略实施，我国国际标准化工作的空间和舞台越来越大，要抓住机遇，全面提高我国标准国际化水平。

一要推动参与国际标准化活动向高端迈进。充分发挥我国担任 ISO、IEC 常任理事国作用，积极参与 ISO、IEC、ITU 战略规划、组织治理、政策规则制定。在铁路、航天航空、工程机械、能源等重点领域，推动研制一批高端装备国际标准。积极推进船舶、海洋、信息技术、茶叶等重大国际标准取得突破。加大国际标准跟踪、评估和转化力度，不断提高国际国内标准一致性程度。争取成立 ISO 竹藤和稀土等新技术委员会，承担首个 ISO 信息文献国际标准关联码国际注册中心。加强国际标准组织国内技术对口单位能力建设，对 ISO、IEC 技术机构秘书处的承担单位开展评价试点。加强区域标准化研究中心的建设管理，对重点贸易国和地区的标准化机制、政策和重要标准进行研究。认真做好中国承办第 39 届 ISO 大会的筹备工作。

二要有效服务“一带一路”战略实施。围绕“一带一路”战略规划及三年滚动计划，制定标准化工作实施方案，明确工作路线图和时间表。加强“一带一路”沿线重点国家大宗商品标准比对分析研究，开展东盟农业标准化示范区建设，与沿线国家开展标准化专家交流，加大标准化援外培训力度，支撑政策沟通、设施联通、贸易畅通。开展与“一带一路”沿线国家的合作，与海湾阿拉伯国家合作委员会标准化组织签署谅解备忘录。围绕航天、工程机械等重点领域装备走出去，提出中国装备标准名录。研究制定标准走出去工作指导意见。进一步规范中外标准互认工作程序，加大标准互认力度，增加标准互认的国家和标准数量。根据外交外贸重点领域的需要，成体系开展急需标准外文版翻译。

三要持续深化国际标准化合作交流。加强与太平洋地区标准大会、亚太经合组织标准一致化分委员会等区域标准化组织的务实合作，积极参与泛美标准化委员会活动，推动与非洲电工标准化委员会签署合作协议，扩大我国参与区域标准化活动的影响力。探索建立“金砖国家”标准化合作新机制，加大与非洲、拉美等地区标准化合作力度。深化与美国、欧盟、俄罗斯等在经贸、科技合作框架内的标准化合作。组织举办中欧标准化工作组和中德、中法标准化合作委员会会议，以及第十四届东北亚标准化合作论坛。探索推动中国城市与国外相关城市间以标准化为纽带，结成标准化合作城市。开展标准国际化创新型城市建设试点工作。

（五）夯实基础，保障标准化事业持续发展。

适应深化标准化工作改革要求，必须加强基础能力建设，增强发展后劲，为标准化事业持续健康发展提供坚实保障。

一要加快标准化信息化建设。加快建立全国标准信息网络平台，实现跨部门、跨行业、跨区域标准化信息交换与资源共享。组织开展标准数据的结构化加工，开展标准内容和技术指标的比对分析，为标准化工作提供信息化支撑。抓好标准信息公共服务体系建设，积极推动成立服务联盟，进一步提升标准化信息服务能力。

二要严格标准化技术委员会管理。优化技术委员会委员组成结构，注重吸纳消费者和外资企业代表参与，提高委员的广泛性、代表性和工作透明度。利用信息化手段规范技术委员会运行，严格委员投票表决制度。完善技术委员会年报制度，加强对技术委员会基础数据和年报数据的统计分析，编制年度报告。进一步健全技术委员会考核评价和奖惩退出机制。

三要促进标准化与科技互动支撑。制定加强技术标准研制促进科技成果转化的指导意见，畅通科技项目产出标准的渠道，强化标准在技术、产品研发中的导向作用。组织编制《"十三五"技术标准科技创新规划》，健全标准化与科技结合的政策和机制，服务创新驱动发展战略实施。

四要加强标准化人才队伍和科研机构建设。推进标准化学科建设，支持更多高校、研究机构开设标准化课程，开展学历教育，设立标准化专业学位。制定国际标准化人才培训规划，加大各类国际标准化人才培养力度。支持标准化科研机构开展标准化理论、方法、政策研究以及标准试验验证工作。

五要加大标准化宣传工作力度。标准化宣传工作要注重广泛性、普及性，以通俗易懂、喜闻乐见的形式，宣传标准化知识，宣讲重要标准。在世界标准日、全国质量月、消费者权益保护日等重大活动中，做好标准化宣传。围绕改革方案出台、规划发布实施、标准化法修改等专项工作，进行广泛宣传和深入解读。要选择食品、重要消费品、节能环保、社会管理和公共服务等人民群众密切关注的领域，组织开展重要标准宣贯，建立常态化的宣传工作机制，努力形成人人关注标准、人人使用标准的良好社会氛围。

标准化事业发展迎来了新机遇，踏上了新征程。让我们以更加主动的担当意识、更加有为的精神状态、更加扎实的工作举措，协同奋进，攻坚克难，确保标准化工作改革取得实效，全面提升标准化工作水平，为推动经济持续健康发展和社会全面进步作出新的更大的贡献！

田世宏
质检总局党组成员、国家标准委主任

践行“三严三实”推进改革创新

——在“三严三实”专题党课上的讲义

（2015 年 5 月 15 日）

根据中央统一部署，今年在县处级以上领导干部中开展“三严三实”专题教育。4 月 10 日，中央办公厅正式印发通知，提出了工作方案。21 日，中央召开“三严三实”专题教育工作座谈会，刘云山同志、赵乐际同志分别作重要讲话。29 日，总局党组举办了“三严三实”专题党课，支树平局长作了题为《搞好“三严三实”专题教育 树好“党旗下质检人”形象》的讲课，启动了全国质检系统的专题教育，标准委机关全体同志参加了专题党课学习。按照中央和总局党组的要求，党委（党组）书记都要带头讲党课，今天，我和同志们再一次来学习领会“三严三实”精神，共同交流学习体会，同时也是标准委“三严三实”专题教育的再部署、再动员。我讲五个方面内容。

一、充分认识“三严三实”的丰富内涵

去年“两会”期间，习近平总书记在参加安徽代表团审议时，就推进作风建设发表了重要讲话，提到“既严以修身、严以用权、严以律己，又谋事要实、创业要实、做人要实”。其中，严以修身，就是加强党性修养，坚定理想信念，提升道德境界，追求高尚情操，自觉远离低级趣味，自觉抵制歪风邪气。严以用权，就是要坚持用权为民，按规则、按制度行使权力，把权力关进制度的笼子里，任何时候都不搞特权、不以权谋私。严以律己，就是要心存敬畏、手握戒尺，慎独慎微、勤于自省，遵守党纪国法，做到为政清廉。谋事要实，就是要从实际出发谋划事业和工作，使点子、政策、方案符合实际情况、符合客观规律、符合科学精神，不好高骛远，不脱离实际。创业要实，就是要脚踏实地、真抓实干，敢于担当责任，勇于直面矛盾，善于解决问题，努力创造经得起实践、人民、历史检验的实绩。做人要实，就是要对党、对组织、对人民、对同志忠诚老实，做老实人、说老实话、干老实事，襟怀坦白，公道正派。“三严三实”既是加强党的作风建设的行动指南，具有鲜明的时代特征；又是优良传统的历史积淀，具有丰富的内涵外延。至少可以从三个方面来理解。

（一）“严”和“实”是中华文化的优良传统。

习近平总书记指出：“中华文明绵延数千年，有其独特的价值体系。中华优秀传统文化已经成为中华民族的基因，植根在中国人内心，潜移默化影响着中国人的思想方式和行为方式。今天我们提倡和弘扬社会主义核心价值观，必须从中汲取丰富营养。”“严”和“实”，有着深厚和悠久的历史渊源，是中华文化的优良传统。践行“三严三实”精神，也需要我们从中华优秀传统文化中汲取营养。

就“严”来讲，中华传统文化注重修身、讲究内省。古人在修身、用权、律己方面，都有极为严格的要求。儒家主张“内圣外王”，就是通过完善内在的修养，达到王道社会的政治理想，这和“修身齐家治国平天下”的思想一脉相承。儒家经典著作《论语》中说“吾日三省乎吾身”，就是对自我修养的严格要求。老子《道德经》提出“见素抱朴，少私寡欲”，严格要求减少欲望，坚守本真和纯朴。道家另一个代表人物庄子在他的代表作《逍遥游》中从人格修养层面，提出了“至人”“神人”“圣人”的理想人格，反映了古人在精神层面的严格要求和不懈追求。古人在用权方面要求也极为严格，有名的一个例子是“四知”的故事，东汉人杨震在赴任东莱太守的途中，路过昌邑（今安徽砀山），当时的昌邑县令王密曾经得到过杨震的举荐，为了表达感恩之情，王密带上“金十斤”夜里拜访杨震。杨震当场拒绝了这份贵重的礼物，王密说："深夜里没有人知道。"杨震说："天知地知你知我知，怎么说没有人知道呢？"

就"实"来讲，中华传统文化注重力行、讲究务实。中国古人看重实践，注重力行，在很多经典古籍中都有这方面的论述。中国最早的历史文献《尚书》中说"知之非艰，行之惟艰"，就是强调实践的艰难和重要性。中国最早的诗歌总集《诗经》中有一篇诗歌，叫《采蘩》，赞扬了一位"夙夜在公"的古代小吏，体现了2000多年前古人务实的价值追求。《周易》中有名的两句话是"天行健，君子以自强不息；地势坤，君子以厚德载物"，也是提倡刚健勇猛的实践精神。《论语》中多次讲到"说"和"做"的关系，强调实实在在的行动远比虚虚浮浮的语言重要得多，比如说："君子讷于言而敏于行""言忠信，行笃敬"。儒家思想的集大成者荀子也说"道虽迩，不行不至；事虽小，不为不成。"就是说，路程虽近，不走就达不到目的地；事情虽小，不做就成功不了。《墨子·修身》中说"士虽有学，而行为本焉"，讲读书人虽然有学问，但是亲身实践才是根本。从上述先贤的话语中，我们不难看出古人对于务实之风的崇尚和追求。

中华传统文化中的务实思想甚至影响到中国的审美思想，比如说孟子主张的"充实之谓美"，乃至于文学思想也强调"文以载道"，注重其实用性。近人梁启超在《论小说与群治之关系》中就强调通过小说来达到"新民"的目的。

追溯历史，不难看出，"三严三实"既继承了中华优秀传统文化中"严"和"实"的精神，又赋予了新内涵，体现了时代特征。

（二）"严"和"实"是中国共产党的优良传统。

中国共产党历来重视作风建设。"三严三实"的提出是我们党作风建设理论与实践发展的必然结果，是党的作风建设理论的传承与创新。

建党初期，中国共产党在党的第一次全国代表大会上，就通过了《中国共产党党纲》和《关于当前实际工作的决议》。《党纲》对党员等提出严格要求，比如"必须与那些与我们的纲领背道而驰的党派和集团断绝一切联系""党员如果不是由于法律的迫使和没有得到党的特别允许，不能担任政府的委员或国会议员。"强调的都是党的政治纪律和政治规矩。《决议》主要包括工人组织、宣传、工人学校、工人组织的研究机构、对现有政党的态度、党与第三国际的联系等六部分内容，都是针对当时的实际问题提出的，充分体现一切从实际出发的务实精神。

新民主主义革命时期（1919年—1949年），党领导人民开展反对帝国主义、封建主义和官僚资本主义革命。以毛泽东主席为代表的第一代中央领导集体，在革命的实践中形成了理论联系实际、密切联系群众、批评与自我批评的三大作风，把"实事求是"作为中国共产党人思想路线的核心内容，充分体现了"严"和"实"的精神。毛主席在1938年六届六中全会的政治报告中，第一次使用"实事求是"的概念，指出"共产党员应是实事求是的模范"；1940年，在《新民主主义论》中强调"科学的态度是实事求是"；1941年，对"实事求是"专门作出了科学阐释；1941年底，毛主席为中央党校题写了"实事求是"的校训。1963年，在《五评苏共中央公开信》草稿的批语中，作出"社会实践是检验真理的唯一标准"的重要论断。

社会主义革命和建设时期，根据不同阶段的实际情况，采取务实的措施，在全国范围内确立新民主主义社会，并提前完成"三大改造"，实现向社会主义的过渡，探索社会主义建设道路。毛主席作了《论十大关系》《关于正确处理人民内部矛盾的问题》的讲话，体现了一切从实际出发，科学严谨、实事求是的精神。这一时期，涌现出了一批先进典型，比如铁人王进喜、县委书记的榜样焦裕禄、英雄战士雷锋，在他们身上都充分体现了共产党人"严"和"实"的精神。

进入改革开放时期，以邓小平为核心的第二代中央领导集体面对新形势、新任务和新问题，更加重视党的作风建设。邓小平支持开展真理标准大讨论，破除"两个凡是"的束缚和影响，重新确立了"实践是检验真理的唯一标准"的正确观点。同时，还及时开展"拨乱反正"，正确分析党在文化大革命中的失误，把党的工作重点从阶级斗争为纲转到以经济建设为中心上来，提出了"科学技术是第一生产力”，“发展是硬道理”等重要论断，要求坚持“四项基本原则”、“一个中心两个基本点”，带领中国人民大刀阔斧推进经济体制改革，体现了共产党人求真务实的精神。

在新老世纪交替，历史跨入新世纪时期，苏联东欧剧变，苏联共产党的垮台，再一次警示了党要加强作风建设的重要性。邓小平、江泽民、胡锦涛等同志总结国际国内历史经验，深刻分析新形势、新任务，进一步对加强党的建设提出新的要求。以江泽民同志为核心的第三代中央领导集体，根据当时干部队伍状况和存在的问题，在县级以上领导班子和领导干部中，用整风精神开展了以“三讲”为主要内容的党性党风教育。同时，还提出了“三个代表”重要思想，发展了马克思主义建党学说。胡锦涛为总书记的党中央重温毛泽东同志提出的“两个务必”：“务必使同志们继续保持谦虚谨慎、不骄不躁的作风，务必使同志们继续保持艰苦奋斗的作风”，始终保持共产党人的高尚情操和革命气节；针对新形势，提出了科学发展观的重要论断，并在全党分批开展学习实践科学发展观活动，要求通过发展增加社会物质财富、不断改善人民生活，通过发展保障社会公平正义、不断促进社会和谐。

在全面深化改革的今天，以习近平同志为总书记的党中央从坚持和发展中国特色社会主义全局出发，提出并形成了“全面建成小康社会、全面深化改革、全面依法治国、全面从严治党”的总体战略布局。“四个全面”，既有目标又有举措，既有全局又有重点，每一个“全面”都具有重大战略意义。四者不是简单并列关系，而是有机联系、相互贯通的顶层设计。其中，“从严治党”是各项工作顺利推进，各项目标顺利实现的根本保证。“从严治党”是执政党加强自身建设的必然要求，是中国共产党适应执政、改革开放和发展社会主义市场经济的新情况、新问题而提出的加强党的建设的基本方针和根本要求。当今中国事情办得怎么样，关键取决于我们党，取决于党的思想、作风、纪律、战斗力和领导水平。从新中国成立之初果断处理刘青山、张子善贪污案，到党的十八以来坚决查办周永康、薄熙来、徐才厚、令计划、苏荣等违纪违法案件，我们党以“治国必先治党、治党务必从严”的坚定决心，从关系人心向背和党的生死存亡的战略高度加强党风廉政建设，全面从严治党，赢得了人民群众的信任拥护。

回顾党的发展历史，就可以看出，“严”和“实”的精神是一代又一代中国共产党人不断传承和发扬的优良传统，是推动党的事业薪火相传、发展壮大的重要法宝。

（三）“严”和“实”是标准化事业发展的优良传统。

建国以来，我国标准化事业艰难求进、不断发展壮大，自始至终都贯穿着“严”和“实”的精神和作风。

标准化发展初期，新中国刚刚成立，百废待兴，为适应当时经济社会发展的需要，建立一套能够支撑国民经济、国防和人民生活的现代工业体系和技术体系，在中央技术管理局下设立了标准规格处。“一五”期间，为支撑前苏联支援项目投产建设，标准化工作着重翻译、应用前苏联标准。1960 年，针对当时有标准不执行、产品质量低劣的问题，组织起草了《工农业产品和工程建设标准化管理办法》，强调有法必依、执法必严。1964 年，国家加强农业工作，标准化工作也开始加强农业方面的投入，重点抓种子和产品标准化工作。标准化机构和职能随着经济发展的客观需求，从无到有，从小到大，从低规格到高规格，标准化工作不断加强。每一次工作重心的转移，每一次机构职能的变革都是从经济社会发展的实际需要出发，作出积极的调整，以实实在在的行动践行“严”和“实”的精神。

改革开放以来，经济逐步恢复，工农业产品生产制造开始发展，但质量问题显现出来，造成了很大浪费和损失，标准化作为质量的基础和保证，重新受到了重视，1978 年批准成立国家标准总局，召开了全国标准化工作会议。但这一时期总的来说，企业处于无序发展状态，无标生产现象比较多，需要用标准来规范、引导，保证质量，提高效益。同时，标准化法律法规制度还不够完善，需要从法律层面予以加强。于是，就启动了《标准化法》的制定工作，1988 年 12 月，经七届人大第五次会议审议通过。紧接着，开始做《标准化法》的配套法规和规章，到了 1996 年，共制定了 25 项法律法规,整个标准化工作正式纳入到了法治管理轨道。

随着经济全球化的不断发展,特别是加入 WTO 后,中国经济走向国际,更需要用标准来带动和引领,国际标准化工作摆上了重要的议事日程。2008 年以来,我国相继成为国际标准化组织(ISO)、国际电工委员会(IEC)常任理事国,我国专家当选 ISO 候任主席、IEC 副主席和国际电信联盟(ITU)副秘书长。目前,我国承担 ISO/IEC 技术机构的主席 43 个,秘书处 70 个。中国在国际标准化舞台上的话语权不断加强。

进入全面深化改革时期,标准化从技术领域,向社会管理和公共服务领域延伸,成为国家治理体系和治理能力现代化建设中的一项基础性制度。这就要求标准化工作如何在"四个全面"战略布局中发挥基础性战略性作用,需要我们全面深化标准化改革,完善标准体系和标准化管理体制,从而更好适应国际国内的竞争,全面支撑经济社会发展。为此,经过深入调查研究,广泛征求意见,今年 2 月 11 日,李克强总理国务院常务会议专题研究标准化改革工作。特别指出,推动中国经济迈向中高端水平,提高产品和服务标准是关键,必须深化改革,提高竞争力。3 月 11 日,国务院正式印发了《深化标准化工作改革方案》,提出了今后一个时期推进和改革标准化工作的目标、任务和措施。

标准化事业发展的每一个阶段,都凝聚着一代又一代标准化人的努力。大家继承中华文化和共产党人追求的"严"和"实"的品格,本着严谨务实、无私奉献的精神,来推动标准化的发展,涌现出了一批又一批先进典型。李春田等老一代标准化专家把一生都献给标准化事业,笔耕不辍,孜孜不倦,宣传和推动标准化工作,他主编的《标准化概论》至今还被广泛使用为权威教材。金光等老一辈标准化工作者,是《标准化法》的主要制定者之一,为标准化事业的发展贡献了智慧和力量。今天,标准委政研室这个充满活力和朝气,敢于拼搏、勇挑重担的年青集体,以及邓志勇、魏宏、柳成洋、徐翔、付春等新一辈标准化人,勇于开拓、乐于奉献、敢于争先,取得了突出的成绩。其中,柳成洋作为中央国家机关唯一代表,刚被评为"全国向上向善好青年",他们都在用行动谱写践行"三严三实"的新篇章。

事实证明,标准化事业的发展离不开"严"和"实",标准化事业的成就依靠"严"和"实",标准化发展的历史就是践行"严"和"实"精神的历史。

二、准确把握"三严三实"专题教育的重要意义

为什么要开展"三严三实"专题教育? 在去年群教活动之后,中央再次作出新的部署,要求在县处以上领导干部中,广泛开展"三严三实"的专题教育。为搞好专题教育,中央发了通知,总局也制定了方案,作出了部署,国家标准委党组结合中央和总局的要求,联系标准化工作实际,也制定了方案,提出了措施。开展"三严三实"专题教育,具有十分重要的意义。

(一)从党的事业发展要求看。

首先,专题教育是持续深入推进党的思想政治建设和作风建设的重要举措。党的十八大以来,中央采取了一系列措施,加强党的思想政治建设和作风建设,特别是提出了"八项规定"、开展群众路线教育实践活动,使得党风政风得到明显改善、呈现出新的气象。但形式主义、官僚主义、享乐主义和奢靡之风的"四风"现象,还没有从根本上消除,无论党员干部队伍管理,还是党员干部自身,都存在不严、不实的问题,失之于宽、失之于软、失之于虚的现象比较严重。可以说,作风建设走到了一个关键点上,乘势而上,就能巩固和扩大成果,稍有懈怠,就可能故态复萌、前功尽弃。在这种情况下,中央进一步提出开展"三严三实"专题教育,抓住了问题关键,充分体现了作风建设永远在路上。我们要充分领会中央的精神,着眼解决作风问题,使专题教育不虚不空,不走过场。

其次,专题教育是严肃党内政治生活、严明党的政治纪律和政治规矩的重要抓手。当前,我国已经站在一个新的历史起点上,正在进行具有许多新的历史特点的伟大斗争,改革发展稳定任务之重、矛盾风险挑战之多、对我们党治国理政的考验之大,都是前所未有。开展"三严三实"专题教育，体现了中央驰而不息推进从严治党的决心和态度。中央指出，要把“三严三实”要求贯彻到管党治党的全过程，贯彻到党建工作各方面，进一步夯实党的执政基础，不断提高党的执政水平。我们要进一步提高认识，切实把思想和行动统一到中央的精神上来，把专题教育作为重大政治任务抓紧抓好，在思想上严起来，在行动上实起来，确保专题教育取得实效。

其三，专题教育是党的群众路线教育实践活动的延展深化。在群众路线教育实践活动中，“三严三实”就是一个重要内容。中央要求，群众路线教育实践活动要注意结合党的建设制度改革，按照于法周延、于事简便的原则，加快形成体现“三严三实”要求、持续改进作风的制度保障。这次专题教育与群教活动“为民、务实、清廉”的主题一脉相承。当前，群教活动虽然已取得了阶段性成果，但要把群教活动的精神和要求，与“三严三实”结合起来，在群教活动的基础上再添把火，再加把力，使贯彻“三严三实”转化为政治自觉、转化成价值准则、转化为行为习惯。同时，我们还要认识到，“三严三实”专题教育不是一次活动，而是要融入经常性学习教育之中，向常态化、长期化、立规执纪转化，在推进干事创业中抓教育，做到两手抓，两促进。

（二）从党员干部成长的追求看。

首先，“严”和“实”是永葆党员本色的基本要求。党章规定，共产党是中国工人阶级的先锋队，共产党员是中国工人阶级的有共产主义觉悟的先锋战士，党员都要按照党章的规定，自觉践行“严”和“实”的要求。“三严三实”体现着共产党人的价值追求和政治品格，明确了共产党员的修身之本、为政之道、成事之要。一个合格的党员、优秀的党员干部必须牢记党章的要求，始终践行入党时立下的誓言，把对马克思主义、共产主义的崇高信仰，对中国特色社会主义的坚定信念作为终身追求，不管走多远都不能忘了共产党人为什么而出发，不管遇到什么困难都不能丢掉共产党人的灵魂，要自觉加强党性修养、增强政治定力，铸牢理想信念这个“主心骨”，严于律己，甘于奉献。雷锋、焦裕禄、孔繁森等等，都是优秀党员的代表，都是践行“三严三实”的典型。1950 年，毛泽东的老家韶山乡的土地改革已到了划分阶级成分的阶段。该给毛泽东同志家划什么成分呢，负责土改的农会主席作不了决定。毛泽东同志知道后，说：土改政策是党的政策，咱家的情况和一个普通人家的情况一样，应照政策办，不能按人情办。他考虑了三点意见，一、家里的所有财产分给农民；二、成分应当划为富农，并付三百元作为退押金；三、支持人民政府照政策办事，不徇私情。并派岸英和岸青亲自回家一趟传达他的意见。毛泽东同志，用他的实际行动，为广大党员树立了“严”“实”的表率。

其次，“严”和“实”是干部成长的重要素质。从干部成长成才出发，践行“三严三实”，十分重要。做官先做人，做人必修身。我们党十分重视干部的培养任用，要求把“三严三实”作为重要标准，让那些修身严、用权严、律己严，谋事实、创业实、做人实的干部干事有舞台、工作有位子，形成良好的用人导向。古往今来，成大器者，都是“严”“实”之人。“严”和“实”也历来都是传统用人的价值取向，“天道酬勤”“德才兼备”，是广泛认同的用人标准。我们党在选拔任用干部中，特别注重干部的德能勤绩廉考察，体现了对干部“严以修身、严以用权、严以律己，谋事要实、创业要实、做人要实”的要求。习近平总书记指出，好干部要做到信念坚定、为民服务、勤政务实、敢于担当、清正廉洁。修订后的《干部任用条例》突出了：理想信念要求，政治立场、政治态度、政治纪律要求，坚持原则、敢于担当要求，加强道德、作风修养的要求，以及树立正确政绩观，做出经得起实践、人民、历史检验实绩的要求。这些都体现了用人要用“严”“实”之人，成才要走“严”“实”之路。

其三，“严”和“实”是防伪杜渐的重要法宝。现在社会上普遍存在“急”的问题、“浮”的问题、“虚”的问题。“急”就是急躁、急于求成，“浮”就是飘浮、浮在表面，“虚”就是虚假、虚与委蛇。一些人不愿付出艰苦的努力，总想一举成功、一夜成名，一锄头挖出一口井，违背了实事求是、求真务实的精神，是干事创业的大忌。有的党员干部，由于守不住底线，不仅发展止步，甚至滑向深渊。我们每一个党干部，都应该切实把“三严三实”要求内化于心，外化于行，讲原则、守底线，堂堂正正做人、干干净净用权，才能筑牢拒腐防变的防火墙，才能为党的事业作出更大的贡献。

（三）从标准化事业发展的需求看。

首先，标准化的本质体现“严”和“实”。标准自古以来就是规矩，“不以规矩，不成方圆”（孟子《离娄章句上》），讲的就是要严格按标准办事。无论是大禹治水中要求的“左准绳，右规矩”，还是晋·袁宏《三国名臣序赞》中倡导的“器范自然，标准无假”；无论是用于生产领域的标准，还是修身齐家、治国理政的标准，其本质都体现了“严”和“实”的要求。中国的传统思想向来注重以人度物、天人合一，不管用于人还是物，讲标准都要求“严”和“实”的精神。今天，在日常生活中，“高标准”和“严要求”总是一起出现，这充分说明了标准与“严”和“实”存在密不可分的关系。

其二，标准自身的科学性和规范性要求“严”和“实”。习总书记指出：只有高标准，才有高质量。标准讲究科学性，科学来不得半点虚伪，必须严和实。标准讲究有效性，我们正在准备开展的标准实施效果评价，就是要求标准要符合需要，符合实际。标准讲究实用性，在产业结构调整升级、强化事中事后监管等工作中，都需要标准发挥作用，标准必须严格；要让企业和社会各方面用标准，标准必须符合实际。我们有很多“沉睡标准”，就是因为把关不严，内容不实，结果标准制定出来后无人问津，造成巨大浪费。标准重复、标准打架等问题，背后都存在“不严不实”的根源。特别是标准实施、推广上，更要求标准必须严和实。1904 年 2 月 7 日，美国巴尔的摩市发生大火，从哥伦比亚特区、费城、纽约等地赶来的消防队由于消防水龙头的接头标准不一，面对大火无能为力，整个城市几乎被烧毁。这些血与火的教训，也从一个侧面体现了制定标准必须坚持“严”和“实”的精神。

其三，标准化的改革发展离不开“严”和“实”。当前，标准化改革发展到了一个关键时期，党和国家对标准化提出了更高要求，这就需要我们更加认真践行“三严三实”。首先，要敢于直面改革中的问题，坚持问题导向，来思考标准化改革。其次，要善于采取科学有效的措施，注重讲求实效，来推进标准化改革。再次，就是要有勇于担当的精神，贯彻从严要求，来深化标准化改革。

总的来看，全委干部队伍的精神面貌是好的。但是，认真对照检查，不严不实的问题仍有存在。比较突出的问题有三个方面。一是“散”。思想上，没有把主要精力聚焦在重大项目和重点工作，宏观思维、大局意识不够。行动上，部门间甚至是部门内部，没有形成凝聚力和向心力，相互协调、协同配合不够，没有拧成一股绳。二是“慢”。工作主动性不强，推一推、动一动，促一促、走一走。标准审批周期长，文件流转效率低。一些重要督办事项迟迟没有回音，一些重要工作迟迟没有进展。三是“浮”。思考问题浮浅，工作中思路少、办法少。工作作风浮滑，推诿扯皮，敷衍了事，得过且过。工作方式浮漂，抓落实不够，完成质量不高，调查研究少，不接地气。

这些问题的存在，不容小视，既影响士气，又影响环境，更影响工作，还影响形象，需要我们高度重视，认真对待，对照“三严三实”要求，切实抓好整改。

三、认真组织开展好“三严三实”专题教育

开展“三严三实”专题教育，是党中央部署的一项重要工作。总局党组和标准委党组对专题教育进行了专门安排，提出了明确的要求，在这里我再强调几点，以便我们开展好此次专题教育。

（一）严格遵守五项“原则要求”。

一是把握教育主题。中央确立专题教育主题是，学习“三严三实”、践行“三严三实”。我们要把握好“三严三实”的基本内涵和实践要求，聚集对党忠诚、个人干净、敢于担当，推进党员干部进一步坚定理想理念，坚守共产党人的精神高地；进一步强化党性原则，增强纪律意识；进一步明确干事创业的行为准则，树立正确的权力观、政绩观，创造人民满意的实绩。

二是突出问题导向。解决“不严不实”的突出问题，是开展“三严三实”专题教育的出发点和落脚点，也是衡量专题教育成效的重要标志。前面，我们列举了标准化工作中一些“不严不实”的问题和具体表现，当然实际中还有一些问题没有点到，大家要通过进一步的学习、调研，紧密联系个人实际，深找细查，把问题找准找实找具体，认真梳理、逐项分析，立行立改、解决问题。

三是贯彻从严要求。“三严三实”专题教育抓的是“严”与“实”，专项教育本身也有一个“严”

与“实”的问题。这次专题教育，要突出严的标准、严的纪律、严的精神，突出实的要求、实的措施、实的成效。各部门、单位要结合实际，认真谋划安排、精心组织实施，重要节点步步衔接、环环相扣，具体工作明确责任、落实到位，不能有丝毫的含糊、丝毫的懈怠。

四是坚持以上率下。这次专题教育，中央提出坚持以上率下、示范带动。总局支树平局长要求从总局党组开始，要率先做到“三个带头”，即：带头部署开展、带头学习提高、带头查摆剖析，为全系统做出示范。标准委党组按照中央和总局要求，也要带头开展专题教育，带头学习提高，带头联系实际，切实查摆解决不严不实问题，自觉当标杆、作示范。各部门、各单位主要负责同志要时时处处带头，立足实际开展专题教育，从思想深处清除与“三严三实”要求不适应、不符合的突出问题，在本部门、本单位带头学习研讨、带头党性分析、带头整改问题、带头执行制度，推动形成以上率下的良好局面。

五是注重讲求实效。中央强调专题教育不能空对空，必须联系实际，务求实效，力戒形式主义，尤其提出了“三个见实效”。即：要在深化“四风”整治、巩固拓展教育实践活动成果上见实效；在守纪律讲规矩、营造良好政治生态上见实效；在真抓实干、推动改革发展上见实效。我们要坚持专题教育与标准化改革发展两手抓、两促进，通过专题教育破解改革发展中的难题，针对“不严不实”的具体问题，列出清单、明确责任，提出行之有效的措施，加以改进，见到实效。

（二）认真做好四个“关键动作”。

一是领导干部讲党课。专题教育的主要措施之一就是要求领导干部讲党课，今天，我作为标准委党组书记，带头在标准委机关干部和标准委党建工作领导小组成员参加的范围内讲党课，其他党组成员还要在适当范围讲，各支部书记也要在支部范围讲。党课内容要做到“三个讲请楚”，即：讲清楚“三严三实”的重大意义和丰富内涵，讲清楚“不严不实”的具体表现和严重危害，讲清楚落实“三严三实”的实践要求。这就要求我们的领导干部要深学实研，广泛深入了解干部和群众真实的思想作风状况，要联系实际讲，带着问题讲，这样才能接地气，才有感召力和穿透力。我们要把讲党课的过程，作为统一思想的过程，作为深化认识的过程，作为激发自觉的过程。

二是开展专题研讨。中央及总局党组的《方案》提出，在个人自学的基础上，重点分 3 个专题学习研讨，大体上每两个月 1 个专题。第一个专题，严以修身，加强党性修养，坚定理想信念，把牢思想和行动的“总开关”；第二个专题，严以律己，严守党的政治纪律和政治规矩，自觉作政治上的“明白人”；第三个专题，严以用权，真抓实干，实实在在谋事创业做人，树立忠诚、干净、担当的新形象。这 3 个专题是专题教育重要内容，必须高度重视，认真组织好。学习研讨中，标准委机关要注重与京区标准化单位交流互动，一起分享体会、交流观点、互相启发、达成共识，共同推进工作。我们要用好两面镜子。结合开展“纪律教育月”活动，学习《优秀领导干部先进事迹选编》，以先进人物为楷模，树立标杆，对照优秀领导干部找差距，见贤思齐；学习《领导干部违纪违法典型案例警示录》，从违纪违法案件中汲取教训、自警自省。

三是开好专题民主生活会和组织生活会。年底，我们要以践行“三严三实”为主题，召开专题民主生活会和组织生活会。处级以上党员领导干部都要对照党章等党内规章制度、党的纪律、国家法律、党的优良传统和工作惯例，对照正反两方面典型，联系个人思想、工作、生活和作风实际，联系个人成长进步经历，联系教育实践活动中个人整改措施落实情况，深入查摆“不严不实”问题，进行党性分析，严肃认真地开展批评和自我批评。我们要借鉴群众路线教育实践活动的好做法，做到查摆问题深入、谈心交心充分、相互批评有辣味、整改措施到位，达到“坚持真理、修正错误、统一认识、增进团结”的目的。组织生活会要以党支部为单位，全体党员参加，全面接受党内教育和党的生活锻炼。

四是强化整改落实和立规执纪。中央要求专题教育要坚持边学边查边改，主要领导干部带头，列出问题清单，一项一项整改，对具有普遍性的突出问题进行专项整治。要完善机制，制度上存在漏洞或不完善的，要抓紧健全完善，推动践行“三严三实”要求制度化、常态化、长效化。要正风肃纪，强化刚性执行。对“不严不实”的领导干部，立足于教育提高，促其改进；对态度消极、虚以应付的要严肃批评；对群众意见大、不能认真查摆问题、没有明显改进的，要进行组织调整。

（三）积极开展好五个“自选动作”。

一是举办青年学习论坛。要将青年学习论坛与标准委党组中心组学习相结合，党组成员和党员领导干部要带头参加学习研讨，带头把“三严三实”专题教育融入经常性的学习教育之中。在标准委机关，要营造一种良好的学习氛围，建立系统的学习制度，搭建互动的学习平台，形成学以致用、以学促改、以学促进的学习机制。要认真组织好青年学习论坛，以此为学习载体，邀请专家、学者、青年同志走上讲台，广泛交流思想，研讨工作，凝聚共识，共同提高，促进发展。

二是开展“转作风、促改革”专题调研。要结合“三严三实”专题教育和标准化改革发展的需要，围绕标准化法修改、强制性标准清理整合、团体标准培育发展、企业标准管理改革以及标准化国际水平提升等重大改革工作，组织开展座谈会、下基层、走访企业等专题调研，深入调研分析标准化改革发展中“不严不实”等问题，要把查找问题与调研解决问题有机结合起来。从委领导到部门主任，都要深入基层，调查研究，形成有份量、有内容的专题调研报告。

三是开展“学先进、赶先进、做先进”活动。要结合“三严三实”专题教育，大力倡导和组织开展先进单位、先进人物的学习宣传。要注重挖掘典型、树立标杆，及时总结先进经验。在“七一”前后，通过举办先进事迹报告会、座谈会等形式，广泛宣传先进经验和先进事迹，以先进典型激发大家奋发向上、干事创业，形成学先进、赶先进、做先进的良好氛围。

四是加强机关文化建设。结合专题教育，将严和实的精神融入机关文化之中。要通过举办支部学习园地、文明处室评比、标准文化墙建设、爱国主义主题教育等活动，在机关干部中倡导真学真懂、真查真改、真信真用，模范践行“三严三实”，树立良好机关风尚，打造文明机关形象。

五是集中宣传展示标准化核心价值理念。要结合“三严三实”专题教育，以社会主义核心价值观为指导，认真学习研究质检文化和标准化发展历史，总结凝炼标准化核心价值理念，真正在标准化工作中树立“为民务实清廉”的风尚，提升标准化部门的行业形象。

（四）强化落实“两个责任”。

开展“三严三实”专题教育是一项重大政治任务，能否把这个政治任务完成好，是对党组（党委）履行主体责任、落实监督责任的直接检验和现实考验。何为“两个责任”，如何落实“两个责任”。在这里，与大家共同学习交流。

首先，履行好主体责任。习近平总书记多次强调，“从严治党，必须增强管党治党意识、落实管党治党责任”，“不明确责任，不落实责任，不追究责任，从严治党是做不到的”。为了贯彻落实好中央精神，去年7月，总局党组制定了《关于落实党风廉政建设主体责任的实施意见》，我委也下发了《中共国家标准委党组关于落实党风廉政建设主体责任的实施意见》，经过一年多的实践，我们对把握好主体责任有了更加清晰的认识和理解。

主体责任，是政治责任。落实党风廉政建设责任制，各级党政班子都有责任，每一名班子成员都有责任。党组（党委）书记是第一责任人，其他班子成员是分管范围内的主要责任人。

如何履行主体责任，主要是做好6个方面工作：一是落实组织领导责任。要制定党风廉政建设工作计划、目标要求和具体措施，坚持专门部署、狠抓落实、专项检查、严格考核；二是落实选人用人责任。要树立鲜明的用人导向和激励措施，坚决防止和纠正选人用人的不正之风和腐败问题；三是落实正风肃纪责任。要聚集“四风”问题，持之以恒抓好中央八项规定落实。持续保持高压态势，坚持“老虎”“苍蝇”一起打；四是落实规范权力责任。要把惩治和预防腐败的要求体现和落实在改革和制度建设中去。规范领导干部用权行为，防止权力滥用。五是落实支持保障责任。要支持纪检组依纪行使监督权，关心纪检监察干部的培养使用，使纪检监察部门敢于纠正和查处问题；六是落实示范表率责任。党组（党委）书记首先要严于律己，做廉洁从政的表率。其次要律他，管好亲属和身边工作人员，管好班子、带好队伍。大家要把党风廉政建设当成分内之事、应尽之责，看好自己的门，管好自己的人，种好自己的“责任田”，真正把主体责任落实好。

同时，落实好监督责任。中央纪委书记王岐山同志近日在浙江省调研时强调，要唤醒党员领导干部党章党规意识、推进制度创新，把纪律和规矩挺在法律前面，挺在党风廉政建设和反腐败斗争前沿。党要管党、从严治党，要靠党规党纪。“党纪”与“国法”不能混同。党纪严于国法。党是政治组织，党规党纪保证着党的理想信念宗旨，是执政的中国共产党员的底线；党章规定，党员必须自觉遵守纪律、模范遵守法律。

今年4月，总局召开了全国质检系统纪检监察工作会，树平局长对此次会议非常重视，专门作出批示。他强调总局高度重视纪检监察工作。各单位要认真学习贯彻总局党组制定的《关于质检直属系统纪检监察机构进一步落实党风廉政建设监督责任的意见》，准确把握监督责任的内涵和要求，以监督责任促主体责任，以高度的政治责任感抓好“两个责任”落实。

5月11日，标准委党组组织中心组扩大学习，传达了树平局长的重要批示和王炜同志讲话，并就落实好纪检监察工作会议精神，提出了明确要求。各部门、单位要把握好监督责任的政策和要求，明确监督执纪的重点。重点在以下几方面做好监督工作，一是在纪律建设方面，要严明党的政治纪律和政治规矩，强化对纪律执行情况的检查，坚决纠正无组织、无纪律问题；二是在选人用人方面，要加强对干部选拔任用工作的监督，防止“带病提拔”；三是在纠正“四风”方面，要继续把违反中央八项规定精神作为纪律处分的重要内容，防止“四风”问题反弹；四是在惩治腐败方面，要重点查处十八大后不收敛、不收手，问题线索反映集中、群众反映强烈，现在重要岗位且可能还要提拔使用的领导干部；五是在责任追究方面，要强化问责，做到问责一个、警醒一片。六是在工作规范方面，要畅通群众监督渠道，强化反映问题线索管理，定期清理、规范管理。此外，标准委党组还研究决定，进一步加强监督责任的组织保障，在各支部设立纪检委员，将监督责任落实支部工作中。

坚持党要管党、从严治党是各级党组织的责任所系、使命所在，落实主体责任和监督责任关键看行动、根本在担当。党组（委）主体责任与纪检（委）监督责任是同一责任范畴的两个侧面，不能互相替代，更不能互相削弱，而必须相互协调和共同促进。

四、以“三严三实”专题教育推进标准化工作改革

中央要求，开展“三严三实”教育，要坚持围绕中心、服务大局，把开展专题教育与做好改革发展稳定各项工作结合起来，与落实“四个全面”战略布局结合起来，做到两结合、两促进。深化标准化工作改革，是我们当前工作中的重要任务。前面我也讲到过，推动《深化标准化工作改革方案》出台，倾注了很多同志的艰辛和汗水，可以说，没有“严”和“实”的作风和行动，也不会有改革方案的出台；同样，下一步推进改革方案落实，我们也必须以更加“严”和“实”的精神和行动，将改革各项任务加以推进。

上周我们召开了“五四”青年座谈会，委机关和标字头单位的青年同志积极踊跃发言，提出了很多很好的意见和建议。特别是大家对改革方案都很关心和重视，希望能够进一步深入了解改革方案，以便更好地使广大青年干部了解改革、参与改革、推动改革，进一步增强青年干部激扬青春、弄潮改革的历史使命感和责任感。如何看待和理解标准化工作改革，借今天的这个机会，我从行业、地方、社会组织、企业和我们标准化主管部门自身5个角度，对改革方案作一个解读。

第一，从行业部门来看。改革以后，在标准体系上，一是将强制性国家标准、强制性行业标准和强制性地方标准3级整合精简为强制性国家标准1级，今后行业部门不再制定强制性行业标准。但我们也应该注意到，改革方案同时明确了法律法规另有规定的，按现行法律法规执行，环境保护、工程建设、医药卫生、安全生产、公安、税务6个领域暂按现有模式管理；二是保留了推荐性行业标准，但是把范围界定在本行业领域的重点产品、工程技术、服务和行业管理内，同时提出要逐步向政府职责范围内的公益类标准过渡，逐步缩减数量和规模。这都是从当前标准化工作实际出发做出的考虑。在管理体制上，一是今后强制性国家标准制定我们注重发挥各行业部门的作用，由各部门负责强制性国家标准项目提出、组织起草、征求意见、技术审查、组织实施和监督，应该说行业部门的职能得到了加强；二是在国务院层面上要建立标准化协调推进部级联席会议制度，我们初步提出的方案由39个部门组成。联席会议主要的职责是统筹标准化重大改革，研究标准化重大政策，对跨部门跨领域、存在重大争议标准的制定和实施进行协调，这就为部门搭建了一个高层次的平台，也强化了各部门在标准化管理中的职能作用。

第二，从地方标准化主管部门来看。《改革方案》出台后，一些地方的同志还存在着一定程度的担忧和不理解，认为地方标准主管部门的事权和作用被削弱了。关于这个问题，要有正确的理解和认识。一是改革方案明确了推荐性地方标准的法律地位。现行标准化法对地方标准只限定在工业产品的安全、卫生要求，且地方只能制定强制性标准，没有推荐性地方标准的法律地位。改革方案解决了推荐性地方标准的合法性问题，并且将推荐性地方标准的范围明确为“可制定”，但是不局限于“满足地方自然条件、民族风俗习惯的特殊技术要求”。可以说这是改革方案对地方标准化工作的最大贡献之一。二是强制性地方标准整合后，在法律法规另有规定的以及环保、工程建设、医药卫生等领域，有的还是可以继续制定强制性地方标准；特别是地方如果在一些领域有特殊需求确有必要强制的，可以通过地方法规赋予推荐性地方标准强制执行力，并没有不顾地方实际需求“一刀切”。三是改革提升了标准化工作的地位和权威性，提高了标准化工作在地方政府中的分量，甚至我们正在研究论证，是否赋予副省级城市政府制定标准的权力。地方标准化主管部门也要抓住机遇，转变观念、转变职能，把工作重心转到加强标准化宏观管理上来。总的来看，改革后的地方标准化工作得到了加强，职责更实，工作范围更广阔，重要性得到增强。

第三，从社会组织来看。现行标准化法规定，“制定标准应当发挥行业协会、科学研究机构和学术团体的作用”，对社会组织参与标准制定仅作出了原则性的要求。这次改革，我们提出培育发展团体标准，首先是赋予了社会组织制定标准的权力，鼓励具备相应能力的学会、协会、商会、联合会等社会组织和产业技术联盟制定团体标准，这是发挥市场主体在资源配置中起决定作用的一个重大举措。其次，在团体标准的管理上，不设行政许可，由市场主体自主制定，自愿采用。但是，放不等于不管。我们正在抓紧制定团体标准发展指导意见和标准化良好行为规范，确定团体标准的代号和编号规则，研究对团体标准的评价和监督机制，通过加强规范、引导和监督，促进团体标准健康有序发展，防止出现“一放就乱”。

第四，从企业来看。过去我们按照标准化法规定，对企业产品标准实施的是备案管理，主要是为了解决“无标生产”的问题。随着市场经济发展和这一主要矛盾基本解决，备案管理反而增加了企业负担，束缚了企业活力，政府还要为其备书，当“保姆”，负责任。改革方案提出放开搞活企业标准，建立企业产品和服务标准自我声明公开和监督制度，逐步取消政府对企业标准的备案管理，解除对企业的束缚，激发企业的创新活力，促进大众创业、万众创新。同时，也通过“放”把企业的主体责任还给企业，企业可以根据需要自主制定和实施企业标准。今后，我们主要建立企业产品和服务标准自我声明公开平台，强化事中事后监管，让企业接受社会和消费者的监督。

第五，从我们标准化主管部门来看。一是明确了我们在国务院标准化协调推进机制中的牵头地位，强化了宏观管理和综合协调职能，也符合标准化法规定的统一管理、分工负责原则。二是明确了我们在强制性国家标准管理上的职责，由我们负责强制性国家标准统一立项、编号，以及对外通报，体现了统一管理、分工负责的管理体制。三是加强了我们在标准实施和监督中的作用，通过建立标准实施信息反馈和评估机制，建立强制性国家标准实施情况统计分析报告制度，强化依据强制性国家标准开展监督检查和行政执法。目前我们正依据《改革方案》的精神，申请组建国家标准技术审评中心。四是增加了我们指导和管理团体标准的职责，调整了对企业标准的备案管理职责。五是强化了我们在国际标准化工作中的地位和作用。

应该说，开展“三严三实”专题教育，既是深化改革的精神动力，也是检验改革成果的重要标准。在推进改革方案出台、做好整体谋划中，我们审慎研究，做到了谋事要实；改革是开创性的工作，也是标准化的又一次创业。在推进改革任务落实上，需要践行好“三严三实”，切实做到创业要实。特别是在我们的自身工作中，要严格贯彻改革方案精神，严以用权、严以律己，以更加严格的要求履行好自身职责，踏踏实实做好本职工作，以“三严三实”专题教育推动和促进标准化工作改革创新。

五、认真组织落实“三严三实”专题教育

“三严三实”专题教育是加强党的建设的重要举措，各级党组织都要自觉把责任扛在肩上，精心谋划，层层传导责任压力，“一把手”既要自己带头参加专题教育，又要投入足够的时间和精力把专题教育组织好、推动好。通过专题教育的开展，助推党建工作提水平、上台阶。

第一，加强组织领导，充分发挥党组的领导核心作用。委党组作为总揽全局、协调各方的领导集体，是全国标准化工作的“主心骨”。标准委党组要以“三严三实”为标尺，以上率下，立说立行，为广大党员干部做出表率。一要在正心修身上作表率，加强党性修养，坚定理想信念，提升道德境界，追求高尚情操。二要在践行宗旨上作表率，思想上尊重群众、感情上贴近群众、行动上深入群众、工作上依靠群众。三要在真抓实干上作表率，敢于担当责任，勇于直面矛盾，善于解决问题，一张好的蓝图绘到底。四要在廉洁自律上作表率，严格按规矩办事，落实中央八项规定和国务院“约法三章”，自觉做到“底线不丢、红线不越、高压线不碰”。五要在加强党建工作上作表率。经总局同意，标准委成立了党建工作领导小组及办公室，这是我们在新时期响应中央、总局要求的重要举措，此项工作得到了树平局长、克保副局长充分肯定，大力支持。通过这个平台，进一步加强标准委机关、京区标准化单位党的建设和思想政治工作，推进各单位党建工作交流、沟通和组织领导，形成合力，共同促进党建工作。

第二，加强自身建设，充分发挥领导干部的带动作用。党员领导干部要抓住当前作风建设的关键，勇当作风建设标杆。风清气正，可以凝心聚力，事半功倍，推动标准化各项事业长足发展。作为党员领导干部，要自觉以焦裕禄同志为榜样，既重言传、更重身教，推动形成一级做给一级看、一级带着一级干的良好局面。要做好“五带头”：一是带头遵守党的政治纪律。牢记宗旨意识，坚决贯彻中央、总局和委党组的决定，处处维护中央权威和形象，时刻在思想上、政治上、行动上与中央保持高度一致。二是带头加强学习，切实提高履职能力。在当今高速发展的时代里，只有不断学习新知识，提高创新能力，才能适应新形势下工作的需要。领导干部应围绕学习贯彻中央精神不断提高做好新形势下群众工作的能力、向群众学习，做到融会贯通，更好地为群众服务。切实做到权为民所用、情为民所系、利为民所谋。三是带头艰苦奋斗。坚持厉行节约、反对铺张浪费，严格执行领导干部住房、车辆配备等有关工作和生活待遇规定，严格控制“三公”经费支出，简化公务接待，不参与高消费娱乐、健身等活动。四是带头开拓创新。坚持解放思想、开拓进取，切实增强忧患意识，重实干、敢作为、勇担当，不断开创标准化工作新局面。五是带头廉洁自律。严格执行廉政准则和中央八项规定，慎独慎微，自重自省，始终保持清廉本色。

第三，加强基层建设，充分发挥党支部的战斗堡垒作用。党支部是党的工作和战斗力的基础，是党充分发挥战斗堡垒作用的重要源泉，是把党的路线、方针、政策切实落实到基层的主要桥梁，也是贯彻落实上级党组织各项决策部署的前沿阵地。在新时期基层党组织建设中，党支部要努力在自身建设上下功夫，一要加强学习型党组织建设，不断提高学习能力，适应新形势新任务。二要加强服务型党组织建设，进一步提升服务改革、服务发展、服务群众、服务党员的能力和水平。三要加强创新型党组织建设，进一步创新工作思路，改进工作方法，提高工作效率。总之，党支部只有结合本部门本单位工作实际，不断加强学习，服务人民群众，创新思维模式，才能更好地发挥好战斗堡垒作用。

这里我再强调一下，要发挥好党办的作用。党办是党委的综合办事机构，处在承上启下、联系左右、协调各方、服务全局的关键位置，也是党委领导的参谋助手，其重要地位和作用无可替代。做好党委办公室工作，必须紧紧围绕党组（委）的中心工作，紧跟领导思路，紧贴工作大局。要做好超前谋划，注意站在全局的角度分析问题、思考问题，多出主意、出好主意、出大主意；要加强调查研究，善于透过现象看本质，搞好分析综合，献良策、支高招、当高参。同时，还要为基层和部门搞好服务。要充分发挥党委办公室的桥梁纽带作用，主动协调、主动配合、主动服务，沟通领导与基层、部门的联系。

当前，各党委办公室责任大、任务很重。新形势和新任务，对办公室工作也提出新的更高的要求。党组（委）应高度重视党委办公室的工作，加强党务工作者队伍建设，积极落实机关工作人员配备机关专职党务工作人员的规定，落实编制，在干部培训培养、提拔任用上与其他业务部门的干部同等对待，保护和调动党务工作者的积极性和主动性，稳定队伍，在经费、工作条件给予倾斜与帮助，促进基层党建工作做实、做细、做好，提高党建工作水平。

于欣丽
国家标准委副主任

在“标准化与国家治理”学术研讨会上的致辞

（2015 年 9 月 22 日）

金秋季节，红叶翩翩，在这美好的日子里，很高兴参加“标准化与国家治理”学术研讨会。在此，我谨代表国家标准化管理委员会向研讨会的召开表示热烈的祝贺！向出席研讨会的各位嘉宾和朋友致以诚挚的问候！

众所周知，标准是经济和社会活动的技术依据。改革开放以来，标准不断从生产领域向贸易、服务领域延伸，从经济层面向社会治理、文化建设、生态文明建设以及政府管理层面拓展，领域越来越广，在促进经济社会健康发展、经济提质增效升级、提升政府治理能力、推进高水平对外开放等方面发挥着越来越重要的作用。十八大以来，党中央、国务院高度重视标准化工作的改革发展，提出了一系列指示要求。党的十八届三中全会提出，“政府要加强发展战略、规划、政策和标准等制定和实施”。国务院机构改革和职能转变方案中明确要求“加强技术标准体系建设”。

“国家治理体系和治理能力现代化”作为全面深化改革的总目标之一，是全面实现社会小康的重要保障，是继“四个现代化”后我们党提出的又一个“现代化”战略目标。标准作为国家治理体系的一项基础性制度安排，成为与战略、规划、政策同样重要的国家治理手段。在此背景下，标准化工作更为任重道远。如何将标准化原理、方法引入国家治理层面、建立规范的社会治理体系，发挥好标准化在推进国家治理体系和治理能力现代化中的基础性和战略性作用，是进一步提升国家治理效率和质量、实现国家治理创新发展的重大研究课题。

人民日报是党中央机关报，一直以来积极宣传党的理论和路线方针政策，积极宣传中央的重大决策部署，深入宣传改革开放和社会主义现代化建设的巨大成就，及时传播国内外各领域的信息，为党和国家作出了重要贡献，是我们学习的榜样和工作的楷模。人民日报社也一直长期关心和重视我国标准化工作，积极宣传我国标准化事业的改革发展情况，我们也表示诚挚的感谢。

浙江是中国改革开放的先行区。多年来，不仅经济社会发展在全国保持领先地位，社会管理水平和公共服务能力也走在全国前列，在此过程中还探索走出了一条以实施标准化战略促进经济社会持续健康发展的新路子。早在 2007 年，浙江就在全国率先正式提出了实施标准化战略，把标准化工作纳入省委、省政府的中心工作，积极发挥标准化的规制和引领作用，在推进政府治理能力现代化、美丽乡村建设、电子商务健康有序发展等方面做了积极探索，成效卓著，为全国提供了先进经验和良好实践。

今天，在人民日报社指导下，浙江省质量技术监督局、人民论坛杂志社共同发起“标准化与国家治理”学术研讨会，多名标准化的专家学者和实践者将发表演讲，共同探讨标准化与国家治理的理论研究成果和实践方法，这是标准化在国家治理领域成功经验的交流会，也是标准化专家学者和实践者的一次思想碰撞会，更是提升我国标准化水平的一次研究会。相信通过与会嘉宾的充分交流和积极探讨，本次研讨会一定能够赢取创新的智慧，收获创新的成果，对于提升标准化对国家治理体系和治理能力现代化的服务支撑能力、推动标准化更好支撑经济社会发展发挥积极的作用。

最后，预祝此次研讨会取得圆满成功。

殷明汉
国家标准委副主任

在第一届“中德智能制造/工业4.0发展与标准化交流会”上的致辞

（2015年12月16日）

请允许我代表国家标准化管理委员会，向第一届“中德智能制造/工业4.0发展与标准化交流会”的召开表示热烈的祝贺！对不远万里来到中国上海的各位德国领导、专家，企业代表表示热烈的欢迎！

标准是国家质量基础设施，在市场经济和产业发展中具有基础性和战略性地位。中国要从“制造大国”迈向“制造强国”，离不开标准的保驾护航。《中国制造2025》将标准作为“提高国家制造业创新能力”的重要组成部分，提出要“加强标准体系建设。改革标准体系和标准化管理体制，组织实施制造业标准化提升计划，在智能制造等重点领域开展综合标准化工作。”

智能制造作为中国制造2025的主攻方向，是落实制造强国战略的重要举措，是我国制造业紧跟世界发展趋势、实现转型升级的关键所在。智能制造具有较强综合性，是现有各类制造系统在更高层次上的整合与集成，标准化是推进智能制造发展必不可少的基础。国家标准委和工信部共同组织编写了《国家智能制造标准体系建设指南(2015版)》，指南以统筹规划，协同推进，需求牵引，应用结合，立足国情，分步施策，开放合作，创新发展为原则，在梳理国内外制造业技术差异和标准化组织的研究进展的基础上，提出了智能制造标准化参考模型与体系框架，有针对性的提出了我国开展智能制造的重点方向和领域，明确了保障措施。此外，国家标准委今年也同步开展了《制造业标准提升计划》的工作，除建立智能制造标准体系工作外，还将在强化基础领域标准体系建设、推动重点领域标准化突破和推动装备走出去和国际产能合作等方面开展一系列工作，推进制造业标准化整体提升。

今年5月28日，中德双方在中国的四川省成都市顺利召开了中德标准化合作委员会会议，双方共同签署了《中德智能制造/工业4.0标准化工作组组成方案》，为双方开展智能制造/工业4.0的进一步合作奠定了基础。在标准化工作组的框架下，双方开展了一系列卓有成效的合作。德方在《工业4.0标准化路线图》(第二版)中提到了工作组的成立，国家标准委和工信部计划在今年年底联合发布的《国家智能制造标准体系建设指南》(2015年版)中，也对德国的工业4.0做了相关的介绍。未来，中德双发还将共同发布《国家智能制造标准体系建设指南》(2015年版)和《工业4.0标准化路线图》(第二版)的英文版。

本次研讨会邀请到了中德双方多位智能制造领域的专家，与大家分享智能制造/工业4.0相关的最新技术动态和标准化工作进展，探讨制造企业提升智能制造水平的应对之策。相信这将是一届内容丰富的盛会，在座各位必将深受其益。未来，希望中德两国依托中德智能制造/工业4.0国际标准化工作组等平台，继续深入在智能制造/工业4.0的标准化合作。这里我谈几点我的希望。一是加强两国的双边合作，让更多的企业，特别是中小企业加入到工作组中来；二是加强中德两国在国际标准化组织中的合作，在国际标准制定中形成中德协调一致的立场，适当时候，联合提出相关国际标准提案；三是建立定期交流机制，每年至少召开一次工作组会议，开展政策、标准、技术、项目和信息等方面的交流，定期联合召开中德智能制造/工业4.0标准化交流会。

最后，预祝本次研讨会圆满成功！

郭 辉
国家标准委副主任

在ISO/TC8主席交接发布会上的讲话

（2015年11月29日）

今天，我们欢聚北京，共同见证了国际标准化组织船舶与海洋技术技术委员会（ISO/ TC8）主席工作交接仪式，这是在美国、德国等ISO/TC8成员国的大力支持下，我国专家首次担任主席职务。我谨代表国家标准委，向中船重工集团、各部门、各产业界代表和新闻媒体对中国标准化工作给予的长期关注、帮助、支持表示衷心的感谢！向查理·皮尔斯先生为ISO船舶和海洋领域的国际标准化工作所做的杰出贡献，以及对中国参与ISO/TC8国际标准化活动的关心和支持表示诚挚的谢意！向李彦庆先生就任ISO/TC8主席表示热烈的祝贺！我还想对新闻界的朋友长期对国际标准化关注、报道表示衷心的感谢！

ISO船舶与海洋技术技术委员会（ISO/TC8）成立于1947年，是ISO成立最早的技术委员会之一，其工作范围覆盖海洋各类船舶、航运、海洋观测与深海探索、海洋设备等，为全球海事立法提供了重要技术依据，有效支撑了全球船舶及海洋相关产业的可持续发展。作为ISO/TC8的成员，中国一直积极参与该领域国际标准化活动，1992年承担舾装与甲板机械分委员会（SC4）主席、秘书处，2007年承担TC8秘书处，2010年担任TC8副主席，2013年推动组建海洋技术分委员会（SC13），2014年推动成立挖泥船国际标准工作组。截至目前，中国在ISO/TC8提交并立项的国际标准提案已达40余项，是该领域最活跃的国家之一。

今天，我们举办主席交接发布会，目的在于进一步激发我国企业参与国际标准化活动的活力，为推动全球经贸发展和国际标准化事业做出更大的贡献。刚才，查理·皮尔斯先生深情地回顾了任职ISO/TC8主席的工作历程，并对新任TC8主席提出希望。他担任ISO/TC8主席一职21年，奉献心智，领导TC8开展了大量卓有成效的工作，不仅获得了国际标准化组织的最高奖项——劳伦斯奖，而且还成为国际海事组织的重要联络组织，为国际海事领域企业提供优质服务。查理·皮尔斯先生本人阅历丰富、获得众多荣誉，而且著作颇丰。他这种追求卓越的精神，令人感动，为我们从事国际标准化的人员树立了典范。李彦庆先生做了就职发言，杜刚副总经理做了很好的讲话，同样给了我们许多的启发和思考。从中，我们看到国际标准化是一项十分有意义的工作。我们要以承担ISO/TC8主席为契机，号召更多的中国企业融入到国际标准化活动中，积极参与国际标准制修订，积极承担国际标准组织技术委员会和领导职务，以促进国际标准化事业的发展。为此，希望李彦庆先生及其工作团队全面做好ISO/TC8的各项工作，在以下3个方面上下功夫：

一要认真履职、开拓创新。要严格按照ISO规定履行主席职责，学习继承并发扬光大查理·皮尔斯先生的进取精神。锐意创新，引领ISO/TC8国际标准化工作紧贴全球产业发展、技术创新和市场需求。注重加强与国内外科研机构、大型企业和高等院校的合作，推动更多科技成果转化为国际标准，引导船舶和海洋领域产业结构调整与转型升级，为国际船舶和海洋领域企业、IMO提供优质服务。

二要深化合作、实现共赢。要有效发挥好ISO/TC8这个国际合作平台的作用，以落实支撑开放发展、实现合作共赢为目标，在ISO/TC8的框架内，深化与重点国家交流合作，汇集50个成员国的利益共同点。要根据ISO/TC8体系框架和工作内容，研究构建更加务实高效的合作新机制，通过推动共同制定国际标准、开展标准互联互通项目等，促进装备制造和国际产能合作，推动各成员国共同发展。

三要练好内功、提升能力。要深入学习掌握 ISO 章程、议事规则、技术程序等国际规则，学习掌握 ISO 信息化系统应用与项目管理流程，准确把握国际船舶、海洋和国际标准发展新趋势和技术管理工作新要求。要按照《参加国际标准化组织（ISO）和国际电工委员会（IEC）国国际标准化活动管理办法》的要求，规范 TC 管理，提高工作质量。要注重研究整理、潜心学习以查理·皮尔斯先生为代表的等一批优秀的担任国际标准组织技术机构领导的经验、方法与技巧，不断提升工作能力和水平，全面展现我国专家的新形象和新风采。

各位来宾，朋友们，合作、发展、共赢是国际发展趋势的主流，全球经贸、产业的深度调整，为推动国际标准化工作带来了难得的发展机遇期。我们要把握大局、放眼全球、务实合作为国际标准化事业作出贡献。

最后，预祝 ISO/TC 8 船舶和海洋技术技术委员会不断发展、再创佳绩！

崔　钢
国家标准委副主任

在生物技术标准化专家咨询组成立会上的讲话

（2015 年 12 月 8 日）

今天，我们在这里召开生物技术标准化专家咨询组成立大会，这是我国生物技术标准化工作的一件大事，也是加强标准化专家队伍建设的重要举措。在此，我代表国家标准委，对专家咨询组的成立，表示热烈的祝贺！对各位专家对标准化工作特别是生物技术标准化工作一直以来的支持表示衷心的感谢！刚才，各位专家认真讨论了专家咨询组的工作章程，并围绕生物技术标准体系框架设计和 NQI 专项生物技术共性技术标准研究项目进行了研讨，提出了很多很好的建议，我们会充分吸纳各位专家的意见和建议，进一步完善专家咨询组工作章程和生物技术标准体系框架、研究项目，并认真加以落实，指导我们生物技术标准体系建设工作。下面，我结合标准化改革，谈三方面感受和建议：

一、加强生物技术标准化工作是生物产业创新发展的需要

标准作为一种实践经验总结，体现了技术先进性、经济合理性，经相关各方充分协商、达成一致并自觉执行，是具备普遍指导意义的技术规范。标准化通过制定和实施标准，简化、优化管理，使经济效益、社会管理等达到协调统一，从而获得最佳秩序和效果。当今社会，标准化作为世界公认的先进管理理念和管理方法，已在各行各业中广泛应用。

生物技术是当今国际科技发展的主要推动力，生物产业已成为国际竞争的焦点，对解决人类面临的人口、健康、粮食、能源、环境等主要问题具有重大战略意义。从国际上看，进入新世纪以来，生物产业内涵日益丰富、外延不断扩展，全球生物产业进入了一个加速发展的新时期。技术和创新资源的流动推动全球产业格局加速演变，发达国家加快布局，新兴经济体逐步扩大参与分工合作的程度，新的产业格局正在形成。从国内来看，“十二五”期间，我国生物产业取得较快发展，产业规模持续保持高速增长，产业结构不断优化，创新企业大量涌现，技术创新能力大幅提升，对经济社会发展的带动作用日益显现，为未来发展奠定了较好基础。

综合国内外形势，随着我国市场需求的扩大和技术水平的提升，生物产业具备了加速发展的基础和环境。但必须清醒地看到，在全球经济一体化发展趋势不断加强的背景下，我国生物产业将面临激烈的国际竞争。要加速发展我国生物产业，必须着力解决制约发展的行业管理机制突出问题，加速形成完善的政策法规体系和标准体系，促进新技术、新产品的推广应用和新业态的壮大；必须加大标准供给，支持生物技术普及，缩短创新周期，解决研究开发与产业发展脱节问题；必须提高标准含金量，充分发挥标准作为技术壁垒和产权载体的作用，解决产业发展缺乏核心竞争力和创新活力的问题，形成产业可持续发展的动力机制和国际竞争力。

二、成立专家咨询组对于推动生物技术标准化工作科学决策具有重要意义

发展生物技术，实现产业化，不仅关系国家的可持续发展，而且关系人民的生活和健康，是当前和今后一个时期我们面临的重大战略任务。《中共中央关于制定国民经济和社会发展第十三个五年规划的建议》明确提出支持生物技术等新兴产业发展，加快突破生物医药等领域核心技术，促进生物医药等产业发展壮大。生物技术是当今国际科技发展的主要推动力，是支撑生物产业发展的核心，在生物产业发展中发挥着至关重要的作用。标准是经济和社会活动的技术依据，是促进社会管理、产业发展和科技进步的有效手段，推进生物产业标准化，有利于促进生物产业规范化、规模化发展。

2013 年,国际标准化组织(ISO)批准成立了生物技术标准化技术委员会(ISO/TC276),由 20 个成员国,13 个观察国共同参与开展术语与定义、生物样本库与生物资源、生物分析方法、生物工艺过程、生物数据处理等方面的标准化工作,所制定的标准对助推全球生物技术产业规范化、标准化发展,以及加强跨国技术合作、国际交流、资源共享都具有重要意义。根据国家生物产业发展需求,国家标准委积极推进生物技术领域标准化工作,先后成立了生物芯片、生化检测、工具酶等方面标准化技术委员会和工作组,并制定发布了一批重要国家标准。但与生物技术和生物产业发展需求相比,目前的生物技术标准体系还难以满足生物产业发展的需要,体系建设缺乏统一规划,技术委员会设置不够科学,标准整体数量偏少,标准质量水平有待提升,工作基础还相对薄弱。如何建立分类科学、协调配套、先进适用的生物技术国家标准体系,充分发挥我国在生物技术国际标准化领域的重要作用,提升国际竞争力,是摆在标准化工作者面前的重大课题。

做好生物技术标准化工作,要充分调动和发挥各方面的积极性,既要利用好体制内的资源,又要拓宽听取意见和建议的渠道,广开言路,广纳善策,充分借助社会的智慧和力量。基于这样的考虑,国家标准委组建了生物技术标准化专家咨询组,目的就是为了统筹国际国内生物技术领域标准化工作,构建一个高层次的信息交流、决策咨询和资源共享平台,科学规划生物技术标准体系,加强重要技术标准制定的指导协调,充分发挥生物技术各领域专家作用,提高标准化工作科学决策的水平,更好地发挥标准化服务创新驱动发展战略的支撑作用。

咨询组专家都是经过广泛推荐、精心挑选、优中择优产生的,可以说,代表了我国生物产业决策咨询界的最高水平。专家咨询组的成立具有十分重要的意义,有利于增强生物技术标准体系建设的科学性;有利于专家学者紧密围绕生物技术标准化工作的重点问题、产业发展遇到的难点问题,出主意、提建议、攻难关,提高标准制修订的适用性;有利于发挥专家咨询组的人才优势、智力优势、平台优势,调动各方面人才的积极性和主动性,促进我国生物产业标准化整体水平提升和生物产业的提质增效;有利于抢占国际生物技术标准化工作制高点,形成国际突破。

三、充分发挥专家咨询组对生物技术标准化工作的重要作用

生物产业发展快、范围广、跨度大,标准化领域涉及面广、综合性强。希望专家咨询组充分发挥专业优势,按照咨询组章程要求,理论和实践结合,积极参与咨询活动,为生物技术标准化工作科学发展提出富有针对性、前瞻性和创造性的对策建议,真正发挥思想库和智囊团的作用。秘书处要加强合作,发挥组织协调作用,完善制度,搞好服务,为专家咨询组开展工作创造条件;要积极提供标准化相关资料和信息,让专家及时了解国家标准委的重点工作部署和有关业务动态;要畅通专家咨询渠道,保持良好沟通,充分尊重并及时反映专家的意见。农业食品部要高度重视发挥专家咨询组的作用,在制定战略规划、研究重大项目时,要积极主动咨询专家的意见,注重借鉴吸收。必要时,可邀请有关专家参加重要业务工作会议和决策会议。

各位专家、同志们,加快培育发展生物技术等战略性新兴产业,是党中央、国务院统揽经济社会发展全局做出的一项重大战略决策,是对未来产业结构调整和科技发展做出的方向性重大战略部署。开展好生物技术标准化工作,对于服务发展生物产业,促进人口健康、粮食安全和推进节能减排等,具有十分重要的意义。我相信在各位专家的鼎力支持和共同努力下,生物技术标准化工作必将取得新的进展,开创新的局面,为提升生物产业的发展品质和创新效益,服务国家经济建设做出更大的贡献!

专　　文

侯建国
科技部副部长

在2015年全国标准化工作会议上的讲话

（2015年3月30日）

很高兴能参加全国标准化工作会议，与同志们一起学习贯彻落实党的十八大、十八届三中和四中全会精神，推动改革、落实创新驱动发展战略。过去一年，标准化工作取得新成绩，改革有了新进展。在此，我谨代表科技部向大家取得的成绩和会议的召开表示祝贺！

科技部历来重视标准工作。“十五”时期就提出实施人才、专利、技术标准三大科技战略，“十一五”，会同发展改革委、财政部、质检总局、国家标准委及国务院有关部门健全科技计划支持研制技术标准的政策措施，“十二五”与质检总局和国家标准委联合制定实施《“十二五”技术标准科技发展专项规划》。通过这些年的努力，技术标准战略深入人心，有力支持了科技创新和产业发展。

去年以来，科技部深化与质检总局、国家标准委的合作，将技术标准纳入实施创新驱动发展战略总体方案和深化科技体制机制改革实施方案，编发了《科技计划研制技术标准工作手册》，开展国家技术标准资源服务平台向国家主体科技计划提供技术标准资源查询服务的试点，为科技项目产出技术标准提供基础知识、方法和工具服务，对促进科技成果转化应用、提升技术标准水平发挥了积极作用。各行业、地方和众多企业也越来越看重科技与标准的结合，将加强两者良性互动支撑作为创新发展的举措，成效愈发明显。

当前，全球科技革命和产业变革正在孕育新的突破，世界创新形态和竞争格局发生着深刻变化。技术标准与科技创新在国际竞争与合作中日益融为一体，成为当今国际经济、科技竞争与合作的重要趋势。发达国家越来越看重标准在促进技术创新、引领产业发展、抢占市场先机中的作用，把技术标准当成战略资源，在国际标准制定中竞相争夺话语权。要抢占国际科技合作与竞争的制高点，为中国制造赢得竞争新优势，迫切需要健全协作机制，加快将我国优势特色技术纳入国际标准的步伐，扩大与主要贸易国之间的标准互认，推动中国产品、装备、服务走出去。

与此同时，我国经济社会发展迈入新阶段，中央作出了“四个全面”的战略布局。适应发展新常态，加快实施创新驱动发展战略，推动以科技创新为核心的全面创新，需要加快实施技术标准战略，加强先导性、创新性标准研制，提高技术标准水平，以先进标准推动技术进步、产品创新和商业模式创新，引领和创造市场需求，促进中国制造向中国创造转变、中国速度向中国质量转变、中国产品向中国品牌转变，推进经济提质增效升级。落实中央新布局，全面深化科技体制机制改革，强化科技与经济紧密结合，需要强化技术标准在科技创新中的导向，充分发挥技术标准在创新成果产业化、市场化中的桥梁、纽带和扩散作用，打通科技与经济联接渠道，提高创新效率，健全创新体系。特别是深化科技计划体制改革，整合形成重点研发计划，要求从基础前沿、重大共性关键技术到应用示范进行全链条创新设计，一体化组织实施，将有更多科技项目产出技术标准，需要标准化管理部门和技术组织积极参与，加强标准研制的指导和协调。

与落实创新驱动发展战略和科技体制改革的需求相比，我国标准确实存在老化滞后缺失等问题，影响了标准对创新的引领支撑作用，确有必要深化标准化改革。我们欣喜地看到，在质检总局、国家标准委的积极推动下，国务院审议通过并印发了标准化工作改革方案，开启了标准化事业新征程，对促进我国迈向高端发展具有重大意义。

2015年是全面深化科技体制改革、实施创新驱动发展战略、加快国家创新体系建设的关键之年。科技部将进一步深入实施技术标准战略，与质检总局、国家标准委及国务院有关部门一起，共同做好以下几方面的工作：

一是落实好标准化工作改革方案，科技部将认真落实国务院要求，配合质检总局、国家标准委将培育发展团体标准（联盟标准）、提高标准国际化水平等各项改革措施落到实处，激发和依靠市场内生力量来发展标准化工作，形成各方共同治理的格局，更好满足经济社会发展、科技创新对标准化工作的需要。

二是强化技术标准创新发展顶层设计，与质检总局、国家标准委等部门共同推进《“十三五”技术标准专项规划》的编制，统筹实施技术标准战略，加强重要技术标准研究布局，进一步深化科技与标准结合，健全政策、机制和环境，引导和促进科技创新成果通过标准化，实现市场化、产业化和国际化。

三是在科技计划管理改革中加强协作，科技部将在国家科技计划中进一步强化技术标准的导向作用，将形成技术标准作为技术和产品相关类科研项目的重要考核指标之一，以技术标准促进科技创新成果转化应用。我们也希望质检总局、国家标准委和有关部门在标准需求把握、标准立项、标准信息服务、技术协调等方面给予支持，共同努力提升我国技术标准整体水平。

相信在质检总局、国家标准委和有关部门的积极推动下，依靠社会各界的共同努力，标准化工作改革一定能够顺利推进，在创新型国家建设和促进经济社会转型发展中发挥更大作用。

怀进鹏
工业和信息化部副部长

加强标准化工作　服务产业发展

——在2015年全国标准化工作会议上的讲话

（2015年3月30日）

很高兴参加2015年全国标准化工作会议。这次会议是国务院标准化工作改革措施出台后召开的首次全国性会议，对全面贯彻落实标准化工作改革措施，促进经济提质增效升级具有重要意义。在此，我代表工业和信息化部对会议的召开表示热烈的祝贺！对长期以来关心支持我部标准化工作的各位领导和同志表示衷心的感谢！

近年来，随着全面深化改革和政府职能的转变，标准化工作越来越成为我部推动产业发展、实施行业管理的重要手段，标准化工作已从传统意义上的产品互换和质量评判的依据上升为产业整体发展战略的重要组成部分，发挥着不可替代的技术基础、技术保障和技术导向作用。从数量上看，工业和通信业标准总数已达5.9万项，其中行业标准近4万项，形成了较为完整的工业和通信业技术标准体系。从水平上看，近年来工业和通信业标准水平得到了较大程度的提升，国际标准的转化率已达74.3%，每年向国际标准组织提出的国际标准提案和技术文稿近千项。

回顾过去的一年，在国家标准委等有关部门的大力支持下，我部标准化工作以"支撑培育新的需求增长点、服务产业优化升级，推进产业自主创新"为主线，坚持"重点突破、整体提升"的总体要求，在技术标准体系建设、重点领域标准制定、综合标准化推进、国际标准话语权提升等方面积极工作，有效发挥了标准对产业发展的技术支撑作用。

一是技术标准体系建设效果显著。编制完成了化工等19个行业和3个综合性领域的技术标准体系建设方案，全面梳理了各行业（领域）技术标准体系的现状，摸清了国际标准转化情况，明确了产业发展和行业管理的重点领域和标准项目。着力支持了产业发展急需、具有自主创新技术和国际先进水平的标准制定。全年共批准发布2723项行业标准，完成了1130项行业标准的复审工作，废止了86项行业标准，进一步提升了标准技术水平、优化了标准体系结构，满足了产业发展需要。

二是标准国际化工作取得新进展。我们鼓励产业界积极参与三大国际标准化组织（ISO、IEC、ITU）的标准化活动，大力提升国际标准话语权。全年共专项经费支持由国内企事业单位主导制定的107项国际标准制修订项目，其中《云计算安全框架》等25项国际提案已正式成为国际标准。

三是综合标准化工作扎实推进。近年来，随着技术和产业的融合发展，标准化工作也呈现出融合发展的趋势。我们坚持运用综合标准化方式整体推进云计算、太阳光伏、物联网、智能制造等重点领域的综合标准化工作，着力构建相互衔接、协调配套的综合标准化技术体系，提升标准对全产业链的支撑力度。

2015年是改革创新不断深化之年，中共中央、国务院先后出台了《关于深化体制机制改革加快实施创新驱动发展战略的若干意见》和《深化标准化工作改革方案》，对标准化工作提出了各项要求，明确了标准化工作改革目标，指明了标准化事业的发展方向，现有的标准化管理体系和工作机制面临着重大调整。在这一进程中，我部将积极配合国家标准委，主动适应全面深化标准化改革的要求，充分发挥我部熟悉产业、贴近市场、了解企业的优势和长处，认真分析我国产业所处的国际、国内环境，找准产业发展中存在的重大标准化问题，围绕制造强国、网络强国的战略全局，以改革创新、融合发展的理念，一手抓标准化工作机制的改革创新，一手抓产业发展和行业管理急需标准的制定与实施，着力提升我国标准的技术水平和国际化水平，服务工业通信业持续健康发展。具体来说，重点抓好6个方面的工作：

一是抓国务院标准化工作改革措施的落实。主动参与《标准化法》修订等标准化法规制度建设，推动构建分工合理、权责清晰的标准化管理体系和工作机制，实现标准管理与行业管理的统一、政府职权与责任的统一。按照国家标准委的统一部署，认真做好工业和通信业强制性标准清理整顿、团体标准试点等工作。

二是抓技术标准体系建设方案的落地。全面实行标准计划的分类管理，推动技术标准体系建设方案中重点项目的落实。聚焦产业发展重点、社会关注焦点，大力支持重点标准、基础通用和公益类标准的制定。做好行业标准复审修订常态化管理，及时淘汰不适用标准、整合修订落后标准，进一步缩短行业标准的标龄，提升行业标准技术水平。

三是抓重点领域综合标准化的推进。针对智能制造、移动互联网等新一轮技术和产业革命的重点领域，凝聚产业链各方力量，扎实推进综合标准化工作，研究编制综合标准化技术体系或建设指南，创新综合标准化工作的组织形式和运行机制，推动跨行业、跨领域重大标准的制修订，适应技术和产业融合发展的需要，提升标准对全产业链的支撑力度。

四是抓我国标准国际化水平的提升。通过国际标准的转化，和以国际标准提案为核心实质性参与国际标准的制定等，推动中国标准走出去，提升与国际标准的接轨度，增强国际标准的话语权，努力使我国标准在国际上立得住、有权威、有信誉，为中国制造走出去提供"通行证"，促进我国技术和产品走向国际，提升我国产业的国际竞争力。

五是抓民生标准宣贯新模式的启动。改变传统以生产企业为主体的标准宣贯模式，鼓励各单位从消费者的角度出发，选择消费者关注的焦点和热点，制作与民生密切相关的标准宣贯材料，积极宣传标准、普及标准。通过消费者标准意识的提升，形成倒逼机制，促使生产企业提高贯彻标准的主动性和内生动力。

六是抓"十三五"标准化规划纲要的研究。根据产业发展和行业管理的需求，组织开展"十三五"标准化规划纲要研究工作，提出"十三五"期间工业、通信业标准化工作的总体思路、基本原则、发展目标和重点任务等，注重与产业发展规划、政策的有效衔接。

标准是产业发展的技术基础，是规范市场秩序的基本标尺，是自主创新成果转化的重要平台。加强标准化工作，服务产业发展，行业主管部门责无旁贷。我相信，在国家标准委等部门的大力支持下，在全行业的共同努力下，工业和通信业标准化工作必将取得新的进展，为产业持续健康发展做出更大贡献。

房爱卿
商务部副部长

在 2015 年全国标准化工作会议上的讲话

（2015 年 3 月 30 日）

很高兴参加此次全国标准化工作会议。我谨代表商务部，向大会召开表示热烈的祝贺。刚才侯部长和怀部长都作了精彩的发言，我听了以后感到收获很大，一会儿支局长和田主任还要作指示。下面，我就商务领域标准化建设谈几点认识和体会。

一、标准化是信息化全球化条件下商务事业发展的重要基础

近年来，伴随着互联网、物联网、云计算、大数据等现代信息技术在商务领域的应用，电子商务、供应链集成服务等新兴商业模式蓬勃发展，互联网思维逐渐渗透到商务活动的各个领域、各个环节，共享经济、协同消费、零边际成本等已初现苗头，商务活动的组织方式、交易模式、盈利理念等都发生着巨大变化，打破了商务活动的区域界限、国别界限，全球大贸易、大流通、大市场的趋势日趋明显。标准化，是商品和服务在全球范围内自由流通的基础。

信息化使一对一、面对面的传统交易方式，向多对多、虚拟化的交易方式转变，商流、信息流、资金流都虚拟化了，通过网络来完成交易。如果商品、服务和流程没有严格、统一、透明的标准，供需双方在不见面的情况下，交易活动就很难顺利进行。而全球化使得各个国家和地区的经济活动连成一体。如果说过去相对封闭的经济活动，每个国家按照各自标准生产产品和提供服务没有大的障碍，那么在全球化大贸易格局中，仍然一人一套标准，就会使商品和服务的全球范围流动受到诸多制约。“独行快，但众行远”，只有加快标准化，在统一的标准指引之下，才能使国际贸易和经济合作层次更高、空间更广。

由于标准化建设没有跟上，使得我国一些本具优势的传统产业“走出去”受到影响。比如，2013 年中国烹饪协会在联合国总部举办了“中国美食走进联合国”活动，组织了一批中国餐饮企业和厨师，为联合国官员和各国外交官提供中餐。活动非常成功，是联合国历史上规模最大、参与人员级别最高、持续时间最长的活动。但各国外交官普遍认为，原来他们国家的中餐不是真正的中餐。这就是中餐没有标准化的问题。我们看麦当劳、肯德基就没有这些问题，到哪里都是一个味道，就更有利于全球化。再比如中医。现在中医诊断、用药都没有标准化，完全靠大夫主观判断。外国人就觉得中医不科学，因此走出去很难。上海中医药国际服务贸易中心在这方面做了探索，他们通过大数据分析，把悬脉、浮脉、沉脉等脉象的诊断都数据化、标准化了，用仪器把人的脉搏一测，就知道这个人是健康还是亚健康，还是哪里有什么毛病，这就为中医走向世界打下了基础。

二、完善一个体系，突出两个重点，推进商务标准化工作

商务部党组高度重视标准化工作，一直作为重要任务和重要手段来抓，取得了一些成效。

完善一个体系。近年来，商务部结合工作实际，立足优结构、提质量、增实效，不断加强重点领域、重点行业和重点环节标准制定，以通用类标准为基础、分行业为延伸，初步建立了以设施类、服务类和管理类标准为主体，覆盖商贸流通 27 个主要行业的标准体系。相应加强法规制度建设，专门制定发布了《商务领域标准化管理办法》和《流通行业标准制修订流程管理规范》，明确各有关方面在标准化建设中的责任和义务，就标准制修订各环节作出详细规定，为依法依规推进标准体系建设提供了有力保障。截至目前，已有标准 1261 项，其中行业标准 992 项，国家标准 269 项。

突出两个重点。为适应经济社会发展对商务标准化的要求，我部突出了现代流通方式标准化和中国标准“走出去”两个工作重点。

推动现代流通方式标准化。我们与国家标准委联合印发工作意见，对商贸物流标准化建设进行顶层设计，明确了工作目标和主要任务，有针对性地制定了托盘共用等方面27项急需行业标准。与国家标准委联合开展“商贸物流标准化专项行动计划”，在全国选择了40家企业开展标准化托盘共用体系建设和物流综合信息服务平台标准化建设。与财政部、国家标准委联合开展物流标准化试点，在北京、上海、广州等试点城市推广物流标准，提高物流配送环节标准化水平。通过这些试点，参与企业平均物流作业效率提高两倍以上，同样时间内货运量提高近80%，给企业和社会带来了巨大效益。在电子商务领域，我们也进行了一些探索。

推动中国标准“走出去”。我们努力运用各种政策措施，推动我国技术标准、产品标准和设施标准等“走出去”。在外经贸发展专项资金管理上，明确将应用中国标准的对外承包项目列入重点支持对象。在优惠性质贷款支持上，会同进出口银行把能够带动标准“走出去”的项目作为支持重点。在对外合作中，推动我国企业结合承建海外项目带动标准“走出去”。比如，中国铁建、中国路桥等企业通过承建尼日利亚、肯尼亚铁路项目成功输出我国铁路标准；国家电网公司成功中标巴西特高压直流输电项目，使特高压标准“走出去”取得重大突破。在援外工作中，将智力输出与标准推介相结合，分期举办面向发展中国家的标准化业务研修班，邀请相关国家政府官员、企业高管、专业技术人员来华学习标准知识，取得了良好效果。这些措施促进了中国标准走出去，增强了我国的国际影响力。

三、突出重点，进一步做好商务领域标准化工作

国务院近日印发的《深化标准化工作改革方案》为进一步推进标准化改革发展指明了方向，本次会议将对2015年标准化工作改革发展进行部署。下一步，商务部将按照国家标准化改革的总体要求及相关发展战略，结合自身实际，继续深入做好商务领域标准化工作。

一是大力深化商务领域标准化改革。我们将按照《改革方案》要求和会议精神，深入推进商务领域标准化改革，抓紧修订《商务领域标准化管理办法》，简化商务标准制修订程序，提高立项和审批发布效率。在标准清理方面，根据国家标准委的统一安排，开展滞后老化标准的全面清理，解决标准交叉、不适用等问题。在标准制定方面，通过多重手段强化行业标准的公益性，政府主要组织制定重要的通用、基础性标准；对于涉及企业具体经营行为、市场化程度较高的领域，要下放权限，鼓励和支持发展团体标准和企业标准。在标准管理方面，加快完善信息管理系统，实行制修订全过程信息化管理，并加强对标准化技术委员会的指导，增强其广泛性和代表性，增加标准制定的科学性和公正性。

二是结合制定十三五规划进一步完善标准体系。今年，商务部将会同国家标准委编制《流通标准化“十三五”规划》，明确标准化建设的总体目标、体系框架、主要任务和保障措施。在《规划》中，我们将强化重点领域和环节标准的制修订，适应流通创新转型发展需要，进一步完善标准体系。一方面，对于现代物流、网络购物、跨境电子商务、平台经济、供应链服务等新兴领域，要根据其发展趋势，加强标准制定，弥补标准空白，加强对于新兴行业发展的规范和促进作用。另一方面，对于一些亟待转型升级的百货店、批发市场等传统行业，要制定或更新一批信息技术应用、服务流程规范等方面的标准，引领传统行业转型升级、创新发展。

三是多措并举深入推动标准应用。要强化政府推动作用，对于强制性标准，要加强监督检查和跟踪评价，确保标准得到严格落实；对于推荐性的行业标准，通过开展“商贸物流标准化专项行动计划”“商品信息标准化”等专项工作，指导和促进重点推荐性标准的推广实施。要发挥市场引导作用，鼓励龙头企业制定和使用标准，并将符合市场需要的企业标准上升转化为行业标准，通过龙头企业来带动中小企业共同实施标准，使企业在标准化过程中，取得实实在在的经济效益。要发挥典型示范作用，通过开展流通标准化示范、农产品冷链标准化试点等工作，树立先进典型，示范带动相关行业、企业应用实施现有标准。

四是围绕贯彻“一带一路”战略积极推进标准国际化进程。通过对外贸易、投资、合作、援助等工作，在推动我国产品、技术、设施等“走出去”的同时，带动相关国内标准走向世界；通过大力发展服务贸易，推动中医药、中餐等我国传统优势服务标准“走出去”；在双边经贸合作中，推动与主要经贸合作伙伴开展标准互认，积极推广中国标准；在多边经贸合作中，加强同世贸组织在技术性贸易壁垒方面的协调，做好国外技术性贸易措施的合规评议，减少因标准造成的贸易摩擦。

标准化工作是一项系统工程。在以往的商务标准化工作中，得到了国家质检总局、国家标准委及相关兄弟部门的大力支持，在这里，我代表商务部党组表示衷心的感谢。也希望今后能继续得到大家的大力支持，共同推动商务领域标准化工作提质量、上水平，为经济社会发展作出新的贡献。

国家标准化管理委员会工作

综　述

基本情况

【机构历史沿革】1949 年中华人民共和国成立，中央财政经济委员会技术管理局内设标准规格处，管理全国标准化工作。1952 年，技术管理局被撤销，全国标准化工作统一管理阶段结束。1956 年 6 月，党中央决定成立技术委员会，内设标准局。1956 年 11 月，国务院科学规划委员会与国家技委合并为国家科学技术委员会，下设标准局，管理全国标准化工作。1960 年 10 月，国家科学技术委员会机构调整，标准局改为四局。1961 年底，四局改为标准局。1966 年至 1970 年“文化大革命”期间，标准化机构被撤销。1970 年 7 月，国家科学技术委员会、中国科学院合并，成立中国科学院革命委员会，下设业务一组，管理标准化工作。1972 年11 月，国务院批准成立国家标准计量局，管理全国标准化工作。1978 年 4 月，党中央批准成立国家标准总局。1982 年，国家标准总局改为国家标准局。1988 年，国家标准局被撤销，职能转入新组建的国家技术监督局。1998 年，国务院机构改革，组建国家质量技术监督局，管理全国标准化工作。2001 年，中国国家标准化管理委员会（中华人民共和国国家标准化管理局）成立，统一管理全国标准化工作。

【主要职责】参与起草、修订国家标准化法律、法规的工作；拟定和贯彻执行国家标准化工作的方针、政策；拟定全国标准化管理规章，制定相关制度；组织实施标准化法律、法规和规章、制度。

负责制定国家标准化事业发展规划；负责组织、协调和编制国家标准（含国家标准样品）的制定、修订计划。

负责组织国家标准的制定、修订工作，负责国家标准的统一审查、批准、编号和发布。

统一管理制定、修订国家标准的经费和标准研究、标准化专项经费。

管理和指导标准化科技工作及有关的宣传、教育、培训工作。

负责协调和管理全国标准化技术委员会的有关工作。

协调和指导行业、地方标准化工作；负责行业标准和地方标准的备案工作。

代表国家参加国际标准化组织（ISO）、国际电工委员会（IEC）和其他国际或区域性标准化组织，负责组织 ISO、IEC 中国国家委员会的工作；负责管理国内各部门、各地区参与国际或区域性标准化组织活动的工作；负责签订并执行标准化国际合作协议，审批和组织实施标准化国际合作与交流项目；负责参与与标准化业务相关的国际活动的审核工作。

管理全国组织机构代码和商品条码工作。

负责国家标准的宣传、贯彻和推广工作；监督国家标准的贯彻执行情况。

管理全国标准化信息工作。

在质检总局统一安排和协调下，做好世界贸易组织技术性贸易壁垒协议（WTO/TBT 协议）执行中有关标准的通报和咨询工作。

承担质检总局交办的其他工作。

【领导名单】主任：田世宏（2013 年 7 月任职）；副主任：于欣丽[1]（2012 年 7 月任职）；副主任：殷明汉[2]（2015 年 5 月任职）；副主任：郭辉[3]（2015 年11 月任职）；副主任：崔钢（2014 年 6 月任职）；纪检组长：贾科（2015 年 11 月任职）；总工程师：谷保中（2015 年 10 月任职）。

【内设机构】国家标准委机关内设 7 个部（室）：办公室（机关服务中心、政策法规部），综合业务管理部，国际合作部（港澳台事务办公室），农业食品标准部，工业标准一部，工业标准二部，服务业标准部（地方标准化管理部）。设立机关党委。

标准化工作概述

【标准化改革】中央深改办将标准化改革列入 2015 年工作重点，国务院第 82 次常务会议专门研究标准化改革措施。国务院印发《深化标准化工作改革方案》及第一阶段行动计划，明确标准化改革发展总体思路、目标任务和措施安排。民政部、气象局、粮食局等部门和重庆、安徽、福建等地区出台贯彻实施意见。在推进强制性标准改革上，国家标准委会同工业和信息化部、农业部在化工领域开展655项

[1] 2008 年 8 月任总工程师。

[2] 2012 年 9 月任总工程师。

[3] 2014 年 3 月任纪检组长。

强制性标准清理整合试点，国土资源部、环境保护部等部门和浙江省、重庆市等地方组织进行现有强制性标准清理评估。在完善推荐性标准体系上，商务部、卫生计生委、民航局等组织开展标准清理复审，中国纺织工业联合会等10个单位启动推荐性标准体系优化工作。在培育发展团体标准上，中国电子学会、中华中医药学会等39个单位开展试点，研制码垛机器人等一批团体标准，研究提出培育和发展团体标准指导意见。在改革企业标准管理制度上，以7个省区市试点为基础，进一步扩大为全国各省区市、13个行业开展企业标准自我声明公开试点，2万余家企业公开6万余项标准，信息平台总访问量接近900万次。推进统一社会信用代码制度和“三证合一”改革，配合发展改革委在福建自贸区开展统一社会信用代码制度试点工作，完成对中央编办、民政、工商等部门的预赋码段工作，制定出台统一社会信用代码规则国家标准，初步构建以组织机构代码为主体标识码的统一社会信用代码体系。加快组织机构代码制度改革，将年度验证改为年度基本信息报告，在全国推广网上实时赋码和业务办理，不再单独发放组织机构代码证书，不再保留办证窗口，取消组织机构代码收费。

【标准化协同推进】在国家层面，国务院领导先后两次召集标准化协调推进部际联席会议，中央网信办、外交部、发展改革委等39个部门参加，研究部署标准化改革、强制性标准整合精简、“标准化+”战略行动等措施，审议通过标准化体系建设发展规划、改革方案行动计划等文件，进一步强化标准化改革发展的组织领导和统筹协同。在部门和地方层面，交通运输部成立标准化管理委员会，国家标准委与国防科工局签署部际战略合作协议，四川、江苏、青海等24个省区市建立标准化协调推进机制，其中天津、河北、浙江等地组建省级政府标准化委员会。泛珠三角、长三角区域标准化合作持续深入开展，京津冀三地标准化管理部门共同制定、分别发布电子不停车收费系统、老年护理等区域协同地方标准。陕西、宁夏等西北6省区成立新丝路标准化联盟，上海、成都等9个城市共同发起成立国内首个城市标准化创新联盟。国家标准委与浙江省、内蒙古自治区、青岛市等地方政府签署标准化战略合作协议，协同推动标准化综合改革和城市管理标准化等试点工作。

【标准化管理】配合全国人大财经委、国务院法制办开展标准化法专题立法调研，《标准化法修正案（草案）》正式报送国务院。制定发布参加国际标准化活动管理办法，组织开展标准化指导性技术文件、国家技术标准创新基地等相关管理规定的修订工作。标准版权保护工作取得新成效。水利部、食品药品监管总局等部门加快制订行业标准化管理办法，山东省人大审议修正实施标准化法办法，浙江省、辽宁省等地修订企业产品标准备案管理办法。年内，批准发布国家标准1 931项，研制国家标准样品80项，备案行业标准4 414项，备案地方标准4 004项。中央编办批准成立国家标准技术审评中心，研究提出标准审查评估总体工作方案。开展国家标准立项评估试点，增加标准立项频次。优化标准审批发布流程，国家标准审批周期缩短40%。强化技术委员会考核评价和奖惩退出机制，撤销和调整11个技术委员会。加大标准制定开放力度，新增191名外资企业代表成为技术委员会委员。围绕改革方案、发展规划等重大政策，做好向社会各界以及国际国外标准化机构的宣传解读。组织开展世界标准日、农业标准化示范区20年等重大宣传活动。加强美丽乡村、电动汽车、金融服务等重要标准的社会宣传。全年，中央主要媒体和各类社会媒体涉及标准化的报道1.5万余篇。

【标准化服务发展】推进“一带一路”建设工作领导小组办公室发布《标准联通“一带一路”行动计划（2015—2017）》。质检总局、国家标准委印发《加快中国标准走出去、助推国际产能和装备制造合作工作方案》。由中国提出的国际标准新提案数量明显增长，中美就相互开放标准制定达成共识，与“一带一路”沿线国家标准化合作进一步加强。推进铁路、电力等重点领域337项标准外文版翻译工作。国务院办公厅印发《关于加强节能标准化工作的意见》，发布钢铁、水泥等10个重点行业温室气体排放核算方法与报告要求国家标准，发布第五阶段生物柴油、乙醇汽油国家标准。在湖州市创建首个国家生态文明标准化示范区。实施化解产能过剩标准支撑工程，发布105项化解产能过剩标准，专项下达135项标准制修订计划。国家标准委、中央网信办、发展改革委联合发布智慧城市标准体系建设指导意见，工业和信息化部、国家标准委制定发布《国家智能制造标准体系建设指南》，推进中德智能制造/工业4.0合作，制定完成制造业标准化提升计划，推动“中国制造2025”实施。国家标准委会同国务院审改办、中央编办成立行政审批、政务大厅标准化工作组，会同中央组织部推进干部人事档案数字化标准制定，会同中央综治办完成社会治安综合治理基础数据规范国家标准，会同人民银行制定实施银行营业网点服务等9项国家标准。会同发展改革委、住房城乡建设部出台《新型城镇化标准体系建设指导意见》，在7个省10个地区开展新型城镇化国家标准化试点。批准发布婴幼儿纺织、中小学生校服等一批重要标准，实施基本养老保险服务、职工工伤等重要标准。开展内贸流通体制改革综合试点和商贸物流标准化试点，推动建立浙江安吉、福建永春等一批美丽乡村典型试点。

【标准委党建工作】坚持以习近平总书记系列重要讲话精神为指导,以创新、协调、绿色、开放、共享新发展理念为引领,以《中国共产党党和国家机关基层组织工作条例》为遵循,着力全面从严治党,履行党的建设主体责任,强化“四个意识”。通过抓认识、抓载体、抓服务、抓监督、抓制度、抓机构“六抓工作法”,开展“三严三实”专题教育。成立国家标准委党建工作领导小组,构建京区标准化单位共同促进党建工作平台,创新党建工作机制。推进学习型机关建设,创建国家标准委“青年学习论坛”,丰富党建工作载体。制定《中共国家标准委党组关于落实党风廉政建设主体责任的实施意见》《国家标准委2015年反腐倡廉工作任务分工意见》,执行《国家标准委贯彻落实〈建立健全惩治和预防腐败体系2013—2017年工作规划〉实施办法》,组织开展纪律教育月活动,开展以专题学习、专题党课、警示教育、自查自纠等为主题的专项活动,加强廉洁自律教育,强化廉洁自律意识,严格监督执纪问责,抓好党风廉政建设。组织学习《中国共产党党组工作条例(试行)》等党内法规文件,起草国家标准委党组工作规则、党建领导小组工作规则等制度。制定《国家标准委党风廉政建设工作约谈暂行办法》《国家标准委纪检线索处置管理暂行办法》,进一步强化和规范纪检监察工作,健全党建工作制度。

行政管理

【深化标准化工作改革方案】2015年2月11日,国务院第82次常务会议专门研究标准化改革措施。3月11日,国务院正式印发《深化标准化工作改革方案》,明确标准化改革的总体思路和改革目标,提出建立高效权威的标准化统筹协调机制、整合精简强制性标准、优化完善推荐性标准、培育发展团体标准、放开搞活企业标准、提高标准国际化水平6项改革措施,部署推进标准化工作改革。

【贯彻实施《深化标准化工作改革方案》行动计划(2015—2016年)】贯彻落实国务院《深化标准化工作改革方案》要求,2015年8月,国务院办公厅印发《贯彻实施〈深化标准化工作改革方案〉行动计划(2015—2016年)》,细化制定14项具体任务,对标准化工作改革第一阶段(2015—2016年)任务进行部署。

【国务院标准化协调推进部际联席会议制度】2015年6月,国务院以国函〔2015〕94号批复建立国务院标准化协调推进部际联席会议制度,中央网信办、外交部、发展改革委等39个部门为成员单位,国务委员王勇为召集人,在国务院领导下,统筹协调全国标准化工作。7月和12月,国务委员王勇两次主持召开部际联席会议全体会议,研究部署标准化工作改革发展。

【国家标准化体系建设发展规划(2016—2020年)】按照国家级专项规划计划要求,质检总局、国家标准委牵头负责《国家标准化体系建设发展规划(2016—2020年)》(以下简称:《发展规划》)编制工作。2015年3月,《发展规划》送审稿正式报国务院;7月,联席会议第一次全体会议研究审议《发展规划》并原则通过;12月,国务院办公厅正式印发《发展规划》。部署推动实施标准化战略,加快完善标准化体系,提升中国标准化水平。《发展规划》是中国标准化领域第一个国家级专项规划,是“十三五”期间标准化工作的纲领性文件。

【《标准化法》修订工作】国务院法制办将《标准化法》修订列入国务院2015年全面深化改革和全面依法治国急需优先立法项目。人大财经委提前介入修法工作,2015年4月赴上海、广州开展《标准化法》专题立法调研。7月,《标准化法修正案草案(送审稿)》由质检总局报送国务院审议。9月,国务院法制办将送审稿发送国务院有关部门、地方人民政府以及有关行业协会、企业131家单位征求意见。11月18至21日,国务院法制办赴山东开展修法调研,听取社会各界意见。

【全国标准版权政策宣贯会】2015年10月30日,质检总局、国家标准委、版权局联合在深圳举办全国标准版权政策宣贯会。会议介绍全国打击侵犯知识产权和制售假冒伪劣商品工作情况,通报中国标准版权保护工作以及重点案件的查处情况和维权经验,介绍国际标准化组织的最新版权政策和销售体系政策,交流标准版权保护理论研究成果,就如何促进标准推广、保护标准版权进行交流研讨。全国“双打”办、版权局以及最高人民检察院、上海市公安局有关领导和全国部分标准化研究院所代表参加会议。

【加强规范性文件管理】组织对标准化规范性文件进行清理评估。截至2015年底,有效规范性文件44件,废止4件,不列入规范性文件目录的5件。做好标准化法制体系的顶层设计。新制定发布《参加国际标准化组织（ISO）和国际电工委员会（IEC）国际标准化活动管理办法》和《质检总局　国家标准委关于实施玩具安全系列国家标准有关事项的公告》2 项规范性文件。

【标准化法律法规数据库】组织对标准化法律法规信息进行梳理，形成标准化法律法规数据库。数据库收录标准化相关法律 108 部、行政法规 27 部、地方性法规 14 部、行政部门规章 29 部、地方规章 33 部、规范性文件 198 部，于 2015 年 10 月 15 日上线运行，供标准化工作者和公众参考使用。

综合业务管理

【强制性标准整合精简】2015 年 4 月，国家标准委启动强制性标准整合精简研究工作，组织研究 10 个领域试点工作情况；听取国务院各部门对整合精简工作的意见和建议；编写《强制性标准整合精简工作方案（征求意见稿）》，向 51 家国务院部门和 31 个省、自治区、直辖市质监局（市场监管部门）征求意见，形成《强制性标准整合精简工作方案（讨论稿）》；研究提出强制性国家标准及制修订计划项目的责任部门，开发强制性标准整合精简工作信息化平台。

【推荐性国家标准立项评估】2015 年底，国家标准委在第 4 季度推荐性国家标准立项申请中选择 10% 的项目组织开展国家标准立项评估试点，经过材料初审和专家评估，对所有项目提出是否立项建议，推荐部分优质项目作为重点项目，总结出推荐性国家标准项目申报存在材料不完整、项目设置不合理、体系需优化完善等问题。

【国家标准立项及计划管理】2015 年，国家标准委确定 2015 年国家标准立项原则和重点，全年批准立项国家标准 2 143 项，其中制定项目 1 468 项、修订项目 675 项；强制性国家标准项目 39 项、推荐性国家标准项目 2 096 项、指导性技术文件项目 8 项。在节能环保、新型城镇化、信息技术、战略性新兴产业等重点领域，批准就地城镇化、能效能耗、车用汽油、物联网、智慧城市、集成电路、公民身份编码、社会治安综合治理等一批重要专项项目快速立项。将国家标准外文版、国家标准样品统一纳入年度立项工作计划，下达外文版翻译计划项目 337 项、国家标准样品计划项目 158 项。

【国家标准制修订】2015 年，国家标准委发布国家标准公告 44 期。批准发布国家标准 1 931 项。其中，制定 1 330 项、修订 601 项；强制性国家标准 113 项、推荐性国家标准 1 799 项、指导性技术文件 19 项。复审国家标准 1 394 项。批准发布国家标准样品 80 项。发布《美丽乡村建设指南》《空气净化器》《中小学生校服》等一系列重要标准。国家标准、国家标准修改单、国家标准样品研复制的批准发布信息以及国家标准废止信息以国家标准公告形式在国家标准委网站（www. sac. gov. cn）和《中国标准化》杂志上刊登。截至 2015 年底，国家标准总数 32 842 项，国家标准样品总数 1 878 项。其中，强制性国家标准 3 727 项，占 11. 35%；推荐性国家标准 28 771 项，占 87. 60%；指导性技术文件 344 项，占 1. 05%。

各部门国家标准统计表　　单位：个

部门名称	上年末累计标准数	2015 年度制修订标准数						截至 2015 年底累计标准数			
		合计	按制修订分		按性质分			合计	强制性	推荐性	指导性
			制定	修订	强制性	推荐性	指导性				
合计	31 725	1 931	1 330	601	113	1 799	19	32 842	3 727	28 771	344
发展改革委	488	53	39	14	3	50		490	96	394	
科技部	11	7	7			7		18		17	1
教育部	23							23	4	19	
工业和信息化部	1 481	88	42	46	3	85		1 507	29	1 475	3
公安部	339	31	29	2	7	24		367	189	176	2
民政部	161	1	1			1		161	11	150	

续表

部门名称	上年末累计标准数	2015年度制修订标准数						截至2015年底累计标准数			
		合计	按制修订分		按性质分			合计	强制性	推荐性	指导性
			制定	修订	强制性	推荐性	指导性				
财政部	4							4		4	
人力资源社会保障部	17	7	7			7		24		24	
国土资源部	152	3	2	1		3		154	1	153	
环境保护部	398	7	5	2	6	1		404	187	217	
住房城乡建设部	188	28	21	7		28		209	20	189	
交通运输部	212	1	1			1		213	41	172	
水利部	111	1	1			1		112	2	110	
农业部	825	12	12			12		835	82	753	
商务部	150	4	1	3		4		149	11	138	
文化部	8							8		8	
卫生计生委	1 201	15	11	4	2	13		1 129	571	556	2
人民银行	69	9	9			9		78		78	
审计署	4	6	6			6		10		10	
质检总局	549	25	16	9	1	21	3	552	12	509	31
新闻出版广电总局	207							207	11	196	
体育总局	45							45	31	14	
安全监管总局	193	10	10		2	8		203	112	91	
食品药品监管总局	209	31	9	22	14	17		222	93	127	2
林业局	419	38	21	17		38		427	22	405	
知识产权局	1							1		1	
旅游局	23	8	7	1		8		30		30	
中科院	222	7	7			7		229		224	5
地震局	32	1		1	1			32	6	26	
气象局	54	5	5			5		59	4	55	
粮食局	335	10	8	2		10		343	18	325	
国防科工局	157							30	15	15	
烟草局	88	7	2	5		7		90	11	79	
海洋局	76	8	8			8		84	15	69	
测绘地信局	113							113	6	103	4

续表

部门名称	上年末累计标准数	2015年度制修订标准数						截至2015年底累计标准数			
		合计	按制修订分		按性质分			合计	强制性	推荐性	指导性
			制定	修订	强制性	推荐性	指导性				
铁路局	165	12	10	2		12		175	10	165	
民航局	33	7	7			7		40	4	36	
邮政局	16							16		16	
文物局	15							15		15	
中医药局	34	3	3			3		37		37	
档案局	6							6		6	
密码局	2	2	2			2		4		4	
中华全国供销合作总社	196	10	10			10		204	2	202	
国家标准委	6 630	537	412	125	50	481	6	7 063	677	6 245	141
能源局	5	1	1			1		6		5	1
中国船舶重工集团公司	8							8		8	
中国船舶工业集团公司	509	26	20	6		26		529	15	514	
中国石油化工集团公司	263							292	32	260	
中国石油天然气集团公司	113							109	2	107	
中国核工业集团公司	185	18	5	13		18		305	29	276	
中国兵器工业集团公司	33							33	1	32	
中国兵器装备集团公司	9							9	1	8	
中国航空工业集团公司	57	3	3			1	2	59		57	2
中国航天科技集团公司	23	19	19			19		42		42	
中国航天科工集团公司	1							1		1	
中国电力企业联合会	166	39	37	2		38	1	204	6	173	25
中国机械工业联合会	4 397	257	157	100	2	251	4	4 544	255	4 221	68

续表

部门名称	上年末累计标准数	2015 年度制修订标准数						截至 2015 年底累计标准数			
		合计	按制修订分		按性质分			合计	强制性	推荐性	指导性
			制定	修订	强制性	推荐性	指导性				
中国商业联合会	104	2	1	1		2		105	5	100	
中国物流与采购联合会	2							2		2	
中国轻工业联合会	1 968	132	80	52	10	122		2 044	333	1 699	12
中国纺织工业联合会	653	32	22	10	1	28	3	675	3	668	4
中国电器工业协会	1 704	79	49	30	7	72		1 722	281	1 401	40
中国钢铁工业协会	1 094	64	36	28		64		1 129	35	1 094	
中国石油和化学工业联合会	2 641	158	108	50	2	156		2 714	335	2 378	1
中国建筑材料联合会	644	50	30	20	2	48		674	62	612	
中国有色金属工业协会	1 236	43	19	24		43		1 254	28	1 226	
中国煤炭工业协会	248	14	12	2		14		260	11	249	

【国家标准外文版翻译】2015 年，国家标准委在铁路、电力、工程机械等领域下达国家标准外文版翻译拟立项项目 337 项；批复航天领域国家标准外文版 12 项；组织修订《国家标准英文版翻译出版工作管理暂行办法》。

【军民融合标准化】2015 年，国家标准委总结完成《统筹经济建设和国防建设“十二五”规划》评估报告；与中央军委装备发展部（原总装备部）共同完成《军民标准通用化工程建设方案》并通过专家评审；向发展改革委提出统筹经济建设和国防建设“十三五”规划相关意见和建议；会同工业和信息化部和中央军委装备发展部，推动军民通用标准化机制研究，在集成电路领域下达军民通用标准计划项目 25 项。

【强制性国家标准对外通报】2015 年，国家标准委向 WTO 通报强制性标准 90 项，收到来自欧盟、美国、韩国、日本、印度等 WTO 成员的评议意见 9 项，均组织对其进行答复。

【行业标准备案】2015 年，国家标准委发布行业标准备案公告 12 期。备案行业标准 4 414 项。其中，制定 3 181 项、修订 1 233 项；强制性行业标准 70 项、推荐性行业标准 4 336 项、指导性技术文件 8 项。截至 2015 年底，68 个行业备案行业标准 54 148 项。其中，强制性行业标准 5 988 项、推荐性行业标准 48 034 项、指导性技术文件 126 项。

【地方标准备案】2015 年，国家标准委发布地方标准备案公告 12 期。备案地方标准 4 004 项。其中，制定 3 743 项、修订 261 项；强制性地方标准 125 项、推荐性地方标准 3 879 项。截至 2015 年底，31 个省、自治区、直辖市备案地方标准 29 916 项。其中，强制性地方标准 2 209 项、推荐性地方标准 27 687 项、指导性技术文件 20 项。

【标准化技术委员会建设】2015 年，国家标准委公示全国专业标准化技术委员会（以下简称：技术委员会）15 个，包括 8 个 TC 、6 个 SC、1 个 SWG；批复筹建技术委员会 14 个，包括 6 个 TC 、8 个 SC；批复成立技术委员会 27 个，包括 7 个 TC 、17 个 SC、3 个 SWG，撤销 11 个技术委员会，包括 2 个 TC 、9 个 SC；办理技术委员会调整换届网上公示 119 件，涉及 140 个技术委员会调整换届；办结技术委员会调整换届公文 194 件，涉及 333 个技术委员会调整换届；办理新增委员证书 7 144 本。截至 2015 年底，全国专业标准化技术委员会共计 1 277 个，包括 536 个 TC 、730 个 SC 和11 个 SWG。

2015 年批复成立的技术委员会名单

序号	技术委员会编号	技术委员会名称
1	SAC/TC555	全国蜡制品标准化技术委员会
2	SAC/TC556	全国制伞标准化技术委员会
3	SAC/TC557	全国经济林产品标准化技术委员会
4	SAC/TC558	全国林化产品标准化技术委员会
5	SAC/TC559	全国生物样本标准化技术委员会
6	SAC/TC560	全国物业服务标准化技术委员会
7	SAC/TC561	全国警用装备标准化技术委员会
8	SAC/TC28/SC17	全国信息技术标准化技术委员会卡及身份识别分技术委员会
9	SAC/TC28/SC24	全国信息技术标准化技术委员会计算机图形图像处理及环境数据表示分技术委员会
10	SAC/TC28/SC25	全国信息技术标准化技术委员会信息技术设备互连分技术委员会
11	SAC/TC46/SC17	全国家用电器标准化技术委员会家用电动加工器具分技术委员会
12	SAC/TC103/SC5	全国光学和光子学标准化技术委员会光学材料和元件分技术委员会
13	SAC/TC103/SC6	全国光学和光子学标准化技术委员会电子光学系统分技术委员会
14	SAC/TC105/SC7	全国肥料和土壤调理剂标准化技术委员会腐植酸肥料分技术委员会
15	SAC/TC113/SC15	全国消防标准化技术委员会电气防火分技术委员会
16	SAC/TC198/SC1	全国人造板标准化技术委员会浸渍纸层压木质地板分技术委员会
17	SAC/TC231/SC4	全国工业机械电气系统标准化技术委员会缝制机械电气系统分技术委员会
18	SAC/TC262/SC7	全国锅炉压力容器标准化技术委员会锅炉传热介质分技术委员会
19	SAC/TC283/SC7	全国海洋标准化技术委员会海水淡化及综合利用分技术委员会
20	SAC/TC284/SC4	全国光辐射安全和激光设备标准化技术委员会非相干光辐射安全分技术委员会
21	SAC/TC286/SC1	全国标准化原理与方法标准化技术委员会标准化评价分技术委员会
22	SAC/TC287/SC2	全国物品编码标准化技术委员会特种设备编码与标识分技术委员会
23	SAC/TC289/SC1	全国文物保护标准化技术委员会文物保护专用设施分技术委员会
24	SAC/TC338/SC1	全国测量、控制和实验室电器设备安全标准化技术委员会医用设备分技术委员会
25	SAC/SWG13	全国特种作业机器人标准化工作组
26	SAC/SWG14	全国行政审批标准化工作组
27	SAC/SWG15	全国政务大厅服务标准化工作组

2015 年撤销的技术委员会名单

序号	技术委员会编号	技术委员会名称
1	SAC/TC11	全国食品添加剂标准化技术委员会
2	SAC/TC473	全国食品标签标准化技术委员会
3	SAC/TC223/SC1	全国交通工程设施(公路)标准化技术委员会逆反射分技术委员会
4	SAC/TC28/SC1	全国信息技术标准化技术委员会词汇分技术委员会
5	SAC/TC28/SC5	全国信息技术标准化技术委员会非键盘输入分技术委员会

续表

序号	技术委员会编号	技术委员会名称
6	SAC/TC28/SC10	全国信息技术标准化技术委员会磁盘分技术委员会
7	SAC/TC28/SC11	全国信息技术标准化技术委员会柔性磁媒体分技术委员会
8	SAC/TC28/SC14	全国信息技术标准化技术委员会数据元表示分技术委员会
9	SAC/TC28/SC21	全国信息技术标准化技术委员会开放系统互连分技术委员会
10	SAC/TC28/SC26	全国信息技术标准化技术委员会微处理机系统分技术委员会
11	SAC/TC28/SC30	全国信息技术标准化技术委员会中文平台特别技术分技术委员会

【标准化技术委员会管理】2015 年，国家标准委加快修订《全国专业标准化技术委员会管理规定》。组织开展《全国专业标准化技术委员会管理规定》适用性评估调查工作，整理分析 200 余份有效反馈的调查问卷进行数据分析；组织召开技术委员会管理办法起草工作会、秘书长座谈会，起草完成《全国专业标准化技术委员会管理办法》修订草案。

研究提高技术委员会透明度措施。组织召开外资企业参与标准化工作座谈会，提出外资企业参与标准化工作的措施建议，吸收外资企业实质性参与标准化工作，新增 191 名外资企业代表作为技术委员会委员。

继续推动考核评价工作，在化工领域开展技术委员会考核评价试点，完成 20 家技术委员会考核评价，完善《全国专业标准化技术委员会考核评价办法》及相关指标解释；推动技术委员会组织管理系统、工作平台上线运行，完成技术委员会及委员基本信息库建设，新入库委员信息 2 万余条，累计委员信息 4 万余条。

推动技术委员会日常管理规范化，新建环节引入专家评审机制，公开组建方案，提高技术委员会组建审批过程透明度，全年组织 3 次涉及 27 个技术委员会筹建的专家评审会。调整换届环节，结合技术委员会新系统、新平台应用，研究提出调整换届环节电子业务流程工作改进建议，改进委员聘书办理流程，实现可选择办理电子聘书与纸质聘书两种选择，并在国家标准委网站设置委员聘书真伪查询窗口；撤销全国食品添加剂标准化技术委员会等 11 个技术委员会、分技术委员会，并向社会公告；完善技术委员会年报制度，改进完善技术委员会年报工作系统的功能及申报数据项，2015 年年报报送率 96.7%。组织编写《2015 年度技术委员会年报数据分析报告》，梳理分析技术委员会工作状况，提出管理措施和建议。

【标准化与科技创新互动支撑】2015 年，科技部将《“十三五”技术标准创新规划》编制纳入“十三五”国家科技创新专项规划。国家标准委推进国家技术标准创新基地建设，批准筹建国家技术标准创新基地（重庆）、国家技术标准创新基地（青岛），组织完成中关村创新基地中期评估及验收，启动华南、广州创新基地建设。

【标准化科研项目】2015 年度，国家标准委立项质检公益性行业科研专项标准化项目 11 个，组织完成验收项目 51 个。科技部启动国家重点研发计划“国家质量基础的共性技术研究与应用”重点专项，其中标准领域包含基础通用与公益标准、产业共性技术标准、中国标准国际化 3 个重点任务、10 个子任务。

2015 年度质检公益性行业科研专项标准化项目名单

序号	项目编号	项　目　名　称
1	201510201	基本公共服务共性技术及就业社保等领域 28 项标准研究
2	201510202	航空装备等重要制造领域 49 项基础及关键共性技术标准研究
3	201510203	消费品中化学危害共性安全标准及 10 类重点产品关键技术标准研制
4	201510204	化解产能过剩关键技术标准研制
5	201510205	桥梁缆索用钢等 23 项国际标准研制
6	201510206	泛在信息制造标准体系及 27 项关键标准研制
7	201510207	航天等高端装备技术 17 项国际标准研制
8	201510208	重要核酸生物技术 30 项国家标准研制
9	201510209	智慧城市基础通用 29 项国家标准研制
10	201510210	支撑物流和电子商务发展的 30 项重要标准研究
11	201510211	公共安全突发事件一线处置应对标准体系与 32 项关键技术标准研究

【中国标准创新贡献奖评审管理】2015年，国家标准委制定2016年中国标准创新贡献奖评选表彰工作方案，报送全国评比达标表彰工作协调小组办公室；启动《中国标准创新贡献奖管理办法》修订工作。

【全国专业标准化技术委员会筹建专家评审会】2015年1月15日、9月21日、11月30日，国家标准委在北京组织召开3次全国专业标准化技术委员会筹建专家评审会。申报针对技术委员会成立的必要性、可行性、工作范围及利益相关方等情况，来自相关领域的专家组成的专家组依据评审要点，对申请筹建技术委员会进行评审，给出评审意见和具体改进建议。

【标准化科技专家座谈会】2015年4月16日，国家标准委在北京召开标准化科技专家座谈会。会上，标准化科技专家就如何落实《中共中央国务院关于深化体制机制改革加快实施创新驱动发展战略的若干意见》进行座谈。与会专家从加强标准化与科技互动支撑、强化标准化科技顶层设计、营造标准化创新环境、以标准化促进企业尤其是中小微企业创新发展等方面提出意见和建议。

【《“十三五”技术标准专项规划》编制工作启动会】2015年4月29日，国家标准委会同科技部、质检总局召开“十三五”技术标准专项规划编制工作启动会。会议听取规划起草组关于“十三五”技术标准专项规划编制背景、总体考虑以及框架方案说明，与会专家和代表就规划的定位、思路和重点任务等进行研讨。科技部、质检总局、规划编制工作组、专家咨询组、起草组成员30余人参加会议。

【《中国标准创新贡献奖管理办法》修订座谈会】2015年5月12日，国家标准委在北京召开《中国标准创新贡献奖管理办法》修订座谈会，就修订草案以及如何改进提升中国标准创新贡献奖评选征求意见建议。与会专家和代表就中国标准创新贡献奖定位、评选范围、评审流程、评审标准等主要内容座谈。国务院有关部门、解放军总装备部、行业协会、中央企业、地方标准化主管部门和全国专业标准化技术委员会代表，以及中国标准化专家委员会部分专家30余人参加会议。

【《国家技术标准创新基地管理办法》研讨会】2015年5月19日，国家标准委在北京召开《国家技术标准创新基地管理办法（试行）》研讨会。会议听取有关方面的意见和建议，与会代表结合征求意见修改完善，就基地定位、任务、各有关方面职责、筹建流程、运行管理以及基地建设总体布局等提出意见和建议。质检总局、国家电网公司、海尔集团、部分省市质监局和中国标准化研究院代表30余人参加会议。

【《全国专业标准化技术委员会管理办法》研讨会】2015年6月3—4日，国家标准委在北京召开《全国专业标准化技术委员会管理办法》研讨会。会议讨论修改的意见和建议，与会代表结合对部分技术委员会调研情况，围绕技术委员会的工作任务、组建、组织机构、工作程序、日常管理、经费管理、监督检查等内容展开讨论，初步形成框架。中机生产力促进中心、中国标准化研究院代表10余人参加会议。

【外资企业参与标准化工作座谈会】2015年6月11日，国家标准委组织召开外资企业参与标准化工作座谈会。与会代表围绕如何落实《深化标准化工作改革方案》以及新形势下标准化工作的发展等议题展开讨论。与会代表赞扬改革方案提出的6项措施，特别关注培育发展团体标准、提高标准国际化水平两项措施，结合外资企业在国际、国内参与标准化工作经验，对进一步放宽外资企业参与中国标准的制定工作提出意见建议。微软、高通、甲骨文、索尼、西门子、诺基亚、UL、日本汽车工业协会北京代表处、欧盟北京代表处、品牌保护委员会等外资企业及机构代表参加会议。

【《“十三五”技术标准科技创新规划》调研座谈会】2015年6月17日，国家标准委在北京组织召开《“十三五”技术标准科技创新规划》调研座谈会。会议听取企业及有关方面代表对“十三五”时期技术标准创新工作的意见和建议。起草组说明编制背景、总体考虑等情况，与会代表研讨企业在技术标准创制、应用与国际化等方面面临的问题和需求，就框架和支持企业创新的主要措施发表意见和建议。规划起草组、规划专家组以及海尔集团等企业的代表30余人参加会议。

【长江经济带技术标准创新基地建设布局研讨会】2015年7月21日，国家标准委在北京组织召开长江经济带技术标准创新基地建设布局研讨会。会议就长江经济带国家技术标准创新基地建设布局工作听取有关单位代表的意见和建议。会议认为在长江经济带谋划布局国家技术标准创新基地是标准化支撑服务国家长江经济带战略的创新举措；基地建设宜统筹考虑长江经济带产业、技术和标准化资源优势，通过点面布局结合，发挥国家技术标准创新基地的资源聚集和辐射带动作用；基地建设需要建立完善的工作机制，调动各方面力量和资源投入基地建设。与会代表结合本省（市）标准化工作实际，对基地的定位、功能、建设形式、运行方式等提出意见建议。中国标准化研究院、长江经济带覆盖的11省（市）质监局、标准化研究院代表40余人参加会议。

【标准化技术委员会秘书长座谈会】2015年9月16日，国家标准委组织召开部分标准化技术委员会秘书长座谈会。会议学习解读《深化标准化工作改革方案》，传达国务院标准化协调推进部际联席会议第一次联席会议精神，讨论技术委员会管理改革工作。与会代表探讨《全国专业标准化技术委员会管理规定》修订内容，就能源基础与管理、信息技术、休闲技术委员会内容专题进行经验交流。30余家技术委员会秘书长参加会议。

【《“十三五”技术标准创新规划》编制工作会】2015年9月25日，国家标准委会同科技部、质检总局在北京召开《“十三五”技术标准创新规划》编制工作会议。会议听取起草组关于编制过程以及框架内容说明，与会专家和代表就定位、重点任务、保障措施等进行研讨。科技部、质检总局、规划专家咨询组、起草组等30余人参加会议。

【推荐性国家标准立项评估试点工作会议】2015年11月24日，国家标准委组织召开部分推荐性国家标准立项评估试点工作会议。会议邀请标准化、机械、电子、电器和解放军总后勤部等领域的7位专家组成评估专家组，对6个技术委员会申报的63项国家标准项目进行评估。工业节水、国土资源、建筑幕墙门窗、通信、遥感技术和化学等6个全国专业标准化技术委员会根据立项评估要求，对各自申报的标准项目从体系建设和项目必要性、可行性等方面进行汇报，专家组对申报项目进行研究，逐一提出立项工作建议。专家组从申报材料的完整性、评估程序、评估文件、评估要求等方面提出意见和建议。

【《“十三五”技术标准创新规划》编制座谈会】2015年12月3日，国家标准委会同科技部、质检总局在京召开《“十三五”技术标准创新规划》编制座谈会。会议研讨新形势、新常态下促进技术标准创新政策措施等问题。科技部、质检总局有关专家及起草组部分同志参加会议。

【全国专业标准化技术委员会座谈会】2015年12月16日，国家标准委在北京召开全国专业标准化技术委员会座谈会。会议总结2015年工作，就加强技术委员会管理及2016年工作思路听取意见和建议。参会代表交流各自采取的优化标准体系、扩大开放程度、服务团体标准试点、加强内部管理等成效和经验，以及2016年各技术委员会工作思路。能源基础与管理、信息技术、家用电器、化学、社会保险等13个技术委员会秘书长参加会议。

农业食品标准化

【农业标准化】批准立项农业国家标准计划84项，批准发布农业国家标准128项。在北京召开2015年农业标准化部际联席会议，水利、农业、林业、粮食等部门和相关直属标准化技术委员会，以及中国标准化研究院、中国质检出版社等参加会议。研究制定《高标准农田建设标准体系建设工作指导意见（试行）》，明确高标准农田标准体系建设的指导思想、原则、主要目标和重点任务。与商务部等10部门联合下发《全国农产品市场体系发展规划》；与林业局联合下发《关于公布2015年国家林业标准化示范企业的通知》。举办2期农业标准化培训班，培训地方农业标准化工作人员220名；举办绩效考核培训班，培训学员138名；选派专家帮助江西（南昌、会昌）、河南（南阳、周口）以及新疆开展农业标准化培训。

【农业标准化示范】与质检总局、陕西省政府联合主办全国农业标准化示范区建设20年成果展，全国31个省、自治区、直辖市及新疆生产建设兵团的119个示范区的12类348种产品参展，参观人数60余万人次，中央电视台等媒体对成果展进行报道；印制《全国农业标准化示范区20周年成果展示》画册和光盘，组织电视、报刊报道各地示范区成果。开展示范区提升工程，印发《第八批国家农业标准化示范项目提升工程工作方案》。下发《国家标准委办公室关于组织开展2015—2016年第八批国家农业标准化示范项目目标考核和绩效考核抽查工作的通知》，完成2015年14个省（区、市）28个示范项目目标考核和绩效考核抽查工作。完成示范区信息平台改版，加强平台维护和管理。

【农村综合改革标准化】组织开展《农业机械社会化服务标准前期研究》《农村电子商务专项标准前期研究》等9项研究项目，下达《就地城镇化评价指标体系》《农村环卫保洁服务规范》等15项国家标准制修订专项计划。2015年4月29日，质检总局、国家标准委批准发布GB/T 32000—2015《美丽乡村建设指南》，组织编制国家标准宣贯教材，开展标准宣贯工作。11月，在浙江安吉召开全国农村综合改革标准化试点工作推进会。

【新型城镇化标准化】国家标准委、发展改革委、住房城乡建设部联合印发《关于新型城镇化标准体系建设工作的指导意见》，明确新型城镇化标准体系建设基本原则、总体目标、体系框架、重点领域和主要任务、措施。在深圳组织召开新型城镇化标准化试点工作研讨会，推进新型城镇化标准化试点工作，国家标准委与发展改革委联合印发《关于扎实推进国家新型城镇化标准化试点工作的通知》，明确试点工作目标、任务和进度安排。开展新型城镇化标准的研制工作，下达《智慧城市　评价模型及基础评价指标体系　第1部分：总体框架》等23项新型城镇化国家标准专项计划，组织开展新型城镇化评价指标和绿色社区评价2项标准化前期研究。

【食品标准化】加快食品国家标准清理结论的落实，完成食品产品、食品相关产品、检测方法等领域25项国家标准修订工作，审批立项国家标准计划12项。完成533项食品安全国家标准编号。开展质检系统参与国际食品法典委员会（CAC）牵头组织工作，全年组织9个团组参加CAC会议，派出专家26人。中国承担国际标准化组织ISO/TC34/SC6肉禽蛋制品秘书处的工作。

【化妆品标准化】组织开展"化妆品检测方法标准体系研究"。批准发布GB/T 31407—2015《化妆品中碘丙炔醇丁基氨甲酸酯的测定　气相色谱法》等3项化妆品中禁限用物质检测方法标准，完成《化妆品中11种生物碱的检测　液相色谱质谱法》等17项化妆品检测方法标准新项目审查。

【化工标准化】会同工业和信息化部、农业部，组织中国石化联合会、地方质监局、相关专业标准化技术委员会，开展化工强制性标准整合精简试点，研究制定《化工领域强制性标准整合精简试点工作方案》，启动化工领域强制性标准整合精简试点工作，分析评价强制性标准665项和计划项目72项，提出整合精简处理建议清单。实施标准助推绿色化工发展工程，围绕化工行业"调结构、转方式"，加强工程塑料、特种橡胶、分离膜等化工新材料，以及水性涂料、新型染料、新型水处理剂、高性能催化剂、新一代制冷剂等重点领域标准制修订工作，批准发布国家标准200项，下达国家标准计划30项。针对危险货物运输及应急处置、危险品爆炸事故处置预防等方面的技术需求，开展危险货物运输及应急处置、化学品危害测试、化学品风险评估、化学品应急处置及危险品爆炸事故处置预防等方面标准需求和体系完善研究工作，形成危险化学品管理标准化工作报告，确定下一步危险化学品管理领域标准制修订重点。完成《危险货物运输应急救援指南》等新项目的审查工作。

加强危险化学品管理标准化工作。会同工业和信息化部、农业部，联合交通运输部、环境保护部、安全监管总局等开展包括危险化学品管理领域在内的化工领域强制性标准整合精简试点工作，通过试点，完成128项危险化学品管理强制性国家标准分析梳理，逐项提出清理评估工作意见。

会同工业和信息化部、公安部、环境保护部、交通运输部、农业部、卫生计生委、安全监管总局以及各省市、自治区、直辖市质量技术监督局（市场监督管理部门），完成1 223项国家、行业和地方危险化学品管理相关标准的梳理工作，形成梳理情况报告。标准梳理涵盖危险化学品的产品规范、操作规程、安全管理、技术要求等多个领域，覆盖危险化学品的生产、销售、运输、贮存和使用等环节。

【农业标准化工作联席会议】2015年1月30日，农业标准化工作联席会议在北京召开。中央农村工作领导小组办公室、发展改革委、水利部、农业部、商务部、质检总局、林业局、气象局、粮食局、烟草局、中华全国供销合作总社、国家认监委等部门、单位及直属标准化技术委员会参加会议。与会代表介绍2014年各部门农业标准化工作情况，围绕贯彻落实党的十八届三中、四中全会，中央经济工作会议和中央农村工作会议精神，提出2015年工作思路以及对农业标准化工作的意见和建议。会议肯定2014年农业标准化工作取得的成绩，分析农业标准化工作面临的发展形势，指出2015年农业标准化工作重点：一是抓统筹，加强与财政、水利、农业、粮食等涉农部门的合作，推动高校农业标准化学科建设，形成推进农业标准化工作的合力；二是抓重点，不断完善现代农业标准体系，抓好高标准农田建设、畜禽健康养殖等重点标准体系的建设工作；三是抓难点，做好示范区提升工程和示范区绩效考核工作，深入推进现代农业标准化服务与推广体系建设；四是抓亮点，推动农产品安全标准化工程、开展新型农业经营体系标准化工作、加大农业标准化宣传培训力度、落实农业领域中国标准走出去战略，创新农业标准化工作。

【《美丽乡村建设指南》国家标准正式实施】2015年6月1日，国家标准GB/T 32000—2015《美丽乡村建设指南》正式实施。该标准以"规划科学、生产发展、生活宽裕、乡风文明、村容整洁、管理民主，宜居、宜业的可持续发展"为主要目标，突出普适性、指导性、引领性、实用性、兼容性等特点，统筹考虑各地需求，对美丽乡村建设的基本要素进行规范，标准内容体现"美丽乡村村民建、建设成果村民享"的核心理念，反映美丽乡村的生态美、生活美、生产美和行为美。

标准由12个章节组成，基本框架分为总则、村庄规划、村庄建设、生态环境、经济发展、公共服务、乡风文明、基层组织、长效管理等9个部分。技术内容采取定性和定量相结合的方法，汇集财政、环保、住建、农业等行业部委的相关工作要求，明确美丽乡村建设在总体方向和基本要求上的"最大公约数"，在村庄建设、生态环境、经济发展、公共服务等领域规定21项量化指标，就美丽乡村建设给予目标性指导。

《美丽乡村建设指南》作为推荐性国家标准，为开展美丽乡村建设提供框架性、方向性技术指导，使美丽乡村建设有标可依，使乡村资源配置和公共服务有章可循，使美丽乡村建设有据可考。同时，标准对乡村个性化发展预留自由发挥空间，不搞“一刀切”，不要求“齐步走”，鼓励各地根据乡村资源禀赋，因地制宜、创新发展。

【农业标准化示范区提升工程座谈会】2015年5月5日，国家标准委在北京举办农业标准化示范区提升工程座谈会。30个省、自治区、直辖市质监局（市场监督管理部门）负责农业标准化工作人员和中国标准化研究院有关人员参加会议。与会代表围绕中国农业生产成本快速攀升、资源短缺、环境污染等问题进行讨论。会议提出从4个方面开展农业标准化示范区提升工程：一是强化农业科技创新驱动作用，努力在智能农业、农机装备标准化领域不断提升；二是创新农产品流通工作，促进农产品产地市场标准化建设水平不断提升；三是支持农业生态环境治理，推动农业清洁生产标准化水平不断提升；四是助推农村一二三产业融合发展，促进农业标准化示范项目多功能经营标准化水平不断提升。

【第一期全国农业标准化培训班】2015年5月18—22日，2015年第一期全国农业标准化培训班在江西南昌举行。来自北京、天津、河北等15个省、自治区、直辖市和新疆生产建设兵团以及林业局、中华全国供销合作总社从事农业标准化工作的人员和部分第八批农业标准化示范项目承担单位的人员参加培训。培训班围绕新常态下如何做好农业标准化工作、农业标准化示范区建设和管理要求、农业标准制修订中的关键问题、《农业综合标准化工作指南》国家标准解读及实施应注意的关键点、农业综合标准化示范方法和实践、农业标准化示范区信息平台操作方法及信息更新维护要求等主题展开培训，邀请山东、广西两省（区）标准化负责人员介绍本省开展农业标准化工作的主要做法和取得的经验。组织部分省、自治区、直辖市基层农业标准化工作人员和来自农民专业合作社、农业产业化龙头企业等新型农业经营主体的代表，就新型农业经营主体标准化工作召开座谈会。座谈会围绕新型农业经营主体的分类，涉及新型农业经营主体的资金、人才、销售等经营要素进行讨论，初步了解新型农业经营主体的标准化需求。

【美丽乡村建设与生态循环农业座谈会】2015年7月19日，“美丽乡村建设与生态循环农业座谈会”在北京国家会议中心召开。会议围绕《美丽乡村建设指南》（以下简称：《指南》）国家标准发布实施的意义、作用和实施建议，以及生态循环农业建设开展研讨，深度探讨《指南》国家标准实施应注意的事项和进一步完善美丽乡村标准体系，更好发挥标准化对美丽乡村建设工作的支撑作用。与会专家学者对《指南》国家标准的实施提出意见和建议：一是美丽是有特点的，要体现特点，要各美其美，落实标准是重要的，但更重要的是在标准之外寻找每个村庄的特色并凸显出来，这才是标准要实现的目标。二是美丽是有文化内涵的，没有文化内涵的美丽是空洞的，美丽乡村建设重点要放在文化和生态领域，凸显乡村的文化价值。三是美丽不是发达地区的专利，欠发达地区也可以美丽，要结合发展生态循环农业，加强标准宣传，使各地在美丽乡村建设过程中能够积极贯彻实施标准。与会专家学者强调：美丽乡村建设不要贪一时之功，要持之以恒，常抓不懈，推动形成各级政府高度重视、社会各界支持、农民群众热情参与的美丽乡村建设局面。

【新型城镇化标准化培训班】2015年9月21—23日，首期新型城镇化标准化培训班在江苏徐州举办。来自北京、江苏、浙江、安徽、山东、广东、四川等7个新型城镇化标准化试点省（市）的质监部门和试点项目承担单位的有关人员参加培训。培训班结合实际，就新型城镇化发展与规划以及构建和完善国家新型城镇化标准体系、制定新型城镇化标准等内容进行讲解，对如何细化试点工作方案，确定试点指标任务，开展好试点工作进行交流，进一步明确新型城镇化标准化试点的工作内容、目标任务和原则要求。培训班组织进行试点工作交流，通过沟通和答疑，使试点单位进一步了解开展新型城镇化标准化试点工作的思路和方法。

【第二期全国农业标准化培训班】2015年11月3—6日，2015年第二期全国农业标准化培训班在陕西西安举行。来自上海、江苏、浙江等16个省、自治区、直辖市以及中华全国供销合作总社从事农业标准化工作和部分第八批农业标准化示范项目承担单位的人员参加培训班。培训班重点围绕新常态下农业标准化工作面临的形势与任务、农业标准制修订中的关键问题、农业标准化示范区建设和管理要求、农业标准化示范区信息平台操作方法及注意事项、农业综合标准化示范方法和实践等主题展开培训，邀请安徽、河南两省标准化处负责人员介绍本省开展农业标准化工作的主要做法和取得的经验。期间，赴杨凌参观“全国农业标准化示范区建设20年成果展”，参加“标准联通‘一带一路’国际合作交流会”。

【中法标准化合作委员会农业食品组专题研讨会】2015年11月25—26日，国家标准委在北京举办中法标准化合作委员会研讨会和双边机制会。根据中法双方标准化合作有关协议，中法双方主要在农业食品、铁路、城市可持续发展、智慧城市等领域开展合作。中法专家40人参加农业食品组的专题研讨会。会议围绕动物福利、葡萄酒、食品微生物、食品安全、感官分析、蜂产品、肉禽蛋及其制品等议题进行讨论，在研究现状、研究内容、技术路线、合作模式等方面进行全方位沟通和交流，达成共识，形成会议结论和下一步工作计划。中法双方决定在以下领域开展下一步合作：一是在动物福利领域，双方加强动物福利国际标准制定过程中的合作，探讨开展动物福利国际标准制定和互认程序，同时加强有关国际标准的培训，共同开展农场动物福利改善标准化合作项目；二是在葡萄酒领域，双方就葡萄酒分等定级、溯源等标准进行交流并开展相关培训，同时开展葡萄酒标准互认以及国际化工作；三是感官分析领域，双方共同探索建立感官分析国际合作实验室，开展感官分析标准化研究工作和技术交流，推动感官分析领域的标准与感官参比样互认工作，建立共同推进国际标准制定机制；四是在蜂产品领域，双方共同推动《蜂王浆》国际标准尽快发布，并交流共享蜂王浆国际标准实施情况，同时以 CAC 或者欧盟有关蜂蜜标准为起点，启动蜂蜜标准的研究，法方支持在 ISO/TC34 下建立蜂产品分技术委员会；五是在肉禽蛋及其制品领域，法方支持中国承担的 ISO/TC34/SC6 秘书处工作，双方开展肉禽蛋及其制品领域的标准互认工作，围绕检测方法开展研究；六是在 ISO 22000《食品安全管理体系》标准应用方面，双方共同推进农业食品领域的标准互认。

工业标准化

【节能标准化】组织起草并报请国务院办公厅印发《关于加强节能标准化工作的意见》，首次由国务院制定节能标准化工作目标，形成各部门、各地方联合推进节能标准化工作共治局面。北京、天津、重庆、四川、山东、浙江、山西、安徽、河北等地出台节能标准化工作具体方案或措施；国家标准委联合发展改革委等节能相关部门，建立节能标准化联合推进工作机制。完成国务院 2015 年深化经济体制改革重点工作任务中关于“制修订 50 项节能标准”的要求，全年批准发布节能标准 62 项（2014 年批准发布 43 项），实现“2014—2015 年百项能效标准推进工程”既定目标。

【节水标准化】批准发布 3 项取水定额国家标准和 2 项节水型企业评价国家标准，为中国节水型企业建设和节水“领跑者”制度建立提供技术支撑。

【温室气体管理】批准发布首批温室气体管理国家标准，解决温室气体排放核算方法不统一问题。

【绿色评价】贯彻落实中央关于生态文明体制改革的总体方案，批准发布首批 6 项生态设计评价国家标准，促进中国产品质量提升以及绿色供应链建立，为开展绿色设计产品评价试点工作提供技术支撑。

【煤炭标准化】批准发布《商品煤质量　褐煤》国家标准，完成《商品煤质量　民用散煤》《煤制合成天然气》标准报批稿，提高商品煤质量水平，促进煤炭行业结构转型升级和提质增效，保护大气环境。

【生态文明标准化】完成 10 个国家循环经济标准化试点项目考核评估，组织出版《循环经济标准化典型模式案例》，指导湖州市创建国家生态文明标准化示范区，探索标准化工作有效支撑生态文明建设的机制和路径，发挥标准化示范引领作用。

【化解产能过剩】实施“化解产能过剩标准支撑工程”，累计发布 105 项化解产能过剩相关标准。下达 135 项化解产能过剩相关标准制修订专项计划。以上标准聚焦市场准入配套标准的研制，引导企业通过技术升级等方式，淘汰落后产能，提质增效，聚焦高端产品标准研制，形成新的经济增长点，有力支撑化解产能工作。

【制造业标准化示范试点】联合工业和信息化部启动国家高端装备制造业标准化试点，围绕中国特色新型工业化进程的重大需求，发挥标准化的支撑作用，调整优化产业结构，着力提升装备制造业自主创新能力，引导产业集聚发展、集约发展和融合发展。完成海洋工程装备—自升式钻井平台综合标准化示范项目，完成项目预设目标，平台设计效率提高 26.7%，设计建造成本降低 5%，平台自重降低 205 吨。

【航空航天标准化】组织开展航空装备关键技术标准研究，批准发布《运载火箭与航天器接口要求》等 14 项航天标准。与国防科工局签订标准化战略合作议定书，共同发布中国航天标准体系和首批中国航天标准英文版，促进国防科技工业军民融合，打造中国航天标准品牌。提交《飞机智能接触器通用要求》《航天系统　运载火箭末级预防在轨解体要求》等航空航天国际标准提案，下达 6 项国家标准外文版翻译计划，助推中国航空航天走出去。

【铁路标准化】批准发布《电力机车和电动车组额定功率的确定》《机车司机室　第 1 部分：瞭望条件》等国家标准，与法方签署铁路标准化合作路线图，争取承担 ISO/TC269 铁路应用技术委员会分会主席和秘书处，组织提出 18 项国家标准外文版翻译计划，助推中国铁路走出去。

【工程机械标准化】启动7项隧道掘进机/盾构机国家标准制修订，研究提出工程机械中国装备标准走出去名录，组织提出50项工程机械国家标准外文版翻译计划，助推中国工程机械走出去。

【石油天然气标准化】组织提出14项石油天然气国家标准外文版翻译计划，助推石油天然气行业走出去。

【船舶标准化】批准发布《S型铺管作业线设备船上安装通用技术要求》《海上浮式生产储存设备（FPS）的腐蚀防护要求》《自升式海洋平台齿条式桩腿锁紧装置》等高技术船和海洋工程装备技术标准。提交7项挖泥船国际标准新提案，同步开展《中国造船质量标准》《中国修船质量标准》国家标准中英文版研制，助推中国船舶走出去。

【绿色制造标准化】开展《机械产品绿色制造　供应链管理》《再制造内燃机　通用技术条件》国家标准研制工作。

【新能源汽车标准化】落实国务院领导新能源汽车专题调研和座谈会要求，批准发布电动汽车安全系列标准和电动汽车碰撞后安全要求标准。发布电动汽车传导充电接口及通信协议等5项国家标准，提升充电安全性和兼容性。

【无人机标准化】联合国家空管委、工业和信息化部、民航局等部委系统分析民用无人机标准需求，提出无人机标准化工作方案。

【推动装备制造业提升】2015年10月，机床电气国际标准化工作取得重大突破，中国主导制定的国际标准IEC 60204-34《数控机床电气设备及系统安全》通过最终投票，《工业机器人电气设备安全》国际标准提案进展顺利。

【智能制造标准化】主导制定《机械产品数字样机通用要求》国际标准，批准筹建增材制造标委会，批准发布7项数控机床标准。国家标准委、工业和信息化部共同组织编写《国家智能制造标准体系建设指南（2015版）》（以下简称：《指南》），构建智能制造标准化参考模型与体系框架，提出中国开展智能制造的重点方向和领域，明确保障措施。2015年10月，《指南》（征求意见稿）广泛征求社会各界的意见。国际合作方面，5月，联合工业和信息化部、科技部、德国经济能源部推动成立智能制造/工业4.0标准化工作组，并签署《关于成立中德智能制造/工业4.0标准化工作组的工作方案》，12月，召开中德智能制造/工业4.0标准化工作组启动会，开展政策、标准、技术、项目和信息等方面的交流与合作。

【新材料标准化】批准发布纤维增强复合材料、轨道交通用铝合金板材、碳纤维、优质碳素结构钢等一批新材料标准，主导制定2项纳米材料国际标准。成立ISO/TC298稀土标准化技术委员会。组织提出130余项钢铁、建材、有色金属国家标准外文版翻译计划。

【集成电路标准化】2015年4月，成立集成电路标准化推进组。8月，成立集成电路标准化专家组和工作组。12月，下达计划，启动25项集成电路军民融合标准编制工作。

【组织机构代码改革】在推进统一社会信用代码制度建设中，与发展改革委、中央编办、税务总局、工商总局等部门，就统一社会信用代码赋码方式、信息回传、职责分工、过渡措施等，进行30余次沟通协商，推动《国务院关于批转发展改革委等部门法人和其他组织统一社会信用代码制度建设总体方案》出台。会同中央编办、民政部、工商总局等部门，联合起草《国务院办公厅关于加快推进“三证合一”登记制度改革的意见》。推进组织机构代码在收费、信息报告、实时赋码和应用推广等方面的改革，切实减轻企业负担。在质检系统全面落实改革任务，印发《质检总局关于贯彻落实“三证合一、一照一码”登记制度改革的通知》；向登记管理部门预赋满足5年需求的码段；批准发布GB 32100—2015《法人和其他组织统一社会信用代码编码规则》强制性国家标准；牵头“参与商事制度改革和统一社会信用代码制度建设专项调研组”。

【电子商务标准化】落实《国务院关于大力发展电子商务加快培育经济新动力的意见》要求，与中央网信办、农业部、商务部等部门沟通协商，批复筹建电子商务质量管理标准化技术委员会。推动电子商务主客体信息描述、电子商务交易产品分类与编码规范、基于统一产品编码的电子商务交易产品质量信息发布规范、电子合同、电子发票、电子商务可信交易准则、电子商务平台服务质量评价与等级划分等急需标准的研制工作。

【信用标准化】征求工业和信息化部、公安部、住房城乡建设部、文化部、外汇管理局等部门的意见，形成“全国社会信用标准化技术委员会”成立方案。推进《信用　基本术语》《信用信息征集规范》《社会信用标准化总体架构》等国家标准的立项研制工作，批准发布《企业质量信用评价指标》《检验检测机构诚信评价实施规范》等国家标准。

【高新技术产业标准化示范区】批复海口开展国家高新技术产业标准化示范区创建工作，完成深圳国家电子商务综合标准化示范区、郑州国家高新技术产业标准化示范区验收工作，开展东海国家半导体（硅材料）产业集聚标准化示范区验收准备工作。

【物品编码标准化】批准发布《汽车零部件的统一编码与标识 》等11项重要标准，推广二维码应用，与阿里巴巴电商签署协议开展合作。调研物品编码改革需求，探索建立适应新形势的物品编码工作机制和工作模式。

【智慧城市标准化】落实《关于促进智慧城市健康发展的指导意见》要求，推动智慧城市标准体系和评价指标体系的顶层设计，联合中央网信办、发展改革委出台《关于开展智慧城市标准体系和评价指标体系建设及应用实施的指导意见》，规划标准化总体布局和重点领域，从建设与宜居、管理与服务、产业与经济、安全与保障等7个方面，确立智慧城市标准体系框架；由4个能力类、5个成效类一级指标和36个二级指标评价要素构成智慧城市评价指标体系框架。启动智慧城市技术参考模型、评价模型与基础评价指标体系、跨系统信息交互、数据融合、城市运营中心等31项基础共性国家标准的研制。统筹智慧城市标准国际化进程，推动在ISO/IEC JTC1成立智慧城市工作组，中国专家担任召集人和秘书，作为发起国在IEC推动成立智慧城市系统委员会，倡导ISO、IEC、ITU三大国际标准组织联合制定国际标准。不断深化与欧盟国家合作，在中德标准化合作委员会平台上设立智慧城市专题，建立中法智慧城市标准联合工作组，成立中英智慧城市标准工作组。

【机器人标准化】2015年9月，批复成立由56个全国专业标准化技术委员会、研究机构、联盟和企业成员单位构成的国家机器人标准化总体组，负责拟定中国机器人标准化战略和推进措施，制定中国机器人标准体系框架，协调中国机器人相关标准的技术内容和技术归口，组织开展机器人基础共性国家标准制定、国际标准化和标准应用实施等工作。截至2015年底，总体组形成国家机器人标准体系框架，提出国家标准制定计划项目20余项。在国际标准化方面，推动ISO成立机器人和机器人装备标准化技术委员会（ISO/TC299），并成为联合秘书国。

【协助中央组织部开展干部人事档案数字化国家标准研制】为解决干部人事档案数字化工作过程中，干部人事档案数字化质量控制、存储交换格式、管理权限、联网技术参数等方面问题，国家标准委赴中央组织部，宣传讲解标准化的作用和国家标准制定程序，支持并协助中央组织部开展《干部人事档案数字化技术规范》国家标准预研工作。2015年7月，国家标准委下达国家标准计划项目。在标准制定过程中，中央组织部按照国家标准制定程序的要求，组建起草工作组，标准草案先后征求地方党委组织部、中央单位组织人事部门和流动人员档案管理机构意见，邀请国家标准委赴浦东干部学院为中央单位250余人讲授标准化课程。截至2015年底，完成审查，形成报批稿。

【消费品安全标准“筑篱”专项行动首批国内外标准对比项目】2015年10月，消费品安全标准“筑篱”专项行动首批国内外标准对比项目完成。首批对比项目选择儿童用品、服装纺织、家用电器等13个与消费者关系紧密的领域，主要对比国家和地区为欧、美、日及“一带一路”沿线重点国家，收集相关法律、法规、标准770余项，对比3 816项技术指标。通过对比，摸清中国在国际消费品安全标准领域的地位和水平，为进一步优化完善消费品安全标准体系奠定基础。组织编写《消费品安全标准“筑篱”专项行动——国内外标准对比丛书》。

【烟花爆竹标准化】2015年2月，批准发布GB 19593—2015《烟花爆竹　组合烟花》、GB 19594—2015《烟花爆竹　礼花弹》、GB 31368—2015《烟花爆竹　包装》、GB 24426—2015《烟花爆竹　标志》等4项强制性国家标准，对组合烟花、礼花弹的燃放性能、安全性能、药种药量以及烟花爆竹的包装与标志等做出规定。

【制定《婴幼儿及儿童纺织产品安全技术规范》】完成GB 31701—2015《婴幼儿及儿童纺织产品安全技术规范》国家标准制定。为促使标准有效实施，开展标准宣贯工作。召开新闻发布会，通过主要媒体进行宣传；联合中国纺织工业联合会，在全国开展“婴童纺织产品万里行”活动，2 000余名代表参与，覆盖1 000余家童装生产企业；举行“标准进商场”活动，对商场的工作人员、销售人员进行培训。

【新版《空气净化器》国家标准批准发布】2015年9月，国家标准委批准发布GB/T 18801—2015《空气净化器》国家标准。新版标准更为严格。标准的适用范围做出新的规定，将小型、便携式空气净化器，乘用车空气净化器，风道式净化装置以及其他类似的空气净化产品列入可参考本标准执行的范围；增加有害物质释放量、待机功率、累积净化量和微生物去除的要求及相应试验方法；对标志的要求更为细化，要求标志应包含洁净空气量、累积净化量、净化能效、噪声等内容。新版标准明确将洁净空气量和累积净化量作为核心指标。

【《中小学生校服》国家标准批准发布】2015年6月，国家标准委批准发布GB/T 31888—2015《中小学生校服》国家标准。为促使该标准有效实施，教育部、工商总局、质检总局和国家标准委联合印发《关于进一步加强中小学生校服管理工作的意见》，要求各地、各学校要严格执行《中小学生校服》国家标准，确保校服质量，更好地保护中小学生健康安全。

【“制造业标准化提升计划”编制工作会议】为落实《中国制造2025》和国家制造强国建设领导小组第一次全体会议部署和要求，2015年7月3日，国家标准委召开会议，研究“制造业标准化提升计划”编制工作，工业和信息化部、发展改革委、科技部、商务部、交通运输部、国防科工局、铁路局、海洋局等部门有关人员参加会议。会议研究《制造业标准化提升计划》（草稿）和《制造业标准化提升计划编制工作方案》（草稿）。

【“百项能效标准推进工程”联合工作组会议】为贯彻落实《国务院办公厅关于加强节能标准化工作的意见》，推动“2014—2015 年百项能效标准推进工程”进度。2015 年 6 月 30 日，国家标准委、发展改革委在北京组织召开“百项能效标准推进工程”联合工作组会议。工业和信息化部、交通运输部、国管局、统计局、能源局、相关行业协会和标准化技术委员会等近 40 位代表参加会议。会议讨论《节能标准化示范工作方案》(讨论稿)和《节能标准体系研究方案》(讨论稿)，与会代表提出修改意见与建议。对《液体散货码头单位产品能源消耗》等 10 项标准进行专家咨询。各标准起草单位汇报所承担标准的研究进展、能效和能耗限额指标值的确定依据、落后产能淘汰比例等情况，专家进行质询和讨论，提出加大能耗限额标准调研、完善能耗指标取值依据说明、能耗限额指标值与国家政策有效衔接等意见和建议。

【消费品安全国内外标准对比行动工作组会议】2015 年 1 月 8 日，国家标准委组织召开消费品安全国内外标准对比行动工作组会议暨首批标准对比项目第一次中期检查会。消费品安全国内外标准对比行动工作组成员，儿童用品(玩具、童鞋、童装、童车)、服装纺织、家用电器、照明电器、家具、首饰、烟花爆竹、纸制品、插头插座、涂料、建筑卫生陶瓷和消费品安全标准法规(TBT 通报)、消费品基础通用标准等首批国内外对比工作项目承担单位专家等 40 余人参加会议。会议听取首批对比项目的进展情况汇报。国家标准委国际合作部介绍标准互认工作的目的、意义和方式方法，提出标准对比工作要支撑标准互认的工作建议。标准对比工作组成员与首批对比项目专家就国际国外法律法规标准等文献的获取渠道、对比工作流程、对比指标选取、成果凝练等方面进行交流。

【“婴童纺织品安全标准万里行”活动】2015 年5 月 29 日，“婴童纺织品安全标准万里行”活动在北京启动。来自婴童纺织产品生产、销售企业，以及检测机构的 200 余人参加活动。会议对 GB 31701—2015《婴幼儿及儿童纺织产品安全技术规范》进行宣贯。标准主要起草人对标准进行全面详细解读。电商代表介绍标准实施应用中的经验。制作发放标准宣贯指南和《标准生活》(童装专刊)。

【全国石油和化学工业质量标准化工作会议】2015 年 11 月 11 日，全国石油和化学工业质量标准化工作会议在北京召开。会议总结“十二五”期间石化行业质量标准化工作情况，研究部署今后一个时期工作思路和重点任务。来自石化行业标准化技术机构、检验检测机构以及相关行业协会约 300 人参加会议。会议就下一步化工领域标准化工作提出四点意见：一是根据标准化工作改革要求，稳步推进标准体系建设。加强化工领域标准体系的统筹规划和顶层设计，确保不同类型、层级标准之间协调配合、衔接统一。二是围绕产业升级发展，加快重点关键技术标准制定。加强行业发展调研和标准化需求分析，开展重点领域标准制定，助推绿色化工产业发展，培育新的经济增长点。三是深化国际标准化合作交流，服务国家外交外贸大局。开展国际标准化战略和工作机制研究，提高工作针对性和有效性，加强国际产能和装备制造合作标准工作支撑，提升中国标准和产业国际竞争力。四是夯实工作基础，营造良好标准化发展环境。加强标准制修订过程管理，严格标准制定程序，做到信息公开、工作透明，完善标准与科研有效衔接、相互支撑的工作机制，加快科技成果产业化、市场化，提高产品和产业核心竞争力。

服务业标准化

【社会管理和公共服务综合标准化试点项目】2015 年5 月 13 日，下达第二批 122 项社会管理和公共服务综合标准化试点项目；9 月 17 日，下发《国家标准委办公室关于推荐第三批社会管理和公共服务综合标准化试点项目的通知》，征集第三批社会管理和公共服务综合标准化试点。

【民生领域标准化】审核立项社保、公安、气象、残疾人康复、体育等民生领域国家标准计划 86 项，审批发布 GB/T 31380—2015《旅行社等级的划分与评定》、GB/T 31596. 1—2015《社会保险术语　第 1 部分：通用》等国家标准 60 项。

【家政服务标准化】2015 年 11 月 27 日，联合民政部、商务部、全国总工会、全国妇联印发《关于加强家政服务标准化工作的指导意见》。从管理机制、标准体系、市场环境、品牌建设等方面提出2020 年的总体目标，结合标准化改革方案要求，提出标准制修订、宣贯培训、实施监督、试点示范和标准化信息化融合 5 项具体工作任务，从工作机制、经费投入、人才建设、市场秩序和工作宣传 5 个方面明确保障措施。

【政务服务标准化】2015 年 9 月 24 日，批准成立全国行政审批标准化工作组，负责行政审批通用基础、条件建设、信息化建设、服务规范、监督评价等领域国家标准制修订工作。9 月 29 日，批准成立全国政务大厅服务标准化工作组，负责政务大厅服务基础术语、标准化工作指南、服务分类，政务大厅信息服务、公共资源交易服务、权益保障服务，政务大厅组织管理与运行、服务平台建设、绩效考核等领域国家标准制修订工作。

【服务业标准化试点】组织专家对北京市第一社会福利院养老服务、江苏省南京市残疾人托养服务、北京市西城区行政服务、河南省中牟县行政审批服务等一批国家级服务业标准化试点单位评估。2015 年 3 月 18 日，下发 54 个国家级服务业标准化试点考核评估合格通知；12 月 29 日，下发 34 个国家级服务业标准化试点考核评估合格通知。截至 2015 年底，考核评估合格项目 264 个。

【服务业标准化示范】2015 年 12 月 2 日，印发《国家标准委关于下达 2015—2016 年度全国服务业标准化示范项目的通知》，批准北京西城区行政服务、北京第一社会福利院养老服务、上海医疗保险服务、广东珠海温泉旅游服务、宁夏沙坡头旅游服务 5 个全国服务业标准化示范项目。

【服务业标准化培训】2015 年 4—10 月，分别在浙江杭州、安徽合肥、四川成都、新疆乌鲁木齐、山东新泰、山东济南、江苏无锡，组织服务业标准化试点工作培训班 7 期，培训约 600 人次。

【流通标准化】落实国务院《关于推进国内贸易流通现代化建设法治化营商环境的意见》，促进内贸流通体制改革，联合商务部制定开展内贸流通体制改革综合试点标准化工作，推动上海等 9 个城市成立全国首个“城市标准化创新联盟”。

【标准化服务业】培育标准化服务业，将标准化服务业纳入科技服务业统计分类和国家重点支持高新技术企业名单。

【金融标准化】联合人民银行加强金融服务领域标准化工作，联合召开《银行营业网点服务基本要求》等 9 项金融服务国家标准新闻发布会。拓展金融风险防范、标准融资增信新领域标准化，会同人民银行组建金融风险防范标准化专家组。

【品牌价值及价值测算标准化】推动开展中国品牌价值评价标准化工作，提出中国品牌价值评价国家标准制修订工作计划，开展品牌评价国际标准的制定工作。

【物流标准化】联合发展改革委、工业和信息化部、商务部、交通运输部等 14 部门印发《物流标准化中长期发展规划（2015—2020 年）》，明确各领域标准化工作发展目标及重点任务。在商贸物流领域，联合财政部批复 11 个物流标准化试点项目，编制《物流标准化试点绩效评价管理工作指南》。

地方标准化

【地方标准化改革】制定发布《关于改进和加强地方标准化工作意见》，提出 6 方面、22 条意见。将标准化改革工作纳入国务院质量考核工作，督促各地落实改革方案。19 个省（区、市）政府发布实施落实标准化工作改革方案，24 个省、市建立标准化协调推进机制，其中北京、天津、河北组建省级标准化委员会，30 个省、市启动“十三五”规划编制。推动各地区域协同发展，指导京津冀共同制定、分别发布《电子不停车收费系统路侧单元应用技术规范》和《老年护理常见风险防控要求》2 项地方标准；指导西北五省、内蒙古自治区和新疆建设兵团成立“6 + 1”新丝路标准化联盟；与内蒙古自治区政府、浙江省政府、青岛市政府签署标准化工作战略合作协议。

【地方标准管理】完善地方标准备案管理信息系统。2015 年发布备案公告 12 期，备案地方标准 4 004 项，其中强制性地方标准 125 项，推荐性地方标准 3 879 项。地方标准数量最多的 3 个省市为安徽 361 项，广东 323 项，四川 247 项。

【地方标准化统计宣传】构建地方标准化工作信息数据库。汇总、整理、分析 2014 年各地上报的2 000 余条统计信息，核准、更新各地基础信息库，向国家标准委内各部门、地方局反馈。按照《地方标准化工作信息统计制度（试行）》，做好信息统计工作。对涉及企业、地方的 100 余份文件组织征求意见并及时回复。处理地方上报的各类材料80 余份，组织网上宣传 90 份，上报质检工作专报 2 期，质检专报1 期，地方标准化专刊3 期。核实媒体提出的“扬州炒饭”标准有关问题，与扬州市质监局、扬州市烹饪协会负责人进行沟通，提出关于扬州炒饭标准舆情处置情况回复意见，形成扬州炒饭标准有关情况汇报。

【全国地方标准化管理人员培训班】2015 年 8 月 19—21 日，2015 年全国地方标准化管理人员培训班在湖北武汉举办。全国各省、自治区、直辖市质监局标准化处、标准化技术机构和市（区、县）标准化管理人员 150 人参加培训。培训班重点解读国务院《深化标准化工作改革方案》，讲解标准化试点与示范工作、区域标准化协作、企业标准化、社会管理和公共服务标准化等内容。培训班组织来风县、湖北木兰花家政公司代表分别介绍政务服务和家政服务标准化试点经验。

企业标准化

【企业标准管理机制改革】2015年,成立由质检总局局长支树平任组长,质检总局副局长陈钢和质检总局党组成员、国家标准委主任田世宏为副组长的企业标准管理制度改革领导小组,下设公开制度组、监督制度组、法律法规组、理论研究组、平台研发组和专家组。4月,陈钢、田世宏联合主持召开第二次“企业标准管理制度改革”局长专题会,研究部署企业标准管理制度改革工作。7月,支树平主持召开企业标准管理制度改革领导小组第一次会议,审议通过并印发《企业产品标准管理制度改革工作方案》,提出《企业产品和服务标准自我声明公开和监督制度指南》。8月、11月企业标准管理制度改革领导小组办公室召开2次全体会议,研究改革工作中遇到的问题,部署深化改革制度试点工作。组织启动《企业标准化管理办法》《企业产品标准管理规定》修订工作,组织开展《企业产品标准公开条例》研究,推进企业标准管理制度改革法制化进程。组织全国组织机构代码中心研发并开通企业产品标准信息公共服务平台,在上海等7省、市率先开展企业产品标准声明公开试点。组织召开全国企业标准管理制度改革试点工作视频会议3次,研究解决试点工作遇到的问题。截至12月16日,16 809家企业公开标准50 329项,涉及产品84 251种,访问量616万次。

【企业标准化立法】推进《企业产品标准公开条例》研究工作,启动《企业标准化管理办法》和《企业产品标准管理规定》修订工作。组织3次专题会议,论证形成《企业标准化管理办法》和《企业产品标准管理规定》修订的总体思路和工作定位,提出修订法规的基本结构,以及项目具体承担单位的任务分工和经费预算。

【企业标准体系国家标准修订】组织启动《企业标准体系》系列国家标准修订工作,组建工作机构,落实责任单位。研究确定由中国标准化协会作为项目总协调单位,组织地方质监部门、行业管理部门、大专院校、科研机构、专业技术机构以及企事业单位分别牵头制定。

【企业标准化良好行为建设制度研究】总结“标准化良好行为企业”试点工作成效,改革“标准化良好行为企业”试点工作中反映突出的问题。推进“标准化良好行为企业”创建工作。明晰政府、市场、企业和专业服务机构的定位和界限,以建设服务型政府为目标,提高企业主体意识和参与“标准化良好行为企业”创建的积极性、自觉性,培育完善市场化的标准化专业服务体系。实现“管”“评”分离、“管”“建”分离、“评”“建”分离。

团体标准化

【团体标准】在市场化程度高、技术创新活跃的领域,选择中国电子学会等39个社会团体开展团体标准试点工作,试点单位围绕技术创新和市场需求,研制《码垛机器人制造与验收规范》《绿色印刷材料分类方法及确认原则》等团体标准。

国际标准化

【标准联通“一带一路”行动计划(2015—2017)】2015年10月16日,推进“一带一路”建设工作领导小组办公室发布《标准联通“一带一路”行动计划(2015—2017)》。《行动计划》明确指导思想、工作目标、工作原则；提出制定完善中国标准“走出去”专项规划和政策措施、深化与沿线重点国家的标准化互利合作、推动共同制定国际标准、组织翻译优先领域急需标准外文版、开展大宗进出口商品标准比对分析、开展东盟农业标准化示范区建设、加强沿线国家标准化专家交流及能力建设、实施标准化互联互通重点项目、加强沿线重点国家和区域标准化研究、支持各地开展特色标准化合作10方面重点任务；确定组建标准联通“一带一路”专项领导小组、加强经费保障、强化工作落实与监督检查、作好政策宣传和引导工作4项保障措施。

【参加国际标准化组织（ISO）和国际电工委员会（IEC）国际标准化活动管理办法】 2015年3月17日，质检总局、国家标准委发布《参加国际标准化组织（ISO）和国际电工委员会（IEC）国际标准化活动管理办法》，进一步规范和加强中国参加ISO和IEC国际标准化活动的管理。

【参与国际标准化活动】 2015年，中国推动成立国际标准化组织（ISO）饲料机械技术委员会（ISO/TC293）、竹藤技术委员会（ISO/TC296）、稀土技术委员会（ISO/TC298）和ISO审计数据采集项目委员会（ISO/PC295）等；承担第一个国际标准关联编码（ISLI）国际标准注册中心，推动ISO批准TC249名称和工作范围，TC249名称为“传统中医药”；研究提出国际标准提案75项。截至2015年底，中国提交立项国际标准提案340项，其中192项发布为ISO、IEC国际标准。

【国际电工委员会首席执行官中国产业战略圆桌会】 2015年9月11日，国际电工委员会（IEC）首席执行官中国产业战略圆桌会在北京召开，来自国家电网公司、中国大唐集团公司、中国中车股份有限公司、华为技术有限公司等20余家企业负责人参加会议。质检总局党组成员、国家标准委主任田世宏，科技部副部长曹健林，IEC前任主席乌赫勒出席会议并致辞。IEC副主席、国家电网公司总经理舒印彪主持会议。会议围绕IEC国际标准助推中国产业发展主题，介绍IEC政策、规则和理念，围绕中国产业如何进入全球市场、中国企业参与IEC国际标准化活动的困难与挑战、IEC国际标准如何推动中国产业发展、中国企业的全球市场商机等议题展开讨论。

【双边合作协议】 2015年，中国国家标准化管理委员会与德国电气、电子和信息技术委员会签署《中国国家标准化管理委员会与德国电气、电子和信息技术委员会合作协议》、与德国联邦经济与能源部签署《中国国家标准化管理委员会与德国联邦经济与能源部会议纪要》、与西门子股份公司签署《中国国家标准化管理委员会与西门子股份公司合作纪要》；与英国标准协会签署《中华人民共和国国家标准化管理委员会与英国标准协会关于设立中英标准化合作委员会的谅解备忘录》《中英标准互认指南》《中华人民共和国国家标准化管理委员会与英国标准协会首批中英互认标准清单》；与瑞士标准化协会签署《中国国家标准化管理委员会与瑞士标准化协会合作协议》；与海湾阿拉伯国家合作委员会标准化组织签署《中国国家标准化管理委员会与海湾阿拉伯国家合作委员会标准化组织谅解备忘录》；与瑞典国家标准机构签署《中国国家标准化管理委员会与瑞典国家标准机构合作意向书》；与哈萨克斯坦技术法规与计量委员会签署《中国国家标准化管理局与哈萨克斯坦技术法规与计量委员会合作协议》；与新加坡国家标准化机构签署《中国国家标准化管理局与新加坡国家标准化机构合作协议》；与蒙古国国家标准化机构签署《中国国家标准化管理局与蒙古国国家标准化机构合作协议》；与塔吉克斯坦国家标准化机构签署《中国国家标准化管理局与塔吉克斯坦国家标准化机构合作协议》；与亚美尼亚国家标准化机构签署《中国国家标准化管理局与亚美尼亚国家标准化机构合作协议》；与欧洲标准化机构签署《中国国家标准化管理委员会与欧洲标准化委员会、欧洲电工标准化委员会合作意向书》。截至2015年底，中国国家标准化管理委员会与34个国家和地区签署标准化合作协议60份。

【标准合作机制会议】 2015年，中国国家标准化管理委员会举办2015年中德标准化合作委员会会议、第十四届东北亚标准合作论坛、中日韩标准化合作常委会、中日标准化合作会谈、中韩标准分委会会议、2015年“中欧工业品WTO/TBT领域合作磋商机制”标准化工作组会议、2015年中法标准化合作委员会会议；参加中欧工业品安全与WTO/TBT磋商合作机制第十三次全会，中俄总理定期会晤委员会经贸合作分委会中俄标准、计量、认证和检验监管常设工作组第十三次会议。

【来访接待】 2015年，中国国家标准化管理委员会接待包括智利驻华使馆、德国联邦经济与能源部、德国国家标准化机构、英国标准协会、欧洲标准化委员会、欧洲电工标准化委员会、欧盟企业总司、欧盟电信标准协会、新加坡国家标准化机构、美国国家标准化机构、3M中国有限公司、美国特斯拉公司、美国UL公司、沙特国家标准化机构、日本国家标准化机构、韩国技术标准署、法国国家标准化机构、澳大利亚国家标准化机构、吉尔吉斯斯坦国家标准化机构、塔吉克斯坦国家标准化机构、新加坡国家标准化机构、蒙古国国家标准化机构、哈萨克斯坦国家标准化机构、亚美尼亚国家标准化机构等重要来访28次。

【国际标准化援外培训】 2015年，经向商务部、科技部申请，国家标准委组织举办面向东盟、俄罗斯中亚、非洲国家的3期援外培训班,培训19个国家52名官员。

【张晓刚就任国际标准化组织主席】2015年1月1日,中国标准化专家委员会委员、鞍钢集团副董事长张晓刚就任国际标准化组织(ISO)主席。年内,张晓刚按照ISO主席既定职责履职,加强与ISO官员和成员国代表交流、沟通与合作,推动ISO发布2016—2020年战略发展规划,主持第38届ISO大会、ISO理事会会议等ISO最高级别管理层会议。10月14日,张晓刚应邀参加世界标准日中国宣传周主题活动并作"国际标准化和未来发展趋势"专题讲座。

【国际标准化发展趋势和战略讲座】2015年3月11日,国际标准化组织(ISO)秘书长罗博·斯蒂尔应邀在北京举办"国际标准化发展趋势和战略讲座",从标准推动产业转型升级、支持科技创新和经济治理等方面阐述国际标准的作用。科技部、审计署、工业和信息化部、农业部、新闻出版广电总局等有关部门代表,在北京承担ISO、IEC技术组织的主席、秘书和部分标准化科研机构代表等近500人参加讲座。

【参与国际标准化组织政策制定】2015年,中国国家质检总局党组成员、中国国家标准化管理委员会主任田世宏分别参加国际标准化组织(ISO)理事会第98届会议和第99届会议、第38届ISO大会。会议上,代表中国发言;参与国际标准政策和规则制定;对国际标准版权政策、商业模式、发展中国家事务等重大问题提出符合中国利益,反映和代表广大发展中国家意愿和诉求的意见和建议;参与《ISO 2016—2020年战略规划》制定;推动农村可持续发展、现代服务业、新型城镇化等中国经济和社会发展的重要领域成为ISO关注重点;推动ISO在亚太地区设立新加坡办公室。

【第39届国际标准化组织大会筹备工作】2015年7月21日,第39届国际标准化组织(ISO)大会筹备委员会第一次工作会议在北京召开,要求大会各承办、协办单位认识办好ISO大会的意义,放眼大局,精心谋划,落实责任,把大会办成一届富有成效的国际盛会。经费预算、会场安排、邮票设计、宣传方案等取得实质性进展。

【国际标准化英语演讲比赛】2015年10月10日,"迎大会展风采国际标准化英语演讲比赛"在北京举办,来自国家标准委机关有关部门、京区标准化单位、部分ISO和IEC专业技术委员会中国秘书处,以及深圳欧洲标准研究中心、上海北美标准研究中心、吉林东北亚标准研究中心、新疆维吾尔自治区标准化研究院等22家单位24名选手参加比赛。国家标准委党组成员、质检总局国际司、国家标准委机关党委及京区标准化单位有关负责人观摩比赛。比赛评选出一等奖1名、二等奖3名、三等奖5名、优秀奖15名。

【重要来访】·田世宏会见德国联邦经济部代表团 2015年2月6日,中国国家质检总局党组成员、中国国家标准化管理委员会主任田世宏会见德国联邦经济部创新与信息技术司副司长、中德标准化合作委员会德方新任主席杨森,双方就具体落实中德两国领导人在电动汽车领域合作达成的共识、如何进一步加强在该领域的合作交换意见。

·殷明汉会见德国电子电器信息技术委员会主席 2015年3月10日,中国国家标准化管理委员会总工程师殷明汉会见德国电子电器信息技术委员会主席伯恩哈德·提斯,双方就"工业4.0"标准化合作、IEC领域合作、中德标准化合作委员会会议有关信息等交换意见,并就下一步合作达成共识。

·田世宏会见国际标准化组织秘书长 2015年3月11日,中国国家质检总局党组成员、中国国家标准化管理委员会主任田世宏会见国际标准化组织(ISO)秘书长罗博·斯蒂尔。双方就ISO学术研究工作、出版中文版ISO标准、杂志和宣传手册、ISO与中国联合开展国际标准化人才培训培养、互派工作人员和ISO标准销售等事宜交换意见。双方就续签国际标准化人才合作培训协议、筹备2016年第39届ISO大会等多项具体工作达成共识。罗博·斯蒂尔对中国承担ISO/TC154(工商行政管理中的过程、数据元素和文件)秘书处的工作表示赞赏,并希望中国更加深入参与旅游国际标准制定的相关活动。

·田世宏会见ISO主席张晓刚 2015年4月1日,中国国家质检总局党组成员、中国国家标准化管理委员会主任田世宏会见ISO主席张晓刚。双方就制定《ISO 2016—2020年战略规划》、推动ISO未来改革和治理等重大战略政策进行交流。

·田世宏会见欧洲标准化代表团 2015年4月8日,中国国家质检总局党组成员、中国国家标准化管理委员会主任田世宏会见欧洲标准化代表团。田世宏介绍中国《深化标准化工作改革方案》《国家标准化体系建设发展规划(2016—2020年)》编制情况、中国参与国际标准化活动情况等,欧方通报欧洲标准化战略2020、欧洲标准化法、欧洲标准化重点领域等情况。双方就续签合作协议、欧洲标准化驻华专家项目、国际标准化合作以及采用欧洲标准等议题交换意见,并就下一步合作重点达成共识。

·田世宏会见英国国家标准机构代表团 2015年4月9日,中国国家质检总局党组成员、中国国家标准化管理委员会主任田世宏会见英国国家标准机构标准总裁斯科特·斯蒂德曼。双方就中英标准互认、人员交流与培训、成立中英标准化合作委员会、国际标准化合作及城市间标准化合作等议题进行交流，并就下一步合作重点达成共识。

• 田世宏会见新加坡标准、生产力与创新局首席执行官　2015年5月12日，中国国家质检总局党组成员、中国国家标准化管理委员会主任田世宏会见新加坡标准、生产力与创新局首席执行官陈开河。田世宏介绍中国标准化工作和标准化工作改革情况，新方通报新加坡标准化工作进展。双方就ISO新加坡办公室、签署合作协议、中新城市间标准化合作和东盟国家标准化官员研修班等议题交换意见并达成共识。

• 田世宏会见美国国家标准化机构主席兼首席执行官　2015年6月8日，中国国家质检总局党组成员、中国国家标准化管理委员会主任田世宏会见美国国家标准化机构（ANSI）主席兼首席执行官乔·巴提亚。田世宏向美方介绍中国标准化工作和标准化工作改革情况，美方介绍美国标准化工作。双方就培育发展团体标准、建立中美标准化合作机制以及进一步加强国际标准化合作等议题交换意见并达成共识。

• 于欣丽会见沙特标准计量质量局局长　2015年6月9日，中国国家标准化管理委员会副主任于欣丽会见沙特标准计量质量局局长萨德·阿尔·卡萨比。双方就进一步加强高层互访、在重点领域联合制定标准和开展标准互认、在国际标准化领域加强合作以及续签标准合作谅解备忘录等事宜进行探讨并达成共识。

• 殷明汉会见美国3M公司全球研发副总裁　2015年7月2日，中国国家标准化管理委员会副主任殷明汉会见美国3M公司全球研发副总裁刘尧奇。双方就进一步加强标准化合作、呼吸防护等议题进行探讨并达成共识。

• 殷明汉会见美国国家标准化机构代表团　2015年9月21—23日，美国国家标准化机构副主席约瑟夫·特雷德勒率团来访。中国国家标准化管理委员会副主任殷明汉与约瑟夫·特雷德勒举行工作会谈，双方共同回顾中美标准化良好合作关系，并就下一步合作达成共识。双方举办中美标准化研讨会，研讨两国在国际标准化组织（ISO）政策与技术层面的合作。

• 田世宏会见美国特斯拉汽车公司全球联合创始人兼首席执行官　2015年10月22日，中国国家质检总局党组成员、中国国家标准化管理委员会主任田世宏会见美国特斯拉汽车公司全球联合创始人兼首席执行官埃隆·马斯克。双方就纯电动车监管要求、进口电动车检验法规、新能源汽车认证与标准等议题进行交流。

• 田世宏会见澳大利亚国家标准化机构首席执行官　2015年10月23日，中国国家质检总局党组成员、中国国家标准化管理委员会主任田世宏会见澳大利亚国家标准化机构首席执行官博朗温·埃文斯。双方通报中澳标准化工作，就双方在国际标准化组织（ISO）的合作、中澳标准化合作协议、APEC标准协调项目研讨会及标准互认等有关事宜进行探讨并达成共识。

• 田世宏会见英国国家标准化机构标准总裁　2015年11月9日，中国国家质检总局党组成员，中国国家标准化管理委员会主任田世宏会见英国国家标准化机构标准总裁斯科特·斯蒂德曼。双方就成立中英标准化合作委员会、开展智慧城市和核能领域标准化合作、中英标准互认以及中英国际标准化合作交换意见，达成共识。双方签署《关于成立中英标准化合作委员会的谅解备忘录》《中英首批标准互认清单》《中英标准互认操作指南》。

• 田世宏会见德国经济与能源部议会国务秘书　2015年12月7日，中国国家质检总局党组成员、中国国家标准化管理委员会主任田世宏会见德国经济与能源部（BMWi）议会国务秘书乌韦·贝克迈尔。中德双方就“中国制造2025”在标准领域的最新情况与德国“工业4.0”产业政策交换意见，探讨“中德智能制造/工业4.0”标准化工作组等议题，并就双方在中德标准化合作委员会和国际标准化组织加强合作达成共识。

• 郭辉会见国际标准化组织中央秘书处项目官员　2015年12月16日，中国国家标准化管理委员会副主任郭辉会见国际标准化组织（ISO）中央秘书处项目官员哈特兰科，交流2016年ISO大会全过程会议房型、办公住宿安排、会议设备等，探讨大会分组议题、宣传策划、注册网站等，并共同考察2016年ISO大会场地。

【重要出访】 • 田世宏出席国际标准化组织第97次理事会会议并访问瑞士、意大利和沙特标准化机构　2015年3月17—18日，国际标准化组织（ISO）第97次理事会会议在瑞士日内瓦ISO中央秘书处召开，中国国家质检总局党组成员、中国国家标准化管理委员会主任田世宏作为ISO常任理事国中国代表出席会议。会议研究ISO 2016—2020年战略规划、ISO治理、商业模型、2015年的重点工作、2015年ISO大会的筹备、公共基金管理政策和2015年ISO会费调整等问题，听取ISO主席委员会、技术管理局和3个政策制定委员会的报告。期间，田世宏与英国、法国、美国、德国、加拿大、新加坡、南非等理事会成员举行会谈，就加强标准化合作、提升中国参与国际标准化活动的能力水平等事宜进行交流。理事会会议前后，田世宏于3月16日率团访问瑞士标准化协会，于3月19至23日率团访问意大利国家标准化协会，并赴沙特访问海湾阿拉伯国家合作委员会标准化组织和沙特标准计量质量局，探讨共同感兴趣的合作项目。签署《中国国家标准化管理委员会与瑞士标准化协会合作协议》《中国国家标准化管理委员会(SAC)与意大利国家标准化协会(UNI)谅解备忘录2015—2017年度行动计划》《中国国家标准化管理委员会与海湾阿拉伯国家合作委员会标准化组织谅解备忘录》，并就继续加强双边及国际标准化领域的合作达成共识。

• *于欣丽出席泛美标准委员会大会并访问古巴和墨西哥标准局*　2015年4月11—16日，泛美标准委员会(COPANT)2015年大会在墨西哥首都墨西哥城召开，中国国家标准化管理委员会副主任于欣丽率中国代表团参加会议。中国代表团全面了解COPANT的体制、机制，并就进一步加强双方在标准化领域的合作进行探讨。期间，与美国、加拿大、巴西、阿根廷、哥斯达黎加等国家举行双边会谈并达成共识。会前，中国代表团访问古巴标准局和墨西哥标准局，探讨双边标准化合作，中古双方就签署标准化合作协议和加强双方在国际和区域标准化组织的合作达成共识；中墨双方就落实双方谅解备忘录，签署《中国国家标准化管理委员会与墨西哥标准局2015—2017三年行动计划》，并就进一步加强双方在国际标准化组织的合作进行探讨并达成共识。

• *殷明汉率中国代表团参加第38届太平洋地区标准大会并访问印度标准局*　2015年5月4—8日，第38届太平洋地区标准大会(PASC)及第51届PASC执委会(PASC/EC)会议在印度新德里举行，中国国家标准化管理委员会总工程师殷明汉率中国代表团参加大会。大会重点就PASC未来5年发展战略和目标进行讨论，提出“通过高效可持续的标准化工作推动亚太地区成员经济和社会的发展”的PASC发展愿景，制定促进PASC成员的互联互通、鼓励各利益相关方的参与和加强亚太地区成员能力建设等重点发展目标，提议启动“PASC标准化优先行动计划”，实质性推动PASC成员共同关注的技术领域的标准化工作，提高PASC在ISO/IEC国际标准化活动中的影响。

5月6日，殷明汉率中国代表团与印度标准局(BIS)局长M. J. 约瑟夫就加强中印两国标准化合作在新德里举行正式会谈，双方就尽快签署两国标准化合作协议，推动标准化工作更好地服务两国经贸关系发展达成共识。

• *郭辉率团访问英国和瑞典*　2015年8月23—30日，应英国国家标准化机构(BSI)和瑞典国家标准化机构(SIS)的邀请，中国国家标准化管理委员会纪检组长郭辉率团访问英国和瑞典。

在英国访问期间，中国代表团分别与英国国家标准化机构、英国城市标准协会(CSI)和斯旺西大学举行会谈。在与英国国家标准化机构标准总裁斯科特·斯蒂德曼交流时，双方表示要推动标准互认工作，加快中英标准化合作委员会建设，加快在智慧城市、核电、城市建设等重点领域标准化的合作，加强标准对国民经济贡献率和团体标准的研究。双方交流标准化工作改革情况，并就下一步重点工作合作意向达成共识。在英国城市标准协会，双方就英国未来城市建设和中英城市间标准化合作交换意见。在会见斯旺西大学副校长伊万·戴维斯时，中方回顾中欧标准化学院项目(CESI)，就推动青岛大学和斯旺西大学的合作与英方进行交流，希望继续深化国际标准化人才教育与培训合作。

在瑞典访问期间，郭辉与瑞典国家标准化机构主席托马森·艾德马克举行会谈，双方分别介绍中瑞标准化发展情况，并着重就中瑞标准翻译与销售、国际标准化务实合作等工作进行交流，达成共识；共同签署中国国家标准化管理委员会与瑞典国家标准化机构合作意向书，为下一步正式签署中瑞标准化合作协议，进一步深化两国标准化合作奠定基础。

【合作协议】2015年12月14日，在中国国家副主席李源潮与阿联酋阿布扎比王储谢赫穆罕默德·本·扎耶德·阿勒纳哈扬见证下，中国国家质检总局党组成员、中国国家标准化管理委员会主任田世宏与阿联酋外交事务国务部长卡尔卡什在人民大会堂共同签署《中华人民共和国国家质量监督检验检疫总局与阿拉伯联合酋长国标准与计量局关于在标准化、计量与合格评定领域的谅解备忘录》。

【中韩自贸区标准化与认证认可研讨会】2015年12月9日，中韩自贸区标准化与认证认可研讨会在山东威海举行，来自中韩两国标准化部门、科研机构、高等院校、行业协会及相关企业的近百名专家参加会议。与会专家学者围绕中韩自贸协定框架下两国的标准与认证认可工作开展交流，并就相关问题进行研讨。中国国家标准化管理委员会副主任郭辉出席研讨会。会后，郭辉会见韩国技术标准署、韩国标准化协会代表团。双方就中韩标准化工作交换意见，探讨中韩贸易区标准化合作、中韩标准互认、威海－仁川城市间标准化合作等议题，并就双方在东北亚合作机制和国际标准化组织加强合作达成共识。

【中法标准化合作委员会研讨会与双边机制会议】2015年11月25—26日，2015年中法标准化合作委员会研讨会与双边机制会议在北京召开，中法双方120余名代表参加会议。双方总结《关于在中法经贸混委会框架下设立标准化合作委员会的谅解备忘录与中法标准互认协议》签署以来中法铁路、农业食品、电子医疗/老年经济、城市可持续发展/智慧城市等4个工作组的工作情况，围绕中国标准化改革、法国标准化发展近况、中法标准化合作机制建设、中法城市间标准化合作、各专业领域相关议题进行交流，双方一致认为要不断完善和创新中法标准化合作机制，扩展合作内容。一是进一步加强对口工作组的工作机制；二是中法双方对互认标准达成充分共识，同意尽快制定双方均认可的互认标准操作指南；三是双方加强在国际标准化活动中的合作，共同推进新的合作项目；四是中法同意进一步拓展合作领域，中法标准化工作组由原来的4个工作组增加到5个工作组。双方探讨在二维码、核能、金融等领域的合作。会后，双方代表团主席共同签定《2015年中法标准化合作委员会会议决议》，并共同见证《中法铁路标准化合作路线图》的签字仪式。

【非洲国家标准化官员研修班】 2015年9月10—24日，中国国家标准化管理委员会在江苏常州举办非洲国家标准化官员研修班。来自南非、埃及、埃塞俄比亚、毛里求斯、肯尼亚等8个国家22名标准化官员和专家参加研修班活动。中国国家标准化管理委员会副主任于欣丽出席研修班，向参训代表介绍中国标准化概况和中国标准化改革。研修班以促进经济贸易合作为主题，对非洲及周边国家标准化官员和专家在农业、家电产品、旅游、消费品等标准化领域开展培训，就标准化合作和标准互认进行交流，期间安排各国官员考察中国标准化示范区和相关企业。中国国家标准化管理委员会、中国标准化研究院、中国家用电器研究院等单位的专家，向各国官员和专家介绍相关领域的标准化情况。

【俄罗斯、中亚国家标准化官员研修班】 2015年6月8—27日，中国国家标准化管理委员会在江苏常州举办俄罗斯、中亚国家标准化官员研修班。来自俄罗斯、吉尔吉斯斯坦、哈萨克斯坦、乌兹别克斯坦、亚美尼亚和蒙古等6个国家17名标准化官员和专家参加研修班活动。中国国家标准化管理委员会副主任于欣丽出席研修班，向参训代表介绍中国标准化概况及中国标准化改革。研修班以促进经济贸易合作为主题，对俄罗斯、中亚国家及周边国家标准化官员和专家在农业、石油天然气、消费品等标准化领域开展培训，围绕标准化双边合作和标准互认等组织专题研讨与互动交流，期间安排各国官员考察中国标准化示范区和相关企业，展现中国标准化重要成果。中国国家标准化管理委员会、中国标准化研究院、中国家用电器研究院及中国纺织品标准化研究所等单位的专家，向各国官员和专家介绍相关领域的标准化情况。

【第十四届东北亚标准合作会议】 2015年6月16—18日，第十四届东北亚标准合作会议在山东青岛召开。来自中国国家标准化管理委员会、日本工业标准委员会、韩国技术标准署等三国标准化协会，以及相关政府机构、科研院所和企业界约100名代表参加会议。中国国家标准化管理委员会副主任于欣丽率中国代表团参加会议。中日韩标准合作常委会、中日、中韩、日韩双边会以及中日韩标准合作研究小组会议同期举行。会议期间，中日韩标准化主管机构就生物技术、稀土、化工、铸造机械、纺织品纤维含量标识，中老年辅助产品，电冰箱保鲜技术，空调器热舒适性、环境辅助生活以及加强在国际标准化领域的协调与合作等议题进行交流并达成共识。中日韩标准化专家就智慧城市基础设施数据共享、无线电干扰、居家养老服务业等10项新合作项目进行介绍并就组建工作组进行讨论。会后，中日韩代表参观海尔公司的标准化工作情况。

【中德标准化合作委员会会议】 2015年5月27—28日，2015年中德标准化合作委员会会议在四川成都召开。中国国家标准化管理委员会副主任殷明汉和德国联邦经济与能源部创新与信息技术司主管司长约翰·杨森共同主持会议。来自中国商务部、工业和信息化部、科技部、质检总局，德国联邦经济与能源部、德国国家标准化机构，以及两国相关行业协会、科研机构和企业的110余名代表参加会议。双方回顾船舶、餐刀具、智慧城市、汽车用钢板、医疗器械、生物技术等上次会议议题的进展情况，听取电动汽车工作组报告，就中国标准化改革、“工业4.0”、民用航空、能效、机械等议题进行交流与探讨，并就在上述领域进一步加强合作达成共识。会后，双方主席共同签署会议决议并共同见证《关于成立中德智能制造/工业4.0标准化工作组的工作方案》的签署。

【东盟国家标准化官员研修班】 2015年5月15日，东盟国家标准化官员研修班在江苏常州举行。来自新加坡、印度尼西亚、柬埔寨、东帝汶、巴基斯坦和斯里兰卡等6个国家的16名标准化官员和专家参加研修班。中国国家标准化管理委员会副主任于欣丽出席研修班开班式，并向参训代表介绍中国标准化概况及中国标准化改革。研修班以促进经济贸易合作为主题，对东盟国家及周边国家标准化官员和专家在农业、石油天然气、消费品等标准化领域开展培训，就标准化合作和标准互认进行交流，期间安排各国官员考察中国标准化示范区和相关企业，展现中国标准化重要成果。中国国家标准化管理委员会、中国标准化研究院、中国家用电器研究院及中国纺织品标准化研究所等单位的专家向代表们介绍相关领域的标准化情况。

港澳台标准化合作

【两岸标准合作】截至2015年底,两岸确认共通标准21项,成立标准合作专业组8个。2015年11月,两岸标准合作工作组会议在四川成都召开。会议回顾两岸标准合作活动和各专业领域合作进展,总结两岸标准合作成果,确认GB/T 12490—2014《纺织品 色牢度试验 耐家庭和商业洗涤色牢度》等5项纺织品相关标准为两岸共通标准。年内,推动成立两岸智能电网标准专业组和燃料电池专业组,完成《自动需求响应系统通用技术规范》及《配网自动化智能终端技术规范》草案编制工作,并通过两岸专家联合评审。

党 建 工 作

【概况】国家标准委设有党组织11个、党员113名。其中,党委1个、党支部10个(机关党支部8个、直属单位党支部1个、退休人员党支部1个)。2015年,机关党建以邓小平理论、“三个代表”重要思想、科学发展观为指导,贯彻落实党的十八大、十八届三中、四中、五中全会精神,学习贯彻习近平总书记系列重要讲话精神,强化政治意识、大局意识、核心意识、看齐意识,紧紧围绕“五位一体”总体布局和“四个全面”战略布局,以担负起全面从严治党主体责任为主线,以创新、协调、绿色、开放、共享发展理念为引领,以《中国共产党党和国家机关基层组织工作条例》为遵循,在质检总局党组和国家标准委党组的领导下,围绕服务中心、建设队伍两大核心任务,推进思想建设、组织建设、作风建设、反腐倡廉建设和制度建设,坚持改革创新、协同推进、科学管理、服务发展,为完成党中央、国务院和质检总局党组、国家标准委党组重大决策部署,为加快实施标准化战略、推进标准化工作改革、支撑供给侧结构性改革,提供政治、思想和组织保证。

【思想建设】2015年,按照中央要求和质检总局、国家标准委党组部署,以开展党内集中性教育活动为契机,推进党的建设,确保在思想上、政治上、行动上和党中央保持高度一致。国家标准委党组结合实际制定“三严三实”专题教育工作方案,贯彻中央5项“原则要求”,部署4个“关键动作”,并增加5个“自选动作”。组织开展14次委党组中心组学习,党组书记、党组成员和各支部书记以“践行‘三严三实’、推进改革创新”为主题,带头讲党课。注重典型引路,组织开展“践行‘三严三实’好榜样”“学先进赶先进做先进”等系列教育活动。组织深找细查机关中存在的“推、散、慢、浮”现象,梳理查摆“不严不实”问题29项,制定针对性的整改方案。协助党组召开“三严三实”专题民主生活会,组织各支部结合党建工作述职评议考核召开专题组织生活会,全委党员干部围绕“三严三实”主题,聚焦3个方面情况,开展批评和自我批评,查摆存在问题、剖析发生根源、提出整改措施,达到互相帮助、共同进步、增进团结、推进改革的效果。国家标准委内党员干部的多篇党建和思想政治工作论文及参赛作品获奖,为完善和创新机关党建工作提供理论支撑和实践经验。

【组织建设】2015年5月,经质检总局党组同意,成立由中国标准化研究院、全国组织机构代码管理中心、中国物品编码中心、中国质检出版社、中国标准化协会、国家标准委标准信息中心等6家京区标准化单位组成的国家标准委党建工作领导小组,开展党建经验交流、文化建设观摩、党风廉政建设自查自纠等活动,构建共同提高党建工作水平的平台,贯彻落实中央和质检总局党组的工作部署,增强党建工作成效。年内,配齐配强机关党委副书记和专职党务干部,新设机关党委党支部,党支部数量增加到10个,党员发展到113人。

【作风建设】国家标准委机关党委和各支部把作风建设抓在手上,落实各项整改任务,坚决反对“四风”问题。贯彻中央八项规定精神,将中央实施细则和国家标准委实施办法贯穿党员干部教育、管理、监督和服务全过程,坚持领导带头、以上率下,加强监督检查。落实机关联系基层、党员联系群众“双联系”制度,贯彻中央《关于加强基层服务型党组织建设的意见》,完善服务内容、创新服务形式、改进服务效果,结合实际通过多种方式与农村、企业、社区等基层党组织建立联系，重点围绕建强组织、谋划工作思路、解决实际问题开展帮扶工作。建立和完善日常谈话提醒制度，抓住干部选拔、项目审批、出国出差等节点，对党员干部及时加压提醒；建立日常监督机制、实现抓早抓小抓苗头，防止小病酿成大问题。

【反腐倡廉建设】加强党员干部廉洁自律教育。及时学习宣传中央提出的一系列重大战略部署和质检总局党组关于反腐倡廉工作的重要精神，推进廉政文化建设，开展纪律教育月活动，组织党员干部学习《中国共产党廉洁自律准则》和《中国共产党纪律处分条例》，利用典型案例开展警示教育，组织参观警示教育基地，为全体党员上警示教育课，增强党员干部廉洁自律意识，营造风清气正的工作氛围。

推进落实“两个责任”。从国家标准委党组到机关党委再到各支部，层层传导压力、分解责任，推动党风廉政建设主体责任和监督责任落实。在机关党委内设1名专职纪委书记和1名兼职纪检人员，依纪行使监督执纪问责权；在各支部配备专（兼）职纪检委员，专门负责支部党风廉政建设。

推进廉政风险防控。按照中央部署的廉政风险防控工作要求，落实《关于加强廉政风险防控的指导意见》，组织各支部深入开展廉政风险防控工作，进一步加大对领导干部和重点岗位、关键环节权力运行的监督制约力度，在源头上预防和化解廉政风险。梳理廉政风险点，评定风险等级，制定防控措施，进一步规范廉洁从政行为。

完善全过程的信访举报查办机制。建立健全并严格执行来信来访的登记、转办、督办、处理和反馈等工作程序，加强信访举报信息收集筛选和分析研判，严格案件检查、审理和党纪处分程序，确保信访举报办理质量。国家标准委机关全年未发生党员干部因违纪违法受到处理的情况。

【制度建设】用制度落实党建责任。坚持党要管党，落实党建工作责任制，探索开展机关党委和支部书记抓党建述职评议考核，推进机关党员领导干部“一岗双责”，做到业务工作与支部建设同谋化、同部署、同考核，形成国家标准委党组统一领导，机关党委推进落实，各部室各司其职，紧密配合、层层落实的工作格局。

用制度规范党建工作。陆续出台《国家标准委党组关于落实党风廉政建设主体责任的实施意见》《国家标准委党组关于加强廉政风险防控阶段性工作方案的通知》《国家标准委纪检线索处置管理暂行办法》《国家标准委党风廉政建设工作约谈暂行办法》《国家标准委党组关于中心组学习制度的规定》《标准委党员干部集中学习考勤制度》等多项关于加强和规范党建工作的制度。

用制度加强自身建设。机关党委高度重视自身建设，不断完善相关制度，在党内重大专项活动中，发挥政治坚定、敬业实干、吃苦耐劳、敢打硬仗的优良作风，精心组织、协调推进，确保各项工作顺利完成。

【青年学习论坛】推进学习型机关建设。2015年7月1日，创建国家标准委“青年学习论坛”，邀请相关方面领导专家授课6期，内容涵盖标准化改革、干部人事管理、严守党的政治纪律、依法行政严以用权、机关支部工作法、外交形势与政策等方面。

【群团工作】国家标准委发挥群团组织作用，凝心聚力、激发活力，增强干部职工干事创业的主动性和创造性。引导岗位建功。以文明单位创建为龙头，开展各类岗位建功活动。机关连续13年获得“中央国家机关文明单位”，农食部党支部获得“中央国家机关服务型基层组织标兵”称号，多名同志分别受到中央国家机关工委和质检总局直属机关党委的表彰。丰富职工文化生活。建立游泳、羽毛球等各类文体协会，开展广播操比赛、摄影采风、健步走等活动，营造健康向上、积极和谐的工作氛围。参加社会公益活动。做好质检总局定点扶贫工作，帮助甘肃省礼县、河南省民权县26万人摆脱贫困。开展志愿者活动，弘扬雷锋精神、倡导文明新风，号召干部职工爱心助学，为贫困地区捐款捐物，努力营造互助关爱、奉献社会的浓厚氛围。解决干部职工的生活困难。开展“献爱心、送温暖”等慰问活动，举办心理辅导和健康知识讲座，努力解决职工住房、子女上学问题。

标准信息化

【全国专业标准化技术委员会工作平台】2015年7月28日，全国专业标准化技术委员会工作平台上线，部分专业标准化技术委员会（TC）陆续将业务移植到平台中。平台是各专业标准化技术委员会（TC）、分技术委员会（SC）、标准化工作组（SWG）开展国家标准制修订工作的网络化工作平台，由公告通知、文件共享、网络会议、电子投票、内部讨论、项目跟踪、消息推送等组成功能模块，旨在解决技术委员会委员协同工作需求。

【**全国专业标准化技术委员会组织管理系统**】2015年7月28日，全国专业标准化技术委员会组织管理系统上线。系统支持各专业标准化技术委员会（TC）基本信息及委员基本信息上报、TC换届、TC调整、委员调整、TC撤销等日常业务的申报审核；支持TC数据维护、查询、委员聘书发布与查询、TC与项目管理人对应关系管理等应用。截至2015年底，系统受理TC信息填报业务600余笔，核对委员基本信息2万余条。

【**强制性国家标准全文公开系统更新维护**】跟踪国家标准公告，更新强制性国家标准全文公开系统的题录和标准文本，监控系统运行。更新强制性国家标准数据24次，导入新增强制性国家标准70项、修改单5项。系统总访问量5 582 474人次，全年访问量1 056 207人次，月平均访问量约8.8万人次。

【**国家技术标准资源服务平台**】2015年4月，向国家标准委各部门发放“国家技术标准资源服务平台”数字证书，提供“全功能开放、全过程服务”。12月，向审评中心专家赠送数字证书，提供标准服务，开展科技重大专项服务回访工作。截至2015年底，数据更新8次，更新标准化信息资源20余万项。

【**国际国外标准信息合作**】与哈萨克斯坦、德国签订标准销售合作协议，与法国合作协议达成文本一致，与6个国家与地区标准化机构商谈合作事宜。更新中欧标准信息平台2015年度医疗器械、皮革等10个领域标准信息。

标准化科研

【**中标院“十三五”发展规划**】2015年，中国标准化研究院（以下简称：中标院）“十三五”发展规划发布实施，包括1个总规划和5个专项规划，涵盖中标院主要工作内容。规划从发展基础、发展环境与形式、思路与目标、重点任务、条件保障与组织实施等方面，确定中标院2016—2020年发展目标，明确工作重点，提出改革发展的主要任务与重大举措。

【**科研标准化**】2015年，中标院牵头承担8个国家科技支撑计划项目，承担和组织37个课题，建立“共性技术研发—关键标准研究—系统平台开发—应用试点示范—典型技术和装备产业化”的政产学研用一体化发展模式。各类项目立项555项，其中纵向项目162项，横向项目393项。“国家质量基础（NQI）共性技术研究与应用”重点专项通过科技部评审。发表科技论文213篇，其中中标院职工作为第一作者被SCI/EI目录收录论文30篇；编写著作20部；中标院作为专利权人获得授权专利11项，其中发明专利7项，实用新型专利4项；中标院获得软件著作权登记82项；获得科技奖励31项。中标院作为第三完成单位的项目“基于路感跟踪的高性能电动助力转向系统关键技术应用”获得国家科技进步二等奖，获得科技兴检奖9项，其中一等奖1项、二等奖4项。

【**国际标准化**】2015年，中标院磋商并签署国际合作协议3个，其中与加拿大标准协会（CSA）签署的合作意向书是中标院与加拿大标准制定机构签署的第一份合作文件，双方将在节能、消费品安全管理、资产管理、城市可持续发展等4个重点合作领域开展务实合作。向国际标准化组织提出以中国为主的国际标准提案16项，成功立项8项；成为ISO/TC279“创新管理标准化技术委员知识产权/智力资产标准化特别小组”组长单位，实现中国在知识产权管理国际标准化领域的突破；在国际标准化组织新增6个关键职务，在国际标准化组织、亚太经合组织、国际地理标志网络组织等国际组织中承担关键职务23个；承担ISO/IEC技术对口委员会增至48个；向国际标准化组织成功申报注册专家56人次，在国际标准化组织注册专家累计达181人次。

【**质量管理标准化**】2015年，中标院承担全国质量管理和质量保证标准化技术委员会（SAC/TC151）、全国风险管理标准化技术委员会（SAC/TC310）、全国市场、民意和社会调查标准化技术委员会（SAC/TC320）、全国消费品安全标准化技术委员会（SAC/TC508）等4个全国标准化技术委员会秘书处工作，在质量管理、风险管理、市场调查、消费品安全等方面开展标准化工作。向国家标准委报批国家标准11项，其中SAC/TC151报批3项，SAC/TC310报批1项，SAC/TC508报批7项；审查国家标准10项，其中SAC/TC151审查3项，SAC/TC508审查7项。SAC/TC 508秘书处组织召开GB/T 22760—2008《消费品安全风险评估通则》等国家标准宣贯培训2次，培训300人次，开展标准化技术咨询服务69次，服务企业78家。加大顾客满意度系列国家标准的应用和实施宣传力度，以“关注顾客感受，助力提质增效”为主题在北京召开“2015年度中国顾客满意度调查结果发布会”，中央电视台、北京电视台、中国国际广播电台、《人民日报》《光明日报》《中国日报》等18家新闻媒体参加会议。承担ISO/TC176副主席、ISO/TC176/SC2联合秘书等2项国际标准化组织职务。完成《品牌评价 基础和原则》(ISO/TC289/WG1)、《企业法律风险应用指南》(ISO/TC262)国际标准立项工作并承担召集人工作。向ISO/COPOLCO主席团提交国际标准《消费品安全风险管理通则》提案，获得ISO/COPOLCO一致通过，并决定成立标准任务工作组(TG)，向ISO/TMB递交标准提案。

【资源与环境标准化】2015年，中标院承担全国能源基础与管理标准化技术委员会、全国环境管理标准化技术委员会、全国环保产品标准化技术委员会、全国氢能标准化技术委员会、全国能量系统标准化技术委员会、全国工业节水标准化技术委员会、全国太阳能标准化技术委员会、全国产品回收利用基础与管理标准化技术委员会、全国碳排放管理标准化技术委员会等9个标准化技术委员会秘书处工作。牵头起草标准142项，其中发布39项，报批21项，在研82项；2015年“百项能效标准推进工程”发布62项节能国家标准，包括电器、袋式、电袋复合除尘能效等能效、能耗限额及重要节能基础标准。5月19日，联合中国节能协会、欧洲电气电子行业机构、德国电气电子行业协会、德国国家电工标准化委员会主办以“电机系统能效提升”为主题的“中德电机系统节能技术研讨会”。6月13至14日，组织召开中国标识制度实施十周年研讨会，总结能效标识制度实施十周年取得的成效，发布《2005—2015中国标识制度实施十周年报告》和《中国标识制度实施十周年画册》。11月13至14日，联合中国电子信息发展研究院等单位在北京召开“2015年绿色设计与制造技术及标准国际交流会”，阐述推行绿色设计与制造的重要意义，提出推动完成百家绿色设计示范企业创建，开展绿色设计产品评价。

【高新技术与信息标准化】2015年，中标院推进各类科研标准任务133项。其中纵向科研任务21项，包括“十二五”国家科技支撑任务5项；国家标准项目70项，其中2015年新增标准立项22项；横向科研服务项目42项。20项国家标准电子商务标准专项获得立项，与阿里巴巴集团成立标准化战略工作室，建立定期交流机制。联合知识产权局成立“全国知识管理标准化技术委员会”(SAC/TC554)，作为秘书处承担单位，推进相关标准化建设。5月7日，在2015中国电子商务创新发展峰会上获得“年度最有影响力研究机构奖”。10月，在ISO/TC279创新管理标准年会上，争取由中国担任知识产权(IP)/智力资产(IA)标准化特别小组组长单位，实现知识产权管理国际标准化的突破。12月23日，中标“全国党员信息化工程标准规范项目”。

【基础标准化】2015年，中标院审查国家标准5项、地方标准1项，向国家标准委报批国家标准9项。国家标准委批准发布归口管理国家标准7项。SAC/TC7组织技术委员会专家复审归口国家标准41项，其中继续有效38项，修订3项。承担国际TC秘书处1个，承担SC秘书处2个，4人次担任国际TC、SC或工作组秘书，1人担任国际工作组召集人。主导研制国际标准8项，其中达到发布阶段(FDIS以上)国际标准3项，在研国际标准5项。与日、韩联合起草的ISO 24505《人类工效学 无障碍设计 考虑色觉随年龄变化的颜色组合方法》FDIS阶段投票获通过。作为联合项目负责人提交的2项国际标准新工作项目提案《人类工效学 无障碍设计 触觉符号和字母设计指南》和《人类工效学 无障碍设计 适用所有年龄人群的最小可辨认字体尺寸》通过立项。组团参加ISO/TC159全会和ISO/TC159/SC4/WG 10无障碍设计工作组会议，主持“ISO 28564-2”“ISO 28564-3”2项国际标准编制工作，参与“ISO 7001”“ISO 7010”2项国际标准编制工作，参加ISO/TC145年会、ISO/TC145/SC1会议、ISO/TC145/SC2会议、ISO/TC145/SC3会议及ISO/TC145/SC1/WG4和WG5联合工作组会议。组织在日本召开ISO/TC37年会、ISO/TC37/SC1年会，参加ISO/TC37/SC4中期工作会议。组织国内生产同声传译设备的龙头企业参加ISO/TC37工作组会议。承办ISO/TC69国际年会，中国专家作为项目负责人完成主导研制统计方法应用国际标准3项，新增立项2项。

【食品与农业标准化】研究制定GB/T 31600—2015《农业综合标准化工作指南》、GB/T 31736—2015《特色农业 基础术语》、GB/T 31738—2015《农产品购销基本信息描述 总则》、GB/T 32000—2015《美丽乡村建设指南》4项国家标准，完成《食品质量控制前提方案 第1部分：食品加工》《食品样品描述通则》《农业社会化服务 农作物病虫害防治服务质量要求》3项标准的报批工作，开展茶叶、烤烟、人参等分等分级用定性标准样品的研制工作。支撑国家标准委开展第八批国家农业标准化示范区建设管理工作、农村综合改革标准化试点和编制《美丽乡村建设指南》国家标准宣贯教材。基于农产品质量追溯、农业综合标准化、农产品质量分级及检测、农产品标准样品制备等技术成果，为内蒙古通辽、河南周口、北京海淀区四季青镇等各级政府和各类农业企业提供肉牛养殖质量追溯、重要农业标准和标准样品、农业标准化示范区建设方案、农业标准综合体构建及相关农业技术标准化服务。申请中国-东盟合作基金项目《中国-东盟自由贸易区农产品认证标准一致性研究》，研究完成亚洲开发银行的“知识产品与服务”类项目《中国农业社会化服务标准体系框架研究》。牵头立项中国第一项感官分析国际标准ISO/NWIP 26013 Sensory Analysis—Guideline for application of sensory analysis in food quality control(感官分析　感官分析在食品质量控制中的应用导则)。

【公共安全标准化】2015年,中标院承担全国公共安全基础标准化技术委员会(SAC/TC351)、全国个体防护装备标准化技术委员会眼面部防护分技术委员会(SAC/TC112/SC1)工作,筹建全国城市可持续发展标准化技术委员会。SAC/TC351归口管理国家标准24项,发布国家标准2项。SAC/TC112/SC1归口管理国家标准6项,在研国家标准7项,研制的1项国际标准获批发布,正在制定标准11项,复审标准8项。4月,国家标准委批复由中标院筹建“全国城市可持续发展标准化技术委员会”,对口ISO/TC268城市可持续发展技术委员会。1月、6月和10月,组织中国相关研究机构、高等院校、企业参加ISO/TC268全会及工作组会议,参与会议讨论和投票表决。12月,对《城市可持续发展　城市服务和生活品质的指标》国家标准征求意见。全年,完成《主要国家城市可持续发展标准体系框架研究》《国际标准创新城市项目》《城市管理标准化框架及基础标准研究与国际跟踪》等项目。

【服务标准化】2015年,中标院报批国家标准11项,发布国家标准22项,发布行业标准4项,覆盖邮政服务、金融服务、物流服务、政务服务、家政服务、科技服务、清洁服务、旅游服务、政府热线服务、早期教育服务、出国留学服务、影视拍摄服务等行业。推进20余项行业公益专项、社科基金、质检总局及国家标准委科研项目和中央基本业务费项目,覆盖基本公共服务、农村公共服务、养老服务、社区服务、铁路客运服务、教育服务、金融服务、物流服务等研究领域。服务标准化研究所组建的ISO历史上首个通用性服务标准化工作组——ISO/COPOLCO/WG18召开首次会议,对ISO/IEC Guide 76《服务标准制定导则　考虑消费者需求》国际标准进行探讨。在ISO/TC232组建WG 5术语工作组,将对全球教育服务行业分类和通用术语进行梳理,建立起科学、统一的全球教育服务的概念框架。

【标准化理论与战略研究】2015年,中标院支撑《深化标准化工作改革方案》重要问题的研究论证工作,支撑《国家标准化体系建设发展规划(2016—2020年)》起草与论证工作。支撑国家标准委开展强制性标准清理整合、团体标准发展、技术委员会及项目委员会(直属工作组)管理、新型城镇化标准体系建设指导等工作,配合制定《强制性标准整合精简工作方案》《强制性标准整合精简评估方法》《关于培育和发展团体标准的指导意见》。支撑《标准化法》的修订,配合完成征求意见处理与分析、重要制度论证、实施情况分析和数据统计等工作。参与支撑中美商贸联委会谈判中标准涉及专利问题的谈判。支撑国务院审改办开展行政审批标准化工作。搭建全国团体标准统一信息平台。参与筹建并承担全国行政审批标准化工作组秘书处。继续推进标准化经济效益和社会效益评估、标准化法律问题、标准与创新、标准化技术组织管理、标准核心要素的选择等相关理论研究。开展国家质量基础(NQI)理论研究,为国家重点研发计划重点专项“国家质量基础的共性技术研究”提供理论支撑。出版《2014国际标准化发展研究报告》、发布《标准化机构间典型合作机制研究》中英文报告;发表EI或ISTP检索的重要论文5篇、获软件著作权6项;出版《国际标准化动态》(月刊)、《ISO常任理事国中国工作委员会工作通讯》和《ISO主席工作通讯》。负责国家标准委国际标准化工作管理系统的维护、ISO理事会工作技术支撑。作为ISO/PC280的国内对口单位开展相关工作。主办或承办“标准化最佳实践”国际交流会、“知识产权服务标准化”国际交流会等学术会议。新承担全国行政审批标准化工作组秘书处、新承担SAC/TC286/SC1全国标准化原理与方法标准化技术委员会标准化评价分技术委员会秘书处工作。承担SAC/TC286全国标准化原理与方法标准化技术委员会相关工作,围绕符号标准、分类标准、试验方法标准的编写规范,以及标准中涉及安全的内容起草发布4项国家标准;围绕团体标准化良好行为指南、标准化经济效益和社会效益评价、国家标准英文译本的翻译通则和表述制定并报批5项国家标准。完成标准化人员教育评估体系的研究。支撑中国在工程管理硕士教育中设立并招收标准化方向。与电气电子工程师学会联合发布中英文标准化教育视频。

【产品缺陷与安全管理标准化】2015年,中标院作为SAC/TC463秘书处承担单位,推进2项国家标准的研制。其中《消费品召回　供应商指南》规定消费品召回的程序,为供应商提供产品出厂后出现的消费品召回和其他纠正措施的实用指南,分别于7月和11月召开国家标准研讨会2次,9月向社会征求意见。《汽车产品风险评估与控制准则》是落实《缺陷汽车产品召回条例》的标准,规定汽车产品识别危险、评估与评定风险、控制风险的程序,适用于汽车产品生产、召回中的风险评估活动,分别于5月和9月召开国家标准研讨会2次。

【标准文献资源建设】加强文献领域标准制修订工作,新立项国家标准2项(标准文献分类规则、标准文献技术指标揭示数据规范),修订1项(标准文献元数据)。撰写质检总局NQI专项标准领域2016年项目指南中的“中国标准走出去适用性技术研究”。

资源建设方面，收集巴西、马来西亚、印度尼西亚、泰国、印度、沙特阿拉伯等国家的标准，采集标准4.1万件，涉及400多个品种，国内外标准化文献358册、标准化期刊1 404册。完成5万条资源信息化加工以及200余个标准数据库的维护更新工作，数据总量累计达170万条。标准信息服务方面，新增注册用户7 000余个，组织开展10余项公益培训活动，培训人员300人次。通过数据挖掘和知识组织技术，组织专题研究，承担航空、电力、铁路、石油、食品安全等行业专题数据库建设。组织召开2015欧洲铁路安全标准实践与进展研讨会，国家标准委、国家轨道交通安全评估研究中心等20余家企事业单位40余位代表参会。

【标准评估】2015年，接收国家标准报批审查材料3 051项，审查上报国家标准委国家标准1 075项。处理"百项能效标准推进工程"、超期标准等急件标准150项，处理国家标准制修订原系统遗留问题标准240项。接收、登记45个行业的备案标准4 096项，接收、登记29个省（自治区、直辖市）的备案地方标准4 044项。从国家标准委接收并登记归档国家标准档案1 291项。制作214个TC/SC委员证书7 336个。

11月，选取63个项目，组织开展1次推荐性国家标准立项评估试点，推荐部分项目为重点项目，向国家标准委综合业务部上报标准评估试点报告，提出需完善的问题及下一步工作建议。组织召开1次全国专业标准化技术委员会筹建专家评审会。评审专家对10个拟筹建的分技术委员会的成立必要性、可行性、工作范围及利益相关方等情况进行评审，形成评审意见。研究起草《推荐性国家标准立项申请材料初审工作细则（初稿）》《2016年全国专业标准化技术委员会考核评估工作方案（讨论稿）》。组织标准起草培训班8期，其中自主招生3期、合作办班5期，培训学员695人。向标准起草单位、行业主管部门、标准化技术委员会等提供标准查询与咨询服务3 000余次。

标准审评

【国家标准审查评估】2015年6月17日，经中央编办同意，国家标准化管理委员会标准信息中心加挂"国家标准化管理委员会国家标准技术审评中心"牌子，主要承担国家标准技术审评工作。7月1日，国家标准技术审评中心正式开始运行。9月10日，国家标准委印发《国家标准化管理委员会标准信息中心（国家标准化管理委员会国家标准技术审评中心）"三定"方案》，增设标准技术审核处和标准技术评估处，分别负责国家标准技术审核工作和技术评估工作。全年完成审核国家标准1 252项。

标准出版

【概况】2015年，中国质检出版社收到国家标准稿件2 876项，行业标准稿件1 734项，地方标准稿件85项，标准修改单稿件22项。国家标准发稿3 023项，1.08亿字；行业标准发稿1 671项，3 786万字；地方标准发稿91项，232万字；标准修改单发稿21项，6.6万字。出版国家标准1 781项，6 017万字；出版行业标准1 712项，3 233万字；出版地方标准77项，169万字；出版标准修改单18项，76万字。出版《中国国家标准汇编》制定卷28种，3 221万字；出版《中国国家标准汇编》修订卷26种，3 129万字。整理归档标准档案3 384件。

【标准发行】2015年，中国质检出版社新建标准资源远程投送系统站点75个，全国总计部署站点143个，覆盖全国31个省（自治区、直辖市），通过站点发行标准近200万册。标准网站代理及数据库代理商13家。召开部分发行站营销会议、经销商标准营销知识培训会加强标准发行工作。

【标准数字化】2015年，中国质检出版社制作3 542项标准电子文档，国家标准文档库存储电子文档近6.5万项。加工整理韩国新增标准6 904项、澳大利亚修改题录15 240项、日本规格协会新增标准682项。与化学工业出版社签署合作协议，获得近2 000项化工行业标准资源数据。从国家食品安全风险评估中心争取到620项食品安全国家标准数字出版资源。中标国家认监委检验检疫行业标准出版项目，获得504项检验检疫行业标准数据资源。实施数字化转型升级项目(一期),完成标准资源的汇聚,以跨语言检索等技术为支撑,通过国际渠道为全球提供多语言的在线服务。对中国标准在线服务网进行升级改造,标准全文数据库第五版研发完成。为清华同方、万方数据公司的160家新增用户制作标准数据库产品,410余家用户进行数据更新。研发的《标准数字印刷管理系统物流订单接口程序》《标准数字印刷管理系统》获得计算机软件著作权。"节能标准数据库与能源管理在线培训""标准资源数字内容运营平台"2个项目获得中央文化企业国有资本经营预算资助。"标准计量质量检验检疫云出版平台——标准全文数据库系统"获得2015年度中国信息化(质检领域)成果评选二等奖。"国家标准远程数字印刷按需服务系统"被中国质量评价协会评选为2015年科技创新成果和科技创新产品,被北京企业评价协会评选为2015年科技创新成果奖。

【标准版权保护】2015年,中国质检出版社协助国家标准委在国际标准化组织核心期刊上发表题为《中国为保护标准版权而战》的文章,向世界推广中国标准版权保护经验。承办由质检总局、版权局、国家标准委联合主办的全国标准版权政策宣贯会,宣传介绍中国在保护国际标准版权方面取得的成绩和经验。应邀参加河北省保定市文化广电新闻出版局召开的文化执法部门专题会,共商打击侵权盗版标准图书专项行动计划。赴河北省定州市协助当地行政执法部门查处涉及"标准出版机构自律维权发展联盟"10家出版社的8 000余册盗版标准图书。根据ISO举报查处一些单位非法上传ISO标准的行为。配合广州、徐州、衡阳等地的文化执法部门开展盗版图书鉴定工作,对重庆某公司以及标准分享网等10家网站侵犯标准版权的行为进行调查取证。联合"标准出版机构自律维权发展联盟"17家出版社对浙江某公司开展维权行动。处理电话举报30起,配合执法机关查处盗版窝点1起,关停非法盗版网站15家,调查取证盗版网站8家,调查盗版数据库及网络公司2家,继续加强与百度等5家网站建立的长效删除合作机制。在《中国质量报》《中国新闻出版广电报》等媒体发表《打盗维权　合成作战》《"标发联"配合定州执法部门打盗版》等文章,宣传标准版权保护工作。由中国质检出版社承担办公室职责的国家标准版权保护工作组保护标准版权的工作事迹被质检总局政工办写入《铸剑——质检系统法治人物与法治故事》一书。

【标准宣贯】2015年,中国质检出版社围绕2015版ISO 9000质量管理体系系列标准以及食品、家电、旅游、电梯、实验室、供热、化工、美丽乡村建设等领域重点标准的宣贯,组织出版标准汇编、标准实施指南、标准宣贯教材、标准应用手册等图书130余种。出版《中国标准导报》12期。举办涉及标准化工作管理实务、标准编写、卓越绩效评价、企业标准化、产品质量监督抽查、检验检测实验室建设等方面的标准宣贯及标准化相关培训班12期,培训学员600余人。

【"标准审查中心"成立】2015年,中国质检出版社落实国家深化标准化工作改革和标准技术审核工作要求,抽调骨干力量成立标准审查中心,制定涉及机构、人员管理、工作流程、岗位职责、质量管理等方面的管理制度和技术文件20余项。完成国家标准委委托的603项国家标准的技术审核工作。

【"世界标准日"标准知识普及与维权成果展示】2015年10月13日,由国家标准委主办、中国质检出版社承办的"世界标准日"标准知识普及与维权成果展示活动在国家图书馆举行。质检总局党组成员、国家标准委主任田世宏出席活动并讲话,国家标准委、文化部公共文化司、国家图书馆以及"标准出版机构自律维权发展联盟"20家成员单位相关负责人出席活动。活动包括标准图书捐赠仪式、标准知识讲座、标准知识现场咨询和标准维权成果展示等4个部分。

【"书香质检·质量课堂"活动】2015年,中国质检出版社与安徽省质监局、山东省质监局、浙江省质监局和国家图书馆在安徽省图书馆、济南市新华书店、浙江省图书馆和国家图书馆联合举办4期"书香质检·质量课堂"活动。活动邀请安徽省质监局、山东省标准化研究院、浙江省标准化研究院和中国汽车认证中心的专家以《标准就在你我身边》《标准与生活》《标准引领制造未来》《标准,让大家更安全》为主题,向近千名社会公众讲解标准化基础知识以及与人们日常生活密切相关的标准知识。

【参加ISO地区版权政策培训会】应国际标准化组织(ISO)邀请,受国家标准委委派,2015年7月6至7日,中国质检出版社派代表参加在新加坡举办的ISO地区版权政策研讨会,在会上作主旨发言并播放名为《国际标准版权保护在中国》的宣传片,向来自德国、澳大利亚、新加坡、巴基斯坦、印度等22个国家的代表介绍中国政府在保护国际标准版权方面的经验和做法,阐述中国在制定版权保护政策、推动建立版权保护工作机制的思路与举措,表明中国政府高度重视国际标准版权保护工作、认真履行ISO常任理事国义务的决心与信心。

【标准版权保护工作专题会】2015年3月6日,"标准出版机构自律维权发展联盟"秘书处组织召开标准版权保护工作专题会,商讨联盟成员单位联合开展打击盗版侵权标准行动、联盟盟刊编委会筹建以及秘书处下一步工作要点等工作。中国质检出版社、中国建筑工业出版社、化学工业出版社、中国计划出版社、人民交通出版社、石油工业出版社等9家联盟成员单位的代表参加会议。会上，秘书处介绍配合有关执法部门开展收缴标准图书类侵权盗版出版物的情况、下一步打击侵权盗版工作的重点安排以及联盟盟刊的相关工作情况，与会代表就著作权法的修订及联盟各成员单位间开展宣贯、培训等业务进行交流并初步达成共识。

标准化协会工作

【概况】中国标准化协会成立于1978年，受质检总局、国家标准委和中国科学技术协会的领导和业务指导。承担国家标准委培训部办公室工作。承担全国标准样品技术委员会（SAC/TC118，对口ISO/REMECO）、全国雷电防护标准化技术委员会（SAC/TC258，对口IEC/TC81）、全国洁净室与相关受控环境标准化技术委员会（SAC/TC319，对口ISO/TC209）、全国项目管理标准化技术委员会（SAC/TC343）和全国原产地域产品标准化工作组（SAC/WG4）标准化技术委员会秘书处工作。

2015年，中国标准化协会建立管理体系约束下的自我管理模式，全面实施ISO 9000质量管理体系。从多个方面进行内部培训，派出人员外部学习；修订完善分支机构管理办法，分类指导开展相关专业领域标准化宣传、培训及咨询服务工作。设立会员管理部门及会员服务专岗，推行大会员服务机制，提供标准查询和资料订购服务，提供企业标准体系建设咨询，开展会员满意度调查。

“世界标准日”期间，与中国质检报刊社联合举办“世界标准日、深化标准化改革，践行‘三严三实’有奖知识竞赛”，100余家单位的370余人参加。

【标准化技术交流】2015年3月，中国标准化协会协助德国技术信息传播协会Tekom在上海举办首届“TCworld中国技术传播者会议”，欧洲和中国技术传播行业专家代表60余人参会。4月，与德国技术信息传播协会Tekom联合举办“2015年首届技术传播师国际专业基础培训班”。5月，在广东举办第十七届中国科协年会第4分会场“信息传播与移动互联标准技术”国际研讨会，国内外代表130人参会。6月，主办“第十二届中国标准化论坛分论坛暨第五届标准样品技术论坛”，70余名代表参会。

【标准技术研究与制修订】2015年，中国标准化协会承担或参与《海洋风能标准化体系研究》《我国产品可靠性标准研究与制定》《定性标准样品溯源性理论研究》《洁净室及相关受控环境节能关键技术标准研究》等政府公益性科研项目。制定完成《建筑物防雷装置检测技术规范》《雷电防护》系列国家标准；组织制定《医院洁净室应用规范》等9项国家标准；组织评审116项、获批发布80项《辣椒碱标准样品》等国家标准样品；组织修订《吉林长白山饮用天然矿泉水》等原产地产品国家标准；取得《洁净室能源管理》国际标准制定牵头权；推进家用燃气热水器和家用燃气灶具强制性国家标准制定，对接能效标准的制定，牵头研发测试燃气热效率的标准器。牵头组织制定《农场动物福利要求》《船用柴油发动机检测用油》等多项协会标准。成立团标工作部，承担国家标准委和中国科协的《社会团体标准研制试点》项目。

【培训教育】2015年，中国标准化协会组织“企业标准体系”“服务标准化”“社会团体、联盟标准与知识产权”“标准编写与制定”“政务服务与社会管理”“科技成果转化技术标准”等各类培训班30余期，培训3 000余人。承办2期国际标准化综合知识培训班和1期国际标准化英语培训班，培训300余人。在东风鸿泰控股集团有限公司汽车零部件分公司、北京能源集团有限责任公司等企业开展标准化实用技能培训，培训230余人。截至2015年底，中国标准化协会联合中国计量学院创设的“企业标准化师”系统培训课，第一批29名学员毕业，第二批企业标准化师培训242人。

【第十二届标准化论坛】2015年9月，中国标准化协会举办第十二届标准化论坛，论坛主题为“标准化改革发展之机遇”。论坛采取“1+1+3”形式，即1个综合性主论坛、1个智慧城市国际论坛、3个专业领域技术论坛，核心宗旨是结合国家政策形势及标准化体制机制改革，以“市场引领标准化改革与发展”的理念，即市场是标准化需求的源泉，市场是检验标准化践行效果的试金石，市场将决定标准化改革的方向与动力，以及“标准、检验、认证三位一体融合发展”的思维，激发全国标准化人的思考与智慧，助力国家深化标准化工作改革。

组织机构代码管理

【概况】2015 年，全国组织机构代码管理中心围绕《国务院关于批转发展改革委等部门法人和其他组织统一社会信用代码制度建设总体方案的通知》和《国务院办公厅关于加快推进“三证合一”登记制度改革的意见》，开展统一社会信用代码制度和“三证合一、一照一码”改革工作。围绕“改革与发展”主题，顺应国家社会信用体系建设和商事登记制度改革趋势，创新工作思路，在质量提升、安全保障、应用推广、新闻宣传以及自身建设等方面取得一定成效，在服务政府监管、服务经济社会发展、服务质检等方面发挥重要作用。

【组织机构代码改革】2015 年，全国组织机构代码管理中心落实国务院要求，与发展改革委、工商总局、税务总局等相关部委沟通协商，组织调研，协商起草并落实《国务院办公厅关于加快推进“三证合一”登记制度改革的意见》的通知，指导全国按照统一规范落实改革任务，推进“三证合一、一照一码”登记制度改革。

与发展改革委、工商总局、税务总局、福建省政府等部门沟通合作，联合印发《关于同意福建自贸区试点实施法人和其他组织统一社会信用代码制度的函》，在福建自贸区开展统一社会信用代码制度试点工作，并对试点工作做出总体安排。对试点工作中的统一社会信用代码编码规则、码段分配、数据回传等核心问题，提出实施细则。派技术专家赴福建，指导制定工作方案和发照系统与质监信息系统、数字福建政务网、试点地区综合服务大厅等系统的信息对接，为试点提供技术支撑。5 月4 日，第一张载有统一社会信用代码的营业执照在浙江省平潭综合自贸区发出。6 月1 日，在福建省全面铺开“三证合一、一照一码”改革工作。7 月，在福建省召开全国组织机构代码改革与发展工作会议，部署动员全国代码系统落实改革任务，推广福建试点成功经验。

9 月，先后 3 次印发《贯彻落实〈质检总局关于贯彻落实“三证合一、一照一码”登记制度改革的通知〉的通知》等相关文件，要求各地切实贯彻国务院、六部委、质检总局文件精神；从 10 月 1 日起，统一停止发放涉企的组织机构代码证书；从业务范围、办理方式、方法步骤等方面提出细化措施，对全国代码系统进行指导；全国代码系统于 10 月 1 日开始停止办理涉企代码证书，全国组织机构代码管理中心全面关闭涉企的集中赋码办证信息系统，并及时做好重错码校验审核等有关工作，配合质检总局，参与商事登记制度改革。10 月，全国组织机构代码管理中心分成 6 个调研组，用 1 个月时间对全国 46 个省级代码机构进行调研，发现改革实施中的问题，督促各地落实改革要求。

全年，完成法人和其他组织统一社会信用代码编码规则、基础数据元、数据交换接口、数据管理规范和赋码操作规范等5 项国家标准的立项工作，商请中央编办、发展改革委、民政部、税务总局、工商总局等部门参与起草，共同推进标准的制定工作。9 月，质检总局、国家标准委批准发布GB 32100—2015《法人和其他组织统一社会信用代码编码规则》强制性国家标准。

完成《组织机构代码管理办法》修订草案，8 月，召开专家研讨会；11 月初，按照专家意见修改完善后的草案报送质检总局法规司。

【组织机构代码应用服务】2015 年，全国组织机构代码管理中心实现组织机构代码在军队、互联网关键资源管理、水资源管理、期货证券账户管理等 4 个新领域的应用。5 月，与解放军总政治部保卫部协商，通过代码共享平台查询密钥的方式，为军队保卫部门掌握境内各类法人机构基础信息提供服务。10 月，与工业和信息化部泰尔规划研究所签署《组织机构代码数据比对及查询服务》技术服务合同，为其建设的“域名信息实名核验平台”中关于域名注册者的组织机构代码信息真实性，进行比对核验。与水利部水资源中心开展项目合作，探索组织机构代码服务于水资源管理业务的数据应用开发，协助水资源管理中心完成项目申报，完成水资源中心 2 批数据的取水用户核对。10 月，证监会和质检总局联合发布《关于开展组织机构代码信息共享工作的通知》，正式开展证券、期货和基金等业务诚信信息与代码中心的信息共享。

扩大组织机构代码在中央纪委、银行、检察院、工业和信息化部、商务部、海关等 9 个已有领域的应用范围。1 月，质检总局与中央纪委办公厅联合下发《关于组织机构代码共享平台使用范围扩大至全国地市级纪检监察机关的通知》，将代码平台的使用范围扩大至全国地市级纪检监察机关。银码共享系统地方区域商业银行试点开展顺利，辽宁省和山东省试点实施区域银码合作部署完成。为最高检反贪总局进行“共享平台数字证书”到期更新工作。9 月，与商务部中国国际电子商务中心签署组织机构代码数据共享技术服务合同和数据共享工作方案。共同推进商务领域基础信息数据共享。与质检总局国际检验检疫标准与技术法规研究中心开展数据分析合作，利用组织机构代码数据开展10年来中国出口企业情况变化和发展趋势分析，为相关行业的数据分析报告提供先期研究。

重点推进质检系统内的代码应用。配合质检总局质量管理司继续推进全国企业质量信用档案系统建设工作，完成全国企业质量信用档案数据库系统四期的软件升级工作，启动全国质量信用档案数据库系统的应用阶段，开展省级企业质量信用档案数据库的部署和数据应用工作。与国家认监委继续加强信息共享，为中国强制性产品认证提供数据核查服务。配合质检总局产品质量监督司开展电子商务产品监督专项推进工作。

全年，通过网站为社会提供核查量2 648万余条次，同比增长19.8%；回复在线留言3 591条、电子邮件660条、电话咨询3 640条，同比增长31%。

【组织机构代码宣传工作】2015年，全国组织机构代码管理中心利用中国经济网、《中国质量报》等新闻媒体，宣传"一照一码"改革情况。出版《组织机构代码论文集》《组织机构代码理论与实践》等多部图书。对全国组织机构代码管理中心网站2015年1月1日至11月10日与上年同时期网站访问人次、总浏览量、最高单日点击量、信息核查检索量、核查平台查看核对证书量，进行数据对比，分析组织机构代码改革形势。召开全国代码通讯员会议，对全国代码宣传工作进行总结和部署。利用质检总局新闻发布会、质检专报、政务信息系统、国家标准委网站、微信公众账号等途径，宣传代码工作。组织全国46个省市代码机构开展代码宣传月活动，形成中央地方联动的全方位宣传格局。

【组织机构代码能力建设】2015年，全国组织机构代码管理中心加强数据质量审核工作，完成4个批次63万余条数据的质量审核工作，平均合格率75.78%。截至年底，数字档案库信息量累计超过1.5亿份，存储容量超过50T。全年，完成民政部、环境保护部、海关总署等25个部委办局的40个批次数据比对工作，比对数据量2 079万条，平均查到率71.46%。为6家单位提供数据或数据统计，提供数据量426万余条。配合质检总局和西城区网安大队的各项安全和保密检查工作，完成公安部组织的重要信息系统检查工作，获得公安部颁发的国家信息安全重点保护单位牌匾。完成4个三级等级保护系统测评和整改。建立风险预警机制，保障各信息系统正常、有序运行，降低安全风险。开展信息系统应急演练，做到对各类突发事件沉着应对，不出纰漏，主动预防。加强内控，全网络跟踪和监控信息安全状况，对信息系统运行中各类安全事件的跟踪与监测，每月上报信息安全报告，对系统安全风险和运行水平做到全面掌握。推进组织机构代码云计算平台的建设和使用工作，实现"两地三机房"的整体规划部署，搭建组织机构代码信息服务云计算平台，提高各类计算资源的使用效率，整合升级现有技术设施，实现中心机房安全管理的提升。建设开发统一代码信息核查平台，实现错码验证、重码校核、码段核查和数据质量监控等多种校核机制。对承担的国家科技计划项目、公益性行业专项，以及质检总局科技计划项目进行监督、检查和梳理。规范科研档案管理工作，加强科研制度建设，设计开发科研管理信息系统。

物品编码管理

【概况】2015年，中国物品编码中心以服务经济社会发展、服务政府监管、服务行业企业和服务民生为宗旨，履行物品编码管理职能，落实全国质检工作会议和全国标准化工作会议精神，完善物品编码工作体系，提升服务能力，增强科研创新能力，深化重点领域应用，提高国际化水平，机构综合实力大幅提升，各项工作取得进展，完成"十二五"规划工作任务。截至2015年12月15日，办理新注册系统成员5万余家，注册数量与上年同期基本持平；全年办理续展8万家，续展率78%。长春、陕西、哈尔滨等10家分支机构的注册增长率超过20%，广州、成都、广西等25家分支机构续展率超过80%。全年，有近13万家企业录入1 306万条产品数据。截至年底，产品数据库有5 000万条商品信息，信息采集覆盖率超过50%，比上年同期增长10%。

截至年底，中国物品编码中心在全国设有47个分支机构，形成覆盖全国的集编码管理、技术研发、标准制定、应用推广以及技术服务为一体的工作体系。累计向50余万家企业提供商品条码服务，全国有8 000余万种商品上印有商品条码。

【机构改革】2015年，中国物品编码中心坚持精简、统一、高效、协商的改革原则，起草《分支机构改革初步方案》等文件，并会同相关部门修订完善《物品编码工作合同管理考核指标》等改革配套文件。根据发展改革委1299号文件及放开条形码服务费收费审批相关要求，梳理“服务清单”，制订《中国商品条码系统成员服务清单》。

【物联网示范工程平台建设】2015年，中国物品编码中心围绕质检总局和国家标准委工作部署，推动国家食品质量追溯物联网示范工程的平台建设、标准制定和试点应用工作的有序开展，协调国家特种设备安全监管物联网示范工程平台建设和试点城市建设的快速开展。国家重点食品质量安全追溯物联网应用示范工程建设取得新成绩，标准制定和试点应用工作有序开展。继续构建国家食品/产品安全追溯平台；对省级平台、企业平台的建设情况进行检查，督促各参建单位按计划推进工程建设；完成6条全自动/半自动酒类RFID包装生产线，在全国专卖店铺设五粮液专卖店查询机900余台，在经销商中推广400余台便携式RFID工业手持机。国家特种设备安全监管物联网应用示范工程建设取得新进展。年内，围绕标准体系建设、国家平台功能需求和建设方案设计、试点城市建设等内容展开，示范工程总体完成35%以上。

【服务质量诚信体系建设】2015年，中国物品编码中心围绕质量诚信体系建设，继续开展产品质量信用信息平台数据采集工作，截至年底，完成乳制品、汽配零件、白酒企业、家用电器和儿童玩具行业4 000余家企业数据采集；建立产品信用档案10 000余条，数据采集数量和质量都达到预期目标。筹建成立全国电子商务质量管理标准化技术委员会（SAC/TC563）电子商务产品质量诚信分技术委员会，研究提出电商质量诚信标准体系框架，制定《预包装类电子商务交易产品质量信息发布通则》国家标准，开展企业质量信用分级分类工作。联合中国汽车维修行业协会，在天津、重庆、湖北等地开展“同质配件”“汽零专项”试点与标准制定工作，探索位置码和汉信码的推广应用。

【条码与射频识别】2015年，中国物品编码中心提升条码与射频识别2个国家质检中心服务能力，在全国范围抽取6.4万种产品及配送包装进行商品条码质量调查，条码质量合格率超过98%；完成条码印制品委托检验600份；完成胶片制作105份，检测仪校准服务155台，商品条码印刷资格认定1 291家。拓展出口产品条码检测业务，建立检测服务管理办法，完成检测443个批次。以科技部“供应链协同电子商务技术研发”和发展改革委“国家电子商务示范城市项目”为抓手，促进商品条码在质量信息服务领域的应用，接入8家电商平台；促进非传统开销行业系统成员发展，发展30余家汽摩配件企业加入中国商品条码系统。

【汉信码与商品二维码标准化】2015年，中国物品编码中心重点做好汉信码国际标准化、商品二维码国家标准制定、商品二维码综合服务平台建设等工作，为二维码技术发展提供统一技术平台，在汉信码国际标准化和商品二维码方面取得突破。9月，汉信码成为ISO国际标准工作项目，由中国物品编码中心牵头自主研制。

【物品编码Ecode】2015年，中国物品编码中心完成发展改革委产业化专项研究项目《物联网标识公共服务平台》《物联网基础标准研究与制定》工作任务；制定物联网基础和核心标准GB/T 31866—2015《物联网标识体系　物品编码Ecode》；获得《物联网统一标识编码解析的方法和装置》等4项技术发明专利，6项软件著作权。开展Ecode应用推广，国家物联网标识管理与公共服务平台上线，与物联网行业企业和科研院所建立紧密合作关系。

【科研项目及成果申报】2015年，中国物品编码中心完成质检总局科技司组织的《质量治理关键技术研发与重点领域应用》内容的提交，根据质检总局科技司征集“十三五”国家重点研发计划优先启动重点研发任务要求，提交《基于二维码的电商产品质量提升关键技术研究与应用》。作为第一完成单位，联合北京市海淀区产品质量监督检验所共同申报2015年“科技兴检奖”，申报项目为《质检机构能力建设与评价方法研究》。全年获得发明专利4项，申请著作权6项，申请注册商标1项。

【标准制修订】2015年，中国物品编码中心承担全国物流信息管理标准化技术委员会（SAC/TC267）与全国物品编码标准化技术委员会（SAC/TC287）秘书处工作，制修订标准15项。截至年底，编码中心及各地分支机构申报、在研和完成国家标准和地方标准82项。

【物品编码应用推广】中国物品编码中心顺应网络经济发展新趋势，推进商品条码在电子商务、移动领域中的技术服务和深度应用。推进阿里副总万霖成为GS1管理委员会成员，贯彻落实《电子商务产品质量提升行动工作方案》，成立中国ECR电商工作委员会，联合阿里巴巴、京东、1号店、苏宁等46家电商龙头企业签署倡议书，推进电商领域标准数据应用；与淘宝、天猫、苏宁、京东等电商企业合作，开展可信数据源标识、追溯数据等对接，深化商品条码在电商领域的应用；与微信签署合作协议，向微信用户提供真实、可靠的产品源数据，满足消费者对商品条码及商品信息的移动应用新需求。

参与全国食品安全宣传周、2015亚太医疗器械峰会等活动，扩大医疗行业宣传效果；提高EPC在农资协会及企业的影响力，EPC在实际应用中的识读率达99%以上。调研GS1总部及各MO开展追溯一致性评估的工作模式、国内企业的有关态度；参加

GS1 产品安全工作会议，了解最新动态。

【物品编码市场服务】对外公布中国商品条码系统成员服务清单，组织全国分支机构开展清单中规定的编码分配、培训与咨询、产品信息服务、条码检测等基础服务项目。全年为近 5 万家系统成员提供免费基础培训，接听近 20 万个“400”咨询电话。充分发挥条码和射频识别 2 个国家质检中心及各分支检测机构的作用，为 1 万余家系统成员企业提供 3 万批次的服务性检测工作，完成 1291 家企业的商品条码印刷资格认定工作。扩充 DPM、二维条码、RFID 等检测项。

2015 年举办 2 期条码地方工作人员培训和中心教师资格培训，向上海等 27 家分支机构提供 4 万余册培训资料。组织高校条码人才培养。针对企业密切关注的移动互联网应用需求，开发“条码微站”，发展用户 566 家，涉及产品 5 000 余种。与阿里巴巴、微信、京东、苏宁、1 号店、沃尔玛等知名企业展开密切合作，推进产品“源数据”应用。推进商品数据同步服务，升级商品数据同步平台，通过 GS1 数据池 R3 国际认证。完成 64 家制造企业与 165 家分销企业的数据同步工作，确保上百万产品信息高效共享，保障零售与供应企业间的顺利合作。

行业主管部门标准化工作

教育部

【概况】2015年，教育部进一步明确教育标准体系建设的思路与目标。完成对现行教育标准摸底调查工作，对教育国家标准、行业标准和标准性文件进行全面梳理。研制关于加快教育标准建设的意见、教育标准管理办法、国家教育标准体系框架等系列文件，对教育标准建设进行系统设计。印发《国家语言文字工作委员会语言文字规范标准管理办法(2015年修订)》，对规范标准的计划、研制、审定、审批发布、复审、实施等做出明确规定。修订《国家语委语言文字规范标准审定委员会章程》，调整成立新一届国家语委语言文字规范标准审定委员会。开展教育信息化标准体系构建及“十三五”标准规划研究，完成包括教育信息化标准体系的构建、“十三五”教育信息化标准规划的制定、标准认证测试体系的建立、标准应用培训服务体系的建立、标准研制与应用示范的策略制定等战略规划。

教育部政策法规司牵头教育标准管理工作，各业务司局、全国教育装备标准化技术委员会(SAC/TC125，以下简称：装备标委会)、全国语言文字标准化技术委员会(SAC/TC500，以下简称：语标委)、教育部教育信息化技术国家标准委员会暨全国信息化技术委员会教育技术分技术委员会(SAC/TC28/SC36，以下简称：信息标委会)等分别负责相关领域标准工作。装备标委会原名“全国教学仪器标准化技术委员会”，主要负责全国基础教育、职业教育、高等教育教学仪器设备、教育条件装备的国家标准和教育行业标准的制修订工作及标委会职能范围内的培训、咨询等工作。下设6个分技术委员会，包括力学、热学仪器分技术委员会，电学、磁学仪器分技术委员会，光学、原子物理学仪器分技术委员会，生物学仪器分技术委员会，化学仪器分技术委员会、小幼教仪器分技术委员会。年内，国家标准委批复全国教学仪器标准化技术委员会及6个分技术委员会的换届、调整秘书处及更名申请，第五届全国教育装备标准化技术委员会正式成立。语标委主要负责汉语语音与拼音、汉语语汇、汉语语法与语篇、汉字、汉语作为第二语言教学、少数民族语言文字、外语应用等领域的国家标准制修订工作，秘书处设在教育部语言文字信息管理司。信息标委会负责组织全国教育信息化技术相关标准的研制、标准符合性测试认证和应用推广工作，以及对口承担中国教育信息化在国际标准化组织ISO与IEC联合成立的第1技术委员会第36分技术委员会(ISO/IEC JTC1/SC36)的工作。下设指导类、学习资源类、学习者类、学习环境类、教育管理信息类、多媒体教学环境类、电子课本与电子书包类、虚拟实验与学习工具类、在线课程类、智慧校园类、网络空间“人人通”类、移动学习类、学习分析类、教育云等14个工作组/研究组，秘书处设在清华大学。

截至年底，教育领域各类国家标准、行业标准和国家层面的“规范”“指标体系”“指南”等标准性文件达近600项，初步形成覆盖学校建设、教育装备、教师队伍建设、教育经费、教育信息化、教育督导、学科专业与课程体系、学校运行、语言文字、人才培养质量及其他与教育活动相关领域的标准体系，较好地满足教育事业发展的需求。各地普遍建立起依标准推动发展、实施管理的理念，坚持标准引领，根据国家标准，结合自身实际，相继出台一系列学校建设、办学条件、学校管理、校长教师、学科专业建设、经费投入、评估督导等方面的教育标准。

【教育标准制修订】2015年，教育部推进教育领域标准制修订，不断健全教育标准体系。联合有关部委印发《关于进一步加强中小学生校服管理工作的意见》，提出执行校服质量标准体系。印发《职业院校数字校园建设规范》，明确学生发展、数字资源、应用服务、基础设施等方面要求，促进信息技术与职业教育教学的深度融合。出台《高等学校思想政治理论课建设标准》，设立核心指标7项、重点指标9项、基本指标23项，对高校思想政治理论课的组织管理、教学管理、队伍管理和学科建设等提出明确规范。加快修订普通高中20个学科课程标准、研制高等教育92个本科专业类教学标准。印发《普通高中校长专业标准》《中等职业学校校长专业标准》《幼儿园园长专业标准》《特殊教育教师专业标准(试行)》，形成较为完备的中小学教师、校长专业标准体系。

推进教育装备标准建设。装备标委会力学、热学仪器分技术委员会审查通过共鸣管式声速测量仪、节拍器通用规范、教学用直形杠杆、大气压系列实验器、质点式横波和纵波演示器、电动离心转台、振子式附投影屏发波水槽、打孔器和附件、伽利略理想斜面演示器、平抛和碰撞实验器、气体浮力演示器、超重失重演示器通用要求和连通器演示教具等13项行业标准。电学、磁学仪器分技术委员会审查通过焦耳定律实验仪器、电子感应圈、半导体制冷器、电场线演示器、荧光灯原理演示器、电场中带电粒子运动模拟演示器、楞次定律演示器、永磁式电磁阻尼演示器等 8 项教育行业标准。小幼仪器分技术委员会审查通过沉浮块、钉板及附件技术规范、风的形成实验材料、计数棒(棍)技术规范、计数器技术规范、小孔成像装置、小学几何形体模型技术规范、钟表模型技术规范等 8 项行业标准。

推进语言文字规范标准建设。语标委修订《汉字应用水平等级及测试大纲》,在"测试字表""等级标准""试卷结构和试题类型"等方面进行必要调整,经国家语委语言文字规范标准审定委员会函审通过。修订《普通话异读词审音表》,广泛征求意见,以慎重、不折腾为原则,注重保护中国几十年来推广普通话所取得的成果;注重文化传承,不以减少异读为出发点,重视汉字读音中所承载的历史文化内涵;考虑海峡两岸语言生活实际状况,尽量减少两岸语音差异;综合考虑播音主持、基础教育、科技术语、人名地名管理等相关领域一线人员对语音规范的需求。研制《公共服务领域英文译写规范》(第 2—10 部分),涉及英、俄、日、韩 4 个语种,涵盖交通、旅游、文化娱乐等领域,通过国家语委语言文字规范标准审定委员会审定。作为《中国语言生活绿皮书》A 系列,发布《汉语拼音词汇　专名部分(草案)》《中国方言文化典藏调查手册》《藏文拉丁字母转写方案(草案)》《信息处理用现代藏语分词规范(草案)》《信息处理用现代藏语词类标记集规范(草案)》,是语言文字"软性"规范,引导社会语言文字应用,向社会提供参考并鼓励采用。出版《中华思想文化术语　第一辑》,收录"中华思想文化术语传播工程"首批整理、翻译的 100 条术语,内容涉及文艺、历史、哲学三大学科领域,其中个别条目如"不学诗,无以言""玄览"等术语第一次作为学科术语被挖掘整理。

【教育标准实施和监督评估】2015 年,教育部运用督政、督学、评估监测等多种督导评估方式,推进教育标准实施。依据《县域义务教育均衡发展督导评估暂行办法》,开展县域义务教育均衡发展督导评估认定工作,截至年底,全国有 1301 个县(市、区)通过督导评估,被认定为义务教育发展基本均衡县(市、区)。印发《全面改善贫困地区义务教育薄弱学校基本办学条件专项督导办法》,明确进展成效、质量管理、保障体系、公开公示等 4 方面 14 条督导评估标准。指导 31 个省份和新疆生产建设兵团确定义务教育基本办学标准,各地标准从类别上涵盖小学、初中、寄宿制学校和教学点,从内容上包括校舍、体育场地建设标准和教育技术装备标准。依据义务教育课程标准,印发《国家义务教育质量监测方案》,对国家义务教育质量监测的日的、原则、学科、对象、周期、内容等作出明确规定,对全国 31 个省(区、市)和新疆生产建设兵团的 323 个样本县(市、区)近 20 万名四、八年级学生数学和体育与健康状况监测进行测试。设立《义务教育学校管理标准(试行)》8 个管理标准实验区,深化标准实行。教育部装备中心对 550 余件产品进行委托检测并出具检测报告,让更多更好、优质安全的教育装备产品、设备进入学校。印发《语言文字工作督导评估暂行办法》,围绕语言文字事业发展的制度建设、条件保障、宣传教育、发展水平等方面,对地方政府及其有关部门履行语言文字工作职责开展督导评估。

推进高校教学评估认证。按照《关于普通高等学校本科教学评估工作的意见》确立的评估标准,完成对 168 所新建本科高校的合格评估。开展工程教育专业认证,正式成立中国工程教育专业认证协会,标志由第三方机构独立实施的工程教育专业认证体系基本确立。修订并出台《工程教育认证标准(2015 版)》,按照国际实质等效的标准继续推进工程教育专业认证工作,全年受理 158 个专业的认证申请,促进工程教育质量的提升。研制普通高等学校专业认证通用标准、实施办法等认证工作文件,启动人文社科类专业认证。

加强教育标准培训。装备标委会举办教学实验用危险固体、液体的使用与保管和中小学生校服国家标准宣贯研讨会,加强学校危险化学品及校服的管理。语标委举办 8 期语言文字规范标准培训班(含 2 期国培班),培训来自全国相关省份教研员、辞书编纂人员、语委干部等 2 200 余名,内容包括《通用规范汉字表》、GB/T 15834—2011《标点符号用法》、GB/T 15835—2011《出版物上数字用法》等规范标准解读、国家语言文字政策宣讲等。信息标委会召开正式标准实施示范活动 2 次,分别为第六届高峰论坛全国数字校园建设与创新发展高峰论坛、智慧教育高层论坛,培训 400 余人;开展标准化技术咨询服务 2 次,服务企业 3 家;参加各级标准化业务培训10 人次。

加强信息化建设。装备标委会在"教育部教育装备研究与发展中心"网站(www. zbzx. edu. cn)设立"仪器标准"专栏,语标委在教育部网站(www. moe. edu. cn)的语信司页面设置"规范标准"专栏,发布装备标准相关信息,加强标准的宣传使用。信息标委会设有网站 www. celtsc. edu. cn,包括教育信息化标准宣贯门户和内部协同工作平台,为标准宣贯和异地异步协同开展工作提供技术支撑。

【标准化专业人才培养】2015 年,教育部推进标准化学科建设,支持高校开设标准化课程和学历教育。在广东理工学院增设标准化工程本科专业点,在青岛工学院等 4 所高校增设质量管理工程本科专业点。截至年底,全国设有标准化工程专业点 3 个、质量管理工程专业点 20 个。清华大学首次在工程管理硕士（MEM）专业学位类别中开设标准化方向，结合工程管理的背景，帮助学员全方位建立、更新标准化知识体系，掌握标准化的新理论、新方法和新技术，产生带动与示范效应。

【教育标准国际化】2015 年，教育部参加教科文组织牵头制定的2030 年教育议程（SDG-4）及《2030 年教育行动框架》的磋商过程。中国当选为2030 年教育指导委员会和技术咨询委员会成员，参加委员会关于制定2030 年教育监测与评估标准的专业会议。参加《亚洲和太平洋地区承认高等教育学历、文凭与学位的地区公约》框架内关于高等教育质量框架的研讨。

与俄罗斯签订高等教育专业认证合作备忘录，用“中国标准、中国专家、中国方法、中国技术”评估认证俄罗斯重点大学和专业，确定首次分三批，分别于2015 年10 月、11 月、12 月分别对伊曼努尔·康德波罗的海联邦大学、下诺夫哥罗德国立大学、阿尔泰国立大学的 8 个优质专业开展联合认证和国际认证。

语标委出版由中国主导修订的国际标准化组织发布的 ISO 7098:2015《信息与文献——中文罗马字母拼写法》。2011 年中国提出修订建议并获得标准修订权，该标准是汉语拼音在国际上得到认可并推广使用的重要依据，是用以规范国际上使用汉语拼音的统一标准，主要应用于世界各国图书馆、博物馆、国际机构中有关中国人名地名的拼写、图书编目、信息与文献的排序检索等。

信息标委会参与国际标准化组织 ISO/IEC JTC1/SC36“信息技术应用于学习、教育和培训”分技术委员会的工作，完成15 项教育信息化国际标准的审阅、提出意见和投票，3 人担任国际标准化组织工作组召集人，6 人担任国际标准草案的联合编辑。参加该委员会第 28 届全体会议及工作组会议，对中国主导的 2 项国际标准和参与的 10 项标准工作项目中表达符合中国利益的意愿，在占据主导地位 2 个标准工作项目和积极参与的 6 个工作项目中都取得较好进展。发布由中国主导的国际标准ISO/IEC TR18121 Information technology——Learning, education and training——Virtual experiment framework。

供　稿：教育部
撰稿人：张　雪　黄浩森
审稿人：孙霄兵　黄兴胜

工业和信息化部

【概况】2015 年，工业和通信业标准化工作贯彻落实国务院《深化标准化工作改革方案》精神，围绕制造强国、网络强国的战略全局，按照“重点突破、整体提升”的工作要求，做好标准化各项改革措施的研究和部署，推进重点领域的标准化工作。工业和通信业标准体系不断完善，标准的技术水平和国际化水平不断提升，为工业和通信业的健康可持续发展提供技术支撑和保障。

截至年底，工业和通信业标准总量约 5.9 万项。其中，工业和通信业行业标准约 3.8 万项，涵盖化工、石化、黑色冶金、有色金属、稀土、建材、黄金、机械、汽车、民用航空、民用船舶、轻工、纺织、包装、民用航天、兵工民品、民用核、电子、通信等 19 行业及工程建设、节能与综合利用、安全生产、无线电等 4 个综合性领域。

【工业和通信业标准制修订】2015 年，工业和信息化部下达 4 批、1 850 项行业标准制修订计划。其中，围绕制造强国、网络强国的战略部署和部相关重点工作需要，安排重点项目 395 项，涉及高端装备制造、基础零部件、新材料、新一代信息技术、节能与综合利用、安全生产等重点领域。全年批准发布 2 978 项行业标准，其中新制定 2 029 项、修订 949 项；完成 1 584 项行业标准的复审工作，其中废止 127 项行业标准，进一步完善和优化工业和通信业标准体系，满足产业转型升级、结构调整和行业管理需要。

【工业和通信业标准化改革】2015 年，工业和信息化部开展强制性行业标准清理评估。贯彻国发〔2015〕13 号文和国办发〔2015〕67 号文关于强制性标准精简整合要求，明确工业和信息化领域强制性标准评估原则，构建部内强制性标准管理的工作机制，初步完成 2 618 项强制性国家标准和行业标准（含计划）的梳理和评估。优化完善推荐性标准。推荐性行业标准中的重点标准、基础标准和公益性标准比例进一步提升，占比达 32.6%，政府标准兜底线、保基本的作用进一步强化。以《深化标准化工作改革方案》

的精神为指导，开展标准化发展战略和规章制度研究，参与《中华人民共和国标准化法（修正案）》《培育和发展团体标准的指导意见》等标准化改革文件的编制。

【工业和通信业重点领域标准化】2015年，工业和信息化部根据《中国制造2025》要求，与质检总局、国家标准委共同牵头组织开展《装备制造业标准化和质量提升规划》的编制，重点推进工业基础、智能制造、绿色制造等标准化和质量提升工程，发挥标准对制造业发展的规范、支撑和引领作用。主动适应产业快速发展、融合发展的新趋势，加强重点领域标准体系的总体规划和顶层设计，运用综合标准化理念和方式整体推进标准化工作的开展。持续推进智能制造、移动互联网、电动汽车、云计算、锂离子电池等重点领域综合标准化工作。统筹协调产业链上中下游的标准化工作，成套成体系地推进标准制定，构建相互衔接、协调配套的综合标准化技术体系，系统解决产业发展对标准的需求，提升标准对产业生态系统的整体支撑和引领作用。

智能制造领域标准化工作取得成效。在工业和信息化部内成立智能制造综合标准化工作组，组织开展智能制造标准化需求调研，对智能制造领域已有标准、在研标准、拟制定标准进行梳理。重点围绕智能制造综合标准化工作，加强智能制造关键术语和定义、数字化车间（工厂）及传感器、测量仪表、传动与执行装置、控制系统等智能核心装置和行业应用等基础通用和关键核心技术标准研制。联合国家标准委共同发布《国家智能制造标准体系建设指南（2015版）》；与财政部联合组织实施2015年智能制造专项，支持43项智能制造综合标准化实验验证项目，发挥标准在推进智能制造发展中的基础性和引导性作用。

完善电动汽车综合标准化技术体系，完成67项电动汽车综合标准化制定任务目标，全年发布GB/T 18384—2015《电动汽车安全要求》、GB/T 31498—2015《电动汽车碰撞后安全要求》和电动汽车动力蓄电池系列标准等21项标准，涉及整车、动力电池等重点领域。整车安全标准的发布，建立电动汽车整车级别的安全防护规范，保证车辆不对驾乘人员和道路使用者产生危害；电池系统和充电接口系统标准的发布，推动电动汽车充电的互联互通。

开展移动互联网领域标准化体系建设，编制《移动互联网综合标准化体系建设指南》，从移动互联网发展实际出发，研究构建由“基础”“移动业务与应用”“移动网络”“移动终端”和“移动安全”五个部分组成的移动互联网综合标准化体系框架。通过分析移动互联网范畴内的已有标准，提出能够直接反映移动互联网特征，且可有效解决应用与业务平台、终端统一管理、服务质量保证、个人信息保护与安全监管等问题的31个标准研制方向，以指导具体标准的立项和制定工作。

进一步明确云计算领域标准研制重点方向。开展云计算综合标准化工作，正式发布《云计算综合标准化体系建设指南》，从硬件、软件、服务、网络和安全等五个方面描绘云计算生态系统，明确云计算参考架构、虚拟化、计算资源管理、服务能力要求等29个云计算标准重点研制方向。

初步构建工业互联网标准体系框架。支持中国信息通信研究院等单位成立工业互联网产业联盟，分析工业互联网国内外标准化工作的情况，组织开展工业互联网参考体系结构、工业互联网标准体系框架和标准体系建设推进策略的研究，提出工业互联网标准体系建设的重点方向和领域。

【工业和通信业国际标准化】2015年，工业和信息化部积极推动国际标准转化。开展JB/T 12210—2015《内燃机空气滤清器（粒子计数法）分级滤清效率试验方法》等79项国际标准转化，推动国内标准与国际接轨。全年完成11 810项国际标准转化，转化率达73.4%，进一步提升中国标准与国际标准的一致性水平。提升国际标准话语权。截至年底，中国承担秘书处的国际标准化技术组织40余个，担任技术组织领导职务140余人次。全年支持由中国企事业单位主导制定的ISO、IEC、ITU国际标准项目151项，其中《智能型通信网络感知体系功能架构》等50项提案成为国际标准。

【海峡两岸信息产业和标准化合作】2015年，工业和信息化部推动海峡两岸在技术创新上的合作。在国台办、工业和信息化部的指导下，由电子工业标准化技术协会、通信标准化协会和台湾华聚产业共同标准推动基金会共同举办的第12届海峡两岸信息产业技术和标准论坛在台湾召开。海峡两岸专家、科研机构、企业等500余人参加会议。会议围绕共同关注的技术领域，深入开展技术交流与标准化合作，公布《TD-LTE小基站技术要求》《半导体照明产品白光颜色测试方法》等8项共通标准。截至年底，两岸三会累计公布的共通标准达38项，涉及半导照明、平板显示、太阳能光伏、TD-LTE等多个领域。

【两化融合标准化】2015年，工业和信息化部在《信息化和工业化融合管理体系　要求》国家标准计划项目的基础上，完成《信息化和工业化融合管理体系实施指南》等7项两化融合管理体系系列国家标准计划的申报工作，其中3项国家标准获国家标准委正式立项，体现标准对两化融合管理体系工作的支撑和保障作用。支持相关单位就两化融合管理体系标准的理论框架、主要内容和应用情况等与国际标准化组织（ISO）的专家进行沟通交流，推动两化融合管理体系得到国际上的关注、认可和支持。

【军民融合标准化】2015年，工业和信息化部落实军民融合深度发展2015专项行动中对标准化工作的要求，以集成电路为试点，与国家标准委、总装备部、国防科工局等共同成立集成电路标准化推进组，全面梳理集成电路领域民用标准、军用标准的现状。安排《半导体集成电路　串行外设接口测试方法》等12项军民通用行业标准制定计划，《半导体集成电路　快闪存储器测试方法》25项军民通用国家标准计划获国家标准委立项。

【工业和通信业标准宣贯】2015年，工业和信息化部支持相关行业协会、标准化技术组织和标准化专业机构开展重点标准的宣传与培训，着力提升企业执行标准的主动性和内生动力。两化融合标准方面，全年遴选确定600家企业开展两化融合管理体系贯标试点工作，近300家企业完成评定。支持各地方、行业协会等推进两化融合管理体系贯标工作，全年召开培训会36次，培训人数25000余人。民生标准方面，推动以消费者为对象的标准宣传工作，支持相关单位制作《锂离子电池安全面面观》《罐头》《婴幼儿服饰》《羊绒制品》等民生标准宣贯动画，通过标准宣贯，消除认识误区，保护消费者利益。节能标准方面，指导地方加强对能耗限额标准贯彻执行情况和落后机电设备（产品）淘汰情况的监察，举办"能效标准贯标与节能监察高级研修班"和"工业节能标准培训班"等，加强相关政策与标准的宣贯和执行力度。

供　稿：工业和信息化部
撰稿人：甘小斌
审稿人：沙南生

公　安　部

【概况】2015年，公安部发布公共安全行业标准236项，其中强制性标准19项、推荐性标准217项。复审后废止行业标准12项。向国家标准委申报国家标准制修订计划18项，报批国家标准15项，备案行业标准165项。

年内开展强制性标准整合精简工作，研究提出公安各领域强制性标准体系，完成公安强制性标准评估。组织编写《公安标准化及社会公共安全行业产品质量监督年鉴（2014年）》。构建公安数据标准体系，开展公安数据标准化试点建设工作。举办标准制修订工作培训班和公安数据标准化工作培训班，参加国家标准委组织的标准化业务知识培训。对防弹头盔、反垃圾邮件产品、内网主机监测产品、网络入侵防御系统和公路车辆智能监测记录系统等5种社会公共安全行业产品进行质量监督抽查。加强标准化机构建设，开展行业标委会升级，国家级标委会、分技术委员会及工作组筹建等工作。开展公安机关社会管理和公共服务标准化试点第一批的指导建设工作和第二批的推荐工作，其中4个项目列为第二批试点项目。主导或参与7项国际标准的制修订工作，参与IEC/TC79年会以及ISO/TC92/SC1、ISO/TC21/SC6等组织的国际标准化工作会议。

截至年底，公安部归口管理的现行公共安全国家标准405项、公共安全行业标准1942项，涉及公安各业务领域，初步构成以公安信息化、刑事技术、警用装备、治安管理、消防、安全防范、交通管理、警用通信、信息安全等技术标准为支撑且相对完整的公共安全行业标准体系。公安部所属标准化技术委员会9个，其中国家级4个、部级5个，分别为全国安全防范报警系统标准化技术委员会（SAC/TC100）、全国消防标准化技术委员会（SAC/TC113）、全国刑事技术标准化技术委员会（SAC/TC179）、全国警用装备标化技术委员会（代号为SAC/TC561，原公安部特种警用装备标准化技术委员会）、公安部计算机与信息处理标准化技术委员会、公安部通信标准化技术委员会、公安部特种警用装备标准化技术委员会、公安部信息系统安全标准化技术委员会、公安部道路交通管理标准化技术委员会、公安部社会公共安全应用基础标准化技术委员会。

【公安标准化及行业产品质量监督年鉴】2015年，公安部组织编写《公安标准化及社会公共安全行业产品质量监督年鉴（2014年）》，主要介绍2014年发布的社会公共安全国家标准和行业标准情况，开展的社会公共安全产品检测、认证统计分析，回顾总结公安标准化和质量技术监督工作。提高公安标准化工作的有效性，掌握社会公共安全行业产品质量状况。

【公安数据标准化】2015年，公安部构建以数据元为核心，数据项、限定词、数据交换格式和数据接口标准为内容的数据标准体系：发布数据元标准308项、限定词标准162项、数据项标准31项、数据交换格式标准2项，规范治安、交通、消防、刑侦等公安主要业务领域的数据库建设，完成公共安全行业标准《数据接口标准编制要求》的制定工作，进一步完善数据标准技术体系；开展公安数据标准化应用试点示范建设，组织全国省市两级公安机关申报数据标准化试点，组织召开试点专家论证会议，从组织领导、建设应用、技术支撑和保障机制四个方面评选出上海市公安局等13个省级单位、江苏省常州市公安局等11个地市级单位为试点单位，建立试点工作月报制度和试点单位动态调整机制。各试点单位梳理数据项38万余条，申报数据元600余项，报送试点工作月报93份。

【公安标准宣贯与培训】2015年，公安部采取"请进来和走出去"的方式开展标准化知识培训交流活动。分别于6月、11月在云南警官学院和浙江警察学院举办标准制修订工作培训班和公安数据标准化工作培训班，来自全国各省及公安机关负责标准化工作和数据标准化工作的领导和专家、数据标准化试点单位等250余人参加培训。利用公安部国家引智项目，邀请英国雷丁大学教授唐银山讲授国际数据标准化的理论知识和发展方向，为下一步完善公安数据标准体系建设奠定理论基础。参加国家标准委组织的标准化业务知识培训，派员为山西、新疆、全国刑事技术标委会、公安部计算机与信息处理标委会等单位组织的培训班进行标准化相关知识授课，宣传标准化知识，增强标准化意识。

【公安产品质量行业监督抽查】2015年，经报质检总局批准，依据相关标准，对防弹头盔、反垃圾邮件产品、内网主机监测产品、网络入侵防御系统和公路车辆智能监测记录系统5种社会公共安全行业产品进行质量监督抽查，完成现场抽样、标准符合性检测和质量评定等工作，抽查平均合格率为88.2%。

【公安标准化机构建设】2015年，结合公安业务和标准化工作发展的需要，在公安部特种警用装备标准化技术委员会的基础上，经过近2年的努力，完成全国警用装备标准化技术委员会的申报、筹建、组建工作，得到国家标准委正式批复。完成全国消防标准化技术委员会电气防火分技术委员会的筹建工作，将组建方案报送国家标准委，得到国家标准委的批复。针对电子物证类标准归口问题进行协调，将刑事技术标委会电子物证分标委与信息安全标委会提出的电子物证相关标准进行统一归口与标准体系的梳理，批复成立全国刑事技术标准化技术委员会电子物证专业相关技术标准制定工作组，由电子物证分技术委员会进行统一归口。批复全国刑事技术标准化技术委员会的文件检验、痕迹检验和刑事技术产品等3个分技术委员会调整委员方案。会同国家标准委相关部门共同研究成立全国爆炸物品公共安全管理标准化技术委员会相关事宜。

【公安标准应用试点建设】2015年，公安部根据国家标准委《服务业标准化试点实施细则》的要求，结合公安工作实际，开展公安机关社会管理和公共服务标准化试点第一批的指导建设工作和第二批的推荐工作。指导第一批试点南通市公安局公安机关执法管理综合标准化试点工作；与国家标准委进行沟通协调，最终公安部物证鉴定中心承担的《公安机关DNA技术应用服务综合标准化试点》和山西省公安厅、济南市公安局和四川广元市公安局分别承担的《网上便民利民服务标准化试点》4个项目列为全国第二批社会管理和公共服务综合标准化试点项目。以推动标准在执法工作、侦查破案和服务群众工作中的应用，为维护社会稳定发挥作用。

【公安国际标准化】2015年，公安部主导编写国际标准《泡沫灭火系统　第3部分：中倍数泡沫设备》《泡沫灭火系统　第4部分：高倍数泡沫设备》送审稿在ISO/TC21/SC6年会上通过审查，并成功连任ISO/TC21/SC6主席职务。牵头制定的IEC 62820《楼寓对讲系统》系列国际标准（下设5项分标准）取得新进展。参加在日本东京召开的2015年IEC/TC79年会、主席顾问组（CAG）会议、电子出入口控制系统工作组（WG11）会议、视频监控系统工作组（WG12）会议和楼寓对讲系统工作组（WG13）会议。参加IEC/TC79/WG12、WG13等2个工作组14次电话会议。完成2015年IEC/TC79下发的全部5类12项国际标准化工作文件的投票工作，投票率为100%。派遣三个团组分别参加在英国伦敦举行的ISO/TC92/SC1会议、葡萄牙科英布拉举行的ISO/TC92/SC3、SC4会议、日本神户举行的ISO/TC21/SC3、SC5、SC6、SC8、SC11会议，了解掌握固定消防设施、消防性能化设计和评估领域国际标准化工作动态。参与ISO组建法庭科学技术委员会的相关工作。

供　稿：公安部
撰稿人：杨玉波
审稿人：朱抚刚

司　法　部

【概况】2015 年,司法部成立科技与信息化领导小组,部长任组长,成员由部机关各司局、信息中心主要负责同志组成,负责指导和协调司法行政科技与信息化的标准化工作。印发《司法部办公厅关于进一步加强标准化工作的通知》,明确标准化工作的目标原则、理顺司法行政标准化工作的体制机制。组织编制《司法行政标准化体系建设发展规划(2016—2020 年)》,谋划“十三五”司法行政标准化发展思路,力争 2020 年基本建立适应司法行政改革发展的标准化体系。

【司法行政标准化】2015 年,司法部按照要求对司法行业标准归口管理范围进行调整。组织《律师管理与律师服务标准化试点》申报第三批社会管理和公共服务综合标准化试点项目。重点组织编制《全国司法行政视频会议系统建设管理规范》《全国司法行政系统网络平台技术规范》,努力构建司法行政标准化体系。筹备成立全国性专业标准化技术委员会和分技术委员会。

供　稿:司法部
撰稿人:程金磊
审稿人:李福祥

人力资源社会保障部

【概况】2015 年,人力资源社会保障部向部属标准化技术委员会传达国务院标准化协调推进部际联席会议第一次全体会议精神,听取各标委会年度工作计划,研究确定年度人力资源社会保障标准制修订计划。

全国人力资源社会保障系统直接服务群众的窗口近 30 万个,窗口单位服务质量,工作作风直接关乎党和政府形象。9 月,人力资源社会保障部办公厅印发《全国人力资源社会保障系统 2015 年窗口单位作风建设工作要点的通知》,将人力资源社会保障系统窗口单位作风建设与日常管理标准化工作紧密结合起来,建立健全窗口服务中服务流程的标准,强化服务职能,提高服务质量,全面贯彻各项服务标准和服务规范,有效提升窗口单位的服务质量和服务水平,得到广大服务对象的普遍认可和欢迎。

人力资源社会保障部规划财务司牵头人力资源社会保障标准化管理工作,全国社会保险标准化技术委员会(SAC/TC474)、全国人力资源服务标准化技术委员会(SAC/TC292)、全国劳动定额定员标准化技术国家标准委员会(SAC/TC131)、全国劳动管理与保护标准化技术委员会(SAC/TC535)等 4 个标准化技术委员会分别负责人力资源社会保障相关领域标准化工作,委员人数 180 人。2 月,SAC/TC292 召开换届大会暨第二届一次工作会议,会议审议标委会《章程》《秘书处工作细则》《近期工作计划》等,对《人力资源服务标准体系》提出修改意见。

【人力资源社会保障标准制修订】2015 年,国家标准委发布 GB/T 31594—2015《社会保险核心业务数据质量规范》、GB/T 31596. 1—2015《社会保险术语　第 1 部分:通用》、GB/T 31596. 2—2015《社会保险部分　第 2 部分:养老保险》、GB/T 31596. 4—2015《社会保险术语　第 4 部分:医疗保险》、GB/T 31596. 5—2015《社会保险术语　第 5 部分:工伤保险》、GB/T 31597—2015《城乡居民基本养老保险服务规范》、GB/T 31599—2015《社会保险业务档案管理规范》等 7 项推荐性国家标准;在组织相关专家审查的基础上,报部领导批准发布 LD/T 32. 1—2015《社会保障卡规范　第 1 部分:卡片样式》、LD/T 32. 2—2015《社会保障卡规范　第 2 部分:机电特性、逻辑接口与传输协议》、LD/T 32. 3—2015《社会保障卡规范　第 3 部分:文件系统和应用选择》、LD/T 32. 4—2015《社会保障卡规范　第 4 部分:安全机制》、LD/T 32. 5—2015《社会保障卡规范　第 5 部分:命令》、LD/T 32. 6—2015《社会保障卡规范　第 6 部分:应用数据结构》、LD/T 32. 7—2015《社会保障卡规范　第 7 部分:应用流程》、LD/T 33—2015《社会保障卡读写终端规范》《职业技能实训和鉴定设备设置要求　第 5 部分:数控加工专业》《职业技能实训和鉴定设备设置要求　第 6

部分：机械设备维修专业》《职业技能实训和鉴定设备技术规范　第6部分：机械设备维修专业》等11项推荐性行业标准。

经部属相关标委会审查、报部领导审批并向国家标准委报批GB/T 32622—2016《社会保险征缴稽核业务规范》GB/T 32621—2016《社会保险经办业务流程总则》GB/T 31596—2016《社会保险术语　第6部分：生育保险》《流动性人员人事档案服务规范》GB/T 32624—2016《人力资源培训服务规范》GB/T 32625—2016《人力资源管理咨询服务规范》等6项推荐性国家标准。

部属标委会组织制定完成《社会保险咨询服务规范》《社会保险经办绩效评价规范》《社会保险费申报缴纳管理规范》《养老保险个人账户管理规范》《养老保险待遇支付服务规范》《基本医疗保险待遇享受稽核业务规范》《社会保险关系转移接续　第1部分：企业职工基本养老保险》《社会保险关系转移接续　第2部分：职工基本医疗保险》等8项推荐性国家标准。

部属标委会组织制定《社会保险经办机构岗位分类》《社会保险登记服务规范》《社会保险业务分类与代码》《社会保险基金预算管理业务规范》《养老保险精算数据指标体系规范　第1部分：企业职工基本养老保险》《人力资源服务机构能力指数》《人力资源服务术语》《高校毕业生就业指导服务规范》《公共就业服务总则》《公共就业服务中心设施设备》《职业指导服务规范》《公共就业服务术语》《人力资源外包服务规范》《就业登记管理服务规范》《就业援助服务规范》《失业登记管理服务规范》《职业介绍服务规范》《全国风力发电行业劳动防护用品配备标准》等17项推荐性国家标准和1项推荐性行业标准。

【人力资源社会保障标准化试点】2015年，国家标准委牵头的社会管理和公共服务标准化联席会议办公室批准人力资源社会保障系统19个社会保险窗口服务单位开展国家级社会管理和公共服务综合标准化试点。通过参与国家级标准化试点，试点单位简化办事程序，缩短业务办理时限，群众满意率明显提升。年内，人力资源社会保障部制定下发《关于创建社会保险标准化建设“先行城市”的通知》，决定在全国开展社会保险标准化建设“先行城市”活动。通过打造社会保险标准化建设城市“样板间”，旨在发挥对周边城市群的辐射带动作用，进一步树立社会保险领域为民服务的良好形象。人力资源社会保障部与重庆市政府决定依托重庆市社会保险局共建中国社会保险公共服务标准化示范基地。示范基地建设坚持专业型发展、专业化建设，既服务于重庆，打造管理服务示范城市，探索标准化工作方法；同时兼顾全国，探索总结经验，发挥引领作用。

【人力资源社会保障标准化宣贯】2015年7月，人力资源社会保障部部印发《关于推进社会保险标准贯彻实施的意见》，明确提出两个三年目标：2015—2017年，在省级、地市级以及试点县级社会保险经办机构，社会保险标准贯彻实施实现“三统一”：即统一业务术语、统一服务形象、统一服务流程；2018—2020年，在县级以上社会保险经办机构全面落实“三统一”的基础上，社会保险标准贯彻实施实现“三规范”：即规范基础管理、规范风险防控、规范评价体系。最终在各级社会保险经办机构将社会保险服务、评价、管理等全过程纳入标准化管理轨道。10—11月，在河南、江苏分别举办全国GB/T 30662—2014《现场招聘会服务规范》、GB/T 30663—2014《人才测评服务业务规范》国家标准宣传贯彻培训班，在全国相关领域宣传贯彻落实已发布的国家标准。

【人力资源社会保障标准化科研】2015年，人力资源社会保障部组织开展《人力资源服务标准体系》《劳动管理与保护标准体系》《新时期劳动定额定员问题研究》《工业锅炉制造劳动定额标准预研究》研究，多次召开相关业务部门和专家研讨会，对原有人力资源服务标准体系和劳动管理与保护标准体系进行修改完善，探讨在减政放权大背景下，如何制定贯彻落实劳动定员定额标准，如何制定工业锅炉制造劳动定额标准。

供　稿：人力资源社会保障部
撰稿人：王　莹
审稿人：吴礼舵

国土资源部

【概况】国土资源部制定出台《国土资源标准化管理办法》，确立归口管理、分工负责、共同推进的管理机制，进一步规范国土资源标准化工作的程序，强化标准制定的全过程管理；制定实施《全国国土资源标准化技术委员会章程》和《全国国土资源标准化技术委员会秘书处工作细则》，为标准化技术委员会工作提供制度保障。修订国土资源标准体系，对科学开展标准制修订工作，增强标准之间的协调性和配套性，提高标准的适用性和总体效能发挥重要作用。2008—2015 年，连续 8 年编制国土资源标准制修订年度计划，落实 293 项标准制修订任务，87% 完成起草工作。围绕部重点工作，加强重大标准的制修订，发布实施一批国土资源重要标准。在土地资源领域，围绕耕地资源保护、节约集约利用土地、不动产统一登记、高标准农田建设发布实施GB/T 21010—2007《土地利用现状分类》、GB/T 28407—2012《农用地质量分等规程》、GB/T 28405—2012《农用地定级规程》、GB/T 28406—2012《农用地估价规程》、GB/T 30600—2014《高标准农田建设　通则》、TD/T 1018—2008《建设用地节约集约利用评价规程》等系列标准。围绕地质调查与评价发布实施GB/T 958—2015《区域地质图图例》、GB/T 25283—2010《矿产资源综合勘查评价规范》、DZ/T 0175—2014《煤田地质填图规范（1∶50 000 1∶25 000 1∶10 000 1∶5 000）》GB/T 17765—1999《固体矿产资源/储量分类》（修订中）等标准。围绕地质矿产勘查技术方法、实验测试发布实施GB/T 14505—2010《岩石和矿石化学分析方法》、DZ/T 0203—2014《航空遥感摄影技术规程》、DZ/T 0260—2014《地热钻探技术规程》、DZ/T 0263—2014《地面核磁共振法找水技术规程》等标准。围绕地质环境保护与地质灾害防治发布实施 DZ/T 223—2007《矿山环境保护与综合治理方案编制规范》、DZ/T 0251—2014《滑坡崩塌泥石流灾害调查规范（1∶50 000）》、DZ/T 0222—2006《地质灾害防治工程监理规范》等标准。

截至2015 年12 月31 日，国土资源领域有国土资源国家标准近 160 项，国土资源行业标准 360 余项，国土资源国家标准物质 600 余项，基本覆盖土地和地质矿产主要专业领域，为国土资源各项工作开展提供有力技术支撑。国土资源标准化信息服务平台正式运行，实现 255 项行业标准免费向社会公布，加速国土资源标准化管理和社会服务的信息化进程。

【国土资源标准化改革】2014 年 7 月，全国国土资源标准化工作会议在京召开。会议提出国土资源标准化工作围绕“尽职尽责保护国土资源，节约集约利用国土资源，尽心尽力维护群众权益”的基本定位，突出重点，改革创新，服务工作大局，构建国土资源标准化事业发展新格局，明确下一步工作重点和工作部署。

2015 年，国土资源部按照《深化标准化工作改革方案》要求及《贯彻实施〈深化标准化工作改革方案〉行动计划（2015—2016）》统一部署，加强国土资源标准化工作的改革，研究若干改革意见和加强标准工作的重要举措。

【国土资源标准宣贯培训】“十二五”以来，国土资源部通过举办标准培训班、免费发放标准资料、互联网宣传、报刊宣传等多种方式开展一系列的国土资源标准化宣贯工作。组织和协助有关单位举办重要标准培训班 17 期，进行 DZ/T 0251—2012《地质勘查单位质量管理规范》、DZ/T 0080—2010《煤炭地球物理测井规范》等近 20 项标准的宣贯培训，涵盖土地资源管理、地质矿产质量管理、航空地球物理勘查、遥感地质调查、煤炭地质勘查等工作领域，促进标准在工作中的应用。举办土地资源和地质矿产标准编写培训班4 期，累计培训 350 余人次，促进标准编写质量提高；协助国土资源部和中国地质调查局分别编著《地质找矿科技成果系列丛书之十——地质矿产标准规范》和地质调查标准汇编，并印发到有关单位；免费发放标准文本 4 300 余册；在期刊、报纸公开发表国土资源标准化文章 40 余篇，宣传国土资源标准化研究成果。

【国土资源标准化技术委员会建设】全国国土资源标准化技术委员会（以下简称：标委会）是在原地标委的基础上于 2006 年新组建的国土资源标准化技术工作组织，主要负责全国地质矿产与土地资源领域的标准化工作。2011 年，标委会完成第一次换届工作，第二届标委会由来自国土资源、冶金、有色、核工业、煤炭、石油、化工、建材、水电、建设、地震、黄金、农业、交通、铁道、信息等 16 个与国土资源有关部门的 303 位专家组成，在第一届标委会基础上新增3 个分技术委员会，共设 10 个分技术委员会，包括区域地质、矿产地质，水文地质、工程地质、环境地质，地质勘查技术方法，地质矿产实验室测试，国土资源信息化，土地资源规划、调查、评价，土地资源利用、整理、保护矿产资源储量、矿产资源节约集约利用和土地利用、节约、监测等。全国国土资源标准化技术委员会是国土资源领域从事地质矿产和土地资源标准化工作的唯一综合性标准化技术组织。

供　稿：国土资源部
撰稿人：马　梅　申文金
审稿人：高　平

环境保护部

【概况】2015年，环境保护部围绕贯彻落实《中华人民共和国环境保护法》《大气污染防治行动计划》《水污染防治行动计划》和支持制定《土壤污染防治行动计划》，推进重点行业污染物排放标准及相关监测标准、管理规范制修订工作，推进标准宣传培训、实施情况评估及地方标准清理复审和备案工作，环境保护标准工作取得进展。

全年，发布国家环境保护标准83项，历年累计发布各类国家环境保护标准1 941项（含现行有效标准1 695项、已废止标准246项）；审查备案地方污染物排放标准8项，累计备案182项（含现行有效标准148项、已废止标准34项）；针对地方标准部分限值比国家新标准宽松、适用对象或范围不明确、与国家标准项目指标交叉等问题，推动地方标准的清理复审工作，进一步完善国家、地方两级环保标准体系结构；举办4期全国环保标准培训班，内容包括石化、化工、合成树脂、有色、火电、锅炉、纺织等30余项配套"气十条"和"水十条"的重点标准，培训约1 000人次。

【大气十条重点标准】2015年，环境保护部制定并会同质检总局发布再生有色、石油炼制、石油化工、合成树脂、无机化工、火葬场6项污染物排放标准。截至年底，配套"大气十条"的重点行业25项国家大气污染物排放标准全部完成。这些标准的实施可以大幅度削减颗粒物（PM）、氮氧化物（NOx）、二氧化硫（SO_2）、挥发性有机物（VOC）、重金属等污染物排放，促进行业技术进步和环境空气质量改善，防控环境风险。

【石油炼制、石油化工两大气污染物排放标准】2015年5月，环境保护部会同质检总局发布GB 31570—2015石油炼制工业污染物排放标准》、GB 31571—2015《石油化学工业污染物排放标准》等2项污染物排放标准。与现行综合型排放标准相比，新标准明确石油炼制和石油化学工业应控制的污染物种类，收严常规污染物二氧化硫、氮氧化物、颗粒物、COD、氨氮、总氮、总磷等污染物排放限值，并对行业的特征污染物挥发性有机物提出控制要求。

【合成树脂工业污染物排放标准】2015年5月，环境保护部批准并会同质检总局发布GB 31572—2015《合成树脂工业污染物排放标准》。实施该标准将对推进污染物减排和总量控制产生积极作用，其中废气污染物中的挥发性有机物（以非甲烷总烃计）每年减排量为2 300～4 000吨，废水污染物中的COD减排量为5 800～6 000吨。

【无机化学工业污染物排放标准】2015年5月，环境保护部批准并会同质检总局发布GB 31573—2015《无机化学工业污染物排放标准》。标准实施后，预计氨氮、COD、总铅的排放量与执行现行标准相比，排放量分别削减71.1%、77%、66.7%；颗粒物和SO_2。排放量分别削减89.5%、71%，并能有效控制重金属及氯、氟、砷、氰、氨、硫化物等有毒有害污染物的排放，可有效控制无机化学工业污染物排放，引导无机化学工业向清洁、健康的方向发展。

【再生铜、铝、铅、锌工业污染物排放标准】2015年5月，环境保护部批准并会同质检总局发布GB 31574—2015《再生铜、铝、铅、锌工业污染物排放标准》。再生铜、铝、铅、锌等4种金属占整个再生有色金属行业的95%以上。新标准的制定综合考虑国内再生有色金属工业行业生产和排放控制现状、生产工艺和污染物排放治理技术发展情况，以及达标的经济成本等因素。与执行现行标准相比，实施该标准限值后，颗粒物、二氧化硫、二噁英类、化学需氧量的年排放量将分别减少4 405吨、11 717吨、50克、3 986吨，削减率分别为64%、41%、45%和39%。

【环境监测标准体系建设】2015年，环境保护部发布64项环境监测规范，包括《铅水质自动在线监测仪技术要求及检测方法》等3项监测仪器技术要求；HJ 759—2015《环境空气　挥发性有机物的测定　罐采样/气相色谱-质谱法》等7项大气污染物监测方法，HJ 748—2015《水质　铊的测定　石墨炉原子吸收分光光度法》等13项水污染物监测方法，HJ 741—2015《土壤和沉积物　挥发性有机物的测定　顶空/气相色谱法》等20项土壤污染物和固废监测方法，以及GSB 07-3228—2014《氮气中氧化亚氮气体标准样品》等21项国家标准样品。有力支撑新排放标准的制定和实施。

【环保标准宣传培训】2015年，环境保护部举办石化、化工等5项新的大气污染物排放标准专题培训，有色、火电、锅炉、纺织等30余项配套"气十条"和"水十条"的重点标准培训，环保标准制修订技术培训等一系列国家环保标准培训，直接培训全国环保系统和国家环保标准项目承担单位代表1 000人次。宁夏、江苏、河南等地分别举办多期面向省内环保系统的专题培训班。加强面向社会公众的环保标准宣传，对石化、化工、有色、无机等新发重点标准及时宣传解读。

【环保标准实施情况评估】2015年，环境保护部对火电、造纸、电镀、制药、平板玻璃、生活垃圾填埋场等24项污染物排放标准实施评估有序推进。其中，油气回收系列大气污染物排放标准、制浆造纸工业水污染物排放标准完成报告并上报；火电、制药、铅锌等重点行业排放标准实施评估完成调研，正在起草报告；稀土、皂素等标准评估正在全面调研；启动陶瓷、钒工业、炼焦化学等一批排放标准实施评估新项目。

【环保地方标准清理复审工作】2015年，环境保护部针对地方环境质量标准和污染物排放标准中部务指标限值比国家新标准宽松、适用对象、范围不明确、与国家标准交叉等问题，印发《关于抓紧复审和清理地方环境质量标准和污染物排放标准的通知》(环办〔2015〕39号)，完成197项地方标准的清理和复审工作，累计备案地方标准数量达182项，现行有效地方标准数量148项。

供　稿：环境保护部
撰稿人：裴晓菲　段光明　李晓弢　范真真　谷雪景　张　朔
审稿人：裴晓菲

住房城乡建设部

【概况】截至2015年底，中国工程建设国家标准1 066项，工程建设行业标准3 500余项，工程建设地方标准3 000余项。城镇建设和建筑工业两个行业现行的产品标准1 213项。

住房城乡建设部负责建设领域国际标准化组织(ISO)国内的对口管理工作。归口管理所属专业有关的ISO(分)技术委员会47个，归口管理ISO现行产品国际标准374项。

【工程建设标准立项及计划管理】2015年，住房城乡建设部在标准立项工作中，通过网上公开征集项目、部内征集立项建议、网上征求意见、发函征求意见等环节，与相关部门和单位协商研究，确定2015年度标准制修订计划，工程建设国家标准制修订计划95项，其中制定项目53项，修订项目42项；工程建设城建、建工行业标准计划76项，其中制定项目59项，修订项目17项；产品标准制修订计划90项，其中国家标准29项，行业标准61项。行业标准制修订计划中，城镇建设产品标准35项，建筑工业产品标准26项。

【工程建设标准制修订】2015年，住房城乡建设部批准发布工程建设国家标准103项，其中制定项目79项、修订项目22项、局部修订项目2项；发布工程建设产品国家标准29项。

全年，发布城镇建设、建筑工程行业标准46项，其中城镇建设行业标准14项，建筑工程行业标准32项；在46项工程建设行业标准中，强制性标准17项，其中城镇建设强制性标准3项，建筑工程强制性标准14项。发布城镇建设、建筑工程产品行业标准53项，其中城镇建设产品标准28项，建筑工程产品标准25项。

在标准研制内容方面，落实国家重要政策，在促进老龄化产业发展、支持新能源汽车产业发展、推广装配式建筑、落实绿色建筑行动方案、促进城市排水防涝设施建设、促进光伏产业发展、促进文化创意和设计服务与相关产业融合发展等方面，编制《老年人居住建筑设计规范》《电动汽车电池更换站设计规范》《工业化建筑评价标准》《绿色医院建筑评价标准》《既有建筑绿色改造评价标准》《绿色商店建筑评价标准》《城市内涝防治技术规范》《城市雨水调蓄工程技术规范》《城镇排水管渠与泵站维护技术规程》《太阳能光伏玻璃幕墙电气设计规范》《光伏压延玻璃工厂设计规范》《建筑用光伏遮阳构件通用技术条件》《建筑光伏系统　无逆流并网逆变装置》《图书馆建筑设计规范》《博物馆建筑设计规范》等标准。

【工程建设标准复审】2015年，住房建设部根据《工程建设标准复审管理办法》，组织各工程建设标准化管理机构、各标准化技术委员会、各主编单位对2009—2010年发布的418项工程建设国家标准、城建建工行业标准、住房城乡建设部归口工业产品行业标准进行复审。

【工程建设行业标准、地方标准备案】2015年，住房城乡建设部备案工程建设行业标准178项，备案行业产品标准61项；备案工程建设地方标准427项。

【工程建设标准化改革】2015年，住房城乡建设部为适应全面深化改革形势，按照国务院《深化标准化工作改革方案》中工程建设标准按现有模式管理的规定，起草《关于深化工程建设标准化工作改革的意见》，明确工程建设标准化工作的改革方向、重要原则和重点工作任务。启动构建“国家工程建设强制性标准体系”。组织水利、铁路、电力等21个行业，开展各行业强制性标准体系的研究编制工作。把强制性标准的范围限定在保障人身健康和财产安全、国家安全、生态环境安全等方面；把内容拓展到目标、功能、性能，以及关键技术节点；把类型细化为工程项目类规范、通用技术类规范2类。

【工程建设国家标准外文版翻译】2015年，住房城乡建设部以中国参与国际市场的重点领域和重大项目为目标，按照成体系、成规模、系列配套的工作原则，组织开展工程建设标准英文版整体翻译，为中国企业参与国际市场竞争提供技术支撑。年内，在工程建设城建、建工、交通工程、建材工程和石化工程等领域下达工程建设标准翻译计划项目22项。

【工程建设标准化科研】2015年，住房城乡建设部依托住房和城乡建设部标准定额研究所、中国工程建设标准化协会、中国建筑科学研究院等科研院所、协会等机构，每年下达标准化研究项目计划。标准编制管理方面，围绕标准体制改革、标准化制度、标准化发展战略、标准化重大问题、标准信息化等角度，下达《工程建设标准深化改革方案研究》《工程建设标准专利管理制度研究》《社团标准培养和发展政策研究》《工程建设标准化年度发展研究报告》等9项标准研究项目；标准实施监督方面，围绕标准实施监督制度、标准体系实施、标准员岗位建设、标准实施评估、标准实施指南应用及标准实施专项工作等角度，下达《工程建设强制性标准执行情况检查要点》《工程建设地方标准化管理制度研究》《钢结构建筑标准体系研究》《施工现场标准员设置指导意见》《工程质量验收系列重点标准实施评估》《室外排水技术标准应用实施指南》《高强钢筋集中加工配送政策研究》等36个研究项目。

【工程建设标准化技术委员会】为做好城镇建设和建筑工程领域的标准工作，住房城乡建设部设立21个专业标准化技术委员会和强制性条文协调委员会，是专业性的标准化技术支撑机构。主要任务是协助管理本行业的标准化技术工作，委员人数1 000余人。住房城乡建设部负责归口管理产品标准全国专业标准化技术委员会15个。

【工程建设地方标准化机构及人才建设】住房城乡建设部在各地区建立工程建设标准化工作机构，全国各省级住房城乡建设主管部门有11个省设立标准定额处，13个省将标准化业务与其他业务合并在同一处室。15个省份成立地方标准化技术委员会。

【工程建设标准信息化建设】中国工程建设标准化信息网（www. ccsn. gov. cn）是中国工程建设标准化的门户网站。该网站日均访问量约2万次，发布的标准化信息超过3万条，实现标准全过程信息化管理，提供标准体系、强条等检索平台。2015年，完成标准体系检索系统的升级换代，涵盖房屋建筑、城乡建设、信息技术等16个领域，并将8大主题进一步细分为140余个分主题。完成网站的强制性条文检索系统的房屋建筑、城乡规划、城镇建设150余项工程国标、工程行标的强条更新。

供　稿：住房城乡建设部
撰稿人：郭庆习　孙　智　余山川
审稿人：吴路阳

交通运输部

【概述】2015年，在交通运输部标准化管理委员会领导下，交通运输标准化各项工作取得积极进展。编制完成《交通运输标准化“十三五”发展规划》，明确到2020年建成适应交通运输发展需要的标准化体系，并提出“十三五”期交通运输行业标准化工作重点任务。成立综合交通运输标准化技术委员会，负责综合交通运输领域标准化技术归口管理工作，统筹开展综合交通运输领域标准制修订工作。

截至年底，公路水运国家标准489项、公路水运行业标准1 073项，涵盖综合交通运输、安全应急、运输服务、工程建设与养护、节能环保和信息化等重点领域。公路水运全国性专业标准化技术委员会、分技术委员会和行业性专业标准化技术委员会17个，委员1 000余人。

【公路水运标准化工作改革】2015年，交通运输部组织开展现行标准清理评估和复审工作，废止JT/T 554—2004《港口货运计量设备配备规范》等62项行业标准。智能交通产业联盟和中国公路学会列入国家标准委团体标准试点，智能交通产业联盟发布27项团体标准。印发《交通运输标准化技术委员会秘书处考核评价办法》，完成对17个专业标准化技术委员会秘书处的年度考核评价。对交通运输标准化信息平台进行改版，提高标准化信息发布的及时性和准确性。开展管理机构改革，科技司专门设置标准化管理处，负责行业标准化归口管理工作。部科学研究院标准计量研究所独立运行，提高标准技术审查和标准政策研究能力。

【公路水运标准制修订】2015年，交通运输部围绕国家重大战略实施，按照交通运输行业转型升级、提质增效发展要求，印发《京津冀交通一体化发展的标准化任务落实方案》，发布《综合交通运输标准体系》《道路运输标准体系》等6个专业领域标准体系，发布公路水运国家标准24项和行业标准116项。在工程建设领域，发布JTG C30—2015《公路工程水文勘测设计规范》、JTS 180-4—2015《长江干线通航标准》等24项标准；在运输服务领域，发布JT/T 963—2015《青藏高原营运客车技术要求》等13项标准；在安全应急领域，发布JT/T 999—2015《城市公共汽电车应急处置基本操作规程》等13项标准；在节能环保和信息化领域，发布JT/T 1016. 1—2015《施工期环境监测技术规范　第1部分：公路施工期环境质量监测》、JT/T 966—2015《收费公路联网收费系统软件测试方法》等37项标准；此外，发布JTT/T 185—2015《耙吸挖泥船专用设备修理技术要求》等产品标准53项。

【公路水运标准实施】2015年，交通运输部以天津、江苏、上海等10个省份及交通运输部长江航务管理局11个单位为示范创建地区，以13个重点水运工程为试点项目，开展水运工程施工标准化示范创建活动。制定《推进货运车型标准化工作方案》，加强GB 1589《道路车辆外廓尺寸、轴荷及质量限值》标准实施配套政策研究，推动新标准车型试验论证和上路试运行。GB/T 30013—2013《城市轨道交通试运营基本条件》国家标准在上海、天津、广州等约20个城市的600余公里地铁线路上广泛应用。

【公路水运标准化工作监督】2015年，交通运输部完成对广东、贵州等17个省份和交通运输部长江航务管理局18个单位公路水运工程质量安全综合督查和公路隧道工程专项督查工作。会同北京、天津等10个省份完成交通运输产品质量行业监督部省联动抽查工作，涉及电子不停车收费(ETC)设备、北斗导航车载终端等7类行业重点产品，保障全国高速公路ETC联网和道路运输车辆动态监管顺利运行。

【公路水运国际标准化】2015年，交通运输部承办国际标准化组织智能运输系统技术委员会(ISO/TC204)春季会议。参加联合国危险货物运输专家委员会(TDG)第47、48次和全球化学品分类及标签分委会(GHS)第29、30次会议，参与国际危险货物运输和化学品分类及标签规则修订工作。推进与法、德、中东欧等国家和地区道路标准化交流合作与标准互认，开展与国际港口协会(IAPH)交流合作。组织开展JTG B01—2014《公路工程技术标准》等7项标准外文版编译工作。在疏浚装备、智能交通系统、集装箱、港口岸电系统方面，组织开展《集装箱设备数据交换特种集装箱通信代码》《智能运输系统(ITS)支持ITS服务的便携终端应用　第1部分：通用信息与用例》《耙吸挖泥船疏浚监控系统》等10项国际标准的起草工作。

供　稿：交通运输部

水　利　部

【概况】2015年，在水利部党组的领导和支持下，按照习近平总书记和李克强总理关于水利工作的重要讲话精神以及党中央治水方针和部党组治水思路有关要求，水利部围绕中心、服务大局、凝心聚力、扎实工作，在标准制修订、标准项目管理、标准国际化、标准实施与监督、资质认定(计量认证)以及标准化改革等方面均取得明显进展。

【水利标准制修订】2015年，水利部安排28项水利技术标准制修订项目，其中财政专项项目21项，包括《大坝安全监测系统鉴定技术规范》等；基建前期项目7项，包括《混凝土重力坝设计规范》等。

全年，发布水利技术标准57项，其中水利国家标准2项，水利行业标准55项；报批国家标准11项。

截至年底，国家标准委批复2016年度水利国家标准制修订计划8项，包括《微灌工程技术规范》等；按照水利部标准化工作“进度与质量并重、编制与实施并重”的目标以及项目规划及储备的统一要求，水利部对申报2016年年度计划的109项水利标准化项目分组进行立项论证。确定《灌溉与排水工程技术管理规程》等55项优先立项，《山洪沟治理工程技术规范》等29项同意立项。

【水利标准项目管理】2015年，水利部严格标准进度管理。通过建立标准月报通告制度、重点项目督办制度、严重滞后项目约谈制度，特别是通过建立诚信体系和联动机制，取得较好成效，标准制修订进度整体基本正常。

年内，水利部加强标准质量管理。进一步完善专家审查机制。通过部标准化领导小组专家委员会对标准立项、审批两个环节严格把关，守住标准“入口”和“出口”的质量关；进一步规范标准编制程序，通过《水利技术标准制修订作业指导书》的实施，明确对大纲、征求意见、送审和报批各阶段材料的编制和审查重点，4个阶段的编写、初审和会（函）审质量明显提高；进一步加强编制管理要求，发布《关于进一步规范标准编写有关事项的通知》，规范水利技术标准主编单位，主要起草人、技术内容审查人在标准编写、审查过程中的权力和义务，提高标准编写和审查质量；不断强化标准规范引导作用。副部长周学文主持召开全国水利科技工作座谈会，并指出要按照《国务院关于印发深化标准化工作改革方案的通知》要求，加强标准项目管理，努力缩短标准制定周期，提升水利技术标准质量。

【水利标准信息化管理】2015年，水利部维护现有“质量技术监督子系统—标准化管理”的运行，并根据各单位提出的意见对“月报报表”“主编单位”等模块进行修改完善，满足现行标准化工作的需要；收集和梳理标准化基础数据，研究新系统框架对标准化技术需求的满足性以及标准化体系表在新系统中的应用。

【水利国际标准化】2015年，水利部加强水利标准国际化调研，编制完成水利技术标准国际化发展规划。坝工建设、小水电等19项标准英文版出版发行，中国标准在拉美、非洲、东南亚和西亚部分国家的流域综合规划、工程设计、施工管理等领域得到应用，水利技术标准国际化取得突破性进展，提高中国水利在国际涉水事务上的话语权，提升中国水利水电企业“走出去”的竞争力。

【水利标准复审】2015年，水利部为不断提高水利标准的质量和技术水平，更好适应国民经济和社会发展需要，根据《水利技术标准复审细则》）有关规定，组织开展水利技术标准复审工作，对239项实施5年及以上的水利技术标准和3年及以上的水利行业技术性指导文件进行复审。经专家组论证GB/T 24108—2009《岩土工程仪器可靠性技术要求》等118项标准继续有效，SL 30—2009《水电新农村电气化标准》等119项标准建议修订，SL 453—2009《人才管理数据库表结构及标识符标准》建议废止，因国务院全面取消非行政审批项目，SL 422—2008《水利旅游项目综合影响评价标准》暂未形成终审意见。

【水利标准宣贯培训】2015年，水利部为加强标准化工作管理，提高标准编制质量和工作水平，根据培训计划，安排4期标准化培训班，包括2期“SLI及GB/T l. l宣贯培训班”和2期“标准编写与审查培训班”。培训对象为各单位标准化工作管理人员、各在编水利技术标准编写人员、水利技术标准体例格式复读专家、有志于从事水利技术标准编制工作的水利科技工作者、企事业单位有关人员等，280余人参加培训。

【水利工程建设标准强制性条文监督检查】2015年，水利部开展《工程建设标准强制性条文（水利工程部分）》（以下简称:《强制性条文》）的编制、审查等工作，此项工作以2010年版《强制性条文》篇章框架为基础，收录水利工程建设标准截至2015年12月31日批准发布的标准，汇编完成2016版《强制性条文》；涉及98项水利工程建设标准，614条强制性条文；9月，为落实《强制性条文》，组织开展水利工程建设标准强制性条文（水利工程设计）现场监督检查。依据2016版《强制性条文》（汇编本），编写2016年版《强制性条文实施指南》。在贵州、西藏地区举办《强制性条文》宣贯培训班，培训158人次。

【水利检验检测机构资质认定（计量认证）】2015年，水利部组织完成43家检验检测机构的评审任务，派出现场评审组43次、评审员和技术专家约210人次。完成6家质检机构的标准变更审核及19家质检机构人员变更备案工作。完成94家水利检验检测机构资质认定专项监督检查自查和统计工作。推进国家级标准物质开发研制，广泛应用于水环境质检机构水资源监测和质量控制和考核工作。在水量计量量值溯源体系及关键技术标准、渠道流量计量等领域开展应用基础研究并取得实效。

【水利标准化改革】2015年3月，国务院印发《深化标准化工作改革方案》，全面启动标准化改革工作。水利部积极配合团体标准试点工作，加强对中国水利学会等相关团体标准化工作的指导和监督，并对标准化工作程序、选题、实施等方面提出具体要求。其中中国水利学会作为水利行业唯一一家社团，被国家标准委确定为团体标准研制试点单位。年内，中国水利学会完成《中国水利学会标准管理办法》编制工作。

供　稿：水利部

商　务　部

【概况】2015年,商务部组织编制"十三五"时期国内贸易流通标准化建设规划,强化流通标准化管理体制改革顶层设计,明确发展目标和重点任务。编制内贸流通行业标准体系总框架,重新界定流通标准体系范畴,明确标准体系总框架,以适应现代流通业发展的新要求。下达流通行业标准制修订计划105项,申请国家标准35项;公告国家标准5项,行业标准43项。对1984年以来商务部(含商业部、经贸委)发布的标准进行全面梳理,编辑《国内贸易流通标准汇编》。收录1 235项国家标准和行业标准,约470万字。

截至年底,流通国家标准273项、流通行业标准1 028项,涵盖批发零售、商贸物流、居民服务等重点领域。全国性专业标准化技术委员会20个。

【流通标准化改革】2015年,为贯彻实施国务院《深化标准化工作改革方案》,有序推进商务领域标准化建设,确保标准化改革各项任务落到实处,商务部印发《贯彻实施〈深化标准化工作改革方案〉工作方案》,明确商务部标准化改革主要任务和司局分工,制定各项工作的时间表和路线图。进一步规范、优化标准项目审核流程,累计审核行业标准120项。修订、废止过时的标准,对立项2年以上仍未完成的标准计划项目进行清理,取消19项计划项目。会同国家标准委对现行136项农产品冷链流通标准进行清理整合,整合标准53项,修订标准9项,废止标准7项,继续有效标准67项。

【流通标准试点示范工作】2015年,商务部在京津冀、长三角、珠三角选择部分城市开展物流标准化试点,从标准托盘(1.2×1.0m)及其循环共用切入,带动物流上下游设施设备和服务标准化水平提升形成可复制推广的经验。开展药品流通标准宣贯、冷链物流标准应用,对生活服务类标准进行评估等。贯彻实施SB/T 11135—2015《绿色商场》行业标准,推动购物中心等流通企业开展节能商品销售、废弃物回收,采用节能技术和设备,降低能耗水平。指导中国商业联合会、中国连锁经营协会、全国商业机械标准化技术委员会、中国拍卖行业协会、全国城市农贸中心联合会等单位,通过研讨会、论坛、培训、表彰会等多种形式开展标准宣传贯彻工作。

【流通标准信息化建设】2015年,商务部建设流通标准制修订管理信息系统实现标准立项、制定、送审、报批、发布等环节的在线管理,对有关标委会机构建设、人员调整、绩效考核及日常工作进行动态监督,向社会公开标准制修订过程信息,免费公开行业标准全文,对有关标准进行在线解读,征求社会各界对流通标准化工作意见。

供　稿:商务部

文　化　部

【概况】2015年,文化部组织召开年度文化行业标准化工作会。会议向各文化行业全国标准化技术委员会传达国务院标准化协调推进部际联席会议第一次全体会议精神,听取各标委会关于近期工作开展情况的汇报,研究2015年度文化行业标准制修订计划项目及文化行业标准化研究项目立项方案。组织各文化行业全国标准化技术委员会重新编制各领域标准体系框架。谋划在"十三五"期间设立文化标准化推进工程。工程将在标准预研的基础上,围绕图书馆服务体系建设,特殊群体服务,基层图书馆建设与管理,阅读推广,数字图书馆、文化馆建设与服务,图书馆绩效评价,文献保存与保护,美术馆藏品普查,非物质文化遗产数字化保护,动画漫画术语,动画制作,室内游戏经营服务,网络游戏引擎开发,社会艺术水平考级管理等重点领域,分步骤、有计划地制定出台一批当前行业发展亟需的标准规范。

截至年底,文化国家标准8项、文化行业标准70项,涉及图书馆、剧场等传统领域,以及动漫游戏等新兴领域标准。并相继开展文化馆服务、非物质遗产数字化保护、美术馆藏品普查等相关标准研制工作。全国性专业标准化技术委员会和分技术委员会9个,委员人数300余人。

【文化标准化改革】2015年,文化部学习、领会国务院标准化协调推进部际联席会议第一次全体会议精神。7 月,召开专题会议,组织标准化工作主管处室及相关同志学习、讨论第一次全体会议材料、《深化标准化工作改革方案》《贯彻实施〈深化标准化工作改革方案〉行动计划(2015—2016 年)》,力争吃透文件精神并将其贯彻到文化标准化管理、改革过程始终。

【文化标准立项及计划管理】2015 年,《移动终端动漫内容要求》等 4 项国家标准计划项目获得国家标准委批准立项。报批《公共图书馆聋人服务指南》《公共图书馆读写障碍服务规范》2 项国家标准制修订计划项目。文化部批准《纸质文献封藏加工规程》等 6 个项目为 2015 年度文化行业标准制修订计划项目。

【文化标准制修订】2015 年,文化部完成推荐性国家标准《文化馆服务标准》《乡镇综合文化站服务标准》《图书馆馆藏资源数字化加工规范　第 5 部分:视频资源》制定工作,报送国家标准委审批、编号、发布。发布《公共图书馆评估指标》系列标准、WH/T 71—2015《图书馆参考咨询服务规范》、WH/T 72—2015《图书馆数字资源长期保存信息包封装规范》等 8 项推荐性行业标准。

【文化行业标准化科研】2015 年,文化部组织实施的《图书馆移动服务标准研究》《图书馆总分馆服务和流动服务标准研究》《ISO、IFLA 图书馆标准规范体系研究》3 项文化行业标准化研究项目完成既定任务,通过验收。批准《汉语文古籍索引数据标准化研究》等 6 个项目为 2015 年度文化行业标准化研究项目。

【文化行业标准化技术委员会建设】2015 年,文化部适应行业发展,对文化行业全国标准化技术委员会进行动态调整。8 月 27 日,全国图书馆标准化技术委员会召开第二届委员会成立大会,标志着其换届工作全面完成。全国文化艺术资源标准化技术委员会第二届委员会委员公开征集工作正式启动。着手实施全国网络文化标准化技术委员会和全国文化娱乐场所标准化技术委员会秘书处承担单位调整工作。

【文化国际标准化】2015 年,文化部全力争取将中国自主原创的手机(移动终端)动漫标准上升为国际标准。为落实中央领导同志批示精神,适应一动互联网的快速发展,从标准层面引领和规范手机(移动终端)动漫发展,2011 年以来,文化部牵头会同中宣部、工业和信息化部等部门,组织有关院校、企业、研究机构,开展手机动漫标准的制定与推广工作;2012—2013 年,经国家标准委备案,文化部先后发布 WH/T 53—2012《手机动漫文件格式》、WH/T 54—2013《手机(移动终端)动漫内容要求》、WH/T 56—2013《手机(移动终端)动漫用户服务规范》、WH/T 55—2013《手机(移动终端)动漫运营服务要求》4 个手机动漫领域推荐性行业标准;2015 年 4 月 30 日,《手机动漫文件格式》等 4 个项目列入国家标准委下达的 2015 年第一批国家标准制修订计划。

2015 年 2 月,国际电信联盟(ITU)第 16 研究组(SG16)在日内瓦总部召开年度工作会议,文化部派员参会,与手机(移动终端)动漫标准课题组一起就中国制定的手机(移动终端)动漫标准向国际电信联盟提出申请立项为国际标准,最终通过立项申请。10 月 19—23 日,文化部派员参加国际电信联盟(ITU)第 16 研究组(SG16)工作会议,提出中国自主原创的手机(移动终端)动漫标准文本。该标准是第一个手机(移动终端)动漫的国际标准,也是国际电信联盟第一个关于文化与科技融合的标准。

供　稿:文化部
撰稿人:马鸣远
审稿人:李　蔚

卫生计生委

【概况】2015 年,卫生计生委召开第七届国家卫生国家标准委员会第二次全体会议,对下一阶段标准化工作做出部署。正式印发《卫生标准立项管理规定》,进一步完善卫生标准管理制度。

截至年底,卫生领域现行有效的卫生国家标准 252 项,卫生行业标准 475 项,国家职业卫生标准 393 项,涵盖卫生信息、公共卫生、职业卫生、医疗卫生等各领域。国家卫生国家标准委员会下设17 个专业卫生国家标准委员会,委员人数 600 余人。

【卫生标准立项】2015 年,卫生计生委下达卫生标准制修订计划项目 86 项,其中制定 64 项、修订22 项、基础研究项目 2 项。发布 2016 年卫生标准征集公告，组织标准专业委员会开展2016年卫生标准立项评审，评审出2016年卫生标准制修订计划73项、制定44项、修订29项、基础研究1项。

【卫生标准制修订】2015年，卫生计生委发布卫生标准63项，其中卫生行业标准28项、国家职业卫生标准20项、国家标准15项。

【卫生标准课题研究】2015年，卫生计生委组织召开互联网医疗标准需求研讨会，启动《卫生信息安全标准与规范体系框架研究》《互联网医疗信息标准体系研究》。对《医疗健康物联网信息标准体系框架》《健康服务业标准需求》等7项卫生标准研究课题进行验收。

【卫生标准宣贯培训】2015年，卫生计生委对省级卫生计生行政部门负责卫生标准工作同志开展2期标准相关内容培训。组织召开全国卫生标准信息员培训班。举办医院感染控制标准、血液标准培训班，全国医疗机构、卫生监督机构200余人参加培训。对GB 18467—2011《献血者健康检查要求》、WS/T 400—2012《血液运输要求》、WS 399—2012《血液储存要求》等3项血液标准开展追踪评价。

供　稿：卫生计生委

人民银行

【概况】2015年，人民银行在党中央、国务院决策部署下，贯彻落实《深化标准化工作改革方案》及行动计划，指导全国金融标准化技术委员会（以下简称：金标委）以助力消费者权益保护、规范金融机构服务为突破，推进金融标准化各项工作。

年内，人民银行联合质检总局、国家标准委发布GB/T 32320—2015《银行营业网点服务基本要求》等国家标准9项，发布JR/T 0125—2015《商业银行内部控制评价指南》等行业标准15项，《中国人民银行数据生命周期管理技术规范》等人民银行技术标准6项。截至年底，现行有效金融国家标准53项，金融行业标准127项，人民银行技术标准8项。全国性专业标准化技术委员会1个，委员人数49人，专家56人；下设证券、保险和印制等3个分技术委员会；下设银行间市场技术标准工作组、人民银行安全保卫标准工作组、银行业数据中心运维标准工作组、银行间市场业务标准工作组、农信系统标准化工作组和金融国际标准跟踪研究工作组等6个专项工作组。

【金融标准化管理】2015年，人民银行根据标准化改革行动计划有关要求，为提高金融标准制修订体系化水平，满足业务部门需求和市场发展需要，研究提出未来三年金融业标准制定需求清单，组织制定《全国金融标准化技术委员会金融标准制修订清单维护规程》，明确清单制修订原则和增删维护、论证决策程序，并基于清单开展标准立项和金融标准体系修订。

年内，人民银行结合强制性标准整合精简工作方案的具体要求，从国内国外两方面着手，开展金融业制定金融强制性标准必要性的调研，形成金融业强制性标准工作思路，推动金融强制性标准体系建立和关键领域的标准制定。

【金融重点标准研制】2015年，人民银行组织编制《银行营业网点服务基本要求》、GB/T 32318—2015《银行营业网点服务评价准则》、GB/T 32319—2015《银行业产品说明书描述规范》、GB/T 32315—2015《银行业客户服务中心基本要求》、GB/T 32312—2015《银行业客户服务中心服务评价指标规范》、GB/T 32314—2015《商业银行客户服务中心服务外包管理规范》、GB/T 32313—2015《商业银行个人理财服务规范》、GB/T 32317—2015《商业银行个人理财客户风险承受能力测评规范》和GB/T 32316—2015《金融租赁服务流程规范》等9项金融国家标准。系列标准于2015年底发布，2016年6月1日实施，通过标准化手段为行业发展创建标杆，加强与服务民生等国家重点领域相关的金融国家标准的制定，并在进一步改善金融服务和金融消费者体验方面发挥重要作用。

年内，人民银行组织研究互联网金融标准制修订需求，编制《互联网金融标准体系》，组织金融机构及互联网公司等共同起草《互联网金融信息披露规范》《互联网金融云计算技术架构规范》《互联网金融个人信息保护技术规范》《互联网金融云计算服务安全技术要求》《互联网金融云计算容灾规范》等标准，以满足互联网金融领域发展需要。

【金融专项领域标准化】2015年，人民银行组织金标委秘书处制定实施《全国金融标准化技术委员会金融标准专项工作组管理办法》，规范和促进金标委专项工作组发展，夯实金融标准“谁使用、谁制定、谁实施、谁维护”的工作机制。年内，金标委银行间市场业务标准工作组组织开展信贷资产支持证券信息披露等8项行业标准立项，推动JR/T 0108—2014《非金融企业债务融资工具承销业务规范》宣贯和工作组内部信息化平台建设。银行间市场技术标准工作组扩充成员，推进银行间市场技术标准体系建设，修订《银行间市场基础数据元》和《银行间市场业务数据交换协议》2项标准；参加12月在日本东京召开的ISO 20022 RMG年会。银行业数据中心运维标准工作组完成《银行数据中心标准体系建设方案（初稿）》，针对变更管理及交付规范开展课题调研。人民银行安全保卫标准工作组组织开展《中国人民银行人民币发行库监控系统建设标准》等标准制定。农信系统标准化工作组发布并推动实施《第二代农信银支付清算系统报文交换标准》，编制《农村金融机构标准化指引》。

【金融国际标准化】金标委对口国际标准化组织金融服务技术委员会（ISO/TC68）和国际标准化组织个人理财技术委员会（ISO/TC222）。2015年，金标委成立金融国际标准跟踪研究工作组，负责金融国际标准化跟踪研究及组织协调工作。

年内，人民银行推荐金融领域34名专家加入ISO/TC68的15个工作组。截至年底，推荐43名专家加入21个ISO标准工作组。向ISO/TC68/SC7申报《银行业产品说明书描述规范》国际标准提案。由中国外汇交易中心主导开发的ISO 20022报文通过国际评审，发布成为国际通用报文。中国金融IC卡标准成为泰国芯片卡发卡和受理标准。

人民银行组织金标委编制金融国际标准化年度研究报告、工作季报、重点标准翻译稿等；制定《金标委金融国际标准跟踪研究工作组管理办法》，细化专家跟踪、投票、反馈审批及备案流程；完善工作例会、年度工作会议、专题培训和经验交流等会议制度；拓展专家联络群组、对口跟踪小组、专题研讨会等工作渠道；组织召开2期专家培训和经验交流会。

全年，金标委组织完成国际标准新工作项目提案和草案稿1项，委员会草案、询问草案及最终国际标准草案等国际标准草案各阶段的网上电子投票和意见回复23项，ISO 20022业务请求说明书审核及网上电子投票5项。金标委组织相关单位分别参加2015年ISO/TC68及其SC2、SC4和SC7年会，以及2015年ISO 20022 RMG年会。

【全球法人机构识别编码体系参与情况】2015年，人民银行组织相关力量参与全球法人机构识别编码（Legal Entity Identifier，简称LEI）体系建设，开展LEI编码国内实施。全年，派员参加全球LEI体系现场会议8次，听取电话会议55次，承办全球LEI体系监管委员会执行委员会与全球LEI基金会联合会议，举办LEI市场研讨会。研究提出LEI编码国内实施策略，完善中国本地系统建设和编码服务，开展本地系统认可工作研究。

9月21—23日，全球LEI体系在北京召开监管委员会（ROC）执行委员会（EC）与全球LEI基金会（GLEIF）董事会联合会议、ROC EC会议及GLEIF董事会等会议。期间，组织召开全球LEI体系市场研讨会，来自美国、瑞士等国的GLEIF董事会董事、中国人民银行相关司局、分支机构及直属机构、相关主管单位、金融机构及企业、科研院校代表应邀参加。会议介绍LEI体系发展历程、GLEIF基本情况及体系未来发展前景，LEI在中国的发展情况及下一步设想和思路。

截至年底，LEI中国本地系统管理LEI编码199个，其中发放编码197个、迁回编码2个。其中，银行机构163家、证券机构6家、保险机构6家、企业机构22家、其他机构2家。

【金标委工作会议】2015年2月3日，金标委2015年工作会议在北京召开。会议总结2014年金标委及证券、保险、印制分委会工作情况，讨论确定2015年工作思路和重点任务。会议强调标准化在中国经济社会改革中具有重要的地位，提出2015年金融标准化工作要求，包括在新形势下发挥金融标准化支持宏观管理、服务金融改革、维护金融安全的作用，加强顶层设计和金融标准服务民生的力度，完善标准化工作机制和金融标准化发展基础及环境，提升中国在国际金融标准化领域的话语权和影响力。

【金标委证券分委会换届】2015年6月1日，金标委证券分委会组织召开第三届换届大会，会议宣布第三届金标委证券分委会委员名单、金标委证券分委会11个专业工作组首席专家名单，审议通过第三届金标委证券分委会章程、专业工作组章程、秘书处工作细则和编码与标准服务中心工作细则。

【证券期货业标准制修订】2015年，金标委证券分委会制定机构间接口标准、机构内部接口标准、系统安全、基础编码、信息披露、技术管理、数据安全等7个专业领域的标准规划，并通过行业专家评审，正式印发。启动证券、期货、基金3个业务工作组的规划建设工作。

全年，金标委证券分委会在建标准45项（包括国家项目3项），其中《证券期货业信息系统托管基本要求》处于发布阶段；《证券及相关金融工具　国际证券识别编码体系》等2项标准处于报批阶段；《资本市场交易结算系统核心技术指标》等16项标准处于送审阶段；《证券期货行业数据模型》等26项标准处于起草阶段。

【证券期货业标准化科研】2015年6月，SDOM项目一期项目验收完成，提出模型方法论，实现行业顶层数据流图，完成行业公共业务，以及大部分交易、监管、披露业务线条模型的梳理，开发出数据模型管理平台等工作。SDOM 项目二期方案取得进展，实现数据模型管理平台线上服务功能，初步建立行业标准编制、审核工作机制，启动逻辑模型编制工作形式，形成行业数据模型联络员机制。

年内，行业数据模型和数据字典等基本建立，各专业领域均提出构建标准体系的方法论，其中基础编码领域采用“主体—场所—产品—活动”四维分析法，制定适用于证券期货业统一的基础类编码体系；机构间接口领域采用“数据接口和传输接口分离”的分析方法，建立机构间数据通信协议标准体系；机构间接口领域采用“所有业务属性与对应的数据交换技术相结合”的分析方法，建立机构内部信息技术架构；信息披露领域采用“T4R（模板、映射、提炼、重组、回归）梳理”分析方法，建立资本市场信息披露标准体系。

【证券期货业标准国际化】2015 年，为加大对国际标准化组织金融服务技术委员会证券分技术委员会（ISO/TC68/SC4）、国家编码机构协会（ANNA）的跟踪与研究力度，金标委证券分委会形成《标准研究》3 期，系统分析 ISO/TC68/SC4 和 ANNA 最新工作动态及国际标准化工作流程。

年内，金标委证券分委会分别派员参加 3 月国际数据管理协会（DAMA）年会、5 月 ISO/TC68 与 ISO/TC68/SC4 年会、6 月与 11 月 ANNA 年会。中国参会人员与各国代表、国际相关机构沟通和交流，了解国际金融标准化领域的最新情况和热点问题，总结国际经验对中国的借鉴意义，会后形成总结报告，供业内参考。

更新 XBRL 专利申请人及发明人信息，完成《一种 XBRL 元素的编码方法》《一种定义 XBRL 和业务对应关系的标引模板》等 4 项专利的国内变更和香港专利申请工作。

【证券期货业信息化建设】2015 年，金标委证券分委会下设的标准中心分配国际证券识别编码（ISIN）2 906 个、证券投资基金编码 1 341 个、证券投资基金参与方编码 179 个。完成 ISIN 编码申请人变更和申请工作，增加上海清算所、中证机构间报价系统公司。完成私募基金外包业务编码、期货公司资产管理业务管理人编码及陆港基金互认相关业务编码的分配与管理工作。

年内，金标委证券分委会对中国资本市场标准网进行优化调整，完成标准制修订系统专业工作组嵌入标准制修订工作流程的系统改造、陆港基金互认相关系统升级等一系列基础建设工作，提高标准和编码业务发展水平，加强金标委证券分委会网站信息交流、标准制修订工作的时效性、准确性和权威性。

【保险业标准化概况】截至 2015 年底，由金标委保险分委会组织起草并由保监会正式发布的保险行业标准 23 项，初步构建一套符合中国保险业发展需要的基础数据标准体系，基础数据标准体系的建设为保险业规范、持续、健康、快速发展提供标准支撑，在促进保险行业信息化建设、规范业务管理等方面发挥重要作用。

【保险业标准化改革】2015 年，金标委保险分委会统筹组织行业有关单位，开展《保险业标准化改革方案》和《保险业标准化“十三五”规划》研究制定工作。组织协调并成立课题组，委托国寿集团牵头，中保协和中国保信参与，对行业标准化改革方案和“十三五”规划开展课题研究，探索研究制定保险业标准化改革路径，理清政府主导类标准和市场主导类标准的边界，分门别类推进。

年内，金标委保险分委会推动行业团体标准试点工作。发挥中保协作为金标委保险分委会秘书处挂靠单位的职能作用，支持推动中保协申报并获批成为保险业团体标准试点单位，利用其作为社会团体在协调各方、整合行业资源方面的优势，制定团体标准试点工作方案，吸纳和扶持业内外标准化建设专业力量，建立保险团体标准专业委员会，增加服务类标准的市场供给，为保监会主导制定的政府类标准提供补充，探索构建政府和市场共生共存的新型标准体系。

【保险业标准制修订】2015 年，金标委保险分委会加快行业标准建设步伐，重点开展 19 项标准制修订工作，《保险业车型识别编码规则》《保险机构投诉处理规范》和《保险术语》3 项标准已申请国家标准立项。19 项标准中，正式发布 6 项（《保险机构投诉处理规范》《农业保险数据规范》《保险基础数据元目录（修订版）》《保险基础数据模型（修订版）》《保险术语（修订版）》《保险业务代码集（修订版）》由保监会发布）；技术审查 2 项（《银行保险业务人寿保险数据交换规范》《银行保险业务财产保险数据交换规范》由金标委进行技术审查，将由保监会、人民银行联合发布）；完成报批稿 1 项，拟申请国家标准立项（《保险电子商务平台建设基本规范》）；提交国家标准草案 1 项（《保险业车型识别编码规则》）；完成征求意见稿 4 项（《保险机构 IT 审计规范》《企业财产保险标的分类》《环境污染责任保险风险评估指引》《机动车保险数据交换规范》）；制修订过程中 5 项（《保险信息安全等级保护规范》《产险单证》《寿险单证》《再保险数据交换规范》《社保数据交换规范》）。

【保险业标准化科研】2014 年，在金标委保险分委会支持推动下，中国保险行业协会成功申报保险行业首个国家级标准化课题——《保险标准体系及重要标准研究》。项目的总体目标是开展保险标准化体系研究，研制《保险术语》《保险机构投诉处理规范》2项国家标准；探索性开展《农业保险数据标准化研究》《保险业电子商务平台建设标准化研究》；设计开发保险业标准化网络服务平台（即金标委保险分委会网站）；在全国选取2～3个地区开展应用示范工作。2015年10月，《保险标准化体系研究》报告经过3次修改讨论，形成8万字的征求意见稿，进入征求意见阶段；《农业保险数据标准化研究》《保险电子商务平台建设标准化研究》2项子课题的研究报告初稿完成，正在征求专家意见；《保险术语》《保险机构投诉处理规范》上报金标委申请国家标准立项；课题应用示范报告子课题正在组织调研中。

【保险业标准化培训与交流】2015年，金标委保险分委会制定标准化人才培训方案，开展专项培训辅导工作。4月，举办标准编写培训班，来自委员单位的委员、标准化工作联络员、标准起草人和秘书处全体成员50人参加培训。金标委保险分委会邀请中国标准化研究院国家标准技术审查部专家，针对标准制修订全过程管理、自主研制标准编写要求等内容进行讲解，就行业标准建设中存在的问题与学员进行交流讨论。9月，举办标准编写辅导班，来自《保险业车型识别编码》《企业财产保险标的分类》《环境污染责任保险风险评估指引》3个标准制修订项目组的10余名标准起草人参训，中国标准化研究院专家对标准制修订流程、标准编写格式、编制说明撰写要求等基础知识进行讲解，与项目组成员深入讨论，对3项标准草案进行修改完善。

【保险业信息平台建设】金标委保险分委会网站是保险标准化工作的信息门户和工作平台，是《保险标准体系及重要基础标准研究》国家课题的子课题成果之一。金标委保险分委会网站功能包括信息发布、标准查询与下载、委员及会员管理、日常管理、统计与分析、系统配置等。主要栏目有金标委保险分委会动态、热点专题、标准查询、通知公告、标准化知识等。各委员可通过登录网站查询行业标准、通知公告及发送邮件留言，可以实现各委员对标准制修订意见的交流互动。自2014年初网站上线以来，金标委保险分委会开展网站运维，不断完善网站功能。截至2015年底，网站的IP访问量超过1.3万。网站运行期间，国寿集团、太保集团和友邦上海分公司提供多篇新闻稿件，均在网站登载。

【金融印制业标准制修订】2015年，金标委印制分委会在《中国印钞造币总公司标准体系》的基础上，开展技术标准制修订工作，提升印标、造纸、造币领域的标准化工作。截至年底，金标委印制分委会发布中国印钞造币总公司技术标准132项，主要分为产品标准、工艺标准、原材料标准、包装标准、设备标准、检验验收方法标准等六大类。

中国印钞造币总公司技术标准，全年完成《第五套人民币流通硬币出厂产品质量验收规则》等25项标准的征求意见工作，完成《设备点检维修》《钞券印版出厂产品质量判定》等25项标准的函审工作，发布《设备点检维修　印钞　第1部分：SOIⅡ型超级接线凹印机》等27项标准，开展《钞币品相鉴别评级标准》制定工作。

【金融印制业标准化宣贯】2015年，中国印钞造币总公司及各所属企业标准化管理人员通过参加专题培训，获得质检总局颁发的资格证书。为加强与技术标准管理人员的业务联系，金标委印制分委会秘书处梳理并更新各所属企业的技术标准管理人员信息。

供　稿：人民银行
撰稿人：冯　蕾
审稿人：曲维民

海关总署

【概况】2015年，海关系统贯彻落实国务院《深化标准化工作改革方案》关于优化和完善推荐性标准的要求，围绕海关中心工作，按照“总体规划、突出重点、扎实推进”的原则，协调推进海关标准化工作。截至年底，海关现行有效行业标准49项，涉及海关业务管理、商品化验、信息技术等多项内容。

【海关标准化工作机制】2015年，海关总署针对标准制修订和落地实施难等现状，结合海关重点信息化建设，按照“完善标准规范体系、明确标准规范要求、开展符合性检查”工作思路，健全完善标准化工作机制，形成一套覆盖标准制定、宣贯、实施、检查各环节的全过程、闭环式的标准化工作机制，让标准在工程招投标、合同签订、设计、建设、验收等各个环节发挥作用，提升工程建设的规范性和质量。在标准的制定过程中,更加注重征求和吸收标准实施所涉及的有关部门、企业、研究机构及专家的意见和建议,探索在标准制定的同时,同步推出标准的宣传贯彻方案及实施意见,确保标准制定后能及时有效实施。

【**海关标准制修订**】2015 年,海关总署继续围绕海关重点中心工作,进一步健全海关行业标准体系,提高海关标准化管理整体效能。根据《海关行业标准管理办法》,加强标准的制修订工作,严把海关行业标准的立项和审核关,本着成熟一项制定一项的原则,对各部门提出的行业标准立项计划和新制定的标准严格审核,对未能按时完成的已立项项目及时进行清理,对已制定实施的行业标准定期进行复审修订,保证行业标准的规范性、科学性和实用性。全年,新立项行业标准 4 项,修订 1 项,取消已立项但未能按时完成的项目 7 项,完成制定标准 6 项。将相对成熟的海关行业标准申请立项为国家标准,申报的《报关服务作业规范》于 2015 年通过国家标准委立项,现已着手开展起草工作。作为起草单位之一,参加并完成 GB/T 15514《中华人民共和国口岸及有关地点代码》、GB/T 7407《中国及世界主要海运贸易港口代码》2 项国家标准的修订编写任务。

【**海关化验标准**】2015 年,海关总署依托海关化验中心,发挥专业技术优势,研究开发满足商品归类、价格审定和反倾销等海关业务需要的海关化验行业标准,制定 6 项标准。截至年底,海关各个化验中心每年采用海关化验行业标准进行检验的数量超过上百宗,平均有效命中率(即化验结果与实际申报品名不符)达 40%。其中,重庆海关化验中心根据 HS/T 45《润滑油中矿物油含量的测定》对润滑油样品检验的有效命中率达 80%;广州归类分中心(化验中心)应用 HS/T 7《柴油中 1,4 - 二羟基蒽醌的定性分析 分光光度法》,对经过脱色的红油进行准确快速识别,2007 年至 2015 年底使用该标准检测走私红油样品 526 宗,据此罚没 1 737 万元,有效打击红柴油走私行为。

【**海关金关工程二期标准建设**】2015 年,海关总署根据海关重点金关工程二期的建设进度和要求,有序开展工程标准制修订任务。截至年底,发布 18 项工程标准,内容涵盖信息资源、基础设施、应用支撑、工程管理等多方面。为确保金关工程二期能够按照统一规划、统一标准、统一框架进行建设,实现有效集成、数据共享、应用互通,建立技术合规性检查工作制度。依据业务架构、数据架构、应用架构、技术架构、信息安全、运行维护等方面的标准规范,对各项目进行检查,不符合标准的项目不能上线运行,确保相关标准有效实施。

【**国家标准 GB 32100 的实施**】2015 年,GB 32100—2015《法人和其他组织统一社会信用代码编码规则》发布实施后,海关总署将实施统一社会信用代码作为海关融入国家社会信用体系建设和商事制度改革的重大举措在全系统开展组织实施工作,研究制定《海关实施统一社会信用代码制度改革总体方案》,分阶段推进海关实施统一社会信用代码改革。截至年底,制定公布《海关总署关于实施法人和其他组织统一社会信用代码有关事项的公告》,明确企业使用统一社会信用代码办理海关注册登记手续的相关事项;完成对企业注册应用项目、报关单预录入系统和对外联网应用项目的修改并上线运行。下一步海关总署将对各相关规章制度和应用项目进行修改,实现以统一社会信用代码完全取代海关注册编码开展海关管理以及对外数据交换等业务。

【**海关标准宣传培训**】2015 年,海关总署做好标准的宣传培训工作,全年实施标准化培训 9 次,400 余人参加,包括海关内部标准执行部门、一线执法人员、检验检测人员、信息系统建设各实施单位、社会参建单位等,保证标准的正确贯彻执行。做好标准的出版发行,对已制定的标准,由海关出版社发行并发送至各海关单位,供使用部门参考使用。

供　稿:海关总署

税务总局

【**概况**】税务行业标准是指尚无国家标准,且需要在税务行业范围内统一的业务和技术标准规范。经国家标准委批准,税务行业标准代号为 SW,税务行业标准的编号由税务行业标准代号、顺序号及年号组成。税务总局征管和科技发展司是税务总局的标准主管部门,负责统一管理税务行业标准,在全国税务系统设立多个标准化工作基地,配合税务总局开展税务行业标准化工作。

2015 年,税务总局以推广金税三期工程为契机,按照“标准先行”的理念,持续开展标准化建设。在加强标准宣传工作的同时，督促贯彻和落实《税务行业标准管理办法》《税务行业标准的结构和编写规则》等一系列标准化管理制度。根据金税三期工程建设和推广需求，进一步完善《税务行业信息化标准体系》。根据营改增、“三证合一”改革要求，制定和完善税收业务代码标准和数据元标准。SW4—2012《税务数据元目录（税收征管应用系统）》曾获得国家标准委颁发“中国标准创新贡献奖”三等奖。

【参与制定统一社会信用代码国际标准】2015年，税务总局参与研究制定统一社会信用代码编制规则、校验规则等标准方面的具体要求等，确保“三证合一、一照一码”登记制度改革在税务系统实施。

【修订纳税人识别号代码标准】根据《国务院关于批转发展改革委等部门法人和其他组织统一社会信用代码制度建设总体方案的通知》，结合实施“三证合一、一照一码”改革的工作要求，税务总局于2015年9月25日，发布《国家税务总局关于修订纳税人识别号代码标准的公告》。

【参加国务院标准化协调推进部际联席会】根据国务院《深化标准化工作改革方案》有关部署，加强部门间协调配合，推进标准化工作改革发展，经国务院同意，建立国务院标准化协调推进联席会议制度。税务总局作为成员单位，参与和支持相关工作。

【参与研究修订《标准化法（修正草案）》】2015年，对于质检总局提出《中华人民共和国标准化法修正案（草案）》，国务院法制办秘书行政司提出《中华人民共和国标准化法修正案（送审稿）》，税务总局提出修改完善的意见和建议。

供　稿：税务总局
撰稿人：王晓晖　江滔涛
审稿人：朱会彦

新闻出版广电总局

新闻出版部分

【概况】截至2015年底，新闻出版领域标准化工作取得显著成绩，完成标准化工作机构的全面布局，成立全国新闻出版标准化技术委员会、全国印刷标准化技术委员会、全国出版物发行标准化技术委员会和全国新闻出版信息标准化技术委员会等4个国家级专业标准化技术委员会，全国印刷标准化技术委员会书刊印刷、网版印刷、包装印刷3个分技术委员会，以及1个行业级全国版权标准化技术委员会；5个标准化技术委员会共有委员436名，在国际标准化组织（ISO）注册的专家30名，汇聚各方面专家400余名；建立各类标准化研究机构、实验室、标准注册管理机构12个，标准化试验与推广基地17个，试点单位44个；主导制定完成新闻出版领域国际标准1项、新闻出版国家标准64项、新闻出版行业标准199项、新闻出版行业技术性指导文件57项，以及新闻出版工程项目标准62项；成功申办《国际标准关联标识符（ISLI）》国际注册中心，承担国际标准化组织印刷技术委员会（ISO/TC130）秘书处，并由中国专家担任ISO/TC130主席。

【新闻出版标准制修订】2015年，新闻出版广电总局发布新闻出版领域行业标准43项，工程项目标准11项。以中国自主知识产权的MPR技术为基础，主导制定国际标准《国际标准关联标识符（ISLI）》，于5月15日获ISO批准发布。

【新闻出版标准宣贯】2015年，新闻出版广电总局进一步加强新闻出版领域标准宣贯工作，组织相关标准化技术委员会举办标准培训班16期，对重点标准进行针对性培训，1 500余人参训。

5月，国际信息内容产业协会在深圳文博会期间举办ISLI国际标准推介展及国际论坛，ISO在论坛上正式发布ISLI国际标准，并正式授权国际信息内容产业协会承担ISLI国际注册中心。为加快国际标准的采标，全国新闻出版标准化技术委员会完成《中国标准关联标识符》国家标准的起草，已报国家标准委审核发布。

继续推进《MPR出版物》系列国家标准的产业应用示范工作，加强对22家MPR国家标准应用示范单位项目建设和标准化工作的指导，组织部分示范单位成功申报财政资金支持，通过项目带动战略推动MPR国家标准的产业应用。截至年底，中国MPR注册中心登记的MPR出版单位316家，MPR出版物3 227种（含在产），分配MPR码约98.4万个，出版MPR出版物约2 000种。

继续推进GB/T 30330—2013《中国出版物在线信息交换　图书产品信息格式规范（CNONIX）》国家标准的产业应用示范工作，继续加强对22家CNONIX

国家标准应用示范单位项目建设和标准化工作的指导，组织部分示范单位成功申报财政资金支持，指导示范单位的标准应用和企业标准制定。通过标准应用示范，有效提升标准的采标率。指导新闻出版总署信息中心成功申报出版发行信息公共服务平台，获得1 500万财政资金支持，平台将实现全行业的CNONIX数据交换。8月，全国出版物发行标准化技术委员会在北京国际图书博览会期间成功举办“CNONIX国家标准应用示范成果展”及3场主题论坛。

3月，新闻出版广电总局启动专业数字内容资源知识服务模式试点工作，确定28家试点单位。本着“统一部署、标准先行、分步推进、鼓励创新”的基本原则，加快基础性、通用性标准的制定，以指导项目建设，保障建设成果的规范性、通用性。指导全国新闻出版标准化技术委员会组织28家试点单位开展知识服务通用标准的研制工作，完成并发布《知识服务标准体系表》等8项项目标准，在试点单位范围内得到良好应用。带动试点单位制定190余项企业标准。

【新闻出版国际标准化】2015年5月15日，ISO发布《国际标准关联标识符(ISLI)》，该标准是以中国自主知识产权技术为基础并由中国主导制定的标识符标准，旨在解决信息技术环境下资源关联应用的问题。

3月12日，ISO发布2015年第52号决议，确定由中国企业发起成立的国际信息内容产业协会(ICIA)承担《国际标准关联标识符(ISLI)》国际标准注册机构。这是中国首次承担国际标识符标准的注册中心，标志着中国已经跻身国际标识符注册、管理和应用领域大国行列，中国在国际标识符标准领域的国际地位和中国新闻出版产业的标准化水平显著提升。

2014年初，全国印刷标准化技术委员会秘书处承担单位中国印刷技术协会，开始承担国际标准化组织印刷技术委员会(ISO/TC130)秘书处，根据ISO/TMB 2014年第89号决议，中国专家蒲嘉陵担任ISO/TC130下一届主席，任期为2015年1月1日至2017年12月31日。成功组织召开ISO/TC130第29届春季工作组会议、第29届秋季工作组会议及全会。推动由中国主导制定的《印刷技术　印后加工　一般要求》和《印刷技术　印后加工　装订产品》国际标准进入FDIS投票阶段。

年内，新闻出版广电总局组织有关标准化技术委员会及专家参与相关国际标准的制修订，包括国际标准书号(ISBN)、国际标准录音制品编码(ISRC)、出版物在线信息交换(ONIX)、图书贸易主题分类词表(Thema)、文字校对符号、期刊编排格式等，完成CNONIX国家标准与ONIX国际标准的同步更新等。

【新闻出版标准化科研】2015年，全国新闻出版标准化技术委员会承担北京市数字出版标准符合性测试重点实验室，稳步推进新闻出版标准基础数据库建设工作，并开发面向数字出版内容标识、元数据、内容资源加工等方面的测试工具，提升实验测试能力。启动新闻出版标准化注册管理机构建设研究、新闻出版行业标准化发展策略研究、新闻出版业认证认可体系研究、ISLI国际标准在知识服务等多个领域的应用研究。完成科技部课题“数字出版标准符合性测试关键技术研究及应用”，为筹建新闻出版标准符合性测试专业机构奠定基础。

2013年，全国出版物发行标准化技术委员会与北方工业大学联合成立“中国ONIX应用研发联合实验室”。2015年，该实验室完成ONIX国际标准体系架构和运行模式的研究，完成CNONIX国家标准代码表的更新和维护；完成CNONIX国家标准数据符合性测试研究，规范测试内容、测试流程和测试接口等业务；完成出版端CNONIX数据采集管理工具、发行端CNONIX数据采集管理工具、CNONIX数据文件生成工具等三个软件工具的开发。

全国新闻出版信息标准化技术委员会完成国家质检公益性行业科研项目——数字出版标准体系研究、科技部国家科技支撑计划项目——面向专业领域的定向投送服务技术与系统研发及应用示范、动态数字出版关键支撑技术研发与应用示范等项目中标准研制工作。

全国版权标准化技术委员会完成中国ISRC业务管理信息系统、数字版权登记业务管理信息平台等2个标准应用平台的建设，为GB/T 13396—2009《中国标准录音制品编码》、CY/T 126—2015《数字版权唯一标识符》标准的实施提供支撑。

【新闻出版标准信息化】截至2015年底，新闻出版广电总局对新闻出版标准化协同工作平台的功能进行优化和完善，实现新闻出版领域标准化工作的集中管理、协同制定、信息共享。完成新闻出版业数字化转型升级专栏的更新，实现新闻出版领域工程项目标准制定工作的宣传以及对企业标准制定的有效指导。2015年年初，全国新闻出版标准化技术委员会门户网站正式上线。

【新闻出版标准化试点】2015年，在新闻出版广电总局的组织指导下，中国新闻出版研究院、中国版本图书馆、中国音像与数字出版协会中国MPR注册中心承担首批国家级社会管理和公共服务综合标准化试点项目，包括新闻出版元数据共享及标准符合性测试服务综合标准化试点、出版物标识管理与公共服务标准化试点和MPR国家标准产业应用服务标准化试点，截至年底各项目主要试点内容基本完成。

中国印刷技术协会成为国家首批团体标准试点单位，其所承担的全国印刷标准化技术委员会秘书处，参与中国印协团体标准工作委员会的筹备，并承担其秘书处工作，组织首项团体标准《绿色印刷材料分类及原则》的制定。

供　稿：新闻出版广电总局
撰稿人：康宝中　武远明
审稿人：冯宏声

广播电视部分

【概况】新闻出版广电总局科技司负责广播影视行业的标准化管理工作，截至2015年底，广播影视国家标准156项，广播影视行业标准244项，基本涵盖广播影视行业的制作、传输、覆盖、接收等各个领域和主要环节。

【广播影视标准制修订】2015年，新闻出版广电总局下达行业标准项目38项，批准发布行业标准14项。

【广播影视标准国际化】2015年，新闻出版广电总局组织参加国际电信联盟无线电通信部门广播业务（ITU-R SG6）研究组会议，提交文稿4篇，其中提出的修订建议书ITU-R BT. 1306-7《地面数字电视广播纠错、数据组帧、调制和发射方式》，增加中国DTMB-A系统（系统E）的提案获得批准同意；国家新闻出版广电总局广播科学研究院承办国际电信联盟电信标准化部门电视和声音传输与综合宽带有线网络（ITU-T SG9）研究组会议，提交的《C-DOCSIS功能要求》《C-DOCSIS系统规范》和《第二代HiNoC》等3项宽带接入标准项目获得批准立项；与国家标准委共同主办国际标准化组织电影技术委员会（ISO/TC36）2015年度会议。

【广播影视标准信息化建设与标准化服务】2015年，新闻出版广电总局为更好发挥标准对行业的技术支撑和服务功能，通过新闻出版广电总局网站和相关直属单位网站提供广播影视行业标准全文免费下载。通过直属单位为企业、社会组织等提供标准化技术咨询和标准信息咨询服务。

供　稿：新闻出版广电总局
撰稿人：李庆国
审稿人：孙苏川

体育总局

【概况】2008年，体育总局申请成立全国体育标准化技术委员会（以下简称："体育标委会"），全面负责体育领域的国家标准和行业标准的有关工作。秘书处设在北京体育大学。体育标委会下设设施设备分技术委员会，秘书处设在华体集团，负责体育设施设备的技术、产品、性能要求、检测方法等领域的标准制修订工作。

【体育标准制修订复审情况】2015年，设施设备分技术委员会在研项目22项；其中，GB/T 22517—XXXX《体育场地使用要求及检验方法　第18部分：轻型固定翼航空器起降飞机场地》等3项体育场地使用要求及检验方法标准完成审查、《全民健身活动中心分类配置要求》等2项全民健身活动中心标准完成预审会、《体育场地使用要求及检验方法 第 部分：红土网球场地》等8项标准正在征求意见、《体育设施运动面层系统和运动性能 通用词汇》等9项标准在起草过程中。

年内，GB/T 22517. 18《体育场地使用要求及检验方法 第18部分：轻型固定翼航空器起降飞机场地》、GB/T 22517. 19《体育场地使用要求及检验方法 第19部分：滑翔机起降场地》和GB/T 22517. 20《体育场地使用要求及检验方法　第20部分：旋翼类航空器起降场地》完成会审程序。《全民健身活动中心分类配置要求》《全民健身活动中心管理服务要求》2项国家标准项目经过多次征求意见，广泛协调修改，按相关要求完成预审会，形成送审稿，进入函审和报批阶段。

是年，已发布达到复审周期的标准项目8项，正在制定相关复审计划。

【体育国际标准化】2015年，设施设备分技术委员会参加在德国召开的国际运动面层科学协会年会，并考察德国部分城市体育设施与体育公园建设情况。

年内，体育总局体育器材装备中心与中国武术协会合作将中国传统优势项目《武术太极服》和《武术太极剑》立项国际标准。

【体育标准化科研】2015年，体育标委会联合体育总局装备中心、北京体育大学、体育总局科研所、华体集团等多家单位，制定和完善体育行业标准体系，开展涵盖竞技体育、群众体育、体育产业、体育社团等诸多领域的体育标准体系研究。

体育标委会不断深入开展国际标准和国外标准的研究工作。其中，设施设备分技术委员会对欧盟、美国材料实验学会、德国、英国、ISO 等 5 个技术组织的标准化技术委员会对口单位、标准体系、标准内容划分原则和主要归口标准清单进行重点研究；对冲击吸收、垂直变形、滑动阻力、厚度、拉伸性能等 5 项国际标准进行研究；协助有关实验室申请获得上述欧盟标准的实验室认可检测能力，为申请国际田联实验室认可提供技术保障。

【体育标准宣贯】2015 年，体育标委会多次开展标准宣贯活动，提高行业对标准的认知程度和普及程度，推进体育服务标准和设施设备标准的实施。

GB 19079《体育场所开放条件与技术要求》与 GB/T 18266《体育场所等级的划分》系列标准涵盖 30 余种体育场所，为体育场馆经营、公众健身和赛事服务等方面提供规范和依据，在全民健身和竞技体育等领域得到普遍应用。GB/T 22517《体育场地使用要求及检验方法》系列标准包含 11 个体育场地，成为赛会场馆建设的设计验收依据和大众健身设施的建设指南。

全年，设施设备分技术委员会组织 2 期培训班；承办体育总局群体司 2015 年全民健身活动中心建设与运营管理培训班和座谈会；组织召开 2015 年全国体育设施设备标准宣贯培训班，培训 300 余人次；协助中国汽车运动联合会汽车露营分会研制营地评定服务方案，提升体育领域标准化管理水平，推动体育行业的技术进步。

供　稿：体育总局
撰稿人：王荣辉
审稿人：蔡有志

安全监管总局

【概况】安全监管总局对安全生产标准工作高度重视。近年来，组织专门力量对煤炭、化工、建材、轻工、石油等重点行业的安全生产标准进行清理；与有关部委联合发布部分工业领域安全生产标准化发展规划，确立以煤矿、金属非金属矿山、冶金、有色、石油天然气、化学品（化工、石油化工）、化学品（危险化学品）、烟花爆竹、机械和通用 10 个行业领域为主体结构的安全生产标准体系总体框架；依托主管的全国安全生产标准化技术委员会（以下简称：全国安标委）和全国个体防护装备标准化技术委员会（以下简称：个体防护标委会）两个安全生产领域的专业标准化技术委员会，全面开展安全生产标准的各项相关工作。

2015 年，安全监管总局全面贯彻落实党中央、国务院对安全生产工作重大战略部署，按照国家标准委的有关工作要求，进一步突出安全生产标准工作的重要性，加强安全生产标准的组织管理、起草制定、宣传贯彻、基础研究、信息化建设、国际交流等各项相关工作。

截至 2015 年底，安全监管总局归口管理的现行安全生产标准 500 余项。这些标准主要分布在煤矿采选、金属非金属矿山采选、石油和天然气开采、危险化学品和化工生产、烟花爆竹生产、金属冶炼及加工、工贸、职业健康、个体防护等行业领域，有效规范生产经营单位设备设施的安全技术要求和人员的安全管理，对预防和控制安全风险、减少安全生产事故起到重要作用。

【安全生产标准顶层设计】2015 年，为加强安全生产标准的顶层设计，全面部署未来 5 年的安全生产标准工作，安全监管总局成立专项工作组，组织有关业务司局和全国安标委及其所属的分标委、个体防护标委会开始着手编制《安全生产标准“十三五”发展规划》。该项规划是国家《安全生产“十三五”规划》的配套子规划，是指导安全生产标准“十三五”工作的纲领性文件，将明确“十三五”期间安全生产标准的总体目标、主要任务、重点工程和保障措施等各项要求，对于贯彻落实新修订的《中华人民共和国安全生产法》、加强安全生产标准的制修订和贯彻落实等各项工作具有重要作用。年内，工作组多次召开专门会议,研究规划编制的有关重要问题,并已形成初稿,计划2016年发布。

【专业标准化技术委员会管理】安全监管总局主管的专业标委会主要是全国安标委和个体防护标委会。全国安标委下设煤矿、非煤矿山、化学品、烟花爆竹、粉尘防爆、防尘防毒和涂装作业等7个分技术委员会。个体防护标委会下设眼面防护1个分技术委员会和头部、呼吸、服装、手足部、坠落防护装备5个工作组。为加强全国安标委的组织管理,2015年,安全监管总局启动全国安标委及其各分标委委员的换届准备工作,对各项换届工作作出全面部署。为加强全国安标委的制度建设,安全监管总局组织全国安标委秘书处对消防、建筑等5家标委会标准相关情况进行调研,并在此基础上完善相关规章制度,具体制定审查工作规范、经费管理规定、档案管理规范等8项工作制度。为加强个体防护装备标准工作,7月,安全监管总局全面启动将头部防护装备等5个工作组提升为分委会的相关工作。全国个体防护装备标准化技术委员会和眼面部防护装备分技术委员会开展换届准备工作。为加强对个体防护标委会的管理,12月,安全监管总局决定将个体防护装备标委会秘书处的承担单位由总后勤部军需装备研究所调整到国家安全监管总局国际交流合作中心。

【安全生产标准制修订】2015年,安全监管总局主管的标准计划项目57项。其中,国家标准委下达的国家标准计划项目6项,安全监管总局下达的行业标准计划项目51项。安全生产标准项目申报主要来源两个渠道:一是大专院校、科研院所或企业直接申报的项目;二是安全监管总局业务司局根据工作需要确定的标准项目。年内,发布2015年第6号公告,发布实施AQ 3051—2015《液氯钢瓶充装自动化控制系统技术要求》等37项安全生产行业标准。37项安全生产行业标准涉及危险化学品、黄金开采、宝石加工、石棉矿山、石棉制品、家具制造和烟草、纺织、钢铁、玻璃等行业领域的安全管理、职业危害防控,以及生产安全事故应急救援管理等方面。

【安全生产标准宣传贯彻】2015年,为推动标准贯彻实施,全国安标委组织16期标准宣贯培训班,对37项标准进行宣贯;组织编写《粉尘防爆标准汇编》《氧化铝厂防尘防毒技术规程实施指南》《耐火材料企业防尘规程实施指南》作为标准实施的参考资料。个体防护标委会利用展会和年会,重点宣贯《个体防护装备 护听器的通用技术条件》GB 8965—2009《防护服装 阻燃防护 第1部分:阻燃服》2项标准。

【安全生产标准基础研究】2015年,全国安标委主要开展安全生产重点领域标准体系研究。该课题为国家标准委2015年专项课题,主要研究内容是完善安全生产重点领域标准体系、金属非金属矿山安全生产标准体系和个体防护装备标准体系,提出金属非金属矿山安全生产和个体防护装备两个重点领域未来5年需要制修订的重点标准目录。组织开展涂装作业强制性国家标准实施情况调查研究,参与安全监管总局组织的职业卫生标准顶层设计研究。为配合科技部、质检总局、国家标准委的《"十三五"技术标准专项规划》编制工作,研究提出"现代化安全高效绿色煤矿建设与生产安全技术装备关键技术标准研究""金属非金属矿山采空区安全关键技术标准研究"等7个重点任务方向以及加强标准化与科技互动支撑的政策措施建议。个体防护标委会主要承担由科技部、财政部、质检总局联合支持的《公共安全应急预案的制定及灾难救援自救类标准体系研究》,与全国安标委共同承担国家标准委2015年《安全生产重点领域标准体系研究》,主要负责《个体防护装备标准子体系研究》。

【安全生产标准信息化建设】2015年,安全监管总局推进安全生产标准的信息化建设。对安全生产标准制修订管理平台进行软件测试和功能优化,目前正在进行基础数据录入和系统初始化工作,计划2016年投入试运行。个体防护标委会成功申请"个体防护装备评价指标体系系统V1.0""个体防护装备安全评价指标体系系统V1.0"专利证书;各工作组利用现代化的通信手段,建立沟通联系渠道;服装工作组建立"防护服装标准化"公众号,用于发布防护服装行业领域动态。

【安全生产标准国际交流】2015年,个体防护标委会组织参与ISO/TC94发起的多项国际标准意见征求、投票表决、人事选举及对ISO/TC94进行工作评价等活动。眼面部防护装备分技术委员会(SAC/TC112/SC1)作为眼面部防护装备标准化分技术委员会(ISO/TC94/SC6)P成员,3位分会代表参加在法国巴黎举行的ISO/TC94/SC6年会,参与会议讨论和投票表决。年内,国家标准委《关于公布中国国家标准化管理委员会和英国国家标准化机构首批中英互认标准清单的公告》中,个体防护标委会归口管理的GB/T 20654—2006《防护服装 机械性能 材料抗刺穿及动态撕裂性的试验方法》列于其中。

供　稿:安全监管总局
撰稿人:周煦人
审稿人:高世民

食品药品监管总局

【概况】2015年，根据食品药品监管总局部署，医疗器械标准管理工作在全面落实深化改革以及“四个全面”有关要求的基础上，完善制度建设，强化业务水平，统筹协调，规范发展，医疗器械标准制修订工作进一步规范，标准质量水平得到明显提升，国际标准化工作取得突破性进展，标准体系进一步完善。

按照药品安全“十二五”规划要求，食品药品监管总局制定医疗器械标准制修订年度工作计划，开展113项医疗器械标准的制修订工作，其中中央转移地方支付项目92项、中央财政支持项目21项。全年，食品药品监管总局报送国家标准委审核发布《有源植入式医疗器械》等国家标准28项，审核发布《血液透析及相关治疗用水》等行业标准90项。截至年底，中国有医疗器械标准1 324项。其中，医疗器械国家标准217项、医疗器械行业标准1 107项，建立涉及医用电气设备、手术器械、外科植入物等多个技术领域的医疗器械标准体系，基本覆盖医疗器械产品各技术领域。全国性医疗器械专业标准化技术委员会和分技术委员会24个，委员人数近千人。

【医疗器械标准管理体制改革】2015年，食品药品监管总局为落实国务院标准化改革的相关要求，结合医疗器械行业监管的特殊性，深化医疗器械标准化改革，研究起草《医疗器械标准化管理体制改革方案》，为推进医疗器械标准组织体系完善奠定基础。

【医疗器械标准化制度建设】2015年，食品药品监管总局为进一步深化医疗器械标准化改革，配合《医疗器械监督管理条例》顺利实施，开展《医疗器械标准管理办法》修订工作，制定《医疗器械标准制修订实施细则》《医疗器械标准报批材料审核工作管理规定》《医疗器械行业标准出版发行管理规定》《全国医疗器械专业标准化技术委员会考核评价办法》等规章制度，细化内部工作流程，强化外部规范管理，保障医疗器械标准化整体工作责任明晰、程序规范，形成规范管理的长效机制。

【医疗器械标准体系建设】2015年，食品药品监管总局重视医疗器械标准体系研究，结合监管需求，推进医疗器械标准体系各项研究工作。形成医疗器械标准体系整体框架图；研究确定医疗器械通用标准体系和专用标准体系的架构；开展医疗器械包装标准体系的研究。厘清医疗器械标准体系的范围，细化标准体系内部结构，梳理标准与法规、相关标准的外部关系，医疗器械标准体系的构建更加全面化、立体化、系统化。

【医疗器械标委会管理】2015年，食品药品监管总局加强标委会筹建工作。在深入了解当前医疗器械产业和监管现状与需求的基础上，结合医疗器械标准体系整体框架，对全国无菌医疗器械包装储运标准化技术委员会的筹建，提出医疗器械行业技术意见；对中国生产力研究中心提出的全国增材制造技委会筹建申请，广泛征求医疗器械相关单位的意见，结合增材制造技术在医用领域质量评价、风险控制及监管的特殊性，明确建议申请单位不应覆盖医用领域；进一步明确医用领域的3D打印从产品质量的控制、监管已与工业3D打印有明显的区别，医用领域增材制造标准化组织宜单独成立医用增材制造标准化技术委员会，按照医疗器械标准体系布局，推进医用机器人、医用3D打印标准体系等战略性新兴医疗器械领域相关医疗器械标准化技术委员会筹建工作。

加强标委会换届工作。为更好地发挥标委会的指导性作用，结合行业监管的特殊要求，对全国医疗器械通用要求和质量管理标准化技术委员会（SAC/TC221）的换届工作提出行业审核意见，由食品药品监管总局医疗器械标准管理中心与北京国医械华光认证有限公司共同成立联合秘书处，解决标委会发展中遇到的相关问题。审核上报全国医用电器标准化技术委员会医用X射线设备及用具分技术委员会（SAC/TC10/SC1）、医用超声设备标准化分技术委员会（SAC/TC10/SC2）以及放射治疗、核医学和放射剂量学设备分技术委员会（SAC/TC10/SC3）的换届材料。

加强标委会考核管理工作。为规范中国医疗器械专业标准化技术委员会管理，提高中国医疗器械标准化工作水平。全年，组织开展医疗器械专业标准化技术委员会考核评价试点工作，对挂靠在10个国家级医疗器械质量监督检验中心的11个医疗器械标准化技术委员会进行试点考核。健全标委会激励和约束机制，把握问题关键点，找准解决着力点，切实改进和加强标委会管理，提升技术委员会工作能力和水平，开创医疗器械标准化工作新局面。

【医疗器械标准制修订】2015年，食品药品监管总局推进标准审核工作。发布医疗器械行业标准90项，其中强制性标准14项、推荐性标准76项。发挥协调指导作用，跟踪2015年医疗器械标准制修订工作进度，强调标委会要加强标准自评价、标准验证、标准可行性研究等工作，针对部分标委会提出的名称修改等问题进行调研并提出指导意见，督促按时保质完成本年度工作任务，保障医疗器械标准报批工作和标准质量。

公开、公正开展标准立项工作。为使立项标准能更好地反映医疗器械产业发展现状、体现监管急需的原则、争取社会各界的力量积极参与标准立项工作中，面向全社会公开征求148项医疗器械行业标准立项草案意见。报送《"十三五"技术标准专项规划编制建议》，组织相关标委会填报医疗器械国家标准项目。

【医疗器械标准质量提升工作】 2015年，食品药品监管总局严格程序，为提高标准审查质量，组织标委会开展自查和交叉审查，对存在问题和预防措施进行交流和讨论，总结重点问题，统一认识，落实关口前置，保障医疗器械标准制修订工作的规范运行。严格审查要求，保证医疗器械标准内容的严谨、科学、规范。

立足全局，充分发挥协调作用。根据国家标准委要求，开展调研，协调医疗器械相关标准与卫生计生委、计量等相关标准的一致性。根据要求对个别标准的性质进行重新核查，组织专家对报批稿重新进行审核，并积极协调达成一致。

开展体外诊断试剂产品标准调研。组织标委会、监管部门、审评和检验检测机构、行业协会等组成调研工作组对现行有效的体外诊断产品国家标准、行业标准、产品技术要求进行情况调查和深入研究。通过资料研究，梳理中国体外诊断试剂产品国家标准、行业标准分布情况、产品覆盖情况及标准体系完整性，并与美国、欧盟等国家、地区相应标准制修订及管理情况对比。

加强医疗器械标准化团队建设。指导促进各医疗器械标委会秘书处承担单位成立相应的标准室，增加专职的医疗器械标准化工作人员，进一步加强医疗器械标准化专业人才队伍的建设。

【医疗器械标准专项工作】 2015年，食品药品监管总局为更好地服务监管，结合医疗器械行业监管的特殊要求，开展系列重要标准的专题研究工作。对YY 0505—2012《医用电气设备　第1-2部分：安全通用要求　并列标准：电磁兼容　要求和试验》开展专题调研，解决标准适用性及理解一致性的问题。推进IEC 60601-1《医用电气设备　第1部分：基本安全和基本性能的通用要求》第3.1版标准转化及其培训教材的编写工作。跟踪国际标准修订动态，申请派员参加对中国转化实施第3.1版标准及相关标准有重要影响的国际标准化会议，掌握国际标准最新动态，从宏观政策和标准实施角度提出意见。结合群众来信反映人工关节强制性标准中铸造钛合金材料的相关问题，审核《关节置换植入物　髋关节假体》《关节置换植入物　膝关节假体》《外科植入物　金属材料　第12部分：锻造钴-铬-钼合金》等3份标准报批材料。组织全国医用输液器具标准化技术委员会对一次性使用输液器等相关标准进行梳理研讨，解决一次性使用输液器含荧光增白剂的监管问题，为医疗器械国家抽验提出相关建议。根据国家标准委《关于修改"GB 10035—2006气囊式体外反搏装置"国家标准建议书》文件要求，组织全国医用体外循环设备标准化技术委员及相关专家进行研究分析，对建议书中的问题逐项进行函复。做好新版ISO 13485《医疗器械　质量管理体系　用于法规的要求》标准的转化工作，解决转化工作中可能出现的问题，对新版ISO 13485标准在转化中的难点、转化原则等问题开展研讨，提出建议。继续开展国际标准信息的比对研究，根据2014、2015年新发布的标准更新中国采用IMDRF认可的医疗器械标准情况，中国目前采用IMDRF标准目录中的标准为425项，比2013年增加29项。对重大管理性标准的转化情况开展研究，初步摸清各国对国际标准的转化情况。跟踪小孔径国际标准转化情况，通过ISO和IEC的网站和技委会的渠道了解标准最新的转化状况，考虑组建小孔径中国标准工作组相关事宜。为保障YY 0645—2008《连续性血液净化设备》医疗器械行业标准的可实施性，实地调研连续性血液净化设备临床使用情况，进一步征集生产企业和审评机构意见，对标准条款适用性等反馈标委会。

【医疗器械标准科研和关键技术研究】 2015年，食品药品监管总局推进"腹胸腔微创手术机器人"863课题和"移动医疗和健康促进技术研发"国家科技支撑课题研究工作，拟筹备组建医用机器人标准化专项工作组；申报"战略新兴医疗器械产业关键技术标准研究""数字诊疗装备研发重点专项""生物医用材料研发及组织器官修复替代"课题，并列入"十三五"备选项目；参与"'十三五'健康经济科技创新专项规划课题"申报书编制等工作；编制在用医疗器械检验技术要求，开展探索式调研，明确医疗器械在用检验技术要求定位、规划及编写要求，推动2015年23项在用检验技术要求研究编制工作的全面开展。

【医疗器械标准交流培训】 2015年，食品药品监管总局组织开展中德、中法医疗器械标准化合作交流项目，提出中德医疗器械标准化交流重点项目和中法标准化合作中电子医疗领域合作路线图；组织"2015年数字医疗标准化高峰论坛"，数10家单位140余人参会。对数字医疗技术、相关标准、监管策略等开展研讨，对于今后开展相关国际标准的转化、为国家提供监管技术意见具有重要参考价值；组织召开"2015年医疗器械标准化综合知识培训班"，就国家标准化改革整体方案、标委会管理和运作的发展趋势、国际标准化活动管理办法、国际标准工作程序进行深入讲解，来自80余个单位180余人参加培训班。

【医疗器械标准信息化建设】2015年，食品药品监管总局坚持以需求导向、以应用为核心，突出重点、注重实效，推进信息化。一是信息系统建设常态化。签订长期维护和建设合同，对信息系统出现的问题及时解决维护，提供及时准确的信息服务。二是信息系统建设规模化。结合业务工作需求，制定年度计划，确定建设重点。结合二级网站建设，形成立项报批、标委会管理、专家库管理等六大应用系统、一个基础数据库、一个公众交流平台的“六、一、一”信息系统构架。三是信息系统建设科学化。在现有信息系统基础上，进一步梳理系统之间、模块之间、数据库之间关系，将标准、分类和命名数据库与注册产品信息数据进行整合连接，形成关联平台，促进信息系统的科学性和实用性。四是信息系统建设公开化。通过信息系统交流平台和二级网站的建设，在外网公开医疗器械标准目录、行业标准购买渠道等便民信息，在外网公开医疗器械强制性行业标准文本信息。通过信息化建设，促进流程标准化、信息共享化、管理一体化，提升服务水平和能力。

供　稿：食品药品监管总局
撰稿人：许慧雯　黄伦亮
审稿人：李静莉　李　军

林　业　局

【概况】2015年，林业局成立国家林业局标准化工作领导小组，局领导任组长，各相关业务司局、直属事业单位负责人组成，负责指导和协调全行业标准化工作。发布《国家林业局关于进一步加强林业标准化工作的意见》，明确林业标准化改革发展的目标原则，提出加强标准化工作的重要举措。首次召开全国林业标准化工作会议，对“十二五”林业标准化工作进行总结，对下一阶段标准化工作进行部署。组织编制《标准化+林业行动计划-林业标准化“十三五”发展规划》，围绕生态林业、民生林业建设，谋划“十三五”林业标准化发展思路，力争到2020年，基本建立统一管理、协调推进、多方参与、开放合作的林业标准化工作新机制，形成林业各个领域标准协同发展、协调配套的新型林业标准体系，实现重点林业工程建设、主要林产品生产全过程标准化管理。

是年，国际标准化组织（ISO）批准成立竹藤标准化技术委员会（ISO/TC296），秘书处设在中国国家林业局国际竹藤中心。

是年，组织开展国家标准制修订计划项目42项，林业行业标准制修订计划项目262项；发布国家标准35项，林业行业标准193项，覆盖林业生产建设的各个领域。

截至年底，林业国家标准437项，林业行业标准1 379项 在研国家标准计划173项，行业标准计划607项。林业地方标准3 000余项，基本涵盖林业生态建设、产业发展和管理服务各个领域。全国性专业标准化技术委员会和分技术委员会27个，委员人数达1 000余人。

【林业标准化改革】2015年，林业局贯彻落实国务院《深化标准化工作改革方案》，按照《强制性标准精简工作方案》清理评估林业强制性标准，研究提出林业强制性国家标准体系框架，实现“一个市场、一个底线、一个标准”优化林业推荐性标准体系，完成现行林业标准摸底调查工作，对林业国家标准、行业标准、地方标准进行全面梳理，汇编形成《林业标准目录》，汇总现行有效的林业国家标准、行业标准和地方标准。组织标准化技术委员会、技术专家开展林业标准清理和复审工作。推进林业企业标准自我申明试点工作，组织人造板标委会开展产品和服务标准自我申明工作。9月23日，在湖南省召开全国林业标准化工作会议，总结林业标准化工作经验，研究部署下一阶段林业标准化工作，提出林业标准化改革发展的目标原则、改革措施，全面加强和深化林业标准化工作，加快实现林业现代化。

【林业专业标准化技术委员会管理】2015年，林业局召开“全国经济林产品标准化技术委员会”“全国林化产品标准化技术委员会”2个技术委员会成立大会；完成木材、森林工程、森林可持续经营与森林认证、林业机械等4个技术委员会的换届工作；召开2015年全国林业专业标准化技术委员会秘书长工作会议，对标委会今后工作提出明确要求。

【林业标准实施示范】2015年，林业局把林业标准化作为林业生态建设工程设计、阶段性检查、终期验收等环节的重要评价指标，推动林业生态建设按标准设计、按标准施工、按标准验收。在“中央财政林业科技推广示范项目”支持下，启动50余个林业标准化示范区建设项目，建立林业标准化示范基地，树立样板，以点带面，加快林业标准实施。截至年底，建立国家级标准化示范区406个，省级林业标准化示范区300余个。联合国家标准委开展2015年“国家林业标准化示范企业”认定工作，共同认定31家国家林业标准化示范企业。标准化示范区和示范企业建设可推动标准实施，促进标准化生产，提高林产品质量，保障消费安全。

【林业国际标准化】2015年，林业局推动国际标准化组织（ISO）批准成立竹藤标准化技术委员会（ISO/TC296），秘书处设在中国，这是中国林业行业承担的第一个国际标准化技术机构，有力推进林业标准国际化进程。参与《标准联通“一带一路”行动计划（2015—2017）》。截至年底，林业局参与木材、人造板、森林认证、林业机械、竹藤等领域国际标准化活动，承担ISO 13061《木材物理力学性质试验方法》等8项国际标准研制（发布3项）；开展《木制品术语和定义》国际标准提案工作。组建中国代表团参加国际标准化组织（ISO）森林认证、人造板、木材、林业机械等4个技术委员会的2015年年会，完成2015年ISO国际标准的国内研究和投票工作，研讨和审查相关国际标准，维护中国利益；邀请ISO秘书长访问国际竹藤中心和国际竹藤组织；邀请ISO森林认证技术委员会主席访问中国，协商森林可持续经营国际标准合作事宜；参加标准联通“一带一路”国际合作交流会；开展涉及林业的WTO/TBT、WTO/SPS技术贸易壁垒措施通报工作。

【林业企业产品和服务标准自我声明试点】2015年，为加快建立企业产品和服务标准自我声明公开和监督制度，质检总局决定在部分行业开展企业产品和服务标准自我声明公开和监督制度试点工作。根据质检总局和国家标准委的部署，林业局选择人造板（浸渍纸层压木质地板）行业参与试点工作，编制《人造板（浸渍纸层压木质地板）企业产品和服务标准自我声明公开和监督制度试点工作方案》和《浸渍纸层压木质地板（强化木地板）企业产品标准自我声明公开指南》，配合质检总局和国家标准委开展相关工作，推进企业产品和服务标准自我声明工作。

【林业标准化培训】2015年，林业局在福建省厦门市举办全国林业标准化培训班，来自林业科研、教学、生产、管理等单位的170余人参加培训。主要结合林业特点，针对林业系统的标准化现状，重点培训《标准化工作导则　第1部分：标准的结构和编写》（GB/T 1.1—2009）；探讨林业标准化工作现状，部署下一步林业标准化工作安排。

供　稿：林业局
撰稿人：冉东亚　程　强　段新芳　黄安民
审稿人：胡章翠　黄发强

知识产权局

【概况】2015年，知识产权局从知识产权领域发展的需求出发，在加强政策引导的同时，发挥标准化手段在转变政府职能、深化行政体制改革、提高管理效能、促进行业发展的重要作用，采取标准体系建设和认证体系建设“统筹规划、并行推进”的实施模式，推动实现从标准制定到标准实施的闭环管理，引导创新主体提升知识产权资源的经营管理能力，规范知识产权服务业发展，开展一系列的探索与实践。

【知识产权标准管理工作体系建设】2015年，知识产权局加强知识产权领域标准化工作统筹管理，完善知识产权领域标准化工作体系。年内，调整国家知识产权标准化委员会设置，强化国家知识产权局标准化委员会统筹管理职能。局长任委员会主任，副局长任委员会副主任，各相关业务司局负责人任委员会委员，负责指导和协调全行业标准化工作。标准化委员会分设知识产权信息化标准专业委员会、知识产权管理标准专业委员会、知识产权服务标准专业委员会，标准化委员会办公室设在国家知识产权局专利管理司。工作体系方面，优化顶层设计，扩展工作领域，增加成员单位，细化职能分工，充实人员配备，实行专业标准领域分类管理，探索知识产权全领域标准制定推行路径，知识产权全领域标准化管理进一步强化。

【全国知识管理标准化技术委员会】2015年2月13日，全国知识管理标准化技术委员会（SAC/TC554，以下简称：“知标委”）在北京召开成立大会及第一次全体委员会议，第一届知标委由67名分别从事知识产权、传统知识、组织知识方面的专家组成。知标委负责知识产权管理(创造、运用、保护、管理)、传统知识保护和管理、组织知识管理等领域的国家标准;对外承担国际标准化组织创新管理技术委员会(ISO/TC279)的对口工作。知标委由知识产权局负责日常管理和业务指导,秘书处设在中国标准化研究院和知识产权局专利管理司。全国知识管理标准化技术委员会的成立,为加强对以知识产权为核心的知识资源的管理统筹,推动构建符合中国经济社会发展需要的知识产权标准化体系,提供有力的专业技术支撑。

【知识产权标准制修订】2015 年,知识产权局组织做好各类知识产权全领域标准研究及制修订工作,构建符合中国经济社会发展需求的知识产权标准体系。年内,知识产权局组织完成《高等院校知识产权管理规范》和《科研组织知识产权管理规范》国家标准研究制定工作;组织开展《专利价值分析指标体系标准研究》《知识产权服务通用标准研究》《专利信息检索分析服务标准研究》《专利文献信息服务指南标准化研究》等知识产权标准化有关专题研究。联合国家标准委等 4 部门印发《关于知识产权服务标准体系建设的指导意见》,加快知识产权服务标准研究步伐,引导知识产权服务业有序、健康、高质量发展。制定形成《专利代理机构服务规范(征求意见稿)》《专利分析评议服务——服务规范(草案稿)》《专利分析评议服务——服务分类与分析模块(草案稿)》系列国家标准;制定用于申报国家标准的《专利文献信息检索服务规范》标准草案;修订完成《专利文献信息服务指南》。

【知识产权领域认证体系建设】2015 年,知识产权局强化知识产权领域认证体系建设、制度建设和能力建设,构建从标准制定到标准实施和监督闭环管理体系。按照与国家认监委联合印发的《知识产权管理体系认证实施意见》等政策文件的要求,推动成立认证机构,初步建立知识产权管理认证体系;与国家认监委联合开展知识产权认证认可工作研讨,起草完成《知识产权认证认可管理办法》初稿,对知识产权全领域认证工作进行统一规范;发展知识产权认证机构,培育专业化认证审核人员 1 100 余名,为知识产权领域认证工作奠定工作基础。

【知识产权重点标准实施和监督评估】2015 年 7 月,知识产权局在总结近 3 年GB/T 29400—2013《企业知识产权管理规范》标准推行经验的基础上,会同科技部、国家标准委等八部门联合印发《关于全面推行〈企业知识产权管理规范〉国家标准的指导意见》,从总体要求、重点任务、保障措施三个方面出台 14 项措施,推动企业贯标与相关政策的有效融合。并将标准的推行工作写入《深入实施国家知识产权战略行动计划(2014—2020 年)》,作为重点任务予以推进实施。截至年底,万余家企业、400 余家服务机构参与贯标工作,1 239 家通过本标准认证审核,1 125家企业获得认证证书。通过认证的企业,知识产权数量与质量得到有效提升,知识产权运用和保护能力不断加强,知识产权管理更加规范。

年底,联合国家认监委开展认证有效性检查,贯标认证工作达到引导企业提高知识产权管理能力的目的。通过贯标认证的企业经济明显提升,通过实施该标准,企业可以系统科学地建立知识产权管理体系,有效简化管理环节,优化组合资源,提高生产效率,增加经济效益。并且,企业知识产权管理成效更加凸显。通过国家政策的有效推动,实施该标准的企业有效提升知识产权管理水平,知识产权数量和质量明显提高,专利检索与专利信息分析利用更加规范专业,知识产权保护和运用能力大幅加强,企业竞争优势不断凸显。《企业知识产权管理规范》国家标准的实施推动中国企业知识产权的发展,为建设知识产权强国和创新驱动发展奠定良好基础。

推进高校、科研组织标准制定和试点工作。联合教育部、中科院在全国 5 省市 56 家高校、13 所科研组织开展《高等院校知识产权管理规范》和《科研组织知识产权管理规范》国家标准适应性推广工作,确保《高等院校知识产权管理规范》《科研组织知识产权管理规范》国家标准符合高校、科研院所工作实际。

【知识产权国际标准化】经国家标准委批复,全国知识管理标准化技术委员会(SAC/TC554)联合秘书处对外承担国际标准化组织成立创新管理技术委员会(ISO/TC279)的国内技术对口工作职责,国家知识产权专利管理司承担第一国内技术对口单位,中国标准化研究院承担第二国内技术对口单位。作为国内技术对口单位,知识产权局按照国家标准委对国内技术对口单位的管理要求,按照《ISO/IEC 导则》《参加国际标准化组织(ISO)和国际电工委员会(IEC)技术活动管理办法》等有关规定,履行相关职责,跟踪 ISO/TC279 标准的国际对口工作,参与投票及年度会议,完成国际标准化组织 ISO/TC279 创新管理标准化技术委员会的国内对口工作任务。

2015 年 4 月,SAC/TC554 秘书处组织专家参加 ISO/TC279 在挪威奥斯陆召开的 SG4 工作组会议。会议讨论明确 SG4 工作组的章程;研制“创新管理评估”标准的方法论和关键因素;制定“创新管理评估”的新工作项目建议;起草“创新管理评估”标准的结构等内容。10 月,ISO/TC554 组织中国专家组参加在爱尔兰都柏林召开的创新管理第 3 届年会及工作组会议。中国专家组参与会议讨论和投票表决,并做“基于创新管理的知识产权标准化工作”的主题发言,介绍中国知识产权标准化有关工作情况,提出组建知识产权特别工作组的建议，得到各国与会专家的一致认可，后续将进入特别工作组新标准提案研究制定实质性程序。获得在中国北京举办ISO/TC279第四次年会的机会。全年，SAC/TC554参与国际标准草案投票6次，参与投票率100%。年内，知识产权局参加4项世界知识产权组织的标准制订和修订工作，包括：与其他国家和地区的知识产权机构共同起草法律状态数据标准；参与制修订ST.14、ST.26、ST.96等3项标准。

【知识产权服务标准化国际交流会】 2015年9月，由知识产权局、国家标准委指导，中国标准化研究院主办，中关村知识产权促进局、首都知识产权服务业协会承办的“2015年知识产权服务标准化国际交流会”在北京召开。10余名国内外专家学者围绕美国、德国标准化体系，欧洲服务标准化，国内知识产权服务标准化工作等做主题讲座，200余名代表参会。

供　稿：知识产权局
撰稿人：张　立　路宏波
审稿人：雷筱云

旅游局

【概况】 经国家技术监督局批准，全国旅游标准化技术委员会于1995年2月16日在北京成立。全国旅游标准化技术委员会是全国旅游标准化工作的技术组织，是旅游标准化工作的技术咨询机构。标委会承担着具体组织全国旅游行业国家标准和行业标准的制定、修订和复审工作；负责组织旅游行业国家标准和行业标准的宣讲、解释工作；对旅游行业已颁布的标准的实施情况进行调查分析；承担指导旅游行业地方标准和企业标准的制定、审查和宣讲、咨询等技术服务工作；组织开展旅游标准化国际交流与合作。

2009年12月，旅游局和国家标准委联合签署《关于推动旅游标准化工作的战略合作协议》，共同成立“旅游标准化工作协调推进委员会”，建立工作机制，共同研究、协调、推动旅游标准化的各项工作。

截至2015年底，旅游国家标准30项、旅游行业标准46项、旅游地方标准300余项，旅游企业标准20 000余项，基本覆盖产业发展和服务管理的各个领域和主要环节。

【旅游标准制修订】 2015年，新发布GB/T 31380—2015《旅行社等级的划分与评定》国家标准1项，GB/T 31386—2015《旅行社出境旅游服务规范》、GB/T 31385—2015《旅行社服务通则》、GB/T 31381—2015《城市旅游集散中心等级划分与评定》、GB/T 31383—2015《旅游景区游客中心设置与服务规范》、GB/T 31382—2015《城市旅游公共信息导向系统设置原则与要求》、GB/T 31384—2015《旅游景区公共信息导向系统设置规范》6个行业标准修改后升为国家标准。新发布LB/T 039—2015《导游领队引导文明旅游规范》、LB/T 040—2015《旅行社行前说明服务规范》、LB/T 041—2015《旅游发展规划评估导则》、LB/T 042—2015《国家温泉旅游名镇》、LB/T 043—2015《高尔夫管理服务规范》、LB/T 044—2015《自驾游管理服务规范》、LB/T 045—2015《旅游演艺服务与管理规范》、LB/T 046—2015《温泉旅游服务规范》LB/T 047—2015《旅游休闲示范城市》9个行业标准，修订LB/T 007—2015《绿色旅游饭店》1个行业标准。

组织召开4次全国旅游标准化技术委员会评审会，审查《旅游厕所等级划分与评定》《自驾游领队服务质量要求》2项国家标准，《研学旅行服务规范》《旅行社老年旅游服务规范》《国家绿色旅游示范基地》等8项行业标准。向国家标准委申报立项7项国家标准，立项29项行业标准。

【旅游标准化研究】 2015年，旅游局组织编制《全国旅游标准化发展规划（2016—2020年）》，修订《全国旅游标准体系表》，编写《中国旅游标准化发展研究报告（2015）》。

【旅游标准推广】 2015年，旅游局组织编辑出版《高尔夫管理服务规范》《国家温泉旅游名镇》等15个标准单行本及《旅游业行业标准汇编（2014年）》，累计向各省级旅游主管部门、旅游标准化试点地区、企业及标准起草单位发放标准2万余册。

【旅游标准化试点】 为进一步推动旅游业各项标准的实施，全面提升旅游产业素质和旅游服务质量，2010年旅游局在全国范围内启动全面推进旅游标准化试点示范工作。旅游标准化试点工作的主要任务是推行旅游业国家标准和行业标准、创新运行机制、培育品牌和形成标准化体系。通过开展旅游标准化试点工作，各试点地区在政府支持下均建立旅游标准化协调推进机制，各级旅游和质监、环保、城建、交通、工商、文化和农委等部门相互配合、支持，各自发挥优势，为深入推进旅游标准化工作提供保障。

旅游局统一部署全国范围的试点工作，并对试点地区和企业进行分类指导；省级旅游部门具体负责指导和督促本辖区试点工作的组织、协调、指导并开展中期总结、负责全过程管理。各试点地区、试点企业是实施试点工作的主体。

2010年，旅游局正式启动全面推进旅游标准化试点工作。2012年，确定首批67家“全国旅游标准化示范单位”。2014年，确定第二批52个示范单位。2015年，组织完成全国第三批旅游标准化试点单位的中期评估。旅游局对新疆、广西、湖北、青海、浙江、安徽和山东等省份的第三批旅游标准化试点单位进行中期评估检查，督促指导各地完成中期评估工作。2016年将对54家试点单位进行验收，最终确定第三标准化批示范单位。

【中国旅游标准走出去】2015年，旅游局围绕“一带一路”战略，贯彻落实国务院《深化标准化工作改革方案》要求，开展面向“一带一路”沿线国家的旅游标准化交流和人才培训，以推动中国旅游标准“走出去”带动中国旅游产品、技术、服务“走出去”。

为不断提升中国旅游标准的国际影响力，加大中国旅游标准宣传推广力度，推广《旅游景区质量等级的划分与评定》国家标准，帮助老挝在旅游景区建设过程中进一步提升基础设施和服务水平，旅游局于12月在广西桂林举办首期老挝旅游景区标准化建设培训班，48名老挝旅游专家参加培训。

【国务院政府质量工作考核】2015年，旅游局配合质检总局完成2014—2015年度省级政府质量工作考核相关情况的汇总工作，将旅游秩序指数（TOI）纳入2015年度的质量考核指标。旅游局局长李金早带队对北京市政府2014—2015年度质量工作进行实地核查，派员参加质检总局对四川、重庆两地政府质量工作的实地核查工作。

【旅游服务质量对比提升】2015年5月，旅游局与质检总局共同启动全国旅游服务质量提升活动，开通“质量自主声明和社会监督平台”。会上，中国旅游协会及各专业协会向全体会员发出公示服务质量标准，提升服务质量的倡议；北京市颐和园管理处等6家旅游企业代表全国29个省份的73家全国旅游服务质量标杆和升级试点单位，作出质量和标准声明。

【“质量月”活动】2012年8月27日，旅游局与质检总局共同签署《贯彻质量发展纲要　提升旅游服务质量合作备忘录》，共同推动“质量强国”与“旅游强国”建设。每年共同开展“质量月”活动。

供　稿：旅游局
撰稿人：贾玫玫
审稿人：杨晓玉

地　震　局

【概况】2015年，地震局在国家标准委的指导和支持下，贯彻落实《国务院深化标准化工作改革方案》，创新工作机制、优化标准制修订工作程序，加强顶层设计、推进地震标准体系建设，紧贴事业发展需求，服务地震预警工程等重大项目，更好发挥地震标准化在防震减灾治理体系和治理能力现代化建设中的基础性、战略性作用。

截至年底，地震国家标准32项、地震行业标准77项、地震地方标准23项，地震企业标准20余项，基本涵盖地震监测预报、震灾预防、紧急救援等各专业领域，初步形成以国家标准、行业标准为主体，地方标准、企业标准为补充的地震标准体系。

【地震标准化工作改革】2015年，地震局按照《国务院关于印发深化标准化工作改革方案的通知》文件要求，对《地震标准制修订工作程序（试行）》进行修订，修订后的名称为《地震标准制修订工作管理细则》，并以中震法发〔2015〕44号文件予以发布。通过此次修订，进一步优化标准立项和制修订工作程序，有助于发挥好政策法规司作为标准化归口管理部门的综合协调作用，以及有关业务司室在分管标准领域内的业务管理和指导作用。在标准立项阶段，将年度立项计划任务赋予各业务司室，由法规司汇总审查，从源头上保证标准的立项质量和协调性。在标准起草阶段，发挥有关业务司室的主导作用，缩短标准制定周期。在标准的征求意见、技术审查、报批、复审等各个环节，根据实际工作经验，做相应修改完善。

【地震标准体系建设】2015年，地震局加强顶层设计，研究地震标准体系框架。为贯彻地震局党组部署，落实《国家防震减灾制度体系设计》要求，会同各业务司成立地震标准体系建设推进组，印发实施《地震标准体系建设推进方案》。按照“统筹谋划、归口管理、分工负责、动态调整”的工作原则，组织开展地震标准体系框架研究和设计。

紧贴事业需求，加快重要标准制修订。5月15日，强制性国家标准 GB 18306—2015《中国地震动参数区划图》由质检总局和国家标准委发布，2016年6月1日起正式实施。GB 18306—2015是贯彻落实《中华人民共和国防震减灾法》，确定中国一般建设工程抗震设防要求的强制性国家标准，是编制国土利用规划、城乡规划、环境保护规划等相关规划的重要依据。修订后的标准适当提高中国整体抗震设防要求，突出强调房屋、建筑等的抗倒塌标准，取消不设防区，对于提高中国建设工程的抗震设防能力与水平、满足全社会对地震安全提出的新要求具有重要意义。

地震监测预报领域：强制性国家标准《地震震级的规定》（修订）通过全国地震标准化技术委员会审查。服务地震预警与烈度速报工程，发布实施 DB/T 59—2015《地震观测仪器进网技术要求　地震烈度仪》和 DB/T 60—2015《地震台站建设规范　地震烈度速报与预警台站》2项行业标准。发布 DB/T 5—2015《地震水准测量规范》（代替 DB/T 5—2003）、DB/T 61—2015《地震监测预报专业标准体系表》、DB/T 62—2015《全球导航卫星系统基准站运行监控》3项行业标准。完成行业标准《卫星电磁观测测项分类与代码》与《地震编目规范》的征求意见工作。

震害防御领域：强制性国家标准 GB 18306—2015《中国地震动参数区划图》正式发布，审查通过行业标准《1:50 000活断层填图数据库》。

应急救援领域：审查通过国家标准《地震应急避难场所运行指南》，完成对《地震灾害紧急救援队队员训练指南》的征求意见工作。联合应急司启动国家标准《中国地震烈度表》修订工作。

地方标准研制：福建省发布 DB 35/T 1488—2015《地震应急避难场所要求》地震地方标准，陕西省发布 DB61/T 984—2015《应急避难场所　场址及配套设施》、DB61/T 985——2015《中小学防震减灾示范学校评价指南》等2项地震地方标准。指导推进四川省地震局《市县级地震灾害紧急救援队建设标准》《市县级地震灾害紧急救援队培训标准》等2项地方标准，广东省地震局地方标准《重要建设工程强震动监测台阵技术规范》。

【地震标准实施宣贯和复审评估】2015年，地震局开展强制性国家标准 GB 18306—2015《中国地震动参数区划图》的宣贯，面向局属各单位先后在黑龙江省哈尔滨市、甘肃省兰州市、广西壮族自治区南宁市举办标准宣贯培训班3期，结合2015年世界标准日宣传活动，对标准编制基本情况、科技支撑、地震动参数的确定以及地震区划图实施中的法律和政策问题进行解读。

年内，对进入复审周期的28项标准开展复审，其中基础通用类标准1项，监测预报领域标准21项，震害防御领域标准1项，应急救援领域标准5项。对28项标准的实施效果进行问卷调查，依据各业务司室的意见建议组织复审，复审结论为：13项继续有效，13项修订，2项需要进行会议审查。

【地震标准化科研项目】2015年，地震局实施地震行业科研专项项目，完成“洞体摆式倾斜仪现场校准技术研究”“流动地磁测量基本技术要求和标准研究”“测震仪器质量检测技术研究与国际标准研制”“相对重力联测技术标准研究”“钢筋混凝土结构震后安全性鉴定标准关键指标研究”“氡、汞观测方法技术标准与地下流体学科标准体系研究”“地震安全性评价分类”“关键技术指标确定及国家标准修订研究”等7个项目，启动“全球导航卫星系统（GNSS）地壳运动观测技术标准研究”“强震动记录选取标准及工程应用研究”和“绝对重力测定技术标准研制”3个项目。

供　稿：地震局
撰稿人：付慧仙
审稿人：林碧苍

气　象　局

【概况】2015年，气象局制定印发《关于贯彻落实国务院〈深化标准化工作改革方案〉的实施意见》，提出强化标准意识、提高标准质量、强化标准执行等10项重点任务和38项措施。制定印发《国家级气象标准化主要工作职责分工》,对各职能司及业务服务单位的标准化工作职责、分管标准领域和项目清单进行梳理界定。

截至年底,气象国家标准59项、气象行业标准316项、气象地方标准330余项,基本覆盖气象防灾减灾、公共气象服务、应对气候变化等重点工作领域以及气象观测、预报预测、服务、信息化等业务、管理环节。全国性专业标准化技术委员会和分技术委员会13个,气象行业标准化技术委员会1个,委员人数约500人。

【气象标准化技术委员会建设】2015年,气象局组织完成全国气象防灾减灾标准化技术委员会、气象基本信息标准化技术委员会、卫星气象与空间天气标准化技术委员会及其3个分标准化技术委员会的第二届委员会的换届工作,组织开展气象仪器与观测方法标准化技术委员会、雷电灾害防御行业标准化技术委员会的换届筹备工作。截至年底,国家层面成立14个气象领域标准化技术委员会,北京、河北、吉林、黑龙江、江苏、浙江、安徽、福建、江西、山东、河南、广东、贵州、云南、西藏、陕西、甘肃、宁夏、新疆等19省(区、市)先后成立地方气象标准化技术委员会。中国气象服务协会组建标准化委员会,负责气象服务团体标准的制修订等相关标准化工作。

【气象标准化工作机制建设】2015年,气象局推进标准制修订信息公开,实现标准征集和立项信息网上公示、标准项目计划网上公开、标准草案网上征求意见、标准发布信息网上公告、标准文本网上免费下载。制定《气象标准复核工作规程》和《气象标准化信息服务与管理平台运行维护管理办法》等制度,进一步规范标准报批复核和标准化信息平台的管理。

【气象标准制修订】2015年,气象局推进支撑气象改革发展的重要标准制修订。组织开展气象信息服务市场监管标准体系研究及关键标准制修订,组织凝炼和下达15项专项标准项目计划,推进《气象预报传播质量评价方法及等级划分》等4项急需标准,并取得突破性进展;组织开展气象观测装备标准制定专项工作,面向全社会公开征集47项装备标准的编制单位(25家企业参与竞争,落实26个项目的制定任务);组织推进适应防雷中介服务清理工作的配套标准的制修订,紧急下达防雷装置检测相关的3项监管标准制定计划,并组织协调相关单位完成标准征求意见、审查、报批等工作流程;继续推进《霾的判识与分级》和《霾的预警信号等级》的研制。

全年组织推荐立项国家标准13项,立项行业标准43项、预研究项目11项;发布气象行业标准60项,国家标准发布5项、报批10项,发布气象标准复审结论23项,办理地方气象标准备案52项。

【气象国际标准化】2015年,中国气象局气象探测中心成功申办ISO天气雷达国际标准的工作组会议;组织完成5项ISO、IEC标准的投票意见征集工作。

【气象标准培训、宣贯和实施】2015年,气象局强化气象标准执行。职能司组织对四川、重庆、湖北、陕西4省(市)局以及其他省(区、市)局的标准实施情况进行现场检查和书面调查,重点了解"执行标准清单"、标准应用反馈、标准资料共享、标准化工作职责和考核的落实情况;组织召开"气象标准实施应用研讨暨标准化试点经验交流会",交流研讨气象标准实施应用工作思路和措施,并对深圳气象服务标准化试点工作经验进行宣传和推广;贵州防雷减灾公共服务标准化试点工作通过国家标准委组织的中期专家评估。北京、山西、福建三省(市)局分别在公共气象服务、人工影响天气、防雷技术服务3个领域获得国家标准委的国家级标准化试点立项。

加大气象标准培训、宣贯力度。通过气象远程培训网络平台对2014年发布的17项气象国家标准和行业标准进行解读和宣讲;组织对2015年气象标准项目起草人进行培训;推广应用"中国气象标准化网",注册用户增长50%,网站PV访问量增长175%,进一步强化标准制修订过程监管和资源共享;组织编发3期《气象标准化》杂志,就标准化动态与知识、气象标准化研究等内容进行交流,完成与中国标准化研究院合作出版《标准科学·气象增刊》的组稿工作;组织出版和印刷气象行业标准单行本及汇编发放到全国各地气象部门。

供　稿:气象局
撰稿人:周韶雄
审稿人:王志强

粮食局

【概况】2015年，粮食局围绕行业重点工作，结合粮油标准化工作实际，开展各项工作，粮油标准化工作水平进一步提升。截至年底，现有粮油国家标准343项、粮油行业标准188项，形成包括产品标准、食品安全标准、检验方法标准、储藏、物流、信息、加工机械设备和检验仪器标准、行业管理技术规范标准等在内的比较完整的粮油标准体系，基本覆盖粮食生产、收购、储存、加工、运输、销售和进出口等各个领域。现有全国性专业标准化技术委员会1个，委员由来自相关部委、科研院所、院校、粮食管理、质量检验、大型企业的84人组成。77家单位纳入国家粮油标准研究验证测试体系。

【粮油标准化改革】2015年，粮食局贯彻落实国务院《深化标准化工作改革方案》，推进粮油标准化工作改革。3月，批准立项2015年政策性研究课题《粮食行业标准化工作改革的初探》。5月20日，在广州召开深化粮油标准化工作改革专题会议，对粮油标准化工作形势和下一步改革进行研讨。8月31日，印发《国家粮食局关于贯彻实施〈国务院深化标准化工作改革〉的意见》，明确粮油标准化改革的目标，提出准确把握改革的7项具体内容。

【粮油标准制修订】2015年，粮食局向国家标准委申报粮油国家标准制修订计划项目92项，分2批下达2015年度粮油标准制修订计划127项，其中国家标准36项，行业标准91项。发布标准40项，其中GB/T 20570—2015《玉米储存品质判定规则》、GB/T 31785—2015《大豆储存品质判定规则》等国家标准9项，《库存粮食识别代码标准》等行业标准31项；报批《粮食仓库建设标准》等标准29项，其中国家标准21项，行业标准8项；组织审定国家标准和行业标准55项。

开展重点标准制修订工作。修订《玉米》和《大豆》国家标准，引导农民调整种植结构和加强生产管理，促进农民增产增收和粮食资源合理利用。制定《进口大米粒型分类与检验方法》行业标准，促进大米国际贸易健康发展。发布《库存粮食识别代码》，促进行业信息化建设，推进"智慧粮食"建设。修订《粮食仓库建设标准》，制定《简易仓囤储粮技术规程》行业标准，规范粮食仓库建设和简易仓囤储粮技术管理，确保储粮安全。

推广节粮减损新技术、新措施。申报《大米加工操作技术规范》和《米粉（线）加工良好操作规范》标准制修订计划，完善粮油加工标准体系，引导和规范企业适度加工。改进大米、面粉加工精度实物标准，推荐的标准样品等级均采用加工精度下限加工而成，旨在最大限度保留粮食中固有营养成分，减少过度加工。

【粮油标准贯彻实施】2015年，小麦在收获期间受天气影响，部分地区小麦发芽，导致不完善粒超标，安徽、河南、湖北、新疆等省（区）相继建议放宽收购标准，粮食局与发展改革委、财政部、农发行等有关部门沟通协调，明确由各省级人民政府按照《国务院关于建立健全粮食安全省长责任制的若干意见》精神，抓好不完善粒超标小麦的收购，及时出台收购处置方案，帮助农民减少损失。

年内，粮食局为保证东北地区政策性玉米收购顺利进行，保护农民利益，开展各项有关工作。研究制定《玉米生霉粒检验判定标准有关技术问题说明》并印发各地实施，提高玉米生霉粒检验的一致性和准确性，解决玉米生霉粒判定标准尺度不好掌握的问题。开展东北地区新收获玉米质量专报工作，要求各省（区）粮食局动态监测玉米生霉粒情况并以每10个自然日为节点，形成质量专报，以及时掌握2015年东北地区新收获玉米生霉粒等质量变化情况。加强收购标准和质价政策宣传，制作玉米标准视频宣传片，要求各地采取网络、电视和印刷宣传品等方式，向农民、粮食经纪人和收购库点宣传玉米生霉粒检验标准，了解和掌握生霉粒判定尺度，消除可能存在的对标准的误解，尽量减少发生退车绕道卖粮情况。

【粮油标准研究验证和后评估】2015年，粮食局针对粮食收购中存在的问题，有针对性的组织开展适用于稻谷收购的重金属镉快速测定技术的标准适用性评估，为推进粮食收购现场建立质量安全指标检验把关制度奠定基础。开展粮食质量和品质指标检测仪器标准适用性验证，掌握检测仪器准确性，进一步提高检测方法标准的科学性。组织开展新制修订标准验证工作，安排27个标准验证机构对18项新标准进行验证测试。开展玉米粉基呕吐毒素和玉米赤霉烯酮等标准物质验证定值工作，促进实物标准样品制备、评审、发布程序的优化改革。

【粮油国际标准化】2015年，粮食局开展粮油标准化国际合作。推动落实2014年北京APEC会议《北京宣言》批准的"APEC增强粮食质量安全和标准互通行动计划"，制定实施方案，派员参加2015年菲律宾APEC PPFS系列会议，代表粮食局向参会代表介绍推动落实该行动计划的具体措施，获得各经济体支持，与美国、俄罗斯、加拿大、澳大利亚、泰国、菲律宾等11个经济体建立合作，共同开展APEC粮食质量标准对比研究，促进标准互联互通。

推进谷物与豆类国际标准化工作，全年发布国际标准6项，立项新标准4项，推进在研制修订项目5项，复审标准9项。其中ISO 5527:2015《谷物　词汇》标准以英语、法语、德语、拉丁语和汉语五种语言发布，是继ISO 5526:2013《谷类、豆类和其他食用粮食　术语》标准后，汉语版本再次出现在粮食国际标准中。聚焦战略性重大标准，推进由中国牵头制修订的《玉米　规格》和《谷物和谷物制品中赭曲霉毒素A含量的测定—免疫亲和净化荧光检测高效液相色谱法》项目至新的工作阶段。加强分委员会在粮食质量安全检测技术领域工作，成立真菌毒素工作组，由中国专家作为工作组召集人，工作组专家分别来自中国、德国、韩国和波兰。

履行国际标准化组织成员职责，作为谷物与豆类分委员会和动植物油脂分委员会的国内技术对口单位，组织国内相关单位跟踪研究各阶段标准文件，分析国际标准化发展趋势和工作动态。全年，完成33项标准制修订文件投票和评议，完成9项委员会投票，注册2名专家为工作组专家，提名6人次专家参与国际标准制定工作。

供　稿：粮食局

能　源　局

【概况】 2015年，能源局开展能源行业标准化工作，重点推进页岩气、电动汽车充电设施、油品、配电网、太阳能发电和分布式电源等领域的标准制修订。年内发布3批432项能源行业标准，包括页岩气10项、电动汽车充电设施7项、太阳能发电2项、风电10项、核电94项等；完成对670项行业标准的复审，废止行业标准122项；下达标准制（修）订计划784项，其中涉及上述领域的标准计划项目近150项；向国家标准委申请批准GB 252—2015《普通柴油》等5项国五油品质量标准；完成向国家标准委申请6项国六油品质量升级国家标准的立项工作。

【能源标准体系建设】 2015年，能源局为促进国务院印发的《关于加快电动汽车充电基础设施建设的指导意见》的落实，印发《电动汽车充电设施标准体系项目表》。为贯彻中央财经领导小组第6次会议精神，有效落实节能优先能源战略方针，印发《关于加强能源行业能效标准化工作的意见》。为适应风电产业发展需要，印发《能源领域风电标准体系项目表（2014年修订版）》。

【能源标准化改革】 2015年，能源局参与研究制定《深化标准化工作改革方案》《关于培育和发展团体标准的指导意见》和《中化人民共和国标准化法（修正草案）》修订工作。组织能源行业标准化管理机构及相关标委会贯彻落实国务院印发的《深化标准化工作改革方案》，部署安排能源行业强制性标准的梳理工作并要求提出处置意见。

【能源标准化技术标委会管理】 2015年，能源局调整完善能源行业风电标委会。开展能源行业太阳能发电（光热、光伏）标委会的筹建工作。启动电力行业安全工器具及机具标委会组建研究工作。研究制定《核电工程定额与造价工作管理办法》，依托现有核工业造价定额管理站筹建核电工程定额站。

【能源国际标准化合作】 2015年，能源局为支持企业走出去，带动中国技术装备和服务出口，研究制定《能源行业标准英文版翻译出版工作管理办法》。

供　稿：能源局

国防科工局

【概况】 国防科工局负责组织开展国防科技工业标准化工作，主要管理核（除核电）、航天、军工航空、军工船舶、兵器、军工电子等军工行业标准。国防科工局重视标准化在国防科技工业改革发展中的基础性、战略性、引领性、支撑性作用，将标准化作为建设国防科技工业体系的重要抓手，通过强化标准化工作，引领军工技术创新，规范军工核心能力建设，保障科研生产质量和安全，促进产业转型升级和提质增效。

2015 年，国防科工局落实国务院《深化标准化工作改革方案》要求，深入推进国防科技工业标准化工作。与国家标准委签订战略合作协议，联合首次发布中国航天标准体系和 20 项中国航天标准英文版。制定《军工行业标准制定工作程序要求》等配套规章，完成千余项军工行业标准制修订工作，成立 1 个国防科技工业标准化技术委员会和核、航天、军工航空、军工船舶、兵器、军工电子等 6 个行业性标准化技术委员会。组织行业标准化专业机构面向科研生产一线开展重大标准宣贯30 余次，开展标准化业务咨询近 2 000 次。截至年底，现行有效军工行业标准总数达 14 200 项，基本涵盖军工科研生产、核心能力建设和民用航天、核工业发展各领域各环节。

【军工行业标准化改革】2015 年，国防科工局贯彻国务院《深化标准化工作改革方案》要求，落实国务院标准化协调推进部际联席会议部署，深入推进标准化改革。与国家标准委签署战略合作协议，协同推进国防科技工业标准化与国家标准化工作。深度参与《国家标准化体系建设发展规划（2015—2020 年）》《装备制造业标准化和质量提升规划》等国家标准化规划编制，积极参与《中华人民共和国标准化法（修正案）》修订。做好“十二五”国防科技工业标准化工作总结和标准化发展重大问题研究，为编制“十三五”国防科技工业标准化发展规划打下坚实基础。持续优化军工行业标准体系，开展重点领域标准群研制，完成千余项军工行业标准制定，有力支撑高新技术装备建设和国家重大科技工程实施；注重提升全行业标准化意识，推动军工企业标准化建设，支持重点单位制定“三大规范”，促进各军工集团公司加强企业标准化工作；支持有关单位实质性参与国际标准化活动，军工单位承担 4 个国际标准化专业技术委员会秘书处工作，4 人担任国际标准化组织专业技术委员会主席或副主席，40 人担任委员或专家，军工单位主导制定发布国际标准 27 项，在研国际标准 69 项。

【军民标准通用化】2015 年，国防科工局与国家标准委签署战略合作议定书，贯彻落实国务院深化标准化工作改革要求，坚持创新驱动和军民融合深度发展，进一步强化国防科技工业标准化工作，合力推动中国航天和核领域等标准“走出去”，发挥标准化在国防科技工业改革发展中的基础性、支撑性和引领性作用。年内，国防科工局支持军工单位发挥军工优势，组织完成 72 项国家标准制定任务；支撑国家战略性新兴产业发展，组织实施卫星及应用、航空装备、海洋工程装备、新一代信息技术等领域 10 个国家标准综合体项目；落实《国家集成电路产业发展推进纲要》，与国家和军队有关部门共同推进 40 项集成电路军民通用标准研制。军工单位承担 63 个全国专业标准化技术委员会秘书处工作，676 名军工领域专家担任全国专业标准化技术委员会委员。

【军工行业标准化法规体系建设】2015 年 11 月，国防科工局依据《国防科技工业标准化工作管理办法》，制定《军工行业标准制定工作程序要求》，细化工作流程和要求，进一步规范标准制定工作。

【军工行业标准化工作体系建设】2015 年 9 月，国防科工局组建“国防科技工业标准化技术委员会”“核行业标准化技术委员会”“航天行业标准化技术委员会”“军工航空行业标准化技术委员会”“军工船舶行业标准化技术委员会”“兵器行业标准化技术委员会”“军工电子行业标准化技术委员会”等 7 个军工行业标准化技术委员会，承担国防科技工业标准化战略咨询和技术把关工作，委员由相关管理机构、专业机构、院校和科研生产单位专家构成，军工集团以外的委员占 20%。

【军工行业标准建设】2015 年，国防科工局坚持标准研制与型号任务同论证、同部署、同实施，组织开展重点领域标准群研制，按计划完成军工行业标准制修订，填补相关领域标准空白，有力支撑军工科研生产和国家重大科技工程实施。利用军工优势和军工智慧服务经济社会发展，年内完成的千余项军工行业标准中有 389 项标准可军民通用。

【军工行业标准国际化】2015 年 9 月，国防科工局和国家标准委落实国家“一带一路”战略布局，首次对外发布《中国航天标准体系（1.0 版）》和20 项中国航天标准英文版，为在更高层次、更广领域开展航天国际交流合作创造条件。首批发布的 20 项中国航天标准英文版，包括 3 项航天管理标准、4 项产品保证标准、8 项工程技术标准、5 项空间应用标准。

全年，军工单位主导制定发布国际标准 27 项，在研国际标准 72 项，承担 ISO/TC8 船舶与海洋技术、ISO/TC8/SC4 舾装与甲板机械、ISO/TC20/SC1 航空航天电气、ISO/TC20/SC6 标准大气等 4 个国际标准化组织专业技术委员会秘书处工作，4 人担任国际标准化组织专业技术委员会主席/副主席，特别是中国船舶重工集团公司第 714 研究所研究员李彦庆代表中国首次担任 ISO/TC8 船舶与海洋技术委员会主席。

【军工单位企业标准化】2015 年，国防科工局着力提升军工单位标准化意识，促进各军工集团公司加强企业标准化工作，支持重点单位制定“三大规范”，进一步完善军工企业标准体系。鼓励标准化专业机构面向科研生产一线提供标准化咨询服务，组织宣贯重大标准30余次，开展标准化业务咨询近2 000次，标准化服务保障能力稳步提升。

【国防科技工业强基工程标准化单项论证】2015年，国防科工局落实国防科技工业强基工程部署要求，瞄准制约军工产品质量可靠性的短板弱项，实施质量可靠性专项行动计划，开展强基工程标准化单项论证，规划提出制修订关键技术标准，建设重点标准验证平台，实施通用产品标准达标验证，构建标准信息化保障与服务系统。

供　稿：国防科工局

烟　草　局

【概况】2015年，烟草局按照全国标准化工作会议精神和全国烟草工作会议确定的年度重点，有针对性地做好标准化工作，完成年初确定的各项目标任务。启动《烟草行业标准化工作"十三五"发展规划纲要》编制工作。编制完成年度标准制修订项目计划，确定2015年度烟草行业标准制修订项目29项。全年发布19项行业标准。截至年底，烟草类国家、行业标准达676项。对全国烟草标准化技术委员会委员进行中期调整，完成农业、企业、烟叶标样、卷烟标样等分技术委员会换届工作。

【烟草标准化改革】2015年，烟草局全面贯彻落实国务院《深化标准化制度改革方案》有关要求，组织开展烟草类国家、行业标准清理工作，修订并印发《烟草行业标准制修订管理办法》，制定《烟草行业重点标准研究室管理办法（试行）》。

【烟草标准实施示范推广】2015年，烟草局贯彻落实《国家烟草专卖局关于进一步推进烟叶标准化生产工作的意见》，结合新形势下的烟叶生产工作，三季度，组织专家组对吉林、安徽、山东、河南、湖北、广西、四川、云南等烟叶主产省份推进烟叶标准化生产工作的实效进行现场考评。

落实《国家烟草专卖局关于全面推进烟草行业商业企业标准化工作的意见》，组织召开部分商业企业标准化工作经验交流现场会，开展第二批批标准化示范企业认定工作，经形式审查、材料评审和现场认定等工作程序，认定陕西省烟草公司西安市公司等5家单位为烟草行业商业标准化示范企业。

【烟草国际标准化】2015年，烟草局为贯彻落实质检总局、国家标准委2015年第36号公告，制定并印发《烟草行业参加国际标准化组织活动管理办法（试行）》，进一步规范国际标准文件投票和评议、参加工作组、参加和承办国际标准化会议等有关工作程序。牵头完成《卷烟　端部掉落烟丝的测定　振动法》国际标准项目（ISO 3550-3），并以技术规范（ISO/TS）形式公开出版。成功获得ISO批准担任国际标准化组织烟草及烟草制品技术委员会烟叶分委员会（ISO/TC126/SC3）副主席职务，与土耳其联合承担分委员会秘书处工作。

【烟草标准创新贡献奖】2015年，烟草局根据《中国烟草总公司标准创新贡献奖管理办法》，开展中国烟草总公司第四届标准创新贡献奖评审工作，经形式审查、网上初评和会议评审等工作程序，共评出一等奖2项、二等奖2项、三等奖4项。

供　稿：烟草局
撰稿人：张晋东
审稿人：陈晋东

海　洋　局

【概况】2015年，海洋局进一步加强海洋标准化工作，加快推进标准化规划、标准体系建设、标准化管理办法修订、标准制修订以及国际标准化等工作，加强海洋综合管理、海洋经济调控、海洋生态环境保护、海洋观测预报与防灾减灾、海洋调查与科技、海上维权执法、海洋战略性新兴产业发展等领域标准制定工作，强化海洋标准的推广应用，参与“国家质量基础的共性技术研究与应用”重点专项。

【海洋标准化改革】2015 年，海洋局贯彻落实国家标准化改革精神，组织召开《深化标准化工作改革方案》宣贯会，研究构建适应中国特色市场经济的新型海洋标准体系框架，组织编制海洋强制性标准体系；组织全国海洋标准化技术委员会、分技术委员会挂靠单位和技术专家开展标准清理工作，厘清现行有效海洋标准和在研海洋标准项目，印发2015 年海洋标准目录，开展 2013 年及以前海洋国家标准和行业标准制修订计划项目的清理工作。

【海洋标准化顶层设计】2015 年，海洋局组织开展海洋标准化“十二五”发展规划评估总结和“十三五”规划编制工作，初步提出“十三五”期间的工作目标和主要措施；完善海洋标准化管理制度和机制，组织开展《海洋标准化管理办法》修订工作，初步理顺工作机制；通过争取，将海洋标准化列入《国家标准化体系建设发展规划（2016—2020 年）》《制造业标准化提升计划》和《标准联通“一带一路”行动计划（2015—2017）》等规划；组织开展“世界标准日”活动。

【海洋标准制修订】2015 年，海洋局组织开展海洋标准项目申报立项、制修订和批准发布工作。下达《海洋规划编制与评估技术规范》等 43 项海洋行业标准计划项目，向国家标准委申报《海洋观测术语》等 17 项海洋国家标准项目。提出的 GB/T 32065—2015《海洋仪器环境试验方法》等7 项海洋国家标准发布，批准发布 HY/T 181—2015《海洋能开发利用标准体系》等 9 项海洋行业标准。截至年底，海洋国家标准 85 项、海洋行业标准 239 项。

【海洋标准化队伍建设】2015 年，海洋局壮大海洋标准化技术组织机构，在全国海洋标准化技术委员会成立海水淡化与综合利用分技术委员会，加强对技术委员会的管理；引导发展海洋团体标准，成立中国海洋学会标准化分会，探索开展海洋团体标准试点工作。

【海洋标准实施】2015 年，海洋局组织开展海洋环境监测、海洋生态环境评价、海洋工程建设环境影响评价、海洋观测调查和预警报、海域使用管理等 8 类 95 项标准的实施情况调查，标准使用率均超过 80%，基本满足工作需要，标准宣贯需求强烈。

【海洋国际标准化】2015 年，海洋局推动海洋国际标准化工作，在国际标准化组织船舶与海洋技术委员会海洋技术分技术委员会成立 2 个新的工作组，成功立项 1 项国际标准项目；加快推进海洋国际标准立项和制定工作，为中国海洋装备、技术、服务走出去创造有利条件。全国海洋标准化技术委员会海洋观测及海洋能源开发利用分技术委员会秘书处在单位内部创办《国际标准化信息》期刊，推广传播国内外海洋国际标准化领域新成果、新观点、新标准；年内，出版《美国主要标准化机构》《加拿大主要标准化机构》《挪威标准化》《法国标准化》等 4 期国际标准化期刊。

供　稿：海洋局
撰稿人：王丽华
审稿人：张俊海

测绘地信局

【概况】2015 年，测绘地信局围绕测绘地理信息重大项目需求与未来发展方向，推进测绘地理信息标准化研究。组织开展 2015 年度标准制修订立项工作。做好重大工程项目建设标准化服务，加快推进地理国情普查与监测、不动产测绘、管线测绘等关键技术标准立项和研制。协调推进测绘地理信息部门计量技术规范建设，逐步提升计量标准化服务水平。推进测绘地理信息自主国际标准化研制。开展测绘与地理信息标准宣传贯彻活动，举办测绘与地理信息标准培训班，确保业内对标准的技术要求理解并有效执行。

【测绘地信标准化研究】2015 年，测绘地信局组织开展“空间基准与卫星导航定位应用标准化研究”“不动产测绘关键技术及标准化研究”“海洋测绘标准化研究”等标准化科研项目的研究工作；组织研究并提出《卫星导航定位系统连续运行基准站标准体系（建议稿）》，为基准站国家标准立项提供依据。组织专家参与编写国家重点研发专项“国家质量基础的共性技术研究与应用”实施方案。

【测绘地信国家标准制修订】2015 年，测绘地信局组织完成30余项国家标准项目提案的初审，向国家标准委新申报《地理国情监测基本统计技术规范》等11项国家标准制修订项目，申报的《地理国情监测内容框架》等23项国家标准项目通过审批并被列入国家标准制修订项目计划。组织完成《数字城市地理信息公共平台运行服务质量规范》等31项国家标准报批，完成4项国家标准编制与审查。

推荐协调智慧城市时空信息云平台纳入《国家新型城镇化标准体系》建设内容，《智慧城市时空信息云平台评价指标体系》《智慧城市时空信息云平台基本规定》2项国家标准通过审查并成功立项。组织开展卫星导航定位基准站建设急需国家标准项目的提案征集与立项审查，完成《卫星导航定位基准站术语》等18项基准站国家标准项目的立项申报，协调推动其中10项国家标准项目通过国家标准委审查。

【测绘地信行业标准制修订】2015年，测绘地信局组织完成70余项行业标准提案的初审。下达《基于机载SAR的地理信息要素更新技术规范》等34项测绘地理信息行业标准项目计划，包括地理国情普查方面的标准项目3项、不动产测绘6项。组织编制并发布CH/T 1036—2015《管线要素分类代码与符号表达》CH/T 6002—2015《管线测绘技术规程》CH/T 1037—2015《管线信息系统建设技术规范》，完成《地面三维激光扫描作业技术规程》等3项行业标准送审稿审查与发布，组织完成7项行业标准编制与审查。

【测绘地信计量标准化】2015年，测绘地信局组织编制并发布部门计量技术规范《比长基线场检定规程》，下达《手持激光测距仪产品规范》《数字水准仪产品规范》《因瓦条码水准标尺产品规范》《卫星导航定位基准站接收机》4项测绘计量技术规范项目制定计划。

【测绘地信国际标准化】2015年，测绘地信局组织完成国际标准ISO 19163-1《地理信息影像与格网数据的内容模型及编码规则第一部分：内容模型》编制工作，推动该标准通过各成员国审查并提交发布；新国际标准项目ISO 19159-3“地理信息遥感影像传感器定标与验证第3部分：SAR/InSAR”成功立项。参与跟踪国际测绘地理信息标准化活动，组织业内专家参加ISO/TC211第40、41次全体会议和工作组会议。加大对成熟且符合中国国情的国际先进标准转化力度，及时将国际标准等同或修改转化为国家标准。组织有关专家持续跟踪研究测绘地理信息国际标准化动态，编译出版《地理信息国际标准译文集（2015）》，编译完成12期《国际测绘地理信息标准化动态》。

【测绘地信标准宣贯】2015年，测绘地信局举办数字表面模型系列标准培训班、管线测绘系列标准培训班等，累计培训330人次；指导举办省级标准化培训班，扩大标准培训范围，年内江苏省培训近2 000人次。采用新形式推广普及标准化知识、传播标准化信息，编制4期《测绘标准化》。开展“世界标准日”主题活动，组织“一带一路”标准化工作主题研讨会等交流活动，面向重点地区、重点领域开展测绘地理信息标准化工作专题调研。组织完成国家标准委社会管理和公共服务标准化试点项目申报，四川、黑龙江、甘肃3个测绘地理信息试点项目获国家标准委批准。

供　稿：测绘地信局
审稿人：吴　桐

铁　路　局

【概况】2015年，铁路局组织召开国家铁路局铁路技术标准工作座谈会，总结“十二五”铁路标准化工作，分析新常态下铁路技术标准发展面临的形势和任务，部署当前及“十三五”发展目标和工作任务。组织开展铁路标准化“十三五”发展规划编制、铁路技术标准体系研究和铁路工程建设标准体系研究，规划“十三五”期间铁路标准化工作路线和重点，促进铁路改革发展、推动中国铁路“走出去”。

截至年底，铁道国家标准181项，铁道行业标准1 101项，覆盖铁路机车车辆、工务工程、通信信号、牵引供电和运营服务等各专业领域。

【铁道标准制修订】2015年，铁路局印发国家铁路局2015年铁路技术标准项目编制计划和工程建设标准编制计划，发布TB/T 3402—2015《动车组制动系统》、TB/T 3395—2015《高速铁路扣件》系列和TB/T 3330—2015《无线闭塞中心技术规范》等铁路技术标准111项，TB 10088—2015《铁路数字移动通信系统（GSM-R）设计规范》、TB 10008—2015《铁路电力设计规范》等铁路工程建设标准5 项，以及铁路技术标准修改单 3 项；向国家标准委报送《电力牵引架空接触网》等铁道国家标准 33 项、铁道国家标准修改单 2 项。

【铁道国际标准化】2015 年，铁路局组织中国专家主持 5 项国际电工委员会（IEC）铁路国际标准和 7 项国际铁路联盟（UIC）标准的制修订工作，其中完成并正式发布国际标准 IEC 62845：2015《轨道交通 货运牵引车辆无线重联系统》1 项，铁路领域由中国主持制定且发布的 IEC 国际标准累计达 5 项。组织开展 TB/T 3276—2011《高速铁路用钢轨》等 24 项铁路技术标准英文译本的翻译工作，完成 TB 10621—2014《高速铁路设计规范》TB 10623—2014《城际铁路设计规范》等 7 项工程建设标准英文译本的翻译和出版工作。

【铁道国际标准化活动】2015 年，铁路局承办 2015 年国际标准化组织铁路应用技术委员会（ISO/TC269）第四届全体大会，争取到中国与法国共同承担基础设施秘书处（法方为牵头单位）及担任机车车辆分委会副主席（法方为主席）的职位，推动《列车侧窗》《橡胶弹性元件》和《轨道质量检测方法》等 3 项国际标准提案项目成立特别工作组（中国专家担任特别工作组召集人）。参加国家标准委“中法标准化合作委员会铁路专家工作组会议”以及“中法铁路标准化合作路线图”双边机制会议，讨论中法铁路标准化合作路线图、中法联合承担 ISO/TC269 分委会主席和秘书处协议、中法标准互认等工作，提出 21 项中法铁路技术标准互认标准目录。

【铁道标准化工作改革】2015 年，铁路局推进标准化工作改革，发布《铁路技术标准翻译出版管理办法》和《国家铁路局专家库管理暂行办法》，加强和规范铁道行业标准翻译工作和专家的管理工作。对现有铁路技术标准和在研技术标准项目（1190 项）进行梳理整合，完成《铁路技术标准整合方案》，作为今后年度标准制修订计划、铁路技术标准体系和铁路技术标准“十三五”规划的工作依据。与能源局联合发布《油气输送管道与铁路交汇工程技术及管理规定》。对《中华人民共和国标准化法（修正草案）》《强制性标准整合精简工作方案（征求意见稿）》等文件提出修改意见。

【铁道标准化科研】2015 年，铁路局组织开展《铁路行业技术标准体系研究》和《铁路技术标准先进性、国际化研究》项目科研，完成《大型铁路客站能源管理系统设计标准研究》《城际铁路站台门设置标准研究》和《铁路工程管线综合设计标准研究》等项目科研工作。

【铁道标准化人才队伍建设】2015 年，铁路局设有国家铁路局技术委员会（其中工程建设标准专家 27 人、技术标准专家 26 人、重大科技专项专家 28 人），11 个铁路技术标准技术委员会/归口管理单位（专职标准化人员和委员近 300 人），2 个铁道工程建设标准归口管理单位（专职标准化人员 19 人）。根据《中央编办关于国家铁路局所属事业单位机构编制的批复》，组建国家铁路局规划与标准研究院，其主要职责之一是承担铁路装备产品、工程建设、工程造价等技术标准研究、制定及标准国际化等具体管理工作。

【铁道标准信息化建设】2015 年，铁路局通过铁路局网站“新闻信息”和“标准规范”窗口，向社会及时公示 2015 年新发布的铁道行业标准和英文译本信息。

【铁道标准化服务】2015 年，铁路局组织开展世界标准化日宣传活动，对 TB/T 3351—2014《动车组内低频磁场限值与测量方法》进行标准宣贯，对 GB/T 1.1—2009《标准化工作导则 第 1 部分：标准的结构和编写》、GB/T 131—2006《产品几何技术规范（GPS）技术产品文件中表面结构的标示法》和 GB/T 20001.10—2014《标准编写规则 第 10 部分：产品标准》等标准编写规范组织培训活动。

供 稿：铁路局

民 航 局

【概况】2015 年，民航标准化工作围绕抓质量、保安全、促发展，以加强安全技术标准体系建设、推进安全技术标准重大项目为重点，标准化工作卓有成效。标准水平、管理水平得以提升，标准的支撑作用、战略作用、基础作用得以强化，为保障民航安全运行、推动技术进步、提高服务质量提供技术支撑，为行业发展做出贡献。

【民航标准制修订】2015 年，民航局在标准制修订工作中严格执行《中国民用航空行业标准管理办法》，完善标准管理工作程序，从标准立项、起草、审查、报批全过程严把质量关。在标准立项环节通过向各职能部门征集项目指南建议和组织行业专家评审，保证标准计划项目的科学性。强化标准项目过程管理，建立协调机制，利用标准专家库，按照开题、中期检查和最终审查环节进行全过程质量控制，有效提高标准制修订的质量水平。全年，批准发布MH/T 4043—2015《民用航空X波段场面监视雷达设备技术要求》等27项行业标准并向国家标准委备案；完成《航空货运电子数据规范》等22项行业标准送审稿会议审查工作。

【民航标准化“十三五”发展规划研究工作】 2015年，民航局为统筹民航标准化工作、完善标准化工作机制，全面推进实施民航标准化战略，加强标准化事业基础性、战略性地位，明确民航标准化“十三五”发展方向、主要目标和重点任务，发挥标准化对民航事业发展的支撑和保障作用，组织开展民航标准化“十三五”发展规划研究工作，为适航专项规划研究提供标准化方面的支持，相关研究成果内容已纳入民航局适航“十三五”发展规划。

规划编制以国务院关于深化标准化工作改革精神为指导，依据国务院《深化标准化工作改革方案》《质量发展纲要(2011—2020年)》和《国家标准化体系建设发展规划(2016—2020年)》等，按照民航“十三五”发展规划的总体部署，明确“十三五”标准化工作的指导思想、基本原则和发展目标，提出完善标准化政策制度体系、加强标准体系顶层设计、强化标准化基础能力建设、增强标准支撑能力、推进标准国际化工作、加强标准化人才队伍建设六个方面主要任务，指导“十三五”民航标准化工作。

【民航标准复审】 2015年，民航局落实《深化标准化工作改革方案》文件要求，推进国家标准、行业标准整合精简工作，加强对民航标准的管理和应用，进一步提高现行民航标准的质量，确保标准的适用性和有效性，发挥标准对民航业务工作的技术支撑作用，组织开展民航标准复审工作。在调研行业技术发展现状、现行标准的适用性和实施应用情况的基础上，对2014年12月31日前发布的由民航起草的39项国家标准、378项民航行业标准实施复审。

【民航安全技术标准重大项目建设】 2015年，民航局把推进安全技术标准重大项目的研究和应用作为标准化工作的重点，在安全技术标准重大项目立项过程中本着“制定一项标准，解决一个民航安全生产中的共性问题”的原则，力争使标准定位准确，制定的标准具有实际应用价值；按照《民航行业安全技术标准重大项目管理实施细则》要求，规范项目的全生命周期管理，安全技术标准重大项目制定工作全面开展、稳步推进。《特性材料拦阻系统》《91号无铅航空汽油》《机载无线局域网娱乐设备》《机载旅客移动电子设备供电设备》等4个安全技术标准重大项目，完成会议审查工作；重大标准项目《卫星导航地基增强系统(GBAS)设备技术要求》正在制定中。

【民航标准国际化】 2015年，民航局组织开展国际航空标准化现状与发展趋势研究工作，了解国际标准制定需求，分析国际标准化组织的标准政策、国际标准的制定程序和规则，研究中国民航参与国际标准制定的基本模式、途径和推进措施。在重点跟踪国际航空运输协会(IATA)、国际民航组织(ICAO)等国际组织发布的国际标准和国际标准提案信息的基础上，编译出版《国际航空标准化资讯》刊物6期，为业内从事标准化工作的人员提供借鉴和参考，为中国民航实质性参与国际标准化活动提供信息和技术支持。

【民航标准信息化建设】 2015年，民航局加强中国民航标准计量信息网建设工作，为政府、民航企事业单位、科研院校之间信息沟通搭建平台，以信息技术推动民航标准化发展，推进民航标准化信息交换与资源共享。动态完成行业标准及其电子文本、标准化通知公告、标准相关管理文件的电子化文档及软件的网上发布。全年，免费向社会公开民航行业标准文本400余项，涉及飞行安全、航空器维修、空管、机场、航空运输、信息化等领域，并提供民航标准化最新动态和科研成果、国际航空标准化资讯、标准化知识、法律法规、规范性文件等技术服务。

供　稿：民航局
撰稿人：张咏梅
审稿人：蒋卫华

邮　政　局

【概况】 2015年，邮政局按照《邮政业标准体系》的整体部署，围绕邮政局中心工作和邮政行业发展的热点难点问题，本着“突出重点、注重实效、适度超前”的原则，聚焦生产与信息安全、基础代码与交换规范、末端服务设施与服务规范、电子运单与车辆定位等领域，坚持质量和速度并重的方针，加大标准制定力度。注重发挥骨干企业在标准制定中的作用，确保标准出台符合现实和发展需要。截至年底，现行邮政国家标准15项、邮政行业标准50项，涵盖基础标准、安全标准、设施设备与用品标准、服务与管理标准和信息化标准等领域，基本形成国家标准与行业标准定位明确、重点突出、互相衔接的邮政业标准体系。

【邮政标准制修订】2015年，邮政局贯彻落实《国务院关于促进快递业发展的若干意见》等文件部署，加强标准制修订工作，组织完成15项行业标准的制定。制定快递电子运单和快递末端投递服务规范，推广新技术、新服务模式在邮政行业应用，引导企业提升服务质量，更好满足不断增长的用户需要；围绕生产安全、信息安全和系统安全，制定邮政业安全生产设备配置规范、快递安全生产操作规范、寄递服务用户个人信息保护指南和邮政业信息系统安全等级保护定级指南，发挥标准对于提高邮政行业安全防控能力和水平的重要支撑作用；聚焦末端服务能力建设，制定智能快件箱设置规范和快递营业场所设计基本要求等标准，促进末端服务能力的提升，为用户提供形式更活、质量更优的服务体验；以数据元、代码和交换规范为重点，制定快件基础数据元、邮政业机构代码编制规则、投递状态分类与代码、服务设施设备分类与代码、快递与银行代收货款、快递企业与监管机构信息交换规范等标准，引导企业科学开展信息化建设工作，推动信息互连互通，提升数据综合利用水平。

【邮政标准实施和监督】2015年，邮政局起草并印发《邮政业安全生产设备配置规范》解读材料，解答标准实施中出现的具体问题，推动强制性标准严格执行。围绕快递安全生产操作、快递营业场所设计等重要标准，在快递杂志、邮政快递报等报刊杂志上发布解读文章，举办标准培训班，组织开展学习交流活动，推动标准更好落地实施。将实践中证明行之有效的标准内容以法律法规、规范性文件等方式加以固化和推广，推动标准与产业政策有机结合，标准与立法规定有机结合，提升推荐性标准实施效果。出台邮政行业安全生产设备配置实施方案，指导企业分阶段、分批次落实标准要求，提升安全生产能力和水平。各省、区、市邮政管理局按照邮政局的统一部署，开展形式多样的标准宣贯活动。吉林、山西、青海、黑龙江等地专门召开会议，对《邮政业安全生产设备配置规范》《快递营业场所设计基本要求》进行全面解读，以交流互动的方式，现场解答参训人员的提问，增强培训效果。辽宁省邮政管理局依据《邮政业安全生产设备配置规范》和《快递营业场所设计基本要求》，修订省快递业标准化建设评定细则，确保标准落地实施。

【邮政国际标准化】2015年，邮政局加强对万国邮政联盟、国际标准化组织标准化进展情况的跟踪研究，及时了解邮政业标准化的最新国际动态。加强与世界各国邮政的交流沟通，将国际成熟经验和先进理念吸纳到中国相关标准中，提高标准编制质量和标准化工作水平。

【邮政标准化科技】2015年，邮政局依托国家快递物流可信服务物联网应用示范工程，推动科技示范引领与标准制定紧密结合，组织开展快件寄递状态分类与代码、手持终端技术要求等标准的预研和制定，引导企业探索快递全程跟踪调度和时限监测新模式，实现对车辆、揽投作业人员的实时管控。开展环保科技在邮政业推广应用研究，出台相关指导意见，从基础设施、包装材料、运输组织和信息化建设四个方面，加强科技研发和标准制修订相结合，为快递封装用品等标准的修订奠定坚实基础，引导企业节能减排，减少环境污染。

供　稿：邮政局

文　物　局

【概况】2015年，文物局继续推动国家标准、行业标准制修订工作，报审《馆藏砖石文物保护修复记录规范》等20项国家标准；发布WW/T 0063—2015《石质文物保护工程勘察规范》等10项行业标准，完成《文物保护单位记录档案规范》等10项行业标准制修订项目的立项工作；开展22项标准复审工作。完善组织结构，成立文物保护专用设施分技术委员会，指导完成制度建设、文物保护专有设施标准化体系框架构建和团体标准编制。开展标准宣贯工作，举办WW/T 0048—2014《近现代历史建筑结构安全性评估导则》《可移动文物病害评估技术规程》系列行业标准等2个标准宣贯培训班，培训190人次。

截至年底，文物保护国家标准立项48项、文物保护行业标准立项131项。其中，国家标准发布15项，在研33项；行业标准发布72项，在研59项。标准基本涵盖可移动文物保护、不可移动文物保护、博物馆、文物调查与考古发掘、文物博物馆信息化等方面。全国性专业标准化技术委员会和分技术委员会2个，委员人数86人。

【文物保护专用设施分技术委员会成立】2015年9月11日，国家标准委批准成立"全国文物保护标准化技术委员会文物保护专用设施分技术委员会"，主要负责文物调查与考古发掘、文物保护、文物修复、文物风险管理、文物展陈、文物传承利用等专用工具、装具、装备及系统等领域的标准制修订。11月17日，"全国文物保护标准化技术委员会文物保护专用设施分技术委员会"在重庆市召开成立大会，33位委员和代表出席会议。会议审议《章程》《秘书处工作细则》、标准体系和分委会工作计划；对21项文物保护装备产业化及应用协同工作平台团体标准进行技术审查。

【文物保护标准化科研】2015年，文物局指导开展"馆藏文物保护与管理基础标准研究"国家质检性公益项目和国家科技支持计划项目《文物数字化保护标准体系及关键标准研究与示范》。构建标准化科技支撑体系，为科研项目立项、研究、验收和成果鉴定、转化应用等，提供标准化工作支持。在部署国家重点科技专项、科研课题等项目时，将标准制修订作为研究内容和考核指标，推动科研与标准制修订工作结合。

【文物保护标准宣贯】2015年，文物局通过举办培训班等形式，扩大标准培训覆盖面，开展重要标准和新发布标准的宣贯实施，先后组织举办标准宣贯培训班2期，分别为11月16—20日由中国文化遗产研究院在北京承办的《石质文物保护工程勘察规范》标准培训班，12月14—19日由上海博物馆在上海承办的"馆藏文物预防性保护系列"标准培训班。培训班采取理论与实践相结合的方式，聘请有关专家讲授有关标准的主要内容及其在本领域的应用和相关专业知识等。

供　稿：文物局
撰稿人：李春玲

中医药局

【概况】2015年，中医药局贯彻落实国务院《深化标准化工作改革方案》和《中医药健康服务发展规划（2015—2020年）》的任务要求，各方面工作取得进展，中医药标准体系日臻完善，中医药标准质量进一步提高。建立中医药标准制修订工作组模式，形成长效工作机制；加强中医药标准的推广应用，继续推进中医药标准研究推广基地试点建设，强化对中医临床诊疗指南的评价修订进行系统总结和绩效考核；加强中医药标准化技术组织建设；协调国家认监委，开展建立中医药健康服务标准体系，推进中医药健康服务认证工作，共同开展调研论证，研究起草有关工作措施。

【中医药标准制修订】2015年，中医药国家标准达到39项，首批中药编码规则及编码系列国家标准正式发布。团体标准步伐加快，《中医神志病诊疗指南》《道地药材标准》《针灸治疗指南》《维吾尔医诊疗指南和疗效评价标准》《药膳技术指南》等109项团体标准发布。390项中医临床诊疗指南和治未病标准制修订工作有序推进，中成药治疗优势病种临床应用指南研究制定工作正式启动。

【中医药标准实施和监督评估】2015年，全国31个省、市、自治区、直辖市的42家中医药标准研究推广基地（试点）建设单位通过开展中医标准应用评价项目工作，对4553名医生进行问卷调查，形成75个病种的修订草案，完成149个病种的中医临床诊疗指南的适用性评价和应用性评价。

【中医药标准化人才队伍建设】2015年，全国31个省、市、自治区、直辖市的37家中医药标准研究推广基地（试点）建设单位通过实施中医药标准化培训项目，培训学员38858人次，比计划超额完成1858人次。

【中医药国际标准化】2015年，ISO/TC249第六次会议在北京召开，中医药技术委员会（ISO/TC249）名称确定为"中医药（TCM）技术委员会"。截至年底，ISO/TC249以及健康信息学技术委员会（ISO/TC215）出版《一次性使用无菌针灸针》《人参种子种苗　第1部分：亚洲人参》《中医药—中草药重金属限量》《中医药学语言系统语义网络框架》《中医药文献元数据》《健康信息学　传统医学信息标准体系框架与分类　第1部分：中医药》等7项中医药国际标准和规范。

【中医药标准化国际合作】2015年，中医药局与世界卫生组织（WHO）开展合作，资助参与世界卫生组织传统医学国际疾病分类（ICTM）项目，对术语范围、定义、中英文表述进行规范。在国际疾病分类代码（ICD）第11版中增设"传统医学"章节。中医药局成立ICTM项目协调工作组，与WHO签订合作协议，推进针灸、推拿等规范的制定工作。

在中药监管领域，参加WHO国际草药监管合作组织（IRCH）、西太区草药协调论坛（FHH）的相关活动。中国中药产品以处方药的身份进入欧美医药主流市场，钩藤等4个中药标准通过欧洲药典专家和欧盟委员会的评审进入欧洲药典论坛，桔梗等3个中药进入欧洲药典论坛，915个中药质量标准完成研究工作并提交至欧洲药典会，9个中药27个标准被美国药典收录。20个独立制定的中药标准提交美国药典委员会，正在专家评审中。

供　稿：中医药局
撰稿人：陈沛沛
审稿人：麻　颖

档案局

【概况】 2015年，档案局总结"十二五"档案标准化工作情况，编制《档案标准化"十三五"发展规划》，谋划"十三五"档案标准化发展战略。根据《国务院关于印发深化标准化工作改革方案的通知》的精神及国家标准委关于优化完善推荐性标准、解决标准滞后老化问题的要求，开展档案行业标准清理工作，分批次面向起草单位、专家、使用单位广泛征求清理意见；召开第一次清理工作会议，对32项行业标准进行清理。对《档案虫霉防治一般规则》（修订）等多项行业标准草案在全国范围内征求意见，组织召开档案工作国际标准采标工作会议等多个专家论证会、评审会。派员参加国际标准化组织/信息与文献工作技术委员会（ISO/TC46）在北京召开的第42次工作会议，参加8分会、11分会的会议。深入参与《国际档案馆统计》、ISO/TR 19814《信息与文献 馆藏管理》、ISO/TR 19815《档案馆、图书馆馆藏环境管理》的制定，参加在线会议4次，承担相关章节的起草工作，在ISO投票系统中对有关档案的6个文件进行投票。完成《档案工作标准汇编（10）》的编辑出版工作，向县级以上档案馆局、各中央机关、中央企业、人民团体等单位赠书并发出宣贯通知。

截至2015年底，档案国家标准10项、档案行业标准58项，基本涵盖档案收集、档案整理、档案编目与检索、档案保管与保护、电子档案管理等档案工作的主要环节。全国档案工作标准化技术委员会成立25年，委员人数20人。

【档案标准化管理机构历史沿革】 1982年全国档案工作会议上正式提出拟订中国档案管理工作标准化规划。1983年4月，档案局成立档案工作标准化领导小组，负责组织和管理全国档案标准化工作。1986年，档案局在所属的档案科学技术研究所内设立标准化研究室，兼标准化工作领导小组办公室。1989年，档案局机构改革，成立综合科教司（1994年改为政策法规研究司）法规标准化处，取代档案工作标准化领导小组办公室，具体承担全国档案工作标准化的行政管理工作，负责组织制定档案工作标准并监督标准的实施，并开始筹备成立档案工作标准化技术委员会。1991年3月26日，档案局在北京召开全国档案工作标准化技术委员会成立会议。

【档案标准制修订】 2015年，档案局在研档案行业标准14项。10月，档案局发布DA/T 22—2015《归档文件整理规则》（代替DA/T 22—2000）。该标准自2000年第1次发布以来，对归档文件的整理工作起着重要指导作用。新修订的标准本着遵循文件形成规律、尊重既有整理方法，简化整理、深化检索，符合现行文件、档案管理体制机制等三大原则，优化整理流程，细化操作指引，扩大适用范围，纳入电子文件整理要求，具有较好的可操作性。

【档案行业标准清理】 2015年，档案局根据《国务院关于印发深化标准化工作改革方案的通知》的精神及国家标准委关于优化完善推荐性标准、解决标准滞后老化问题的要求，启动档案行业标准清理工作。

这次档案行业标准清理工作分评价清理、专家评审、档案工作标准化技术委员会会审三个阶段进行。第一阶段暨评价清理阶段于2015年7月结束，全国档案工作标准化技术委员会秘书处将收集来的使用部门对标准的评价意见和起草部门的清理意见汇总完毕；第二阶段专家评审采取召开会议的方式进行，8月25—26日，在辽宁沈阳组织召开档案行业标准清理第一次工作会议，与会代表对第一批发布期已满5年、标准号靠前的32项档案行业标准进行逐项审议，其中8项继续有效、14项修订、10项废止；第三阶段将专家评审结果提交档案工作标准化技术委员会进行审议，12 月 3 日，档案行业标准清理意见提交全国档案工作标准化技术委员会第 23 次年会进行审查并通过，待两批标准的清理结果汇总后，报档案局审批。

【全国档案工作标准化技术委员会工作】2015 年 12 月3—4 日，全国档案工作标准化技术委员会第 23 次年会在海南海口召开。会议通报全国标准化工作会议及相关文件精神，传达《国务院关于印发深化标准化工作改革方案的通知》的精神，明确当前和今后一个时期标准化工作的主要任务。会议对上次年会以来档案标准化工作开展的总体情况进行总结。会议审查通过档案行业标准清理第一次工作会议对 32 项标准的清理意见，其中 8 项继续有效、14 项修订、10 项废止。会议审议并讨论《档案标准化工作指南（送审稿）》，要求秘书处根据委员意见进行修改，再行送审。会议对 2015 年各地各部门申请立项的 12 个档案工作行业标准项目进行审议，原则同意 5 项列入 2015 年档案工作行业标准制定计划。会议原则通过对 2 项档案行业标准项目送审稿的审查，要求编制单位根据全国档案工作标准化技术委员会提出的修改意见修改后按标准发布程序报请档案局正式发布。根据国家标准化制度改革精神，结合档案工作实际，会议提出今后要加强以下几方面的工作：一是抓国务院标准化工作改革措施的落实，做好滞后老化标准的全面清理。二是抓档案领域重点标准的研制。严格落实标准制定计划，凡列入《档案行业重点标准支撑体系建设》的标准项目要按时、保质地完成各阶段相应工作。三是抓档案标准国际化水平的提升。增加中国在国际标准化活动中的话语权，维护中国的标准化利益。

【档案标准宣贯】为加强对档案行业标准的宣传，方便各级档案部门和档案工作者在工作中贯彻实施标准，保持《档案工作标准汇编》的连续性，档案局于 2015 年 6 月出版《档案工作标准汇编（10）》。汇编收录国家档案局档函〔2012〕236 号文件和档发〔2014〕8 号文件批准发布的 12 项档案行业标准，包括 DA/T 12—2012《全宗卷规范》（代替 DA/T 12—1994）、DA/T 14—2012《全宗指南编制规范》（代替 DA/T 14—1994）、DA/T 49—2012《特殊和超大尺寸纸质档案数字图像输出到缩微胶片上的技术规范》、DA/T 50—2014《数码照片归档与管理规范》、DA/T 51—2014《电影艺术档案著录规则》、DA/T 52—2014《档案数字化光盘标识规范》、DA/T 53—2014《数字档案 COM 和 COLD 技术规范》、DA/T 54—2014《照片类电子档案元数据方案》、DA/T 55—2014《特藏档案库基本要求》、DA/T 56—2014《档案信息系统运行维护规范》、DA/T 57—2014《档案关系型数据库转换为 XML 文件的技术规范》、DA/T 58—2014《电子档案管理基本术语》。

【档案国际标准化】2015 年 6 月 1—5 日，以中国国家档案局为代表的中国档案代表团参加在北京召开的国际标准化组织/信息与文献技术委员会（ISO/TC46）第 42 次工作会议。会议总结 41 次年会会议决议的执行情况及工作进展，研究处理期间各成员国对各工作组工作草案提出的修改建议。分解、明确未来一年的工作任务。来自 20 多个国家的150 余名代表出席会议。

信息与文献技术委员会下设 5 个分技术委员会，此次有 4 个分会在北京召开会议，中国国家档案局派 7 人参加质量—统计与绩效评估分会（SC8）、档案管理分会（SC11）的全会及工作组会议。针对 SC8 第 12 工作组的项目《国际档案馆统计》，中国国家档案局代表简要介绍中国档案事业统计年报制度中档案馆基本情况年报表的内容，并对档案、归档文件、馆藏、实物档案、工作用房、安全体系等术语提出意见，并介绍其在中国的使用情况。SC11 第 11 工作组讨论 ISO 15489-2 实施指南的框架结构，决定分部分编写实施指南。工作组对实施指南的起草工作进行分工，中国国家档案局政策法规研究司将参加“鉴定”部分的草拟，于 2015 年 8 月 24 日前提交最后草稿作为 ISO/FDIS 再进行投票。

年内，中国国家档案局工作组专家参与 ISO/TC46/SC10 第 1 工作组项目ISO 11799《档案馆、图书馆文件材料保存需求》，CD、DIS 阶段投票，多项意见被采纳。参与 ISO/TC46/SC10 第 3 工作组ISO/TR 19814《档案馆、图书馆馆藏管理》、ISO/TR 19815《馆藏环境情况控制》2 个技术报告项目，承担部分章节撰写工作且于 6 月 30 日向负责人提交初稿。

【档案标准化科研】2015 年 1 月 27—28 日，档案工作国际标准采标工作会议在广州召开，大专院校的教授学者、企业的技术专家、档案工作系统的有关人员参会。会议通报全国标准化改革情况；介绍国际标准的采标情况；确定档案管理国际标准采标名称；审查 ISO 15489-2、ISO 23081-2 两项采标文本。与会代表就“records”和“document”的翻译问题展开讨论。根据大多数同志意见和中国档案工作实际，会议决定将有关“records”的国际标准统一译为“档案”标准。

供　稿：档案局

中华全国供销合作总社

【概况】2015 年，中华全国供销合作总社做好国家标准、行业标准申报、立项、编制、审查、发布工作。全年，全国供销合作社系统新立项国家标准 13 项，制定完成国家标准 37 项（其中国家标准外文版项目 2 个）；新立项供销合作行业标准 44 项，批准发布 27 项。组织中国代表团参加第 25 次国际茶叶标准化会议，全国茶叶标准化技术委员会起草制定的 5 项茶叶国际标准提案获得通过。《蜂王浆》国际标准完成国际标准草案。与发展改革委、国家标准委等部门联合印发《物流标准化中长期发展规划（2015—2020 年）》。参与《国务院办公厅关于进一步做好农业标准化工作的通知》《“十三五”技术标准专项规划》《强制性标准整合精简工作方案》《国家技术标准创新基地管理办法（试行）》研究制定工作。开展农产品冷链流通标准清理整合工作。依托中国蜂产品协会开展团体标准试点。

【农业标准化示范区建设】2015 年，中华全国供销合作总社督促第八批 16 个全国农业综合标准化示范区项目按要求进行建设，完成示范区信息系统填报，加速“以农民合作社为主体，以农产品认证标准为技术体系，以产销对接为主要目标，具有鲜明供销合作社特点”的示范区建设。组织举办供销合作社农业标准化与认证培训班。参加全国农业标准化示范区建设 20 周年成果展。申报实施全国农业标准化示范区提升工程项目。联合农业部、国家标准委有关单位，开展的农业新型经营主体建设调研。

【标准化人才队伍建设】2015 年，中华全国供销合作总社完成全国辛香料标准化技术委员会、全国银耳标准化工作组换届工作，全国棉花加工标准化技术委员会换届筹备工作。成立全国茶叶标准化技术委员会乌龙茶工作组和黄茶工作组。筹备成立全国果品标委会果蔬储藏加工分会。完成第二届食品安全国家标准审评委员会委员等候选人推荐工作。

供　稿：中华全国供销合作总社
撰稿人：李大鹏
审稿人：周子乔

地方标准化工作

北京市标准化工作

【概况】截至2015年底，中关村示范区企业和联盟制定标准5 107项，其中国际标准184项、国家标准2 907项、行业标准1 837项。全年，北京市发布地方标准226项，现行有效地方标准累计达1 295项。现行有效备案工业企业标准20 612项。承担国际标准化技术委员会秘书处47个，承担国家标准化技术委员会秘书处314个。设立北京市标准化技术委员会19个。建成各类标准化示范试点项目1 071个（国家级项目145个，市级项目926个）。其中，2015年新增社会管理与公共服务项目8项，农业标准化示范区项目104项。国家技术标准创新基地（中关村）筹建通过验收，成为首个国家技术标准创新基地。

【首都标准化委员会协调机制】2015年3月6日，首都标准化委员会召开第三次全会，听取2014年工作汇报，审议确定2015年标准化工作要点及《关于进一步加强城市管理与服务标准化建设的意见》，决定聘请ISO主席张晓刚、IEC副主席舒印彪为首都标准化委员会专家顾问。市政府召开全市标准化工作会议，对做好2015年重点工作提出要求，首都标准化委员会负责人全面部署年度工作，市委办局、区县政府、企事业单位代表进行大会交流。5月21日，北京市市长王安顺为张晓刚、舒印彪颁发首都标准化委员会专家顾问聘书。各部门重视综合运用标准、法规的手段，在2015年制修订并发布的《北京市水土保持条例》《北京市建设工程质量条例》《北京市居家养老服务条例》等地方法规中，对地方标准进行明确规定。截至年底，16个区县政府成立标准化（或质量发展）领导小组或联席会议。门头沟区《“十三五”时期社会管理和公共服务标准化建设专项规划》列入区“十三五”规划编制计划，西城区等将标准化作为总体规划重要部分，通州区推进国家新型城镇化综合改革标准化试点。加强和中央在京单位沟通协调，为中央在京单位创制技术标准营造良好环境。全年，北京市技术标准补助资金支持项目127个，其中中央在京单位42个，占33%。北京市技术标准评审、标准体系制修订、地方标准编制等工作均主动邀请中央在京单位参与。

【“十三五”标准化规划编制】2015年1—5月，形成《北京市“十三五”时期标准化发展规划》（框架草案）。5月底，形成《规划》要点稿。6月，编制组赴山东省、广东省、深圳市、广州市等质监部门调研；6月底，经首都标准化委员会第五次联络员会议讨论，市质监局领导研究形成《北京市“十三五”北京市标准化与计量发展规划（初稿）》。7—8月，召开征求专家意见会，形成《北京市“十三五”北京市标准化与计量发展规划（征求意见稿）》，9月初，印发全市各委办局和部分社会单位征求意见。10月23日、11月19日，分别召开规划征求意见会，将《北京市“十三五”北京市标准化与计量发展规划（征求意见稿）》分别征求18个企业和产业联盟的意见和18个委办局负责本单位承担编制的市级专项规划的负责同志或规划编制执笔人的意见，与各市级专项规划进行衔接。11月20日，形成《北京市“十三五”北京市标准化与计量发展规划（建议稿）》。12月3日，《北京市“十三五”时期标准化与计量发展规划前期研究》通过专家验收。12月30日，首都标准化委员会第六次联络员会议审议通过《北京市“十三五”时期标准化和计量发展规划》（建议稿），《规划》建议稿的主要内容由“序言”“发展成就与面临形势”“总体要求”“主要任务”“重点工程”“保障措施”等六部分组成。

【京津冀标准化协作】2015年3月25日，旅游标准化工作协调会召开，以加强京津冀三地的合作与交流，强化联动工作机制。6月1日，根据京津冀合作签署共同制定地方标准有关事项的会议纪要，首批发布实施DB11/T 3001—2015《电子不停车收费系统路侧单元应用技术规范》、DB11/T 3002—2015《老年护理常见风险防控要求》等2项区域协同地方标准。7月29日，京津冀三地安全生产监督管理局、质量技术监督局（市场监管委）在京召开京津冀安全生产地方标准协调会议，签署《京津冀安全生产地标协同合作框架协议》。10月28日，“标准化助推京津冀协同发展”研讨会召开，对京津冀协同发展需要“标准化+”达成共识。

【城市管理与服务标准化】2015年5月13日，北京市市委常委会审议通过《关于加强城市管理与服务标准化建设的意见》。7月31日，市政府正式印发《北京市人民政府关于进一步加强城市管理与服务标准化建设的意见》。意见由指导思想、重点任务、保障措施和工作要求四部分组成，其中就加快推进城市规划与建设标准化、城市基础设施运行管理标准化、城市公共安全与应急管理标准化、节能减排和生态环保标准化、城市公共服务标准化、社会信用体系建设标准化等六方面重点任务进行布置和任务分解，并提出充分发挥标准的引领作用、健全完善标准化建设配套体系、切实提升基层标准化建设水平、积极推进区域标准化协同发展等四个方面的保障措施。全年，批准发布城市管理与服务方面的地方标准125项，占2015年发布总数的85%。发布实施DB11/T 1196—2015《公共租赁住房内装设计模数协调标准》、DB11/T 1197—2015《住宅全装修设计标准》，组织编制《住宅区及住宅管线综合设计标准》、《装配式框架及框架-剪力墙结构设计规程》《预制预应力混凝土叠合楼板技术规程》《预制混凝土构件质量控制标准》，从住宅规划、设计、部品生产、物流、安装施工、验收、一次装修等方面强化规范性要求，推动住宅产业的工业化建造和产业化发展。发布DB11/T 1246—2015《城市地下联系隧道防火设计规范》，解决地下联系隧道内排烟系统设计不合理、烟控设计工况过于繁琐等问题，提高隧道运行使用的安全性。文物保护方面，发布实施DB11/T 1190.1—2015《古建筑结构安全性鉴定技术规范　第1部分：木结构》、DB11/T 1219—2015《文物艺术品元数据规范》，组织制定《文物建筑修缮工程施工控制规范》《文物建筑修缮工程验收规范》。组织制定《地铁人民防空工程维护管理技术规程》，加强地下轨道交通作为城市防护体系的重要作用，发挥其在非战时人防工程及其专用设备设施应对灾害及突发事件的功能。发布DB11/T 1233—2015《供暖节能气象等级》，为供暖单位提供气象数据。交通标准化方面，从重点领域（交通工程建设）标准技术体系研究入手，梳理标准270项，初步建立涵盖交通规划、设计、建设、养护、管理等方面的交通工程标准体系。发布实施《公交专用车道设置规范》、DB11/T 159—2015《市政交通一卡通技术规范》、DB11/T 1164—2015《轨道交通联网收费系统技术要求》、DB11/T 1166—2015《城市轨道交通运营安全管理规范》、DB11/T 474—2015《省际道路客运站经营服务规范》等21项地方标准，组织制定《公交车辆购置技术要求》等2项技术文件。开展《城市道路机动车单车道宽度研究》等7项标准项目的调研，标准储备项目67个。组织制定《城市轨道交通工程建设安全风险技术管理规范》，通过建立健全过程风险管理体系，控制重大风险，使轨道交通工程质量安全状况满足要求。组织制定《城市地下交通联系隧道施工技术规程》，促进城市地下空间可持续发展，缓解城市重要区域的地面交通拥堵。市政市容环境和公用事业标准化方面，发布实施DB11/T 1204—2015《城市道路路面尘土残存量检测方法》、DB11/T 170—2015《生活有机垃圾好氧发酵设备技术规范》、DB11/T 1183—2015《牌匾标识设置规范》。加强与城市能源供应相关的设施设备、工程设计施工、管理运行等方面标准制定。发布DB11/T 053—2015《雨水井箅结构、安全技术规范》、DB11/T 147—2015《检查井盖结构、安全技术规范》，提高全市雨水井箅和检查井盖的管理水平和质量。发布实施DB11/T 388—2015《城市景观照明技术规范》（第1部分至第8部分），提高城市景观照明的工程质量，支撑照明设施运行的安全性和可靠性。组织编制《地下管线非开挖铺设工程施工及验收技术规程　第1部分：水平定向钻施工》《地下管线周边土体病害防治规范》《城市照明节能管理规程》等3项标准。加大涉及城市供热、燃气等基础设施建设相关标准研制和实施力度，发布实施DB11/T 465—2015《燃气供应单位安全评价》，为燃气经营许可和燃气安全管理提供技术支撑。社会管理和公共服务标准化方面，研究制定民政事业"十三五"标准化发展规划，发布实施《养老机构老年人生活照料操作规范》。开展DB11/T 1123—2014《公共职业介绍服务规范》、DB11/T 1124—2014《公共职业指导服务规范》地方标准宣贯实施。通过构建市民健康标准体系，推行医疗服务标准化、社区卫生服务标准化、应急标准化和卫生信息标准化等各项工作，组织制定8项地方卫生标准。推进"三网融合"，网格化体系作用发挥呈现良好发展态势，印发《北京市城市服务管理网格化体系建设基本规范（试行）》《北京市城市服务管理网格化体系建设指导目录（试行）》《北京市社会服务管理精细化测评指标体系（试行）》，从业务标准、"三网"融合目录、测评指标体系等方面进行制度性规范，提高网格化体系建设的科学化水平。区县、街道（乡镇）、社区（村）三级网格化体系覆盖率达93%。组织制定《网格化体系信息系统技术规范》，提出信息系统互联互融、信息资源整合共享、信息数据动态更新等问题的解决措施。对各层面1 800人进行网格化体系建设培训，对基本规范贯彻落实情况组织全面检查。

【节能标准化】2015年10月30日，北京市政府办公厅发布《节能低碳和循环经济标准化建设实施方案（2015—2022年）》。全年，发布节能标准46项，累计发布节能地方标准92项，发布规范性文件5项。以制定能源消耗限额和清洁生产评价等工业领域节能标准为经济发展转型和产业结构调整的着力点，发布实施DB11/T 1158—2015《软件和信息服务企业节能评价规范》等3项软件和信息服务业节能标准，DB11/1148—2015《预拌混凝土单位产品能源消耗限额》、DB11/1149—2015《沥青混凝土单位产品能源消耗限额》等8项工业产品能耗限额标准和DB11/T 1156—2015《工业清洁生产审核技术通则》等3项工业领域清洁生产标准，促进北京市工业节约、清洁、地碳、安全发展。出台适合北京市居住建筑节能和公共建筑节能要求的设计、施工、验收、评价标准，发布实施DB11/687—2015《公共建筑节能设计标准》、DB11/T 1198—2015《公共建筑节能评价标准》、DB11/T 555—2015《民用建筑节能现场检验标准》、DB11/T 1249—2015《居住建筑节能评价技术规范》、DB11/513—2015《绿色施工管理规程》等多项建筑节能标准，解决城镇建筑高能问题。在市政市容方面，发布实施 DB11/T 1119—2014《餐厨垃圾生化处理能源消耗限额》、DB11/T 1120—2014《生活垃圾生化处理能源消耗限额》，发布 DB11/T 1234—2015《生活垃圾焚烧处理能源消耗限额》，为生活垃圾生化处理设施、餐厨垃圾处理设施和生活垃圾焚烧处理设施能源管理的科学化、规范化提供依据。加强旅游、卫生、体育等相关领域节能标准的制定。组织制定《体育场馆能源消耗限额标准》《宾馆、饭店合理用能指南》地方标准。推进新能源和可再生能源的利用。组织制定《地埋管地源热泵系统工程技术规范》《再生水热泵系统工程技术规范》等 2 项热泵相关地方标准。推动新能源汽车产业标准化工作开展。在开展电动汽车及充电设施标准化工作的基础上，牵头组织制定《电动汽车充电设施安全技术防范系统要求》、《电动汽车充电站运行管理服务规范》、GB/T 31525—2015《图形符号　电动汽车充换电设施标志》等 3 项国家标准，其中 GB/T 31525—2015国家标准正式发布。发布实施 DB11/1224—2015《高尔夫球场取水定额》、DB11/1225—2015《滑雪场取水定额》等 2 项取水定额地方标准。发布实施DB11/ 554. 8—2015《公共生活取水定额　第 8 部分：商场》、DB11/ 554. 9—2015《公共生活取水定额　第 9 部分：餐饮》，公共生活取水定额系列标准全面完成，标准实施范围覆盖北京市主要第三产业用水。

【环境保护标准化】2015 年，北京市质量技术监督局发布 DB11/139—2015《锅炉大气污染物排放标准》、DB11/447—2015《炼油与石油化工大气污染物排放标准》、DB11/1201—2015《印刷业挥发性有机物排放标准》、DB11/1203—2015《火葬场大气污染物排放标准》等 8 项大气污染排放地方标准。对现行有效的 34 项地方排放标准进行复审。发布实施 DB11/T 1214—2015《平原地区造林项目碳汇核算技术规程》、《林木及观赏植物品种审定技术规范》、DB11/T 1175—2015《园林绿地工程建设规范》等 18 项地方标准，实施DB11/T 1089—2014《林业碳汇项目审定与核证技术规范》地方标准，组织开展“顺义区碳汇造林一期项目”和“房山区石楼镇碳汇造林项目”，在北京环境交易所挂牌用于交易抵排试点，顺义一期项目的1197 项二氧化碳当量成为成功获得交易的林业碳汇项目。

【安全生产标准化】2015 年 1 月 30 日，北京市质量技术监督局发布《北京市百项安全生产等级评定技术规范(地方标准)实施方案(2015—2017 年)》，启动百项安全生产标准制定。2015 年首批启动的 24 个项目完成初稿。

【信息化标准化】2015 年，北京市质量技术监督局落实“互联网 + ”行动计划，制定智慧城市相关标准，发布实施DB11/T 1179—2015《社会服务一卡通(北京通)卡片技术规范》。组织制定《城市安全运行和应急　物联基础信息及编码规范》《城市安全运行和应急　物联信息接入规范》《物联网感知设备通用信息安全技术要求》《葡萄酒生产管理数据元规范》等地方标准。

【旅游业标准化】2015 年，北京市质量技术监督局启动旅游业“十三五”标准化发展规划、旅游业“十三五”旅游标准体系研究。发布 DB11/T 732—2015《“北京人家”服务标准与评定》、DB11/T 1242—2015《“北京礼物”旅游商品店设施与服务要求及评定》，发布实施DB11/T 1215—2015《经济型酒店设施与服务规范》、DB11/T 1216—2015《旅游饭店温泉设施与服务规范》等地方标准，提升旅游设施与服务质量，规范旅游运营管理，促进行业健康发展。

【标准化示范试点】2015 年，北京市完成各类国家级标准化示范试点项目考核验收4 项、推进建设期内项目 25 项(另有协助国家标准委推进中央部委在京项目 9 项)、新申报项目 7 项。完成首批国家级社会管理和公共服务综合标准化试点中期考核。完成西城区城市环境分类分级管理标准化试点、市政排水和污水处理公共服务标准化试点、西城区社会保障公共服务标准化试点等第一批国家级社会管理和公共服务标准化试点中期评估，3 家试点均建立标准体系建设并运行实施。西城区城市环境分类分级管理标准化试点形成由基础标准、环境分类管理标准、环境专业分级标准和环境监督考评 4 个子体系组成的标准体系框架，区市政市容委发布《北京市西城区城市环境分类分级管理标准体系》，通过细化环境分级分类管理标准，为市容环境精细化管理方法探索经验。西城区社会保障公共服务标准化试点建立社会保障公共服务综合标准体系，包含三层架构、51 个子集的标准框架，梳理形成 372 项标准，进一步优化和规范服务流程，提高服务质量和公众满意度。市政排水和污水处理公共服务标准化试点，针对提升城镇排水与污水处理服务建立标准体系，制定发布 24 项企业标准，提供水污染治理及资源回用的优质公共服务。启动门头沟“一号通”便民服务、怀柔公共气象服务等第二批国家级社会管理和公共服务综合标准化试点建设。持续推进国家级服务业标准化试点。组织完成密云县网格化社会管理服务、第一社会福利院养老服务、北京市殡仪服务中心骨灰撒海服务等 2012 年度国家级服务业标准化试点项目建设及考核。中央电视塔旅游服务业、大兴生物医药产业基地综合服务等2013年度国家级服务业标准化试点项目考核正在进行中。西城区行政服务和北京第一社会福利院养老服务列入2015—2016年全国服务业标准化示范项目（全国5项），是北京市首次获批的全国服务标准化示范项目。完成第三批全国旅游标准化试点单位的中期评估，正开展终期验收准备工作。编制、印发《北京市国家级服务业标准化试点成果》宣传册，开展经验交流，及时总结、推广标准化示范试点项目成功经验。北京市第一社会福利院养老服务标准化试点从老人"身体、心理、社交、灵性"4方面的需求出发，建立养老服务标准体系，突出"医养结合"特点，为老人提供老有所养、老有所乐、老有所学、老有所为、老有所医的一条龙服务，服务满意率达98.75%。密云县网格化社会管理服务标准化试点，从生态环境保护、城市管理和服务的实际和需求出发，提出立体分类式网格化标准化建设，建立密云县网格化社会服务管理标准体系，自行编制标准45项，建立县、镇（街）两级网格化指挥平台和县、镇（街）、村（社区）、网格四级工作体系。结合北京实际推动市级标准化试点工作。以地方标准为技术依据，评出14家科教旅游示范单位、41家"北京礼物"旅游商品店、21名"北京导游之星"。开展星级饭店、A级旅游景区年度复核，组织饭店行业服务技能竞赛。北京市参加全国饭店行业服务技能大赛取得优异成绩。评定优级农业标准化基地104家，其中种植业54家、畜禽34家、水产16家。评定星级养老机构60家，其中五星级1家、四星级2家、三星级2家、二星级36家、一星级19家。评定A级人力资源服务机构6家，其中4A级3家、3A级2家、2A级1家。开展北京市物流标准化试点工作，遴选并确定第一批试点企业29家，标准化托盘使用量从原有162万个增加到226万，试点企业库内运输设备、人工效率提高超过50%，装卸人员成本降低50%以上。货物装卸效率、交接效率平均提高2倍以上，有效缓解货运车辆排队导致的周边交通拥堵的压力。推动物流业标准化进程，促进物流业转型升级，提高物流效率、降低物流成本，带动京津冀区域物流标准化协同发展。

【农业标准化】2015年，北京市质量技术监督局加强《万寿菊生产技术规程》的实施，全年万寿菊种植面积2000多公顷，产量提高10%～20%，农民每亩增收400元，形成延庆县"四季花海"、房山区"菊花台"等景观品牌。抓好农业地方标准制修订，完善都市型现代农业标准体系，发布实施《农业标准化基地等级划分与评定》，提升农产品质量安全保障能力。推进国家级农业综合标准化示范区建设。第八批国家级农业综合标准化示范区11个项目进展顺利，全部通过年度考核。国家标准委组织国家农业标准化示范区抽查，对北京市农业标准化工作给予肯定。海淀区四季青镇农业综合服务中心承担的国家观光休闲农业综合标准化示范区通过"一河十园"标准化建设。沿旱河打造一条长约6.6千米，面积200余公顷的集采摘、休闲、娱乐、科普为一体的都市农业观光产业带。房山区酒庄葡萄酒协会承担的国家酿酒葡萄标准化示范区通过建园规划、强化优势品种，突出地方特色，拓展产业功能，提高产业化水平，形成房山区酒庄葡萄酒产业区域化、精品化、标准化、品牌化的新格局。绿纯（北京）生物科技发展中心承担的国家蜂业产业化综合标准化示范区带动门头沟区200余户农户、近600劳动力开展蜂业生产，形成包括蜜蜂养殖、蜂王育种、蜜蜂文化科普宣传、蜂产品及保健食品研发生产、蜜蜂文化及蜂业技术推广培训、蜂业生产机具设备研发生产、蜂产品连锁专卖等环节的蜂业产业化生产经营格局。北京金福艺农农业科技集团有限公司承担的国家物联网农业园综合标准化示范区，建立农业物联网监控平台，对农产品的生长环境（空气温度、空气湿度、空气露点、土壤温度、土壤湿度、光照强度和二氧化碳浓度）及生长过程通过视频及数据进行全面监管和精准调控。编制、印发《北京市国家级农业标准化示范区和农业标准化基地建设成果》宣传册，制作农业标准化示范区建设宣传片，组团参加全国农业标准化示范区20年建设成果展。截至年底，北京市建成农业标准化示范区项目7批87个项目，产品涵盖蔬菜、果品、粮经作物、林木花卉、畜禽蛋乳、水产品、蜂产品等种养业，覆盖面积达8.9万公顷，带动农户30.6万户，实现经济效益累计51.9亿元。

【企业标准化】2015年，北京市启动企业产品标准自我声明公开试点，研究制定《北京市开展企业产品和服务标准自我声明公开和监督制度的工作方案》。10月，启动企业产品标准自我声明公开试点工作。截至年底，132家企业上报517项标准通过公示平台对社会公示。加强对企业创制标准的资金支持，修订发布《中关村示范区技术创新能力建设专项资金管理办法》。中关村创新能力建设资金资助160家企业和产业联盟的516个技术标准项目。北京市技术标准补助资金对81家单位的127项标准给予资金补助。高新技术领域标准获得补助资金连续第二年实现占比第一，达31.4%，该领域涌现出3项国际标准，以及涉及云计算、新材料等领域的技术标准。企业在标准制定过程中的主体地位进一步增强，获得补助资金比例达67.7%。加强对2014年补助资金使用效果进行跟踪评价分析，提高资金的使用效率。

【国家技术标准创新基地（中关村）建设】2015年，

北京市落实国务院深化标准化工作改革方案关于培育发展团体标准、放开搞活企业标准、推动中国标准走出去的部署精神，加强技术标准创新公共服务体系建设。国家标准委发布的团体标准试点单位，中关村产业联盟占据7席，占全国总数的18%。为企业开展国际标准化活动搭建平台，邀请美国电气和电子工程师协会（IEEE）、美国国家标准学会（ANSI）、法国标准化协会（AFNOR）主席或副主席等国内外标准化专家为中关村标准创新试点企业举办标准引领技术创新专题讲座，全年培训人员800人次。10月27日，国家技术标准创新基地（中关村）筹建工作通过国家标准委组织的专家验收，成为全国首个完成筹建的基地。基地筹建期间，形成75项具有自主技术的团体标准。研制60项国际标准和国外先进标准，承担2个国际标准化技术委员会秘书处，3人担任技术委员会主席和工作组召集人，初步建成标准化公共服务平台。形成具有1 100名专家的标准化专家库。研究制定《中关村标准化试点示范单位培育工作方案》，启动中关村标准化行动计划（2016—2018年）研究编制。

【标准化宣传培训】 2015年，北京市标准化培训15 700人次，其中委办局12 700人次，区县3 000人次。市安监局组织开展安全生产标准化创建工作，并利用标准化研讨会和举办贯标培训等方式，开展安全生产标准化宣传培训工作，培训1 680人次。市发展改革委组织可再生能源技术市场准入规范研讨会、可再生能源运维规范研讨会、热泵利用政策及标准培训会等多次会议，组织开展市新能源标准宣贯培训和研讨。市人力社保局强化DB11/T 494—2013《人力资源服务规范》地方标准宣传实施，培训460人次。市市政市容委开展《餐厨垃圾生化处理能源消耗限额》《生活垃圾生化处理能源消耗限额》等8项标准的宣贯，培训800人次。市质监局与全国家电标准化技术委员会在世界标准日举办消费品安全标准筑篱行动GB/T 18801—2015《空气净化器》国家标准进社区宣传活动。市农业局开展农业地方标准宣贯培训和标准化观摩5期，培训600人次，涉及种植、畜牧和水产等三个行业，针对各行业特点分别在密云、大兴、顺义、平谷、怀柔开展标准化观摩，培训农业标准化相关知识。市园林绿化局组织标准化宣贯培训16次累计980人，印发26项标准单行本42 000册。

【地方标准化管理】 2015年，北京市质量技术监督局复审地方标准110项。复审中落实国务院节能标准化指导意见，将节能标准的复审周期缩短至3年，对环保标准进行专项清理复审。组织对地方标准实施效果进行检查评估。市住房城乡建设委、市环保局、市发展改革委组织市、区相关主管部门对DB11/642—2014《预拌混凝土绿色生产管理规程》地方标准执行情况进行专项执法检查，7月启动自查，166个搅拌站点参与，8月市级行政主管部门抽查搅拌站点55个，占全市应查站点的33%；市混凝土协会遴选249人次行业专家全程参与检查工作；市住房城乡建设委、市环保局、市发展改革委印发检查情况通报，通报标准执行情况，其中优秀21个、良好48个、合格69个，三类占总量的83.1%。检查发现不合格站点14个，停产停业站点14个（其中检查过程中拆除4个）。市规划委组织对绿建节能标准落实情况进行专项检查，重点抽取14项工程，总建筑面积90万平方米，各设计单位较好执行绿建标准，达到绿建基本要求；市住建委重点加强建筑节能领域标准实施，利用DB11/T 942—2012《居住建筑供热计量施工质量验收规程》指导全市9个区县供热计量节能改造项目的施工和验收工作，规范工程质量验收行为，累计验收项目达189个，验收面积达168余万平方米，涉及2241栋楼宇，推进北京市实施供热计量收费改革、实现节能减排；市水务局对已实施定额管理的行业，主要包括学校、饭店、医院、机关和写字楼等5个行业的取水定额标准应用效果进行评估，多数行业的通过率都较标准颁布初期有不同程度的提高，其中写字楼行业总体提高24.2%、饭店行业10%，机关6.8%，学校行业中的普通高等学校13.3%。市交通委开展交通标准评估和标准化实验示范工作，DB11/T 715—2010《公共汽电车场站功能设计要求》等10项标准评估工作全部启动并按计划推进；市旅游委加强旅游标准的监督检查和绩效评估，促进旅游标准全面落实，聘请285名旅游服务质量社会监督员对旅游服务质量实施社会监督；市人力社保局推进社保经办服务场所标准化建设，13个区县办公场所完成按标准改造，优化完善全市统一的社保经办业务流程，把社保经办标准化工作向街乡延伸。

供　稿：北京市质量技术监督局

天津市标准化工作

【概况】 2015 年，天津市贯彻落实市质量工作会议提出的“执行‘一套标准管质量’，大力实施标准化战略，积极抢占‘标准高地’”的指示精神，全面组织实施“千项标准行动计划”，取得明显成效。

截至年底，天津市主导或参与国家标准制修订 1 130 项、行业标准 912 项，制修订地方标准 597 项（其中强制性标准153 项，约占 26%），建设国家农业标准化示范区 56 个，国家服务业标准化试点项目 12 个，国家社会管理和公共服务标准化综合试点项目 1 个；国家循环经济标准化试点项目 1 个，承担国家级专业标准化技术委员会及分技术委员会 44 个，建设天津市专业标准化技术委员会 14 个。

【天津标准化改革】 2015 年，天津市加强标准化协调推进机制建设，加强标准化工作的组织领导，成立“天津市标准化委员会”，明确组织机构职责和 28 个委员单位的组成人员，办公室设在天津市市场和质量监督管理委员会，初步建立“统一管理、各司其职、合力推进”的标准化工作新机制，形成广泛参与、共同推进的标准化工作新格局。4 月30 日，天津市标准化委员会召开第一次全体会议，传达国务院标准化改革方案的主要内容，动员各单位凝聚改革共识，主动参与改革。根据质检总局、国家标准委关于改进和加强地方标准化工作的意见，结合天津市实际对标准化工作改革进行重点部署和安排。推动建立企业产品和服务标准自我声明公开和监督制度，制定《天津市企业产品和服务标准管理办法（试行）》，为全市推行企业产品和服务标准自我声明公开提供制度保障。开展团体标准试点工作，鼓励具备相应能力的学协会、商会、联合会等社会组织和产业技术联盟，参与国家和天津市团体标准试点工作，以推进天津市科技类学术团体培育发展团体标准为突破口，初步与市科协达成共识，选择市科协所属的具备一定标准化工作能力的学会开展天津市团体标准试点工作。

【千项标准行动计划】 2015 年，按照天津市政府印发的《天津市实施千项标准行动计划打造天津标准高地工作方案》的部署和要求，天津市标准化委员会办公室组织申报并下达 2 批标准制修订工作任务，总计 1 527 项；天津市各级标准制修订计划数量大幅增长，接近近 5 年制修订标准数量的总和。其中初始创制标准 1 203 项，占 78. 8%，提升修订标准 324 项，占 21. 2%；国家标准 648 项，超过近 5 年主导或参与制修订国家标准数量的总和；行业标准547 项，达到近 5 年主导或参与制修订行业标准数量总和的 60%；地方标准 308 项，是近 5 年制定地方标准总和的 1. 4 倍。

各类标准质量明显提升，制修订标准范围涉及新能源、新材料、新能源汽车、节能环保、生物医药、先进制造业、现代服务业、现代农业、公共安全、社会管理和公共服务、城市规划与工程建设等方面，为相关行业领域的发展发挥有效标准支撑与引领作用。中国汽车技术研究中心主导制定的《电动摩托车和电动轻便摩托车术语》《电动摩托车和电动轻便摩托车锂离子电池系统》2 项国际标准，是中国汽车行业首次承担的 ISO 国际标准；公安部天津消防研究所主导制定的 14 项《消防安全工程》系列国家标准，为解决建设工程消防安全设计难题提供技术依据，填补国内这一领域标准空白；天津艾杰环保技术工程有限公司主导制定的《潜水排污泵》《排水管道闭气检验用板式密封管堵》2 项行业标准，将公司自有的专利技术成果转化为行业技术标准，有效推动污水处理装备规范化、系列化。

【农业标准化】 2015 年，天津市获批承担8 批56 个国家级农业标准化示范区项目，其中第 8 批承担的 10 个国家农业综合标准化示范区项目进入第二年创建期。

在示范项目实施中，天津市采取年初有部署，年中有交流，年终有总结的工作方式，通过召开年度工作部署会、年中工作交流会和年终工作总结会，指导和推动农业标准化示范区建设。各项目承担单位成立工作领导小组及项目技术指导小组，统一协调示范区建设各项工作，单位人员结构合理，分工明确，年度计划和实施方案科学合理，便于实施控制，健全沟通协调机制，为示范区建设工作的开展奠定基础。建立健全标准体系，引导示范企业建立以技术标准为核心，管理标准和工作标准相配套的企业标准体系。各环节均有标准可依，为规范生产行为，保证农产品质量提供技术支撑。组织多种形式技术培训活动。组织专题技术培训会，从承担单位和合作单位抽调技术骨干，由技术专家进行讲座，采取“三个一”模式：即一张明白书，一本技术手册，一份标准手册，重点对生产者进行制种技术和良种栽培技术培训。组织召开现场观摩会，以会代训，对农产品生产、经营和管理者进行标准化和质量安全培训，重点从农民中培养农业标准化工作的积极分子和带头人，逐步培育农业标准化的技术推广队伍。推广“公司 +

农户+标准”“农民专业合作组织+农户+标准”等模式，发挥龙头企业、行业（产业）协会和农民专业合作组织在标准化示范中的带头作用和辐射效应，探索多种形式的示范区建设经验。推动农业标准化示范区项目的开展。天津大部分示范项目是市（部）农业或科技等有关部门承担的相应科研项目，为示范区的开展奠定基础。天津市滨海新区有相应的财政支持政策，凡列入省部级项目的，区财政给予1∶1配套资金的支持，在新区注册的企业，列入第8批农业标准化示范区项目的，均获得新区财政1∶1配套资金支持。通过示范区的示范和辐射带动作用，助推实现农业增长方式的转变和农民收入的提高。

【工业标准化】2015年，按照天津市散煤清洁化治理有关部署和要求，组织对天津市强制性地方标准《工业和民用煤质量》进行修订，2015年6月2日发布，2015年6月15日实施。标准从术语和定义、工业用煤质量要求及试验方法、民用煤质量要求及试验方法、抽样规则、判定规则、包装和标识、储存、装卸与运输等方面对工业和民用煤质量进行规定。修订后的标准增加对商品煤（包括工业用煤和民用煤）的汞、砷、磷、氯、氟五种有害元素限量要求；将发电用煤质量指标中二类灰分（Ad）指标要求由<20%调整为<16%，将非发电工业用煤质量指标中无烟煤一类及二类灰分（Ad）指标要求由≤20%调整为<16%；将“民用散煤”更改为“民用块煤”，取消原烟煤序列，只保留无烟煤，并将其灰分（Ad）指标要求由≤20%调整为<16%；民用成型煤取消原烟煤序列，采用北京市地方标准中蜂窝煤质量指标和其他型煤质量指标；增加强制性条款“包装和标识”。该标准进一步优化天津市用煤结构，对提高煤炭产品质量，促进煤炭高效清洁利用，提升京津冀环境质量起到推动作用。

强化食品安全标准管理工作。天津市卫生计生委加强食品安全地方标准制度和能力建设，组建天津市食品安全地方标准评审委员会，完成2015年度天津市食品安全地方标准立项工作。参与食品安全国家标准制修订工作，受卫生计生委委托，承担《食品安全国家标准　食品用消毒剂》的修订工作和《食品安全国家标准跟踪评价工作指南》部分内容的编写任务。依法做好食品安全企业标准备案工作，办结533件，其中食品产品类470件，食品包材类63件，备案473件，预备案60件。

【服务业标准化】2015年，天津市市场和质量监督管理委员会会同市商务委、市财政局印发《天津市物流标准化试点工作方案》《关于开展物流标准化试点项目申报工作的通知》。将《冷链物流　冷库技术规范》等9项系列地方标准项目纳入千项标准制修订计划，并已发布实施。

推动市公共服务标准化工作。天津市公共服务标准化工作已开展4年，完成市委重点调研课题《关于建设公共服务标准化体系　着力提高公共服务水平的研究》；在全市26个行业和部门2 100余个基层站所和窗口单位推行公共服务标准化，选树28家示范单位，认定198个“天津市公共服务标准化认定合格单位”，形成行业内的服务标准体系。荣获国家级社会管理和公共服务综合标准化试点项目，“天津市公共服务窗口单位综合服务标准化试点”项目以“天津市人民政府”名义获得批准，成为全国唯一一家省级公共服务标准化试点单位。

【APEC绿色供应链标准化】2014年11月召开的亚太经合组织第22次领导人非正式会议发表《北京宣言》，宣布建立亚太经合组织绿色供应链合作网络，同时批准在天津建立示范中心。天津市政府颁布《APEC绿色供应链合作网络天津示范中心建设方案》，2015年6月示范中心在天津自贸区正式挂牌成立。7月9日，天津市标准化委员会组织编制并印发《天津市亚太经合组织绿色供应链标准化工作方案》，按照系统统筹、目标明确、层次清晰、结构合理的原则，系统谋划绿色供应链标准的制修订工作，明确工作目标、时间进度和责任部门。方案初步拟定绿色供应链标准体系结构框架，包括通用基础、绿色设计、绿色采购、绿色建筑、绿色生产、绿色服务、绿色物流、绿色消费、绿色回收与再利用等九个子体系。12月28日，天津市绿色供应链标准化技术委员会成立，主要负责市绿色供应链领域的标准体系建设和规划、标准制修订、标准宣贯和标准实施情况调研分析等工作。委员会有委员45人，天津市标准化研究院为秘书处承担单位，委员由来自政府部门、高等院校、科研院所和相关企业的专家学者组成。委员会下设基础与管理、绿色建筑、绿色生产、绿色包装、绿色物流、回收再利用等6个分技术委员会。委员会成立后，即着手组织制定《绿色供应链管理体系　要求及使用指南》等绿色管理和绿色产品标准。通过开展绿色供应链标准体系研究、绿色标准制修订工作，将为落实十八届五中全会确定的绿色发展理念，引领生产方式、生活方式、消费方式和服务方式的绿色化转变提供支撑与保证。

【京津冀区域协同标准】2015年3月5日，北京市质量技术监督局、天津市市场和质量监督管理委员会、河北省质量技术监督局在北京召开专题会议，研究落实《京津冀质量发展合作框架协议》，共同制定京津冀区域协同地方标准的具体工作事宜。会议达成共识，京津冀三地标准化管理部门建立定期沟通机制，相互通报标准化工作要点、地方标准立项计划和地方标准文本信息；三方在各自官方网站开设内容一致的板块，发布地方标准征求意见等相关信息；三方加强和各自省市相关行业主管部门联系沟通，形成京津冀地方标准制定“3 + X”机制，重点围绕环境治理、产业对接、交通一体化等重点领域开展技术标准合作。

6 月 1 日，京津冀三地共同组织制定、分别发布首批区域协同地方标准DB12/T 3001—2015《电子不停车收费系统路侧单元应用技术规范》和DB12/T 3002—2015《老年护理常见风险防控要求》，引起社会各界和各大主流媒体的关注，新华社、中央电视台、中新网等累计报道达 28 篇。《电子不停车收费系统路侧单元应用技术规范》地方标准，是根据 ETC 系统全国联网的发展趋势和京津冀区域的实际应用需求而编制的。该标准的发布，为提高京津冀地区路侧单元的参数一致性和标准化水平、以及电子不停车收费系统的可靠性和服务水平提供技术保障。《老年护理常见风险防控要求》地方标准，对临床老年护理工作中常见风险提出较为系统、完善、可行的防控要求，为临床提供科学的指导依据，以指导京津冀区域各级医疗机构开展老年护理常见风险的防控工作。该标准的出台与推进可完善医疗机构安全管理制度，规范护理行为，提高护理人员的护理安全风险防控意识，提升服务质量，降低护理安全风险，有效控制老年人风险事件的发生，保障老年人的护理安全。

7 月 29 日，京津冀三地六方安全生产监督部门、标准化主管部门共同在北京签署《安全生产地方标准京津冀协同工作战略合作框架协议》，确定加强京津冀安全生产标准建设协同发展的工作框架。

10 月 28 日，京津冀三地标准化主管部门共同发起，在北京市召开“标准化助推京津冀协同发展研讨会”，以交通一体化发展、生态环境保护、产业协同发展为重点，对有关京津冀区域协同标准化工作及区域协同地方标准重点项目意向进行研讨。

【节能标准化】2015 年，天津市贯彻落实《国务院办公厅关于加强节能标准化工作的意见》，进一步推进天津市节能标准化工作，市政府办公厅转发市市场监管委拟定的《天津市加强节能标准化工作实施方案》，明确天津市节能标准化工作的总体要求、工作目标、重点工作和保障措施，并将目标任务分解落实到各部门。市建委贯彻落实国家节能减排、资源节约利用、生态环境保护等要求，促进工程建设领域技术进步。开展 2015 年工程建设地方标准申报工作，《天津市综合管廊工程技术规范》《天津市海绵城市建筑技术导则》等 40 项标准列入编制计划；颁布实施《天津市绿色建筑设计标准》《天津市绿色建筑材料评价技术导则》等地方标准 19 项，其中《天津市绿色建筑材料评价技术导则》《天津市绿色建筑设计标准》的颁布标志着天津市成为全国首个指定绿色建材、设备评价标准并开展评价工作的城市；开展工程建设地方标准复审工作，对 2010 年及以前 67 项标准进行复审；做好新颁布标准的宣贯工作，进行技术培训，各区县相关技术人员 1 000 余人参加培训；强化市工程建设地方标准的监督与实施，组织专家对《天津市居住建筑节能设计标准》执行情况进行抽检，针对问题，下达整改通知书。

【环保标准化】2015 年，天津市制定发布 DB12/556—2015《工业炉窑大气污染物排放标准》、DB12/588—2015《在用非道路柴油机械烟度排放限值及测量方法》、DB12/589—2015《在用点燃式发动机轻型汽车排气污染物排放限值及测量方法（稳态工况法）》、DB12/T 590—2015《在用汽车排气污染物限值及检测方法（遥测法）》、DB12/599—2015《城镇污水处理厂污染物排放标准》等具有地方特色的污染物排放地方标准 5 项。批准将《恶臭污染物排放标准》《污水综合排放标准》《铅蓄电池行业污染物排放标准》《扬尘在线监测系统建设及运行》等环保项目，纳入 2015 年天津市地方标准制修订计划。

【循环经济标准化】2015 年，天津市市场和质量监督管理委员会会同市发展改革委支持指导天津子牙国家循环经济产业区申报国家级标准化试点项目，并经国家标准委和发展改革委批准为国家循环经济标准化试点园区。年内，成立天津市循环经济标准化技术委员会，推动园区围绕废旧机电产品拆解、废弃电器电子产品拆解加工、报废机动车拆解加工、废橡塑再生利用、精深加工再制造和节能环保新能源等主导产业开展循环经济标准化试点工作，贯彻实施资源循环利用相关标准 100 余项。

【安全生产标准化】2015 年，天津市市场和质量监督管理委员会为服务安全天津建设，会同市安监局等有关部门，加强天津市安全生产标准化工作，发挥天津市安全生产标准化技术委员会的作用，支持、指导天津市安全生产地方标准体系建设。制定并发布DB12/T 578—2015《液化气体汽车罐车用紧急切断阀检验方法与评定要求》、DB12/T 579—2015《焊接绝热气瓶定期检验与评定》、DB12/T 581—2015《钢制固定式危险化学品常压容器定期检验规范》、DB12/T 582—2015《企业班组安全生产基本规范》等 4 项地方标准。批准将《危险化学品应急救援队训练及考核要求》《生产经营单位安全生产应急管理档案基本要求》2 项安全生产项目纳入 2015 年天津市地方标准制修订计划。

【天津标准化建设】2015 年，天津市标准化委员会加强天津市标准化工作顶层设计，组织编制并印发《天津市实施标准化战略十三五规划》，主要内容包括本市实施标准化战略的指导思想、基本原则、发展目标、主要任务、重点工程和保障措施等。

天津市市场和质量监督管理委员会会同市科委推动科技创新与技术标准发展。与市科委共同制定印发《关于共同推动科技创新与技术标准发展的意见》,共同推动落实标准化工作改革方案、共同推动建立多方参与的长效标准化工作创新机制、共同推动建立科技计划与标准制修订计划互动机制、共同推动建立健全科技成果转化为技术标准的机制以及共同探索建立指导企业制定标准的服务体系等工作。会同市中小企业局培育发展联盟标准,制定《关于在全市培育发展联盟标准的指导意见》,会同市中小企业局召开天津市培育发展联盟标准工作推动会。每个区县重点选择具有一定规模和影响的产业集群区域的产品作为组织制定联盟标准的试点,先行培育开展联盟标准工作,在试点基础上,以点带面,逐步推广。

供　稿:天津市市场和质量监督管理委员会

河北省标准化工作

【概况】2015 年,河北省质量技术监督局组织引导省企事业单位主持制定国际标准4 项、参与制定国际标准 2 项、主持制定国家标准 8 项、参与制定国家标准 26 项、主持制定行业标准 12 项、参与制定行业标准 60 项。截至年底,河北省制定地方标准 2 178 项(2015 年新增 171 项);设立省级标准化技术组织 7 个(2015 年新增 2 个);建设国家或省级服务标准化试点 253 个,建成 215 个(2015 年建成 37 个);建设农业标准化示范区 178 个,建成166 个;获批创建国家泛能微网标准化试点 1 个。

【标准化协调机制建设】2014 年,河北省成立由省政府主管领导任组长,26 个省直部门为成员的河北省标准化委员会。截至 2015 年底,全省 11 个设区市政府批准成立市级标准化委员会,标准化协调推进工作机制进一步完善。各标准化成员单位协调配合,共同推动工业、农业、服务业、节能环保、生态文明建设、社会管理与公共服务等各领域的标准化工作。

【标准化改革】2015 年,《河北省深化标准化工作改革实施方案》和《河北省政府办公厅关于加强节能标准化工作的意见》经省政府第 60 次常务会议审议通过,于 10 月 10 日分别以省政府和省政府办公厅文件形式下发执行。11 月,省政府办公厅印发《河北省深化标准化工作改革实施方案行动计划(2015—2016 年)》。3 个文件的出台,对推动全省标准化工作改革发展具有重要意义。

【京津冀标准化协同发展】2015 年,京津冀三地标准化部门和有关部门召开 6 次专题会和研讨会,建立京津冀区域共同制定地方标准机制和标准化工作协调沟通机制,实现标准化信息资源共享。三地共同组织制定《电子不停车收费系统路侧单元应用技术规范》等 2 项京津冀区域地方标准,签署《安全生产地方标准京津冀协同工作战略合作框架协议》。围绕交通一体化发展、生态环境保护、产业协同发展等方面的标准化工作协同推进,进行深入研讨,形成多项合作意向。

【标准制修订】2015 年,河北省质量技术监督局审批发布 171 项地方标准。围绕现代农业产业发展,制定《谷子集雨高效生产技术规程》等 58 项农业地方标准。围绕省“煤电节能减排升级改造行动计划”,经省政府批准,与省环保厅联合发布实施7 项环保标准。围绕发展先进制造业、战略新兴产业和传统产业改造升级,制定《农村有机质垃圾资源化处理设备》等 46 项工业类地方标准。围绕交通运输、物流、旅游、文化等现代服务业和社会公共服务,制定《高速公路服务区服务质量规范》《行政许可电子档案管理规范》等服务业地方标准 60 项。优化地方标准制修订程序,标准立项更加贴近政府中心工作,制修订过程更透明、规范。有序推进省地方标准清理工作,淘汰一批技术落后、结构层次不合理的标准,废止 117 项强制性地方标准,地方标准体系结构更加合理。

【标准化示范试点】2015 年,“太行柴鸡生态养殖综合养殖”等 12 个第八批国家级农业标准化示范区建设项目,均通过年度考核,示范效果逐步显现,取得阶段性成果。在陕西杨凌召开的“全国 20 年农业标准化成果展”上,河北省质量技术监督局录制并播出《河北省农业标准化示范区建设20 年成果纪实》,集中展示省农业标准化成效。完成 37 个国家级和省级服务业标准化试点项目的建设任务,新立项 24 家第七批省级服务业标准化试点建设项目。立项建设河北省第一个国家级能源标准化示范工程项目,即新奥集团承建的泛能微网标准化示范工程。项目通过标准化手段，运用互联网技术实现分布式能源高效集成，形成“多能互补、清洁高效”的能源系统，提高能源利用效率。

【标准化宣传】2015 年 9 月 2 日，《中国质量报》刊登《用标准倒逼服务质量提升》，介绍河北省服务标准化工作开展情况；9 月 9 日，《河北日报》刊登《标准话语权，对一个行业有多重要》，宣传标准化对产业发展的重要作用。9 月 22 日，《河北日报》头版头条报道河北省出台深化标准化工作改革实施方案的情况。截止年底，全省反映标准化工作方面的宣传报道 500 余篇。以省标准化委员会办公室名义编发 5 期《标准化快报》，综合报道省标准化工作开展动态。在纪念“世界标准日”期间，石家庄等市召开企业座谈会，开展多种形式的专题宣传活动。

供　稿：河北省质量技术监督局
撰稿人：龙冬梅
审稿人：郭永志

山西省标准化工作

【概况】2015 年，山西省质量技术监督局批准发布 135 项地方标准。截至年底，全省共制定地方标准 766 项；农业方面463 项，占 60%；工业方面86 项，占 11%；节能环保方面 68 项，占 9%；服务业方面 29 项，占 4%；社会管理和公共服务方面 102 项，占 14%；其他方面的18 项，占 2%。

是年，阳泉市、临汾市承担全国的企业产品标准自我声明公开和监督试点工作。

【标准化改革】2015 年 9 月 17 日，山西省成立“山西省标准化工作领导小组”，由分管副省长任组长、37 个部门为成员单位。11 月 11 日，省政府办公厅印发《关于加强节能标准化工作的实施意见》。11 月29 日，省政府印发《关于进一步推进标准化工作改革发展的实施意见》。

【标准化示范试点】2015 年，山西省完成30 个省级农业标准化示范项目建设工作，13 个第八批全国农业标准化示范在建项目中，孝义市是全国农业综合标准化示范市。社会管理公共服务标准化试点在建项目 7 个，循环经济标准化试点 2 个。

阳泉市、临汾市承担全国的企业产品标准自我声明公开和监督试点工作。

供　稿：山西省质量技术监督局

内蒙古自治区标准化工作

【概况】截至 2015 年底，内蒙古自治区主导或参与制定国际标准 4 项；主导或参与制定国家标准 289 项、行业标准 207 项；制定地方标准 823 项（2015 年新增 203 项）；承担国家标准化技术组织 4 个，设立自治区级标准化技术组织 21 个（2015 年新增9 个）；建设国家或自治区农业标准化示范区 155 个，国家或自治区级服务业标准化试点 47 个，国家社会管理和公共服务标准化试点 11 个，28 个标准化良好行为企业（2015 年新增 15 个），3 个产业集群标准化试点。

2015 年，自治区人民政府贯彻落实国务院《深化标准化工作改革方案》，进一步加强对全区标准化工作的管理，建立标准化协调推进厅际联席会议制度，发布实施《内蒙古自治区人民政府关于全面深化标准化工作改革的意见》。自治区党委办公厅和自治区人民政府办公厅联合下发《内蒙古自治区服务业三年行动计划（2015—2017 年）》，提出支持促进服务业发展的一系列方针政策，其中对获得国家级和自治区级服务业及社会管理和公共服务标准化试点（示范）项目的企业，由自治区服务业发展引导资金分别给予 100 万元和 50 万元的一次性奖励。内蒙古自治区质量技术监督局完成《自治区“十三五”

支柱产业标准化建设规划》(送审稿),起草《内蒙古自治区人民政府、国家标准化管理委员会 全面加强标准化战略合作备忘录》。

是年,各盟市政府发挥推进标准化工作的主导作用,印发各自推进标准化工作的方案或计划,成立由分管盟市长任组长的推进标准化工作领导小组。包头市、呼伦贝尔市、赤峰市、鄂尔多斯市、巴彦淖尔市、二连浩特市将标准化纳入当地的“十三五”规划当中。通辽市将标准化工作作为政府第49次常委扩大会议的重点研究议题,鄂尔多斯市、阿拉善盟将行动计划的推进工作列入全盟市的干部考核指标。

【内蒙古自治区推进标准化工作三年行动计划】《内蒙古自治区推进标准化工作三年行动计划》自2014年7月实施以来,各项目标任务均取得阶段性成果。管理工作方面,先后印发《实施〈内蒙古自治区推进标准化工作三年行动计划〉路线图和时间表》等40余份文件,为实施行动计划提供制度保障。抽调自治区发改委、商务厅、环保厅、科技厅、农牧业厅等12个单位30名干部和专家组成6个考核组,对各厅局、各盟市政府进行行动计划第一年度工作考核。标准体系建设方面,初步建成自治区新型工业、现代农牧业、服务业、社会管理和公共服务4大标准体系和29个子体系的框架,梳理各级标准13 552项,提出拟制定地方标准名录。标准制修订方面,制修订标准654项,占总任务960项的68%。其中,国际标准1项,国家标准35项,行业标准40项,地方标准578项。标准化试点示范建设方面,在建各级各类标准化试点示范项目96个。其中,标准化良好行为企业15个、工业产业集群标准化示范项目3个、农业标准化示范区36个、服务业标准化试点31个、社会管理和公共服务综合标准化试点11个。成功申报21个地理标志产品,其中获得中华人民共和国地理标志保护产品5个,农业部地理标志农产品16个。

【地方标准管理】2015年,内蒙古自治区质量技术监督局批准立项地方标准259项。其中,工业标准25项、农业标准147项、服务业标准25项、社会管理和公共服务标准62项;发布地方标准备案公告9期,备案地方标准203项,稀土、气象、消防、交通等重点领域标准占比明显提升。

【工业标准化】2015年,内蒙古自治区形成工业标准体系框架,包含风电、光伏、新型煤化工、稀土、有色金属、重点装备制造、羊绒制品、蒙药8个子标准体系。重点研制特种设备安全、羊绒、冶金建材、农畜产品精深加工、稀土、煤化工等关键技术标准,发布DB15/T 822—2015《在用电梯安全评估规则》、DB15/T 823—2015《起重机械使用管理与维护保养规则》、DB15/T 848—2015《羊毛床垫》、DB15/T 879—2015《学生棉服装》、DB15/T 887—2015《高纯钛酸锶中锶钛含量的分析方法》等地方标准。采用国际标准或国外先进标准,截至年底,内蒙古自治区采用国际标准认可991项,采标标志612项。引导帮扶内蒙古神州硅业有限公司、内蒙古奥纯酒业有限责任公司等15家企业开展标准化良好行为企业工作,建立实施标准体系。下达呼和浩特市光伏、包头市稀土、鄂尔多斯市鄂托克循环改造等3个产业集群标准化试点项目。

【农业标准化】2015年,内蒙古自治区形成农牧业标准体系框架,包含肉牛产业、肉羊产业、马铃薯产业、农牧业水利灌溉和林业生态工程产业5个子标准体系。研制玉米、马铃薯、小麦、肉牛、肉羊等优势产业关键技术标准,发布《玉米宽覆膜增密高产栽培技术规程》、DB15/T 844—2015《阴山丘陵地区马铃薯微垄覆膜侧播集雨栽培技术规程》、DB15/T 853—2015《呼伦贝尔草甸草原三河牛放牧利用技术规程》、DB15/T 833—2015《地理标志产品 乌珠穆沁羊肉》等地方标准。围绕“四个千万亩”节水灌溉工程,将适用技术转化为标准,颁布实施《马铃薯中心支轴式喷灌水肥管理技术规程》《大豆膜下滴灌水肥管理技术规程》《模袋混凝土衬砌渠道工程技术规程》等地方标准。制定《青贮饲料包膜机》《葵花脱粒机》《刷式马铃薯清洗机组》等地方标准,进一步提高内蒙古自治区农牧业机械化水平。8月25日、27日,国家红干椒种植综合标准化示范区和国家肉羊养殖综合标准化示范区项目通过国家标准委抽查。11月5日至9日,内蒙古自治区伊利集团、民丰薯业、汉森酒业等12个示范区产品参展全国农业标准化示范区建设20年成果展。

【服务业标准化】2015年,内蒙古自治区形成服务业、社会管理和公共服务标准体系框架。服务业标准体系包含旅游、物流、金融、信息、科技、商务、商贸、居民、文化9个子标准体系。社会管理和公共服务标准体系包括基本社会服务、公共交通、公共文化、公共安全、公共卫生、生态保护和环境治理7个子标准体系。加强旅游服务、现代物流、公共交通、基本社会服务等领域的标准研究,发布DB15/T 914—2015《医药物流仓储管理规范》、DB15/T 878—2015《飞机人工增雨(雪)业务规范》、DB15/T 847—2015《内蒙古高速公路全程监控风光互补供电系统验收规范》等地方标准。修订《行业用水定额》,为规范农牧业、工业、生态等行业用水提供依据。建成全区首家涵盖吃住行游购娱为一体的内蒙古阿尔山市服务业综合标准化试点。内蒙古血液中心采供血服务标准化试点等5个项目,获批国家第二批社会管理和公共服务综合标准化试点。呼和浩特市养老服务标准化试点等

12 个项目，申报国家第三批社会管理和公共服务综合标准化试点。

【国际标准化】2015 年，蒙古国标准化（内蒙古）研究中心的筹建工作通过国家标准委的考核。内蒙古自治区质量技术监督局与蒙古国东戈壁省标准计量局就中蒙进出口产品、物流服务标准、旅游服务标准等方面达成合作意向。收集蒙古国国家标准文本 2 000余项。走访二连浩特、满洲里口岸等地，调研中蒙、中俄贸易中的标准化技术问题。开展多语言多功能信息化服务平台建设工作，完成《中蒙标准信息服务平台》《中俄标准信息服务平台》建设方案。内蒙古自治区质量技术监督局作为地区合作省份代表首次参加中俄标准、计量、认证和检验监管常设工作组第十三次会议，全程参与标准组会议讨论，为会议提供技术及信息服务，撰写的《内蒙古在中俄经贸关系中的地位现状、趋势分析》《俄罗斯标准化法律政策、标准化体制及体系研究》研究报告为会议研讨提供参考和思路。

【企业产品标准自我声明】2015 年 10 月，内蒙古自治区质量技术监督局印发《内蒙古自治区企业产品和服务标准自我声明公开和监督制度试点工作方案》，进一步加强企业标准管理，以呼和浩特市、包头市、通辽市为试点，先行开展企业产品和服务标准自我声明公开试点，60 余家企业公开 200 多项标准。全区备案或登记企业产品标准 680 项。

【标准实施与监督】2015 年 4—6 月，内蒙古自治区质量技术监督局对自治区部分高速公路道路交通标志、呼和浩特市城市道路交通标志和公共信息图形标志的标准实施情况进行监督检查。

【标准化技术委员会建设】2015 年，内蒙古自治区质量技术监督局组建成立 9 个自治区标委会，分别是自治区电子信息、服务业、社会管理和公共服务、纤维、纺织、林业、畜牧业、农业和气象标委会，吸纳相关领域专家 200 余名。涉及 5 个标委会调整换届。3 月 24 日，在呼和浩特召开全区专业标准化技术委员会座谈会，听取各标委会工作的开展情况，交流各自的经验作法，对今后工作提出具体指导意见。截至年底，各标委会研制各类标准300 余项，科研成果转化为标准 180 余项，为社会提供标准化服务670 余次。全国风力机械标准化技术委员会、国家羊绒制品标准化分技术委员会，自治区稀土、有色金属、煤化工、服务业、社会管理和公共服务等标准化技术委员会分别承担着风电、光伏、羊绒制品、稀土、有色金属、新型煤化工、服务业、社会管理和公共服务标准体系的建设工作，各级标委会的技术支撑作用得到发挥。

【标准化科研】2015 年，内蒙古自治区质量技术监督局承担发展改革委《国家重点食品质量安全追溯物联网应用示范工程—内蒙省级平台建设》项目研究，完成内蒙古自治区产品质量安全追溯服务平台建设任务，推进白酒及乳制品追溯数据采集任务，37 家乳制品和 149 家白酒企业完成追溯数据采集工作。承担自治区科技厅软科学研究计划项目《内蒙古推进文化与标准化技术融合的研究》，研究文化与标准化融合的主要内容和方式。承担自治区质监项目《中蒙俄跨境旅游服务标准化研究》《内蒙古高新技术产业园区标准化建设及其效果评价研究》，完成自治区质监项目《蒙古国标准化体制、标准体系研究》《内蒙古与蒙古国重点贸易产品面临的技术壁垒趋势及对策研究》。

【标准化专家库建设】2015 年，内蒙古自治区质量技术监督局颁布实施《内蒙古自治区标准化专家库管理办法》，建成“内蒙古自治区标准化人才专家管理系统”，系统可实现专家管理、项目管理、统计分析、系统管理等各项功能。截至年底，专家库入选标准化专家 813 人，其中副高级以上专业技术人员 788 人，分别来自科学研究和技术服务业、林业、农业、制造业、建筑业、教育等 13 个经济行业领域。

【标准信息化建设】2015 年 10 月，国家标准馆内蒙古分馆在内蒙古标准化院挂牌成立，内蒙古共享国家标准馆馆藏的 60 余个国家、70 余个国际和区域性标准化组织、450 余个专业协会的成套标准及全部中国国家标准和行业标准，160 余种国内外标准化期刊和 7 000 余册标准化原著，内蒙古自治区可使用的标准信息资源数量增至 60 万件。截止年底，内蒙古标准文献发行中心收集纸质标准馆藏8 620 件、收集全文馆藏标准 9 830 件；搜集整理新增、替代、复审等各类最新动态标准信息及各类公告标准信息 9 320 余条。年内，优化完善内蒙古自治区标准信息服务平台，网站标准文献题录数据库达 135 万。通过内蒙古自治区标准信息服务平台，全年发出标准有效性确认报告 247 份，对 25 523 条标准进行时效性确认；对 12 家用户 6 222 条标准进行 35 次动态跟踪，接待用户 3 000 余人次。

【标准化宣传与培训】2015 年 5 月 26 日，由内蒙古自治区政府新闻办公室与自治区质监局联合在呼和浩特市，组织召开内蒙古自治区推进标准化 3 年行动计划进展情况暨内蒙古自治区标准化专家库启动新闻发布会，介绍全区推进标准化 3 年行动计划自 2014 年 7 月颁布实施 10 个月以来，在顶层设计、制度建设、标准体系建设、标准制修订、标准化试点示范项目建设等方面取得的阶段性成果，以及自治区标准化专家库建设等情况。在内蒙古自治区质量技术监督局网站、中国消费与质量网、《消费与质量》杂志、内蒙古日报开辟“标准化工作”专版和“标准化战略 3 年行动计划”专栏等，宣传《内蒙古自治区推进标准化工作三年行动计划》有关知识、报道标准化工作相关信息等。举办标准化基础知识等7期标准化培训,培训926余人。

供　稿:内蒙古自治区质量技术监督局
撰稿人:董玉霞　刘慧云　刘保华　胡彩虹　张　宁　米　丽
薛少波　李天乐　李世繁　张　琦　李　洋　郭　婷
审稿人:董玉霞

辽宁省标准化工作

【概况】 截至2015年底,辽宁省主导或参与制定国际标准5项;主导制定国家标准1 107项,参与制定修订国家标准1 701项;制定地方标准1 575项(2015年新增219项);制修订强制性地方标准88项,备案企业产品标准12 436项(2015年备案企业产品标准565项);建设国家或省级服务标准化试点88项(工业37项、服务业44项),建成49个;建设国家级循环经济标准化试点2个;建设国家级社会管理和公共服务标准化试点4个;建设国家农业标准化示范区183项(工业2项、农业166项、服务业15项),建成152个(2015年新建14个)。

建立辽宁省实施标准化发展战略联席会议制度,制定《辽宁省实施标准化发展战略联席会议工作规则》,形成广泛参与、科学公正、公开透明、高效有序的标准化工作机制。制定《辽宁省地方标准管理办法》《辽宁省企业联盟标准管理办法》《辽宁省专业标准化技术委员会管理办法(试行)》,完善地方标准制修订机制,强化服务产业集群发展的联盟标准制定引导工作,加强标准化专家库建设,提高标准制修订质量。

【国际国家标准制修订工作】 2015年,辽宁省引导企事业单位制定《结构级冷轧碳素钢带》等5项国际标准,制定GB/T 31963—2015《金属氢化物-镍电池负极用稀土镁系超晶格贮氢合金粉》等118项国家标准。

【农业标准化】 截至2015年,辽宁省质量技术监督局与省财政厅共同推进辽宁省农村综合改革标准化试点项目,以辽宁省农业社会化服务标准体系建设工作为核心,构建并实施涵盖服务通用基础标准、服务提供标准、服务保障标准的农业社会化服务标准体系,建立健全农业社会化服务标准化工作的长效机制,以标准化促进质量与效益的,使以高校、科研院所为主体的农业社会化服务更加规范,服务质量不断提高,服务工作更加严谨。

制定23项涉及农业社会化服务术语、工作指南、组织工作导则等基础类标准及水产业、畜牧业、果蔬业的社会化服务规范、服务质量控制规范、服务评价等服务提供和科技人员、信息化等服务保障的地方标准。

围绕社会主义新农村建设,会同涉农部门出台《关于建设全省现代农业标准体系的实施意见》,以五大产业和五大特色产品为重点,制定《杂交粳稻高产高效栽培技术规程》等379项农业地方标准,逐步完善全省现代农业标准体系。

【工业标准化】 2015年,辽宁省质量技术监督局以化工、节能减排等为重点,制定《溴氰菊酯原药》等651项国家标准,制定《公共建筑节能(65%)设计标准》等166项工业地方标准。

【服务业标准化】 2015年,辽宁省质量技术监督局围绕《辽宁省人民政府关于加快发展服务业的若干意见》要求,以塑造辽宁品牌特色服务业为重点,制定《会展物流服务规范》等145项地方标准,构筑较为完善的现代服务业地方标准体系。

【标准化政策法规建设】 2015年,依据《辽宁省人民政府关于实施标准化发展战略的意见》,出台《辽宁省人民政府办公厅关于印发辽宁省贯彻实施〈深化标准化工作改革方案〉行动计划(2015—2016年)的通知》。建立辽宁省实施标准化发展战略联席会议制度,制修订《辽宁省实施标准化发展战略联席会议工作规则》《辽宁省地方标准管理办法》《辽宁省企业联盟标准管理办法》《辽宁省专业标准化技术委员会管理办法(试行)》《辽宁省企业产品标准自我声明公开管理暂行办法》,不断完善地方标准、联盟标准及企业标准管理工作。

【企业产品标准自我声明】 2015年11月,辽宁省质量技术监督局依据《中华人民共和国标准化法》及相关法律、法规、规章和《企业产品标准管理规定》等,经局务会审议通过,制定《辽宁省企业产品标准自我声明公开管理暂行办法》,截至年底,2 250家企业上报10 547项标准,涵盖17 628种产品。

【专业标准馆建设】2015 年，辽宁省建设集标准信息管理、标准技术研究、标准化理论与战略研究、标准咨询与服务于一体的专业标准馆——辽宁标准馆，标准馆位于辽宁省质量技术监督局由序篇、历程篇、功能篇、成就篇、服务篇以及尾篇六部分组成。

【专业标准化技术委员会建设】截至 2015 年底，辽宁省承担国家专业标准化技术委员会（分技术委员会，工作组）48 个（2015 年新增 2 个）；筹建首个全国标准化总体工作组，即全国机器人标准化总体工作组；向社会公开征集来自 15 个推荐单位的40 个省级专业标准化技术委员会推荐项目；拟新建省级专业标准化技术委员会25 个（含 8 个分技术委员会）。

【标准化宣传】2015 年，辽宁省质量技术监督局利用各类媒体和“质量月”“世界标准日”等活动，以基础通用、强制性标准为重点，在全省举办面向中小企业、农民专业合作社等各级各类标准化工作培训班。

着力开展“标准进万家”活动，创新民生标准化工作。2013 年起，结合开展党的群众路线教育实践活动及“三严三实”专题教育活动，践行“人民质监、质监为民”系统主流文化，在全省开展“标准进万家”活动，免费发放《标准与生活实用手册》等标准宣传资料。

供　稿：辽宁省质量技术监督局
撰稿人：聂少杰
审稿人：孟祥民

吉林省标准化工作

【概况】截至 2015 年底，吉林省主导或参与制定国际标准 5 项；主导或参与制定国家标准 150 项 2015 年新增 10 项、行业标准 247 项 2015 年新增 25 项；制定或修订地方标准 1 796 项 2015 年新增 203 项；承担国际或国家标准化技术组织 13 个（2015 年新增 1 个）；开展国内外标准化科研 49 项（2015 年新增11 项），设立省级标准化技术组织 23 个（2015 年新增 1 个）；建设国家级服务标准化试点 14 个，省级服务标准化试点 110 个；建设国家级农业标准化示范区 119 个（在建 12 个），省级农业标准化示范区 150 个；创建省级产业集群标准化试点 6 个；创建吉林省技术标准提升工程示范单位 11 个；建成国家高新技术产业标准化示范区 1 个。

“两会”期间，全国人大代表以吉林省标准化工作实践为素材，向全国人民代表大会提交“关于修订《中华人民共和国标准化法》的提案”。7 月，国家标准委、国务院法制办专门成立工作组，赴长春就《中华人民共和国标准化法》修订进行调研，征求基层政府、部门、企业意见，吉林省质量技术监督局从扩大标准化法调整范围、确立标准化战略地位和协调推进机制、扩大强制性标准制修订范围、确立采标标志优惠政策、确立标准属于科技成果的法律地位、确立标准化从业人员的法律资格地位等 6 方面提出针对性建议。

是年，ISO 15654：2015《传动用精密滚子链和板式链疲劳试验方法》通过 ISO 组织发布。“全国农药标准化技术委员会生物农药分技术委员会”落户吉林。

【农业标准化】2015 年，吉林省质量技术监督局实施“标准化 + 现代农业”战略行动。在农业种质资源、投入品安全控制、基础设施、生产环境、农产品生产技术规程、农产品加工、农产品质量和流通、生物安全评价、动植物疫病防控和现代林业等领域，制定发布 DB22/T 2278—2015《建设占用耕地表土剥离技术规范》《测土施肥》等地方标准。与省农委合作，指导吉林农业大学制定全国首个建设用地表土剥离的地方标准《建设占用耕地表土剥离技术规范》。扶持农业标准化示范项目建设，涌现出食用菌、蔬菜、梅花鹿等一批辐射带动作用强的国家级、省级农业标准化示范典型。

【工业标准化】2015 年，吉林省质量技术监督局实施“标准化 + 制造业”战略行动。鼓励、支持企业建立实施标准体系，采用国际标准或国外先进标准。截至年底，吉林省有 176 家工业企业按照国家标准建立企业标准体系，采用国际标准和国外先进标准 2 133项。围绕《吉林省发展生物质经济实施方案》和省政府开展“禁塑令”工作的要求，组织制定《聚乳酸制品通用技术要求》等系列地方标准，填补中国生物质产业领域空白。完成电动汽车充电设施综合标准化研究和重点企业标准化现状研究，启动新能源汽车标准体系研究和汽车带传动检验技术和标准信息服务平台建设。完成汽车及零部件地方标准 17 项、光电子地方标准 4 项、新材料地方标准 19 项、信息技术地方标准 16 项、中药材地方标准2 项、农业机械地方标准28项、化肥(农药)等行业地方标准65项。依托军工民用产品标委会,搭建军民一体化的标准化工作平台,制定20项军民通用关键技术标准。成立油页岩标准化技术委员会,在秸秆生物燃料等可再生能源领域开展地方标准预研工作。围绕推进建筑节能,加快发展绿色建筑,初步建立富有吉林特色的绿色建筑标准体系;围绕实施便民公交工程,组织构建城市常规公共交通综合标准体;围绕发展现代交通运输业的重要任务,在全国率先构建公路工程建设标准体系,启动公路水路交通运输信息化标准体系研究。完成工程建设地方标准66项,交通运输地方标准13项。其中,服务暖房子工程建设,研制地方标准4项。

【服务业标准化】2015年,吉林省质量技术监督局实施"标准化+服务业"战略行动。围绕促进传统服务业向现代服务业升级转型,组织制定《超市服务规范》《物流零担货运服务规范》《生鲜食品配送服务规范》等18项地方标准,以标准为服务质量提供"硬约束"。旅游业领域,制定《旅行社诚信体系建设与评价指南》《跨境自驾车旅游服务规范》《吉林省乡村旅馆(农家乐)旅游服务质量等级评定》地方标准。家政服务业领域,重点制定《涉外家政服务员服务规范》《月嫂培训规范》《育婴师培训机构管理规范》等地方标准。物流业领域,重点围绕物流信息技术、物流设施设备、物流服务流程等制定一批地方标准。养老服务业领域,发布DB22/T 2402—2015《养老护理员培训规范》、DB22/T 2412—2015《居家养老服务员服务规范》等地方标准。大众餐饮领域,围绕"吉菜"传统餐饮业普及化、产业化、规模化发展,组织制定《家庭膳食制作服务规范》,以及《吉菜 炒肉渍菜粉》《吉菜 砂锅鹿宝》等10项吉菜系列地方标准。建成"中国移动吉林公司辽源分公司服务业标准化试点"等国家级服务标准化示范项目。

【社会管理和公共服务标准化】2015年,吉林省质量技术监督局围绕推进农村集体建设用地、农民宅基地的权属调查和地籍测量,制定《农村集体建设用地和房屋调查技术规程》地方标准,为开展不动产统一登记和城乡一体化建设提供重要技术支撑。围绕加快自主创新测绘地理信息和气象科技成果转化,快速推进《地名/地址数据采集与建库标准》《严寒过程的综合强度评估方法》和《气象环境观测数据共享分级》等地方标准的研制工作。围绕实施政务标准化,组织制定《政务大厅并联审批管理规范》《政务大厅网上审批管理规范》《政务大厅招投标管理规范》等地方标准。围绕吉林省安全生产形势依然严峻,在安全生产重点行业——危险化学品行业率先开展安全生产标准体系研究(危险化学品行业),分析国内外安全生产行业发展现状和标准化现状,构建科学、合理和先进的安全标准体系。围绕全省大力实施构筑社会消防安全"防火墙"工程,提高社会单位消防安全"四个能力",落实特定场所消防安全主体责任,推行标准化的消防安全管理措施,制定《温控自动启闭式水灭火系统应用技术要求》《城镇消防水鹤建设》《家庭旅馆消防要求》《电气火灾原因认定》等消防安全管理类地方标准。在公共卫生、卫生防疫、医疗技术等领域,围绕政府关注、百姓关心的卫生计生热点、焦点问题,初步构建以职业卫生、职业病危害因素检测评价、疾病防控卫生学评价、卫生监督检测评价等为主体的卫生计生技术标准体系。制修订口腔《正畸固定矫治技术规程》《医疗机构进修生管理规范》《医疗联合体内医师多点执业管理规范》等地方标准8项。

【标准化宣传】2015年,吉林省质量技术监督局加大标准化宣传力度。与行业管理部门合作,编制6个系列农业地方标准汇编,1个服务业标准化试点成果集、1个技术标准提升工程示范单位宣传片、10个标准视频片。2次参加国家标准委组织的农业标准化工作及绩效考核工作的培训,并在会上代表吉林省做经验介绍,得到国家标准委相关领导和各省同行好评。组织省农业标准化示范项目承担单位赴陕西杨凌参加全国农业标准化示范项目建设20周年成果展,2大类6个系列100余个品种进行展出。利用实物展品、图片等相关资料、标准化生产视频等进行现场宣传,宣传主题主要是突出吉林省主导优势产业和特色资源产业产品。

【节能标准体系建设】2015年,吉林省质量技术监督局依托省教育厅"吉林省秸秆高效综合利用技术创新平台"项目承担单位,推进玉米秸秆综合利用标准化研究工作,对比分析国际、国内玉米秸秆综合利用技术创新情况和标准化工作开展情况,构建玉米秸秆综合利用标准体系框架,明确全省当前和今后一段时间玉米秸秆综合利用标准化工作重点和方向。依托省农业机械标准化技术委员会和省标准研究院的技术优势,对接辽源市牧兴机械有限公司,开展秸秆膨化标准化服务,助推企业提升技术标准水平,促进秸秆膨化设备的推广应用。围绕实现全省节能减排战略目标任务,研制《能源管理体系建设效果评价指南》《户用沼气池及沼气工程增、保温技术规范》《玉米淀粉单位产品综合能源消耗限额》《啤酒单位产品综合能源消耗限额》等节能地方标准。完善节能减排技术标准体系和节能减排技术标准信息服务平台。加强可再生资源利用,制定《沥青路面热再生技术规范》《水泥稳定沥青路面就地冷再生技术规范》2项地方标准。2项地方标准的出台对于加强可再生资源的利用、降低建设成本、促进省公路建设可持续发展具有重要意义。截至年底,全省沥青路面再生里程达1979公里，降低工程造价6亿元，节约沥青3.34万吨，折算成标准煤4.3万吨，节约石料460万方。

【大气污染防治标准化建设】2015年，吉林省质量技术监督局围绕推进大气污染物防治，制修订《糠醛工业污染物控制要求》《非氯环保融雪剂》等5项地方标准，《在用轻型汽油车污染物（国Ⅳ阶段）排放限值及检测方法》《在用柴油车排气烟度（国Ⅳ阶段）排放限值及检测方法》2项地方标准处于最后研制阶段。启动油田地区废弃油土回收再利用等地方标准的预研工作。启动重污染天气应急管控规范地方标准的研制工作。

【企业产品标准自我声明】2015年10月15日，吉林省质量技术监督局印发《吉林省企业产品和服务标准自我声明公开和监督制度试点工作方案》，转发《质检总局国家国家标准委关于印发〈企业产品和服务标准自我声明公开和监督制度建设工作方案〉的通知》，按照质检总局和国家标准委的要求，决定自2015年11月1日起，将长春、吉林、延边3个地区作为试点，取消企业产品标准备案和登记管理的规定，实施“企业产品和服务标准自我声明公开”制度。截至年底，试点地区有98家企业在“企业产品标准信息公共服务平台”上自我公开声明公开305项标准。

供　稿：吉林省质量技术监督局
撰稿人：吕德利

黑龙江省标准化工作

【概况】2015年，黑龙江省质量技术监督局在质检总局、国家标准委和省委省政府的领导和指导下，应对质监体制变化和全国标准化工作改革带来的新挑战，全面贯彻国务院推进黑龙江省“两大平原”现代农业综合配套改革试验总体方案和省委、省政府“五大规划”“十大重点产业”“龙江丝路带”建设的相关战略部署，突出在“农业标准化建设、工业标准化建设、服务业标准化建设、专业技术委员会和专家队伍建设以及标准化示范区和试点建设”等五大块重点工作上下功夫，标准化工作取得良好成绩。

全年，全省制修订完成工业、农业、服务业（社会管理和公共服务）等领域的地方标准90项；办理企业产品采用国际标准或国外先进技术标准16项；继续推进86个省级以上标准化示范试点（工业标准化试点11个，农业标准化示范区38个，服务业暨社会管理和公共服务标准化试点37个）的建设工作；备案企业产品标准86项；调整、充实、完善、巩固53个省级专业标准化技术委员会。

【标准制修订】2015年初，黑龙江省质量技术监督局针对全省工业、农业、服务业以及社会管理和公共服务发展的现时需要，按照全年标准化工作计划安排，对全省2015年地方标准制修订工作进行统一规划部署。组织开展2015年黑龙江省地方标准制修订项目申报，印发《黑龙江省质量技术监督局关于申报2015年黑龙江省地方标准制定修订项目计划的通知》，对2015年地方标准制修订的范围、制修订的重点、申报有关要求进行具体明确，提前对全省2015年地方标准制修订工作进行统筹安排；对全省2015年地方标准制修订工作进行统一部署，制定下发《2015年黑龙江省地方标准制定修订项目计划》，确定137项地方标准制修订项目计划，其中工业40项、农业82项、服务业15项，统筹规范和指导全省地方标准制修订工作；遵守地方标准备案管理规定，向国家标准委上报备案地方标准114项，确立省地方标准法律地位和发挥地方标准的规范引领作用；履行标准监管职责，指导全省各市、县局开展标准实施监督检查。

截至年底，黑龙江省制修订地方标准1 798项（现行有效1 590项，废止208项）。其中，工业地方标准204项；农业地方标准1 519项（现行有效1 311项，废止208项）；服务业（社会管理和公共服务）地方标准75项。近5年，全省制修订现行地方标准434项，年均增长6.4%。各市地根据本地农业生产实际制定农业生产技术规程1 100余个。这些标准成为促进黑龙江省“两大平原”现代农业综合配套改革试验、加快现代服务业发展，以及节能环保和生态保护的重要技术基础和技术法规依据。

【采标工作】截至2015年底，黑龙江省完成采用国际标准或国外先进标准861项。近5年，全省主要产品采用国际或国外先进技术标准206项，年均增长6.3%。全省装备工业通过“采标”吸收、转化国外先进技术，产品质量水平基本与国际水平相当。

【标准化示范试点建设】截至2015年底，黑龙江省建立省级以上标准化示范试点428个。其中，国家级农业标准化示范区 155 个,省级农业标准化示范区 179 个;国家级工业标准化试点 37 个,省级工业标准化试点 8 个;国家级服务业暨社会管理和公共服务标准化试点 23 个,省级服务业暨社会管理和公共服务标准化试点 26 个。近 5 年,建立省级以上标准化示范试点172 家,年均增长 13.4%。国家级农业标准化试点主要分布在两大平原的粮食主产区,工业标准化试点主要在哈尔滨、大连、齐齐哈尔工业走廊,服务业标准化试点主要在哈尔滨、齐齐哈尔、牡丹江、佳木斯等综合经济城市。

【企业产品标准依法备案情况】截至 2015 年底,黑龙江省备案企业产品标准 2938 项。近 5 年,全省备案企业产品标准 1 622 项,年均增长 24.7%。企业产品备案工作主要由各市县质监部门受理。

【专业标准化技术委员会建设】截至 2015 年底,黑龙江省建立省级以上专业标准化技术委员会 54 个。其中,国家级专业标准化技术委员会 20 个,省级专业标准化技术委员会 34 个。近 5 年,调整省级专业标准化技术委员会 28 个,新增设 6 个。这些标委会基本覆盖全省主要行业,新增设的专业标准化技术委员会主要是在关乎民生和社会管理的现代服务业。

【标准化改革】2015 年,黑龙江省按照国务院《深化标准化工作改革方案》的要求,开展标准化工作改革的各项推进工作。建立由 40 个中直单位和省直部门参加组成的全省标准化联席工作会议制度,办公室设在省质监局,负责统一落实和推进全省标准化工作改革;结合标准化工作实际,在调研的基础上,研究起草并印发《黑龙江省人民政府关于深化标准化工作改革的意见》,进一步明确标准化工作改革的工作目标和主要任务;发挥标准化联席会议作用,明确标准制修订的职责,全面落实黑龙江省深化标准化改革的一系列意见和措施;省政府印发《黑龙江省人民政府关于贯彻实施〈深化标准化工作改革方案〉行动计划(2015—2016 年)的意见》,对全省需进一步落实和执行的优化推荐性标准制修订程序、加强标准实施与监管、改进标准化技术委员会管理、加强信息化建设等工作进行梳理总结,对急待深入开展贯彻落实的强制性标准清理评估、推荐性标准复审和修订、加强标准化工作经费保障、加强标准化法治建设等工作提出具体的落实意见和完成时限,推进全省标准化工作改革深入开展。

【工业标准化】2015 年,按照省委、省政府的安排部署,黑龙江省工业标准化工作在完成“十大重点产业”相关任务的过程中,把绿色环保、节能减排和循环经济等工作内容作为服务“十大重点产业”建设的重点,推动工业标准化工作深入开展。

围绕加速科技成果转化,加大相关技术标准的制修订力度。按照省质监局和省科技厅联合下发的《关于集成研发与应用地方标准和企业联盟标准促进企业成为技术创新主体的意见》,以标准化工作为核心,以创新型企业为龙头,以产学研结合的技术标准联盟为载体,以自主知识产权技术为基础,通过集成研发的创新模式,针对北方高寒地区技术条件,联合省科技厅,依托哈尔滨工业大学科技优势,同国家量仪质检中心,起草《周期误差检验平台技术要求》《激光轴对中仪技术要求》等 5 项地方标准,以加速科技成果转化。

围绕保障建筑工程质量,加大节能减排地方标准制修订力度。2014 计划联合省工信委制定的《水泥企业能效等级评定应用规范》《水泥(熟料)出场确认管理指南》等 2 项地方标准正在起草过程中,指导省住建厅制定和完善《村镇建筑热湿环境检测及空气品质治理规程》《小型集中供热系统设计及运行管理规程》《黑龙江省绿色建筑评价标准》《轻集料混凝土复合保温砌块(侧腔气阻型)墙体应用技术规程》《园林工程施工及质量验收规范》等 5 项建筑节能系列地方标准。

围绕生态文明建设,抓好节能环保地方标准的制修订力度。与省环保厅联合制修订《小流域农业清洁生产技术导则》《畜禽清洁养殖技术规范》等 2 项节能减排和环境保护地方标准,《天然水中工业废水 2,4-二氯苯氧乙酸,2,4,5-三氧苯酚代乙酸的测定液相色谱串联质谱法》等 11 项地方标准正在起草中。

围绕提升采标工作整体水平,抓好国家级循环经济标准化试点工作。国家标准委、发展改革委关于批准七台河宝泰龙煤化工股份有限公司、黑龙江建龙钢铁有限公司、哈尔滨良顺生物科技开发有限公司等 3 个项目作为国家级循环经济标准化试点项目下达后,省质监局第一时间与省发改委沟通,以两家单位的名义将试点通知转发至相关地市发改委、质监局和三家试点项目单位,就开展国家级循环经济标准化试点工作提出要求,并组织人员与三家试点单位分别进行对接和指导,试点项目单位按照试点方案的要求全部启动。在全省范围内,推动企业进行技术创新和采用国际标准,组织开展企业产品执行标准情况普查,经过汇总分析,把五家企业的 11 个产品作为采标工作重点扶持对象,帮助收集国际或国外先进标准,组织专家培训企业技术骨干,改进产品生产工艺,引导企业向循环经济发展方式转变,提升企业产品核心竞争力。

【农业标准化】2015 年,黑龙江省质量技术监督局围绕国务院“两大平原”现代农业综合配套改革试验和省委省政府亿亩生态高产标准农田建设,开展农业标准化建设工作。年初,按照统一安排,对全省

15个在建的第八批国家级农业综合标准化示范区和20个省级标准化示范区建设情况进行摸底和督促检查，5月指派有关同志组成督导检查组赴黑河市、五常市，对其农业综合标准化示范区（市）建设进行现场指导，帮其搜集、整理、提供示范区建设资料，协调解决示范区建设中遇到的问题。为巩固广大农业标准化示范区建设成果，组织制定《国家、省、市、县四级联动农业综合标准化示范区创建管理实施方案》，对全省示范区后续建设作出更加规范和具体的指导。向国家新报鹤岗、五常、肇东示范区提升工程项目，新批准建立灵芝栽培、黑木耳栽培、高寒棚室水果种植3个省级农业综合标准化示范区。

做好第八批国家级示范区抽查考核工作。6月，按照国家标准委2015年示范区抽检通知要求，转发国家标准委关于《国家农业标准化示范项目绩效考核办法（试行）》和示范区目标考核的通知，组织15个第八批国家级农业综合标准化示范区承担单位学习研究有关考核评价标准，对照考核评分内容逐一开展自我检查，做好国家联合考核组对省示范区项目目标和绩效双考核的迎检工作。8月3日至9日，受国家标准委委托，由安徽省、湖北省、海南省、青海省质量技术监督局6位专家组成的国家联合抽查考核组，对在建的五常市农业综合标准化示范市、黑河中兴牧业奶牛养殖综合标准化示范区，进行为期一周的目标和绩效双抽查考核。被抽查的2个项目通过国家级考核，其中五常农业综合标准化示范市创建项目被国家考核组推荐为国家级优秀候选项目。

宣传推广示范区建设成果。组织参加11月5日至9日国家标准委在陕西省杨凌农业高新技术产业示范区组织开展的全国农业标准化示范区建设20周年成果展，完成农业标准化工作和示范区建设情况简介撰写、展板素材收集整理、标准化工作成果视频制作、参展展品选定及邮寄、参展企业及代表选定等前期参展组织准备工作。从省内155个国家级农业标准化示范区出产的农产品中，筛选确定出五常大米、九三大豆、完达山乳粉、东北黑蜂蜂蜜等20余个特色农产品参加展览，借助国家平台展示示范区建设成就和农产品特色，推广宣传现代化大农业建设成果。

组织制定《亿亩生态高产标准农田》系列地方标准。根据省发改委提请省质监局负责组织制定省亿亩生态高产标准农田系列地方标准的通知要求，启动地方标准快速制修订程序，与负责标准编制起草的省农委、省国土厅、省环保厅有关处室联系，了解标准基础情况和起草进展，及时向省发改委作汇报。分别在省农委和省质监局召开工作协调会，邀约省发改委、省农委、省国土厅、省环保厅有关处室负责人及其直属技术机构负责标准起草的同志，共同研究当前急需起草发布的标准名称及其主要内容，进一步明确各单位的工作任务。截至年底，《亿亩生态高产标准农田　建设标准》《亿亩生态高产标准农田　生态标准》《亿亩生态高产标准农田　水稻生产技术规程》《亿亩生态高产标准农田　大豆生产技术规程》《亿亩生态高产标准农田　玉米生产技术规程》《亿亩生态高产标准农田　小麦生产技术规程》等6个系列农业地方标准审定完成，并被编辑成《亿亩生态高产标准农田建设重点农业地方标准合集》发至全省实施。这些标准的发布实施将在田间工程建设、生态保护治理、粮食产量提高等方面起到推动作用。

【服务业标准化】2015年，黑龙江省服务标准化以保障改善民生为主线，加快社会管理和公共服务标准化示范试点建设步伐，加大地方标准制修订力度。

拓展标准制修订领域。围绕黑龙江冰雪旅游，研究制定《冰雪景观安全施工规范》；围绕“互联网+”，研究制定《益家信息社建设建设质量规范》；围绕保障和改善民生，研究制定《地下消防安全管理》《电梯主要部件判废规范》《电梯安全评估规范》等3项地方标准；围绕居家养老和劳动就业，研究制定《老年人群康复与健康指导管理行业服务质量规范》《女创业者行业服务质量标准》《亚健康人群康复与健康指导服务质量规范》《家庭式清洁操作规范》《居家物业维护管理规范》《创业就业技能指导服务规范》等6项地方标准；围绕团体标准发展，帮助亿林数据有限公司开发中心联合哈南经开区相关企业，研究制定“可信云规范”团体标准，迈出服务业开展团体标准建设的步伐。

加快示范试点建设步伐。向国家标准委推荐齐齐哈尔市政务服务中心、国家测绘地理信息局黑龙江基础地理信息中心、黑龙江测绘科学研究所、黑龙江省妇女创业者协会、哈尔滨安康社会福利院等5家单位，承担国家级社会管理和公共服务标准化示范项目工作。其中齐齐哈尔市政务服务中心、国家测绘地理信息局黑龙江基础地理信息中心、黑龙江省妇女创业者协会获批承担国家级服务业标准化示范项目工作，正在开展前期示范项目创建工作。帮扶七台河宏伟家政创新发展，指派专人赶赴当地，会同七台河质监部门共同分析挖掘企业发展优势，指导建立健全标准体系并有效实施。

推动黑龙江省服务业跨越发展。编制《黑龙江省现代服务业地方标准制修订工作发展规划（2016—2018年）》，总结全省服务业标准化工作开展情况，分析省内服务业标准化工作面临的新形势新需要，对全省服务业标准化工作未来3年指导思想、基本原则、工作目标、主要任务、制修订重点领域、保障措施作出具体部署和规划。

【标准宣贯活动】2015 年,黑龙江省质量技术监督局组织全省各级人民政府及其标准化行政主管部门,集中开展形式多样的“世界标准日”宣传活动。10 月14 日,通过省政府网站“政务访谈”栏目,让全省各级政府和广大人民群众了解黑龙江标准化工作情况。全省各级人民政府及其标准化行政主管部门按照省质监局要求,通过发放宣传单、张贴宣传画、群发短信、电视宣讲、网站宣传、入企调研、网上互动、专题研讨、召开座谈会等多种形式,营造“学标准、用标准”的社会氛围,提升标准化在群众日常生活、政府行政管理、社会公共服务等领域的影响力,推进全省标准化工作的深入开展。

供　稿:黑龙江省质量技术监督局
撰稿人:呼晓锋　张仁林
审稿人:韩云平　吴天人

上海市标准化工作

【概况】2015 年,上海市标准化工作按照国家标准化工作改革要求和市政府“深入实施标准化发展战略”总体部署,围绕本市“创新驱动发展,经济转型升级”根本要求,按照“深化改革,打破瓶颈,深入推进,突破重点”的工作方针,主动适应经济发展新常态,主动融入标准化工作改革新浪潮,主动推进自贸区建设新需求,主动服务具有国际影响力科创中心建设新战略,推进标准化战略向纵深发展,发挥标准化服务、支撑和引领作用,不断提高标准化工作的贡献率和有效性,为实现经济提质增效升级作出新贡献。

全年,上海市获批国家级标准化示范(试点)项目 11 项,立项上海市标准化示范(试点)项目 77 项,制修订地方标准 106 项,其中强制性地方标准49 项、推荐性地方标准 57 项,采用国际标准产品标志 135 项,参与国家对重要国外技术性贸易措施的通报评议 20 项,立项 TBT 专项项目17 项。截至年底,在沪 ISO/IEC 技术委员会/分技术委员会秘书处 6 家,在沪全国标准化技术委员会/分技术委员会秘书处116 家,企业产品标准备案 7 225 项。

【上海标准化改革工作】2015 年,上海市质量技术监督局深入贯彻国务院《关于标准化工作改革方案》精神,根据市标准化工作实际,开展深入调查、广泛研究,形成《关于打造国际标准化高地,服务科创中心建设》的情况专报。会同市标准化工作联席会议各成员单位组织编制出台市政府《关于深化标准化工作改革促进标准化服务科技创新中心建设工作方案》。为上海市标准化工作改革创新以及打造国际高地服务科创中心建设提供思想和行动指南。

【企业标准自我公开声明制度试点】2015 年,上海市质量技术监督局以上海市在全国开展企业产品标准自我声明公开试点工作为契机,结合《国务院关于推广中国(上海)自由贸易试验区可复制改革试点经验的通知》中有关将上海市企业标准备案制度改革在全国推广的要求,深化试点工作,不断总结经验,制定完善相关管理改革试点工作方案和计划,进一步按照“简政放权、放管结合”和“自我承诺,宽进严管”的总体要求,明确“管备分开,即告即备,公开承诺,失信惩戒”的管理原则以及“自主报备,自觉公开,自我声明,自律承诺”的管理要求,在此基础上,加强改革相关制度建设,清理废除不符合现行企业标准备案管理相关规范,制定出台《上海市企业产品标准自我声明公开和监督管理试行办法》,明确企业产品标准自我声明公开和监督方式和管理要求。年初,结合试点要求,进一步完善优化企业产品标准自我声明公开公共服务平台,在全市范围内全面试行企业产品标准自我声明公开制度,截至 11 月底,全市网上公共服务平台有 1 849 家企业 7 225 个企业产品和服务标准完成自我声明公开。开通“企标掌上查”公众微信系统,为建立完善上海市企业标准公开制度和畅通社会监督渠道奠定基础。

【团体标准地方管理新机制】2015 年,上海市质量技术监督局加快培育发展团体标准步伐,营造团体标准发展良好环境,坚持“改革、创新、有序、有效”工作方针,探索“政府倡导、市场引导、行业主导、专业指导”的团体标准地方培育发展新模式,率先在全国创新试点建立团体标准地方管理新机制,先后在道路型电动轮椅车、智能电网用户端能源管理等领域开展新一轮团体标准试点,依托上海市行业质量促进会,鼓励支持市社会组织创新发展,结合市经济社会和创新需要,推出电子商务、数字化营销、社团组织管理、大气排放限值、空气净化器性能评价以及儿童太阳镜、养老场所地板等二批团体标准,有力发挥团体标准在助推国际先进对标、产业转型升级、质量提升以及政府职能转变和社会治理等方面的支撑引领作用。会同有关部门，着手研究制定地方关于促进团体标准发展指导意见。

【城市标准化创新联盟】 2015年，上海市质量技术监督局牵头组织，并会同首批国内贸易体制改革发展综合试点的其他8个城市，共同发起提出建立“城市标准化创新联盟”基本构想和框架。组织起草《城市标准化创新联盟章程》《城市标准化创新联盟合作协议》等联盟重要基础性文件。12月4日，“城市标准化创新联盟”在北京正式成立。其定位是“既要立足当前，更要面向未来”的一个“开放、包容、多元、融合”的新型城市标准化联盟，工作方向是按照“围绕一条主线、强化两大服务、着力三个坚持”的基本要求，拓展城市标准化工作空间，加强城市间的合作交流以及与国际的接轨，推动中国标准走出去。

【国家重大专项标准化建设】 2015年，上海市质量技术监督局紧贴国家重大工程建设需要，突出抓好大型客机国家重大专项标准化示范项目及海洋工程装备自升式钻井平台标准化示范项目建设。自升式钻井平台综合标准化示范通过国家标准委最终验收，成为中国首个建设完成的海洋工程装备综合标准化示范项目。项目通过重大工程综合标准化运用，首创中国自升式钻井平台标准体系，以“六步工作法”，围绕“国外先进对标、自主创新转标、科学系统建标、国际市场夺标、强化实施贯标、人才培养达标”等六大目标，实现“产业、标准、科技”等“三大突破”，并取得“三高二低”的明显效果，促使一次报验合格率提高11%，设计效率提高26.7%，建造效率提高25.5%，设计和建造成本降低5%，有力推动中国海工产品走出去。

【国际标准化工作】 2015年，上海市质量技术监督局围绕“一带一路”国家战略和科创中心建设要求，深化上海国际标准化交流与合作，推进国际标准化上海协作平台。加强与美国标准协会（ANSI）和美国材料测试协会（ASTM）的沟通交流，进一步加强国际标准化专家队伍建设，2位专家获得IEC1906奖。推动市企事业单位参与国际标准化活动，ISO/TC249中医药标委会获得正式命名，ISO 18664:2015《中医药　中草药重金属限量》等一批国际标准先后发布。申请承担“泛美国家标准委员会中国联系成员秘书处”，着力构建地方实质性参与泛美地区标准化工作的交流、合作和研究平台。

【国外技术性贸易措施应对】 2015年，上海市质量技术监督局组织相关单位参与20余项国外重大技术性贸易措施通报评议。加强重大贸易关注信息的收集、跟踪及反馈，向质检总局标法中心提供国外通报评议4批次10个方面材料。开展国外重大技术性贸易措施专项研究，在机电、节能环保、轻纺、农食、化工、新材料等领域立项17个技术性贸易措施应对项目。

【“四新”经济和战略性新兴产业标准化】 2015年，上海市质量技术监督局聚焦市“四新”经济抓手型领域和战略性新兴产业发展需要，发挥标准化技术优势，推进新一代信息技术、高端装备制造、生物、新能源、新材料等主导产业标准化工作，推动下一代广播电视网（NGB）、数字营销等领域的标准化试点。全国生物样本标准化技术委员会落户上海，成为市首个生物医药领域的全国标准化技术组织。市经信委在上海市产业转型升级发展专项资金项目中增设产业创新联盟标准化建设专项，支持产业创新联盟在互联网+、智能制造、3D打印、智慧医疗等“四新”重点领域的7个项目。

【军民融合标准化】 2015年，上海市质量技术监督局会同市经信委建立军民融合标准化联合工作新机制，成立上海市军民融合标准化专项工作组，共同推动本市军民结合产业相关标准化工作。加快空调冷藏装置、中压电气设备、锆钛酸铅热释电陶瓷、直线电动机等重点领域军民通用标准化试点建设步伐，新开展热障涂层、航空电子线缆军民通用标准化研究。

【现代服务业标准化】 2015年，上海市质量技术监督局会同市商务委推进国家物流标准化试点，基本形成标准化托盘循环共用体系，初步构建上海城市物流标准体系。电子商务标准化工作有新突破，制定《电子商务服务平台售后服务规范》等地方标准，完成东方钢铁电子商务、苏宁云商等市级电子商务标准化试点。进一步推进科技创业、金融、会展、检验检测、人力资源服务等领域标准化试点。推进第二批15个旅游服务标准化试点项目建设，组织完成验收。承担《会议经营机构服务规范》行业标准制定任务。完成诺姆人才测评、宝岛眼镜验配、生乐物业等10余项市级服务标准化试点建设。制定发布DB31/T 920—2015《产业园区服务规范》、DB31/T 921—2015《婚庆服务规范》等地方标准。推荐吴淞口国际邮轮港服务业标准化试点等9个项目申报2015年度国家级服务业标准化试点项目。

【都市生态农业标准化】 2015年，上海市质量技术监督局会同市农委编制上海现代农业标准化三年行动计划。组建上海市园林绿化标准化技术委员会。开展“上海家庭农场标准化运作模式研究”课题研究，总结提炼市家庭农场标准化运作模式。推进曹路农业标准化综合示范镇等第八批国家级农业标准化项目建设。组织市练塘茭白、崇明老毛蟹和仓桥水晶梨等示范项目参加“杨凌农高会全国农业标准化成果专题展”，展示上海市推进农业标准化工作的成果，提升本市农业标准化示范区知名度和影响力。突出在美丽乡村建设、农业社会化服务与产业化经营等领域，开展家庭农场、农技推广服务、农产品质量监管服务和农业电商等26项标准化试点工作。申报立项《地理标志产品　松江大米》等10余项地方标准，完成《塑料薄膜温室质量技术规范》等9项地方标准的制修订。完成《中国地理标志产品大典上海卷》编纂，获"大典"分卷编撰工作优秀组织奖、优秀编撰产品，入选新闻出版广电总局2015年"丝路书香工程"重点翻译资助项目。

【节能环保标准化】2015年，上海市质量技术监督局根据市大气排放的总体要求，配合市环保局制定《大气污染物综合排放标准》《印刷业大气污染物排放标准》等一批大气污染物排放地方标准。结合市经济发展重点领域和产业调整发展方向，重点在资源综合利用、固废处理、高能耗产业领域制定相应能耗限额、资源综合利用等标准，截至到11月底，完成节能和资源综合利用地方标准30项。为减少煤炭消耗和降低用煤企业的硫排放，修订《燃料含硫量和灰分限值》地方标准，根据市发电企业的实际情况，推动发电企业根据国家和本市要求加快制定团体标准。发布开展再生塑料循环利用、冶炼废渣大宗固体废物综合利用、楼宇综合节能、节能检测评估等领域开展标准化试点工作。

【社会管理和公共服务国家级试点项目】2015年，上海市质量技术监督局发挥上海在社会管理和公共服务领域的领先优势，会同卫生计生、司法、民政、人社等部门组织申报第二批国家级社会管理和公共服务综合标准化试点项目，获批11项。项目涉及迪斯尼建设、自贸区投资贸易便利化、社区矫正、社会保险、科技创新创业服务等新的重点领域实现突破。

【公共安全标准体系】2015年，上海市质量技术监督局加大重点行业重点部位安全技防、消防、反恐、公共卫生等领域地方标准研制力度，制定《重点行业反恐怖系统管理规范　第3部分：长途客运站》《重点单位消防安全管理要求　第8部分：公共娱乐场所》《小型游乐设施安全》《公共游泳场所卫生管理规范》《城镇社区防灾减灾指南》等10余项地方标准。会同安监、教委等部门推动小企业安全生产、校园安全标准化试点，全市工贸企业标准化建设二三级达标近900家。

【公共服务标准化】2015年，上海市质量技术监督局开展医疗、养老、交通、就业、公共文化、气象等公共服务领域标准化工作。推进轨道交通运营服务、普陀图书馆、浦东人才服务中心、东方体育中心、公共气象服务等国家级、市级标准化试点项目。推进养老服务标准化，制定老年宜居社区建设导则等地方标准，创建徐汇区社会福利院、亲和源老年公寓、中福会养老院等市级老龄服务标准化试点项目10余项。

【社会管理领域标准化】2015年，上海市质量技术监督局会同市卫生计生、民政、绿化市容等部门推动社区老年失智干预、老年护理、网格化综合治理、市容环卫等一批标准化试点。推进嘉定、长宁华阳、松江泖港等区县、街镇开展的以大联勤、社区网格化管理、社区综合服务为主的综合标准化试点工作，形成一批行之有效的社会管理标准体系，完成《公园管理综合标准体系》等研究，《绿化用有机基质》上升为国家标准。

【公共行政标准化】2015年，上海市质量技术监督局巩固市级机关行政审批标准化成果，实现行政审批标准化管理全覆盖，推进区县行政审批标准化管理。贯彻实施《行政服务中心建设和运行管理规范》等3项地方标准，加大宣贯培训。推进商务、水务等行政服务中心标准化试点。

供　稿：上海市质量技术监督局
撰稿人：胡　伟
审稿人：陶　城

江苏省标准化工作

【概况】2015年，江苏省参与制定国际标准10项，主导制修订国家标准和行业标准451项。立项制定206项地方标准，发布实施地方标准153项，DB32/T 2734—2015《草莓标准园建设规范》、DB32/T 2727—2015《旅游企业智慧旅游建设与应用规范》等一批重要地方标准在全省推广实施，在全省农业、工业、服务业等领域开展省级标准化试点示范项目75项。镇江市京口区人民政府承担的"社区网格智能化服务综合标准化试点"等10个项目获批国家级社会管理和公共服务标准化试点项目，各类试点项目工作稳步推进。

全省于6月30日起全面开展企业标准自我声明公开试点，自我声明公开的企业标准达6 364项。

是年，省政府办公厅印发《关于进一步加强标准化工作的意见》，确定到2020年全省标准化工作指导思想、基本原则和主要目标，明确五个方面重点任务和六项保障措施。

江苏省政府建立由分管省长为召集人、省质监局长担任副召集人，28个省级部门负责同志为成员的江苏省标准化工作联席会议制度。

省政府办公厅印发江苏省《贯彻实施〈深化标准化工作改革方案〉行动计划（2015—2016年）》，结合标准化工作实际，提出11项任务并明确职责分工。

江苏牧羊控股有限公司代表国家承担国际标准化组织饲料机械技术委员会（ISO/TC293）秘书处和国内技术对口单位。苏州市政府获批成立"国家新兴产业标准化苏州协作平台"。

【农业标准化】2015年，江苏省选取农业企业、农民专业合作社、家庭农场等新型经营主体30家，作为重点培育对象指导建立和实施标准体系。新建省级农业标准化试点示范项目11个，继续推进17个在建国家级农业标准化示范项目。立项制定110项、发布实施农业地方标准67项。

【农村综合改革标准化】2015年，江苏省质量技术监督局会同省财政厅多次组织召开农村综合改革标准化试点工作推进会和农村综合改革系列地方标准征求意见座谈会，明确省级农村公共设施运行与维护标准体系建设思路、内容、分工和工作进度。

【新型城镇化标准化】2015年，江苏省质量技术监督局联合省发改委制定新型城镇化标准化试点工作实施方案并上报给国家标准委，开展新型城镇化标准化前期研究和体系框架构建工作。

【工业标准化】2015年，江苏省质量技术监督局组织申报国家级循环经济和高端装备制造业标准化试点，新建省级循环经济标准化试点8个、实施战略性新兴产业技术标准专项25项，立项制定工交建设及能耗限额地方标准47项、发布实施15项。启动团体标准试点工作，以体现江苏产业特点、市场化程度高、技术创新活跃、标准化基础较好的产品领域为重点开展团体标准试点工作。

【服务业标准化】2015年，江苏省质量技术监督局组织新建31项省级服务业标准化试点，组织申报并获批10项国家级社会管理和公共服务标准化试点，组织申报6项国家级服务业标准化示范，立项制定服务业地方标准38项、发布实施33项。

【国际标准化】2015年，江苏省质量技术监督局组织和指导江苏牧羊控股有限公司代表国家承担国际标准化组织饲料机械技术委员会（ISO/TC293）秘书处和国内技术对口单位。推荐中科院南京土壤研究所承担国际标准化组织土壤质量技术委员会（ISO/TC190）国内技术对口单位。配合国家标准委，协助组织东盟、俄罗斯及中亚国家标准化官员研修班参观考察上上电缆集团、立华牧业集团、好孩子集团等企业，交流标准化工作经验，服务国家"一带一路"发展战略。

【标准化技术组织建设】2015年，江苏省质量技术监督局推荐扬州漆器厂承担全国漆器标准化技术委员会秘书处，完成全国钢标准化技术委员会/碳素材料分技术委员会/薄层石墨材料工作组组建工作。组建江苏省环境管理标准化技术委员会、江苏省知识管理标准化技术委员会。

【企业产品标准自我声明】2015年，江苏省质量技术监督局探索建立和实施企业产品标准自我声明制度，国家标准委批准江苏开展企业产品标准自我声明公开试点，全省结合实际制定并印发规范性文件《江苏省企业产品标准自我声明公开管理办法（试行）》，于6月30日起已全面开展企业标准自我声明公开试点。截至年底，全省自我声明公开的企业标准达6 364项，位居全国第三。

供　稿：江苏省质量技术监督局

浙江省标准化工作

【概况】2015年，浙江省委、省政府把推进质量强省、标准强省、品牌强省建设和打造"浙江制造"品牌（"三强一制造"）纳入转型升级组合拳，成为推进供给侧结构性改革和补短板的重大举措。12月17日，国家标准委和浙江省政府在杭州签署《关于深化标准化工作改革加快标准强省建设合作备忘录》，以标准化助推浙江经济社会高标准高质量发展。

截至年底，浙江省主导或参与制定国际标准133项（主导27项）；主导或参与制定国家标准6 473项（2015年新增254项）、行业标准9 472项

（2015年新增361项）；制定地方标准608项（2015年新增76项）；承担国际或国家标准化技术组织43个（2015年新增1个）；设立省级标准化技术组织61个（2015年新增2个）；建设国家或省级服务标准化试点168个，建成农业标准化示范区国家级127个、省级1 074个、市县级超过1 000个，建成国家农村综合改革标准化示范县（市、区）、省级农业标准化综合示范县（市、区）23个；获批创建国家循环经济标准化示范区3个。

【农业标准化】2015年，浙江省质量技术监督局批准发布DB33/T 971—2015《日本黄姑鱼增殖放流技术规范》《土壤阳离子交换量的测定》等37项农业地方标准。结合重点标准开展媒体宣传，在钱江晚报等媒体报道全国首个海洋可捕地方标准DB33/T 949—2014《重要海洋渔业资源可捕规格及幼鱼比例》。落实《浙江省财政厅　浙江省质监局关于印发浙江省农业地方标准制（修）订政府购买服务实施意见的通知》精神，完成69项省级农业地方标准政府采购工作。地方标准DB33/T 912—2014《美丽乡村建设规范》上升为国家标准GB/T 32000—2015《美丽乡村建设指南》。5月27日，浙江省与质检总局、国家标准委、农业部、财政部共同举办《美丽乡村建设指南》国家标准发布会，正式将浙江省美丽乡村标准化探索经验推向全国，中央电视台新闻联播、晚间新闻等中央媒体做专门报道。国际标准化组织的刊物《ISO焦点》（《ISO focus》）将浙江省的探索实践作为典型案例向全球推广。抓好全省农业标准化生产程度考核，全年全省农业标准化生产程度62.17%，同比上升1.84个百分点。

【工业标准化】2015年，浙江省质量技术监督局与省经信委联合发布《全省工业和信息化领域标准提升工程三年行动计划（2015—2017年）》，提出推进标准技术组织、标准创新能力、标准实施成效、标准服务体系等四大提升工程及相应的保障措施；组织召开全省工业和信息化领域标准化工作会议，制定《2015年全省工业和信息化领域标准化工作要点》。研究制定《关于加快“浙江制造”标准制定和实施工作的指导意见》，明确“浙江制造”标准的定位和制定程序要求；浙江省浙江制造品牌建设促进会制定和发布40项“浙江制造”标准，为开展“浙江制造”品牌认证工作奠定基础。持续推进工业企业采用国际先进标准，全省规模以上工业企业主导产品采标率达61.8%。围绕“五水共治”“四换三名”产业集聚区高质量发展和培育发展七大万亿级产业等省委、省政府重大决策部署，组织申报并下达2015年省级标准化试点示范项目，对“制定实施特种纸能耗限额联盟标准”等8个项目予以立项；完成对“制定实施接触式交流稳压器联盟标准”等6个项目的考核验收，优秀率达83%。截至年底，全省128个块状经济制定实施230个联盟标准，涵盖共性技术与工艺、质量管理、质量诚信、节能减排等方面；其中88个采用国际标准或国外先进标准，35个上升为国家标准、行业标准或地方标准；实施联盟标准的企业达5 293家，其中规模以上企业3 431家；带动技术改造项目2 967项，投入技改资金119亿元。印发《浙江省智慧城市标准化建设五年行动计划（2015—2019年）》，提出智慧城市标准化16项重大推进工程和具体保障措施。开展对美国、欧盟等主要贸易伙伴的51项TBT通报的评议工作；发布WTO/TBT通报信息1 621条，涵盖食品、电气工程、环保、保健与安全等领域，涉及欧盟、美国、日本等主要贸易国家和地区；向政府部门、行业协会和企业等发布产品出口受阻信息1 300条；发行《国际贸易技术壁垒》期刊11期9 900册。

【节能标准体系建设】2015年9月，浙江省政府办公厅印发《浙江省加强节能标准化工作实施方案》，明确全省节能标准化的总体要求、主要任务和保障措施。浙江省质量技术监督局会同省经信委、省统计局首次召开浙江省能源与利用状况暨节能标准化建设新闻发布会，发布《浙江省节能标准化工作状况》白皮书。截至年底，浙江省制定和发布节能降耗地方标准54项。其中，强制性标准41项，推荐性标准13项；能耗限额及计算方法标准33项，节能监测技术要求标准6项，公共场所和建筑节能标准8项，能源计量管理标准1项，清洁生产标准2项，智慧能源标准3项，节能评估标准1项，初步建立起比较完善的节能地方标准体系，基本覆盖经济社会发展各领域，成为节能评估、能源监察、落后产能淘汰和智慧能源建设等的重要依据。特别在工业领域，涵盖非金属矿物制品业、金属冶炼及压延加工业、黑色金属冶炼及压延加工业、化学原料及化学制品制造业、化学纤维制造业、石油加工炼焦及核燃料加工业、纺织业、造纸及纸制品业等8个高耗能行业。受能耗限额标准影响的能源消费量约占全省用能总量的60.2%和工业用能总量的86.2%，有效支撑浙江省节能降耗目标实现。

【循环经济标准化试点】2015年，浙江省质量技术监督局推进循环经济标准化工作，指导天能电池集团有限公司、嘉兴市绿能废弃油脂回收有限公司和浙江海亮股份有限公司等3家企业分别开展废铅酸蓄电池回收处理、餐厨废弃物资源化利用和铜合金材综合利用等国家循环经济标准化试点，深入开展省级循环经济标准化项目建设。截至年底，全省开展省级循环经济标准化项目40个，累计节约标准煤193.8万吨、水资源665.5万立方米，减少污染物排放141.2万吨。

【大气污染防治标准化建设】2015年，浙江省质量技术监督局会同省环保厅报省政府批准发布DB33/962—2015《纺织染整工业大气污染物排放标准》、DB33/973—2015《农村生活污水处理设施水污染物排放标准》等2项强制性地方标准；组织召开《制鞋工业大气污染物排放标准》和《在用点燃式发动机轻型汽车简易瞬态工况法排气污染物排放限值》2项强制性地方标准立项听证会，并予以立项；组织召开《化学合成类制药工业大气污染物排放标准》《在用点燃式发动机轻型汽车简易瞬态工况法排气污染物排放限值》2项强制性地方标准（送审稿）专家审评会。

【企业产品标准自我声明】2015年，浙江省政府办公厅印发《浙江省企业产品标准备案管理办法（2015年修订）》，明确企业产品标准自我声明公开是企业产品标准备案的一种方式，企业既可选择书面备案，也可选择自我声明公开，或者两者兼具方式，对企业产品标准进行备案。截至年底，全省有3 844家企业自我声明公开10 252项企业产品标准，涵盖13 904种产品，公开的企业数和标准数居全国第1位。浙江省质量技术监督局制定《企业产品标准自我声明公开省级监督抽查方案》，开展2次省级监督抽查工作，抽查企业产品标准322项，发现存在问题137项，占监督抽查总数的42.5%。对发现问题，均由企业所在地的标准化行政主管部门责令企业进行整改。

【服务业标准化】2015年，浙江省质量技术监督局根据省“两会”代表意见，协调行业主管部门，对《旅游景区质量等级的划分与评定》《机构养老星级评定》等标准进行绩效评价，加强事中事后管理，倒逼标准实施，确保标准落到实处、取得实效。发布DB33/T 978—2015《电子商务平台安全管理规范》、DB33/T 982—2015《农村电子商务服务站（点）管理与服务规范》《电子商务产业基地建设与管理规范》等8项电商产业发展急需的地方标准，涵盖电商平台安全、产品分类编码与追溯、电商仓储、电商物流、产品质量监管、农村电子商务等领域。会同省商务厅，共同召开新闻发布会，介绍8个电商标准的出台背景、标准的主要特点、作用及下一步工作部署，就各方关心的标准实施、监督等问题答记者问。

供　稿：浙江省质量技术监督局
撰稿人：陈双斌
审稿人：姚　画

安徽省标准化工作

【概况】2015年，安徽省有序推进标准化工作改革。省政府办公厅印发《关于深化标准化工作改革的实施意见》。省质量工作领导小组印发《关于印发安徽省深化标准化工作改革行动计划（2015—2016年）的通知》，明确第一阶段（2015—2016年）的各项任务，为推进改革任务落实制定明确路线图和时间表。7月1日起，在全省实施企业产品和服务标准自我声明公开和监督制度。

安徽省加强标准制修订，截至年底，主导或参与制定国际标准5项；主导或参与制修订国家标准432项、行业标准417项、地方标准259项。对33项强制性地方标准及8项强制性地方标准制修订计划项目进行集中复审。

服务农业发展，继续拓展农业标准化工作。“十二五”期间，全省建设农业标准化示范区106个，其中国家级26个、省级80个。

聚焦产业升级，不断提升工业标准化水平。年内下达84家企业标准化良好行为创建任务计划，全省标准化良好行为企业总数达到798家。完成13家企业38个产品的采标服务工作，其中电线电缆行业采标量达到21个。

围绕服务业发展，加快服务业标准化步伐。新批准启动2015年省级服务业标准化试点项目44个，指导全国社会管理和公共服务标准化试点单位宁国市社会福利院完成阶段性任务，指导安徽中医药大学第二附属医院等承担的5个项目获批为全国第二批社会管理和公共服务综合标准化试点项目。省政府政务服务中心承担的国家级行政审批服务标准化试点项目通过评估。

深化区域合作，加强长三角标准化工作交流合作。与沪开展质量和标准化研究战略合作，研究发布长三角区域协同地方标准。

加强标准化人才队伍建设。截至年底，全省在册、实际在运行的专业标准化技术委员会53个。标准化专业技术资格考试合格率同比提高11个百分点，全省标准化工程师总数达到209名。

做好标准化宣贯工作,“标准化走进大学”系列活动先后在安徽农业大学、安徽科技学院、皖西学院、滁州学院、铜陵学院等5所高校举行。

增强标准化信息化能力和水平,进一步完善质量诚信体系信息服务平台建设,继续加强农业标准化示范区信息平台建设。

【标准化工作改革】2015年,安徽省贯彻落实《国务院关于印发深化标准化工作改革方案的通知》,推进全省标准化工作改革。8月22日,省政府办公厅印发《关于深化标准化工作改革的实施意见》。11月30日,省质量工作领导小组印发《关于印发安徽省深化标准化工作改革行动计划(2015—2016年)的通知》,明确第一阶段(2015—2016年)的各项任务,为推进改革任务落实制定明确路线图和时间表。下达《关于实施企业产品和服务标准自我声明公开和监督制度的通知》,自2015年7月1日起,在全省实施企业产品和服务标准自我声明公开和监督制度,指导、帮助企业在国家企业产品标准信息公共服务平台(www.cpbz.gov.cn)登记自我声明公开产品和服务标准信息。全省2 700余项标准在企业标准信息公共服务平台上公开。启动实施地方标准立项全面评估,2015年上半年完成568项计划项目的现场答辩及专家评审,项目通过率约为50%。

【标准制修订工作】截至2015年底,安徽省主导或参与制定国际标准5项;主导或参与制修订国家标准432项、行业标准417项,主要集中在机械、化工、原材料、轻工、建材、冶金等领域。

年内,安徽省批准发布地方标准259项。其中,农业地方标准106项,工业104项,服务业34项,节能环保7项,社会管理和公共服务8项。

组织相关单位按照强制性标准制定原则和范围,对现行强制性地方标准进行整合精简,对33项强制性地方标准及8项强制性地方标准制修订计划项目进行整合精简。经过复审,确认16项强制性地方标准和1项强制性地方标准项目计划继续有效。

组织33家省直单位和34家省级专业标准化技术委员会开展安徽省推荐性地方标准集中复审工作,对省内现行有效的2 629项推荐性地方标准及730项计划项目(2013—2015年下达至今尚未完成的)进行集中复审,经过复审,标准废止855项、修订539项、继续有效1 235项,计划废止104项、继续执行626项。

【农业标准化】截至2015年底,安徽省农业标准化示范区总数为269个,其中国家级120个、省级149个。“十二五”期间,全省建设农业标准化示范区106个,其中国家级26个、省级80个,覆盖安徽省十六大主导农产品。按照标准委安排,安徽省质量技术监督局作为组长单位,会同湖北、青海及海南省质监部门有关人员组成第三抽查组,对黑龙江、吉林、山东和河南四省的第八批国家级农业标准化示范区项目进行抽查工作,按时完成抽查工作并撰写抽查情况报告,提出存在的问题及下一步工作建议。

开展美丽乡村标准化试点项目。对潜山县、铜陵县和烈山区三个美丽乡村标准化试点单位工作开展情况进行跟踪管理。组织参与编制标准委统一宣贯教材《美丽乡村标准化实践》书稿,组织铜陵县、潜山县和省质标院相关人员编写《建设美好乡村　统筹城乡发展》《以特色创示范　以表彰促提升》等2篇,入选《美丽乡村标准化实践》标准化实践案例篇。参加标准委在浙江省安吉县举办的“农村综合改革标准化试点培训班暨试点工作”的培训班,铜陵县作美丽乡村标准化试点典型经验介绍发言。

【工业标准化】2015年,安徽省继续推进企业标准化良好行为创建,做好良好行为企业建设工作。全年下达84家企业标准化良好行为创建任务计划,全省标准化良好行为企业总数达到798家。“十二五”期间,围绕省重点产业,创建标准化良好行为企业677家。

做好采标认证工作。截至年底,指导安徽省企业获得采标标志证书1 468张,主要工业产品采标率达到60%以上,覆盖机械、冶金等10余个主导行业。全年,完成13家企业38个产品的采标服务工作,其中电线电缆行业采标量达到21个,电线电缆行业采标率达到94%。

【服务业标准化】2015年,安徽省推进服务业标准化试点项目建设。抓好在建的14个国家级、36个省级服务业标准化试点项目建设,组织做好项目建设宏观指导和管理服务工作,组织完成2013年省级服务业标准化试点项目终期评估及结果认定工作,创建6家“安徽省服务业标准化试点评估示范单位”、8家“安徽省服务业标准化试点评估合格单位”。联合省民政、商务、旅游等有关部门,组织开展2015年省级服务业标准化试点项目申报工作,新批准启动2015年省级服务业标准化试点项目44个,跟进开展服务业标准化年度培训工作,指导和督促各试点项目启动。

推进社会管理和公共服务综合标准化试点工作,加强对省首个国家级社会管理和公共服务综合标准化试点项目承担单位——宁国市社会福利院的业务指导。经过申报争取,铜陵市社会福利事业管理中心、郎溪县人民政府、金寨县人力资源和社会保障局、马鞍山市人社局社会保险局、安徽中医药大学第二附属医院承担的5个项目获批为全国第二批社会管理和公共服务综合标准化试点项目。截至年底,安徽省承担的国家级社会管理和公共服务综合标准化试点项目达到6个。经审查,由滁州市人民政府政务服务中心、明光市人民政府政务服务中心、渡江战役纪念馆承担的3个项目，为第三批社会管理和公共服务综合标准化试点备选项目。启动第二批省级社会管理和公共服务综合标准化试点专项17个。省政府政务服务中心承担的国家级行政审批服务标准化试点项目通过评估。

提升全省政务公开政务服务标准化建设层次和水平。继2012年部署开展“标准化建设年”、2013年部署开展“标准化实施年”活动之后，与省政务公开办公室联合下发文件，部署开展“标准化提升年”活动，把全省政务公开政务服务标准化建设向纵深推进。

【标准化科研】2015年，安徽省质量技术监督局开展农业标准化项目研究。组织省质标院牵头研制《农村产权流转交易服务标准前期研究》项目，参与研制《农村生活基本设施子体系健全和完善研究》《农业机械社会化服务标准前期研究》项目。组织撰写报送3篇农业标准化论文，参加第二届全国农业标准化论坛暨农业标准化国际合作论坛。完成《安徽省新型城镇化标准化试点工作实施方案》。

【标准化人才队伍建设】2015年，安徽省加强专业标准化技术委员会管理。加大管理整顿力度，对长期没有开展工作，不能正常履行工作职责的省级专业标准化技术委员会予以撤销、合并。对新申请的技术委员会严格审查，要求新专业标准化技术委员会设置定位要准确，要具有行业代表性。截至年底，全省在册、实际在运行的专业标准化技术委员会53个。

组织召开标准化专业技术资格考试研讨会，总结成功经验，改进关键环节，组织修订《安徽省标准化专业技术资格考试大纲》。与省人社厅共同组织2015年度标准化专业技术资格考试工作安徽省第3次标准化专业技术资格考试于11月7日举行，全省210名标准化工作者参加考试，其中82人考试合格，合格率39%，同比提高11个百分点，全省标准化工程师总数达到209名。

【标准化宣传】2015年，安徽省质量技术监督局组织开展的“标准化走进大学”系列活动先后在安徽农业大学、安徽科技学院、皖西学院、滁州学院、铜陵学院等5所高校举行，参与大学生1 500余人次。

围绕“世界标准日”“质量月”等重大主题，利用广播电视、报纸、杂志、互联网等媒体，进行广泛宣传。在安徽金质网、标准化处子站定期更新标准化工作动态，及时向标准委网站地方标准化栏目报送安徽标准化工作亮点。通过举办标准化管理人员培训、企业标准化人员培训、标准编写培训等多种类型的培训班，增强社会各界对标准化工作的理解和认知。

【标准信息化建设】2015年，安徽省进一步完善质量诚信体系信息服务平台建设，不断完善平台的信息提供及检索功能，在企业质量档案、标准信息、产品监督抽查、生产许可等方面为政府监管和社会服务提供依据。

继续加强农业标准化示范区信息平台建设，对国家级和省级农业标准化示范区电子信息进行电子化管理。全年审批300余条农业标准化示范区上传的信息，进一步提高示范区的管理效率。

供　稿：安徽省质量技术监督局

福建省标准化工作

【概况】2015年，福建省深入贯彻落实国务院《深化标准化工作改革方案》，省政府办公厅印发《关于深化标准化工作改革的实施意见》，建立省政府标准化协调推进厅际联席会议制度。在全国率先开展企业产品标准自我声明公开制度试点和“一照一码”登记制度改革工作。

截至2015年底，全省新增制修订国际标准3项、国家标准62项、行业标准106项，新发布省地方标准4批51项；新下达省地方标准制修订项目3批123项；完成9项企业采用国际标准和国外先进标准；新获批国家地理标志保护产品3个；新获批国家级社会管理和公共服务标准化试点3个；新承担国家级标准化组织1个；新批准成立省级标准化技术委员会1个。

【企业产品标准自我声明公开】2015年1月，福建省在全国率先出台《福建省企业产品标准管理规定》，福建省质量技术监督局印发《关于开展企业产品标准自我声明公开制度试点工作的通知》，福建成为全国第一个在全省范围内全面开展声明公开试点工作的省份。试点工作简化企业标准备案手续，办理时限由原来的平均14天缩短为20分钟左右，全省参与企业产品标准自我声明公开的企业，有超过98%

对该项简政放权工作表示满意和支持。

为提高声明公开企业产品标准水平，8 月省质量技术监督局制定《企业产品标准监督检查工作方案》，敦促各市县标准化行业主管部门引导新办企业及龙头企业做好企业产品标准自我声明公开工作。针对饲料、塑料、纺织服装三个行业，省质量技术监督局出台企业产品标准自我声明公开工作的指导意见，制定企业产品标准声明公开范例。

截至年底，1 498 家企业自我声明公开其产品标准 5 577 项，涉及产品 41 类、10 311 项，按规定需到标准化主管部门备案的企业产品标准 100% 在平台上声明公开。

【“一照一码”登记制度改革】2015 年 5 月 4 日，全国首张使用统一社会信用代码的营业执照在福建省自由贸易试验区平潭片区发放，标志着福建在全国率先启动“一照一码”暨统一社会信用代码登记制度改革。6 月 1 日，省政府办公厅下发《关于全省复制推广福建自贸试验区“一照一码”登记制度改革试点的实施意见》，决定自 2015 年 6 月 1 日起在全省新设立企业实施“一照一码”登记制度改革。按照国务院及省政府的工作部署，10 月 1 日起全省企业、农民专业合作社全面实施“一照一码”登记制度改革，福建省质量技术监督局不再向企业、农民专业合作社发放和更换组织机构代码证书。

改革期间由福建省质量技术监督局报送的信息《福建自贸试验区试点实施“一照一码”登记制度改革一周情况》和《福建省深化“一照一码”登记制度改革存在的问题及建议》被国务院办公厅《专报信息》刊物综合采用，并获得国务院领导批示。

【特色农业标准】2015 年，福建省质量技术监督局在高标准农田建设等工作中积极作为。将《基本农田建设设计规范》《冷浸田类型划分与改良利用技术规范》省地方标准中相关内容纳入农业综合开发土地治理项目可行性研究报告编制的设计中。

【地理标志保护产品工作】2015 年，福建省新增地理标志保护产品 3 个（永泰山茶油、永春纸织画、嘉儒蛤）。截至 2015 年底，福建累计拥有国家地理标志保护产品 69 个。10 月，福建省质量技术监督局对辖区内所有 3 月份前获得保护的国家地理标志保护产品开展专项监督检查。福建申报的建盏（建阳）、安砂鱼（永安）等 2 个特色产品进入质检总局的形式审查环节，申报的岵山荔枝（永春）、泰宁铁皮石斛等产品工作进展顺利。

年内，福建省质量技术监督局完成《中国地理标志产品大典（福建篇）》的编辑工作，武夷岩茶、寿山石等 49 个产品分两卷收录其中。

【国际标准化工作】2015 年，福建省质量技术监督局鼓励茶叶企业承担全国茶叶标准化技术委员会工作组的秘书处工作和国家级茶叶生产综合标准化示范工作。福建省主导的《乌龙茶》《白茶》《茶叶化学分类法》等 3 项茶叶国际标准在 ISO/TC34/SC8第25 次国际茶叶标准化会议上获得与会各国的认可，“乌龙茶”“化学分类法”正式获得立项，“白茶”预研项目中方代表的建议得到吸收。

【美丽乡村标准化建设】2015 年，福建省质量技术监督局落实十八届三中全会关于加强生态文明建设的要求，促成全省 3 个县 14 个村获批国家级美丽乡村建设标准化试点，构建适合全省实际的美丽乡村标准体系，推进美丽乡村标准化建设“清新福建”。

作为国家级美丽乡村标准化试点省份，福建省构建适合全省实际的美丽乡村标准体系，形成立足省情、具有福建特色、可指导全省美丽乡村标准化建设的“福建版”美丽乡村标准体系；5 月 29 日，中央电视台晚间新闻频道以“乡村有个性、美丽有标准”为题对永春县美丽乡村标准化建设情况进行宣传报道。牵头起草的《美丽乡村评价标准》国家标准完成前期研制工作。参与的《农村公共服务基本要求》《村级公共服务运行维护规范》《农村便民服务中心（站、点）服务规范》等国家标准制定工作进展顺利。组织永春县、沙县两个国家级美丽乡村标准化试点参编图书《美丽乡村建设标准化实践》。永春县政府作为全国试点县在标准委召开的“国家农村综合改革标准化试点工作推进会”上做典型发言。

牵头起草《美丽乡村评价标准》国家标准，参与《农村公共服务基本要求》《村级公共服务运行维护规范》《农村便民服务中心（站、点）服务规范》等国家标准制定工作，组织永春县、沙县两个国家级美丽乡村标准化试点参编《美丽乡村建设标准化实践》一书，并完成该书《美丽践》（第三篇）的统稿工作。

【农业标准化示范区建设】2015 年，福建省质量技术监督局深化农业标准化提升工程，首次运用自创的数学模型对已建成国家级农业标准化示范区建成后的绩效进行评价，提升农业标准化实施水平。深入推进种养殖和管理模式标准化工作，推进 3 个国家级农村综合改革标准化试点县工作，完成第七批 43 个省级农业标准化示范区目标考核验收工作和第八批 14 个国家级农业综合标准化示范项目第二年的建设工作，受标准委委托，带队赴云南、贵州和四川考核验收国家级农业标准化示范区建设工作。

11 月 5 日，“全国农业标准化示范区建设 20 年成果展”在陕西杨凌举行，福建省的福鼎白茶、坦洋工夫、武夷岩茶、安溪铁观音、永春芦柑、浦城薏米、建瓯锥栗、建莲、霞浦海带、霞浦紫菜等10 个标准化农产品参加展会。

【服务业标准化试点工作】2015 年，福建省完成6 个国家级服务业标准化试点单位验收，新获批国家级社会管理和公共服务标准化试点3个，新申报国家级社会管理和公共服务标准化试点项目2个。

6月，由福州市名成水产品市场有限公司承担的国内首个省级冷链物流服务业标准化试点项目通过验收，依托试点构建的名成水产冷链物流标准体系共有标准289项。

福州市行政服务中心、泉州市行政服务中心（含鲤城区行政服务中心、晋江市行政服务中心）、漳州市行政服务中心、福州市儿童福利院、厦门市殡仪服务中心、厦门市思明区社区服务网络中心等6个国家级服务业标准化试点单位通过试点验收。其中，福州市行政服务中心的《福州行政服务中心运用政务服务标准化提升服务》荣获2014"质量之光"质检改革创新示范奖，成为全国唯一获此殊荣的行政服务中心。

【电子商务标准化专项工作】2015年，福建省质量技术监督局根据《国务院关于大力发展电子商务加快培育经济新动力的意见》与《福建省人民政府关于进一步加快电子商务发展的若干意见》等文件精神。

推动福建省电子商务标准化工作进程，会同省商务厅制定出台《福建省电子商务标准化建设三年行动方案（2015—2018年）》，成立福建省电子商务标准化技术委员会；初步构建覆盖福建省电子商务主要领域和主要环节的电子商务标准体系，批准发布一批电商省地方标准；基本形成适应福建省电子商务发展的标准化运行体制和机制，确保电子商务标准化质量。

【标准化宣传与培训】2015年，福建省质量技术监督局借助"3·15""质量月"等活动加强对标准化知识的宣传，与教育部门开展DB 35/T 836—2015《学生服装》等标准的宣贯工作。完成《福建省标准化示范园区建设经验集》的编辑出版工作，9月《中国标准化（海外版）·福建专刊》介绍福建省标准化工作经验。

针对基层质监部门机构改革和标准化工作改革的新形势，2015年标准化人员培训工作适时调整培训方式，继续面对企业标准化人员开展培训教育，提升企业标准化意识；举办直接面对新加入标准化队伍的市场监管局标准化人员培训班，对新加入标准化工作的同志开展标准化基本业务培训班，采用QQ群等平台，及时回答基层标准化工作者的咨询与诉求。截至年底，完成福州、南平、漳州、龙岩等6期标准化公益培训班，参训人员达700余人次。开展电子商务地方标准编制专题培训、冷链物流标准化人员岗位培训、印刷企业商品条码培训等专项培训工作。

供　稿：福建省质量技术监督局
撰稿人：陆　军
审稿人：董秀云

江西省标准化工作

【概况】截至2015年底，江西省现行有效地方标准534项（2015年新增82项），其中强制性地方标准31项；承担全国专业标准化技术委员会、分技术委员会、工作组4个；设立省级标准化技术委员会24个（2015年新增1个）；建设国家级、省级农业标准化示范区291个，建成260个；建设国家级、省级服务标准化试点42个；建设社会管理和公共服务综合标准化试点4个；建设高新技术产业试点2个，建成1个；建设循环经济标准化试点1个。

【标准化改革】2015年9月6日，江西省政府印发《江西省人民政府关于深化标准化工作改革的实施意见》，提出"健全完善标准化协调推进机制、优化政府主导制定的标准体系、培育发展市场主体制定的标准体系、放开搞活企业标准、强化标准实施和实施监督、强化标准化技术机构建设、提升参与国际国内标准化工作水平"等7项标准化改革的主要任务，并提出"强化标准化改革的组织领导、强化标准化改革的宣传引导、强化标准化人才保障、加大标准化工作的资金支持力度"等4项标准化改革的工作要求。

根据《江西省人民政府关于深化标准化工作改革的实施意见》中"健全完善标准化协调推进机制"的要求，江西省标准化战略领导小组办公室发文报送江西省标准化战略领导小组成员名单，在原标准化战略领导小组省发改、工信、民政、教育、商务等16个成员单位的总体框架下，增加到38个成员单位，建立统一高效的标准化工作统筹推进机制，形成多部门协同推进标准化的工作格局。

【生态文明标准化】2015年，江西省质量技术监督局围绕生态文明先行示范区试点建设，推进生态文明标准化工作。10月，围绕开展生态文明标准化示范区创建工作调研。调研全国生态文明标准化创建现状，组织到全国首个创建国家生态文明标准化示范区的浙江省湖州市学习调研；听取有关部门的建议，省局组织标准化处、省标准化院等到省发展改革委进行沟通汇报，听取有关工作意见；进行可行性研究，通过生态文明标准化工作，可以重点研制一批支撑江西生态文明建设、体现江西地方特色的关键标准，搭建国家标准、行业标准、地方标准及企业标准相互配套的具有江西特色的生态文明标准体系。

【农业标准化】2015 年，江西省农业标准化示范区建设方面：抓好茶薪菇、油茶、生猪、葡萄等31 个国家第八批农业综合标准化示范区（县）和省级第六批农业综合标准化试点建设，以区域性优势主导产业、地方特色农产品和农业社会化服务为重点，通过延伸产业链和拓展覆盖面，建立与实际需求相一致的标准综合体，提升示范质量和效益，为推动全省农业农村发展升级提供技术支撑。农业地方标准体系建设方面：发布实施 DB36/T 821—2015《谷物收集机》、DB36/T 878—2015《芝麻细菌性青枯病防治技术规程》、DB36/T 837—2015《猪粪养殖蚯蚓技术操作规程》、DB36/T 824—2015《秀珍菇生产技术规程》等 54 项省农业地方标准，涉及农业机械化、林业病虫害防治、畜牧养殖、食用菌种植等领域。

【工业标准化】2015 年，江西省质量技术监督局开展企业产品和服务标准制度改革试点工作。12 月1 日印发《江西省企业产品和服务标准自我声明公开和监督制度试点工作方案》，决定在赣州市、吉安市开展企业产品和服务标准改革试点工作。凡自愿公开的企业应按照标准委企业产品标准信息公开服务平台操作要求，自行向社会公开。企业产品标准自我声明公开后即完成备案。试点工作的起止时间为 2016 年 1 月至 2016 年 12 月。

推进赣州开发区国家高新技术产业标准化示范区试点项目按照创建方案开展创建工作：完成稀土新材料、新能源、食品药品、机械电子、铜深加工、现代服务业、生物医药、新能源及新能源汽车等几大产业的标准体系收集，并做成汇编；培养 50 名专业标准化复合型专家，并颁发证书；2015 年世界标准日，在全区开展一次关于标准化的征文活动。

鼓励、支持企业建立、实施标准体系，采用国际标准或国外先进标准，截至年底，指导和帮助56 家重点企业开展“标准化良好行为”试点并通过“标准化良好行为”确认，为 119 个重要工业产品办理“采用国际标准产品标志证书”，着力用标准化为省内特色产业提高“软实力”和打造“通行证”。

【服务业标准化】2015 年，江西省质量技术监督局批准发布 DB36/T 826—2015《三清山世界遗产保护管理规范》、DB36/T 849—2015《中餐前厅服务规范》、DB36/T 850—2015《育婴服务质量规范》等 12 项服务业地方标准，为全省旅游强省起到规范引领作用；下达《2013 年度服务业标准化试点项目考核评估方案》，对九江市行政服务标准化试点、龙虎山旅游服务业标准化试点等 2013 年度国家级、省级服务业标准化试点项目加强督导，保障标准化试点项目建设质量；3 月，和省商务厅在吉安市联合举办《商贸物流标准化行动计划》江西省启动仪式暨商贸物流标准化座谈会。通过物流标准化工作，提升试点企业综合管理水平，示范引领物流业向电商化、信息化、智能化方向发展，促进全省物流产业加速转型升级。

【社会管理和公共服务标准化】2015 年，江西省质量技术监督局批准发布 DB36/838—2015《爆竹配装封一体机安装、使用安全技术规程》、DB36/840—2015《尾矿库安全检测技术规范》、DB36/T 841—2015《工作场所空气中总锡的测定》等 6 项安全管理领域地方标准，为全省安全生产监管工作提供技术支撑；联合省环保厅向省政府办公厅做好报请批准《鄱阳湖生态经济区水污染排放标准》省地方标准相关工作，为保护鄱阳湖“一湖清水”提供标准化支撑作用；加强社会管理和公共服务试点工作，组织承担单位参加国家服务业标准化培训，促进试点项目建设有序开展；批准成立江西省测绘地理信息标准化技术委员会。

【节能减排标准化】2015 年，江西省开展《铸造行业单位产品能耗限额》《日用陶瓷单位产品碳排放限额》等地方标准研制工作；开展九江力山环保科技有限公司“国家循环经济标准化试点”建设，探索循环经济发展的新思路和新经验。7 月 29 日，省政府印发《江西省人民政府办公厅关于印发江西省推进节能标准化工作实施方案的通知》，提出“标准体系逐步完善、标准实施不断推广、标准基础不断加强”等 3 项工作目标，“完善工作机制、夯实技术基础、构建标准体系、开展试点示范、推动标准水平提升、严格执行强制性节能标准、推动实施推荐性节能标准、加强节能标准实施的监督”等8 项重点任务，“加强组织领导、修订完善江西省省级节能专项资金管理办法、加大节能标准化科研支持力度、注重人才队伍建设”等 4 项保障措施。9 月，江西省标准化战略领导小组办公室印发《关于征集节能领域标准化专家的通知》，开展征集节能领域标准化专家工作，征集到专家 46 人。

【地方标准制修订工作】2015 年，江西省突出绿色有机农业、低碳环保工业和现代服务业，出台《2015 年江西省地方标准立项指南》；下达 4 批80 项地方标准制修订项目计划；发布实施DB36/T 820—2015《茶树菇菌种》、DB36/T 843—2015《劳动防护用品配备规范》、DB36/T 857—2015《公路隧道 LED 照明设计规范》等82项地方标准；组织对2012年发布的DB36/650—2012《针织物印染布单位产品能源消耗限额》等55项江西省地方标准开展复审工作，优化和完善地方标准体系。

【标准化宣传】2015年，江西省质量技术监督局加强标准化工作改革的宣传和贯彻落实，10月13日召开标准化工作改革新闻发布会，对标准化改革主要任务和工作要求进行解读。10月14日"世界标准日"，在江西日报刊发题为《全省提升标准化工作 服务江西经济社会发展能力和水平》的专题报道。开展"江西标准化"信息化平台建设，整合全省标准化信息管理平台资源，以标准化业务管理、标准文献、条代码、标准化研究、标准化服务等标准化工作主要业务内容，实现标准化信息"一站式"登陆，实现标准化信息交换与资源共享，提升标准服务信息化、智能化水平。

供　稿：江西省质量技术监督局
撰稿人：严小芳
审稿人：彭家骠

山东省标准化工作

【概况】截至2015年底，山东省主导或参与制定国际标准64项；主导或参与制定国家标准3 321项（2015年新增381项）、行业标准2 190项（2015年新增119项）；制定地方标准2 347项（2015年新增239项）；承担国际或国家标准化技术组织51个（2015年新增3个）；设立省级标准化技术组织50个（2015年新增4个）；建设国家或省级服务标准化试点344个，建成207个（2015年建成33个）；建设国家农业标准化示范区270个，建成249个；获批创建国家循环经济标准化示范区14个（2015年建成6个）；建成国家高新技术产业标准化示范区2个。

"两会"期间，全国人大代表以山东省标准化工作实践为素材，向全国人民代表大会提交"关于修订《中华人民共和国标准化法》的提案"。11月，标准委、国务院法制办专门成立工作组，先后到青岛、威海、烟台就《中华人民共和国标准化法》修订进行调研，征求基层政府、部门、企业意见，山东省质量技术监督局（以下简称：山东省质监局）从扩大标准化法调整范围、强化标准实施监督、合理设置地方标准制定权限、确立团体标准法律地位、实施企业标准自我声明公开、鼓励开展标准化示范试点工作等6方面提出针对性建议。

12月，山东省政府印发《山东省人民政府关于深化标准化工作改革提升"山东标准"建设水平的意见》，提出"建立标准化统筹协调推进机制、推动标准化地方性法规规章不断完善、完善现行地方标准及管理体系、提升各领域'山东标准'及标准化建设水平、提高标准国际化水平"等5项重点改革任务。

是年，"ISO 20310《绝热材料硅酸铝棉制品规范》国际标准工作组""全国家用电器标准化技术委员会家用电动加工器具分技术委员会""全国政务大厅服务标准化工作组"落户山东。

【农业标准化】2015年，山东省质量技术监督局推进现代农业和美丽乡村建设标准化。现代农业标准化方面：制定发布《土地托管》《测土施肥》《庄稼医院基本要求》《航空喷洒服务规范》等地方标准。指导省太阳能协会、省标准化研究院制定全国首个光伏农业领域的团体标准《光伏农业大棚建设规范》。扶持农业标准化示范项目建设，涌现出蓬莱葡萄、寿光蔬菜、蒙阴蜜桃、苍山大蒜、威海无花果等一批国家级农业标准化示范典型。美丽乡村建设方面：支持"烟台蓬莱""平阴孝里""章丘牛一村""枣庄榴园镇"等开展省级生态文明乡村标准化试点工作，组织制定包括"规划编制""基础设施与村容环境""产业发展""公共服务""乡风文明""村务管理与长效管理""评价"等7个方面内容的《美丽乡村建设规范》系列地方标准。

联合省发改委、省住建厅制定《关于贯彻国家标准委、发改委、住建部〈关于开展新型城镇化标准体系建设工作的指导意见〉的工作方案》，提出山东省新型城镇化标准体系建设目标及重点任务。修订《山东省县级以下行政区划代码（乡镇级）》地方标准，研究建立代码标识、编码定期更新和备案制度，配合有关部门对各级区划代码进行核实更新，会同统计、民政等部门对村（居）级区划代码编制事宜进行研究，结合部门职能提出合理化建议。对青岛、威海等第一批新型城镇化标准化试点进行指导和调度，根据第二批国家新型城镇化试点批复情况，召集济南、烟台、济宁、临沂等地市召开"新型城镇化标准化工作座谈会"，专题研究"推进标准化试点工作"。

【工业标准化】2015年，山东省质量技术监督局鼓励、支持企业建立实施标准体系，采用国际标准或国外先进标准。截至年底，山东省1 724家工业企业按照国家标准建立企业标准体系，采用国际标准和国外先进标准10 926项，采标数量占企业执行标准总数的32.3%。针对车用汽油非法添加物检测方法缺失问题，实施车用汽油中酯类化合物、苯胺类化合物、甲缩醛的检测方法等3项地方标准。主导制定《智慧城市市政设施基础数据元》《智慧城市多规融合设计指南》等3项国家标准。联合建设部门在城镇供水、城市园林、城市道路、建筑节能和绿色建筑等领域制定地方标准16项，其中《居住建筑节能设计标准》设定的采暖能耗指标比国家《民用建筑通用设计规范(1980—1981)》降低75%；在设计施工、节能环保、安全应急、监理监督等领域制定工程建设地方标准7项。围绕推动建筑产业化，联合省住建厅开展专题调研，了解卫浴一体化、建筑工程模块化等产业化领域的标准需求情况。

【服务业标准化】2015年，山东省质量技术监督局围绕山东省政府提出的17个服务行业“一业一策”升级发展要求，推进服务标准化。家政服务领域，重点制定“家政行业分类”“家政公益性信息服务平台建设”“社区家政服务”“家政服务业发展评价”等地方标准，培育家政服务业团体标准。物流业领域，重点围绕物流信息技术、物流设施设备、物流服务流程等制定一批地方标准。养老服务业领域，发布《养老机构等级划分》《养老机构设施设备配置规范》《医疗养老服务结合服务规范》《城镇社区日间照料中心等级划分》《城镇社区日间照料中心设施设备配置规范》等5项基础性地方标准。大众餐饮领域，围绕推动传统餐饮业产业化、规模化、工业化发展，组织制定《大众餐饮服务规范》《中央厨房建设服务规范》等地方标准。建成“青州公共自行车”“山东卓创资讯”“威海市12349居家服务呼叫中心”等一批国家级服务业标准化试点项目。

组织制定《政务服务中心建设规范》等6项国家标准。建成寿光民生、济南人力资源和社会保障、烟台芝罘区人力资源服务等一批社会管理和公共服务领域标准化示范典型。联合省政协制定发布《政协宣传数字出版规范》地方标准；联合省教育厅制定发布《农村中小学标准化校舍改造建设规范:学校厕所》地方标准；联合省文化厅提出制定《基本公共文化服务指南》地方标准；联合省人社厅提出制定《人力资源服务基本要求》地方标准；联合省交通运输厅提出《高速公共出行热线服务规范》《城市公共汽(电)车服务规范》等地方标准；联合省住建厅组织制定《城乡环卫一体化服务规范》《农村住房抗震设计技术规范》地方标准。总结“山东大学齐鲁医院基本公共服务标准化试点”经验，研究提出山东省公共卫生服务标准体系。

【节能标准化】2015年，山东省政府办公厅印发《关于贯彻国办发16号文件加强节能标准化工作的实施意见》，提出“到2020年建成指标先进、科学完善、符合省情的节能标准体系”目标任务。山东省质量技术监督局落实《国务院关于化解产能过剩矛盾的指导意见》和山东省工业转型升级行动计划，加强能耗限额标准和节能基础标准的制修订。能耗限额标准方面:组织起草《供热综合能耗限额》《黄金采矿能耗限额》等8项强制性地方标准。发布实施DB37/785—2015《铸造化铁炉能耗限额》、DB37/786—2015《日用玻璃能耗限额》等18个行业25项能耗限额地方标准，每年可节约标准煤584.13万吨。截至年底，山东省立项制修订的44项能耗限额标准中，26项国家标准，其他18项标准指标均高于国家标准，至少推动淘汰落后产能20%左右。节能基础标准方面:发布实施行政机关、医疗机构、普通高校等3项公共机构能源消费定额及计算方法标准，《工业锅炉系统节能量和验证技术要求》《城市公共交通能源节约规范》等4项节能基础标准，《企业能源管理体系评价指南》《企业能源管控中心建设与运行管理规范》《工业企业能源计量数据采集系统技术规范》等4项企业能源管理地方标准。组织开展《能耗限额标准实施情况评价分析》课题研究。

【循环经济标准化】2015年，山东省质量技术监督局围绕钢铁、造纸、化工、煤炭、轻工、农业、轮胎、有色金属、机械再制造等领域，推进国家循环经济标准化试点建设，引导企业用标准化固化技改方案、优化工艺流程、规范操作行为、控制能耗限额，提高能源综合利用效率。泉林纸业、东营方圆铜业、济南钢铁集团、银香伟业、阳城电厂、渤海实业等6个首批试点项目通过标准委和发展改革委的考核验收。山东能源机械集团、山东泓达生物科技有限公司等8个项目获批开展第二批试点工作。山东兖州工业园区管委会等13个项目申报第三批试点工作。通过验收的首批6家试点单位制定国家标准19项、行业和地方标准39项，提出国际标准提案2项，制定企业标准1 950项。泉林纸业、济南钢铁集团、东营方圆铜业3个项目被收录为《国家循环经济标准化示范典型案例》。济钢集团实现地下水零提取，累计节约标准煤59.11万吨、减排二氧化碳153万吨、二氧化硫3.3万吨；泉林纸业实现秸秆综合利用300万吨，生产有机肥180万吨，累计节约标准煤3.3万吨，每年为农民创收6亿元。东营方圆公立建立“氧气底吹熔炼”等5条循环经济产业链标准体系，制定技术标准500余项，实现循环经济标准化模式的输出，在

"中智建交 45 周年经贸研讨会"上引起两国领导人关注。

【大气污染防治标准化】2015 年，山东省质量技术监督局落实"国十条"和"山东省 2013—2020 年大气污染防治计划一期（2013—2015）行动计划"，推动一批大气污染防治技术转化为标准。发布实施《油田含油污泥流化床焚烧处置工程技术规范（试行）》《山东省固定污染源废气超低排放监测技术规范》《山东省固定污染源废气二氧化硫的测定紫外吸收法》等 5 项地方标准。组织起草《山东省汽车制造行业 VOCs 污染物排放标准》等 3 项超低排放标准。批准立项《山东省黄金冶炼工业污染物排放标准》《空气和废气中恶臭污染物的测定》等16 项地方标准。推进大气污染防治标准化重点项目建设，"天璨环保烟气脱硝稀土无毒催化剂"大气污染防治标准化示范项目完成各项建设任务，建立完善具有完全自主知识产权的烟气脱硝稀土无毒催化剂技术标准体系，每年可促进全省减少使用钒钛有毒催化剂 5 万立方米，减排氮氧化物 160 余万吨，直接经济效益达到 20 余亿元。

【企业产品标准自我声明】2015 年 7 月，山东省人大常委会第十五次会议审议通过《山东省实施〈标准化法〉办法》修正案，取消企业产品标准备案和登记管理的规定，增加"企业所制定的产品标准应当自我声明公开"的规定。11 月，山东省质量技术监督局发文废止《山东省企业产品标准管理规定》《山东省企业产品执行标准登记管理办法》2 项规 2 范性文件，要求各单位停止办理企业标准备案登记工作。截至年底，全省 4 584 家企业自我公开声明 14 679 项标准。

【标准化宣传】2015 年，山东省质量技术监督局加大标准化宣传力度。全年，在《大众日报》发表稿件 17 篇、《中国质量报》12 篇。山东新闻联播报道 8 次。山东省政府《每日要情》采用信息 4 条，质检总局政务信息采用 10 条。《中国标准化》杂志以专刊形式报道"山东标准"建设情况。9 月15 日、12 月 24 日，山东省政府新闻办分别就节能标准化政策、"山东标准"建设情况召开新闻发布会。10 月14 日，山东省质量技术监督局召开新闻通气会，就企业产品标准自我声明公开工作进行专题介绍。12 月 11 日，山东省政府门户网站围绕"山东标准"建设对山东省质量技术监督局领导进行在线视频直播访谈。12 月 14 日，山东省质量技术监督局召开新闻发布会，对新制定的 14 项养老服务业标准进行发布解读。

供　稿：山东省质量技术监督局
撰稿人：黄　亮
审稿人：郭大雷

河南省标准化工作

【概况】截至 2015 年底，河南省主导或参与制定国家标准 1 085 项（2015 年新增 110 项），新增主导或参与制定国际标准 9 项，制定地方标准 766 项（2015 年新增 189 项），承担国际或国家标准化技术组织 58 个（2015 年新增 1 个），设立省级标准化技术组织 18 个（2015 年新增 6 个），新建设国家级或省级服务业标准化试点 9 个，建设国家农业标准化示范区 159 个（建成 143 个），建设国家农业综合标准化示范市县 7 个（建成 3 个），建设省级农业标准化示范区 808 个（建成 718 个），建设省级农业标准化示范县 70 个（建成 70 个），获批国家循环经济标准化试点 4 个（2015 年新增 1 个），建设国家高新技术产业标准化示范区 1 个（2015 年建成 1 个），建设国家先进装备制造业标准化试点市 1 个。

【农业标准化】2015 年，河南省质量技术监督局推进现代农业和美丽乡村建设标准化。现代农业标准化方面：制定《强筋小麦生产技术规程》《中筋小麦生产技术规程》《弱筋小麦生产技术规程》《小麦苗情监测规范》等 137 项农业地方标准，同比增长 73.4%，现行有效的农业地方标准总数达到 413 项，基本形成涵盖主导、特色产品，覆盖主要生产环节的地方农业标准体系。扶持农业标准化示范区项目建设，推动鹤壁市、周口市、南阳市和商丘市宁陵县、南阳市西峡县开展国家农业综合标准化示范市（县）创建工作，指导国家石榴种植及产业化综合标准化示范区等 11 个第八批国家农业综合标准化示范区建设，涌现出荥阳河阴石榴、封丘树莓、潢川华英鸭、开封胡萝卜等一批国家农业标准化示范项目。新开展省级农业标准化示范区项目 54 个，同比增长 50%。完成 54 个 2013 年度省级农业标准化示范区项目的考核验收工作。

美丽乡村建设方面:支持濮阳县西辛庄村、宁陵县刘花桥村、辉县市裴寨村开展省级美丽乡村建设标准化示范项目。围绕省政府高标准粮田建设百千万工程、农业产业化集群培育工程和都市生态农业发展工程,支持浚县、温县、西平县、潢川县、柘城县、滑县开展高标准粮田建设标准化示范区,支持信阳茶叶产业集群、伊赛肉牛产业集群、恒都肉牛产业集群、西平生猪产业集群、南召柞蚕产业集群开展产业化集群标准化示范区,支持孟津县、陕县、周口市川汇区等开展都市生态农业标准化示范区。

11 月 5—9 日,河南省组织 10 个国家农业标准化示范区的 20 多种产品参加质检总局、国家标准委和陕西省政府联合举办的全国农业标准化示范区建设 20 年成果展。年内,河南省农业标准化工作分别在全国农业标准化示范区绩效考核座谈会和全国第二期农业标准化培训上介绍经验。

参加省促进食品农产品出口联席会议办公室组织的考核组,对 10 个河南省出口食品农产品质量安全示范区进行现场考核;国家标准委组织考核组,对潢川县国家樱桃谷鸭养殖及加工标准化示范区和西峡县国家农业综合标准化示范县等第八批国家农业综合标准化示范区项目进行抽查。

【工业标准化】2015 年,河南省质量技术监督局鼓励、支持、指导企业建立实施标准体系,采用国际标准和国外先进标准。全年,新确认标准化良好行为企业 9 家,到期复审标准化良好行为企业 11 家,全省标准化良好行为企业总数达到 214 家。全省有 3 518家企业的 4 623 种产品获得采标标志和采标确认证书,产品涉及冶金、建材、电工、电子、机械、化工、轻工、纺织、医药、食品等重要行业。

联合交通部门制定《高速公路路面石料加工及应用技术规范》18 项地方标准;联合建设部门在建筑节能和绿色建筑等领域制定《外墙外保温用磷酸二氢铝膨胀珍珠岩保温板》等地方标准;联合地矿部门制定《矿山地质环境恢复与治理工程施工监理规范》《浅层地热能钻探技术规范》等地方标准;联合环保部门制定《工业炉窑大气污染物排放标准》《水污染源自动监控基站建设技术规范》等地方标准。

指导全国发制品标准化技术委员会等 3 个全国标委会的换届工作。根据《河南省专业标准化技术委员会管理规定(试行)》,批准成立承压类特种设备、起重机械、洗化产品、铝及铝制品、电子信息、电池等 6 个河南省专业标准化技术委员会,批准筹建河南省纺织服装标准化技术委员会。

洛阳市创建全国第一个国家先进装备制造业标准化试点市,围绕高端装备制造,建立回转窑、辊压机、重型柴油机、机床高速精密轴承、风力发电机偏航变桨轴承、风力发电机主轴轴承等 9 个产品的标准综合体;试点市重点企业参与制定 45 项国家标准、行业标准;“洛阳市先进装备制造业标准体系研究(二期)”项目列入国家标准委标准公益科研项目支持;洛阳市装备制造业标准信息服务平台先后为 120 余家企业免费提供 600 多项标准电子文档。

推进襄城县国家循环经济标准化试点县和济源市玉川产业集聚区国家循环经济标准化试点创建工作。襄城县国家循环经济标准体系研究公益科研项目通过国家标准委组织的验收。鹤壁市和渑池县循环经济标准化模式被列入国家循环经济标准化典型模式案例。

【服务业标准化】2015 年,河南省开展国家服务业标准化试点创建工作。下发《国家级服务业标准化试点项目推进工作计划》,永城市芒砀山旅游开发有限公司汉文化传承服务标准化试点、光山县行政服务中心政务服务标准化试点等 6 家国家服务业标准化试点通过考核验收,对焦作人才交流中心公共就业人才服务标准化试点、南水北调中线渠首水源地保护服务综合标准化试点等国家级服务业标准化试点进行中期评估和推进指导。指导郑州航空港企业(河南省机场集团等)开展国家服务业标准化试点培育和创建工作。

重点推动行政服务中心服务业标准化工作。指导新乡市行政服务中心等 5 家单位开展省级行政服务中心服务业标准化试点创建工作,其中新乡市行政服务中心、濮阳市行政服务中心通过考核验收。目前围绕行政服务中心服务业标准化工作,河南省创建漯河市行政服务中心、信阳市行政服务中心等 12 个国家服务业标准化试点和中牟县行政审批中心等 31 个省级服务业标准化试点。

推进行政审批标准化工作。与省编办共同推进郑州、漯河、鹤壁、焦作四市和巩义、兰考、永城等十个直管县行政审批标准化试点工作,将行政审批标准化与行政机关责任清单、权力清单和收费清单以及行政服务标准化系统结合,共同实施。

开展省级服务业标准化试点的培育和考核。指导新乡南太行风景名胜区、夏邑县农村信用社等 6 家单位开展省级服务业标准化试点创建工作,其中夏邑县农村信用社通过考核验收。加强服务业标准化培训。组织全省服务标准化知识培训班,全省 350 余人参加培训和交流。

联合商务部门制定发布 10 项《商城炖菜烹饪技艺》系列地方标准;在清洗保洁领域,制定发布《石材清洗护理服务规范》等地方标准;在特种设备检测领域,制定发布《固定式液压升降平台检验规则》《桥架型起重机型号编制规则》《电梯安全评估规则》等地方标准;在智能交通领域,制定发布《城市客运监管与服务信息系统》《城市公交智能调度系统》等10项地方标准。

【高新技术产业标准化】2015年，郑州国家高新技术产业开发区创建国家高新技术产业标准化示范区顺利通过国家标准委组织的考核验收。郑州高新技术产业开发区相继出台《郑州高新区创建国家高新技术产业标准化示范区实施方案》《郑州高新区实施技术标准战略资助奖励资金管理办法》等近20项推动示范区标准化工作的激励政策和保障措施，建立组织管理及政策推进机制，形成"政府促动、部门联动、企业主动"的北上南下、定向突破的标准化工作模式；主导研制2项国际标准，提出6项国际标准提案，主持制定50项国家标准，13项标准项目获得市级以上奖励，重点企业承担或参与国家、行业、地方自主创新技术标准制修订比例达31%；重点企业承担省以上专业标准化技术机构达16家，组建高新区标准化专家库。

【企业产品标准备案】2015年，河南省质量技术监督局依据质检总局、国家标准委《企业产品标准管理规定》，备案饲料、化肥、农药、机械、电子等企业产品标准2 432项，累计备案企业产品标准5 347项。

按照国家标准委关于企业产品和服务标准自我声明公开和监督试点工作的统一部署，河南省质量技术监督局推荐洛阳市作为企业产品和服务标准自我声明公开和监督试点，获得批复。河南省质量技术监督局印发《关于在洛阳市开展企业产品和服务标准自我声明公开和监督制度试点工作的通知》。12月，洛阳市正式开展企业产品和服务标准自我声明公开和监督制度试点工作。截至年底，有3家企业自我声明公开5项标准。

供　稿：河南省质量技术监督局

湖北省标准化工作

【概况】截至2015年底，湖北省主导或参与制定国际标准27项；主导或参与制定国家标准1 246项、行业标准4 804项；现行地方标准1 021项（2015年新增73项）；承担国际或国家标准化技术组织29个；建设国家农业标准化示范区181个；建设国家级服务标准化试点10个；建设农村公共服务运行维护试点3个；获批创建国家循环经济标准化示范区1个；创建国家高新技术产业标准化示范区1个。

8月19—21日，全国地方标准化管理人员培训班和全国地方标准化工作座谈会在武汉举办，全国31个省、市、自治区的143名地方标准化管理人员参加培训。培训班安排标准化专家授课和标准化试点示范单位经验介绍。会议解读国务院《深化标准化工作改革方案》和企业产品和服务标准自我声明公开和监督制度，北京、江苏、广东等省市标准化方面的专家分别介绍京津冀区域标准化协作、标准化试点示范建设及企业标准化工作；武汉市介绍本市中小企业标准化提升工程建设情况；来凤县政务服务中心、湖北木兰花家政服务有限公司分享创建国家级服务业标准化试点的经验；就标准化改革方案如何有效落地、标准化战略规划及标准化"十三五"编制规划、企业标准自我声明公开、标准化试点示范创建等工作进行探讨。

11月17日，湖北省质量技术监督局与湖北日报传媒集团联合在武汉主办"湖北国家地理标志产品深度推介活动"启动仪式，人民网湖北频道、新华网湖北频道、中新网湖北频道、《中国质量报》湖北记者站、《湖北日报》、湖北卫视、《楚天都市报》、湖北省政府门户网、荆楚网等媒体参与报道。会议为记者团授旗并启动以"聚焦国家地理标志产品　打造湖北经济发展新引擎"为主题的宣传活动。活动期间，湖北省质量技术监督局向湖北日报传媒集团赠送《地理标志大典》。

【农业标准化】2015年，湖北省质量技术监督局开展第八批国家级农业综合标准化示范项目建设现场指导，制定第八批国家级农业标准化示范项目绩效考核方案。批复建立鄂州市生态农业示范市，组织开展专题讲座培训指导全省首个生态农业示范市建设。完成49个第五批省级农业标准化示范项目考核验收并进行集中宣传，发文通报考核情况并对考核合格项目颁发证书。在全省范围内征集省级第六批农业标准化示范项目，经过立项初审，选定16个农业（林业）标准化示范项目和4个地理标志产品保护性开发示范项目。

遵循"选好一个项目、建立一个标准体系、形成一个龙头、创立一个品牌、带动一个产业、致富一方百姓"的工作思路，将建立和完善标准体系作为重中之重，贴近生产实际，为每一个示范项目制定技术规范、管理标准和产品标准，形成完善的标准体系。截至年底，全省农业标准化示范区国家级达181个，省级达115个。

【工业标准化】2015年，湖北省质量技术监督局鼓励企业建立实施标准体系，支持中小企业创建标准化良好行为试点，全年有33家中小企业通过省级标准化良好行为企业验收，提高企业管理水平。推行企业标准自我公开申明制度，全年有1 402项企业产品标准上网公示。联合省住建厅、省交通厅、省经信委、省发改委、省安监局等部门发布33项地方标准。继续推进工业标准化试点项目建设，谷城循环经济国家级标准化示范区取得阶段性成果，湖北华亿通省级循环经济示范区标准体系日趋完善，湖北新能源企业、湖北数字家庭、湖北地球空间信息系统、黄冈窑炉等产业联盟试点工作全面展开。

【服务业标准化】2015年，湖北省以建立和完善全省服务业标准体系为目标，加快服务行业基础标准研制修订。全年立项服务业类(含公共服务类)省地方标准27项，注重围绕产业链和行业管理需求系统规划和立项，如《湖北旅游强县评定规范》《湖北旅游名镇评定规范》《湖北旅游名街评定规范》《湖北旅游名村评定规范》《湖北示范休闲农庄评定条件》等标准，形成系列。全年完成省地方标准研制12项，修订3项。如《房产测量技术规程》《人力资源服务机构等级划分与评定》《流动人员从事档案管理规范》《居家养老服务规范》《医院物业服务规范》《家政服务员培训规程》《家政服务业质量等级评定通用规范》《冷链物流城市共同配送托盘使用标准》等，为规范行业秩序、提升服务质量提供基础支撑。开展服务业标准体系研究，省标准化研究院协助行业主管部门或行业协会，研究规划“湖北省养老服务业标准体系”“湖北省物流业标准体系”“湖北省清洗保洁行业标准体系”等，在系统设计基础上，推进服务业标准化工作。

开展服务业标准化试点，促进服务业标准实施。采取“2+X(即质监局、发改委+行业主管部门)”模式推进服务业标准化试点工作。全年，新增省级服务业标准化试点(第八批)13个，有11个第五批、第六批的省级试点项目通过考核评估。宜昌市政务中心、湖北木兰花家政服务公司、黄石市宏维物业管理公司承担的国家级服务业标准化试点项目通过考核评估。会同省民政厅、省旅游局推进民政、旅游标准化工作，开展标准化知识宣讲，组织标准宣贯活动，重点推动行业标准化建设。在全省服务行业推广《湖北省长江质量奖评定标准》，鼓励企业强化质量标准意识，创造服务业品牌，十堰市太和医院获第六届“湖北省长江质量奖”。

拓展服务业标准化领域。成立“湖北省物流标准化技术委员会”(代号HUBS/TC29)，吸收产学研和管理部门专家27人，组成省物流标准化技术委员会，制定章程和工作规划，研究提出省物流标准体系规划，建立省物流标准信息服务网络平台，为物流企业免费提供物流标准查询、物流标准化知识咨询服务。委托武汉大学质量发展战略研究院进行“湖北省服务行业顾客满意度测评”，对交通运输、电信、住宿餐饮、金融、教育、卫生6大行业8个领域进行调查测评，推动以顾客为中心的服务业质量标准化建设。

【标准化宣传】2015年，湖北省质量技术监督局利用省局网站平台开展宣传工作，发挥新闻媒体的宣传效应，联合湖北日报荆楚网、湖北卫视等多家媒体开展题为“聚焦国家地理标志产品　打造湖北经济发展新引擎”的宣传推介活动。全方位推介湖北省的国家地标产品，挖掘市场价值，探寻解决地标产品发展瓶颈的方法，助推国家地标产品打响品牌、走向世界，合力打造拉动湖北省经济发展的新引擎。全年，《中国质量报》报道湖北省标准化工作10余次，其中《示范区建设引领农业标准化》《提质增效从标准做起》等报道登上头版，被《湖北日报》《长江日报》荆楚网、环球网、财经频道等报刊或网络媒体采用。

【节能标准体系建设】2015年，湖北省质量技术监督局推进循环经济节能减排标准化。会同省发改委、省经信委、省科技厅等部门组织制定《湖北省加强节能标准化工作实施方案》。会同省发改委推进循环经济标准化试点工作，谷城循环经济工业园国家级标准化试点取得阶段性成果，华亿通废旧轮胎省级循环经济标准化试点开局良好，一批节能减排的企业标准相继发布。

围绕深化改革，建立完善政策机制。加强调查研究，推动省政府出台《加强节能标准化工作实施方案》，加强在产业结构调整、节能减排、循环经济等重点领域与省发改委、省经贸委、省科技厅等部门的沟通协调，促进标准化与支柱产业发展的紧密衔接和互动支持。强化地方财政对技术标准研制、标准化示范项目建设的政策支持，加强政府投入，建立健全激励机制，加快研究制定湖北省技术标准体系规划，推动节能标准化建设，协调财政增加节能标准化经费。

开展标准实施情况联合检查行动。组织开展燃煤节能减排攻坚战行动，启动实施“燃煤锅炉节能环保综合提升工程”，通过实施燃煤锅炉节能减排攻坚战，开展在用燃煤工业锅炉能效普查、推动锅炉系统安全节能标准化管理、强化节能减排知识培训、完善法规标准，加强监督检查。推动形成锅炉安全监察与节能监管相结合的工作机制。促进锅炉系统运行水平显著提升，构建锅炉安全、节能与环保三位一体的监管体系，开创“企业主动、政府推动、部门联动、典型带动”的高耗能特种设备节能工作局面。

【企业产品标准自我声明】2015 年，按照《国家标准委关于深化企业产品和服务标准自我声明公开和监督制度试点工作的通知》要求，湖北省于2015 年9 月拟定《省质监局贯彻落实国务院〈深化标准化工作改革方案〉工作方案》，将深化企业产品和服务标准自我声明公开和监督制度纳入其中，并明确从 2016 年开始，在全省开展企业产品服务标准自我声明公开制度试点，先期将武汉、荆门作为 2015 年首批试点开展企业产品和服务标准自我声明公开和监督制度的市州。截至年底，武汉、荆门 1402 项企业产品和服务标准上网进行自我公开声明。

【标准化国际合作】2015 年，湖北省质量技术监督局开展国际交流活动，开拓湖北标准化工作国际视野，为提升湖北地区产业外向度创造条件，搭建平台。全年，举办国际标准化论坛及交流活动 2 次，邀请荷兰鹿特丹大学管理学院标准化领域教授亨特・弗里斯（Henk De Vries），中欧世贸项目首席专家罗伯特・侯亨（Robert Huigen）来武汉直面湖北地区企业、行业专家，解答疑惑，传授和交流国际标准工作经验和理念，回答企业关于市场准入的问题。

国际标准化机构合作方面，湖北 WTO/TBT 通报咨询中心与欧洲标准化驻华专家项目（SESEC）建立工作联系，达成共识：在促进与欧盟标准化技术交流合作目标的指引下，湖北省质量技术监督局向质检总局和标准委提出申请，加强与法国标准协会（AFNOR）合作，探索在湖北建立法国标准研究中心。

国外文献收集方面，加强国外标准的收录工作，截至年底，收录和整理国际国外标准文献题录 94 万条，标准 36 万条，为进出口企业规避贸易风险提供技术支持。

【标准化科研机构建设】2015 年，湖北省质量技术监督局推动标准化科研机构通过强化人才队伍建设，优化标准化公共服务平台。在人才队伍建设上，全年有 4 名博士加入湖北省标准化战线，邀请包括中国-欧盟世贸项目首席专家和伊拉姆斯大学鹿特丹管理学院教授等在内的国内外专家开展 9 期专业培训与学术交流，派出 100 余人次参加标准化业务培训与专业会议。

在信息化建设上，湖北省不断丰富服务平台内容，优化平台服务功能，应用“大数据”“云计算”和“移动终端”等前沿信息技术，采取智能工具模块化分离重组的方式，对湖北数字标准馆核心功能进行优化整合，以升级改版的标准化公共服务平台在全省各地市进行部署与推广；围绕用户体验和使用习惯对 WTO/TBT 通报咨询及预警服务平台的展现形式进行调整，开发海外版，提升网站的外向度与实用性；完成组织机构代码基础信息区域共享平台二期的升级与发布；持续开展召回信息、消费预警、质量安全形势早期预警发布，保持湖北省缺陷产品管理与公共服务平台各板块信息的鲜活性和有效性；搭建“楚天一码通”工作平台，并正式上线投入运行；完成检验检测机构 2015 年度普查工作，形成全省检验检测机构数据分析报告，在省统计局内参发表。完成检验检测机构综合服务平台的需求分析和系统设计，完成第一期的系统开发与数据采集，并正式上线运行，为对全省检验检测机构在线远程实时数据交互与监管提供技术措施。

供　稿：湖北省质量技术监督局

湖南省标准化工作

【概况】截至 2015 年底，湖南省主导或参与国际标准制定 94 项；主导或参与制定国家、行业标准 1 021 项（2015 年新增 51 项）；制定地方标准 1 293 项（2015 年新增 189 项）；承担国际标准化技术组织 2 个，国家标准化技术组织 21 个，设立省级标准化技术组织 12 个；建设国家或省级服务业标准化试点 87 个；建设国家或省级农业标准化示范区 233 个；建设国家循环经济标准化示范区4 个；建设国家高新技术产业标准化示范区 2 个。

【国际标准化】2015 年，全国烟花爆竹标准化技术委员会在浏阳、浙江分别召开核心专家会议，讨论正在制定的 9 项国际标准。10 月，ISO/TC264 第4 次年会在南非召开，对 9 项国际标准进行讨论并投票通过。9 月 7—14 日，ISO/TC96 年会在澳大利亚召开，湖南省中联重科股份有限公司参与ISO 10245-3《限制器与指示器　第 3 部分：塔式起重机》等 3 项国际标准的修订工作，并争取到2016 年年会在中国召开。中国中车株洲所、株洲橡塑研究院等主导制定的国际标准进展顺利。中车株洲所作为国际电工委轨道交通牵引电气设备与系统标准化技术委员（IEC/TC9）国内对口单位，主导制定国际标准 9 项，批准发布 5 项；参与制定国际标准 68 项。

【农业标准化】2015 年,湖南省质量技术监督局推进现代农业标准化,通过示范区的示范、辐射和带动作用,促进农业增效、农民增收和在农村经济发展中发挥重要作用。国家级安化黑茶标准化示范区,建设过程中制定和实施 21 个地方标准,促进黑茶产业快速健康发展,涌现出白沙溪、怡清源等十大黑茶品牌,2015 年黑茶产量全国排名第一,综合产值达 104 亿元。批准发布农业地方标准719 项,为助推农业现代化发展提供技术支撑。与省发改委、省农委等 10 个部门沟通与协调,完成《高标准农田建设》系列 10 个地方标准制定工作,解决国土、农委、财政、水利等部门在高标准农田建设中各自为政,标准不统一的问题,省政府在湖南高标准农田建设规划中明确要严格按照发布的地方标准进行建设和验收。探索开展两型农业、循环农业、休闲农业标准化试点等工作。

【工业标准化】2015 年,湖南省质量技术监督局对接“湖南制造 2025”“一带一路”和“长江经济带”建设,围绕推动战略性新兴产业发展,推进工业标准化工作。截至年底,主导或参与制定国家、行业标准 1 021 项,批准发布工业地方标准 244 项,发布联盟标准 7 个。中国中车株洲所依托全国牵引电气设备与系统标准化技术委员会(SAC/TC278),主持制定国家标准72 项,参与制定国家标准 30 项。汨罗市碳素协会 40 余家碳素生产企业共同制定的《石墨粉》《石墨异型件》2 项企业联盟标准发布,该标准是省内首个企业联盟标准,也是国内首次制定这两类石墨产品的联盟标准。

【服务业标准化】2015 年,湖南省质量技术监督局贯彻落实标准委、发展改革委、商务部等部门要求,推进服务标准化工作。完成《湖南省“十三五”社会治理标准体系研究》《湖南省社会信用标准体系研究》等项目研究,开展相关标准体系建设,为如何发挥标准化工作在转变政府职能,促进社会管理和公共服务能力提升方面提供参考依据和标准技术支撑。截至年底,批准发布服务业地方标准 179 个,建设87 个国家或省级服务业标准化试点。常德市政务中心作为湖南省第一家通过评估的国家级服务业标准化试点单位,开展标准体系建设,形成科学规范、运行有效的政务服务标准化工作管理机制,制定通用基础标准 35 个、服务保障标准 39 个、服务提供标准 474 个,政务服务标准覆盖率达 98.5% 以上,群众满意度达 95% 以上,服务质量明显提高。张家界天门山国家级旅游服务业标准化试点,建立并实施涵盖景区游览、购物、餐饮、交通 4 项旅游基本要素的服务标准体系及各项管理与服务标准,景区服务质量不断提升,经济社会效益持续增长。地方标准《毛泽东主席工艺塑像》得到省委领导同志肯定。张家界市旅游局等单位起草的《旅游业分类》《旅游经济核算》《旅游企业游客满意度星级划分与评定》地方标准,经测算为该市每年旅游业税收增加 5 000 万元。《沐浴足浴按摩服务规范》《辣椒炒肉》湘菜系列地方标准,以及《湖南省金融 IC 卡行业应用规范》《住宅装饰装修工程质量验收规范》等地方标准产生积极社会影响。

【标准化宣传】2015 年,湖南省质量技术监督局继续加大标准化工作宣传力度,利用报纸、网络、电视等媒体做好标准化宣传工作。10 月 14 日,在《湖南日报》质量专刊以“深入推进标准化工作 营造公平竞争环境”为主题进行专题报道,向质监系统集团成员和部分省直机关、市州政府领导发送手机短信等形势宣传世界标准日。6 月 30 日,召开地方标准 DB43/T 966—2014《建设用粉末喷涂锌钢防护型材》宣贯暨新闻通报会,标准起草单位代表及行业相关代表 120 余人参加。9 月 29 日,召开《湖南省反恐怖防范管理规范》系列地方标准新闻发布会,该标准突出“预防为主、单位负责、突出重点、保障安全”的工作方针,是推进平安湖南建设、构建立体化社会治安防控体系的务实举措,对推动反恐怖工作从部门管理走向社会共同管理具有重要意义。

【节能标准体系建设】截至 2015 年底,湖南省质量技术监督局服务湖南省“四化两型”建设,发布 41 项节能环保的两型社会地方标准。DB43/T 613—2011《行政机关单位综合能耗、电耗定额及计算方法》《普通高校综合能耗、综合电耗定额及计算方法》等 5 项地方标准,根据调查数据测算,标准实施后,在“3 + 5”城市群进行试点,普通高校、医疗机构、行政机关、商场超市综合能耗同标准实施前相比可望每年分别节约 1.45 万吨、1.07 万吨、1.04 万吨、1.06 万吨标准煤,每年节电 9 277.88 万千瓦时、4 462 万千瓦时、6 297.48 万千瓦时、4 290 万千瓦时;《在用压燃式发动机汽车排放烟度排放限值(加载减速工况法)》《区域温室气体排放计算方法》《组织温室气体排放计算方法》《用水定额》《两型机关》等地方国家标准委省各级部门在环境治理中提供重要参考,为各级职能部门在环境整治过程提供执法依据,得到社会各界好评。

【循环经济标准化试点】2015 年,湖南省质量技术监督局推进国家循环经济标准化试点建设。汨罗、永兴 2 个国家级循环经济标准化试点通过标准委考核验收。娄底、岳阳凯美特 2 个国家级循环经济标准化试点各项建设工作有序推进。永兴县以试点建设为契机,制定国家标准 GB/T 26308—2010《银废料分类和技术条件》、地方标准 DB43/T 579—2010《铋冶炼污染控制技术规范》等标准,通过“三废”循环利用标准体系的实施,从“三废”中提炼有色金属超过15万吨，相比从原矿中提取等量金属量减少废渣排放千万吨以上、减少二氧化硫排放1.5万吨以上，可节约标煤90万吨、节水5263万吨，成功将永兴县打造成中国利用有色金属“三废”原料手段最多、利用效果最好、综合效益最高的再生资源加工利用基地。汨罗循环经济产业园区通过试点建设，建立符合再生资源产业链特色、模块化与链条化相结合、适用性强的循环经济标准体系；建立循环经济标准化信息平台，健全企业标准化组织，企业标准化意识和能力得到提升。

【企业产品标准自我声明】2015年，湖南省启动全省企业产品和服务标准自我声明公开试点工作，经过深入调研，起草规范性文件《湖南省企业产品和服务标准管理办法（试行）》，经省法制办统一登记、统一编号、统一公布，2016年全省正式实施。

供　稿：湖南省质量技术监督局
撰稿人：段向阳
审稿人：江　涛　李少阳　胡新军

广东省标准化工作

【概况】2015年，广东省质量技术监督局编制《广东省实施标准化战略“十三五”规划》，推动成立国家技术标准创新基地（华南中心、广州），参加《中华人民共和国标准化法》修订和包括团体标准在内的全国重要标准专项管理办法的研讨，开展《广东省标准化条例》制定的相关研究。标准委就商事制度改革和统一社会信用代码制度建设情况，到广东省调研并召开专题座谈会。在揭阳市军埔“淘宝村”举行电商产品标准明示和鉴证启动仪式，倡议在军埔“淘宝村”率先开展标准明示和鉴证活动，推动广东省电商企业规范化发展。指导有关单位制定《网络交易服务规范　消费品信息明示通用要求》等地方标准。

截至年底，广东省主导或参与制定国际标准1 041项（2015年新增167项）；主导或参与制定国家标准4 061项（2015年新增254项）；行业标准3 385项（2015年新增317项）；制定地方标准1 855项（2015年新增289项）。承担国际或国家标准化技术组织203个（2015年新增8个）；成立省级标准化技术组织97个（2015年新增7个）。建设国家级服务标准化试点42个，建成38个；建设国家农业标准化示范区133个，建成122个；建成省级先进标准体系建设试点20个；建成省级专业镇标准化试点12个；建成省级综合标准化建设试点20个；建成省级实施技术标准战略示范区（镇）10个；获批创建国家循环经济标准化示范区6个；建成国家高新技术产业标准化示范区2个；成立标准联盟组织246个（2015年新增43个），发布实施联盟标准972项（2015年新增266项）；完成标准化良好行为企业确认1 553家（2015年新增267家），采用国际标准和国外先进标准28 454项（2015新增1 780项）。2009年以来，企业产品标准备案91 915项（2015年新增14 288项），企业产品执行标准登记53 138项（2015年新增13 655项），制定高于国际、国家或行业标准的企业（联盟）标准44 862项（2015年新增8 215项）。

【农业标准化】2015年，广东省质量技术监督局历时3个月在全省范围18个地市开展实地调研，走访了解各地农业标准化工作特点与亮点，遴选农业标准化优秀案例汇编成《希望的田野》宣传册。4月14日《羊城晚报》A19版，整版刊登“标准化为广东农业提质增效安全插上翅膀”的专题报道文章，宣传农业标准化成果。会同省农业厅、省林业厅和省海洋渔业局，联名向省政府报送《关于“十二五”以来我省农业标准化服务现代农业大发展情况的报告》。

【工业标准化】2015年，广东省质量技术监督局围绕省委、省政府战略性新兴产业部署，推进工业先进标准体系建设。组织召开广东省战略性新兴产业标准化工作座谈会。批准发布《高精密挠性印刷线路板技术要求》等28项高端新型电子信息产业、DB44/T 1763—2015《电动汽车用锂离子动力电池系统安全要求》等33项电动汽车产业、《LED球泡灯》等37项LED照明产业地方标准。启动“广东省环保产业标准体系规划与路线图”编制工作，完成“广东省新材料标准体系规划与路线图”编制工作。9月17日，在2015广东质量年会暨泛珠三角区域质量合作会议上，联合广东省经济和信息化委发布《广东省高端装备制造产业标准体系规划与路线图（2015—2025年）》。规划智能制造装备、通用航空装备、城市轨道交通装备、海洋工程装备及船舶制造四个产业标准体系，分别从“标准化研究、平台建设、关键标准制修订、政策措施、专家队伍与专业人才建设”等五个方面提出高端装备制造产业标准化的战略推进进程和目标。组织专家对东莞市长安镇、塘厦镇、茶山镇和中山市大涌镇、小榄镇等5个省实施技术标准战略示范区镇进行验收。

【服务业标准化】2015年，广东省质量技术监督局制定《2015年广东省服务业标准化项目申报重点参考目录》。与省中医药局、省中医标委会商讨制定《广东省中医药标准制修订项目管理办法（试行）》，研究推进中医标准化工作新模式。印发新修订的《广东省服务业先进标准体系试点项目评估验收评分表》。与省有关行业主管部门共同推动相关领域标准化工作。与省文化厅商讨共同推动公共文化服务标准化工作，与省气象局商讨共同推动气象服务标准化工作，与省经济和信息化委商讨构建智慧城市评价指标体系，与省住建厅共同审定《宜居社区建设评价》地方标准，与广州市空港委、广州空港综合保税区办事处和广州机场出入境检验检疫局商讨建设跨境电商标准化示范试点事宜。9月21日，在揭阳市军埔“淘宝村”举行电商产品标准明示和鉴证启动仪式，倡议在军埔“淘宝村”开展标准明示和鉴证活动，推动全省电商企业规范化发展。指导有关单位抓紧制定《网络交易服务规范　消费品信息明示通用要求》等地方标准。报送广东省商务物流标准化工作方案，成功推荐广州、中山、佛山、东莞、肇庆等5市申报国家物流标准化试点城市并获批。

【标准化宣传】2015年，广东省质量技术监督局出版《广东省实施技术标准战略十春秋》和《希望的田野》2本宣传册；制作实施技术标准战略十周年视频宣传片；在省局网站设专栏介绍实施技术标准战略十周年情况；《羊城晚报》《中国质量报》和《中国标准化》杂志等媒体重点报道全省实施技术标准战略十周年工作成效；广东电视台系列报道省农业标准化工作成效。8月18日，以“建立健全农业标准化体系　唤醒广东传统农业的现代价值”为主题的在线访谈节目在南方网访谈直播间进行。牵头联合省农业厅、省林业厅、省海洋渔业局和省农科院的5位业务处室负责人、专家与网友在线交流全省农业标准化工作情况。

【标准化科研】2015年5月7日，由广东省标准化研究院牵头承担863课题“机电产品绿色制造基础标准与应用”通过科技部组织的验收，课题从机电产品全生命周期角度出发，开展“LED照明产品生命周期评价”“绿色制造共性技术标准”“典型机电产品关键技术标准”等关键技术研究，完成LED照明产品绿色综合评价系统及数据库1套、绿色制造LED模块光色性能虚拟装配评价系统1套、LED标杆信息数据库1个、机电产品绿色制造共性与关键技术标准33项（其中国际标准立项1项、国家标准立项16项、国家标准立项公示3项、行业标准立项3项）、专著1部、论文16篇以及专利10项等多项成果，LED照明产品全生命周期绿色综合评价体系与数据库在50家以上相关LED照明企业进行示范应用。

【标准化人才培训】2015年，广东省质量技术监督局会同省教育厅推动教育部批准广东开放大学开设标准化工程专业，培养标准化人才。组织技术机构开展中小企业标准化战略与应用培训班，分别在惠州、清远、汕头、湛江、潮州、云浮、佛山等地完成7场培训，每场人数均超过100人。

【标准化国际合作】2015年，广东省质量技术监督局开展标准走出去工程。委托广东开放大学组织全省有意愿、有实力承担ISO TC/SC秘书处的企事业单位负责人或业务骨干70余人参加国际标准化知识培训班。培训班上，国际标准化组织技术管理局（ISO/TMB）秘书长、标准化与技术政策处主任Sophie Clivio（索菲·理维奥），围绕国际标准化组织概况及机构框架、标准制定和技术管理局等三方面内容，作了“国际标准化组织治理与技术管理局角色”（“Role of ISO Governance and the TMB”）主题报告；广东开放大学教授黄永衡针对广东国际标准工作实际，结合其多年从事国际标准化工作的经验和体会，通过列举典型案例，作了题为“企业如何参与国际标准化活动”的专题报告，阐述ISO/IEC组织架构、工作职责及工作主要技术文件。参训人员围绕企业如何跟踪国际标准化活动、企业如何提出制定国际标准新项目、ISO技术委员会绩效考评机制以及国际标准化人才培养工作等问题与授课专家进行互动，达到预期的培训效果。

【深圳标准化工作】截至2015年底，深圳市研制标准4 212项，其中，国际标准1 135项，国家标准、行业标准、地方标准、团体标准等3 077项；落户深圳的国际国内专业标准化技术委员会（TC/SC/WG）57家，其中国际9家、国内48家。年内，推动在中医药、纳米材料、太阳能光伏、生物技术等领域国际标准提案立项22项；完成200余万字的国外法规、标准等资料的翻译、研究工作，涵盖欧洲各国的标准化战略规划、标准化政策，以及无人机、光伏、智能交通等前沿领域；拓展与英国标准协会（BSI）、美国材料与试验协会（ASTM）、德国合作机构（GIZ）等国外标准化组织的交流合作，在反贿赂、低碳、智慧城市和养老服务等多个领域达成合作意向。

是年，深圳市开展标准体制改革，完成并发布打造深圳标准系列创新制度，包括《深圳市团体标准管理暂行办法》《深圳市标准自我声明公开管理暂行办法》《深圳标准先进性评价暂行管理办法》《深圳标准认证管理暂行办法》《深圳标准标识管理暂行办法》等5项制度。市政府以2015年1号文印发《关于打造深圳标准构建质量发展新优势的指导意见》及其行动计划，要求市、区两级政府要把打造深圳标准工作纳入政府绩效考核体系。

加快推进集标准自我声明公开、深圳标准先进性评价、深圳标准认证等服务为一体的深圳市标准信息平台建设。遴选部分企业开展深圳标准认证培育。确定深圳标准标识。开展2015年度深圳市科学技术奖（标准奖）评选，确定15个推荐奖励项目和3个备选项目。加强城市金融标准化建设，深圳市金融办发布《市金融办关于成立深圳市金融业标准化工作推进小组的通知》和《关于打造深圳金融标准构建深圳金融发展新优势的指导意见》。

年内，深圳市技术标准文件立项征集300余个项目，立项184项，发布技术标准56项。11月，国家电子商务综合标准化示范区通过验收。实施标准化战略资金，安排本年度标准研制类项目、企业标准联盟项目和承担国际国内标准化专业技术委员会（TC/SC/WG）工作项目236项，下达深圳市实施标准化战略资金2457.025万元。截至5年底，建立22家产业标准联盟（2015年组建7家产业标准联盟），研制发布联盟标准133项，其中上升为国际标准提案6项，上升为国家标准和行业标准29项。

供　稿：广东省质量技术监督局
　　　　深圳市市场和质量监督管理委员会
撰稿人：任　翔　包丽娟　王　科
审稿人：任　翔　史诗帧

广西壮族自治区标准化工作

【概况】 截至2015年底，广西承担国际标准化组织（ISO）秘书处1个，国际电工标准化组织（IEC）和国际标准化组织（ISO）在国内的5个对口机构，全国专业标准化技术组织14个，成立广西专业标准化技术委员会36个；主导或参与制修订国际标准27项，国家（行业）标准780项，组织制修订地方标准1 297项；组织创建国家级、自治区级农业标准化示范区216个，国家级、自治区级服务标准化试点48个，国家级美丽乡村标准化试点4个，国家级、自治区级社会管理和公共服务业标准化试点5个，标准化良好行为试点企业92个，国家循环经济标准化试点1个；1 078个重点规模工业主导产品采用国际标准或国外先进标准备案证书。

是年，为贯彻落实《国务院关于印发深化标准化工作改革方案的通知》、《国家质检总局　国家标准委关于改进和加强地方标准化工作的意见》和广西壮族自治区2015年深化经济体制改革部署，深化标准化工作改革，加强标准体系建设，夯实标准化发展基础，更好发挥标准化在促进广西经济发展和社会进步中的基础性、战略性作用，广西壮族自治区人民政府出台《广西壮族自治区人民政府关于印发深化标准化工作改革实施方案的通知》，提出改革分三步走：到2016年底，推进改革试点工作，建立完善配套制度；到2018年底，改变政府单一供给的现行标准体系，推进向新型标准体系过渡；到2020年底，基本建成结构合理、衔接配套、覆盖全面、适应经济社会发展需求的新型标准体系，为广西深化标准化工作改革提供有力组织保障和有效政策支持，对加强广西技术标准体系建设、提升广西标准化工作的能力和水平具有重要意义。

是年，广西壮族自治区人民政府下发《广西壮族自治区人民政府关于同意建立自治区标准化协调推进厅际联席会议制度的批复》，明确建立由广西壮族自治区人民政府分管领导同志为召集人，协助分管质监工作的广西壮族自治区人民政府副秘书长和广西壮族自治区质量技术监督局主要负责同志担任副召集人，自治区质监局、发展改革委、工业和信息化委、教育厅、科技厅、公安厅、民政厅、财政厅、人力资源社会保障厅、国土资源厅、环境保护厅、住房城乡建设厅、交通运输厅、水利厅、农业厅、林业厅、商务厅、文化厅、卫计委、旅游发展委、国资委、地税局、新闻出版广电局、安监局、食品药品监督管理局、粮食局、法制办、水产畜牧兽医局、气象局、广西博览局、广西海事局、广西保监局、中国人民银行南宁中心支行、知识产权局、广西机场管理集团、南宁铁路局等36个部门和单位有关负责同志为联席会议成员的广西壮族自治区标准化协调推进厅际联席会议制度，在广西壮族自治区人民政府领导下，统筹协调广西标准化工作。联席会议办公室设在广西壮族自治区质量技术监督局，承担联席会议日常工作，广西壮族自治区质量技术监督局分管负责同志兼任办公室主任。

【标准制修订】2015年，广西围绕"14+10"产业及优势特色产业发展需要，组织广西壮族自治区企事业单位、高等院校、科研院所等加大重要技术标准研制。主导或参与制修订《工业行业循环经济评价指南 铝行业》《病媒生物综合管理技术规范 环境治理 蚊虫》等30项国家标准；发布实施DB45/T 1183—2015《自走式粉垄深耕深松机技术条件》、DB45/T 1185—2015《城镇污水处理厂升级改造技术指南》、DB45/T 1163—2015《农家乐质量等级的划分与评定》、DB45/T 1164—2015《火灾高危单位消防安全评估规程》等151项广西地方标准，下达6批次416项地方标准立项项目，内容涵盖节能减排、安全、服务业、农业、林业、水产畜牧等各个领域。

【农业标准化】2015年，广西设计培训教材，邀请农业标准化权威专家解读农业综合标准化项目目标考核和绩效考核评分规则，指导帮扶16个国家级农业综合标准化示范县（区）及12个自治区级示范区完成第二年建设任务，促进农业增效农民增收。按照标准委下达《关于组织开展2015—2016年第八批国家农业标准化示范项目目标考核和绩效考核抽查工作的通知》要求，作为组长单位完成抽查上海、浙江、内蒙古、宁夏四个省（区）第八批全国农业综合标准化示范项目目标考核和绩效考核任务。准备广西农业标准化工作纪实专题片、电子书、成果展板等，组织横县茉莉花茶、昭平有机茶、巴马香猪、容县沙田柚、阳朔金桔、象州香米、上思香糯米、岑溪山茶油、火龙果、香蕉等14个示范区产品，参加全国农业标准化示范区20年成果展。

【美丽乡村标准化】2015年，广西以美丽乡村标准化试点建设为切入点，推动农村综合改革。组织专家指标帮扶国家美丽乡村标准化试点项目承担单位，依托试点建设探索制定涵盖建设、管理、维护、服务及评价等各环节美丽乡村标准，用标准化方法和手段推进美丽乡村建设，其中广西参与制定的国家标准《美丽乡村建设指南》已获发布实施。组织制定《美丽乡村公共服务通用要求》《美丽乡村饮用水卫生规范》《美丽乡村环境卫生通用要求》《美丽乡村村务管理规范》等11项美丽乡村地方标准。通过标准化方法和手段在美丽乡村建设中发挥重要支撑作用，改善农村生产生活条件，提高农村社会管理水平，确保广西美丽乡村建有方向、评有标准、管有办法。其中，国家级美丽乡村试点村团岩坡人均纯收入达25 780元，同比增长18%，群众满意度为100%。

【服务业标准化】2015年，广西壮族自治区政务服务中心获标准委批复创建国家级社会管理和公共服务综合标准化试点，以标准化手段推进政府机关自身建设，依托试点建设推进管理创新，打造优质服务品牌；广西壮族自治区质量技术监督局联合旅发委在广西壮族自治区组织创建旅游服务业标准化试点示范，加快推进旅游服务业标准化试点建设，以标准化为抓手提供旅游服务业服务质量水平，打造旅游服务业品牌，批复资源、金秀等3个县和南宁市青秀山景区、百色起义纪念馆等10家旅游服务业组织为自治区级旅游服务业标准化试点（县）；联合商务厅在全区摸底广西特色米粉情况，探索制定一批广西特色米粉地方标准；指导帮扶台湾花卉产业园旅游、南宁市凤岭儿童公园、广西白海豚投资置业有限公司、中国石油化工股份有限公司等18个服务业试点，健全服务业标准体系。

【工业标准化】广西致力于把"创建标准化良好行为企业"活动作为服务工业企业的一项基础性工作，全力指导、帮扶企业按照《企业标准体系》系列国家标准要求，运用标准化原理和方法，建立健全以技术国家标准委主体，包括管理标准、工作标准在内的企业标准体系并有效运行，促使企业生产、经营等各个环节实现全过程标准化管理，促使企业在标准化生产、管理和经营上上档次、上水平，促使企业获取良好的经济效益和社会效益。2015年，组织20家企业创建标准化良好行为企业。以出口产品、高附加值产品、名牌产品等为重点，引导企业开展国际标准关联度跟踪研究，坚持采用国际标准与自主创新相结合，结合自主创新成果，将国际标准、国外先进标准与自主创新成果进行有效嫁接，转化成先进适用的企业标准，全力提升企业标准水平、产品质量水平和市场竞争力。截至年底，1 078个重点规模工业主导产品采用国际标准或国外先进标准备案证书。

【标准走出去】2015年，广西发挥与东盟的区位优势及农业标准化示范区先行先试成功模式，配合国家战略部署，在标准委的指导下探索研究中国标准面向东盟走出去战略重大课题，研究中国与东盟共通、共融的中国标准。组织广西标准技术研究院、广西标准化协会、广西科技情报所和广西农科院等向标准委申报《中柬蔬菜种植标准化技术研究与示范》《面向东盟农业标准化国际培训班》《中国农业标准化技术在东盟国家的本地化》《中国-东盟大宗农产品标准比对研究》等课题，依托课题研究探索标准走出去战略研究。

【企业产品标准自我声明】2015年，广西主动探索企业产品标准自我声明公开制度，从事前监督变为事中、事后监督。主动研究产品标准备案管理政策对接问题，制定相关政策措施，落实企业标准备案管理制度创新工作方案，要求各市局要充分认识规范企业自我声明公开工作是质监系统简政放权的重要工作之一，加强组织领导，明确工作目标、职责和任务，做好宣传动员和沟通协调工作；组织各市标准化科全体人员和分管领导、广西标准院主要负责人和代码办全体人员参加全国企业产品和服务标准自我声明公开和监督制度建设试点工作视频会议，贯彻质检总局企业标准管理制度改革领导小组第一次会议精神，学习试点先进经验；推动局部试点，主动向标准委递交《广西壮族自治区申请使用企业产品标准信息公共服务平台信息表》，推荐钦州市作为广西试点地市开展局部试点工作，并获批复。6月26日，钦州市质监局下发《钦州市关于开展企业产品标准自我声明公开试点工作的通告》，在钦州港经济技术开发区网站（www. qzgq. gov. cn）试行开展产品标准自我声明公开备案，探索建立适应北部湾自贸区实际的业务信息平台。截至年底，广西金桂浆纸业有限公司 Q/JGPP 02—2015《烟包包装用纸板》等 4 个企业产品标准实行网上公示。

【标准化宣传】2015 年，广西壮族自治区质量技术监督局贯彻落实《国家标准委关于做好 2015 年世界标准日宣传工作的通知》，加大标准化宣传力度。世界标准日期间，组织各地采取展板、墙报、宣传画、宣传册、标语横幅、撰写纪念文章等形式，运用网络、微博、微信、短信等新媒体开展标准宣传。结合2015 年世界标准日主题，组织开展形式多样的现场咨询、重要标准宣贯会、演讲比赛，标准走进企业、社区、学校等一系列活动，提供社会各界对标准化工作重要性的认识。全年，报送广西“金质网”标准化信息稿件 86 篇，采用 86 篇；报送政务信息 47 条，党委政府采用信息 6 条，质监动态采用 8 条；报送政务微博 91 条，采用 17 条，报送调研信息 4 条。

供　稿：广西壮族自治区质量技术监督局
撰稿人：苏彩和
审稿人：杨艳阳

海南省标准化工作

【概况】2015 年，海南省质量技术监督局加快实施全省标准化战略，推动行业主管部门和市县政府制定标准化工作发展规划，与文昌市、屯昌县政府分别签订《共同推进文昌市标准化战略合作协议》《共同推进屯昌县标准化战略合作协议》，与省旅游委、省海洋与渔业厅、省林业厅、省商务厅等主管部门建立标准化工作合作机制，共同合作开展地方标准制定和标准化试点示范工作，促进标准化工作在海南省工业、农业、服务业等各个领域的深入开展。

截至年底，下达地方标准制修订项目计划 5 批 64 项；发布省级地方标准 44 项，累计发布地方标准和技术规范 421 项；建设农业标准化示范县1 个、国家农业标准化示范区 10 家、省级农业标准化示范区 14 家、国家级美丽乡村标准试点市县 3 个、国家级服务业试点项目 9 家、省级服务业标准化试点项目 22 家、标准化良好行为企业试点 16 家；获批国家高新技术产业标准化示范区 1 个；完成企业产品标准备案 381 项。

【农业标准化】2015 年，海南省质量技术监督局联合省农业、海洋渔业、林业等行业主管部门加大农业地方标准研究制定力度，下达农业地方标准制定项目计划 51 项，批准发布 30 项，全省农业地方标准总数达 312 项，构建完善的热带农业生产标准体系。

建设农业综合标准化示范区（县）25 个，累计示范区标准化种植面积 292 万亩，水产品标准化养殖 13 万亩，畜牧业标准化养殖 14 245 万头（只），示范企业制定农业生产技术标准 187 项，示范产值近 11 亿元，带动农户 23 万户，人均增收 1 730 余元。

主动参与国家标准《美丽乡村建设指南》制定。组织琼海市、澄迈县、万宁市等 3 个市县开展美丽乡村建设标准化试点。结合海南省农村生态环境、风俗、文化、生产、生活习惯等，研究制定《美丽乡村建设导则》《美丽乡村评价指南》等2 项海南省级地方标准。

贯彻落实省委、省政府《关于加快品牌农业建设的意见》，组织开展地理标志产品的挖掘、培育和保护工作，屯昌黑猪、儋州粽子、陵水圣女果、定安大米获得批准实施地理标志产品保护，海南省获保护地理标志产品由 8 个增至 12 个。

【工业标准化】2015 年，海南省质量技术监督局通过组织开展创建标准化良好行为企业试点工作，鼓励和引导省工业企业采用国际和国外先进标准，参与国际标准、国家标准、行业标准、地方标准的制定工作。帮助试点企业进一步健全以技术国家标准委主体，包括管理标准、工作标准在内的企业标准体系。年内，对 7 家试点企业进行确认，下达省级标准化良好行为企业试点项目 16 个。

【服务标准化】2015 年，海南省质量技术监督局抓好旅游服务标准化工作，下达服务行业地方标准制定计划18项，批准发布服务行业地方标准15项，累计海南省旅游、社会管理和公共服务地方标准达104项。

贯彻落实省委、省政府《关于进一步加快服务业发展的若干意见》，全面组织实施服务业标准化试点工程，组织呀喏哒旅行景区、海口明光酒店、海南间关旅行社、三亚市政府中心、海南省人民医院、海南省法律援助中心、海南移动屯昌公司、三亚市图书馆等31家从事旅游接待、酒店服务、餐饮服务、物流服务、医疗服务、政务服务、社会管理和公共服务的单位开展服务标准化试点，帮助试点企业建立企业标准体系，实现服务质量目标化、服务行为规范化、服务过程程序化、服务管理精细化，全面提升海南省服务质量水平，打造海南国际旅游岛新形象。

促成《海南省公共信息标志标准化管理条例》列入海南省人大的立法计划。推广三亚市实施公共信息标志标准化工作经验，指导海口、儋州等5个市（县）启动公共信息标志标准化的改造。

组织召开纪念第46届世界标准日暨服务业标准化试点现场经验交流会、国家级服务业标准化试点工作座谈会和政务服务标准化试点工作座谈会。

【标准化宣传】2015年，海南省质量技术监督局加大标准化工作宣传力度。在《海南日报》开辟标准化战略专版，出版《实施标准化战略　加快品牌农业发展》《实施公共信息标志标准化　让世界读懂海南》等4个标准化专题专版。7月、11月，分别在《海南日报》发布DB46/T 328—2015《降香黄檀（海南黄花梨）心材鉴定规程》、DB46/T 344—2015《美丽乡村建设导则》等2项重要海南省地方标准，对2项地方标准进行专题介绍。在海南省农民博览会举办《农业标准化与农产品品牌建设论坛》。

【标准化培训】2015年，海南省质量技术监督局组织海南省18个市县政府分管领导在中国计量科学研究院进行封闭式标准化战略培训，组织专家深入海南省15个市县举办面向乡镇以上领导干部的标准化战略专题讲座。全年举办服务业标准化培训班、服务业标准化试点工作座谈会暨服务业标准化试点验收培训班4期。1月、3月，分别召开农业标准化示范区建设座谈会和农业综合标准化培训班；10月，举办创建标准化良好行为企业知识普及培训班；12月，举办国家标准《美丽乡村建设指南》暨海南省地方标准《美丽乡村建设导则》宣贯培训班。

供　稿：海南省质量技术监督局

重庆市标准化工作

【概况】2015年，重庆市新增国际标准10项、国家标准和行业标准132项、地方标准98项，新增农业、服务业、社会管理和公共服务市级标准化试点示范项目23个，推进36个国家级、15个市级试点示范项目建设，组织专家对万盛黑山谷、德庄工业旅游、合川钓鱼城、江津社区管理、重庆市温泉旅游、酉阳桃花源等6个国家级服务业标准化项目和园博园公共信息导向系统、合川生猪生态养殖、万州猕猴桃等11个市级项目进行验收。

【标准化改革】2015年7月23日，重庆出台《重庆市深化标准化工作改革实施方案》，提出15项具体任务，分解到各部门，推进全市标准化改革工作。10月22日，重庆市人民政府办公厅印发《关于建立重庆市标准化协调推进部门联席会议制度的通知》，建立起由分管副市长任召集人、31个市级部门参与的标准化协调推进部门联席会议制度，完善标准化主管部门统筹协调、与各市级相关部门联席工作、社会各界共同参与的标准化工作模式，形成全市一盘棋的标准化工作新局面。精简整合强制性地方标准，清理完成强制性地方标准143项。优化推荐性地方标准立项和审批程序，依托标准化技术机构与全市标准化专家，成立地方标准化专业技术委员会，加强标准立项、审批评估。推进企业产品标准自我声明公开试点工作，引导349家企业主动向社会公开1 183项企业产品标准。选择装备制造、旅游、建筑装饰、木门窗、餐饮等10余个行业协会开展团体标准试点。制定《组织机构代码改革方案》，推进统一社会信用代码制度改革。

【标准化法制建设】2015年6月、9月，重庆市质量技术监督局分别与市政府法制办开展重庆标准化条例的研讨，完成《重庆市标准化条例（草案）》，做好条例预备阶段的立法工作。修订完成《重庆市质量技术监督局地方标准管理办法》《重庆市质量技术监督局标准化专家管理办法》《重庆市质量技术监督局标准化试点示范项目管理办法》《重庆市质量技术监督局采用国际标准产品标志管理办法》等4个规范性文件。

【农业标准化】2015 年，重庆市质量技术监督局推进农村综合改革标准化建设。万州区、南川区、璧山区三个区的标准化试点项目建设扎实推进，围绕美丽乡村建设，制定《农村污水处理》《农村安全饮水工程》《农村生活垃圾处理》等地方标准；规模化发展玫瑰香橙、观赏花卉、温室蔬果、长江特种鱼等特色产业，建设巴渝民居 30 126 平方米，改造农村危房 117 户，完成生态移民 328 户，路、电力、水利、光纤等基础设施条件显著改善。10 月，精选潼南绿色蔬菜、石柱辣椒、奉节脐橙等区域特色示范农产品，参加“全国农业标准化示范区20 年成果展”，扩大重庆农产品标准化生产的示范影响。对万州三峡猕猴桃农业标准化示范、合川生猪生态养殖农业标准化示范、长寿晚熟柑橘农业标准化示范等 7 个市级农业标准化示范项目进行考核验收。对在建的 17 个第八批国家级农业标准化示范项目进行指导，按照 GB/T 31600—2015《农业综合标准化工作指南》要求建立标准综合体，推动示范项目实施。11 月，根据各区县区域特色，新增 23 个市级标准化试点示范项目。起草《农业地方标准和农业标准化示范项目规划(2015—2017 年)》，为加快建立农业地方标准体系，助推农业现代化建设夯实基础。制定《田园管理机》《履带自走式旋耕机》等农业机械地方标准。推行“龙头企业(公司)+基地+农户+标准化”等多种产业化经营模式，紧扣五大功能区域发展战略，制定农业标准化差异化发展指引，完善涉及农、林、牧、渔，产前、产中、产后以及服务于农业的水利、气象等相互配套衔接的现代农业标准体系，打造涪陵辣妹子榨菜、潼南绿色蔬菜、梁平张鸭子等一批重庆知名农产品品牌，有效期内“三品一标”达 2 662 个。开展“万村千乡”标准化市场建设试点，制定实施连锁超市、便民放心商店建设与改造规范，制定菜市场分等定级标准，初步建立起肉类蔬菜流通追溯系统，以生产标准化、流通标准化为基础，加快农产品流通标准化建设，促进农超对接。

【工业标准化】2015 年，重庆市深化技术标准与科技合作，加快实施全市深化科技体制改革技术标准 200 个项目计划，部署重点领域制修订技术标准项目 164 项。持续推进“科技标准产业”同步发展促进行动(二期)，在物联网、信息安全、电子信息、轨道交通等新兴领域实现标准新突破。围绕十大新兴产业和“互联网+”新兴业态，制修订先进技术标准，制定《十大新兴产业技术标准体系规划》。8 月，市政府出台《重庆市加强节能标准化工作实施方案》，加强全市节能标准制修订。围绕重庆市五大功能区域发展战略和“一统四化”部署，在新型工业、电子信息产业、新型城镇化、现代农业、现代服务业、基本公共服务和社会治理、生态文明等七个重点领域建立标准发展规划和标准体系框架。搭建重点领域、关键要素和推进方向三层架构，根据市重点领域产业发展实际，列出关键要素层的 51 个要素，256 个方向，为各行业各部门的标准体系建立提供方向性的参考，并争取市政府作为当前和今后一个时期对各区县、各部门标准化工作目标的考核任务。西南大学的工业过程控制系统用变送器、恒通公司的液化天然气客车技术要求等国家标准，带动重庆市该领域的技术突破。重庆山外山科技靠专利标准化引领产业化发展，成长为国内血液净化设备制造的“领头羊”。

【服务业标准化】2015 年，重庆市组织专家对万盛黑山谷、德庄工业旅游、合川钓鱼城、江津社区管理、重庆市温泉旅游、酉阳桃花源等 6 个国家级服务业标准化项目和园博园公共信息导向系统等 4 个市级服务业标准化项目进行考核验收。推动特色地方标准制修订，发布“渝菜”地方标准近 30 项。观音桥商圈通过标准化试点，发挥标准引导和培育消费的作用，商圈日均人流量达 35 万人次，节假日高达 50 万人次。联合市旅游局推进武隆仙女山、合川钓鱼城等精品景区旅游标准化建设，人民银行重庆营管部主导制定《离行式自助银行环境安全规范》等标准，市物流、金融、商贸、旅游、餐饮等服务业标准体系进一步完善。联合重庆市人社局推进社会人才服务、社会保险服务等国家级标准化试点，制定劳动就业社会保障服务中心建设标准，试行人才中介服务基本规范。市公安局主导制定《门楼牌设置规范》等地方标准，提高全市户籍管理水平。市国土资源局主导制定《土地整治建设标准》，并在江津开展项目试点。市民政局组织制定《社区设置规范》《社区服务站设置规范》等地方标准。市教委制定实施义务教育学校办学条件、民办幼儿园设置等标准，推动教育系统标准化建设，教育普及水平全面提高，义务教育就近入学率达到 97.2%。

【标准国际化】2015 年，重庆市按照“信息共享，联合应对”原则，建立“政府推动、企业主体、信息共享、科研技术机构支撑”的应对机制，为企业拓展国际市场提供技术服务，为政府决策提供技术支撑，为重庆产品、技术、装备、服务走出去提供“通行证”。加强国际标准、“一带一路”沿线国家标准与国内标准的一致性研究，强化技术性贸易壁垒应对，免费向社会发布 TBT 通报 24 期。加快建立国际技术法规和标准信息库，收录国内外各级各类标准 75 万件，其中国际标准 18 万件。11 月19 日，依托标准科技研究及展示平台，国家技术标准创新基地(重庆)正式获国家标准委批准筹建。截至年底，世界 500 强企业累计 250 家入驻重庆。

【标准化宣传培训】2015 年，重庆市分 3 批发布

84项强制性标准宣贯公告,组织市级部门、区县局、企业代表等1 000余人次参加企业产品标准自我公开声明、标准化基础知识、标准化改革等标培训、交流。开展"世界标准日"等专题宣传活动,张贴宣传画册200余份,发放宣传资料2 000余份,受宣人数超1万人。全年,在《中国质量报》等媒体发表稿件近10篇,市级电视台报道3次。

供　稿:重庆市质量技术监督局

四川省标准化工作

【概况】 截至2015年底,四川省制定地方标准1 832项,其中2015年新增158项;建立国家农业标准化示范区284个,其中2015年新增3项;省级示范乡(镇)620个,精品示范基地95个,培育国家、省级标准化良好行为试点企业25个,国家高新技术标准化示范区1个,国家循环经济标准化试点项目5个,国家服务业标准化试点28个,省级服务业标准化试点93个,国家社会管理和公共服务标准化试点7个、省级社会管理和公共服务标准化试点6个,承担国际或国家标准技术组织53个,建立省级标准化技术组织14个。

2月,四川省质量技术监督局出台《四川省服务业标准化试点实施细则》。5月,四川省标准化工作领导小组印发《关于做好贯彻落实国务院〈深化标准化工作改革方案〉工作的通知》。6月,四川省政府印发《四川省推进节能标准化工作实施方案》,省住建厅、省质监局、省发展改革委联合下发《关于贯彻落实国家新型城镇化标准体系建设指导意见的实施意见》,省质监局对《中华人民共和国标准化法修正案(草案)》提出13条修改意见。

【标准化改革】 2015年,四川省贯彻落实国务院《深化标准化工作改革方案》。加快推进四川省成都市、绵阳市、宜宾市3个地区的企业产品标准自我声明公开试点工作,组织开展声明公开产品标准的比对和评价服务活动。年内,全省自我声明公开产品执行标准1 722项。

开展地方标准实施效果的评估评价试点,四川省质量技术监督局、省农业厅出台《四川省农业地方标准评价试点工作方案》。开展对DB51/T 940—2009《草原有害生物防治农药安全使用规范》、DB51/T 870—2015《水稻机械插秧配套栽培技术规程》等地方标准的评价工作,为推动建立科学系统、路径清晰的标准评价机制,促进标准有效实施,探索标准评估评价工作积累经验,奠定基础。

按照市场主导、政府引导、创新驱动、协调推进的原则,培育发展团体标准。宜宾市出台《社会团体标准管理办法》、攀枝花市出台《联盟标准管理办法》,发布实施《钛精矿》《钛中矿》《多粮浓香型白酒生产企业良好行为规范》》等团体(联盟)标准。

【标准制修订】 2015年,四川省质量技术监督局组织制修订《塑料-聚丙烯(PP)模塑和挤出材料　第1部分:命名系统和分类基础》《功能颜料和体质颜料　第一部分　密封胶用纳米碳酸钙》等2项国际标准,主导和参与制修订国家、行业标准120项。编制《四川省地方标准制修订工作指南》,下达《现代化灌区建设规范》《页岩气水平井钻井技术规范》《智能终端用户信息与数据安全标准》《动漫游戏动画设计技术规范》等省级地方标准制修订计划228项。批准发布DB51/T 2009—2015《旅游景区标准化工作指南》、DB51/T 2039—2015《电子商务平台综合质量评价规范》、DB51/T 1951—2015《公共机构能源资源消费统计规范》、DB51/T 1998—2015《移动智能终端应用软件(APP)产品通用技术要求及测试规范》等省级地方标准158项,区域性地方标准43项,废止省级地方标准236项。结题《面向海量数据的云存储标准体系建设》《城市轨道客车防火技术规范》等重要技术标准研究项目29个,多项技术成果完成标准转化,基本形成"研究一批、制定一批、实施一批"的技术标准创制发展的格局。

【示范试点】 2015年,四川省新建叙永石漠化综合治理、水潦彝族乡新农村建设、真龙柚栽培综合标准化3个国家农业综合标准化示范区项目,考核抽查广元苍溪、成都大邑2个现代农业综合标准化示范项目,验收国、省级农业标准化示范项目30个。工业方面,企业采用国际标准250个,确认鑫电电缆、东材科技等19个省级标准化良好行为试点企业,新建《固态白酒酿造循环经济标准化试点》等国家循环经济标准化试点项目3个。成都高新区申报国家技术标准创新基地。省经信委、省质监局申报成都汽车、广汉油气、自贡节能环保等3个国家高端装备制造业标准化试点项目。服务业方面,申报北斗导航与定位服务等国家级社会管理和公共服务标准化试点项目6个,申报广安白坪飞龙乡村旅游等国家级服务业标准化试点项目3个,泸州白酒酒庄服务、广安社会矛盾纠纷大调解、自贡城市公共交通等9个服务业标准化试点项目通过评估。并持续推进电子商务、养老服务、殡葬服务、健康服务、现代物流和公共文化等领域的标准化工作。

【基础保障与建设】2015年,大型铸锻件、浓香型白酒分技术委员会完成换届,成立四川省社会管理和公共服务标准化技术委员会。四川省财政投入标准化经费2 500万元。优化四川省标准文献平台,完成WTO/TBT通报资讯改版,出刊8期。培训标准化从业人员1 200人次。

【标准化宣传】2015年,四川省质量技术监督局利用网络、媒体加大宣传力度。召开"纪念世界标准日暨新农村建设综合标准化示范工作现场会"和"电商标准化建设研讨会"。在质量月、世界标准日期间,全省张贴纪念横幅、宣传画450(幅)张,现场接受咨询服务2 820次,发放各类宣传资料15 523份。

供　稿:四川省质量技术监督局
撰稿人:鞠　伟
审稿人:王祥文

贵州省标准化工作

【概况】"十二五"期间,贵州省质量技术监督局按照质检总局、国家标准委、省委省政府改革和发展工作要求,在贵州省质量技术监督局党组的正确领导下,推进贵州省标准化工作改革开放创新发展,各项重点标准化工作取得实质性、突破性进展,标准化服务地方经济发展的作用明显增强。

截至2015年底,贵州省发布地方标准1 132项,其中工业食品类235项,农业579项,服务业80项,基础综合85项,其他60项。现行有效标准702个,废止标准430个。"十二五"期间,制定发布地方标准407项,较"十一五"增加87%;参与国家标准制修订129项,较"十一五"增加94%,累计参与制修订国家标准228项。2014年,贵州省提出的《通用钢丝绳技术条件》等2项国际标准提案获得国际标准立项,实现贵州省主导参与国际标准的突破。《高羊茅种子生产技术规程》等地方标准,促进贵州省"黔草1号高羊茅"等6个具有自主知识产权功能基因在美国基因数据库注册登记。《贵州绿茶技术标准体系》支撑贵州500余万亩茶园的新建和改造,获得2013年中国标准创新贡献奖。

【标准化制度与机制】2015年,贵州省质量技术监督局贯彻落实国务院深化标准化改革精神,做好顶层设计,组织制定《贵州省深化标准化改革方案》,10月14日省政府办公厅批准发布,全面推进全省标准化深化改革。

建立完善公开透明、开门办标准工作机制。"十二五"期间,面向社会公开标准立项、制定过程和经费使用,听取各方意见。简化制修订流程,提高工作效率,形成面向需求、广泛参与、公开透明、科学高效的开放式工作机制。社会参与标准化工作的深度、广度明显提升,标准化项目的数量、结构和质量大幅提高。

【企业标准备案改革】2015年,贵州省质量技术监督局改革企业标准备案方式,释放创新活力。让标准成为对质量的硬承诺。推进企业标准化主体责任落实,制定实施《关于在全省范围内试行企业产品标准自我声明公开工作的通知》。截至年底,599家企业通过"企业产品标准信息公共服务平台"公开标准1 377项,其中企业标准508项,接受社会监督,节约企业直接成本208万余元。

【标准化信息平台建设】2015年,贵州省质量技术监督局为有效发挥地方标准服务地方经济发展的作用,加强对地方标准的信息化管理,加大地方标准信息的推广实施运用,进一步转变工作作风,强化社会管理和公共服务职能,加强服务型政府建设,建成开通"贵州省地方标准信息查询服务平台",于2014年10月1日在质监门户网站上免费向社会开通。该平台能够实现按照标准编号、标准名称、行业类别、标准状态等相关信息,进行地方标准的分类检索查询功能;能够向社会公众免费提供地方标准文本的网上阅读与下载功能,从而实现更好地为企业和社会提供及时、便捷、准确的地方标准信息服务,服务经济社会发展。

【专业技术委员会建设】2015年,贵州省质量技术监督局引导并支持由相关部门、科研机构和企业牵头承担标准化专业技术委员会工作,组建标准化技术委员会，推进标准化社会共治。制定《贵州省级专业标准化技术委员会管理办法》，指导 24 个省级标准化技术委员会筹建。截至年底，完成 10 个省级技术委员会的组建工作，新增标准化技术委员 319 人，为全省标准化事业发展提供人才和技术基础。

【团体标准推进】2015 年，贵州省质量技术监督局探索培育发展团体标准，助推产业升级发展，释放改革创新活力。制定《关于培育和发展团体标准的指导意见》，组织指导发布《仁怀大曲酱香白酒技术标准》系列团体标准 8 个。60 余家仁怀白酒企业在第五届中国（贵州）国际酒类博览会上签订共同执行《仁怀大曲酱香酒系列技术标准》承诺书，标志贵州首个团体标准发布并实施。

【国际与国家标准制修订】2015 年，贵州省质量技术监督局加大国际标准和国家标准制修订力度，推进贵州标准走出去，提升贵州形象和影响。组织参与《镁锂合金　锂含量的测定 ICP-AES 法》《通用钢丝绳技术条件》等 2 项国际标准的制定。“十二五”期间，贵州省参与制定国家标准 216 项，完成 166 项。

【重点产业标准体系建设】2015 年，贵州省质量技术监督局运用系统管理思想和方法，突出重点，推进十大重点产业标准体系，服务地方经济社会发展。截至年底，贵州省研制一批重要技术标准，标准数量、质量、结构和效益有较大提高。编制出版《贵州茶叶标准技术规程》《贵州省烤烟标准体系》《贵州酱香型白酒技术标准体系》，为保障和提升产品质量安全水平、促进产业健康持续发展提供坚实的技术标准支撑。《贵州绿茶技术标准体系》获得 2013 年中国标准创新贡献奖。制定实施的地方标准《山区农村沼气集中供气工程技术规范》，推进农村清洁能源发展、改善农村生产生活环境，推动建设农村集中供气站 15 个，惠及 1 762 户。《农村金融信用体系评价》系列地方标准，推进农村金融信用标准体系建设，破解农民“贷款难”和金融机构难贷款问题，创建信用村 9814 个。

【标准化试点示范】2015 年，贵州省质量技术监督局推进试点示范应用，提高标准实效。组织指导余庆县等六个国家级美丽乡村标准化试点工作，凤冈县制定 65 项标准，建立包括基础设施建设、社会管理、生态环境、产业发展和建设评价等工作内容的美丽乡村标准体系，创建各级各类“四在农家・美丽乡村”标准化示范点 230 余个，惠及群众13.5 万人。10 月，贵州省凤冈县在全国美丽乡村标准化试点推进工作会上作交流发言，余庆县、凤冈县美丽乡村标准化实践经验被纳入全国《美丽乡村建设标准化实践》书稿。贵州省在建农业标准化示范区 68 个，年内国家农业标准化检查组抽查凤冈农业标准化综合示范县、余庆国家桃栽培综合标准化示范区建设情况，均评价为优秀。

供　稿：贵州省质量技术监督局
撰稿人：冯建华　刘海菊
审稿人：黄春银

云南省标准化工作

【概况】2015 年，云南省质量技术监督局深入创建农业标准化示范区，完成省级第三批示范区验收，下达省级第四批示范区项目 5 个；加强第八批国家级示范区中期抽查检查。继续开展“标准化良好行为”创建工作。加强重点领域标准制定，下达地方标准立项计划 92 项，发布实施地方标准 72 个。鼓励省内有条件的企业参与国家标准、行业标准和地方标准的制修订。开展服务业标准化试点，申报国家级试点项目，建设国家级服务业标准化试点22 个，国家级社会管理和公共服务标准化试点9 个，省级服务标准化试点 61 个。完成 2015 年度标准化创新贡献奖评选表彰工作，对 20 家单位及项目进行表彰。健全标准信息传递平台，为企业提供标准信息服务，通过云南省标准化行政管理信息系统，向社会免费公开现行有效地方标准信息。加强标准化基础研究，下达《云南省标准化工作“十三五”规划》等标准化研究项目 9 个。

【云南标准化改革】2015 年，云南省质量技术监督局贯彻落实《国务院深化标准化改革方案》，下发《云南省质量技术监督局关于贯彻落实国务院深化标准化改革方案有关要求的通知》，形成《贯彻国务院深化标准化工作改革方案实施方案（代拟稿）》《贯彻国务院办公厅深化标准化工作改革方案行动计划（2015—2016 年）实施意见（代拟稿）》，上报省人民政府办公厅。建立云南省标准化协调推进工作联席会议制度。加强部门联合，推动改革落实，与省气象局联合下发《关于贯彻落实国务院和中国气象局深化标准化工作改革文件的实施意见》。配合国家标准委做好化工领域强制性标准的清理工作，加强地方标准清理发布，完成对强制性地方标准清理。建立跨部门信息传递与数据共享保障机制，向省政府提交《云南省组织机构代码配合"三证合一""一照一码"实施建议和配套措施》，在滇中产业聚集区（新区）、昆明市盘龙区和玉溪市率先启动"三证合一、一证三号"登记工作，确保10月1日与全国同步实现"三证合一、一照一码"。探索培育团体标准；探索企业标准备案制度改革，在昆明市、滇中新区试点建立企业产品和服务标准自我申明公开和监督制度，印发《云南省企业产品和服务标准自我声明公开和监督制度试点工作方案》，实现企业产品标准备案逐步向自我声明和主要质量指标信息公开双轨制度过渡、加快全省标准化工作"十三五"发展规划的编制。

【标准化创新发展】2015年，云南省质量技术监督局融入沿边开放合作。鼓励企业、大专院校、科研机构、社会组织以及产业技术联盟等参与国际标准、国家标准、地方标准化活动。结合省内小语种人才优势，推动国家标准、地方标准在沿线国家的互认工作，提升WTO/TBT工作的有效性。构建云南省技术贸易措施应对体系，提高标准化工作的国际化水平。围绕国家"一带一路""长江经济带"建设战略、云南建设面向南亚东南亚辐射中心的需要，制定实施针对性支持政策。实施走出去战略，以《云南省位置服务与智慧交通标准体系研究与建设》研究项目为契机，加强与云南沿边国家标准化工作合作。整合中国、缅甸、泰国、马来西亚等国联盟成员的科研力量，加快构建科学、系统、开放、可操作的位置信息服务与智慧交通标准体系，为联盟成员及亚太地区地理信息产业、智慧交通建设、基础设施互联互通提供技术标准支持。

【地方标准化】2015年，由云南省机构编制委员会办公室牵头，云南省质量技术监督局联合有关科研院所和相关职能部门，制定的《云南省行政审批事项办事指南编写规范》《云南省行政审批事项业务手册编写规范》《云南省行政审批事项编码规则》等7项地方标准进入试点实施阶段。截至年底，制定地方标准827项，其中2015年新增地方标准85项。

【服务业标准化】2015年，云南省质量技术监督局按照云南省人民政府提出的推动10大服务行业快速发展的"七个结合"的产业发展原则，推进服务业标准化。家政服务业领域，重点制定《云南省家政企业等级划分与评定》等地方标准。餐饮服务业领域，围绕餐饮企业的等级划分与评定，重点制定《茶餐厅等级划分与评定》《早餐店等级划分与评定》《特色火锅等级划分与评定》等地方标准。旅游服务领域，重点制定《云南省旅游标准体系》《特色农庄/农家乐等级划分与评定》等地方标准。民族文化传承领域，围绕本地民族特色的手工艺及产品，重点制定《户撒刀》《傣族传统手工绵纸》等地方标准。物流业领域，重点制定《物流服务合同规范》《物流从业人员资质认定》《物流园区等级评定》等地方标准。物业服务领域，重点制定《住宅物业管理服务规范》《物业管理秩序维护员服务规范》等地方标准。节能减排领域，重点制定《低碳学校建设规范》《低碳社区建设规范》《低碳旅游景区建设规范》等地方标准。

迪庆州普达措国家公园把推动服务标准化作为引导公司服务业向标准化、品牌化方向发展的重要举措，推进国家级服务业标准化试点工作，进一步提升公园服务质量和管理水平，建立健全普达措国家公园旅游服务标准体系，纳入标准283个。

【农业标准化】2015年，云南省质量技术监督局推进高原特色农业标准化，制定发布DB53/T 684—2015《昭通乌天麻》、DB53/T 686—2015《滇红花种子生产技术规程》、DB53/T 687—2015《高油酸油菜籽生产技术规程》、DB53/T 692—2015《马来甜龙竹育苗技术规程》、DB53/T 695—2015《核桃种质资源描述与评价》、DB53/T 699—2015《石漠化地区植被恢复技术规程》、DB53/T 700—2015《绿化苗木云南樟培育技术规程》等43项农业地方标准。扶持农业标准化示范项目建设，涌现出曲靖万寿菊、红河灯盏花、普洱咖啡、嵩明切花菊、版纳小耳猪、丽江雪桃等10个具有高原特色的国家级农业标准化示范典型，完成28个第三批省级农业标准化示范区建设考核验收。农村综改农业社会化服务标准化试点建设方面，指导云南农业大学开展农村综改农业社会化服务标准化试点工作，制定地方规范56项。云南农业大学牵头制修订国家标准1项，参与制定国家标准3项。设立省级标准化技术组织21个（2015年新增1个）；建成国家级农业标准化示范区127个（2015年在建10个）；建成省级农业标准化示范区57个。

【标准化研究】2015年，云南省质量技术监督局贯彻落实省政府关于实施标准化发展战略的有关要求，为云南省经济社会发展提供基础技术支撑，依据《云南省财政厅　云南省质量技术监督局关于印发〈云南省推进标准化发展战略专项资金管理办法〉》的规定，在省有关单位申报基础上，审查确定云南省少数民族服饰系列标准研制、云南省标准化工作"十三五"规划、云南高原蜂蜜技术标准体系研究、云南省生物质能源标准体系研究、云南省铂族金属再生资源循环利用行业技术标准体系研究与建设、税务标准体系研究及建设、云南省位置服务与智慧交通标准体系研究与建设、云南省林业有害生物防控技术标准体系研究、龙陵黄山羊养殖加工标准体系研究与建设等9项标准化研究与建设项目，项目建设计划的最终截止时间为2017年6月。

【强制性地方标准清理】2015年，云南省质量技术监督局贯彻落实国务院《深化标准化改革方案》，下发《云南省质量技术监督局贯彻落实国务院关于〈深化标准化改革方案〉有关要求的通知》，明确进一步优化地方标准体系，开展地方标准体系的清理整合工作，组织对现行有效云南省强制性地方标准清理，清理"三七质量标准""云腿月饼""主要造林树种苗木""烤烟标准实物标样制作审定技术规程""建设工程地震安全性评价分类"等35项现行强制性地方标准。

【标准化创新贡献奖】2015年，云南省人力资源和社会保障厅、云南省质量技术监督局对推动和实施云南省标准化发展战略做出突出贡献的单位和标准项目进行表彰奖励。经省级有关行业主管部门、州（市）人社局和地方标准化主管部门等推荐，云南省标准化创新贡献奖评审工作领导小组办公室组织专家委员会评审和面向社会公示，经云南省标准化创新贡献奖评审工作领导小组确定，JB/T 2254.1—2011《坐标镗床第1部分：精度检验》等14个标准化项目和贵研铂业股份有限公司等6个单位，获得2015年度"云南省标准化创新贡献奖"。

【国际标准采用情况】2015年，云南省质量技术监督局对云南红塔滇西水泥股份有限公司提出申请的6个水泥产品、云南锡业股份有限公司提出的3个产品进行产品采用国际标准的复审验收。

评审组审查验收材料，听取企业生产情况以及企业产品采用国际标准情况的工作报告，检查生产现场、成品库及化验室，并对照《云南省产品采用国际标准和国外先进标准认可评分表》对标准水平、检验手段、产品质量、企业标准化体系4个方面进行评分。

经评审组检查，云南红塔滇西水泥股份有限公司批量生产的P. Ⅱ 62.5R、P. O52.5R、P. O42.5R、P. O42.5、P. C32.5R、P. MH42.5水泥产品以及云南锡业股份有限公司生产的二氧化锡、硫醇甲基锡、无铅锡基焊料执行的国家标准，经国家行业主管部门认定为国际水平；生产设备和检测手段基本能够满足产品采用国际标准的要求，有关岗位工作人员素质基本达到相应岗位要求；定量包装产品的每袋净含量和平均净含量均达到有关国家标准的要求，产品外包装标识基本符合相应国家标准的规定。

按照《云南省采用国际标准认可和采用国际标准产品标志备案管理办法》的规定，经评审验收，云南红塔滇西水泥股份有限公司62.5R硅酸盐水泥、42.5、42.5R、52.5R普通硅酸盐水泥、32.5R复合硅酸盐水泥、42.5中热硅酸盐水泥产品、云南锡业股份有限公司生产的二氧化锡、硫醇甲基锡、无铅锡基焊料采用国际标准工作达到《云南省产品采用国际标准认可和采用国际标准产品标志备案管理办法》的有关规定和要求，评审结论为合格，通过云南省质量技术监督局企业产品采用国际标准复审。

供　稿：云南省质量技术监督局
撰稿人：杨　扬
审稿人：张志刚

西藏自治区标准化工作

【概况】2015年，西藏自治区质量技术监督局贯彻落实国务院《深化标准化工作改革方案》，出台《西藏自治区人民政府关于贯彻落实国务院〈深化标准化工作改革方案〉的实施意见》，实施《西藏自治区企业产品标准自我声明管理办法（试行）》，推动全区标准化工作改革展开。全年，批准发布地方标准8项，复审地方标准14项，废止推荐性地方标准11项、强制性地方标准3项。在建2014年10项国家级农业综合标准化示范区和2项国家级服务业标准化试点。

【标准制修订】2015年，西藏自治区质量技术监督局下达3批53项地方标准制定计划，涉及农牧业生产技术标准40项，地理标志保护产品7项，公共服务管理标准6项。组织相关部门对农牧业3项强制性地方标准和11项推荐性地方标准进行复审，依据复审情况，在征求社会各界意见后公告废止。截至年底，地方标准累计91项。

【农业标准化】2015年，西藏自治区农业标准化工作有序推进。依据《国家级农业标准化示范区管理办法（试行）》的要求，持续建设2014年琼结县新型经营体系建设,隆子黑青稞种植、贡嘎县昌果红土豆种植、林芝地区玛卡种植和藏香猪生态养殖、噶尔县奶牛养殖、芒康县有机酿酒葡萄种植、萨迦县油菜种植、南木林县马铃薯、江孜县青稞种植等10项国家级农业综合标准化示范区,落实示范区建设阶段任务,完成年度建设目标。全面贯彻GB/T 31600—2015《农业综合标准化工作指南》,以示范区建设为抓手,推行先进适用的工作理念,加快标准的应用推广。截至年底,全区累计建设国家级和自治区级农业综合标准化示范区30个。

【服务业标准化】2015年,西藏质量技术监督局持续建设拉萨市市民服务中心政务服务和山南泽当饭店旅游服务2项2014年国家级服务业标准化试点,按照《服务业标准化试点实施细则》的要求,落实试点项目建设任务和进度安排,完成考核评估,通过国家标准委确认,规范试点单位生产经营行为,提升服务质量和水平。截至年底,全区累计建设国家级和自治区级服务业标准化试点12个。动员地方政府及企业,向国家标准委推荐申报纳木错景区、珠峰大本营等5家单位申报开展服务业标准化试点建设。

【企业标准自我声明】2015年,西藏质量技术监督局主动承接标准化工作改革,全面推行企业产品和服务业标准化试点工作。截至年底,48家企业81个产品的标准进行自我声明公开,主要涉及建筑建材、包装材料等101项产品,其中企业标准19项,占全区自我声明公开产品标准的23.5%。年内,国家标准委将西藏自治区列为全国第二批企业产品和服务标准声明公开和监督制度试点省区。

【标准化宣传培训】2015年,西藏质量技术监督局组织宣传活动4次,悬挂宣传横幅50余条,发放宣传资料7 000余份,专题新闻报道3期。宣传国家标准化工作改革的新要求新举措,特别是企业产品和服务标准自我声明公开制度的目的意义、政策措施和方法步骤,普及标准化基础知识,凝聚社会共识。组织区内标准化业务培训1期,培训人员20人次,系统内参加区外标准化业务培训10人次。

供　稿:西藏自治区质量技术监督局

陕西省标准化工作

【概况】截至2015年底,陕西省累计主导制定国际标准19项(2015年新增1项);累计建设国家级农业标准化示范区建设项目155个(在建项目17个),省级农业标准化示范区建设项目111个(在建项目21个);累计建设国家级服务业标准化试点项目19个(在建项目15个),省级服务业标准化试点项目41个(在建20个);累计建设国家级社会管理和公共服务标准化试点8个。全年,发布2批地方标准制定计划,批准立项116项地方标准,累计发布地方标准1 156项(2015年新增94项)。

9月25日,陕西省政府印发《陕西省人民政府关于印发深化标准化工作实施方案的通知》(以下简称:《实施方案》)。《实施方案》结合国家标准化工作改革要求和陕西省标准化战略实施情况,提出陕西省标准化工作改革的总体思路:建立两个机制,推进五大领域改革,夯实三大基础管理。建立两个机制,即:建立标准化协调推进机制和区域协作机制;推进五大领域改革,即:清理转化强制性地方标准、优化整合推荐性地方标准、培育发展团体标准、放开搞活企业标准、扶持培育国际标准;夯实三大基础管理,即:加强政府标准化管理、加强标准化科研管理、加强标准化监督管理。按照这个思路,《实施方案》提出清理转换强制性地方标准等24项重点改革任务,明确负责单位和时间进度要求。

12月,陕西省政府办公厅印发《陕西省人民政府办公厅关于加强节能标准化工作的实施意见》,从节能标准化机制、节能标准化改革、节能标准制修订、节能标准实施、节能标准化保障措施五个方面作出重要部署。

【全国农业标准化示范区建设20年成果展】2015年11月5日,全国农业标准化示范区建设20年成果展在杨凌示范区开幕,集中展示全国各地近20年建设的一批农业标准化示范区成果。成果展由质检总局、国家标准委和陕西省人民政府主办,陕西省质量技术监督局和杨凌示范区管委会承办。来自全国31个省、自治区、直辖市和新疆建设兵团119个国家级示范区12大类348种产品参加展出。陕西展位以"标准化为现代农业插上金翅膀"为主题,组织15个农业标准化示范区23种农产品参展,另有8块展板和农业标准化专题视频片,从不同方面展示陕西近20年来在农业标准化政策体制、示范项目建设、美丽乡村、山川秀美、现代果业、养殖业、茶叶产业等方面开展的农业标准化工作取得的主要成果。"成果展"受到社会各界和新闻媒体的持续关注,中央电视台晚间新闻栏目，对“成果展”进行全面报道。展览期间，参观总人数突破60万人次。陕西省质量技术监督局组织编印《希望的田野——陕西农业标准化20年成果》画册，向陕西省委、陕西省人大、陕西省政府、陕西省政协，陕西省省级有关部门，各省、市、自治区质量技术监督局等有关单位赠送画册。

“成果展”期间，陕西省质量技术监督局邀请20名陕西省人大代表和政协委员开展走进质监首期活动——标准化工作巡礼。邀请人大代表和政协委员参观“成果展”，实地考察杨凌示范区现代农业标准化研究与示范基地和全国农业标准化综合示范县——宝鸡眉县。

“成果展”期间，陕西省质量技术监督局承办“标准联通一带一路国际合作交流会”，中国国家标准化管理委员会与哈萨克斯坦、吉尔吉斯斯坦、蒙古、新加坡、塔吉克斯坦、亚美尼亚等6个国家标准化管理机构，围绕加强技术标准体系对接，发挥标准互联互通作用，促进投资贸易便利化等议题进行双边会谈，签署双边合作协议。

【全国农业标准化项目绩效考核培训暨国家矮砧苹果综合标准化示范区现场观摩会】2015年9月15日，全国农业标准化项目绩效考核培训暨国家矮砧苹果综合标准化示范区现场观摩会在陕西省宝鸡市举办。全国31个省、自治区、直辖市及新疆建设兵团质量技术监督(市场监管)部门，国家林业局、中华全国供销合作总社的农业标准化示范项目管理人员，国家第八批农业标准化示范区代表150人参加培训活动。培训采取现场观摩、专家授课、经验交流、座谈沟通等多种方式，在全国全面推广矮砧苹果标准化种植“千阳模式”。

【新丝路标准化战略联盟】2015年10月12日，由陕西省质量技术监督局发起倡议，陕西、甘肃、宁夏、青海、新疆、内蒙古质量技术监督局，以及新疆生产建设兵团质量技术监督局共同成立的“新丝路标准化战略联盟”在陕西省西安市举办成立大会，300余人参会。会议围绕如何整合优势资源，实现信息共享，促进与“一带一路”沿线国家的交流合作与经贸往来，加快与主要贸易国的标准互认互通，促进西部地区经济持续快速发展进行交流。会议选举产生联盟首届主席、副主席和秘书长，审议通过联盟章程，确定联盟2016年重点工作任务。

【陕西省第二期标准化战略高级研修班】2015年5月19日，陕西省委组织部主办、陕西省质量技术监督局承办的陕西省第二期标准化战略高级研修班在浙江省杭州市举办。来自陕西省部分县(区)分管质监工作的领导，市、县级质监部门的主要负责人等60余人参加培训。会议邀请参加全省标准化战略高级研修班的各位主管县长和部分市、县质量技术监督局领导，围绕“标准化工作如何助推地方经济建设”主题召开座谈会。会议就如何进一步做好标准化工作，提出“思想上要真重视，工作上要真加强，谋划上要真科学，行动上要真落实”的具体要求。

【标准化改革】2015年7月，陕西省质量技术监督局开展团体标准改革，印发《陕西省团体标准管理办法》，对团体标准编号、发布形式等一系列问题做详细规定。引导具备相应能力的学会、协会、商会、联合会等社会组织和产业技术联盟共同制定满足市场和创新需要的标准，实现产业抱团发展。首次征集陕西省团体标准试点项目，围绕3D打印等新兴产业开展首批26个团体标准试点，截至年底，发布8项团体标准。

推进企业标准自我声明和公开改革试点。年内，在西安市开展企业标准自我声明和公开改革试点。结合试点经验，12月，陕西省质量技术监督局印发《陕西省企业标准管理制度改革工作方案》，决定2016年1月1日起，在陕西全面实施企业标准自我声明和公开制度。截至年底，127家企业累计公开1 743个标准，涉及90个产品。

贯彻落实国务院统一社会信用代码改革工作，配合陕西省工商、税务部门，以实现“一证7日到三证5日办结”为目标，向陕西省政府报送《统一社会信用代码制度改革工作方案》，全面开展“一证三码”改革试点工作。全年为4.2万家小微企业免费办理组织机构代码证书，减免费用454万元。6月和9月，陕西省政府办公厅相继印发《关于印发三证合一登记制度改革工作实施方案的通知》《关于全面推进“三证合一、一照一码”登记制度改革的实施意见》，决定自2015年9月28日起，全省各级工商部门向新设立企业、变更企业发放加载统一代码的营业执照。提出实行“一照一码”登记模式后，企业和农民专业合作社的组织机构代码证和税务登记证不再发放。截至年底，陕西省西咸新区、咸阳市、杨凌示范区等地市全面实施“三证合一”制度。

【标准化管理】2015年8月，陕西省质量技术监督局与省住建厅联合下发《关于加强工程建设标准化发展的实施意见》(以下简称:《意见》)。提出重点推进4个机制建设，即建立协调推进的标准化管理机制、建立地方标准制修订机制、建立科技成果转化机制、建立工程建设标准化激励机制。明确今后一段时期重点工作，即完善工程建设标准体系、建立工程建设标准化专业技术机构、加强地方标准的管理、开展标准化示范试点建设、培育发展团体标准、推动工程建设标准国际化、拓展标准化技术服务。《意见》决定，2016年起，在全国首次将住建部门主管的工程建设地方标准年度制修订计划纳入质监部门年度地方标准制修订计划，实施统一立项管理。

10月，与省交通厅联合下发《深入实施标准化战略加强交通运输标准化发展的实施意见》，提出开展加快完善交通运输标准体系、持续加强重点领域标准制修订、加大科技成果向标准转化、优化标准制修订全过程管理、参与国际标准化活动、推进标准信息化建设、扶持团体标准发展、增强标准实施管理、强化工程监理行业对标准实施的监督等9项重点工作。决定成立陕西省交通运输标准化技术委员会，继续加大标准化投入，陕西省质监与交通运输主管部门按照1:1的比例对地方标准制定项目给予经费保障。

与农业厅经多次谈判，将多年来一直由陕西省农业厅发布的农作物品种标准纳入地方标准管理体系，相继发布《陕西省农作物品种标准　第1部》《陕西省农作物品种标准　第2部》。截至年底，除食品安全地方标准外，陕西省地方标准将环保、住建、农作物品种标准等，全部纳入地方标准管理体系实行统一管理。

【标准化科研】2015年，陕西省质量技术监督局为加强标准实施效益评价工作，组织西北农林科技大学等单位开展《农业标准化（苹果）实施综合效益评价》陕西省重大标准化基础研究项目。为配合《陕西省标准化条例》实施，组织编写出版《陕西省标准化条例学习读本》。编撰完成《中国古代标准化探究——秦》，由中国质检出版社（中国标准出版社）出版发行。组织开展2015年度陕西省优秀论文评选活动，在各单位申报的81篇论文中评选出一、二、三等奖论文14篇。

【农业标准化】2015年9月，陕西省质量技术监督局启动美丽乡村标准化示范工程，确定首批试点22个。12月，发布DB61/T 992—2015《美丽乡村建设规范》地方标准，从建设规划、村庄建设、生态环境、经济发展等7个方面提出46项量化指标要求。增加美丽乡村类型分类要求，即民俗文化体验型、农村观光休闲型、现代农业发展型、传统村落保护型。《规范》突出对传统民居、古迹古建、历史文化传承等的保护和要求。11月，联合省发改委、省国土资源厅，围绕高标准农田建设，制定发布DB61/T 991.1—2015《土地整治高标准农田建设　第1部分：规划与建设》、DB61/T 991.2—2015《土地整治高标准农田建设　第2部分：土地平整》、DB61/T 991.3—2015《土地整治高标准农田建设　第3部分：灌溉与排水》、DB61/T 991.4—2015《土地整治高标准农田建设　第4部分：农田输配电》、DB61/T 991.5—2015《土地整治高标准农田建设　第5部分：田间道路工程》、DB61/T 991.6—2015《土地整治高标准农田建设　第6部分：农田防护与生态环境保护》、DB61/T 991.7—2015《土地整治高标准农田建设　第7部分：辅助工程》等7项系列地方标准。

【工业标准化】2015年，陕西省质量技术监督局鼓励、支持企业开展标准化良好行为企业创建工作，建立实施标准体系，提升企业管理水平。截至年底，累计有125家企业完成标准化良好行为企业创建工作（2015年新增16家），50家企业正在创建标准化良好行为企业。累计采用国际标准和国外先进标准1 060项（2015年新增54项）。用标准引领陕北能源化工产业转型升级，推进陕西煤业化工集团神木天元化工有限公司、陕西北元化工集团有限公司承担的国家级循环经济标准化试点。组织榆林市质量技术监督局等有关单位，制定发布DB61/T 994—2015《煤基石脑油》、DB61/T 995—2015《中低温煤焦油》等2项地方标准，初步形成由6项地方标准组成的榆林煤地方标准体系。制定发布DB61/T 986—2015《在用天然气锅炉能效快速检测及评价》、DB61/T 988—2015《冷凝式天然气锅炉能效测试方法》等2项节能减排地方标准。

【服务业标准化】2015年，陕西省质量技术监督局完成省首批21家省级服务业标准化试点的考核验收，其中获得优秀等次的单位有12家，获得良好等次的单位有7家，获得合格等次的单位有2家。经国家标准委批准，陕西科技大市场成为全国首个科技服务类国家级社会管理和公共服务标准化试点项目。开元商业等6个国家级服务业标准化试点通过评估验收。在服务业标准化试点过程中探索形成的"旅游、文化、标准、专利"融合发展的"长恨歌"模式，写入2016年陕西省政府工作报告并复制推广到"一带一路"沿线国家。联合省旅游局，制定发布《特色旅游名镇评定规范》《乡村旅游示范村评定规范》《温泉旅游服务规范》《旅游饭店服务质量规范前厅服务》等4项地方标准。以保护公共安全为目标，制定发布《中小学防震减灾示范学校评价指南》《应急避难场所场址及配套设施》《社会单位消防安全管理规范》等3项地方标准。

供　稿：陕西省质量技术监督局
撰稿人：李　伟
审稿人：李　伟

宁夏回族自治区标准化工作

【概况】2015 年，在宁夏回族自治区党委、政府领导下，在质检总局和国家标准委支持下，宁夏回族自治区标准化工作以促进全区经济社会发展不断推进的目标，发挥职能作用，突出工作重点，开展具有区域特色的标准化工作方面取得显著成效。

【农业标准化】宁夏回族自治区党委、政府为加快区域特色产业的发展，确定 11 个农产品为自治区重点发展的战略性主导农产品。全区围绕促进这些特色优势产业的发展，推进农业标准化工作。加强农业标准体系建设。截至年底，主导制定农业国家标准 8 项、行业标准 7 项、农业地方标准 400 余项、农产品企业标准 300 余项、农业标准规范100 余项，基本形成相互配套，覆盖农、林、牧、渔等优势特色产业的农业标准体系。2005 年，完成自治区科研课题“宁夏农产品标准体系研究”，编制《宁夏农产品质量标准体系表》，有效指导并促进全区农产品质量标准体系建立健全。推进农业标准化示范区建设。截至年底，开展 90 个农业标准化示范区建设，农业标准化示范面积近 400 万亩。每个市县都有农业标准化示范区，示范区覆盖优质水稻、优质奶牛、清真牛羊肉、枸杞、葡萄、淡水养殖、退耕还林（草）、脱毒马铃薯、压砂西甜瓜、灵武长枣、道地中药材、优质牧草、脱水蔬菜等地方优势特色农产品。开展农业标准化培训。联合有关部门每年举办多期农业标准化技术骨干培训班，截至年底，全区 2 000 余名专业技术人员接受农业标准化培训，建立一支专兼职结合的农业标准化技术骨干队伍。结合自治区“百万农民培训工程”开展对农民的培训，全区约 20 万农民接受农业标准化知识和农业技术培训。开展地理标志保护工作。“宁夏枸杞”“贺兰山东麓葡萄酒”“灵武长枣”“中卫香山压砂西瓜”“同心圆枣”“盐池滩羊”等 6 个产品，获得国家地理标志产品保护。60 余家生产和销售企业获准使用地理标志产品保护专用标志。

【企业标准化】宁夏回族自治区坚持“分类指导，注重实效”的原则开展企业标准化工作。加强联系大中型骨干企业，提供信息服务，引导其完善标准体系建设，参与国家标准化和国际标准化活动，提升企业标准化水平。宁夏东方钽业公司主导参与国家标准和行业标准制修订 55 项，经国家标准委批准建立全国有色金属标准化技术委员会钽铌工作组。帮扶中小型企业，提高企业的标准化意识，帮助企业建立标准体系。通过开展“标准化良好行为企业”活动，提高企业的标准化管理水平。截至年底，对 120 余家中小企业进行标准化体系建设培训和帮扶，在 35 家工业企业中开展“标准化良好行为企业”活动试点，其中 26 家企业通过确认。在试点基础上，采取多项措施，在全区工业企业中，推进“标准化良好行为企业”活动。

【地方标准制修订】宁夏回族自治区围绕促进自治区特色优势产业的发展，加快地方标准制修订。为支撑促进羊绒加工产业发展，自治区质量技术监督局协调有关部门，组织制定《宁夏分梳山羊绒》地方标准，于 2007 年 8 月发布实施。在此基础上，相继组织制定《绵羊毛》《山羊绒绒条》等地方标准。为促进二毛皮产业发展，2010 年，自治区质量技术监督局组织、自治区纤维检验局牵头制定《宁夏二毛皮制品》地方标准，保证宁夏毛皮制品质量，提高产品市场信誉度。为实现压砂地种植和设施农业种植的标准化生产，自治区质量技术监督局协调有关部门和科研机构，制定《压砂地建设技术规范》、压砂地相关作物栽培技术规程、压砂地机械化种植相关地方标准 20 余项。制定日光温室、设施大棚建造以及作物在设施条件下种植相关技术标准 50 余项。为推进全区标准制修订工作，提高标准制修订水平，截至 2015 年底，自治区质量技术监督局连续组织 2 届“宁夏标准创新贡献奖”评选表彰，46 项标准获奖。组织开展 2 届全区标准科技创新学术研讨会，均被列入自治区科协的年度科技学术活动内容。

【服务业标准化】截至 2015 年底，宁夏回族自治区质量技术监督局组织开展 4 批服务业标准化试点，申请立项国家级试点 11 家。其中 2009 年的 3 个试点和 2011 年的 3 个试点，分别通过自治区和国家标准委验收。自 2009 年以来，自治区质量技术监督局重视服务业标准化试点工作，协调自治区民政厅、旅游局、农垦局、纤维检验局等主管部门，从申请试点的择优选报到试点过程的跟踪指导，多次召开办公协调会议，专题研究各试点的标准化创建工作。各相关厅局分管领导和主管处室带领标准化专家服务队到各个试点单位指导创建工作，各个试点单位所在地质量技术监督局抽调专人协助试点单位抓培训、建体系、查运行、促改进，形成横向协调，上下贯通，综合联动抓试点的运行体系。重视教育培训，普及专业知识。组织试点单位全面学习 GB/T 24421—2009《服务业组织标准化工作指南》系列国家标准，要求各试点单位主抓标准化试点的组织机构人员，掌握构建标准体系的原则和方法。各试点单位多次邀请标准化专家，为本单位全体干部职工做创建标准化试点专题讲座。借鉴区外试点经验，派专人实地学习取经。

强化工作落实，完善标准体系。各试点单位成立由主要领导参加的标准化创建工作小组，结工作重点和规律，专门研究标准化创建相关事宜。形成党、政统一领导，班子成员分工负责，全体员工参与，相关部门配合的创建工作格局。各试点单位创建小组反复学习和理解服务标准化工作指南的要求和考评细则，研究搭建适合本单位特点的体系框架，构建科学合理、层次分明、满足需要的标准体系。围绕行业特点和要素进一步提高服务硬件功能，将员工各项服务标准运用到每一个服务细节。分级开展标准化宣传培训，提高各方标准化意识，将标准化建设渗透到企业文化建设；开展标准实施评价，通过定期内部检查和自我评价，将标准制定与评定结合起来，以评价促进实施，定期持续整改，建立持续整改的工作机制，利用检查标准执行和定期公布执行情况，根据组织机构的变化，适时提出修订标准的建议和意见；创建服务品牌，以标准化、规范化、精细化为抓手，推进试点标准化创建工作。

【清真产业标准化】宁夏回族自治区为促进清真产业快速发展，推进清真产业相关标准化工作。研究制定清真产品相关标准，在自治区民委、宗教局、商务厅、自治区伊协等部门的协调配合下，自治区质量技术监督局组织制定并实施《清真肉羊定点屠宰检验技术规程》《无公害清真牛羊肉分割及分级包装规范》等地方标准。开展清真食品认证标准化工作。根据自治区政府的要求，推进清真食品的认证工作。自治区成立宁夏清真食品国际认证中心，经认监委审批，开展清真食品生产企业和产品的认证。为配合清真食品认证工作的开展，2008 年制定全国第一个清真食品认证方面的地方标准《清真食品认证通则》。开展阿拉伯国家标准研究服务工作。为促进与穆斯林国家经贸文化的交流，全面了解穆斯林国家的技术标准和技术法规，筹建阿拉伯国家标准研究服务中心，收集、整理、翻译、研究阿拉伯国家清真食品、穆斯林用品标准。建立阿拉伯国家标准电子信息库，搜集整理相关标准目录信息 2 万余条。2010 年，自治区标准化院申报的清真食品标准体系研究已列入自治区科研课题。并开展自治区出口穆斯林国家产品和生产企业的调研，协调组织自治区民委、宗教局、伊斯兰教协会、宁夏大学、宁夏社科院等部门、机构多位专家学者开展有关阿拉伯国家标准的研究。

供　稿：宁夏回族自治区质量技术监督局
撰稿人：丁　晖
审稿人：韩鸿雁

甘肃省标准化工作

【概况】2015 年，甘肃省质量技术监督局落实国务院《深化标准化工作改革》要求，开展地方标准清理评估、企业标准自我公开声明和监督工作。推进《甘肃省标准化发展战略纲要（2014—2020 年）》和《甘肃省标准化发展战略纲要实施方案（2015—2020 年）》，有效建立省、市州各级层面的标准化工作协调推进机制。

全年，下达地方标准制修订计划 5 批 166 项，审批发布地方标准 101 项，废止地方标准 1 项。研发部署“地方标准信息化管理系统”平台，优化地方标准制修订流程，提高地方标准制修订工作效率。批复筹建甘肃省塑料与塑料建材标准化技术委员会和甘肃省中医药标准化技术委员会。组织开展“百家企业标准化提升服务工程”活动。截至年底，全省新增 48 户企业获得“标准化良好行为企业”，13 户企业 56 个产品获得采用国际标准认可。

10 月，与陕西、青海、宁夏、新疆、内蒙古及新疆建设兵团等 7 家西部省级质量技术监督局共同发起组建“新丝路标准化战略联盟”，跨省区的区域标准化合作机制初步建立。

【标准化发展战略】2015 年，甘肃省质量技术监督局落实《甘肃省标准化发展战略纲要》。召开省实施标准化发展战略领导小组第一次会议，审议通过并印发《甘肃省标准化发展战略纲要实施方案（2015—2020 年）》和《甘肃省实施标准化发展战略领导小组工作制度》。领导小组办公室召集领导小组各成员单位联络员召开联络员会议，研究落实领导小组决定的有关工作事项，督促领导小组成员单位开展标准化战略启动工作并向领导小组办公室报送标准化工作方案、计划。省民政厅成立厅长负责的民政行业标准化工作组，省农牧厅成立分管领导任组长的农业标准化领导小组。注重加强对市州标准化工作的指导。全省14个市州人民政府均成立由分管领导担任组长的实施标准化战略领导小组，并相继出台地方标准化战略或意见，各级政府抓标准化工作的积极性、主动性和科学性显著提高，形成从省到市州、县区各级政府推进标准化工作的协调工作机制。着手组织草拟《甘肃省标准化发展战略纲要2016年行动计划》，提交省实施标准化发展战略领导小组审议。

【标准化改革】2015年，甘肃省质量技术监督局向省政府分管领导作《关于落实国务院〈深化标准化工作改革方案〉和全国标准化工作会议精神》专题汇报，并对省政府分管领导做出的批示进行落实。组织召开全省质监系统标准化工作视频会和2015年度标准化知识培训班，传达2015年全国标准化工作会议精神，解读国务院《深化标准化工作改革方案》，明确和部署今后一段时期甘肃省标准化工作。按照国务院《深化标准化工作改革方案》要求，对甘肃省的28项强制性地方标准和4项强制性地方标准计划项目开展清理评估，完成初步的清理评估工作，正在分阶段、分领域落实清理目标任务。

【地方标准管理】2015年，甘肃省质量技术监督局严格执行标准制修订工作的立项、起草、征求意见、审查、批准、出版、复审、废止等要求。全年，会同有关行业厅局下达地方标准制修订计划5批166项，审批发布地方标准101项，废止地方标准1项。研发部署"地方标准信息化管理系统"平台，优化地方标准制修订流程，提高地方标准制修订工作效率。开展标准化技术委员会的筹建工作，批复筹建甘肃省塑料与塑料建材标准化技术委员会和甘肃省中医药标准化技术委员会，标准化服务经济社会发展能力不断增强。面向全省范围内公开征集标准化专家，专家库征集工作完成阶段工作，征集专家852名，并根据专家所在领域整理分类为工业、农业和综合三大类，其中按照工业领域细分为18类592名专家；农业领域细分为9类201名专家；综合领域细分为4类59名专家。

【农业标准化】2015年，甘肃省质量技术监督局为进一步加强农业标准化工作，下发《甘肃省质量技术监督局关于组织开展2015年度农业综合标准化示范区项目抽查及目标考核工作的通知》，组织相关人员赴兰州、定西、金昌、张掖等地对第八批国家和省级农业综合标准化示范区项目进行抽查，检查组根据《农业标准化示范区项目抽查考核表》，结合项目任务书，重点检查项目的组织管理、标准体系建设、生产档案记录、阶段性目标任务完成情况以及示范效果等，指导和帮助示范区承担单位总结建设经验，指出示范区建设中存在的问题。

【企业标准自我声明】2015年，甘肃省质量技术监督局为进一步转变政府职能，落实企业标准化主体责任，减轻企业负担，提供工作效率，代省政府草拟《甘肃省企业产品标准管理规定》，广泛征求省内各行业主管部门和企业意见，将《规定》报甘肃省人民政府待批复。

【工业标准化】2015年，甘肃省质量技术监督局开展"百家企业标准化提升服务工程"活动，鼓励、支持企业建立实施标准体系，采用国际标准或国外先进标准。全年，甘肃省有48家工业企业按照国家标准建立企业标准体系，13户企业56个产品获得采用国际标准和国外先进标准认可。兰州、张掖、金昌、武威、临夏等质量技术监督局针对辖区内企业短板，制定"一企一策"服务方案和措施；兰州市质量技术监督局在前期调研了解企业标准化工作基础上，制定的"一企一策"方案详细明确且工作落实力度大、服务企业效果明显；张掖市质量技术监督局结合企业产品标准执行登记工作，通过建立企业执行标准台账，帮助企业简化工作流程，促进企业标准监督和标准化提升服务的有效结合；平凉市质量技术监督局专门成立活动领导小组，针对辖区内企业短板弱项，服务于企业标准化建设和能力提升，落实工作任务力度大。联合住建部门制定发布工程建设领域地方标准14项。

【服务业标准化】2015年，甘肃省质量技术监督局制定发布DB62/T 2581—2015《机构养老服务管理规范》、DB62/T 2569—2015《河东地区春玉米干旱灾害等级》等5项服务业地方标准。做好国家级"服务业标准化试点"项目技术指导和服务工作，对金川饭店和兰山公园建设管委会承担的国家级服务业标准化试点工作进行检查。完成省级科研项目《华夏文明传承创新区服务标准体系研究》。

【循环经济标准化】2015年，甘肃省质量技术监督局贯彻《甘肃省循环经济地方标准体系建设规划(2010—2015年)》，围绕省重点产业、科技创新和社会事业发展的重大需求，加大地方标准制修订工作力度，制定发布DB62/T 2580—2015《蒸压粉煤灰单位产品能源消耗限额》、DB62/T 2571—2015《餐厨废弃物分类、收集、回收、清运技术规范》、DB62/T 2562—2015《循环农业　玉米秸秆-牛-沼-肥技术规程》等循环经济地方标准20项。新下达循环经济地方标准制修订项目16项。督促兰州市再生资源回收公司开展国家级循环经济标准化试点项目启动及项目年度建设工作，对标准化工作机制建立、标准体系建设等工作进行现场指导。

【区域标准化协作】2015年，甘肃省质量技术监督局初步建立跨省区的区域标准化合作机制，与陕西、青海、宁夏、新疆、内蒙古及新疆建设兵团等7家西部省级质量技术监督局共同发起组建“新丝路标准化战略联盟”，注重加强区域标准化协作，以标准为纽带促进分散发展为整体发展，实现资源共享、优势互补，共通地方标准，互通标准信息，共享农业、工业、服务业标准技术资源和标准创新成果等。

【标准化宣传】2015年，甘肃省质量技术监督局组织开展2015年世界标准日宣传活动，向全系统下发世界标准日宣传活动的通知，明确活动主题、形式和要求。组织协调省广电总台、兰州市质量技术监督局、省局宣信中心在兰州市新港城社区开展2015年世界标准日大型公益活动，向群众分发《让标准走进我们的生活》标准化宣传手册，鼓励民众关注标准，了解标准。各市州开展形式多样的宣传活动，临夏、张掖等质量技术监督局分别在市区中心广场等地点专门设立世界标准日主题宣传拱门和咨询服务台，制作宣传横幅，发放宣传材料，接受广大群众在标准业务咨询，开展相关服务并受理投诉，提升当地群众对标准化工作的社会认知度和影响力，取得良好的宣传效果。组织省6个国家级农业标准化示范区项目的代表参加全国农业标准化示范区建设20周年成果展，推荐兰州百合、静宁苹果、瓜州枸杞、甘谷辣椒、秦安花椒等16个标准化农产品代表甘肃参展，所展示的成果受到普遍关注和好评。

供　稿：甘肃省质量技术监督局
撰稿人：周　英　张晓春
审稿人：孙乔玉

青海省标准化工作

【概况】截至2015年底，青海省组织制定地方标准1 293项（2015年新增88项）；指导帮助企业建立标准体系；获得国家地理标志保护产品11个（2015年新增2个）；设立省级标准化技术组织2个（2015年新增1个）；建立国家农业标准化示范区57个，建成46个；建立省级林业标准化示范区2个。建设国家服务业标准化试点8个；建立国家社会管理和公共服务综合标准化试点4个（2015年新增2个）；开展企业产品标准自我公开声明试点工作；建立青海省标准化统筹协调机制。

【农业标准化】2015年，青海省质量技术监督局为推进恢复三江源生态环境，加强生态保护，发布DB63/T 1342—2015《三江源生态保护和建设生态效果评估技术规范》、DB63/T 1354—2015《高寒沼泽湿地保护技术规范》、DB63/T 1350—2015《河湟谷地人工湿地污水处理技术规范》、《重度退化高寒沼泽湿地修复技术规范》、《草地高原鼢鼠防治技术规范》、DB63/T 1359—2015《湿地监测技术规程》等16项地方标准。推动“菜篮子”工程建设、促进现代农业健康发展，发布DB63/T 1367—2015《菠菜良种繁育技术规范》、DB63/T 1348—2015《马铃薯茎尖超低温离体保存技术规范》、DB63/T 1370—2015《日光温室雪桃延迟栽培技术规范》、DB63/T 1375—2015《地理标志产品乐都藏香猪》、DB63/T 1373—2015《家畜布鲁氏菌病防控技术规范》等地方标准。扶植农业标准化示范项目建设，涌现门源油菜、大通蚕豆、平安马铃薯、互助马铃薯、乐都大樱桃、大通牦牛等一批国家级农业标准化示范典型。

【工业标准化】2015年，青海省质量技术监督局鼓励、支持、帮助企业建立实施标准体系，在全省企业中开展“标准化良好行为试点企业强化企业”创建活动。加大对企业标准化工作的宣传力度，加强与企业信息沟通，指导和帮助企业采用国际标准，指导企业制定和备案企业产品标准，提高标准质量。围绕全省盐化工节能、检测、优化工艺流程、规范操作、提高能源综合利用效率等方面发布实施DB63/T 1386—2015《氯化钾　循环生产技术》、DB63/T 1421—2015《光卤石中钾、钠、钙、镁、硫含量的测定　电感耦合等离子发射光谱法》、DB63/T 1430—2015《工业铬酸酐中铝、钙、镁、铁、硅、钒含量的测定-电感耦合等离子体发射光谱法》等地方标准7项。联合省住建厅在建筑和绿色建筑等领域制定《青海省绿色建筑设计标准》《石墨模塑聚苯乙烯泡沫塑料板保温工程技术规程》和《现浇钢筋混凝土结构自保温体系应用技术规程》地方标准3项。制定发布DB63/T 1451—2015《光伏电站安全工作规程》、DB63/T 1452—2015《光伏电站设备检修规程第1部分：光伏组件》等光伏电领域地方标准9项。

【服务业标准化】2015年，青海省质量技术监督局推进服务业标准化，发布实施DB63/T 1384—2015《验光配镜技术规范》、《社区老年人日间照料服务规范》等地方标准。建立青海天地人缘文化旅游服务标准化试点、青海大通察汗河景区旅游服务标准化试点等4批国家级服务标准化试点项目。批准发布DB63/T 1380—2015《火灾高危单位消防安全评估导则》等消防安全管理标准4项,组织制定DB63/T 1337—2015《行政服务中心　服务规范》等地方标准,对行政服务规范、人员、环境设施、服务质量评价与改进等方面作出规定。做好第一批国家社会管理公共服务综合标准化试点项目承担单位青藏铁路公司西宁车站和青海省老年福利中心的试点工作。年内,国家标准委新批准西宁儿童福利服务标准化试点、共和政务服务标准化试点2个项目为“第二批社会管理和公共服务综合标准化试点项目”。

【标准化培训宣传】2015年,青海省质量技术监督局加大标准化培训、宣传力度。编发《以标准为手段为三江源生态保护提供支撑》等网站新闻2篇、工作简报1期,青海日报社报道1篇。围绕世界标准日主题“标准是世界的通用语言”和“标准联通一带一路人才筑就标准未来”世界标准日中国主题,开展世界标准日暨标准开放日宣传活动。

【青海省标准化统筹协调机制】2015年,青海省质量技术监督局为贯彻落实《国务院关于印发深化标准化工作改革方案的通知》,发挥标准化在提高产品质量、效益和促进经济发展的基础作用和提升标准化工作有效性,加强部门间协调配合,推进全省标准化工作,在原“青海省标准化工作联席会议制度”的基础上,补充省人民政府法制办公室、省国土资源厅、中国人民银行西宁中心支行等11个单位,拟筹建由省政府领导同志为召集人、各有关部门负责同志为成员的青海省标准化协调推进联席会议制度。

【节能标准化工作制度】2015年,青海省政府办公厅印发《青海省加强节能标准化工作实施方案》,明确全省节能标准化工作的总体要求、主要任务和责任部门。发布实施《用水定额》地方标准。

【标准化专业技术委员会建设】2015年,青海省质量技术监督局按照《全国专业标准化技术委员会管理规定》的要求,批准成立由青海省交通运输厅及其所属青海省交通科学研究院、青海省公路建设管理局、青海交通职业技术学院、青海省交通通信信息中心、青海省交通建设工程质量监督局等单位组成的“青海省交通运输标准化专业技术委员会”。该标委会将对全省公路工程、桥隧工程、交通信息化、交通安全设施、道路运输、水路运输、城市交通、交通环境、汽车维修、筑路机械等领域青海省地方标准体系的规划、标准制修订、重要标准的宣贯和标准化人员培训工作起到积极作用。

【标准化区域合作】2015年,青海省质量技术监督局参加由陕西省质量技术监督局倡议发起的,甘肃、宁夏、青海、新疆、内蒙古、新疆生产建设兵团质量技术监督局共同结成的“新丝路标准化战略联盟”,加强西部各省标准化交流合作,形成标准互认、信息互通、资源共享、优势互补的区域合作机制。

【企业产品标准管理制度改革】2015年,青海省质量技术监督局按照国家标准委统一部署,鼓励企业在国家企业产品和服务标准信息公共服务平台上进行标准自我声明公开,落实企业主体责任。推荐西宁市、格尔木市开展企业产品和服务标准自我声明公开试点。

【循环经济标准化试点】2015年,青海省质量技术监督局围绕盐化工、冶炼、有色金属、农业、机械制造等领域,推进国家循环经济标准化试点建设,重点向西宁(国家级)经济开发区、海东工业园区、柴达木循环经济试验区征集循环经济标准化试点备选项目。组织青海庆华矿冶煤化集团有限公司、青海盐湖工业股份有限公司等7个项目进行申报试点工作。

供　稿:青海省质量技术监督局
撰稿人:李欣荣　余　海
审稿人:李玉西

新疆维吾尔自治区标准化工作

【概况】截至2015年底,新疆维吾尔自治区制定地方标准1 679项(农业75.1%、工业15.6%、服务业5.6%、节能环保2.1%、社会管理公共服务1.6%)。主导或参与制修订国家标准、行业标准超过220项;主导或参与制修订国际标准超过4项。成立自治区级标准化技术委员会11个(2015年新增1个),承担国家标准化分技术委员会1个、国家标准工作组1个。建设国家或自治区级服务业标准化试点27个,建成19个;建设国家级社会管理和公共服务标准化试点10个;建设国家或自治区级农业标准化示范区（项目）192 个，建成 171 个。建设标准化良好行为企业试点 78 个，建成 77 个（试点示范项目不包括兵团）。

“十二五”期间，自治区人民政府印发《自治区标准化发展战略纲要 2011—2020 年》，推进实施标准化发展战略，把阶段性目标和任务分解到各职能部门和各地，首次成立自治区分管领导牵头的标准化工作领导小组。2015 年，自治区人民政府印发《自治区深化标准化工作改革的实施意见》，明确标准化工作改革目标和措施，分工落实工作任务。自治区人民政府充实调整，成立由 41 个部门参加的自治区标准化工作领导小组。自治区人民政府印发《商品条码管理办法》，强化商品条码管理。“十二五”期间，新疆维吾尔自治区质量技术监督局每年有重点地联合行业主管部门协同推进标准化工作，2011 年推进旅游景区标准化工作；2012 年推进司法监狱管理标准化工作；2013 年加强民政事业标准化工作；2014 年推进商贸物流标准化工作；2015 年推进社会保险标准化工作。联合区党委宣传部、自治区文化厅、自治区教育厅等部门共同推进少数民族文化产业标准化工作，2014 年启动新疆少数民族传统服饰标准研制，2015 年支持维吾尔舞蹈、乐器地方标准研制工作。对民族文化标准研制给予立项、经费支持，组织专家座谈研讨，完善传统民族文化标准，支撑非物质文化传承和产业发展。

“十二五”期间，新疆研究与试验发展活动形成国家或行业技术标准 260 项。科技部门登记成果 1 165 项中含有技术标准内容研究与开发的 36 项。参加科技部、国家标准委 10 余项标准化公益性科研项目的研究工作。与内蒙古联合开展少数民族服饰国家标准研制。荣获中国标准创新贡献奖三等奖 1 项。截至 2015 年底，建成“新疆标准信息服务平台”。标准库收集电子文本国家标准 3.2 万条、行业标准 8 万余条，收集哈萨克斯坦标准和技术法规 8 000余项，完成 16 万字的哈萨克斯坦国家标准题录的翻译工作，标准信息资源量 50 余万条。启用“标准资源远程投送系统”。与西部 8 省联合成立标准化研究联盟，实现资源共享和优势互补。

【工业标准化】2015 年，新疆维吾尔自治区质量技术监督局突出地方特色，开展《维吾尔传统服饰》《维吾尔乐器》14 项系列特色传统文化产业地方标准研制。发布 DB65/T 3695—2015《维吾尔文软件界面术语缩写规则》、DB65/T 3696—2015《哈萨克文软件界面术语缩写规则》等 9 项少数民族文信息化地方标准。发布 DB65/T 3707—2015《汽车整车干热大气暴露试验方法》、DB65/T 3705—2015《塑料薄膜及膜片干热大气暴露试验方法》等 3 项干热大气暴露试验方法。在工业园区重点骨干企业中开展“标准化良好行为企业”试点工作，引导企业建立企业标准体系，促进企业提升质量管理能力，完成 3 家自治区“标准化良好行为企业”试点，新确定 1 家。选择石油化工行业先行开展团体标准试点，发布团体标准 3 项。发布《2015 年采用国际标准建议目录》，推进先进技术标准的应用，54 家企业 97 个产品获得采用国际标准标志证书。连续 3 年开展规模以上制造业企业产品执行标准和采用国际标准情况分析，发布分析报告，为政府和企业提供参考。

截至年底，规模以上制造业企业产品执行国家标准占 62.6%、行业标准占 14.6%、地方标准占 0.5%、企业标准占 21.6%、直接应用国际标准占 0.7%。燃料、煤焦化产品、水泥、棉纱、纤维板、植物油、粮食等特色优势产业重要产品，执行国家标准和行业标准合计比率 90% 以上。全区 196 家企业 330 个产品有效备案使用采标标志。规模以上制造业企业产品采标率 14.7%，采标标志率 68.2%，其中输变电装备领域产品采标率达到 91.5%，采标标志率 86.0%。

【农业标准化】2015 年，新疆维吾尔自治区质量技术监督局制定发布 DB65/T 3814—2015《速步马选育技术规程》、《巴音布鲁克羊》、DB65/T 3461—2015《地理标志产品　若羌红枣》、《棉花全程机械化》等自治区地方标准 61 项。配合林业部门，制定发布生态果园建设系列地方标准。备案地州市农业地方标准 285 项。强化农业技术标准的推广应用，以特色优势农业，高效节水农业和现代农业产业为重点，开展第八批国家农业综合标准化示范区 13 个，示范市 1 个，自治区级示范项目 4 个，加强现场督导检查，加强人员培训。联合中国标准化研究院，采用 ISO 的方法论，对农业标准化示范企业进行效益评价，标准化对果蔬加工企业经济效益的贡献率达 5.86%。喀什等 5 地 9 个示范区 18 种产品参加质检总局、国家标准委在“全国农高会”期间举办的农业标准化示范区建设 20 年成果展。乌苏市创建新疆首个国家级农业综合标准化示范城市。

截至年底，农业方面自治区地方标准累计 1 257 项，占自治区地方标准总数的 75.1%，其中地理标志产品标准 18 项，无公害食品、绿色食品、有机产品、生态果园建设等种养殖技术规范 360 项。全区各地州市、县制定发布农业技术规范 1 833 项，编制印发近百项农产品标准体系，有力支撑现代农牧业发展。

【服务业标准化】2015 年，新疆维吾尔自治区质量技术监督局局制定发布DB65/T 2617—2015《农家乐旅游服务质量等级划分》、DB65/T 2640—2015《旅游滑雪场质量等级划分》、DB65/T 3773—2015《物流仓储服务规范》、DB65/T 3774—2015《物流配送服务规范》等涉及旅游、物流方面自治区地方标准10项，《那拉提景区》等4个国家级服务业标准化试点项目通过评估。与自治区住建厅、商务厅共同确立新建家政、电超市3个自治区服务业标准化试点项目。服务业标准化工作多头推进，从旅游业逐步延伸到物业、物流、社区和家政等领域。天山天池景区成为首批国家服务业标准化示范单位。配合国家标准委在阜康市举办服务标准化培训班，来自全国各省的100余人参加培训。截至年底，制定发布服务业自治区地方标准94项。

【社会管理和公共服务标准化】2015年，新疆维吾尔自治区质量技术监督局制定发布DB65/T 3698—2015《城市社区基本服务指南》、DB65/T 3743—2015《警用地址信息编制规则》、DB65/T 3742—2015《公安机关机构代码编制规则》、《高校学校安全管理基本规范》、DB65/T 3782—2015《婚姻登记办理程序》、DB65/T 3739—2015《电梯公共安全监测系统技术规范》等涉及民政、社会安全方面的自治区地方标准8项。推进维吾尔舞蹈、乐器等文化产品标准化发展，支持12项民族文化地方标准立项。加强国家级社会管理和公共服务标准化试点项目推进，《乌鲁木齐儿童福利服务》等4个项目被确定为第二批国家级社会管理和公共服务综合标准化试点项目。联合自治区民政厅对6个自治区民政标准化试点项目评估，召开总结大会颁发牌匾。自治区人社、质监联合成立自治区社会保险标准化工作领导小组，推进社保标准化工作。承担完成《少数民族语地名汉字译写规则　维吾尔语》国家标准1项。参与国家标准《社会保险岗位分类与代码》的制定工作。乌鲁木齐县配合政法部门制定公共场所防御等5项反恐领域技术规范。截至年底，发布社会管理和公共服务领域自治区地方标准27项。

【节能环保标准化】2015年，新疆维吾尔自治区质量技术监督局落实国务院办公厅关于进一步加强节能标准化工作的意见，联合自治区发展改革委起草自治区《关于加强节能标准化工作的实施意见》报自治区人民政府。编制出版《新疆能效对标常用能源消耗限额标准汇编》。截至年底，制定发布DB65/T 3609—2015《用能单位能源审计实施规范》、DB65/T 3611—2014《农业灌溉用水定额》、DB65/T 3471—2015《煤炭资源开采天然放射性核素限量》等节能减排和环保方面自治区地方标准15项。全区建筑领域县及以上城市全面执行居住建筑节能设计65%强制性标准；55家公共机构列入国家节约型公共机构示范单位。104家重点企业完成清洁生产审核评估，其中67家企业通过清洁生产审核验收。114家企业自愿开展清洁生产审核；336家重点用能企业开展能效对标，57家综合用能单位综合能耗数据实现在线监测。在水泥企业开展“能效对标计量诊断”活动，电石、铁合金行业能耗限额标准执行情况检查。

【标准实施验证能力】截至2015年底，新疆维吾尔自治区获得资质检验检测机构951家，监测业务覆盖19个领域26个行业，有效期内管理体系认证证书5 017张，服务认证证书7张，强制性产品认证证书1 565张，中国食品农产品认证2 211张，计量认证证书879张。依托产业优势，以乌鲁木齐为中心，建成石油石化、农副产品、节水器材产品、棉花、城市能源计量、煤化工等9个国家产品质量监督检验中心，石材等9个国家中心正在筹建中。根据各地州市经济发展方向及产业集聚度情况，建设自治区级产品质量监督检验中心37个，运行30个、在建7个。建成棉花国家公证检验实验室20家，拥有国际先进的大容量快速检测仪220余台，棉花仪器化质量检验实现全覆盖，为国家棉花流通体制改革和价格改革提供有力支撑。加强对重点产品执行国家强制性标准的监督检查，产品质量总体状况稳中有升。

【标准化合作交流】2015年，新疆维吾尔自治区质量技术监督局邀请中亚4国标准、计量方面代表来访，商议开展合作。自治区人民政府向国家标准委申请，争取在新疆批准设立“中亚标准化研究中心”，国家标准委派专家组对中亚标准化研究中心组织现场评估。开展中亚五国标准化研究。与陕西等6省共同倡议成立“新丝路标准化战略联盟”，建立区域标准化合作平台，服务“一带一路”。截至年底，新疆检验检疫部门在上海合作组织框架内，与周边国家检验检疫部门之间建立区域性磋商与洽谈机制，加快与中亚、中东、南亚、俄罗斯等周边国家开展检验检疫领域的合作步伐，解决对外贸易中的技术性壁垒和质量安全问题。参加两届‘中俄首脑定期会晤委员会经贸合作分委会中俄标准化、计量、认证和检验监管常设工作组区域合作小组会议，倡议在原油、天然气、矿产品等重要资源性产品方面，重点加强在检测技术、有害元素限量规定的统一性，增进双方对标准的了解和互认，建立标准化交流合作平台，或者发展成立标准化联盟。加强与周边国冢或检测机构实验室之间的合作及互认，推动在资源和能源标准化方面深入合作。

【标准化宣传】2015年，新疆维吾尔自治区质量技术监督局加大标准化宣传力度。在全区标准化工作座谈会期间，邀请国家标准委专家为各地、各部门代表做标准化工作改革专题讲座，解读国务院深化标准化工作改革方案。10月，邀请《新疆日报》《新疆法制报》《新疆经济报》以及天山网等媒体记者，专访国家农业标准化示范城市和自治区标准化良好行为试点企业，通过系列报道宣传标准化成就，提升社会各界对标准化工作的关注度和开展标准化工作的信心。在《新疆日报》刊登新疆维吾尔自治区质量技术监督局局领导署名文章宣传标准化工作改革，推进自治区标准化发展战略。在门户网站开辟专栏，利用楼宇电视、微信、微博、客户端等路径及新疆电视台等各大媒体扩大宣传效果。全年，发布全区标准化工作信息200余条。12月，召开新闻发布会，向社会发布2015年自治区深化标准化工作改革情况，宣传旅游服务标准化成效。

【企业产品标准自我声明】2015年11月，新疆自治区人民政府印发《深化标准化工作改革的实施意见》，政府办公厅印发《关于印发贯彻落实实施〈自治区深化标准化工作改革的实施意见〉行动计划（2015—2016年）的通知》，明确分阶段开展企业产品与服务标准自我声明公开制度。确定从2015年11月开始在乌鲁木齐市、克拉玛依市先行试点。自治区质量技术监督局成立企业产品和服务标准自我声明公开试点领导小组，印发《企业产品和服务标准自我声明公开和监督制度试点方案》。截至年底，两地企业在标准信息公共服务平台自我声明公开数据243条。

供　稿：新疆维吾尔自治区质量技术监督局
撰稿人：阿扎提江　邓明辉
审稿人：成秉勇

新疆生产建设兵团标准化工作

【概况】2015年，新疆生产建设兵团质量技术监督分局贯彻落实国务院《深化标准化改革方案》以及国务院办公厅《贯彻实施〈深化标准化改革方案〉行动计划（2015—2016年）》，深化标准化改革，制定印发《兵团质监系统深化标准化工作改革实施方案》，组织开展地方标准制修订申报及采标工作，加强标准的实施和监管，开展标准化服务，组织标准化培训。

【标准制修订】2015年，新疆生产建设兵团质量技术监督分局组织开展2015年度地方标准制修订申报工作，指导兵团企业围绕新兴产业产品质量安全、科技成果转化、优势特色农产品质量等领域，申报自治区地方标准制修订项目。组织兵团5家企业的8个项目申报2015年度自治区地方标准制修订工作计划，和田昆仑枣业、新希望电子公司2家企业的2个项目被自治区立项批准。

【采标工作】2015年，新疆生产建设兵团质量技术监督分局组织开展采用国际标准和国外先进标准工作，围绕兵团企业产品质量提升和加快企业技术进步的目标，明确采标的意义、依据和申报程序。编制并下发《2015年度新疆维吾尔自治区采用国际标准产品建立目录》，经由企业申报，新疆生产建设兵团质量技术监督分局审核，一、六、八师6家企业的10个产品符合采标要求，并经区局备案，获得采用国际标准标志证书，并予以公告。

【标准化改革】2015年，新疆生产建设兵团质量技术监督分局根据国务院《深化标准化工作改革方案》和国务院办公厅《贯彻实施〈深化标准化工作改革方案〉行动计划（2015—2016年）》，结合兵团实际，以及兵团质监系统工作职责和现有职能，制定《兵团质监系统深化标准化工作改革实施方案》。明确适时开展企业产品和服务标准自我声明、探索培育发展团体标准等八项重点工作任务，力争到2020年，让标准成为对质量的“硬约束”，成为规范市场秩序、转变发展方式、提升经济效益的“指挥棒”，推动兵团经济社会发展迈上新台阶。

【节能标准化】2015年，新疆生产建设兵团质量技术监督分局贯彻落实《国务院办公厅关于加强节能标准化工作的意见》有关要求，进一步加强兵团节能标准化工作，联合兵团发展改革委、科技局、工信委、建设局、交通局、农业局、商务局、机关事务管理局八部门制定并印发《关于加强兵团节能标准化工作的实施方案》。通过推动健全节能标准化工作机制，建立健全节能标准体系，强化标准实施，争取培育一批具有市场影响力的技术先进、配套健全、发展规范的节能环保技术创新型企业，基本建成指标先进、符合兵团发展实际的节能标准体系，主要高耗能行业实现能耗限额标准全覆盖，产业政策与节能标准结合更加紧密，对节能减排和产业结构升级支撑作用更加显著，逐步形成行政引导、市场驱动、社会参与的节能标准化共治格局。

【国家级农业标准化示范区建设】2015年，新疆生产建设兵团质量技术监督分局指导11个国家级农业标准化示范区根据已建立的农业标准化示范区标准体系框架，完成标准体系的编制和审定的目标，引导兵团示范区开始不断向农业综合标准化过渡。编制并下发第八批国家级农业标准化示范区建设指南，指导示范区确定实施综合标准化的关键环节，编制标准体系或标准综合体规划，建立形成成套的农业标准化体系和针对每个产品的一系列农业标准综合体，为2016年的全面验收和国家抽查做好准备。

【国家级服务业标准化试点单位试点工作】2015年，新疆生产建设兵团质量技术监督分局根据国家标准委《关于推进服务标准化试点工作的意见》和《服务业标准化试点实施细则》，下发《关于组织做好国家级服务业标准化试点项目评估各项准备工作的通知》，指导兵团的项目承担单位严格实施项目管理，并对标准实施状况、试点成效、标准化创新性开展阶段性自我评估，进一步完善标准体系，做好试点效果调查统计、资料收集汇总，为迎接国家标准委的项目评估工作打下基础。指导试点单位完成年度自查，并撰写工作总结；围绕提升服务业标准化水平、推进服务业改革开放和提高服务业吸纳就业能力的发展目标，结合兵团服务业发展的特色及优势，重点选择物流、仓储、商务、商贸、旅游、公共服务和农业服务等生产性、生活性服务业开展申报。指导申报企业按国家标准委要求撰写试点申请表、任务书和实施方案，收到6家服务企业的申报材料，经审核，向国家标准委上报《阿拉尔市玛滩镇疗养公寓养老服务》和《九鼎农产品市场贸易服务》2个项目。

【社会管理和公共服务综合标准化试点项目】2015年，阿拉尔市人民政府行政服务中心被列入国家第二批社会管理和公共服务综合标准化试点项目。新疆生产建设兵团质量技术监督分局指导一师质量技术监督局就试点项目的工作开展进行协调和检查指导，要求试点单位结合自身实际，按照《社会管理和公共服务综合标准化试点细则》要求，依据《社会管理和公共服务综合标准化试点申请书》制定实施方案，明确计划进度、工作目标和任务，做好试点项目的实施工作。

【企业标准化】2015年，新疆生产建设兵团质量技术监督分局加强企业标准化工作的指导，支持有条件的企业开展"标准化良好行为企业"创建，提高企业产品质量和品牌信誉。指导企业执行企业执行产品标准登记制度，做好企业标准备案工作。

【技术性贸易措施工作】2015年，新疆生产建设兵团质量技术监督分局做好WTO/TBT、SPS特别贸易关注信息收集。为维护兵团出口贸易利益，结合兵团实际和兵团出口企业等遇到的问题，引导兵团出口企业研究和应对WTO/TBT技术性贸易措施，收集兵团希望在2015年WTO/TBT、SPS例会上提出的特别贸易关注的相关信息，及时汇总上报质检总局，规避兵团出口风险。

【农业标准体系建设】2015年，新疆生产建设兵团质量技术监督分局围绕兵团党委确定的现代农业发展重点领域和优势特色产业，组织和指导各农业标准化示范区开展农产品综合标准体系推广实施工作。通过网站发布、公共邮箱共享等形式，送达基层单位急需的标准。

【新丝路标准化战略联盟】2015年，新疆生产建设兵团质量技术监督分局加入由陕西、甘肃、青海、宁夏、新疆、内蒙古、新疆生产建设兵团质量技术监督分局成立的"新丝路标准化战略联盟"。联盟致力于共同打造开放、包容、均衡、普惠的区域标准化合作框架，构建全方位、多层次、复合型的标准化战略，实现沿线各地区多元、自主、平衡、可持续的发展。以有效分享西部省区标准化信息、优质资源和最新成果，进一步推动兵团标准化工作向前开展，探索建立兵团辖区内的团体标准和技术标准体系，服务兵团企业质量提升，助推"质量强兵团战略"实施。

【全国农业标准化示范区建设20年成果展】2015年11月5—9日，新疆生产建设兵团质量技术监督分局参加全国农业标准化示范区建设20年成果展，兵团的宣传片、宣传展板、展品选择和展位布置得到国家标准委食品农业部农业处的高度评价，期间兵团展位的观展人数达60万人次，向来自全国各地的参观游客全面展示兵团农业标准化所取得的成效表。

【标准化宣传】2015年，新疆生产建设兵团质量技术监督分局为做好两项专门针对中小学生校服和婴幼儿及儿童纺织产品（童装）国家标准的宣贯和实施，印发《关于做好国家新标准《中小学生校服》和《婴幼儿及儿童纺织产品安全技术规范》宣贯和实施的通知》，并将2项标准文本发至各师质量技术监督局，要求各师局认识新标准颁布的重要意义，学习掌握标准的主要内容，依据国家新标准开展中小学生校服产品质量监督抽查。并组织辖区内有关单位，特别是纺织服装和成衣加工企业开展形式多样的学习培训，督促辖区内的检测机构掌握新标准中各项指标的分析检测、监测技术，规范服装产品检测抽样和检验，将新标准宣贯实施到位。

世界标准日期间，通过发放传单、开展现场咨询等形式，向全社会宣传标准化工作，为社会和公众提供更好的标准化服务，让公众更好的了解标准、认识标准、使用标准。

【标准化培训】2015年，新疆生产建设兵团质量技术监督分局组织各师质监部门和基层单位参加国家标准委举办的全国农业标准化培训班、全国服务业标准化培训班、地方标准化管理人员培训班，中国标准化研究院全国农业标准化研讨会、中国标准化测试研究院检测实验室国家标准应用培训班和自治区标准化战略培训班，累计培训学员50人。

供　稿：新疆生产建设兵团质量技术监督局

全国专业标准化技术委员会工作(选登)

全国电压电流等级和频率标准化技术委员会(SAC/TC1)

【概况】截至2015年底,全国电压电流等级和频率标准化技术委员会归口管理国家标准17项、行业标准3项。

SAC/TC1对口国际电工委员会IEC/TC8(System aspects for electrical energy supply)。

是年,SAC/TC1的中国专家刘军成获2015年度IEC 1906大奖。

【标准制修订工作】2015年,SAC/TC1报批国家标准5项;在研国家标准5项、能源行业标准3项。

【国际标准化工作参与情况】2015年,SAC/TC1的中国专家在IEC/TC8中牵头制定4项国际标准。其中IEC/TS 62749于4月9日发布,其余3项在研制中。

【标准化科研】2015年,SAC/TC1秘书处承担单位承担国家质检公益性项目“航天等高端装备技术17项国际标准研制”中的子课题“电网技术国际标准研制”。

供　稿:SAC/TC1秘书处
撰稿人:刘　晶
审稿人:张　苹

全国微电机标准化技术委员会(SAC/TC2)

【概况】全国微电机标准化技术委员会于1979年批准成立,现为第七届,由41名委员组成,秘书处挂靠单位为西安微电机研究所。截至2015年底,SAC/TC2归口管理国家标准27项、行业标准35项;在研国家标准6项、行业标准3项,基本覆盖微电机体系主要产品大类。微电机标准大多参考美国MILL,并结合中国实际情况自主制定。

是年,SAC/TC2组织标准起草单位及标准编制人员培训2次,组织行业单位标准宣贯2次,针对行业单位及相关人员开展标准化技术咨询服务50人次。9月,加入国家机器人标准化总体组。

【标准制修订复审工作】2015年,国家标准委批准立项SAC/TC2归口管理的国家标准项目2项,国家标准外文版翻译出版计划项目2项,团体标准计划项目1项;国家标准委批准发布SAC/TC2归口管理的国家标准5项,工业和信息化部批准发布SAC/TC2归口管理的行业标准4项。年内,SAC/TC2制定国家标准2项、修订行业标准3项。组织复审归口的国家标准6项,全部继续有效;复审行业标准13项,其中继续有效11项、废止2项。

【标准化科研】2015年,SAC/TC2承担的永磁式直线电机和电动机用电磁制动器科研项目取得成效,并转化为国家标准制定项目。年内,开展工业机器人关节用伺服电动机和减速机标准化研究项目,进行试验验证和关键技术研究。

【年会情况】2015年12月14—16日,SAC/TC2在江苏无锡举行年会暨标准审查会,37名委员出席会议,委员出席率90%。会议对SAC/TC2开展的国家标准、行业标准和团体标准的制修订工作提出要求。与会委员和代表听取2项国家标准和3项行业标准有关起草情况介绍,对标准送审稿进行审查、提出修改意见并一致通过。

供　稿:SAC/TC2秘书处
撰稿人:郭巧彬
审稿人:郭巧彬

全国液压气动标准化技术委员会(SAC/TC3)

【概况】截至2015年底，全国液压气动标准化技术委员会归口管理国家标准117项、行业标准70项，其中104项采用国际标准；在研国家标准21项、行业标准5项，其中16项采用国际标准。

SAC/TC3对口国际标准化组织流体传动系统技术委员会(ISO/TC131)及其9个分技术委员会(SC)：术语、分类和符号(SC1)，泵、马达和整体传动装置(SC2)，缸(SC3)，管接头和附件(SC4)，控制元件(SC5)，污染控制(SC6)，密封装置(SC7)，元件试验方法(SC8)，装置和系统(SC9)。

SAC/TC3下设4个分技术委员会(SC)：液压传动和控制分技术委员会(SC1)，气压传动和控制分技术委员会(SC2)，密封装置分技术委员会(SC3)，液压污染控制分技术委员会(SC4)。

是年，SAC/TC3组织分技术委员会召开过滤产品过滤精度测试能力验证与技术交流会，宣贯交流GB/T 18853—2015《液压传动过滤器　评定滤芯过滤性能的多次通过方法》等液压过滤器过滤性能测试方法标准，培训60余人；召开液压元件与系统可靠性培训与研讨会，培训50余人。

【标准制修订复审工作】2015年，国家标准委批准立项SAC/TC3归口管理的国家标准4项，工业和信息化部批准立项SAC/TC3归口管理的行业标准2项。SAC/TC3向国家标准委、工业和信息化部报批国家标准、行业标准8项，审查国家标准、行业标准送审稿14项。国家标准委批准发布SAC/TC3归口管理的国家标准8项，工业和信息化部批准发布SAC/TC3归口管理的行业标准5项。SAC/TC3组织分技术委员会复审归口国家标准31项，其中继续有效20项，修订9项，废止2项。

【国际标准化工作参与情况】2015年，SAC/TC3组织办理国际标准送审稿9项、国际标准新工作项目和草案稿19项、国际标准复审网上投票和意见回复43项、其他投票17项。参与6项国际标准制修订工作。组团参加ISO/TC131/SC5、SC6、SC9分技术委员会年会，参与会议讨论和投票表决，在会上代表中国提出计划2016年提交“气动功率测量”ISO标准新项目提案；主持召开ISO/TC131/SC6/WG1工作组会议。

【标准化科研】2015年，SAC/TC3承担中机生产力中心牵头，科技部和质检总局下达的质检公益性行业科研专项“航空装备等重要制造领域49项基础及关键共性技术标准研究”中液压气动元件可靠性标准的研究工作；承担质检总局和国家标准委下达的“实施制造业标准化提升计划”专项中马达噪声测量等标准的研究工作。

【年会情况】2015年3月25日，SAC/TC3/SC1在广西南宁召开会议，委员出席率95%，会议听取并讨论2014年工作报告以及2015年工作计划，审查国家标准1项。

10月10日，SAC/TC3/SC3在陕西宝鸡召开会议，委员出席率90%，会议总结2015年度工作，汇报标准项目的进展情况，讨论并通过4项计划申报的国家标准项目。

11月12日，SAC/TC3/SC2在浙江遂昌召开会议，委员出席率85%，会议听取并讨论2015年工作报告以及2016年工作计划，分析在研标准工作情况及重要技术内容。

11月24日，SAC/TC3/SC4在浙江温州召开会议，委员出席率88%，会议听取并讨论2015年工作报告以及2016年工作计划，审查2项行业标准。

供　稿：SAC/TC3秘书处
撰稿人：罗　经
审稿人：李永顺

全国信息与文献标准化技术委员会(SAC/TC4)

【概况】截至2015年底，全国信息与文献标准化技术委员会(原名：全国文献工作标准化技术委员会)归口管理国家标准74项，涵盖术语与知识体系、字符转写、信息与文献的识别与描述、元数据、技术互操作、图书馆绩效与评估、文件档案管理等方面,初步形成从文献信息资源创建、加工、揭示、保存、管理、服务整个生命周期国家文献与信息标准体系。SAC/TC4 挂靠在中国科学技术信息研究所。

SAC/TC4 对口国际标准化组织信息与文献标准化技术委员会(ISO/TC46)。

SAC/TC4 下设 5 个分技术委员会(SC):档案(SC1),书面语言转写(SC2),技术互操作(SC4),统计(SC8),识别与描述(SC9)。

【国际标准化工作参与情况】 2015 年,SAC/TC4 组织办理国际标准送审稿 4 项,国际标准新工作项目和草案稿 5 项,国际标准复审件的网上电子投票和意见回复 9 项,国际标准化组织事务性投票 7 项。主导承担 ISO 7098《信息与文献　中文罗马化》、ISO 17316《信息与文献　国际标准关联标识符 ISLI》和 ISO 5127《信息与文献　术语》3 项国际标准的制修订工作。参与 ISO 2108《信息与文献　国际标准书号》、ISO 19580《信息与文献　国际档案统计》、ISO 30300《信息与文献　文件管理体系　基础和术语》3 项国际标准的制修订工作。

【ISO/TC46 北京会议】 2015 年 6 月 1—5 日,ISO/TC46第 42 届全体会议在北京举办。ISO/TC46 北京会议周期间,举办 31 场次会议(包括 12 场 webEX 视频会议),包括 ISO/TC46 开闭幕式会议、分会会议、直属工作组会议、分会下设工作组会议四种会议类型。来自美国、英国、德国、法国、澳大利亚、日本、南非等 20 个国家 130 人出席会议。期间讨论 20 余项在研的国际标准,通过 15 项决议。

6 月 2 日,中国科学技术信息研究所召开“数字环境下信息与文献标准化”开放国际论坛。会议特别邀请 ISO/TC46 主席及各分会主席、ISO 中央秘书处派驻 TC46 的联络秘书以及国内外标准化专家,围绕信息与文献标准化领域的相关问题做主旨报告,部分国际专家和国内图书情报界及相关领域的众多专家学者参加开放论坛。

供　稿:SAC/TC4 秘书处
撰稿人:刘春燕
审稿人:沈玉兰

全国涂料和颜料标准化技术委员会(SAC/TC5)

【概况】 截至 2015 年底,全国涂料和颜料标准化技术委员会归口管理国家标准 304 项、行业标准 157 项;在研国家标准 23 项、行业标准 32 项。

SAC/TC5 对口国际标准化组织色漆与清漆技术委员会(ISO/TC35)和颜料、染料和填料技术委员会(ISO/TC256)。

SAC/TC5 下设 6 个分技术委员会(SC):基础(SC1),涂漆前金属表面处理及涂漆工艺(SC6),涂料产品及试验方法(SC7),颜料产品及试验方法(SC8),钢结构防腐涂料体系(SC9),涂料用漆基产品和试验方法(SC10)。

是年,SAC/TC5 开展涂料和颜料领域的 10 项强制性国家标准和 1 项强制性行业标准的清理工作。其中 4 项强制性国家标准整合修订为 2 项,1 项强制性行业标准转化为推荐性行业标准。

是年,SAC/TC5 秘书处组织定期和不定期标准宣贯培训 4 期,培训 502 人次。为出版《涂料与颜料标准汇编》提供技术支持。标委会秘书处公开联系方式,安排专人为行业提供标准化咨询服务。5 月在质检总局组织修订《合成树脂乳液内墙涂料产品质量监督抽查实施规范》《溶剂型木器涂料产品质量监督抽查实施规范》等涂料产品抽查规范的过程中,为相关机构提供标准咨询。

【标准制修订工作】 2015 年,SAC/TC5 报批 12 项国家标准、15 项行业标准;5 项国家标准形成送审稿;1 项行业标准形成征求意见稿。启动 8 项国家标准和 15 项行业标准制修订工作。

【国际标准化工作参与情况】 2015 年,SAC/TC5 收到 ISO 文件 342 件,表态 78 件;收到 ASTM 文件 105 件,表态 105 件。提出 1 项《ISO/TC256/N236 ISO/NWIP18473-3 功能颜料和体质颜料　第 3 部分:硅橡胶用气相二氧化硅》国际标准的制定,主导 3 项国际标准的制定,实质性参与 6 项国际标准的制定。10 月 27—29 日,SAC/TC5 组织 7 人代表中国参加在德国举办的 ISO/TC256 第六届年会。会议讨论中国与德国共同提出的“硅橡胶用气相纳米二氧化硅”、德国主导制定的“重力离心法测量纳米粒径”国际标准的讨论、瑞士主导制定的“涂料中纳米粒子泄出的评价方法”等国际标准。

【标准化科研】 2015 年,SAC/TC5 启动质检总局《消费品中化学危害共性安全标准及10类重点产品关键技术标准研制》项目。7月完成于2014年启动的《消费品安全标准“筑篱”专项行动涂料领域标准对比评估》，10月通过国家标准委验收。

供　稿：SAC/TC5秘书处
撰稿人：周文沛
审稿人：唐　瑛

全国集装箱标准化技术委员会（SAC/TC6）

【概况】截至2015年底，全国集装箱标准化技术委员会归口管理标准43项；在研标准17项。

SAC/TC6对口国际标准化组织集装箱技术委员会（ISO/TC104）。

是年，SAC/TC6完成标委会第四届委员换届工作，新一届标委会由53名委员组成，秘书处设在交通运输部水运科学研究院。

是年，SAC/TC6为交通运输标准化“十三五”发展规划的制定提供水运及集装箱领域标准化发展规划；完成《“十三五”时期推进长江经济带发展的主要任务》标准化部分；开展集装箱海铁联运示范工程；参与交通运输部运输服务司牵头组织的多式联运示范工程，提供标准支撑，提出标准制修订建议；成立集装箱多式联运数据交换等5个标准化工作组，对集装箱标准进行跟踪和研究，并提出、制定一系列国家标准；参与国际物流设备展、国际多式联运展、国际箱东协会年会以及中国多式联运合作与发展大会等多次国内外大会。

是年，SAC/TC6召开工作组会议3次，技术交流会议5次，国家标准审查会5次，标准宣贯3次。利用网站和简报等多种形式，加强信息服务能力建设。

【标准制修订工作】2015年，SAC/TC6在研的国家标准、行业标准中：标准征求意见阶段3项，送审阶段1项，报批阶段4项。SAC/TC6向国家标准委申报标准项目11项；国家标准委发布SAC/TC6归口管理的标准3项。

【国际标准化工作参与情况】2015年，SAC/TC6参加ISO/TC104各类会议4次，国际标准投票18项，提交1项国际标准新工作项目建议，完成1项国际标准（ISO 1496/5）草案，完成1项国际标准（ISO 9897/4）送审稿。2位委员分别担任ISO/TC104/SC4/WG1和ISO/TC104/SC2/WG6两个工作组的召集人。2015年美国ISO/TC104会议上，讨论通过中国提交的ISO 9897/4送审稿，这是中国第一个完成修订的国际集装箱标准。

【标准化科研】2015年，SAC/TC6开展智能集装箱通用技术要求标准研究及制定、交通质检电子数据交换标准体系研究和报文标准制定、港口电子口岸建设技术规范、交通运输服务标准体系研究与制定等标准化研究项目。

【年会情况】2015年10月22日，SAC/TC6第四届委员会换届大会暨年会召开，来自交通运输部科技司、海关总署科技发展司、总后军事交通运输局、中国船级社、交通运输部水运科学研究院等委员单位50余名代表出席会议。会议宣布SAC/TC6第四届委员名单并为委员颁发证书。标委会主任委员对标委会工作给予肯定，并解读交通运输部标准化工作“十三五”规划，对标委会下一步工作提出希望和要求。标委会秘书处做标委会“第三届工作总结和第四届工作计划”报告，并由大会讨论通过。会议讨论通过标委会第四届委员会章程、秘书处工作细则以及集装箱标准体系表（2015版）和3年标准规划。

供　稿：SAC/TC6秘书处

全国人类工效学标准化技术委员会（SAC/TC7）

【概况】截至2015年底，全国人类工效学标准化技术委员会归口管理国家标准68项，其中44项采用国际标准；在研国家标准11项，其中1项采用国际标准。

SAC/TC7 对口的国际标准化组织包括:国际标准化组织人类工效学技术委员会(ISO/TC159)及其下属的一般性工效学原则分技术委员会(ISO/TC159/SC1)、人体测量与生物力学分技术委员会(ISO/TC159/SC3)、人-系统交互工效学分技术委员(ISO/TC159/SC4)和物理环境工效学分技术委员会(ISO/TC159/SC5)。

是年,SAC/TC7 为 20 余家科研机构和企事业单位提供工效学标准化技术咨询服务和工效学基础数据服务,涉及热环境、噪声声品质、用户体验、IT 产品人机界面评价、家居产品工效学测评等多个工效学技术领域。

【标准制修订复审工作】2015 年,国家标准委批准立项 SAC/TC7 归口管理的国家标准项目 4 项。SAC/TC7审查国家标准 4 项,向国家标准委报批国家标准 4 项。国家标准委批准发布 SAC/TC7 归口管理的国家标准 3 项。SAC/TC7 组织技术委员会专家复审归口国家标准 17 项,其中继续有效 15 项、修订 2 项。

【国际标准化工作参与情况】2015 年,SAC/TC7 完成国际标准投票 42 项。SAC/TC7 与日、韩联合起草的 ISO 24505《人类工效学　无障碍设计　考虑色觉随年龄变化的颜色组合方法》通过 FDIS 阶段投票。作为 co-projector leader 提交的 2 项国际标准新工作项目提案均投票通过。组团参加 ISO/TC159 全会和 ISO/TC159/SC4/WG10 无障碍设计工作组会议,讨论各分技术委员会工作报告,重点商讨 ISO/TR 22411:2008《在涉及老年人和残障人需求的产品和服务中应用 ISO/IEC 指南 71 的人类工效学数据和指导方针》修订问题。

【标准化科研】2015 年,SAC/TC7 开展科技基础性工作专项项目《中国成年人工效学基础参数调查》,截至年底采集 16 个地区 12652 份人体尺寸数据,完成 50% 以上测量任务。“十二五”科技支撑计划项目“显控界面工效学设计与测评关键技术标准及其应用研究”于 9 月 10 日在北京召开项目中期检查会,专家组听取 6 个课题组汇报,在肯定课题研究工作的同时提出相关的改进意见和后期研究需注意的问题。质检公益性行业科研专项项目《电子视觉显示终端工效学设计与检测技术研究》开展阴极射线管(CRT)、液晶显示(LCD)、等离子显示(PDP)、投影显示 4 类显示器的工效学测评研究,建立视觉显示终端的使用绩效评价和现场评定方法。质检公益性行业科研专项项目《产品检测用中国成年人头面部模型的研制及应用示范》开展三维头面部数字化模型的构建研究;与头面部和眼科光学及眼面部防护行业开展专题交流会议。

【年会情况】2015 年 12 月 25 日,SAC/TC7 在北京召开 2015 年年会暨国家标准审查会,委员出席率 81%。会议听取秘书处对工效学国家标准制修订工作、工效学标准体系完善情况、工效学国际标准化工作、工效学标准化科研重大项目最新进展、工效学标准应用情况和产品工效学测评工作最新进展情况的报告。会议肯定秘书处工作,审议通过2016 年的标准申报计划,建议秘书处进一步推动和细化分技术委员会的申报筹建工作。会议审查通过 4 项标准送审稿。

供　稿:SAC/TC7 秘书处
撰稿人:张　欣

全国电工电子产品环境条件与环境试验标准化技术委员会(SAC/TC8)

【概况】截至 2015 年底,全国电工电子产品环境条件与环境试验标准化技术委员会归口管理国家标准 140 项、行业标准 16 项。其中,91 项采用 IEC 国际标准,1 项采用 DIN 标准。

SAC/TC8 对口的国际标准化组织包括:国际电工委员会 IEC/TC104(环境条件、分类与试验方法)及其 2 个工作组(WG14:气候现场数据工作组,WG15:机械现场数据工作组),4 个维护组(MT16:气候条件和测试维护组,MT17:机械条件和测试维护组,MT18:特殊环境情况维护组,MT19:IEC 60721-3 维护组)。

SAC/TC8 下设 2 个分技术委员会(SC):机械环境试验(SC1),气候环境试验(SC2)。

【标准制修订复审工作】2015 年,SAC/TC8 申请并获批标准制修订项目计划建议 7 项(国家标准计划建议 6 项、行业标准计划建议 1 项)。SAC/TC8 在研标准项目 38 项，其中国家标准 22 项、行业标准 16 项。国家标准委批准发布 SAC/TC8 归口管理的国家标准 3 项。SAC/TC8 组织复审国家标准 3 项，其中继续有效 2 项、修订 1 项。

【国际标准化工作参与情况】2015 年，SAC/TC8 对 IEC/TC104 发出的 25 份文件进行整理归档，并对 12 份标准征求意见及投票文件进行处理，投票率 100%。

【标准化科研】2015 年，为推进标准研制工作，SAC/TC8组织标准主要起草人现场调研天津市休整期移动平台“渤海十二号”；调研特殊环境风电设备的技术要求、试验方法、防护措施、评估要求等。标准起草单位中国电器科学研究院有限公司启动开放课题《我国湿热沿海地区风电机组服役环境条件研究》、广东省科技厅开展《广东省中国电器院风电装备腐蚀控制关键技术院士工作站》等科研项目。年内，SAC/TC8 组织中国电器科学研究院等单位申报并获批 2015 年标准综合体项目“我国湿热带分布式光伏发电环境耐久性评价标准综合体”。

【年会、标准审查会及工作组会议情况】2015 年，SAC/TC8、SAC/TC8/SC1 与 SAC/TC8/SC2 召开3 次年会及标准审查会，出席审查会的委员及委员代表人数均达到标委会委员总数的 3/4。会议对制修订的国家标准审查、讨论修改、投票，总结年度工作，通报最新 IEC 国际标准进展，讨论下一年度的工作计划。

4 月 22—23 日和 9 月 23—24 日，SAC/TC8 /SC1 秘书处分别在广东广州、陕西西安召开 2 次标准起草工作组会议，讨论 2 项国家标准工作组草案与标准征求意见稿，并对《MIMO 振动试验方法》标准制定工作进行分工。

10 月 19—21 日，SAC/TC8 与 SAC/TC8/SC2 秘书处在江苏苏州组织标准起草工作组会议，讨论 2 项国家标准与 5 项行业标准的征求意见稿，并商议下一步标准制修订工作安排。

供　稿：SAC/TC8 秘书处
撰稿人：刘　鑫
审稿人：黄开云

全国防爆电气设备标准化技术委员会（SAC/TC9）

【概况】截至 2015 年底，全国防爆电气设备标准化技术委员会归口管理国家标准 61 项、行业标准 79 项，其中 34 项国家标准采用国际标准；在研国家标准 10 项、行业标准 24 项，其中 7 项国家标准采用国际标准。

SAC/TC9 对口国际电工委员会爆炸性环境防爆设备技术委员会（IEC/TC31）。

SAC/TC9 下设 7 个分技术委员会（SC）：防爆电机（SC1），防爆电器（SC2），安装与维护（SC3），非电气设备防爆（SC4），火炸药危险场所用防爆电气设备（SC5），可燃性粉尘环境用防爆电气设备（SC6），防爆仪表（SC7）。

10 月 20 日，在中国电器工业协会支持下，SAC/TC9和美国保险商实验室 UL 在北京联合主办“2015 中美粉尘防爆安全技术论坛”。

是年，SAC/TC9 对归口的防爆设备领域强制性标准及标准计划项目进行整合精简研究，研究结论上报国家标准委。

【标准制修订复审工作】2015 年，工业和信息化部批准立项 SAC/TC9 归口管理的行业标准 15 项。SAC/TC9向国家标准委报批国家标准 3 项，向工业和信息化部报批行业标准 36 项。工业和信息化部批准发布 SAC/TC9 归口管理的行业标准 26 项。SAC/TC9 组织各有关分技术委员会复审归口国家标准 35 项，其中继续有效 28 项、修订 7 项。

【国际标准化工作参与情况】2015 年，SAC/TC9 收到国际标准投票文件 39 项，全部进行网上投票，投票率 100%。收到 IEC 正式出版物 12 项。SAC/TC9 选派专家参与 8 项国际标准制修订工作。3 月，SAC/TC9 参加在加拿大召开的 IEC/TC31 工作组会和主席顾问组会议，10 月，SAC/TC9 参加在明斯克召开的 IEC/TC31 大会、TC31G 本安分会、TC31J 安装分会、TC31M 非电气设备分会的全体会议，并参加严酷运行条件工作组及本安、粉尘、安全装置、成套设备、质量体系、场所划分等相关工作组会议。SAC/TC9 主任委员王军担任 WG39“严酷运行条件”工作组联合召集人。

【标准化科研】2015 年，SAC/TC9 继续开展《防爆电气不利工作条件国际标准技术报告研制》公益性行业科研专项项目、《火炸药危险场所用防爆电气设备技术研究》国家标准科研课题、《极寒环境防爆电机可靠性研究》国际标准专项课题、油站油库加油机防爆安全技术研究、加气机防爆安全技术研究、爆炸性环境静电危害研究等工作。

【年会情况】2015年4月15—16日,SAC/TC9在河南郑州召开SAC/TC9/SC5一届三次会议,审查《烟花爆竹运输车辆防爆技术导则》国家标准送审稿,研讨《火炸药危险场所用电气设备及其安装》国家标准草案稿,提出对分技术委员会换届工作初步设想和总体要求。

7月8—9日,在上海召开SAC/TC9/SC7一届三次会议,传达学习国家标准化政策,对拟申报的标准计划项目进行研讨和审查。

10月21日,在北京召开SAC/TC9/SC6二届一次成立会议,通过SAC/TC9/SC6第二届章程和秘书处工作细则,并对工作规划进行讨论。

12月1—4日,在河南南阳召开SAC/TC9/SC1三届五次会议,宣贯"国家贯彻实施《深化标准化改革方案》行动计划(2015—2016年)"和"2015年中国电器工业协会标准化工作会议暨中国电器工业协会标准化工作委员会二届六次大会"相关精神,讨论15项立项标准具体工作,宣贯中国机械联合会(2015年)行业标准制修订规范性要求和(2015年)行业标准报批文件编写模式。

12月14—16日,在广东广州召开SAC/TC9/SC2三届四次会议,修改完善防爆电器标准体系,讨论2016年行业标准制、修订项目,落实第四届分技术委员会组成单位和人员。

【标准化技术服务】2015年,SAC/TC9多次举办防爆标准、防爆技术宣贯活动。8月11—22日,受安全监管总局邀请,参加国务院安全生产委员会部署的对全国粉尘爆炸大检查第十六督察组工作;参加安全监管总局煤矿监察局在7月召开的修改《煤矿安全规程》中涉及"三开一防"内容条款的会议;参加河南省防爆产品抽查质量分析会并介绍防爆标准体系等。

供　稿:SAC/TC9秘书处

全国医用电器标准化技术委员会(SAC/TC10)

【概况】截至2015年底,全国医用电器标准化技术委员会归口管理有效标准292项。另有5项2007年之前立项的国家标准项目,因技术、归口、行政管理等原因,确定取消。

SAC/TC10对口国际标准化组织IEC/TC62 Electrical Equipment in Medical Practice/Common aspects of electrical equipment used in medical practice。

SAC/TC10下设5个分技术委员会(SC):医用X射线设备及用具(SC1),医用超声设备(SC2),放射治疗、核医学和放射剂量学设备(SC3),物理治疗设备(SC4),医用电子仪器(SC5)。

SAC/TC10组织召开GB 9706.1—2007《医用电气设备　第1部分:安全通用要求》,YY 0505—2012《医用电气设备　第1-2部分:安全通用要求并列标准:电磁兼容　要求和试验》及超声多普勒胎儿监护仪等标准宣贯会。组织召开标准宣贯培训班7次,培训人数250人次,开展标准化技术咨询服务50次,服务企业60家。

【标准制修订复审工作】2015年,SAC/TC10完成2014年立项标准GB 9706.1的内部征求意见稿,经征求意见,完成审定稿并在年会审定通过;SAC/TC10/SC1负责5项标准的制修订工作,完成报批稿,2项标准发布;SAC/TC10/SC2行业标准立项4项,5项标准发布;SAC/TC10/SC3申请标准立项9项(国家标准5项、行业标准4项),5项标准发布;SAC/TC10/SC4行业标准立项7项,7项标准发布;SAC/TC10/SC5行业标准立项4项。

SAC/TC10/SC1复审归口领域标准73项,复审结果修订13项、继续有效60项;SAC/TC10/SC3复审归口领域标准3项,复审结果继续有效;SAC/TC10/SC4复审归口领域标准9项,复审结果修订3项、继续有效6项;SAC/TC10/SC5复审归口领域标准34项,复审结果修订21项、继续有效13项。

【国际标准化工作参与情况】2015年,SAC/TC10完成国际投票工作93项,投票率98%。参与修订IEC标准4项。组织召开MT37、MT41工作组会议;参加JWG7、JWG9、JWG35、JWG36等工作组会议;参加IEC/TC62年会;参加IEC/TC87年会。

【标准化科研】2015年,SAC/TC10参与由中国食品药品检定研究院牵头的国家科技支撑计划项目《战略性新兴医疗器械产业关键技术标准研究》;参与863课题《腹胸腔微创手术机器人型式检验及标准研究》;申请有关医疗设备重点领域关键技术标准研究课题。

【年会情况】 2015 年 11 月 22—27 日，SAC/TC10 年会在江苏南京召开。秘书处向会议做 2015 年工作总结，通报 IEC/TC62 最新工作情况、GB 9706.1 修订情况，讨论下一阶段的立项工作计划，通报国家标准委最新工作要求，对委员进行国家标准委新系统的操作培训等，并审定相关标准。

11 月 9—13 日，SAC/TC10/SC1 年会在辽宁沈阳召开。会议讨论通过 SAC/TC10/SC1 年度工作总结；第七届 SAC/TC10/SC1 换届工作；2016 年预立项工作；在用医疗器械检验技术要求编写工作；标准质量分析，标准复审等。

9 月 21—24 日，SAC/TC10/SC2 年会在湖北武汉召开。会议审定 4 项标准送审稿，讨论现有的归口标准以及 2016 年的标准立项情况。

11 月 13—15 日，SAC/TC10/SC3 年会在陕西西安召开。秘书处汇报 2015 年 SAC/TC10/SC3 工作情况，讨论 2016 年国家标准、行业标准立项，以及相关的产品命名、标准质量调研情况等。两名委员分别做题为《2015 年放射肿瘤物理技术发展概况》和《从 PET/MR 看分子影像的进展》的学术报告。

10 月 21—23 日，SAC/TC10/SC4 年会在陕西西安召开。秘书处做 2015 年度工作总结和 2016 年工作计划的报告，标准的复审和评价工作，对 2016 年预立项的项目进行讨论和投票等。

11 月 17—20 日，SAC/TC10/SC5 年会在云南昆明召开。秘书处向会议做 2015 年工作总结。会议对 SAC/TC10/SC5 归口的标龄超过 5 年的标准进行复审，对 SAC/TC10/SC5 归口的 4 项行业标准进行审定，讨论并审核下一阶段的立项工作计划，对 SAC/TC10/SC5 相关的分类命名工作进行研讨，启动国家/行业标准质量调研工作，开展 SAC/TC10/SC5 工作管理平台培训等。

供　稿：SAC/TC10 秘书处

全国真空技术标准化技术委员会（SAC/TC18）

【概况】 截至 2015 年底，全国真空技术标准化技术委员会归口管理国家标准 31 项、行业标准 53 项，其中 12 项采用国际标准；在研国家标准 5 项、行业标准 7 项，其中 4 项采用国际标准。

SAC/TC18 对口国际标准化组织真空技术委员会（ISO/TC112），ISO/TC112 出版 ISO 标准 20 项。

是年，SAC/TC18 组织全体委员和业内专家召开《机械行业标准制定工作细则（2015 年）》、全国专业标准化技术委员会工作平台和国家标准制修订工作管理信息系统的实体宣贯会，培训人数 64 人次。

【标准制修订复审工作】 2015 年，国家标准委批准立项 SAC/TC18 归口管理的国家标准 3 项，工业和信息化部批准立项 SAC/TC18 归口管理的行业标准 4 项。SAC/TC18 向国家标准委、工业和信息化部报批国家标准、行业标准 6 项；审查国家标准、行业标准送审稿 6 项。国家标准委批准发布 SAC/TC18 归口管理的国家标准 5 项，工业和信息化部批准发布 SAC/TC18 归口管理的行业标准 4 项。SAC/TC18 组织全体委员复审归口行业标准 4 项，全部继续有效。

【国际标准化工作参与情况】 2015 年，SAC/TC18 组织办理国际标准新工作项目网上电子投票和各阶段草案稿 9 项，国际标准复审件的网上电子投票和意见回复 12 项、会议文件和其他事务投票 8 项。

参与 6 项国际标准的制修订工作。主导承担 ISO 21360-3《真空技术　真空泵性能测量标准方法　第 3 部分：机械增压真空泵的特定参数》制定工作，9 月 ISO/TC112 全体 P 成员对新草案进行审核投票，且顺利通过。

【年会情况】 2015 年 11 月 17 日，SAC/TC18 在浙江温岭举行全体会议，委员出席率 85.4%。会议听取 2015 年标委会工作简况、真空技术标准制修订计划执行情况、存在问题、标准化工作需求、标委会下一步的工作计划和国际标准化发展动态，以及 2016 年拟立项的真空标准计划的投票结果；审查论证 2016 年标准制修订立项计划。

供　稿：SAC/TC18 秘书处
撰稿人：王玲玲
审稿人：李玉英

全国轮胎轮辋标准化技术委员会(SAC/TC19)

【概况】 截至2015年底,全国轮胎轮辋标准化技术委员会归口管理国家标准102项(按标准类型:基础通用标准2项、产品标准53项、方法标准47项;按标准性质:强制性标准19项、推荐性标准83项)、行业标准17项(基础通用标准1项、产品标准12项、试验方法标准4项;均为推荐性标准)。

SAC/TC19对口国际标准化组织轮胎轮辋技术委员会(ISO/TC31)及其8个分技术委员会。ISO/TC31及其各分会有国际标准63项,84%的国际标准已分期、分批和分阶段转化为中国国家标准。

SAC/TC19下设4个分技术委员会(SC):汽车工农业机械轮胎轮辋(SC1),航空轮胎(SC2),摩托车和自行车轮胎轮辋(SC3),气门嘴(SC4)。

【标准制修订复审工作】 2015年,SAC/TC19申报国家标准计划项目12项,列入2015年计划11项;申报行业标准计划1项。SAC/TC19及各分会报批和正在进行制修订的国家标准53项、行业标准11项;报批国家标准24项、行业标准5项,处于征求意见阶段国家标准9项,处于审查阶段的国家标准11项、行业标准4项,处于起草阶段的国家标准有9项、行业标准2项。年内,SAC/TC19归口的标准发布14项。SAC/TC19复审归口国家标准14项,其中继续有效4项、修订10项。

【国际标准化工作参与情况】 2015年,SAC/TC19及各分会完成国际标准表态件19件,投票率100%。SAC/TC19向ISO/TC31秘书处提交5项ISO国际标准项目建议书及标准草案,均通过投票立项。

【标准化科研】 2015年,SAC/TC19配合石化联合会公益性项目上报《绿色轮胎标准体系研究》科研项目建议书。年内,SAC/TC19开展航空轮胎国内外标准的收集,对国际标准的先进性和当前国家标准的适用性进行分析和研究,发现GB 9745—2009《航空轮胎》已不适应市场发展需要,并上报标准修订计划。

【年会情况】 2015年11月26—29日,SAC/TC19在云南昆明召开五届五次工作会议,委员、委员代表、标准年鉴起草人及相关人员49人参会。会议审议通过全国轮标委就五届四次工作会议以来的主要工作及下一年度的工作任务和“十三五”规划的工作报告;审查批准《中国轮胎轮辋气门嘴标准年鉴—2015》(报批稿)。

3月17—21日,SAC/TC19/SC1在云南腾冲召开五届四次工作会议,委员、委员代表及相关人员75人参会,委员投票率86%。会议审议通过分会2014年工作总结及2015年工作计划报告,审查通过6项国家标准送审稿,复审4项标准。

12月21—23日,SAC/TC19/SC1在江苏南京召开五届五次工作会议,委员、委员代表及相关人员69人参会,委员投票率85%。会议审议通过分会2015年工作总结及2016年工作计划报告,审查通过3项国家标准送审稿,复审5项国家标准。

11月1—6日,SAC/TC19/SC3在贵州贵阳召开分会五届五次工作会议和国家标准/行业标准审查会议。会议听取分会2015年工作总结报告,经费收支情况;通过2016年分委会工作计划草案;审查通过5项国家/行业标准。

供　稿:SAC/TC19秘书处
撰稿人:徐丽红
审稿人:王克先

全国能源基础与管理标准化技术委员会(SAC/TC20)

【概况】 截至2015年底,全国能源基础与管理标准化技术委员会归口管理国家标准292项,其中采用国际标准1项;在研国家标准116项。

SAC/TC20对口国际标准化组织能源管理技术委员会(ISO/TC242)和节能量评估技术委员会(ISO/TC257)。

SAC/TC20下设8个分技术委员会(SC):能源管理(SC3),合理用电(SC4),省能材料应用技术(SC5),新能源和可再生能源(SC6),林业能源管理(SC7),节能技术与信息(SC8),节能检测(SC9),建材行业能源管理(SC10)。

是年,SAC/TC20 派出多名讲师,参加发展改革委和国家节能中心组织的在北京、厦门、青岛、苏州等地举办的“节能评估和审查工作培训会”等专项培训,宣讲 GB/T 2589《综合能耗计算通则》、GB 17167《用能单位能源计量器具配备和管理通则》以及单位产品能源消耗限额等节能标准,累计培训人数超过 800 人次。SAC/TC20 派出精干力量对神雾集团等企业开展技术咨询服务。

【标准制修订复审工作】 2015 年,国家标准委批准立项 SAC/TC20 归口管理的国家标准 4 项。SAC/TC20 向国家标准委报批国家标准 55 项,审查国家标准送审稿 49 项。国家标准委批准发布 SAC/TC20 归口管理的国家标准 56 项。SAC/TC20 复审国家标准 26 项,其中继续有效 11 项、修订 14 项、1 项已被代替。

【国际标准化工作参与情况】 2015 年,SAC/TC20 组织国内专家对相关国际标准草案进行讨论和研究,并提出修订意见。对 ISO/TC242 正在制修订的 2 项国际标准和 ISO/TC257 正在制定的 8 项国际标准的相关阶段进行投票,投票率 100%。2 月,在 ISO/TC257提出的 ISO NP 20375《火电厂节能量评估技术指南》和 ISO NP 20376《节能量评估者选择通用指南》2 项国际标准新项目提案获得批准立项。由中国主导制定的 ISO 17741 进入 FDIS 稿阶段。SAC/TC20 组织国内专家参加 6 月在墨西哥召开的 ISO/TC242 第 9 次全体会议、2 月在北京召开的 ISO/TC257第 5 次全体会议、9 月在伊朗德黑兰召开的 ISO/TC257 联合工作组会议。承担 ISO/TC242 副主席和 ISO/TC257 秘书等职务。

【标准化科研】 2015 年,SAC/TC20 完成“十二五”科技支撑计划《典型节能改造项目节能量测量和验证技术标准研究与应用示范》《典型公共机构能源管理关键技术标准研究与应用示范》课题验收,重点研制节能量测量验证系列标准和有关公共机构节能的相关标准。继续实施“十二五”科技支撑计划《公共建筑运行能耗监测控制共性技术研究与示范》和《火电等重点用能企业能耗控制关键技术研究与示范》课题,重点对节能监测和能评相关标准进行研究。完成质检行业公益性课题《尿素、氧化铝等高耗能产品节能评估重要技术标准研究》课题,重点研究固定资产投资项目节能评估相关标准。

【年会情况】 2015 年 12 月 22 日,SAC/TC20 在北京举行 2015 年年会。会议听取标委会秘书长所做 2015 年工作总结,以及存在的问题、2016 年工作要点等报告。发展改革委环资司、工业和信息化部节能司、国家标准委工业一部参会人员分别代表节能主管部门和标准化主管部门对 SAC/TC20 2015 年工作给予肯定,并特别感谢 SAC/TC20 对“百项能效标准推进工程”顺利实施所做的贡献。并对今后进一步落实国办《关于加强节能标准化工作的意见》,推进标准制修订,健全节能标准体系,强化标准实施等方面对 SAC/TC20 下一步重点工作提出具体要求。与会代表对如何提升能耗限额标准质量、加强节能基础研究和后评估研究、提高节能标准宣贯实施力度、SAC/TC20 换届、秘书处管理等进行讨论并提出建议。会议对 26 项归口标准进行复审投票。

供　稿:SAC/TC20 秘书处
撰稿人:陈海红　李鹏程

全国金属切削机床标准化技术委员会(SAC/TC22)

【概况】 截至 2015 年底,全国金属切削机床标准化技术委员会归口管理国家标准 162 项、行业标准 687 项,其中 84 项采用国际标准;在研国家标准 24 项、行业标准 230 项,其中 2 项采用国际标准。

SAC/TC22 对口国际标准化组织机床技术委员会(ISO/TC39)以及其下设的金属切削机床检验条件分技术委员会(ISO/TC39/SC2),木工机床分技术委员会(ISO/TC39/SC4),机床噪声分技术委员会(ISO/TC39/SC6),工件夹持主轴和卡盘分技术委员会(ISO/TC39/SC8),机床安全分技术委员会(ISO/TC39/SC10)。

SAC/TC22 下设 13 个分技术委员会(SC):车床(SC1),铣床(SC2),钻镗床(SC3),齿轮机床(SC4),磨床(SC5),锯刨床(SC6),重型机床(SC7),仪表机床(SC8),机床附件(SC9),功能部件(SC10),组合机床(SC11),机床电器(SC12),机床安全(SC13)。

是年,SAC/TC22 及所属分会组织召开多项国家标准、行业标准宣贯会。举办标准宣贯培训 56 次、培训人数 1 300 余人次。开展标准化技术咨询服务

351 余次、服务企业 180 余家。

【标准制修订复审工作】2015 年,国家标准委批准立项 SAC/TC22 归口管理的国家标准 1 项,工业和信息化部批准立项 SAC/TC22 归口管理的行业标准 17 项。SAC/TC22 向国家标准委、工业和信息化部报批国家标准、行业标准 22 项,审查国家标准、行业标准送审稿 88 项。国家标准委、工业和信息化部批准发布 SAC/TC22 归口管理的国家标准 15 项、行业标准 86 项。

【国际标准化工作参与情况】2015 年,SAC/TC22 组织办理国际标准送审稿 5 项,国际标准新工作项目和草案稿 4 项,国际标准复审件的网上电子投票和意见回复 22 项,主导承担 1 项国际标准制定工作,在中国成都主持召开 ISO/TC39/SC2 第 78 次国际会议。

【标准化科研】2015 年,SAC/TC22 完成国家智能制造专项《智能机床生产线标准体系及应用研究》课题的立项工作,并于 10 月实施。

【年会情况】2015 年 12 月 22—24 日,SAC/TC22 在江苏南京举行全体会议,委员出席率 88%。会议听取秘书长对本专业标准化工作开展情况、会费收支情况、未来标准化工作需求和国际标准化发展动态的情况汇报;审查 2 项国家标准和 1 项行业标准;对 4 项行业标准征求意见。

SAC/TC22 下属分会分别召开各自年会 13 次,会议探讨标准化形势、面临的挑战、存在的问题,审查 85 项行业标准及拟列国家标准和行业标准计划。

供　稿:SAC/TC22 秘书处
撰稿人:张　维
审稿人:李祥文

全国电声学标准化技术委员会(SAC/TC23)

【概况】截至 2015 年底,全国电声学标准化技术委员会归口管理国家标准 28 项、行业标准 16 项,均采用国际标准;在研国家标准 21 项,均采用国际标准。

SAC/TC23 对口 IEC/TC29(电声学)。

是年,SAC/TC23 完成第五届委员会的筹备及换届工作,委员 37 人,秘书处设在中国电子科技集团公司第三研究所。

【标准制修订复审工作】2015 年,国家标准委批准立项 SAC/TC23 归口管理的国家标准 1 项;SAC/TC23 向国家标准委和工业和信息化部报批国家标准 7 项。SAC/TC23 复审行业标准 13 项,其中继续有效 4 项、修订 1 项、废止 8 项。

【国际标准化工作参与情况】2015 年,SAC/TC23 秘书处跟踪接收 IEC/TC29 工作文件 44 项,其中需要投票文件 9 项。按照规定时间,完成 9 项 IEC 国际投票文件,投票率 100%。

【年会情况】2015 年 11 月 23—24 日,SAC/TC23 在北京召开标委会五届一次全体会议,30 名委会和代表参会,委员出席率 80%。会议听取秘书长对标委会标准制修订计划执行情况、存在问题、标准化工作需求和国际标准化发展动态情况汇报。

供　稿:SAC/TC23 秘书处
撰稿人:樊书晓
审稿人:吴　昕

全国电气安全标准化技术委员会(SAC/TC25)

【概况】截至 2015 年底,全国电气安全标准化技术委员会归口管理国家标准 35 项,其中 10 项采用国际标准;在研国家标准 10 项,其中 5 项采用国际标准。

SAC/TC25 对口的国际标准化组织包括：国际电工委员会安全顾问委员会（IEC/ACOS），国际电工委员会信息结构、文件编制和图形符号技术委员会（IEC/TC3）国内第二归口单位。负责归口国际标准14 项，其中 12 项转化为国家标准（等同采用 9 项，修改采用 3 项），2 项是在制定中。

是年，SAC/TC25 组织全体委员对归口的 6 项强制性国家标准和 2 项强制性国家标准修订计划进行预评估，汇总意见后上报评估结论。年会期间对近 2 年发布的 3 项国家标准进行宣贯。

【标准制修订复审工作】2015 年，国家标准委批准立项 SAC/TC25 归口管理的国家标准 4 项。SAC/TC25 组织申报国家标准制修订计划 4 项；组织开展 10 项国家标准起草工作，其中完成报批 2 项，完成审查 4 项。组织全体委员复审归口国家标准 15 项，其中继续有效 12 项、修订 3 项。

【国际标准化工作参与情况】2015 年，SAC/TC25 完成 2 项采标标准报批，研究、分析 IEC 60445 修订文件，启动 IEC/ACOS 指南 116、117 等同采标工作；IEC/ACOS 国际专家陆尧参加 ACOS 国际会议；派员参加 IEC/TC3 全会，跟踪归口国际标准修订进展；派员参加“电动汽车充电联合工作组”第 5 次会议，跟踪中国提案“电动汽车充电系统安全指南”进展。

【标准化科研】2015 年，SAC/TC25 对关键电气设备风险评估、电动汽车、电气设备智能化安全要求等新领域共性电气安全技术开展研究，为申报标准化科研专项作前期预研。

【年会情况】2015 年 12 月 11 日，SAC/TC25 在江苏苏州举行全体大会，委员出席率 86%。专家组会讨论总结电气安全领域下一步强制性国家标准整合精简工作原则。全体会议回顾总结 2015 年工作，提出 2016 年工作设想和工作重点，汇报 2015 年度经费报告，审议电气安全标准体系（2015 年版）、标准复审结论、新标准预研项目，汇报参加 IEC/ACOS、IEC/TC3国际会议情况；进行 4 个专题的技术汇报；审查通过 4 项国家标准送审稿。

供　稿：SAC/TC25 秘书处

全国旋转电机标准化技术委员会（SAC/TC26）

【概况】截至 2015 年底，全国旋转电机标准化技术委员会负责归口管理国家标准 99 项、行业标准 157 项，其中 43 项国家标准采用国际标准；在研国家标准 11 项、行业标准 11 项。

SAC/TC26 对口国际电工委员会旋转电机技术委员会（IEC/TC2）。

SAC/TC26 下设 3 个分技术委员会（SC）：小功率电机分技术委员会（SAC/TC26/SC1），发电机分技术委员会（SAC/TC26/SC2），起重冶金和屏蔽电机分技术委员会（SAC/TC26/SC3）。

是年，SAC/TC26 组织召开 IEC 60034-30-2 交流变速电机能效分级标准宣贯，近 220 名代表参加会议。组织分标委会召开标准宣贯培训班 3 次，培训人数 280 人次。开展标准化技术咨询服务 68 次，服务企业 46 家。

【标准制修订复审工作】2015 年，国家标准委批准立项 SAC/TC26 归口管理的国家标准项目 9 项，工业和信息化部批准立项的行业标准项目 14 项。SAC/TC26向国家标准委、工业和信息化部报批国家标准 4 项、行业标准 14 项，审查国家标准送审稿 4 项、行业标准送审稿 14 项。工业和信息化部批准发布 SAC/TC26 归口的行业标准 19 项。SAC/TC26 组织各有关分技术委员会复审归口国家标准 8 项，其中继续有效 6 项、修订 1 项、废止 1 项；复审行业标准 48 项，其中继续有效 36 项、修订 7 项、废止 5 项。

【国际标准化工作参与情况】2015 年，SAC/TC26 组织参加 IEC/TC2/WG12、WG18、WG28、WG31，召开的工作组会议 4 次，参与 7 项国际标准的制定工作。处理 IEC/TC2 文件 34 件，投票文件 20 份，文件回复率 100%。组织 SAC/TC26/SC2 向 TC2 提交 1 份国际标准提案（《水轮发电机的特殊要求》），于 11 月 27 日正式发布各国投票。

【年会情况】2015 年 11 月 19—21 日，SAC/TC26 在江苏无锡举行全体会议，委员出席率 80%。会议听取标委会及各分委会秘书长对全年工作情况的总结，包括标准制修订计划执行情况、标准复审情况、标准宣贯实施情况、下一年标准计划及存在的问题、标准化工作需求和国际标准化发展动态的情况汇报。会议对提交的 3 项国家标准送审稿、8 项行业标准送审稿进行审查，结论为同意报批。会议审查通过下一年国家标准和行业标准的计划申报项目。与会委员对标委会负责归口的强制性国家标准及计划的整合精简按国家标准委要求进行讨论,结论为8项强制性标准,4项保留、4项转化为推荐性国家标准。

供　稿:SAC/TC26 秘书处
撰稿人:李秀英
审稿人:陈伟华

全国电气信息结构、文件编制和图形符号标准化技术委员会(SAC/TC27)

【概况】截至2015年底,全国电气信息结构、文件编制和图形符号标准化技术委员会归口管理国家标准45项,其中43项采用国际标准。

SAC/TC27对口国际电工委员会信息结构元素、标识和标记原则、文件编制和图形符号技术委员会(IEC/TC3),中国是P成员。

SAC/TC27下设两个分技术委员会(SC):电气设备用图形符号(SC3)和电气元件数据库用数据集(SC4)。

【标准制修订复审工作】2015年,国家标准委批准立项SAC/TC27归口管理的国家标准4项。SAC/TC27在研国家标准13项,其中12项采用国际标准,完成10项标准的草案,1项标准完成标准征求意见稿。

【国际标准化工作参与情况】2015年,SAC/TC27参加IEC/TC3投票,应投票86项,已投票72项,1项未到截止时间未投。其中有关国际标准草案1项。组织4名专家参加2015年11月9—13日在瑞典西斯塔召开的IEC/TC3及下属的分技术委员会会议。

【标准化科研】2015年,SAC/TC27秘书处承担单位申请质检公益性项目《航天等高端装备技术17项国际标准研制》的一个子课题,其中SAC/TC27承担1项国际标准内容,即提交国际标准"IEC 60617 电气简图用图形符号多语种数据库系列标准"汉语版CDV稿。

供　稿:SAC/TC27 秘书处
撰稿人:高宏伟
审稿人:高永梅

全国信息技术标准化技术委员会(SAC/TC28)

【概况】2015年,全国信息技术标准化技术委员会推进组织机构整顿,探索标准化工作新模式,开展标准化服务,推进标准落地实施,加强重大科研成果标准转化,开拓标准化工作新领域,实质性参与国际标准化活动。

截至2015年底,SAC/TC28下设17个分技术委员会(SC)和20个工作组(WG)。17个分技术委员会分别是:字符集和编码(SC2),数据通信(SC6),软件工程(SC7),卡及身份识别(SC17),程序设计语言(SC22),光盘(SC23),计算机图形图像处理及环境数据表示(SC24),信息技术设备互连(SC25),办公机器、外围设备和消耗品(SC28),多媒体(SC29),自动识别与数据采集(SC31),信息系统用户界面(SC35),教育技术(SC36),生物特征识别(SC37),面向服务的体系结构(SC38),信息技术与可持续发展(SC39),信息技术服务(SC40);20个工作组包括:藏文信息技术工作组,维哈柯文信息技术工作组,蒙古文信息技术工作组,傣文信息技术工作组,彝文信息技术标准工作组,壮文信息技术国家标准工作组,朝鲜文信息技术工作组,传感器网络工作组,基于射频技术的电子支付技术工作组,实时定位系统技术标准工作组,彩票标准工作组,电子书标准工作组,计算机及外围设备标准组,游戏游艺机产品标准工作组,软件资产管理标准工作组,非机构化数据管理标准工作组，云计算标准工作组，大数据标准工作组，无线充电技术标准工作组，锡伯文信息技术国家标准工作组。

SAC/TC28 对口 ISO/IEC JTC1（除 ISO/IEC JTC1/SC27）。

是年，SAC/TC28 对少数民族地区信息技术标准化人员进行标准符合性检测、大数据和智能语音技术标准化知识培训。组织标准化基础知识、智慧城市顶层设计与标准化、信息技术服务标准、软件资产管理、教育技术等主题的宣贯和培训，1 000 余人次参加。

是年，SAC/TC28/SC39 发起成立由电子标准院、清华大学、国家电网和浪潮信息参与的“信息技术与可持续发展联合实验室”，开展数据中心环境监测、用能情况研究、用能结构分析、节能技术研究验证等工作。

是年，大数据工作组开展不同主题的线下活动，云计算工作组在广州、北京组织召开大型《云计算综合标准化体系建设指南》及相关标准宣贯会，就《指南》及相关标准、中国云计算标准工作进展、现状及产业发展动态等进行宣贯和探讨。

【组织建设】2015 年，SAC/TC28 撤销术语、柔性磁媒体、数据元表示等 8 个分委会；启动数据通信和软件工程分委会、传感器网络标准工作组的换届；调整标委会及下设机构委员 40 人次。成立卡和身份识别、信息技术设备互连、计算机图形图像处理及环境数据表示 3 个分委会和无线充电技术标准工作组。

【运行机制】2015 年，SAC/TC28 继续完善并执行委员会全体会议、主任委员办公会和全体委员投票表决的工作和决策机制。召开标委会全会，总结标委会 2014 年度工作，审议通过《全国信标委 2014 年度工作报告》和《全国信标委 2014 年度财务报告》，对 16 位被评为 2014 年度信标委先进个人的同志予以表彰；召开主任委员办公会议 4 次，就委员会的组织建设、标准制修订、国际标准化等重要事项进行审议并形成会议纪要；对 217 项标准立项、标准审查和报批等重大事项进行全体委员投票；对部分项目提出清理整顿或撤销的建议。以信息技术服务分委会为试点，尝试标委会与行业主管部门和行业标准化协会联合推进标准化工作的新模式，使各机构之间交叉和关联的业务活动形成整体推进态势，提高工作效率并实现资源共享。

【对外宣传】2015 年，SAC/TC28 进一步发挥已有平台功能，坚持网站、《简报》、微信、快讯多轨并进，报道标委会的各项重大事项和活动，对产业重点热点领域进行技术、标准等方面的推介。扩大宣传形式，制作标委会中英文宣传折页，重新编写《信标委简介》《信标委工作手册》《JTC1 简介》，介绍标委会自成立以来取得的成绩及对产业的支撑；出版《信息技术标准化指南（2015）》，介绍中国信息技术领域的各项标准化成果。加强媒体合作，与多家媒体建立合作关系，发挥媒体的宣传、导向和推动作用，形成标委会与社会各界交流和信息沟通的平台。

【标准制修订复审工作】2015 年，SAC/TC28 清理整顿在研国家标准、行业标准，建议撤销国家标准计划项目 32 项、行业标准计划项目 11 项。征集国家标准项目 150 项，按规定程序进行审查、平衡和协调，并将审议通过的 135 项申报项目按规定的计划渠道上报。重点加大对信息技术服务、云计算、大数据、基础软件、物联网应用、可穿戴设备、传感器网络、射频识别等重点领域的标准制修订工作的支撑力度。复审 322 项国家标准/指导性技术文件。其中，262 项复审结论为继续有效、30 项修订、30 项废止。年内，国家标准委、工业和信息化部发布 SAC/TC28 归口管理的国家标准、行业标准 67 项。

【标准化科研】2015 年，SAC/TC28 开展中国智能制造标准路线图的研究工作，参与智能制造综合标准化工作，在分析智能制造国内外现状和发展趋势基础上，提出开展智能制造综合标准化的总体思路；全面启动智能制造已有标准梳理和标准需求调研，同步开展《国家智能制造标准体系建设指南》编写。

开展《大数据产业“十三五”发展规划》和《信息技术服务标准化工作五年行动计划（2015—2019）》的编写，支持大数据技术和产业创新发展。

开展数据资产管理、政府大数据分类分级等研究工作，发布《大数据标准化白皮书》V2.0 版本。

完成“智慧城市评价指标体系总体框架”和“智慧城市评价指标体系分项制定的总体要求”，规范智慧城市建设、提高建设水平。

发布《物联网标准化白皮书（2015 版）》和《信息物理系统标准化白皮书》，给出国际物联网标准化组织发展状况，分析物联网和信息物理系统的关键技术和标准化需求。

开展《ISO/IEC JTC1 2015 年环境扫描》调查，形成《“ISO/IEC JTC1 2015 年环境扫描”调查报告》，加大探索智能制造、“互联网 +”等新技术领域的研究力度，推进大数据、面向智能制造的对象标识、智慧城市等标准的预先研究。

【国际标准化工作参与情况】2015 年，SAC/TC28 履行 P 成员职责，75 人次承担召集人（含工作组、研究组等）、秘书和编辑/联合编辑职务；中国提出的 3 项国际提案获立项，主导制定的 3 项国际标准正式发布，直接参与 72 项国际标准的制定工作；答复新工作项目提案、委员会草案、国际标准草案、国际标准补篇等国际投票文件 667 份。主办 ISO/IEC JTC1 第 30 届全会以及 JTC1 下设分技术委员会各类会议

5次,派团参加36次。日本、法国、美国等国家和联络组织的120余名代表参加ISO/IEC JTC1全会,中国代表团重点参与智慧城市、物联网组织机构调整事宜,参与JTC1成立咨询组以及管理特别工作组(SWG-M)、规划特别工作组(SWG-P)的讨论。期间,和电子标准院联合举办"新一代信息技术国际标准化论坛"。

供　稿:SAC/TC28秘书处
撰稿人:赵　波　林　宁　高　林
审稿人:肖　华

全国气瓶标准化技术委员会(SAC/TC31)

【概况】截至2015年底,全国气瓶标准化技术委员会归口管理国家标准52项,其中19项修改采用国际标准;在研国家标准32项,其中9项修改采用国际标准。

SAC/TC31对口国际标准化组织气瓶技术委员会(ISO/TC58)。

SAC/TC31下设8个分技术委员会(SC):无缝气瓶(SC1),焊接气瓶(SC2),液化石油气瓶(SC3),气瓶附件(SC5),气瓶检验(SC6),气瓶充装(SC7),车用高压燃料气瓶(SC8),低温绝热气瓶(SC9)。

【标准制修订工作】2015年,SAC/TC31完成国家标准制修订计划项目10项;受国家标准委委托,组织专家对新疆、河南、贵州3地的4个地方标准进行技术性审查;帮助企业审查气瓶制造、气瓶充装、气瓶检验等企业标准76项。

【国际标准化工作参与情况】2015年,SAC/TC31组织各分技术委员会和行业专家,参与ISO/TC58气瓶标准投票表决27项。

10月20—23日,SAC/TC31组织由科研机构、气瓶生产企业、检验检测机构7名行业专家,赴挪威奥斯陆参加ISO/TC58/SC3(气瓶技术委员会气瓶设计分会)年会,参加ISO/CD 17519、ISO 11515等标准的研讨,对会议决议项目进行逐项表决。

【标准宣贯】2015年3月22—24日,SAC/TC31在北京组织TSG R0006—2014《气瓶安全技术监察规程》暨实施意见和相关标准的宣贯,全国气瓶制造、充装、检验检测单位209人参加宣贯。

【年会情况】2015年5月28日,SAC/TC31在浙江杭州组织召开由全会以及各分技术委员会的主任委员、秘书长19人参加的联席会议。全会和各分会分别对2014年以来的工作进行总结汇报,对下一步的工作思路及安排进行交流。参会人员在学习《国务院关于印发深化标准化工作改革方案的通知》文件精神的基础上,对强制性标准转为推荐性的方案进行讨论。

11月10—11日,SAC/TC31/SC5在浙江杭州召开年会,出席会议的企业单位33家,委员18名,单位委员3家,49人参会。

12月16—19日,SAC/TC31/SC6在广东广州召开年会,到会代表45人,其中标准起草人员8人,特邀代表10人,委员27人。会议审查《液化二甲醚钢瓶定期检验与评定》,对《焊接绝热气瓶定期检验与评定》的主要函审意见进行讨论。对5项国家标准进行复审讨论。

【标准化科研】2015年,SAC/TC31参与并基本完成质检总局下达的《消防气瓶安全监管方式及标准研究》等特种设备安全监察项目,参与质检总局特种设备局下达的国家特种设备安全技术规范《气瓶安全技术监察规程》规范与标准协调关系的研究工作。

1月18日,SAC/TC31在北京召开《气瓶安全泄压装置》《汽车用液化天然气气瓶》等重要技术问题研讨会。对《汽车用液化天然气气瓶》中容积范围、振动试验、静态蒸发率、限充试验、外置增压器等问题以及《气瓶安全泄压装置》中安全泄放量与泄压装置额定排量计算问题进行研讨。

3月12日,SAC/TC31召集相关专家在北京召开《液化二甲醚钢瓶》《液化二甲醚瓶阀》《液化石油气瓶阀》有关瓶口螺纹等关键问题的研讨会。

3月31日,SAC/TC31/SC8主办的"氢燃料电池电动汽车用高压氢气瓶研讨会"在浙江杭州召开。气瓶和汽车政府主管部门、高等院校、标准化技术委员会、科研院所、制造企业、检验机构的23名专家参加会议。会议组织安排6个专题报告,对于高压氢系统发展趋势、制约瓶颈、应对策略、GTR转化为相应标准的原则等进行研讨。

5月26—27日,SAC/TC31/SC9在广东广州召开GB 24159—2009《焊接绝热气瓶》修订工作启动会议,邀请有关专家及总会秘书长参加,会议讨论确定标准修订原则及主要方向。

7 月 30 日，SAC/TC31 召集标准编写人及相关专家在江苏张家港召开《汽车用液化天然气气瓶》（报批稿）等国家标准审定会暨技术研讨会。会议上对气瓶安全空间的设计、定检项目等问题进行研讨。

供　稿：SAC/TC31 秘书处
撰稿人：张保国
审稿人：黄强华

全国模具标准化技术委员会（SAC/TC33）

【概况】截至 2015 年底，全国模具标准化技术委员会归口管理国家标准 100 项（4 项采用国际标准）、行业标准 159 项；在研国家标准 20 项（5 项采用国际标准）、行业标准 15 项。

SAC/TC33 对口 ISO/TC29/SC8（小工具/冲模和成型模）。

是年，SAC/TC33 秘书处走访调研模具制造企业 20 余家，开展企业标准化需求调研，组织开展标准化技术咨询服务 6 次，利用各种模具展览会、技术交流会和技术讲座的机会开展标准宣贯 6 次。举办“机械工业标准编写人员培训”，培训人员 30 人。

【标准制修订审查工作】2015 年，SAC/TC33 着重推进国家标准《模具　术语》的制定工作；组织完成国家标准 3 项、行业标准 2 项制修订工作；启动 14 项国家标准、13 项行业标准的修订工作；审查通过 4 项国家标准、2 项行业标准。

【国际标准化工作参与情况】2015 年，SAC/TC33 组织国内模具专家出席 4 月 16 日在法国巴黎召开的 ISO/TC29/SC8 第 30 届年会。参与审议 ISO/TC29/SC8 在 2013—2014 年度的工作，听取“WG2 冲模工作组”和“WG3 成型模工作组”的工作报告，审议 3 项冲模、成型模标准复审意见，讨论中国、德国、意大利提出的新工作项目提案。会议决定 ISO/TC29/SC8 第 31 届年会将于 2017 年 4 月 10 日在中国广西桂林召开。

年内，SAC/TC33 首次向 ISO 组织提出制定《冲模术语》国际标准的新工作项目提案，并已作为 NWIP（New work item proposal）立项，由 ISO/TC29/SC8 秘书处分发至各 P 成员征求意见。

SAC/TC33 组织中国模具企业参与模具国际标准制定工作，遴选国内相关企业、科研院所和高校参与德国提交的“冲模　螺旋压缩钢簧或氮气弹簧弹性柱塞”和“冲模　大型冲模和成形模用足跟式导板”两项新提案。

SAC/TC33 参与 ISO/TC29/SC8 秘书处组织进行的 5 项 ISO 标准的系统性复审。

【年会情况】2015 年 12 月 21 日，SAC/TC33 在海南海口召开年会，69 名代表参会，委员出席率 87.3%。会议听取标委会 2015 年工作总结及 2016 年工作计划报告；审查通过 6 项标准送审稿；专题讨论模具标准化“十三五”规划、对接中国制造 2025 等问题；提出“模具标准网络化运行平台”等标准项目议案。

供　稿：SAC/TC33 秘书处
撰稿人：朱磊文
审稿人：王　冲

全国电工电子设备结构综合标准化技术委员会（SAC/TC34）

【概况】截至 2015 年底，全国电工电子设备结构综合标准化技术委员会归口管理国家标准 49 项，其中 22 项采用国际标准；在研国家标准 5 项，其中2 项采用国际标准。

SAC/TC34 对口国际电工委员会电气和电子设备机械结构分技术委员会（IEC/TC48/SC48D）。

是年，SAC/TC34 组织召开新版国家标准培训会议 1 次，培训人数 51 人次，开展标准化技术咨询服务18次,服务企业8家。

【标准制修订复审工作】2015年,SAC/TC34组织会议审查国家标准送审稿2项。组织复审归口国家标准17项,其中继续有效12项、修订5项。国家标准委批准发布SAC/TC34归口管理的国家标准8项。

【国际标准化工作参与情况】2015年,SAC/TC34承担对口IEC/TC48/SC48D国际标准草案文件网上电子投票11项。中国和日本新工作项目提案(NP)合并后的国际标准项目IEC 61587-6《电子设备机械结构 IEC 60917和IEC 60297的试验 第6部分:户内机柜的安保要求》处于第二版委员会草案(CD)阶段。

【标准化科研】2015年,SAC/TC34开展《电气联接插件(主电路)银铜合金组件》标准科研项目预研工作,完成静态电气性能、静态机械性能、热态电气性能指标的提出和试验方法研究工作。

【年会情况】2015年12月8—9日,SAC/TC34在湖南张家界举行全体会议。会议听取秘书处年度工作报告;向与会代表介绍门锁国际标准相关情况与最新进展;介绍2016年工作重点;审查国家标准2项。

供　稿:SAC/TC34秘书处
撰稿人:李剑侠
审稿人:李　锋

全国橡胶与橡胶制品标准化技术委员会(SAC/TC35)

【概况】截至2015年底,全国橡胶与橡胶制品标准化技术委员会归口管理国家标准502项、行业标准429项,其中338项采用国际标准;在研国家标准105项、行业标准52项,其中30项采用国际标准。

SAC/TC35对口国际标准化组织橡胶与橡胶制品技术委员会(ISO/TC45)。

SAC/TC35下设12个分技术委员会(SC)和2个工作组(WG):软管(SC1),通用试验方法(SC2),密封制品(SC3),胶乳制品(SC4),炭黑(SC5),合成橡胶(SC6),橡胶杂品(SC7),天然橡胶(SC8),胶鞋(SC9),涂覆制品(SC10),化学助剂(SC12),浸胶骨架材料(SC13)和硫化橡胶粉与再生橡胶(WG2),热塑性弹性体(WG3)。是年,SAC/TC35组织有关分委会召开GB/T 31357—2014《复合橡胶 通用技术规范》等国家标准和行业标准实体宣贯会。组织召开标准宣贯培训班8次,培训人数509人次,开展标准化技术咨询服务177次,服务企业195家。

【标准制修订复审工作】2015年,国家标准委批准立项SAC/TC35归口管理的国家标准49项,工业和信息化部批准立项SAC/TC35归口管理的行业标准23项。SAC/TC35向国家标准委和工业和信息化部报批国家标准43项、行业标准37项,审查国家标准44项、行业标准23项。国家标准委批准发布SAC/TC35归口管理的国家标准22项,工业和信息化部批准发布SAC/TC35归口管理的行业标准8项。SAC/TC35组织各分技术委员会复审归口的国家标准35项,其中继续有效26项、修订9项;复审行业标准35项,其中继续有效21项、修订6项、废止8项。

【国际标准化工作参与情况】2015年,SAC/TC35完成国际标准表态93项,国际标准复审75项。主导承担ISO 17717、ISO 11424、ISO 8033、ISO 7781 4项国际标准的制修订工作,参与ISO 20851国际标准的制修订工作。组团参加ISO/TC45及其SC的16个工作组的年会,参与会议讨论和投票表决,提出5项国际标准新项目提案。经中国国家标准化管理委员会向ISO/TC45提出由中国承办2018年ISO/TC45第66届年会的申请并获得同意。

【标准化科研】2015年,SAC/TC35/SC7完成质检总局下达的《防腐、减震用橡胶新材料重要标准研究》国家公益性行业科研专项项目任务的标准化研究课题,项目涉及的3项国家标准已批准发布。

【年会情况】2015年12月9—12日,SAC/TC35在海南海口组织召开2015年年会暨标准审查会,委员出席率89.8%。会议审议通过《全国橡胶与橡胶制品标准化技术委员会2015年工作报告》和《全国橡胶与橡胶制品标准化技术委员会2016年拟制修订标准计划》,通报相关分技术委员会换届及委员调整情况,听取各分技术委员会的工作报告,审查通过6项国家标准、2项行业标准。

SAC/TC35/SC1年会暨标准审查会于12月15—18日在江西九江召开,委员出席率93.9%。会议审议通过分委会2015年工作报告和2016年工作计划,审查通过4项国家标准。

SAC/TC35/SC2年会暨标准审查会于12月21—24日在江苏南京召开,委员出席率80.0%。会议审议通过分委会2015年工作报告和2016年工作计划，审查通过5项国家标准。

SAC/TC35/SC3年会暨标准审查会于10月10—13日在陕西宝鸡召开，委员出席率76.0%。会议审议通过分委会2015年工作报告和2016年工作计划，审查通过1项国家标准和2项行业标准。

SAC/TC35/SC4年会暨标准审查会于11月5—8日在湖南株洲召开，委员出席率88.9%。会议审议通过分委会2015年工作报告和2016年工作计划，审查通过2项国家标准和1项行业标准。

SAC/TC35/SC5年会暨标准审查会于12月13—16日在浙江宁波召开，委员出席率89.5%。会议审议通过分委会2015年工作报告和2016年工作计划，审查通过3项国家标准。

SAC/TC35/SC6年会暨标准审查会于12月18—20日在湖南岳阳召开，委员出席率83.0%。会议审议通过分委会2015年工作报告和2016年工作计划，审查通过2项国家标准和6项行业标准。

SAC/TC35/SC7年会暨标准审查会于11月15—19日在重庆召开，委员出席率87.8%。会议审议通过分委会2015年工作报告和2016年工作计划，审查通过5项国家标准。

SAC/TC35/SC8年会暨标准审查会于12月15—17日在云南昆明召开，委员出席率82.8%。会议审议通过分委会2015年工作报告和2016年工作计划，审查通过2项国家标准。

SAC/TC35/SC9年会暨标准审查会于12月24—28日在云南昆明召开，委员出席率91.8%。会议审议通过分委会2015年工作报告和2016年工作计划，审查通过4项国家标准。

SAC/TC35/SC10年会暨标准审查会于12月15—18日在江西九江召开，委员出席率87.0%。会议审议通过分委会2015年工作报告和2016年工作计划，审查通过2项国家标准。

SAC/TC35/SC12年会暨标准审查会于11月15—18日在安徽合肥召开，委员出席率92.6%。会议审议通过分委会2015年工作报告和2016年工作计划，审查通过1项国家标准和12项行业标准。

SAC/TC35/SC13年会暨标准审查会于11月25—29日在重庆召开，委员出席率100%。会议审议通过分委会2015年工作报告和2016年工作计划，审查通过7项国家标准。

供　稿：SAC/TC35秘书处
撰稿人：孔　波
审稿人：刘惠春

全国带电作业标准化技术委员会（SAC/TC36）

【概况】 截至2015年底，全国带电作业标准化技术委员会归口管理国家标准20项，行业标准37项，其中20项采用国际标准；在研国家标准4项、行业标准15项，其中2项采用国际标准。

SAC/TC36成立于1984年4月，对口国际电工委员会带电作业技术委员会（IEC/TC78），负责带电作业专业技术领域标准制定、修订、审查、宣贯、解释和技术咨询等工作。2013年5月完成换届，现为第六届，由43名委员、1名顾问委员组成，设主任委员1名，副主任委员4名，秘书长1名，秘书处承担单位为中国电力科学研究院高电压研究所。

是年，SAC/TC36开展特高压输电线路带电作业技能培训与标准宣贯8期，培训22个单位、270人次。

【标准制修订复审工作】 2015年，国家标准委批准立项SAC/TC36归口管理的国家标准2项，能源局批准立项SAC/TC36归口管理的行业标准4项。SAC/TC36审查归口管理的2项国家标准、3项行业标准，召开6次在研标准初稿、征求意见稿专家讨论会。能源局批准发布SAC/TC36归口管理的7项行业标准。SAC/TC36组织委员对归口管理的3项强制性标准进行复审及精简评估，其中1项强制性国家标准上报修订，1项强制性行业标准上报废止，1项强制性行业标准上报修订并改为推荐性标准。

【年度计划项目进展情况】 2015年3月，SAC/TC36组织召开6项在研行业标准编写启动会，确定编写组任务及时间安排。6月，召开行业标准《带电作业用工具库房》初稿讨论会，形成修改意见并安排征求意见等下一步工作，召开国家标准《配电线路带电作业技术导则》编写启动会，确定编写组任务及时间安排。7月，召开行业标准《带电作业用工具、装置和设备预防性试验规程》初稿讨论会，形成初稿修改意见；9月，召开国家标准《10 kV带电作业用绝缘斗臂车》编制启动会，确定编写组任务及时间安排；召开

3项行业标准初稿讨论会,形成初稿修改意见并安排下一步工作。7—10月,对8项行业标准完成意见征求,编写完成送审稿;11月,召开4项行业标准编制启动会,确定编写组成员及时间安排。

【国际标准化工作参与情况】 2015年,SAC/TC36收到IEC/TC78办公室需要投票表决的文件15份,在征求行业意见基础上,投出表决票,投票率100%。年内,新增2位专家参与IEC/TC78 WG14、WG15工作组工作。

【年会情况】 2015年5月29—30日,SAC/TC36六届三次会议在浙江湖州召开,70名委员、顾问、专家组成员、委员代表及标准起草工作组成员参加会议,委员出席率87.5%。会议审查通过5项标准送审稿,提出下一步标准制修订计划,结合国家标准委、能源局及行业技术发展要求趋势,研究讨论标准制修订计划的有效性,确定下一年工作任务。

供　稿:SAC/TC36秘书处
撰稿人:雷兴列
审稿人:刘　凯

全国微束分析标准化技术委员会(SAC/TC38)

【概况】 截至2015年底,全国微束分析标准化技术委员会归口管理国家标准81项,其中46项采用国际标准;在研国家标准18项,其中7项采用国际标准。年内,申报国家标准计划项目12项,获国家标准委立项11项。

SAC/TC38对口的国际标准化组织包括:国际标准化组织微束分析技术委员会(ISO/TC202)及其术语分技术委员会(SC1),电子探针分技术委员会(SC2),分析电镜分技术委员会(SC3),扫描电镜分技术委员会(SC4);国际标准化组织表面分析标准化技术委员会(ISO/TC201)及其术语分技术委员会(SC1),一般程序分技术委员会(SC2),数据管理与处理分技术委员会(SC3),深度剖析分技术委员会(SC4),二次离子质谱分技术委员会(SC6),电子能谱分技术委员会(SC7),辉光放电谱分技术委员会(SC8),扫描探针分技术委员会(SC9)。SAC/TC38副主任委员徐坚担任ISO/TC202主席,主任委员赵江担任ISO/TC202秘书。

是年,SAC/TC38多次组织标准宣贯和培训,培训300余人次。

【国际标准化工作参与情况】 2015年,SAC/TC38以专家的形式参与所有ISO/TC202国际标准制修订项目和ISO/TC201国际标准制修订项目。

年内,组织10名中国学者参加ISO/TC202第22次全体大会。ISO/TC202秘书赵江主持会议,主席徐坚致辞,会议听取TC202秘书处年度工作报告,与会专家讨论9项国际标准文件,对ISO/TC202未来的发展方向、扩展微束分析技术范围修订等进行研讨。

组织15名中国学者参加ISO/TC201全体大会,分别作为SC1、SC2、SC4、SC8、SC9分技术委员会和WG3工作组专家出席大会。丁泽军代表ISO/TC202作"External Liaison Report from ISO/TC202"报告。黄文浩在ISO/TC201/SC9会议作关于开展SPM的环境影响的标准调查研究报告。张增明在ISO/TC201/SC9作椭偏方面的调查。查良镇作分辨率定义报告,分辨率定义的标准修正建议被采纳;建议SIMS分辨率测试方法的标准提案。

【年会情况】 2015年11月6—8日,SAC/TC38年会在山西太原召开,委员出席率84%。会议听取主任、秘书处、表面分会工作报告及关于ISO/TC202工作报告;听取2项拟上报国家标准计划申请报告,并投票同意立项上报国家标准委审批;审查2项国家标准送审稿及相关材料;进行"生物试样扫描电子显微镜分析方法"的征求意见讨论,听取与会代表意见建议;听取关于委员会今后工作方向及规划的报告;决定进一步推动"金属材料微束分析""无机材料微束分析""生物材料微束分析""矿物微束分析"工作小组工作;决定成立"纳米微束分析""环境物质微束分析""有机材料微束分析""新一代信息材料微束分析""能源材料微束分析"工作小组。

供　稿:SAC/TC38秘书处
撰稿人:刘　芬
审稿人:赵　江

全国变压器标准化技术委员会(SAC/TC44)

【概况】截至2015年底，全国变压器标准化技术委员会归口管理国家标准37项、行业标准76项，其中21项国家标准采用IEC标准；在研国家标准4项、行业标准12项。

SAC/TC44对口国际电工委员会电力变压器技术委员会(IEC/TC14)。

2015年8月，国家标准委批复第八届全国变压器标委会换届及组建方案，第八届标委会委员71名，顾问4名，观察员16名，秘书处挂靠单位为沈阳变压器研究院股份有限公司。

是年，SAC/TC44对本专业所有强制性国家标准及计划进行整合精简，经征求有关专家的意见，提出上报本专业所有的强制性国家标准及计划的整合精简结论。

是年，SAC/TC44参加IEC技术归口工作考评活动，上报考核材料，并于9月参加中国电器工业协会组织的“IEC技术对口单位现场考评会议”，进行现场答辩。

【标准制修订复审工作】2015年，国家标准委批准立项SAC/TC44归口管理的国家标准4项，工业和信息化部批准立项SAC/TC44归口管理的行业标准12项。SAC/TC44向国家标准委报批国家标准2项，向工业和信息化部报批机械行业标准12项，向能源局报批能源行业标准2项。国家标准委批准发布SAC/TC44归口管理的国家标准4项，工业和信息化部批准发布SAC/TC44归口管理的机械行业标准4项，能源局批准发布SAC/TC44归口管理的能源行业标准2项。SAC/TC44组织复审国家标准3项。

【国际标准化工作参与情况】2015年，SAC/TC44秘书处收到IEC/TC14文件49份，对其中9份需表态文件组织投票表态。8月，向IEC/TC14提交《电力变压器直流偏磁抑制装置技术规范》的国际标准提案，并被接受立项。10月15—16日，组织10名专家参加在瑞典布罗斯召开的IEC/TC14国际会议。

【标准化科研】2015年，SAC/TC44承担“智能化输配电设备关键技术标准项目研究课题(属于国家高技术产业化项目、国家能源应用技术研究及工程示范项目《智能化输配电关键设备研制及工程应用示范》子课题)”中《智能化输配电设备关键技术标准项目研究》研究工作。项目将产出一项国家标准化指导性技术文件《油浸式电力变压器智能化技术规范》，计划于2016年完成。

【年会情况】2015年12月15日，SAC/TC44在广东广州举行全体会议，委员出席率98.6%。会议听取主管部门就国家标准化工作改革、中国制造2025、“一带一路”建设、2015年开展的相关标准化工作等方面情况介绍。会议听取秘书处《第八届全国变压器标准化技术委员会换届及组建工作总结》，审议《全国变压器标准化技术委员会章程》《全国变压器标准化技术委员会秘书处工作细则》《全国变压器标准化技术委员会第七届委员会工作总结》《全国变压器标准化技术委员会2014—2015年度秘书处工作报告》及《全国变压器标准化技术委员会2014—2015年度财务报告》。审查国家标准送审稿2项、国家标准修改单1项。审议通过2016年拟申报的标准制修订项目计划建议及2016年标委会经费预算情况等。

供　稿：SAC/TC44秘书处
撰稿人：林　然
审稿人：章忠国

全国电力电容器标准化技委员会(SAC/TC45)

【概况】截至2015年底，全国电力电容器标准化技术委员会归口管理国家标准33项、行业标准19项，其中24项采用国际标准；在研国家标准5项，其中3项采用国际标准。

SAC/TC45对口国际电工委员会电力电容器及其应用技术委员会(IEC/TC33)。

【标准制修订复审工作】2015年，SAC/TC45向国家标准委报批国家标准3项，审查国家标准3项。国家标准委批准发布SAC/TC45归口管理的国家标准3项。SAC/TC45复审归口国家标准16项，其中继续有效9项、修订7项。

【标准化科研】2015年，SAC/TC45开始研究制定国家标准《无功补偿装置术语》。

【年会情况】2015年9月16日，SAC/TC45在浙江宁波举行全体会议，80人参加会议，委员出席率97.4%。会议宣布"国家标准委办公室关于全国电力电容器标准化技术委员会换届及组成方案的批复"；审议《全国电力电容器标准化技术委员会章程（草案）》和《全国电力电容器标准化技术委员会秘书处工作细则（草案）》；听取"第七届全国电力电容器标准化技术委员会工作总结"以及"2014—2015年度IEC/TC33标准制修订动态"报告；对第七届标委会在标准制修订工作、IEC/TC33的对口技术工作、完成上级交办的重要任务以及标准化方面的获奖情况等进行总结汇报；表彰5位先进工作者及6家先进单位。会议审查国家标准报批稿3项。

供　稿：SAC/TC45秘书处

全国家用电器标准化技术委员会（SAC/TC46）

【概况】截至2015年底，全国家用电器标准化技术委员会归口管理国家标准231项、行业标准112项；在研国家标准59项、行业标准43项。

SAC/TC46下设17个分技术委员会（SC）：制冷空调器具（SC1），清洁器具（SC2），厨房器具（SC3），通风器具（SC4），取暖熨烫器具（SC5），美容及其他器具（SC6），商用电气饮食加工服务设备（SC7），家用电器用主要零部件（SC8），家用电器可靠性（SC9），家用电器噪声（SC10），家用电器服务（SC11），家用电器布线及安装（SC12），保健和类似器具（SC13），电热毯（SC14），智能家电（SC15），无线电能传输家电（SC16），家用电动加工器具（SC17）。

SAC/TC46对口国际电工委员会家用和类似用途电器安全技术委员会（IEC/TC61）及其分技术委员会，家用和类似用途电器性能技术委员会（IEC/TC59）及其分技术委员会，积极改善生活系统委员会（IEC/SyC AAL）。

【标准制修订复审工作】2015年，国家标准委批准立项SAC/TC46归口管理的国家标准11项，批准发布SAC/TC46归口管理的国家标准1项；工业和信息化部批准立项SAC/TC46归口管理的行业标准7项，批准发布SAC/TC46归口管理的行业标准15项。SAC/TC46组织各有关分技术委员会复审归口国家标准14项，其中11项继续有效，1项申请修订，2项已列入修订计划。

【国际标准化工作参与情况】2015年，中国家电领域参与IEC/TC59和TC61及其SC所负责的156项国际标准的制修订。中国家电领域提出4项提案，其中1项制定提案、3项修订提案。截至年底，在研国际提案18项。SAC/TC46专家担任多个国际标准化组织的职务。年内，中国组团参加IEC/TC61及其各SC、IEC/TC59及其各SC、IEC/SMB/SG7、IEC/SyC AAL等7次国际会议，参会代表50人次。承办IEC/TC59/WG16和IEC/SC59F/WG5昆山会议。

【标准化科研】2015年，SAC/TC46完成质检公益性项目"电热水器等五类电器安全使用年限标准研究"、国家标准委消费品安全"筑篱"专项行动"消费品安全国内外标准对比"等课题研究工作。"物联网家电系统结构及参考模型等5项标准研制"课题项目基本完成。"家用机器人领域国际标准制定路线图"和"面向特殊人群的家用电器标准研制"质检公益性项目处于研究中。其中，根据国家标准委《消费品安全标准"筑篱"专项行动方案》《消费品安全国内外标准对比行动工作方案》《消费品安全标准助企惠民行动工作方案》，SAC/TC46历时一年完成家电领域国内外安全标准对比工作，收集法律法规50余条，国际标准、国外标准700余项，涵盖100余种家电产品。并选择使用量大面广，与消费者生活紧密相关的19种重点产品进行具体指标和检测方法的对比，对比标准100余项，涉及指标和检测方法数量众多，汇总差异条款200余条，并从市场监管、标准化机制、标准体系以及标准技术指标等方面做出比对结论。

【标准宣贯】2015年，SAC/TC46开展多次标准宣贯培训活动。9月29日，在北京举办GB/T 18801—2015《空气净化器》宣贯活动；10月9日，在北京举办"空净新国标宣贯——企业专场"宣贯会；10月31日，在山东青岛举办GB/T 18801—2015《空气净化器》宣贯活动；10月16日，开展《空气净化器》国家标准进社区宣传活动，在北京朝阳区东湖街道望京西园一区社区举办标准讲解、产品展示等活动。并组织净水器等标准的宣贯培训活动。

【年会情况】2015 年 4 月，SAC/TC46 在四川成都召开标委会及各分标委年会，委员平均出席率约 85%。会议总结上年度工作，讨论下一年工作计划，审议 36 项标准。

供　稿：SAC/TC46 秘书处
撰稿人：闫　凌
审稿人：马德军

全国绝缘材料标准化技术委员会（SAC/TC51）

【概况】截至 2015 年底，全国绝缘材料标准化技术委员会归口管理国家标准 103 项、行业标准 87 项，其中 111 项采用国际标准；在研国家标准 13 项、行业标准 26 项，其中 16 项采用国际标准。

SAC/TC51 对口的国际标准化组织包括：国际电工委员会电工流体与应用技术委员会（IEC/TC10），国际电工委员会固体绝缘材料技术委员会（IEC/TC15）。

SAC/TC51 下设 2 个分技术委员会（SC）：电工用热固性模塑料（SC1），电工用热缩材料（SC2）。

是年，SAC/TC51 及 SAC/TC51/SC2 组织宣贯 5 项国家标准和 11 项行业标准，举办标准宣贯培训班 4 次，培训人数 150 人次。开展标准化技术咨询服务 38 次，服务企业 38 家。

【标准制修订复审工作】2015 年，国家标准委批准立项 SAC/TC51 归口管理的国家标准 4 项，工业和信息化部批准立项 SAC/TC51 归口管理的机械行业标准 6 项，能源局批准立项 SAC/TC51 归口管理的能源行业标准项目 2 项。SAC/TC51 向工业和信息化部报批行业标准 12 项，审查行业标准送审稿 8 项。工业和信息化部批准发布 SAC/TC51 归口管理的行业标准 34 项。SAC/TC51 组织复审归口的国家标准 13 项，其中继续有效 12 项、修订 1 项。

【国际标准化工作参与情况】2015 年，SAC/TC51 收到 IEC/TC10 投票文件 6 个，组织进行投票回复，投票率 100%。收到 IEC/TC15 投票文件 12 个，组织对其中 10 个文件进行投票回复，投票率 83%。参与 IEC 60345《绝缘材料在高温下电阻和电阻率的试验方法》修订工作。组团参加在捷克举行的 IEC/TC15工作会议；在匈牙利举行的 IEC/TC10 工作会议。

【标准化科研】2015 年，SAC/TC51 开展《油纸绝缘系统中纸板表面耐放电能力（爬电）的研究》《绝缘油介质中水分对局部放电的影响研究》《变压器油和绝缘纸及纸板相容性试验研究》专项研究工作。

【年会情况】2015 年 12 月 14—17 日，SAC/TC51 在广西南宁举行全体委员会议，委员出席率 93.3%。会议宣读标委会换届批文；通报最新国家标准化有关改革的新政策；介绍电工行业标准化工作在适应标准化工作程序改革、团体标准培育等方面的进展情况；说明标委会换届方案；汇报标委会工作设想及 2016 年的工作计划。会议审议通过《全国绝缘材料标准化技术委员会章程》和《全国绝缘材料标准化技术委员会秘书处工作细则》等草案文件。审查《电气绝缘用水溶性半无机硅钢片漆》等 7 项行业标准送审稿。

8 月 18 日，SAC/TC51/SC2 在陕西西安召开年会暨标准审查会议，24 人参会，委员出席率 82.7%。会议审查《电工用聚对苯二甲酸乙二酯（PET）热收缩管》1 项机械行业标准送审稿。10 月 31 日，SAC/TC51/SC1 在江苏无锡召开年会，50 位代表参会，会议总结 2015 年分标委的工作进展情况，提出 2016 年分标委的工作规划。

供　稿：SAC/TC51 秘书处
撰稿人：罗传勇
审稿人：徐　曼

全国机械振动、冲击与状态监测标准化技术委员会(SAC/TC53)

【概况】截至2015年底,全国机械振动、冲击与状态监测标准化技术委员会归口管理国家标准118项,其中111项采用国际标准。在研国家标准7项,其中6项采用国际标准。

SAC/TC53对口国际标准化组织机械振动、冲击与状态监测技术委员会(ISO/TC108)及其机器、船舶、车辆、固定结构的振动测量与评定分技术委员会(ISO/TC108/SC2),振动与冲击传感器的使用与校准分技术委员会(ISO/TC108/SC3),人体暴露于振动与冲击的测量与评价分技术委员会(ISO/TC108/SC4),机器的状态监测与诊断分技术委员会(ISO/TC108/SC5),振动与冲击发生器系统分技术委员会(ISO/TC108/SC6)。

SAC/TC53下设3个分技术委员会(SC):减振材料与设备(SC1),机器船舶车辆和固定结构物的振动测量与评价以及机器状态监测与诊断(SC2),机械振动与冲击测试仪器与设备的使用与校准(SC3)。

【标准制修订复审工作】2015年,SAC/TC53向国家标准委报批国家标准6项。国家标准委批准发布SAC/TC53归口管理的国家标准10项。

【国际标准化工作参与情况】2015年3月9—13日,ISO/TC108及其SC3、SC6和直属工作组会议在法国巴黎举行,由10人组成的中国代表团参会,中国代表团参加SC3相关会议决议3项,参加SC6相关会议决议2项,在SC3 WG6会上提出修订ISO 5347-17和ISO 5347-12的提案并作介绍。

【年会情况】2015年10月25—29日,SAC/TC53七届二次会议、二分委六届二次会议暨庆祝SAC/TC53成立30周年会议在北京召开,93位委员、代表和资深委员出席会议。会议作2014—2015年度工作报告,总结、回顾SAC/TC53七届一次会议、二分委六届一次会议以来完成的主要工作。2014年审查通过10项国家标准,于2014年底之前完成有关工作进程,上报国家标准审查部门,其中8项国家标准通过审核;完成6项国家标准的起草工作,送审稿提交会议审查;组织申报11项国家标准制修订计划建议。

供　稿:SAC/TC53秘书处
撰稿人:王义翠
审稿人:黄润华　韩国明

全国铸造标准化技术委员会(SAC/TC54)

【概况】截至2015年底,全国铸造标准化技术委员会归口管理国家标准97项、行业标准89项;在研国家标准19项(1项待发布),行业标准29项(14项待发布)。

SAC/TC54对口的国际标准化组织包括:铸钢件分技术委员会(ISO/TC17/SC11)、铸铁和生铁技术委员会(ISO/TC25)。参与铜和铜合金(ISO/TC26)、镁和铸造或锻造镁合金(ISO/TC79/SC5)、铝和铸造铝合金(ISO/TC79/SC7)、铸锌合金(ISO/TC18/SC2)等4个技术委员会的国际标准化工作。

是年,SAC/TC54加强网站建设,网站具有标委会的信息管理系统和信息服务系统,提供标准查询、会议通告、标准化工作动态等信息服务。

是年,SAC/TC54邀请标准起草人撰写标准宣贯解读文章,并刊登在《铸造》杂志。秘书处编写《铸造标准应用手册》(中卷),手册收集38项铸造国家标准、行业标准,并附38项标准宣贯解读文章。

【标准制修订复审工作】2015年,SAC/TC54完成国家标准制修订项目1项,行业标准制修订项目14项;正在制修订中的国家标准项目19项,行业标准项目29项;国家标准委批准发布SAC/TC54归口管理的国家标准项目5项,工业和信息化部批准发布SAC/TC54归口管理的行业标准7项。

SAC/TC54 组织下属 7 个分技术委员会复审归口的国家标准 85 项,其中继续有效 69 项,修订 16 项;复审行业标准 61 项,其中继续有效 35 项,修订 26 项。

【国际标准化工作参与情况】2015 年 6 月 15—16 日,SAC/TC54 派 3 名专家参加在德国杜塞尔多夫召开的 ISO/TC17/SC11 铸钢技术委员会的第 30 次国际标准化工作会议。10 月 7—9 日,派 4 名专家参加在英国标准化学会(BSI)总部召开的 ISO/TC25铸铁和生铁技术委员会的第 27 次会议。

【年会及标准审查情况】2015 年,SAC/TC54 先后召开 4 次标准审查会,审查铸钢、造型材料、铸造有色合金和铸造通用基础等 4 个领域的 14 项行业标准和 1 项国家标准。5 月 7—9 日,SAC/TC54 在广西柳州召开第六届全国铸造标委会第一次年会,会议讨论"2014 年度工作总结及 2015 年度工作安排"报告和铸造标准体系表、标准复审项目、标准立项意见,征求委员对标准化工作的建议和意见。

【中国铸造质量标准论坛】2015 年 5 月 7—9 日,SAC/TC54 在广西柳州举办第八届中国铸造质量标准论坛,90 人参会。论坛围绕"铸钢件的生产与再生资源的综合利用"主题进行交流,论坛征集论文 21 篇、会议报告 18 篇。论坛开展铸造标准宣贯、研讨和经验交流,与会代表了解到中国铸造标准的最新制修订状态,以及标准的创新点和标准化工作的最新成果。会后的满意度调查表明代表们对论坛表示认同。

供　稿:SAC/TC54 秘书处
撰稿人:张　寅
审稿人:葛晨光

全国焊接标准化技术委员会(SAC/TC55)

【概况】截至 2015 年底,全国焊接标准化技术委员会归口管理国家标准 101 项、行业标准 59 项,其中 94 项采用国际标准;在研国家标准 24 项、行业标准 23 项,其中 24 项采用国际标准。

SAC/TC55 对口国际标准化组织焊接与相关工艺技术委员会(ISO/TC44)。ISO/TC44 有 P 成员 32 个、O 成员 33 个,中国为 P 成员。

SAC/TC55 下设 3 个分技术委员会(SC):焊接材料(SC1),钎焊(SC2),焊缝试验和检验(SC3)。

是年,SAC/TC55 上报标准立项申请 19 项。归口管理的 6 项行业标准发布实施。参与国际标准制定 5 项,完成国际标准投票 30 项。参加国际标准会议 2 次。召开标准宣贯培训班 1 次、培训 46 人。开展标准化技术咨询 15 次,服务企业 100 家。

是年,SAC/TC55 完成 SC3 换届,组织二届一次 SC3 会议;启动委员会和两个分委会(SC1 和 SC2)换届筹备工作。组织秘书处工作人员参加中国机械工业联合会举办的标准编制及审查业务培训。

是年,SAC/TC55 秘书处完成 SAC/TC55 网站日常维护工作;组织翻译国际焊接学会(IIW)文件、ISO 标准;整理完成 ISO、EN、AWS 标准数据库更新;完善焊接标准电子文本归档;参加水利部《水工金属产品焊接通用技术条件》标准的修订审查;完成《机械基础制造工艺标准汇编　焊接工艺》编制;提出"十三五"焊接标准化规划纲要(草案)初稿。

【标准制修订工作】2015 年,国家标准委批准立项 SAC/TC55 归口管理的国家标准项目 18 项,SCA/TC55 完成国家标准制修订 6 项。截至年底,SAC/TC55 归口负责标准制修订计划项目 47 项。其中,国家标准 24 项、行业标准 23 项;正在报批项目8 项、完成审查准备报批项目 7 项(国家标准 6 项、行业标准 1 项)、正在起草项目 32 项(国家标准 10 项、行业标准 22 项)。

【国际标准化工作参与情况】2015 年,SAC/TC55 秘书处处理各类 ISO 文件 30 件。作为工作组成员,参加起草国际标准 5 项。2015 年 6 月 28 日—7 月 10 日,SAC/TC55 秘书长朴东光参加在芬兰赫尔辛基召开的第 68 届国际焊接学会(IIW)年会和第 36 届ISO/TC44 全会。IIW 年会期间,朴东光参加若干 IIW 分支机构会议,涉及焊接人员培训和资格认证、焊接质量保证、焊接材料、各种焊接工艺方法等,并获得国际焊接学会主席颁发的参与国际标准化活动十年贡献奖。ISO/TC44 会议期间,参加同期举行的 4 个分委会(SC5、SC7、SC9 和 SC10)会议。ISO/TC44全会一致同意并通过决议:2017 年在中国哈尔滨召开第 38 届 ISO/TC44 全会。

【年会情况】2015 年 10 月 28—30 日,全国焊接标准化技术委员会暨钎焊分技术委员会六届五次全体会议在江苏常熟召开,63 名委员及代表参加会议,委员出勤率 86%。会议总结 2015 年度SAC/TC55工作;传达上级主管部门有关标准化改革方案;介绍国家标准委 TC 工作平台及组织管理体系;审查通过 7 项上报的标准项目。

供　稿:SAC/TC55 秘书处
撰稿人:朴东光

全国图形符号标准化技术委员会(SAC/TC59)

【概况】截至 2015 年,全国图形符号标准化技术委员会归口管理国家标准 67 项,其中基础通用标准 12 项、公共信息导向系统标准 31 项、安全信息导向系统标准 12 项、设备用图形符号标准 12 项。

SAC/TC59 对口国际标准化组织图形符号技术委员会(ISO/TC145)。

SAC/TC59 下设 1 个分技术委员会(SC):城市导向(SC1)。

【标准制修订复审工作】2015 年,国家标准委批准立项 SAC/TC59 归口管理的国家标准 4 项。SAC/TC59 审查国家标准和地方标准各 1 项。国家标准委批准发布 SAC/TC59 归口管理的国家标准 4 项。SAC/TC59复审归口管理的国家标准 5 项,其中继续有效 4 项、修订 1 项。

【国际标准化工作参与情况】2015 年,SAC/TC59 主持“ISO 28564-2”“ISO 28564-3”两项国际标准的编制工作,参与“ISO 7001”“ISO 7010”两项国际标准的编制工作,参加 ISO/TC145 年会、ISO/TC145/SC1 会议、ISO/TC145/SC2 会议、ISO/TC145/SC3 会议及 ISO/TC145/SC1/WG4 和 WG5 联合工作组会议。

【标准化科研】2015 年,SAC/TC59 完成或阶段性完成科研项目 10 项:主持国家科技支撑计划项目“支撑国际突破与国际贸易的重要国际标准研究”中 1 项子课题的研究工作;主持质检公益科研专项项目“城镇建设中景观导向与游乐设施类国际标准研制”中 1 项子课题的研究工作;参与国家科技支撑计划课题“信息显示界面工效学设计技术和标准研究”中 1 项子任务的研究工作,已按进度完成相关工作;主持院长基金项目“人员疏散掩蔽导向系统推广实施方案研究”;主持院长基金项目“地面公交、轨道交通、省际长途标志系统评价方法研究”的研究工作;主持完成商务部项目“购物及相关服务标志用公共信息图形符号应用规范”的研究工作;参与院长基金项目《基于网络服务的标准化术语图形符号信息平台研究与建设》的研究;参与质检公益项目“城市人员密集场所风险预防重要标准研究”的研究工作,工作符合预计进度;完成国家科技支撑计划子课题“城市公共基础设施管理与服务技术标准研究”任务四的验收工作;完成国家科技支撑计划子课题“突发事件应急管理技术标准研究”中 1 项任务的验收工作。

完成 2 项科研项目申报工作:申报科技部“重要基础通用技术标准研究 NQI 项目”的图形符号相关课题;申报商务部项目“购物及相关服务标志用公共信息图形符号应用规范”。

【年会情况】2015 年 12 月 17 日,SAC/TC59 在北京召开 2015 年年会暨国家标准审查会,标委会委员和有关专家 20 人参会。SAC/TC59/SC1 秘书长向委员会汇报 SAC/TC59/SC1 分技术委员会工作情况。标准主要起草人汇报由 SAC/TC59/SC1 审查的 GB/T 20501. 3审查情况,与会委员同意该标准通过审查。秘书处做《全国图形符号标准化技术委员会(SAC/TC59)2015 年秘书处工作总结》的报告。与会委员通过标委员会 2015 年工作总结,并对标委员会 2016 年的工作计划和工作设想提出意见和建议。与会委员就标委会归口管理的国家标准进行复审。会议讨论 GB/T 10001. 5(讨论稿)和GB/T 10001系列标准的框架结构。

供　稿:SAC/TC59 秘书处

全国电力电子系统和设备标准化技术委员会(SAC/TC60)

【概况】截至2015年底，全国电力电子系统和设备标准化技术委员会归口管理国家标准52项、行业标准13项，其中33项采用国际标准；在研国家标准31项、行业标准12项，其中15项采用国际标准。

SAC/TC60对口国际电工委员会电力电子系统和设备技术委员会(IEC/TC22)以及下设的稳定电源分技术委员会(IEC/TC22/SC22E)、输配电系统电力电子分技术委员会(IEC/TC22/SC22F)、含半导体电力变流器的调速电气传动系统分技术委员会(IEC/TC22/SC22G)和不间断电源系统分技术委员会(IEC/TC22/SC22H)。

SAC/TC60下设5个分技术委员会(SC)：含半导体电力变流器的调速电气传动系统(SC1)，输配电系统电力电子技术(SC2)，不间断电源(SC3)，逆变电源(SC4)和电机软起动(SC5)。

是年，SAC/TC60组织召开标准宣贯会3次、培训人数280人，开展标准化技术咨询服务23次、服务企业76家。

【标准制修订复审工作】2015年，能源局批准立项SAC/TC60归口管理的行业标准3项。SAC/TC60向国家标准委报批国家标准1项，审查国家标准、行业标准送审稿14项。国家标准委批准发布SAC/TC60归口管理的国家标准3项。SAC/TC60组织复审归口管理的国家标准8项，其中继续有效5项、修订3项。

【国际标准化工作参与情况】2015年，SAC/TC60组织办理国际标准送审稿15项、报批稿11项、新工作项目6项、草案稿14项、国际标准网上投票和意见回复53项。主导承担5项国际标准的制修订工作。参与36项国际标准的制修订工作。组团参加IEC/TC22及其4个分技术委员会年会，参与会议讨论和投票表决，提出下次年会(2017年)在中国召开并涵盖IEC/TC22及其所有4个SC；主持召开IEC/TC22/SC22F输配电系统电力电子分技术委员会年会和工作组会议。1位中国专家继任IEC/TC22/SC22F主席，任期至2021年。1位中国专家荣获IEC 1906奖。

【标准化科研】2015年，SAC/TC60组织开展自主创新和以企业为主体的国家标准《柔性直流输电换流器技术规范》、《柔性直流输电系统成套设计规范》、《超高压分级式可控并联电抗器晶闸管阀》、《电动机软起动装置》系列标准(7项)、《光伏系统用逆变器的安全要求》、《电梯节能逆变电源装置》和行业标准《直流储能系统用双向变流设备》《三相动力用变频输出逆变应急电源》《低压静态切换装置》《轨道交通站台门不间断电源装置》《泵类设备应急电源装置》研究。

【年会情况】2015年11月，SAC/TC60在陕西西安召开年会，委员出席率79%。会议听取和审议SAC/TC60年度工作报告，复审国家标准，讨论工业和信息化部部署编制的电力电子系统和设备专业领域标准体系的年度修订，讨论标准草案，通报参加IEC/TC22及其4个分技术委员会年会情况，商议标准制修订项目计划的完成和申报。会议专门讨论归口管理的5项强制性国家标准和5项强制性国家标准计划项目整合精简事宜，建议全部转化为推荐性。

供　稿：SAC/TC60秘书处
撰稿人：蔚红旗
审稿人：陆剑秋

全国林业机械标准化技术委员会(SAC/TC61)

【概况】截至2015年底，全国林业机械标准化技术委员会归口管理国家标准44项、行业标准106项，其中43项采用国际标准；在研国家标准2项、行业标准10项，其中2项采用国际标准。

SAC/TC61对口国际标准化组织农林机械技术委员会(ISO/TC23)下设的3个分技术委员会：草坪及园艺动力机械分技术委员会(ISO/TC23/SC13)，自行式林业机械分技术委员会(ISO/TC23/SC15)，便携式林业机械分技术委员会(ISO/TC23/SC17)。

是年，SAC/TC61组织《风力灭火机国家标准及应用技术》专题讲座,培训来自内蒙古、黑龙江、辽宁等省区林业局负责森林消防的管理人员和扑救队员200余人,开展标准化技术咨询服务40次,服务企业20余家。

是年,林业机械标准网站(www.lyjxbz.org)的英文版开通。

【标准制修订复审工作】2015年,国家标准委批准SAC/TC61归口管理的国家标准计划2项,林业局批准SAC/TC61归口管理的行业标准计划10项。SAC/TC61向国家标准委、林业局报批国家标准、行业标准12项;审查国家标准、行业标准12项。国家标准委批准发布SAC/TC61归口管理的国家标准3项,林业局批准发布SAC/TC61归口管理的行业标准9项。

SAC/TC61复审归口国家标准15项,其中继续有效12项、拟修订3项;复审行业标准55项,其中继续有效10项、正在修订和拟修订30项、拟废止15项。

【国际标准化工作参与情况】2015年,SAC/TC61组织办理国际标准网上电子投票和意见回复31次,投票率100%。组团参加ISO/TC23/SC17在巴西召开的年会,参与会议讨论和投票表决。

【年会情况】2015年4月28—29日,SAC/TC61在北京举行全体会议,委员出席率85%。会议听取国家标准委2015年标准化工作要点,部署上报下年标准计划工作,审议通过国家标准、行业标准周期性复审的结论性意见,讨论通过标委会工作总结报告,听取委员和专家对下年工作、项目计划的意见和建议,听取油锯标准修订小组负责人对拟修订的技术内容的通报,通过2015年标准审定会主任和副主任候选人的决定,审查通过9项林业行业标准和3项国家标准。

供　稿:SAC/TC61秘书处
撰稿人:李应珍
审稿人:樊冬温

全国高压开关设备标准化技术委员会(SAC/TC65)

【概况】截至2015年底,全国高压开关设备标准化技术委员会归口管理强制性国家标准10项、推荐性国家标准25项、机械行业标准11项、能源行业标准2项、团体标准1项,其中34项采用国际标准;在研国家标准9项、机械行业标准1项、能源行业标准5项、团体标准1项,其中11项采用国际标准。

SAC/TC65对口国际电工委员会开关设备和控制设备技术委员会(IEC/TC17),及其下属的高压开关设备和控制设备分技术委员会(IEC/TC17/SC17A),高压成套开关设备和控制设备分技术委员会(IEC/TC17/SC17C)。

是年,SAC/TC65根据国家标准委《关于征集〈“十三五”技术标准专项规划〉编制建议的通知》的要求,对“十二五”期间工作进行总结,提出标委会“十三五”总体目标和主要任务并上报。根据《深化标准化工作改革方案》和《贯彻实施〈深化标准化工作改革方案〉行动计划(2015—2016年)》有关要求,组织全体委员对归口的10项强制性国家标准和1项强制性国家标准修订计划进行预评估,并在对委员意见进行汇总之后上报评估结论。

是年,SAC/TC65在西安、苏州等地组织召开GB/T 30846—2014《具有预定极间不同期操作高压交流断路器》等国家标准宣贯会,培训人数153人次,并有标准主要起草人参加由中国电器工业协会高压开关分会等机构举办的标准宣贯研讨会。年内,开展标准化技术咨询服务43次,服务企业72家。

【标准制修订复审工作】2015年,国家标准委批准立项SAC/TC65归口管理的国家标准3项,工业和信息化部批准立项SAC/TC65归口管理的行业标准1项。SAC/TC65审查国家标准、行业标准及团体标准报批稿8项,向国家标准委、工业和信息化部、能源局及中国电器工业协会报批国家标准、行业标准和团体标准7项。SAC/TC65组织标委会全体委员复审归口的国家标准12项,其中继续有效8项、修订3项、废止1项;复审机械行业标准9项,其中继续有效8项、废止1项。

【国际标准化工作参与情况】2015年,IEC/TC17/SC17A分发文件17份,其中投票文件8份;IEC/TC17/SC17C分发文件9份,其中投票文件6份。SAC/TC65秘书处对14份投票文件代表中国委员会提出意见,投票率100%。参与11项国际标准制修订工作。协助国家标准委承办在西安召开的IEC国际标准化综合知识培训班;组织代表参加在瑞典西斯塔召开的 IEC/TC17、IEC/TC17/SC17A 和 IEC/TC17/SC17C 会议。

【标准化科研】2015 年，SAC/TC65 参与并承担国家和行业下达的标准化重点科研项目“特高压输变电领域的相关技术研究”和“智能化输配电设备关键技术标准项目研究”，与南方电网科学研究院合作进行国家 863 计划主题项目“柔性直流输电关键技术与应用”的课题三“直流断路器关键技术研究”中的项目，将各科研成果转化进新修订标准中或者转化为新标准，并申请立项《柔性直流用高压直流断路器》国家标准制定项目。

【年会情况】2015 年 10 月 13—16 日，SAC/TC65 在山东青岛举行全体委员会议，委员出席率 90%。会议听取标委会 2015 年度工作总结，听取、讨论和审查年度财务收支报告、年度工作情况和 2015 年 IEC 标准制修订动态。与会委员审查 5 项国家标准、2 项行业标准和 1 项协会标准送审稿并提出审查意见，要求负责起草单位修改，复核后按规定程序报批。与会委员审查论证2 项国家标准、2 项行业标准和 1 项团体标准的申报书和草案稿，确定将其中 2 项国家标准、1 项行业标准和 1 项团体标准列为向国家标准委、能源局和中国电器工业协会申报项目。

供　稿：SAC/TC65 秘书处

全国电器附件标准化技术委员会（SAC/TC67）

【概况】截至 2015 年底，全国电器附件标准化技术委员会归口管理现行国家标准 87 项、行业标准 24 项；在研国家标准 16 项、行业标准 26 项、团体标准 2 项。

SAC/TC67 下设 2 个分技术委员会（SC）：器具开关（SC1），桥架（SC2）。

SAC/TC67 对口国际电工委员会电器附件技术委员会（IEC/TC23），以及其下设的电缆管理系统分技术委员会（IEC/TC23/SC23A），插头插座和开关分技术委员会（IEC/TC23/SC23B），器具耦合器分技术委员会（IEC/TC23/SC23G），工业用和类似用途，电动汽车用插头插座耦合器分技术委员会（IEC/TC23/SC23H），器具开关分技术委员会（IEC/TC23/SC23J），电器能效产品分技术委员会（IEC/TC23/SC23K）。该领域国际标准文件 81 项，中国采标 74 项，采标率 91.4%。

是年，SAC/TC67 组织召开电器附件领域专题技术研讨会 3 次，参会人数 270 名；开展标准化技术咨询服务 11 次，服务企业 169 家。

【标准制修订工作】2015 年，能源局批准立项 SAC/TC67归口管理的行业标准 5 项，中国电器工业协会批准立项 SAC/TC67 申报的团体标准 2 项。SAC/TC67 向国家标准委、工业和信息化部报批国家标准 13 项、行业标准 3 项、国家标准外文版 1 项；审查国家标准 12 项、行业标准 7 项、国家标准外文版 1 项。国家标准委批准发布 SAC/TC67 归口管理的国家标准 7 项，工业和信息化部批准发布 SAC/TC67 归口管理的行业标准 4 项。

【国际标准化工作参与情况】2015 年，SAC/TC67 处理国际标准文件答复投票68 份，投票率 100%，组织国内 6 名专家在 IEC/TC23 和 IEC/TC23/SC23H 的工作组注册，参与电动汽车充电接口、家用插头插座、工业用插头插座和耦合器等国际标准的制修订工作。

【标准科研】2015 年，SAC/TC67 完成国家标准委下达的《消费品安全标准“筑篱”专项行动——家用插头插座领域国内外标准对比分析行动方案》科研项目，开展质检总局的质检公益性行业科研专项项目《消费品中化学危害共性安全标准及 10 类重点产品关键技术标准研制——家用插头插座产品关键技术标准研制》。

【标准宣传】2015 年 4 月，SAC/TC67 在浙江温州联合温州市质监局开发区分局举办GB 16915.1—2014《家用和类似用途固定式电气装置的开关　第 1 部分：通用要求》新版标准宣贯会议，参会代表 210 名。10 月，参加国家标准委 35 项重要国家标准发布会并接受中央电视台现场采访，对 2 项插头插座标准进行解读，并进社区、进校园向 500 余名居民、学生宣传该两项插头插座安全标准，印发宣传单 1 万份，“小插座大安全”微信宣传材料阅读量 1.9 万人次。11 月，在宁波、顺德举办两期延长线插座和转换器新版标准宣贯会，参会代表 120 名。12 月，在广东广州举办首届 USB 充电技术论坛暨 JB/T 12148—2015《家用和类似用途带 USB 充电接口的插座》标准宣贯会，参会代表 76 名。

【年会情况】2015 年 11 月 18—20 日，SAC/TC67/SC1 在江西上饶召开第六届六次会议暨标准审查会，参会代表 42 名（委员出席率 85.7%），会议报告分委会标准制修订情况、IEC/TC23/SC23J 器具开关国际标准动态、"十三五"标准规划等,审查通过 3 项行业标准。

12 月 23—26 日,SAC/TC67 在江西南昌召开第六届六次会议暨标准审查会,参会代表 143 名(委员出席率 91.7%),会议报告标委会 2015 年度工作总结、2016 年度工作计划和 IEC/TC23 工作动态及国际标准化进展情况,审查通过 11 项国家标准和 4 项行业标准。

12 月 29 日,SAC/TC67/SC2 在江苏扬中召开全体会议,参会代表 42 名(委员出席率 90%),会议讨论桥架标准的制修订工作,审查通过 1 项国家标准。

供　稿:SAC/TC67 秘书处
撰稿人:李细琴
审稿人:蔡　军

全国电动工具标准化技术委员会(SAC/TC68)

【概况】截至 2015 年底,全国电动工具标准化技术委员会归口管理国家标准 63 项、行业标准 53 项,其中 34 项采用国际标准;在研国家标准 5 项。

SAC/TC68 对口国际电工委员会电动工具安全技术委员会(IEC/TC116)。

SAC/TC68 下设 1 个分技术委员会(SC):园林电动工具(SC1)。

【标准制修订复审工作】2015 年,SAC/TC68 审查在研国家标准 2 项;复审归口国家标准 11 项,均继续有效。

【国际标准化工作参与情况】2015 年,SAC/TC68 办理 IEC/TC116 国际性投票25 份,其中 16 份关于国际标准修订投赞成票、6 份作有意见反馈。7 月 9—16 日派员参加在美国芝加哥举行的 IEC/TC116 电动工具安全技术专家组的工作组会议,参与 WG7(通用要求)、WG8(手持式电动工具)、WG10(园林工具)工作组对有关标准起草过程中的讨论。

【标准化科研】2015 年,SAC/TC68 继续开展国家标准委重点领域体系框架研究项目,承担电动工具领域标准对比分析及标准体系构建,开展手持式电动工具、可移式电动工具、园林电动工具三大类产品国内外标准的比对工作。2014 年完成的《电气设备场所共性安全关键技术标准的研究》获中国机械工业科学技术奖三等奖、上海市标准化学术优秀成果奖二等奖。继续上海市质量技术监督局的上海市技术性贸易措施应对专项项目,完成《电动工具出口欧盟的技术性贸易措施研究与应对》研究报告。

【标准化技术服务】2015 年 4 月,SAC/TC68 应 UL 认证机构要求进行电动工具标准方面培训。组织编写标准宣贯教材《手持式、可移式电动工具和园林工具的安全》,10 月在浙江省武义县、11 月在上海市举办 GB 3883.1—2014《手持式、可移式电动工具和园林工具的安全　第 1 部分:通用要求》宣贯,分别培训 36 人、46 人。

【年会情况】2015 年 12 月 14—16 日,SAC/TC68 七届二次会议、SAC/TC68/SC1 二届二次会议在广东佛山召开,44 名委员及专家出席年会。会议审查 2 项国家标准送审稿及其附件。秘书处介绍我国标准化动态、国务院办公厅印发的《贯彻实施〈深化标准化工作改革方案〉行动计划(2015—2016 年)》,秘书处还特别介绍国际标准化动态,即 IEC/TC116 工作情况。

供　稿:SAC/TC68 秘书处
撰稿人:顾　菁
审稿人:潘顺芳

全国铅酸蓄电池标准化技术委员会(SAC/TC69)

【概况】截至2015年底，全国铅酸蓄电池标准化技术委员会归口管理国家标准27项、行业标准23项，其中13项采用国际标准；在研国家标准3项。

SAC/TC69对口国际电工委员会二次电池和电池组(IEC/TC21)。

是年，SAC/TC69开展标准化技术咨询服务7次，服务企业13家。

【标准制修订复审工作】2015年，国家标准委批准立项SAC/TC69归口管理的国家标准2项。SAC/TC69复审归口国家标准、行业标准5项。

【国际标准化工作参与情况】2015年，SAC/TC69组织承办国际标准新工作项目和草案稿1项，国际标准网上电子投票和意见回复14项，主导组织召开IEC/TC21/WG2工作组研讨会议。

【年会情况】2016年1月7日，SAC/TC69在河南焦作举行年会，委员出席率87.32%。会议总结标委会的重要工作以及面对多方压力行业未来的发展方向并提出解决方案；介绍标委会标准制修订计划执行情况、存在问题、标准化工作需要和国际标准化发展动态的情况汇报；确立第七届标委会组成及架构；决定未来几年标委会工作的方向与重点。与会委员审查论证3项国家标准申报书、草案，确定将3项国家标准列为向国家标准委申报项目。

供　稿：SAC/TC69秘书处

全国电焊机标准化技术委员会(SAC/TC70)

【概况】截至2015年底，全国电焊机标准化技术委员会归口管理国家标准32项、行业标准44项，其中42项采用国际标准；在研国家标准2项，均采用国际标准。

SAC/TC70对口国际标准化组织焊接和类似工艺技术委员会电阻焊和类似机械连接分技术委员会(ISO/TC44/SC6)和国际电工技术委员会电焊技术委员会(IEC/TC26)。

SAC/TC70办有内部专刊《电焊机标准与质量》，截至年底，出版172期。

是年，SAC/TC70开展标准化咨询服务35次，服务企业20家。

【标准制修订复审工作】2015年，工业和信息化部发布SAC/TC70归口管理的行业标准2项。SAC/TC70向国家标准委报批国家标准3项，审查国家标准送审稿3项。复审归口国家标准18项，其中继续有效17项，修订1项。

【国际标准化工作参与情况】2015年，SAC/TC70对15项国际标准草案进行投票。组团参加ISO/TC44/SC6在德国柏林召开的年会。

【年会情况】2015年11月13—14日，SAC/TC70在四川成都举行全体会议，委员出席率82.2%。会议听取秘书长对SAC/TC70工作的总结；确定今后5年重点工作项目；审查3项国家标准送审稿；讨论电阻焊机能效参数的考核项目和相关要求以及测试方法；对电焊机行业现行的14项强制性国家标准和1项强制性标准修订计划进行整合精简的评估等。

供　稿：SAC/TC70秘书处
撰稿人：潘　颖
审稿人：杜　武

全国搪玻璃设备标准化技术委员会(SAC/TC72)

【概况】截至2015年底,全国搪玻璃设备标准化技术委员会归口管理标准77项,其中国家标准16项(强制性标准1项)、行业标准61项。

2015年5月23—25日,SAC/TC72在江苏南京召开GB 25025《搪玻璃设备技术条件》标准修订研讨大会。会议通过GB 25025的修订方案和与南京钢厂联合研发搪玻璃专用钢的事项;对2014年发布的6项国家标准和7项行业标准进行宣贯、培训,培训人数53人。

是年,SAC/TC72开展标准化技术咨询服务31次,服务企业数量23家。

【标准制修订复审工作】2015年,工业和信息化部批准立项SAC/TC72归口管理的行业标准8项。SAC/TC72审查行业标准送审稿8项,向工业和信息化部报批行业标准8项。工业和信息化部批准发布SAC/TC72归口管理的行业标准12项。SAC/TC72组织29位委员复审归口管理的国家标准4项,其中继续有效1项、修订3项;复审行业标准12项,均为修订。SAC/TC72向国家标准委和工业和信息化部上报3项国家标准、8项行业标准修订计划。

【标准化科研】2015年,SAC/TC72开展搪玻璃设备搪玻璃层表面缺陷形成的原因及其特征表现的研究,为修订GB 25025《搪玻璃设备技术条件》提供技术依据。

【年会情况】2015年10月29—30日,SAC/TC72在陕西西安召开六届五次会议,53个单位的71名代表参会,委员出席率86.2%。会议审查通过8项行业标准的送审稿;审查3项国家标准修订方案;向各委员介绍国家标准委创建的《标准化技术委员会工作平台》的操作方法;讨论2016年SAC/TC72换届工作事宜及标准制修订计划。

供　稿:SAC/TC72秘书处
撰稿人:肖丽娟
审稿人:桑临春

全国锻压标准化技术委员会(SAC/TC74)

【概况】截至2015年底,全国锻压标准化技术委员会归口管理国家标准54项、行业标准38项;在研国家标准15项、行业标准4项。

【标准制修订工作】2015年,国家标准委批准立项SAC/TC74归口管理的国家标准项目5项,工业和信息化部批准立项SAC/TC74归口管理的行业标准4项。SAC/TC74承担标准计划项目19项,其中9项报批、10项起草。

【标准化科研】2015年,SAC/TC74承担公益性行业科研专项项目“航空装备等重要制造领域49项基础及关键共性技术标准研究”子课题——高速精密镦锻标准研究,计划产出1项标准《高速精密热镦锻件　通用技术条件》;参与中机生产力促进中心牵头的国家重点研发计划项目“支撑重点领域工业三基的关键技术标准研究”申报工作,获批立项,计划产出3项锻压领域国家/行业标准:《金属板料精冲挤压复合成形件　工艺规范》《多向精密模锻件　质量控制规范》《高速精密热镦锻件　工艺规范》。

【标准宣贯】2015年,SAC/TC74编印标准宣贯讲义2册,举办标准培训班2期,培训35家单位59名学员。11月15—19日,在江苏扬州举办“第四期‘锻压企业质量审核师’培训班(冲压及精冲工艺与标准)”,7家单位11人参加培训;同期,举办“第五期‘锻压企业质量审核师’培训班(精锻工艺与标准)”,28家单位48人参加培训。

【年会情况】2015年7月17—20日,SAC/TC74六届五次会议在内蒙古乌兰浩特召开。出席会议的委员19人、代委员13人(委员、代委员人数符合审定会委员人数要求),顾问2人,特邀代表17人。会上,总结标委会2014年工作,布置2015—2016年工作;调整4位委员或委员单位。审查9项国家标准。本次年会还完成以下议程:初步拟定近两三年标准制修订工作计划;明确标准宣贯与培训将作为标委会今后工作重点之一;研讨“十三五”标委会标准制修订规划，征集新的标准制定项目；初步讨论2016年标委会换届相关事宜；初步决定，标委会六届六次会议将于2016年7月在甘肃兰州召开。

供　稿：SAC/TC74秘书处
撰稿人：金　红
审稿人：陈文敬

全国热处理标准化技术委员会（SAC/TC75）

【概况】截至2015年底，全国热处理标准化技术委员会归口管理国家标准27项、行业标准63项。

是年，SAC/TC75组织3期技术与标准结合的培训班，培训203人。围绕17项材料及钢件热处理后的金相检验标准举办1期“金相检验及相关标准技术培训”；围绕真空热处理技术和离子渗氮技术标准举办1期“真空热处理和离子渗氮技术及相关标准培训”；围绕JB/T 9204—2008《钢件感应淬火金相检验》和GB/T 5617—2005《钢的感应淬火或火焰淬火后有效硬化层深度的测定》举办1期“感应热处理技术与相关标准培训”班；组织开展“热处理质量控制体系”标准培训及认证活动（已认证包括上海丰东热处理工程有限公司等3家热处理生产与加工企业）。

【标准制修订工作】2015年，SAC/TC75报批国家标准4项、行业标准3项；申报的6项国家标准、5项行业标准获批立项。国家标准委批准发布SAC/TC75归口管理的国家标准1项。

【标准化科研】2015年，SAC/TC75秘书处完成所承担的863计划“国家高技术研究发展计划——机电产品绿色制造基础标准与应用”课题的验收任务，完成课题任务中“热处理清洗废液回收及排放”“清洁节能热处理装备技术要求及评价体系”两项国家标准的报批工作。组织企业将已有成熟技术编写标准，为承担“十三五重点研发计划”储备标准研究项目。

【国际标准化工作参与情况】2015年9月15—18日，SAC/TC75参与ISO DIS 18203《钢件表面硬化层深度的测定》标准的征求、审查意见和ISO 8442-9《陶瓷刀具要求》标准的投票会议。

【年会情况】2015年9月15—18日，SAC/TC75在广东珠海召开年会，委员出席率85%。会议听取标委会年度工作总结；审查表决4项国家标准、3项行业标准；提出2015—2016年度标委会工作计划和“十三五”总体规划；讨论并表决通过2015—2016年度标委会复审并需制修订的15项标准，落实制修订标准的起草单位和起草人以及讨论标准框架结构；听取秘书处关于第三版《金属热处理标准应用手册》编写的进展情况介绍；听取标委会秘书处关于承担的“863计划”课题的研制情况及进度情况介绍；审议通过在热处理行业开展“热处理温度测量”和“热处理质量控制体系”标准的培训和认证计划。对下一届标委会委员组成进行摸底调查。

供　稿：SAC/TC75秘书处

全国绝缘子标准化技术委员会（SAC/TC80）

【概况】截至2015年底，全国绝缘子标准化技术委员会归口管理国家标准39项、行业标准40项，其中38项采用国际标准；在研国家标准8项、行业标准4项，其中7项采用国际标准。

SAC/TC80对口国际电工委员会绝缘子技术委员会（IEC/TC36）及其下属的套管分技术委员会（IEC/TC36/SC36A）。

是年，SAC/TC80组织召开《针对标准中规定的绝缘子试验免试条件》《绝缘子标准在产品运行和选型中的具体问题》行业标准宣贯报告会。开展标准化技术咨询服务5次，服务企业7家。

【标准制修订复审工作】2015年，国家标准委批准立项SAC/TC80归口管理的国家标准项目8项;能源局、工业和信息化部批准立项SAC/TC80归口管理的能源行业标准制定项目1项、机械行业标准修订项目3项。SAC/TC80复审归口的国家标准10项,其中继续有效7项、修订3项;复审行业标准28项,其中继续有效25项、修订3项。

【国际标准化工作参与情况】2015年,SAC/TC80组织办理国际标准送审稿1项、国际标准新工作项目和草案稿1项,国际标准复审件的网上电子投票20项。

【年会情况】2015年11月10—12日,SAC/TC80在江苏苏州召开2015年会。全国各地绝缘子制造、科研、运行、质检和大专院校74个单位91位代表参加会议,委员出席率86%。会议总结标委会2015年各项工作;审查4项国家标准修订送审稿;复审11项标准;讨论审议秘书处提出的"2016年工作重点和标准制修订工作安排初步意见",确定绝缘子标委会2016年各项具体工作。

供　稿:SAC/TC80秘书处
撰稿人:赵　卉
审稿人:姚君瑞

全国避雷器标准化技术委员会(SAC/TC81)

【概况】截至2015年底,全国避雷器标准化技术委员会归口管理国家标准20项、行业标准17项,其中13项采用国际标准;在研国家标准3项、行业标准2项,其中2项采用国际标准。

SAC/TC81对口国际电工委员会避雷器技术委员会(IEC/TC37),及其下设的低压电涌保护器分技术委员会(IEC/TC37/SC37A)、低压电涌保护器元件分技术委员会(IEC/TC37/SC37B)。

是年,SAC/TC81秘书处配合国际标准IEC 61643-331:Ed1.0《低压电涌保护器元件　第331部分:金属氧化物压敏电阻(MOV)规范》的修订工作,组织行业科研院所、大专院校、企业、电力部门等相关单位举办《压敏电阻器的特性方程和工作寿命评定技术》专题研讨和宣贯会。组织召开标准宣贯培训班1次,培训人数80人次。开展标准化技术咨询服务32次,服务企业8家。

【标准制修订复审工作】2015年,国家标准委批准立项SAC/TC81归口管理的国家标准1项,工业和信息化部批准立项SAC/TC81归口管理的机械行业标准2项,能源局批准立项SAC/TC81归口管理的能源行业标准2项。SAC/TC81向工业和信息化部报批机械行业标准2项、向能源局报批能源行业标准1项。审查国家标准4项。能源局批准发布SAC/TC81归口管理的能源行业标准2项。SAC/TC81组织技术委员会复审归口机械行业标准4项,结论均为废止。

【国际标准化工作参与情况】2015年,SAC/TC81参与8项国际标准的制修订工作。4次组团参加IEC/TC37/SC37A WG3、WG4和WG5工作组会议,IEC/TC37/SC37B年会,IEC/TC37/SC37B MT1维护组会议,参与会议讨论和投票表决。

【标准化科研】2015年,SAC/TC81组织相关单位开展串联补偿装置在高压、超高压、特高压输电系统中的应用研究,完成标准《串联补偿装置电容器组保护用金属氧化物限压器》的编写和标委会的审查。

【年会情况】2015年10月28—31日,SAC/TC81在四川成都举行年会,委员出席率83%。会议听取标委会秘书处2015年度工作总结、2015年度IEC工作总结;审查4项国家标准;复审标龄5年以上4项机械行业标准;审议2016年3项标准制修订计划,并尽快开展相关工作;要求加大自主标准研究力度,加强科研与标准、标准与产业结合。

供　稿:SAC/TC81秘书处
撰稿人:黄　勇
审稿人:田恩文

全国电子业务标准化技术委员会(SAC/TC83)

【概况】截至2015年底,全国电子业务标准化技术委员归口管理国家标准117项;在研国家标准78项。

SAC/TC83对口的国际标准化组织包括:ISO/TC154(商业和行政中的过程、数据元和单证),UN/ECE/CEFACT/EWG(联合国欧洲经济委员会行政、商业和运输业程序和惯例简化中心UN/EDIFACT工作组)和ISO/IED/JTC1/SC32/WG1(开放式edi)。

【标准制修订工作】2015年,SAC/TC83向国家标准委提出14项国家标准立项申请。国家标准委批准立项SAC/TC83归口管理的国家标准11项。SAC/TC83审查国家标准送审稿18项,向国家标准委报批国家标准17项。国家标准委批准发布SAC/TC83归口管理的国家标准12项。

【国际标准化工作参与情况】2015年,SAC/TC83继续承担ISO/TC154秘书处工作,章建方担任ISO/TC154秘书。配合ISO/TC154主席组织安排10月23日通过WebEx举行的第34届年会;针对ISO 14533的NP和CD联合投票开展意见汇总和技术文档上传等日常工作。在WG6工作组网络会议上,表达中国计划牵头制定“跨境电子商务平台规范”国际标准的意愿。3月11日,ISO秘书长罗博·斯蒂尔来京访问中国国家标准化管理委员会,在所作的“国际标准化发展趋势和战略”报告中对中国承担ISO/TC154秘书处的工作表示赞赏。

【标准体系建设】2015年,SAC/TC83发布“电子商务标准体系”(4.0版),完善电子商务标准体系模型,从电子商务全程各业务环节、各参与角色、标准类型以及电子商务交易模式四个维度对电子商务标准需求进行分析,并以标准类型为主要维度,每一标准类型都分别从交易模式、业务环节和角色三个维度提炼标准需求。在电子商务标准参考模型基础上,建立电子商务标准体系框架:将电子商务标准分为基础通用、信息资源、业务、支撑技术和监督管理5类,每类标准中分别从交易模式、业务环节和角色三个维度进行划分,形成各个子类。

【标准化科研】2015年,SAC/TC83继续推进国家标准委下达的“《电子发票信息规范》等20项国家标准制定计划”的电子商务标准化项目。SAC/TC83秘书处单位中国标准化研究院完成国家“十二五”科技支撑计划“全程电子商务关键技术标准研究与应用示范”课题的研究。形成3份研究报告、14项国家标准或联盟标准。SAC/TC83参与国家重点研发计划项目“国家质量基础(NQI)的共性技术研究与应用”专项中“电子商务信息共享及交易保障共性技术标准研究”项目的规划和申报工作。

【标准化培训与宣贯】2015年,SAC/TC83秘书处走访北京、南京、福州、广州等电子商务试点城市,调研各地电子商务标准化需求,梳理标准,为各地方标准研制提供支撑。与阿里巴巴、京东商城、苏宁易购、中国制造网等大型电子商务企业建立联系,标准的制修订工作吸纳不同行业和领域的企事业单位和科研院所的共同参与,培养标准化人才。SAC/TC83秘书处组织相关标准起草人员,在泉州、石狮等地开展电子商务标准化、电子商务主客体、电子商务平台服务等级评价等方面的国家标准的宣贯工作,普及标准化知识,为当地电子商务企业的发展提供支撑。

【年会情况】2015年5月20日,SAC/TC83在北京举行全体会议,会上秘书处介绍工作成果,包括电子商务标准体系建设、在研标准、国际标准化等,研讨中国电子商务标准需求和发展规划。

供　稿:SAC/TC83秘书处

全国紧固件标准化技术委员会(SAC/TC85)

【概况】截至2015年底,全国紧固件标准化技术委员会归口管理国家标准442项、行业标准35项,其中186项采用国际标准;在研国家标准34项,其中20项采用国际标准。年内,国家标准立项15项、报批国家标准制修订46项、完成国家标准制修订22项、复审国家标准13项;完成国际标准复审

11 项,完成国际标准投票 9 项。参加国际标准会议 1 次。召开标准宣贯培训班 1 次,培训 46 人。开展标准化技术咨询 50 次,服务企业 200 家。

SAC/TC85 对口国际标准化组织"紧固件"技术委员会(ISO/TC2),中国为 P 成员。

ISO/TC2 下设 5 个分技术委员会(SC)、2 个工作组(WG):相关标准分技术委员会(SC7),米制外螺纹紧固件分技术委员会(SC11),米制内螺纹紧固件分技术委员会(SC12),非米制螺纹紧固件分技术委员会(SC13),表面处理分技术委员会(SC14);垫圈和非螺纹紧固件工作组(WG13),不锈钢紧固件工作组(WG17)。

是年,SAC/TC85 组织秘书处工作人员参加国家标准委组织的国际标准化业务培训、中国机械工业联合会组织的标准复核人员研讨会及机械行业标准报批材料审查会、国家标准委标准审评中心组织的国标集中审查工作。

是年,SAC/TC85 秘书处组建的 QQ 群、微信群的成员逐渐扩充,成为标委会内部分享信息、沟通交流的重要平台;组织翻译有关 ISO 新标准;进一步完善紧固件标准电子文本归档;按季度发送电子期刊《紧固件标准化》四期;提出"十三五"紧固件标准化规划纲要(草案)初稿;完成"全国专业标准化技术委员会组织管理系统"委员基本情况表的信息填报工作,并向委员发送《全国专业标准化技术委员会工作平台使用手册》、对国家标准委"技术委员会工作平台"使用方法进行培训;继续推动《紧固件标准实施指南　第二版》《紧固件技术百问》的编写工作。

【标准制修订复审工作】2015 年,国家标准委批准发布 SAC/TC85 归口管理的国家标准 15 项。截至 2015 年底,SAC/TC85 归口国家标准制修订计划项目 34 项。已通过审查拟报批 22 项,正在起草项目 12 项。

【标准技术项目立项】2015 年,SAC/TC85 秘书处按照第五届三次会议全体委员的审议决议于 2015 年度两次提交标准立项申请 15 项、22 项。上半年提出申请的的 15 项已于 2015 年 7 月 31 日下达计划。

【国际标准化工作参与情况】2015 年,SAC/TC85 秘书处处理各类 ISO 文件 20 余件。完成国际标准复审 11 项,完成国际标准投票 9 项。

【国际标准化会议参加情况】2015 年 10 月 12—16 日,SAC/TC85 参加在美国新奥尔良召开的 ISO/TC2 及 WG13、SC14、SC7、SC12 会议。中国代表团 6 人以 P 成员身份参加此次全部会议。ISO/TC2 全会一致同意并通过决议:2016 年 ISO/TC2 会议将于 2016 年 10 月 17—21 日在中国上海举办。

【年会情况】2015 年 11 月 12—13 日,SAC/TC85 在安徽宁国召开第五届四次年会,标委会委员、顾问、单位委员、观察员、工作组成员及代表等 121 人参会。会议听取 SAC/TC85 工作总结。会议审查通过《钢结构用高强度锚栓连接副》等 6 项国家标准(送审稿)。通报中国出席 ISO/TC2 国际会议情况,以及紧固件国际标准制修订工作情况;报告关于 16 项国标紧固件草案(送审稿)函审工作情况;通报已申报 2015 年国家标准制修订项目计划。与会代表一致通过 2016 年拟申报紧固件国家标准制修订项目建议。会议对已立项标准的编制情况进行说明,介绍国家标准委"技术委员会工作平台"使用方法。

供　稿:SAC/TC85 秘书处
撰稿人:陈艳玲
审稿人:丁宝平

全国矿山机械标准化技术委员会(SAC/TC88)

【概况】截至 2015 年底,全国矿山机械标准化技术委员会归口管理国家标准 67 项、行业标准 257 项,包括 21 项强制性标准、303 项推荐性标准。

SAC/TC88 下设 2 个分技术委员会(SC):电气设备(SC1),液压传动与控制设备(SC2)。

【标准制修订复审工作】2015 年,矿山机械行业列入国家标准计划项目 4 项,行业标准计划项目 13 项。SAC/TC88 完成审查和报批国家标准计划 11 项、行业标准计划 15 项。8 月,SAC/TC88 在吉林长春组织召开矿山机械标准审查会,对《矿井提升机　回收评估规范》等标准计划项目进行技术审查。在年底召开的五届二次年会上,组织完成对《矿山机械设备　安全技术要求》等 11 项国家标准和 15 项机械行业标准的审查。

【国际标准化工作参与情况】2015 年,ISO/TC127 联合 ISO/TC82 组成联合工作组 ISO/TC127/WG14 制定《地下轮胎式采矿机械　安全要求》国际标准草案。SAC/TC88 秘书处代表中国参与该联合工作组活动，并组织行业单位参与该标准的制定工作。年内，SAC/TC88 组织行业相关单位参与 ISO/TC82 归口的《采矿岩石钻机　术语》《采矿岩石钻机　安全》2 项国际标准的制定工作。

【标准化科研】2015 年，SAC/TC88 秘书处编制《"十三五"矿山机械行业标准化发展规划》（初稿），组织有关专家审议完善后，上报中国机械工业联合会。《规划》内容主要包括矿山机械行业标准化基本情况、"十二五"工作总结、"十三五"标准化工作面临的形势、指导思想和发展目标、主要任务、重点领域和重点项目及政策措施建议等 7 部分。"十三五"期间，矿山机械行业标准化制修订工作的重点项目拟定新制定 114 项标准（国家标准 34 项、行业标准80 项）。

【年会情况】2015 年 11 月 10—12 日，SAC/TC88 五届二次会议暨矿山机械行业标准化工作会议在江西南昌召开，标委会委员、通讯委员、企业代表等 98 人参会，委员出席率 81%。会议审查通过 11 项国家标准和 15 项行业标准送审稿；审查论证各标准化承担的单位提交的国家标准和行业标准申报书及草案，并确定申报项目。

供　稿：SAC/TC88 秘书处
撰稿人：杨现利
审稿人：邹声勇

全国磁性元件与铁氧体材料标准化技术委员会（SAC/TC89）

【概况】截至 2015 年底，全国磁性元件与铁氧体材料标准化技术委员会归口管理国家标准 46 项、行业标准 85 项，其中 46 项采用国际标准；在研国家标准 10 项、行业标准 3 项，其中 9 项采用国际标准。

SAC/TC89 对口国际电工委员会磁性元件与铁氧体材料技术委员会（IEC/TC51）。

是年，SAC/TC89 对于重要标准的发布实施，采用本技术委员会参与主编的会刊《磁性行业资讯》及专业杂志《磁性材料及器件》和网络给出标准条文解释、标准编制说明，并通过标委会年会宣贯标准的方式，使相关企业了解和掌握标准的内容，向企业提供为达到新版标准要求而需要从产品设计、检验设备和检验方法等方面进行改进的建议。

【标准制修订复审工作】2015 年，国家标准委批准立项 SAC/TC89 归口管理的国家标准 5 项。SAC/TC89 向国家标准委报批国家标准4 项，审查国家标准送审稿 1 项。SAC/TC 89复审归口行业标准 64 项，其中继续有效 40 项、修订 16 项、废止 8 项。

【国际标准化工作参与情况】2015 年，SAC/TC89 组织办理国际标准送审稿 2 项、IEC/TC51 文件投票和意见回复 16 项。主导承担 IEC 60424-8：2015 及 IEC 62317-13：2015等 2 项国际标准的制修订工作。组团参加 IEC/TC51 年会，参与会议讨论和投票表决；协办 IEC/TC51 年会及工作组会议。

供　稿：SAC/TC89 秘书处
撰稿人：高晓琴
审稿人：马　达

全国分离机械标准化技术委员会（SAC/TC92）

【概况】截至 2015 年底，全国分离机械标准化技术委员会归口管理国家标准 16 项、行业标准 67 项；在研国家标准 7 项、行业标准 7 项。

是年，SAC/TC92 召开 2 次会议对制修订标准进行讨论，并就计划项目召集相关单位进行协调和讨论。对 2 项强制性国家标准以及 2 项强制性标准计划项目进行预评估。研究讨论本专业领域标准体系，提出未来几年重点发展的标准制修订项目。

是年，SAC/TC92 针对新近颁布的国家标准和行业标准，召集委员和相关单位 70 余人进行标准的宣贯,并就行业标准立项和制修订报批程序对委员和标准起草单位进行培训。

【标准制修订复审工作】 2015 年,SAC/TC92 归口管理的 10 项行业标准颁布实施。SAC/TC92 组织复审国家标准、行业标准 10 项,结论均为修订,其中 2 项列入 2016 年修订计划。

【年会情况】 2015 年 11 月 25—27 日,SAC/TC92 在安徽马鞍山召开标委会六届五次会议暨标准审查会,委员出席率 86%。会议听取秘书处所作的 2014—2015 年标委会工作报告;讨论审查 1 项国家标准和 5 项行业标准;讨论审查 2016 年计划立项的国家标准和行业标准项目。

供　稿:SAC/TC92 秘书处
撰稿人:周　进
审稿人:张德友

全国外科器械标准化技术委员会(SAC/TC94)

【概况】 截至 2015 年底,全国外科器械标准化技术委员会归口管理国家标准 2 项(其中强制性国家标准 1 项、推荐性国家标准 1 项)、行业标准 54 项(其中强制性行业标准 15 项、推荐性行业标准 39 项),其中采用国际标准 8 项;在研行业标准 10 项(其中制定 4 项、修订 6 项)。

SAC/TC94 对口国际标准化组织外科器械(Surgical instruments)标准化技术委员会(ISO/TC170)。ISO/TC170 有 P 成员 8 个、O 成员 24 个,中国是 P 成员。ISO/TC170 现行国际标准 6 项(SAC/TC94 全部转化为中国标准),在研 1 项(修订)。

是年,SAC/TC94 对 YY/T 1415—2016《皮肤吻合器》等 7 项标准进行宣贯,组织开展标准宣贯培训班 1 次,培训人数 60 人次;开展标准化技术咨询服务 10 次,服务企业 10 余家。

【标准制修订复审工作】 2015 年,食品药品监管总局批复下达 SAC/TC94 归口管理的标准制修订计划 1 项,SAC/TC94 按计划完成项目的起草、验证、征求、审查和报批工作。

SAC/TC94 组织复审归口管理的国家标准 2 项,其中继续有效 1 项、修订 1 项;复审行业标准 54 项,继续有效 37 项、修订 14 项、废止 3 项。

【国际标准化工作参与情况】 2015 年,SAC/TC94 参与 ISO/TC170 的标准复评审 1 项和国际标准草案 1 项的投票工作。

【标准化科研】 2015 年,SAC/TC94 协助并参与生产企业申报地方科委的科研项目,根据地方科委要求,课题以制定行业标准并发布实施为最终完成目标。SAC/TC94 申报标准项目,完成行业标准的报批工作,发布标准 YY/T 1472.1—2016《胸科小切口器械 第 1 部分:滑板式手术钳》。年内,SAC/TC94 修订标准《医用镊》,并在相关单位的协助下,研发"变形量试验装置""捏合力试验装置""连接牢固度试验装置",为标准的实施提供支撑。

【年会情况】 2015 年 11 月 4 日,SAC/TC94 在云南昆明召开三届八次年会,委员出席率 90%。会上,秘书处总结 2015 年工作;介绍标准制修订工作、参与国际标准活动、医疗器械分类目录和命名研究工作、标委会考核、培训及活动、换届工作信息、标准宣贯等工作;对归口的在用标准的质量开展专题评价和复审;讨论、确定标准修订的计划表;对专业领域交叉问题进行专题研讨。

供　稿:SAC/TC94 秘书处

全国医用注射器(针)标准化技术委员会(SAC/TC95)

【概况】 截至 2015 年底,全国医用注射器(针)标准化技术委员会归口管理国家标准 6 项、行业标准 20 项,其中 14 项采用国际标准;在研国家标准 5 项、行业标准 2 项,其中 3 项采用国际标准。

SAC/TC95 对口国际标准化组织医药产品和导管管理器械技术委员会（ISO/TC84）。

是年，SAC/TC95 组织开展标准宣贯培训班 1 次，培训人数 4 人次。

【标准制修订工作】2015 年，食品药品监管总局医疗器械标准管理中心批准立项 SAC/TC95 归口管理的行业标准 2 项。SAC/TC95 向食品药品监管总局医疗器械标准管理中心报批行业标准 2 项，审查行业标准送审稿 2 项。国家标准委批准发布 SAC/TC95 归口管理的国家标准 1 项。

【国际标准化工作参与情况】2015 年，SAC/TC95 组团赴美国参加 ISO/TC84 年会，参与会议讨论和投票表决。全年参加国际标准投票 18 项，其中复审2 项，对国际标准提出建设性建议并被采纳。

【年会情况】2015 年 11 月 2—4 日，SAC/TC95 在云南昆明召开年会暨标准审定会。会上，秘书处做 2015 年工作报告，介绍年度标准制修订工作、国际标准化工作、医疗器械分类目录修订、标准质量自评价工作以及通报标委会换届工作。标准审定会发出 25 份投票单，100% 赞成。会上对本届标委会秘书处工作征求各方委员意见，并对 2016 年工作提出意见。

供　稿：SAC/TC95 秘书处

全国安全防范报警系统标准化技术委员会（SAC/TC100）

【概况】截至 2015 年底，全国安全防范报警系统标准化技术委员会完成现行有效标准 168 项，其中国家标准 49 项、行业标准 119 项。按专业技术领域划分，基础通用标准 4 项、入侵和反劫报警 35 项、视频监控 30 项、出入口控制 11 项、防爆安全检查 16 项、安防工程和系统应用 39 项、实体防护设备 13 项、人体生物特征识别应用 20 项。

SAC/TC100 对口国际电工委员会报警与电子安防系统技术委员会（IEC/TC79），IEC/TC79 有正式国际标准 43 项，其中转化为中国国家标准、行业标准 12 项，列入国家标准、行业标准 13 项，不宜转化 3 项。

SAC/TC100 下设 2 个分技术委员会（SC）：实体防护设备（SC1），人体生物特征识别应用（SC2）。SAC/TC100 委员 98 人、SAC/TC100/SC1 委员 33 人、SAC/TC100/SC2 委员 41 人。

【标准制修订复审工作】2015 年，国家标准委、公安部批准发布 SAC/TC100 归口管理的国家标准 2 项、行业标准 7 项。SAC/TC100 完成标准报批稿 16 项（国家标准 5 项、行业标准 11 项），送审稿 16 项（国家标准 3 项、行业标准 13 项）。年内，SAC/TC100 重点推进《公安视频图像信息联网与应用标准》编制工作，启动强制性国家工程建设标准 GB 50348—2004《安全防范工程技术规范》修订工作。复审 16 项国家标准，完成率 100%。

【国际标准化工作参与情况】2015 年，SAC/TC100 牵头制定的 IEC 62820《楼寓对讲系统》系列国际标准取得进展。IEC 62820-1-1《楼寓对讲系统　第 1-1 部分：通用要求》完成委员会供投票用草案（CDV）阶段的投票，形成工作组对 IEC/TC79 成员所提技术意见的反馈意见；IEC 62820-1-2《楼寓对讲系统　第 1-2 部分：数字型系统要求》、IEC 62820-2《楼寓对讲系统　第 2 部分：先进型系统要求》完成委员会草案（CD）阶段投票，形成工作组对 IEC/TC79 成员所提技术意见的反馈意见。IEC 62820-3-1《楼寓对讲系统　第 3-1 部分：通用系统应用指南》、IEC 62820-3-2《楼寓对讲系统　第 3-2 部分：先进型系统应用指南》正在工作组草案（WD）的制定过程中。

11 月 15—21 日，SAC/TC100 派员参加在日本东京召开的 2015 年 IEC/TC79 年会、主席顾问组（CAG）会议、电子出入口控制系统工作组（WG11）会议、视频监控系统工作组（WG12）会议和楼寓对讲系统工作组（WG13）会议。

年内，SAC/TC100 派员参加 IEC/TC79/WG12、WG13 国际标准制定工作。

全年，IEC/TC79 下发 5 类 12 项国际标准化工作文件，其中包括调查问卷 1 项、委员会草案 3 项、委员会评论用文件 2 项、委员会供投票用草案 3 项、最终国际标准草案 3 项。SAC/TC100 完成全部 12 项 IEC/TC79 流通文件的投票工作，投票率 100%。

【标准化科研】SAC/TC100 于 2014 年组织公安部第一研究所等有关单位技术专家，开展跨部门、跨行业、跨区域公共安全视频监控图像信息互联互通、资源共享以及视频图像信息安全、智能分析应用等关键技术与标准的研究工作，申报国家和部级科研项目。SAC/TC100 承担的《公共安全视频监控建设联网应用关键技术与标准研究》列入 2015 年公安部重点技术研究计划;由公安部第一研究所承担的《突发事件视频监控与安保服务关键技术与标准研究》列为2015年质检公益性行业科研专项《公共安全突发事件一线处置应对标准体系与32项关键技术标准研究》的分项项目。年内,SAC/TC100组织有关单位开展以上2个项目研究工作并取得阶段性成果。

【标准宣贯培训】2015年,SAC/TC100为加强银行业金融机构的安全技术防范工作,帮助银行机构正确理解和准确执行相关国家标准和行业标准,举办5期《银行业金融机构安全技术防范标准培训班》,培训大型商业银行、全国性商业银行和地方性商业银行的安全保卫部门主管领导和专业岗位人员700余人,并组织专家编写出版相应标准宣贯材料。全年,SAC/TC100为企业、社会组织等提供标准化技术咨询服务19次。

供　稿:SAC/TC100秘书处
撰稿人:王　新
审稿人:施巨岭

全国轻工机械标准化技术委员会(SAC/TC101)

【概况】截至2015年底,全国轻工机械标准化技术委员会归口管理国家标准18项、行业标准352项。转化各类国际标准20项(国家标准1项,行业标准19项),等效采用2项、修改采用2项、非等效采用16项。

SAC/TC101下设3个分技术委员会(SC):皮革机械(SC1),制酒饮料机械(SC2),软压光机(SC3)。

7月,SAC/TC101召开第四换届成立大会,委员110名,秘书处设在轻工业杭州机电设计研究院。

【标准制修订工作】2015年,SAC/TC101归口管理的标准制修订项目19项。其中,在研项目4项。拟制修订国家标准14项,其中上报立项申请6项。

供　稿:SAC/TC101秘书处

全国感光材料标准化技术委员会(SAC/TC102)

【概况】截至2015年底,全国感光材料标准化技术委员会归口管理国家标准92项、行业标准64项;在研国家标准3项、行业标准14项。

SAC/TC102对口国际标准化组织摄影术技术委员会(ISO/TC42)。

是年,SAC/TC102完成第五届标委会换届,本届委员33人,秘书处承担单位为中国乐凯集团有限公司。

是年,SAC/TC102开展国家标准委、石化联合会组织的标准体系建设工作,补充完善本领域技术标准体系表,拓展标准制修订领域,开展新材料标准研究和制定工作。组织召开《深化标准化改革方案》《团体标准管理办法》等标准政策和管理办法宣贯会。将《中国制造2025》等政策信息通过网络发给各委员进行学习。梳理筛选各委员上报标准项目,汇总整理未来重点发展领域标准11项。形成新材料标准化工作“十三五”工作计划上报石化联合会。组织召开标准宣贯培训班4次,培训40余人次;开展标准化技术咨询服务10余次,服务企业3家。

【标准制修订复审工作】2015年,SAC/TC102组织7项推荐性国家标准和行业标准的制定。5项标准形成报批稿上报主管部门。9项标准处于起草中。复审归口国家标准8项。

【国际标准化工作参与情况】2015年,SAC/TC102参与国际标准投票3次。跟踪与数码相片相关的几个特性标准的进展情况,以期适时将其转化为国家标准。

【年会情况】2015年10月27日,SAC/TC102在浙江宁波召开标委会五届一次年会及标准审查会议,委员出席率92%。会议听取秘书长对2015年标准制修订计划执行情况、存在问题、标准化工作需求和标准化发展动态的情况汇报。制定2016年标委会工作计划。宣传宣讲国务院标准化改革方案，传达国家标准委和石化联合会对2015年指示精神。对标准起草中常见问题进行培训和讨论学习。审查通过5项标准。

供　稿：SAC/TC102秘书处
撰稿人：白银亮
审稿人：张希堂

全国螺纹标准化技术委员会（SAC/TC108）

【概况】截至2015年底，全国螺纹标准化技术委员会归口管理国家标准49项、行业标准2项，其中27项采用国际标准；在研国家标准5项，其中3项采用国际标准。

SAC/TC108对口国际标准化组织螺纹技术委员会（ISO/TC1），管螺纹及其检验和管件分技术委员会（ISO/TC5/SC5）。中国是ISO/TC1的秘书国，中国专家承担ISO/TC1主席和秘书、标准项目召集人和起草人工作。

SAC/TC108下设1个分技术委员会（SC）：螺纹测量（SC1）。

是年，SAC/TC108组织召开1次螺纹标准宣贯会，培训20人次；开展标准化技术咨询服务80次，服务企业70家。

【标准制修订工作】2015年，国家标准委批准立项SAC/TC108归口管理的国家标准3项。SAC/TC108审查国家标准送审稿2项。

【国际标准化工作参与情况】2015年，SAC/TC108负责起草国际标准草案（DIS）3项（都是中国专家负责项目），国际标准复审投票回复1项。参加ISO中央秘书处组织的技术委员会秘书工作技能培训班1次（日内瓦ISO总部）。

【标准化科研】2015年，SAC/TC108完成《中国、德国、俄罗斯、日本、美国和瑞士六个工业国家确定螺纹搓滚丝毛坯直径技术》《螺纹中径测量精确数学模型》《中国螺纹标准化发展历程》《美国军方在生产现场条件下的螺纹检验技术》《米制螺纹公差技术体系》5项研究。

【年会情况】2015年11月2—4日，SAC/TC108在湖北恩施召开标委会五届一次年会。到会代表59人，其中标委会委员45人，委员出席率80%。会议传达国务院深化标准化工作改革方案；介绍国家标准委工作平台使用方法及注意事项、中国螺纹标准化发展历程；审议通过标委会和螺纹测量分会的2015年工作总结和2016年工作计划；审查通过2项国家标准送审稿；讨论通过3项国家标准征求意见稿。

供　稿：SAC/TC108秘书处
撰稿人：李晓斌
审稿人：李晓斌

全国机器轴与附件标准化技术委员会（SAC/TC109）

【概况】截至2015年底，全国机器轴与附件标准化技术委员会归口管理国家标准65项、行业标准16项，其中9项采用国际标准。

SAC/TC109对口国际标准化组织机器轴与附件标准化技术委员会（ISO/TC14）。

SAC/TC109下设2个分技术委员会（SC）：轴（SC1），联轴器（SC2）。

是年，SAC/TC109组织有关企业对GB/T 3507—2008《联轴器公称转矩系列》等国家标准和行业标准进行宣贯。开展标准化技术咨询服务13次，服务企业45家。

【标准复审工作】2015年，SAC/TC109组织复审归口管理国家标准45项，其中继续有效33项、修订12项；复审行业标准4项，修订4项。

【年会情况】2015年12月27—30日，SAC/TC109在湖北恩施召开标委会四届三次年会，40名委员及代表参会,委员到会率超过75%。有关专家分别做“中国制造2025与实体经济走向”“新常态下的挑战、机遇与发展举措”“全球货币体系的未来”“从装备制造业看互联网”“开创绿色传动之路”等专题报告。会议总结标委会和行业协会2015年工作;讨论确定2016年工作计划;提请审议委员资格调整信息;复审49项国家标准及行业标准;审议2016年计划制修订的标准;审查通过3项国家标准送审稿。

供　稿:SAC/TC109秘书处
撰稿人:朱　悦
审稿人:明翠新

全国外科植入物和矫形器械标准化技术委员会(SAC/TC110)

【概况】截至2015年底,全国外科植入物和矫形器械标准化技术委员会归口管理国家标准20项、行业标准107项,其中57项采用国际标准;在研国家标准4项、行业标准53项,其中30项采用国际标准。

SAC/TC110对口国际标准化组织外科植入物技术委员会(ISO/TC150)。ISO/TC150有5个直属工作组(WG)和7个分技术委员会(SC):基本标准(WG7),乳房植入物(WG8),植入与取出分析(WG10),植入物涂层(WG12),可吸收金属植入物(WG13);材料(SC1),心血管植入物与体外系统(SC2),神经外科植入物(SC3),骨及关节替代物(SC4),骨接合及脊柱装置(SC5),有源医疗植入物(SC6),组织工程植入物(SC7)。

SAC/TC110下设3个分技术委员会(SC):骨科植入物(SC1),心血管植入物(SC2),组织工程医疗器械产品(SC3)。

是年,SAC/TC110及其下设分委会召开《外科植入物　超高分子量聚乙烯　第1部分:粉料》等国家标准和行业标准实体宣贯会。组织召开标准宣贯培训班5次,培训350人次,服务企业120家。

【标准制修订复审工作】2015年,食品药品监管总局批准立项SAC/TC110归口管理的行业标准15项。SAC/TC110向食品药品监管总局报批行业标准15项,审查行业标准送审稿15项。食品药品监管总局批准发布SAC/TC110归口管理的行业标准3项。SAC/TC110组织各有关分技术委员会复审归口管理的国家标准2项,结论全部为修订;复审行业标准5项,其中继续有效4项、修订1项。

【国际标准化工作参与情况】2015年,SAC/TC110组织办理国际标准投票文件NP(新项目建议)投票5项,WG(工作组草案)稿2项,CD(标委会草案)稿投票15项,DIS(国际标准草案)稿投票19项,FDIS(最终国际标准草案)稿投票5项。组团参加ISO/TC150技术委员会年会,参与会议讨论和投票表决。

【标准化科研】2015年,SAC/TC110参与国家科技支撑计划课题“钽的增值化利用技术开发”,食品药品监管总局的“医疗器械质量评价、标准研究与医疗安全产品开发”(国家科技支撑计划课题)项目;承担“新型及高风险医疗器械检测与安全性评价技术研究”(中国食品药品检定研究院承担)课题中子课题“植入性及可降解生物材料的安全评价技术”,科技部“863”课题“干细胞和生物人工肝治疗终末期肝病的转化研究”,中国食品药品检定研究院学科带头人培养基金“含银敷料中银的存在形式和体外释放特性的表征方法”。

【年会情况】2015年10月28—30日,SAC/TC110在江苏常州召开年会,委员应到27人,实到23人,与会委员审订通过13项标准。会议就2015年度需复审的7项标准进行复审评价,最终确定4项标准继续有效,3项标准修订;对2016年度申请立项的标准计划项目进行讨论;对标委会下一届委员人选公开征求意见。

供　稿:SAC/TC110秘书处
撰稿人:李　佳
审稿人:李立宾

全国个体防护装备标准化技术委员会(SAC/TC112)

【概况】截至2015年底,全国个体防护装备标准化技术委员会归口管理现行国家标准、行业标准以及标准计划项目119项。其中现行国家标准76项(强制性国家标准28项,推荐性国家标准48项),现行行业标准10项(强制性行业标准7项、推荐性行业标准3项);在研标准27项,计划标准项目取消6项。覆盖头、眼、面、手、足、听力、呼吸、躯体、坠落9个防护技术领域。

SAC/TC112下设1个分技术委员会(SC)和5个工作组(WG):眼面部防护(SC1);坠落防护(WG1),呼吸防护(WG2),手足部防护(WG3),头部防护(WG4),防护服装(WG5)。

SAC/TC112对口国际标准化组织个体防护装备技术委员会(ISO/TC94)下设的头部防护(ISO/TC94/SC1),足部防护(ISO/TC94/SC3),坠落防护(ISO/TC94/SC4),眼面部防护(ISO/TC94/SC6),听力防护(ISO/TC94/SC12),防护服装(ISO/TC94/SC13),呼吸防护(ISO/TC94/SC15)7个分技术委员会。

是年,SAC/TC112宣贯国家标准2项;出版《中国个体防护装备》杂志6期。

是年,安全监管总局决定由安全监管总局国际交流合作中心接替总后勤部军需装备研究所承担SAC/TC112秘书处工作职能。总后勤部军需装备研究所同意调整SAC/TC112秘书处承担单位。

【标准制修订复审工作】2015年,SAC/TC112归口管理国家标准制修订任务33项。其中新颁布的国家标准6项;处于报批阶段的国家标准8项;处于征求意见阶段的国家标准4项;处于起草阶段的国家标准15项。全年,SAC/TC112接收国家标准计划项目7项,评估拟申报国家标准立项项目17项,审查国家标准送审稿3项,报批国家标准3项。SAC/TC112复审20项现行国家标准,其中继续有效9项、修订8项、建议废止3项。

【国际标准化工作参与情况】2015年,SAC/TC112组织参与ISO/TC94发起的多项国际标准意见征求、投票表决、人事选举及对ISO/TC94进行工作评价等活动。SAC/TC112/SC1作为ISO/TC94/SC6的P成员,3位代表参加在法国巴黎举行的ISO/TC94/SC6的年会,参与会议讨论和投票表决。国家标准委《关于公布中国国家标准化管理委员会和英国国家标准化机构首批中英互认标准清单的公告》中,SAC/TC112归口管理的GB/T 20654—2006《防护服装　机械性能　材料抗刺穿及动态撕裂性的试验方法》列于其中。

【标准化科研】2015年,由科技部、财政部、质检总局联合支持的国家质检公益专项计划项目《公共安全突发事件一线处置应对标准体系与32项关键技术标准研究》进入启动立项阶段,SAC/TC112负责承担《公共安全应急预案的制定及灾难救援自救类标准体系研究》部分并签订合同,其中包含的3项国家标准制修订计划项目已经下达。

中国安全生产科学研究院与SAC/TC112共同承担国家标准委2015年《安全生产重点领域标准体系研究》项目,SAC/TC112主要负责《个体防护装备标准子体系研究》,已完成项目汇报验收。

根据安全监管总局政策法规司2015年关于做好《安全生产标准"十三五"建设发展规划》的编制工作安排,SAC/TC112负责编制《个体防护装备标准"十三五"规划》部分,已完成编写并汇报。SAC/TC112组织眼面部防护分技术委员会及头部防护装备等5个工作组,分别编制各领域"十三五"建设发展规划。

【信息化建设情况】2015年,SAC/TC112成功申请"个体防护装备评价指标体系系统V1.0"和"个体防护装备安全评价指标体系系统V1.0"专利证书;各工作组利用现代化的通信手段,建立微信群。

供　稿:SAC/TC112秘书处
撰稿人:杨　惠
审稿人:蔡　忠

全国消防标准化技术委员会(SAC/TC113)

【概况】2015 年,全国消防标准化技术委员会结合消防工作的标准化需求,总结和吸取火灾事故教训,着力通过标准化手段解决防火、灭火工作中暴露的突出问题,加强标准体系建设。截至年底,SAC/TC113 归口管理且发布实施的国家标准 265 项、行业标准 154 项。

SAC/TC113 对口国际标准化组织消防安全技术委员会火灾对人和环境的威胁分技术委员会(ISO/TC92/SC3),消防安全技术委员会消防安全工程分技术委员会(ISO/TC92/SC4),消防员个人防护装备分技术委员会(ISO/TC94/SC14),消防设备委员会手提式灭火器分技术委员会(ISO/TC21/SC2),消防设备委员会火灾探测报警系统分技术委员会(ISO/TC21/SC3),消防设备委员会水系固定灭火系统分技术委员会(ISO/TC21/SC5),消防设备委员会泡沫和干粉灭火剂及灭火系统分技术委员会(ISO/TC21/SC6),消防设备委员会气体灭火系统分技术委员会(ISO/TC21/SC8)。

SAC/TC113 下设 15 个分技术委员会(SC):基础标准(SC1),固定灭火系统(SC2),灭火剂(SC3),消防车、泵(SC4),消防器具、配件(SC5),火灾探测与报警(SC6),防火材料(SC7),建筑构件耐火性能(SC8),消防管理(SC9),灭火救援(SC10),火灾调查(SC11),消防员防护装备(SC12),建筑消防安全工程(SC13),消防通信(SC14)。电气防火(SC15)。

【标准制修订复审工作】2015 年,国家标准委批准立项 SAC/TC113 归口管理的国家标准 16 项,公安部科信局批准立项 SAC/TC113 归口管理的行业标准项目 22 项。SAC/TC113 组织召开 12 个分委会年会,审查通过 20 余项国家标准、行业标准送审稿;向国家标准委和公安部科信局报批国家标准、行业标准 31 项。国家标准委批准发布 SAC/TC113 归口管理的国家标准 26 项、公安部批准发布 SAC/TC113 归口管理的行业标准 16 项。SAC/TC113 组织各有关分技术委员会复审归口国家标准 28 项,其中继续有效 15 项、修订 13 项;复审行业标准 10 项,其中继续有效 9 项、修订 1 项。

【标准化科研】2015 年,SAC/TC113 总结近年研发的消防新产品、新装备在灭火救援实战、特殊作业场所试点应用情况,组织制定消防员单兵通信系统、城市消防远程监控系统、探火管式灭火装置、注氮控氧防火装置等新型消防设施和装备的产品标准和使用规则。组织开展 60 米以上举高消防车的应用、举高消防车臂(梯)架运动状态动态监测等方面的技术研究,为《消防车》系列分标准制修订提供技术依据;五分委归口的《消防应急救援装备破拆机具通用技术条件》《消防应急救援装备手动破拆工具通用技术条件》等 2 项国家标准作为科技部和质检总局下达的“消防应急救援”标准化研究课题成果获得批准发布。

【国际标准化工作参与情况】2015 年,SAC/TC113 分别派遣 3 个团组参加在英国伦敦举行的 ISO/TC92/SC1 会议、葡萄牙科英布拉举行的 ISO/TC92/SC3、SC4 会议、日本神户举行的 ISO/TC21/SC3、SC5、SC6、SC8、SC11 会议,了解掌握固定消防设施、消防性能化设计和评估领域国际标准化工作动态。中国主导编写的国际标准《泡沫灭火系统　第 3 部分:中倍数泡沫设备》《泡沫灭火系统　第 4 部分:高倍数泡沫设备》送审稿,在 ISO/TC21/SC6 年会通过审查,SAC/TC113/SC2 委员张少禹连任 ISO/TC21/SC6 主席职务。编写美、加、澳、日等发达国家消防员防护服装标准、建筑辅助逃生设施标准、建筑消防性能化设计标准、轨道交通车辆消防标准的动态分析报告,全文或摘要翻译国外先进标准 5 部。

【标准宣贯】2015 年,SAC/TC113 组织召开《火灾探测报警产品的维护保养与报废》等 12 项标准的实体宣贯会,邀请国内相关产品生产企业参会,培训 1 500余人次。组织举办全国消防法规标准培训班,向全国消防部队从事建审、验收和法治工作的防火监督干部宣贯《消防安全标志》《火灾事故技术调查规则》《多产权建筑消防安全管理》等新发布实施的消防标准规范,邀请相关分委会专家介绍火灾自动报警系统、自动喷水灭火系统、气体灭火系统、泡沫灭火系统、建筑耐火构配件等常见固定消防设施相关产品标准的重点技术内容。

【标委会建设】2015 年,国家标准委批复 SAC/TC113 筹建电气防火分技术委员会的申请,12 月中旬召开成立会议,审查分委会标准体系表,开展电气防火技术、电气防火专用产品、电气防火检测技术领域的标准化工作。协调公安部消防局财务部门,将标准制修订补助经费纳入部消防局行政经费支出预算。开展标准体系研究,健全和优化标准体系架构,重新修订标委会的标准体系表。

【年会情况】2015 年 12 月 2 日,SAC/TC113 在北京举行全体会议,委员出席率 90%。会议听取各分委会秘书长对本分委会消防标准制修订计划执行情况、存在问题、标准化工作需求和国际标准化发展动态的情况汇报。与会委员对各标准化承担单位提交的23项国家标准和56项行业标准申报书、草案稿进行审查论证，确定将其中17项国家标准和31项行业标准列为申报项目。

供　稿：SAC/TC113秘书处

全国汽车标准化技术委员会（SAC/TC114）

【概况】截至2015年底，全国汽车标准化技术委员会归口管理国家标准434项、行业标准788项；在研国家标准195项、行业标准138项。

SAC/TC114对口国际标准化组织道路车辆技术委员会（ISO/TC22）、国际电工委员会电动道路车辆和电动载货车技术委员会（IEC/TC69）。

SAC/TC114下设29个分技术委员会（SC）：摩托车（SC1），车轮（SC2），基础（SC3），非金属制品（SC6），专用汽车（SC7），仪表（SC8），安全玻璃（SC9），车辆动力学（SC10），制动（SC11），挂车（SC13），矿用汽车（SC14），电器（SC15），发动机（SC16），车身附件（SC17），车身（SC18），整车（SC19），灯具及灯光（SC21），客车（SC22），火花塞（SC23），活塞、活塞环（SC24），滤清器（SC25），底盘（SC26），电动车辆（SC27），燃气汽车（SC28），汽车电子与电磁兼容（SC29），转向系统（SC30），变速器（SC31），汽车节能（SC32），汽车碰撞试验及碰撞防护（SC33）。

是年，SAC/TC114协助工业和信息化部开展《乘用车企业平均燃料消耗量核算办法》起草及企业平均燃料消耗量核算工作，完成12批燃料消耗量标识备案的核对、录入和上网处理。支持行业主管部门和标准化主管部门开展与德国、美国、日本、韩国等国在汽车工业领域的对话、合作和交流。召开汽车领域标准化国际研讨会9次，组织召开标准宣贯培训会7次，培训人数不少于1 500人次。同企业开展专项和深入的标准咨询、研究、服务工作。

【标准制修订复审工作】2015年，国家标准委批准立项SAC/TC114归口管理的国家标准13项，工业和信息化部批准立项SAC/TC114归口管理的行业标准32项。SAC/TC114向国家标准委和工业和信息化部报批国家标准37项、国家标准修改单1项、行业标准58项。国家标准委批准发布SAC/TC114归口管理的国家标准36项，工业和信息化部批准发布SAC/TC114归口管理的行业标准46项。SAC/TC114组织各有关分技术委员会复审归口管理的国家标准93项，其中继续有效60项、修订29项、废止4项；复审行业标准313项，其中继续有效191项、拟修订95项、拟废止27项。

【国际标准化工作参与情况】2015年，SAC/TC114组织办理ISO/TC22、IEC/TC69国际标准提案、各阶段标准草案投票264份。完成ISO/TC22/SC38/WG02 “Electric mopeds and motorcycles”（国际标准化组织/道路车辆技术委员会/摩托车分委会/电动轻便摩托车和电动摩托车工作组）以及ISO/TC22/SC32/WG04 “Automotive electrical cables”（国际标准化组织/道路车辆技术委员会/电气电子部件及通用系统分委会/车用电缆工作组）国际专家注册。主导承担ISO 18243《电动摩托车和电动轻便摩托车　锂电池性能和安全要求》、ISO 13062《电动摩托车和电动轻便摩托车　术语》，ISO 17449《道路车辆　安全玻璃材料　电热玻璃性能试验方法》3项国际标准的制修订工作。参与IEC 62196-3《插头、插座、车辆连接器和车辆插孔　电动车辆的传导充电　第3部分：直流和交/直流接口类型和导电管车辆耦合器尺寸兼容性和可互换性的要求》标准的制定。

年内，在工业和信息化部装备工业司指导下，SAC/TC114参加UN/WP29第165次和第166次管理委员会会议，并参与WP29下属6个工作组的全部会议。完成GTR3（摩托车制动）的修正本2草案和GTR4〔全球统一重型车排放规程（WHDC）〕的修正本3草案的国内征求意见和投票工作。参与完成WLTP全球技术法规1b阶段的全球比对、验证工作。参与静道路运输车辆、轮胎、行人保护等国际法规的制修订工作。协助政府承担UN/WP 29电动车安全（EVS）非正式工作组和电动车环保（EVE）非正式工作组的副主席国，3月，电动汽车非正式工作组电动汽车安全法规EVS-GTR小组会和第七次全体大会在法国巴黎UTAC会议室举行，中国代表团作为组长主持3个TF小组会。中国专家分别参加其他TF小组会，中国代表团作为副主席国参加第七次全体大会，并汇报3个主持的TF组工作情况，阐述中国观点。5月,EVS-GTR第五工作组TF5(电池单体热扩散)小组会在北京召开。

【标准化科研】2015年,SAC/TC114承担科技部下达的《电动汽车及基础设施标准规范和测试技术研究》"科技支撑计划"课题和《纯电驱动动力平台电磁兼容分析与测试评价技术》"863计划"课题。承担的质检总局《电动汽车安全关键技术标准研究》《电动汽车及电力驱动系统接口等四项国际标准研究》《汽车节能与轻量化用新型铝合金材料标准研究》3项质检公益性项目按计划推进。完成工业和信息化部下达的《汽车行业安全生产标准体系建设》研究项目。同国家轿车质量监督检验认证中心等检测机构和行业企业,共同进行《中重型货车对车外人员及车辆的防护技术研究》《混合动力城市客车能耗标准研究》《轻型汽车燃料消耗量及污染物排放试验方法研究》《自动变速器性能评价方法研究》《汽车行人保护强制性标准前期研究》《中国汽车中长期节能目标研究(2020—2030年)》《商用车下长坡试验的室内台架模拟试验方法研究》《电动汽车安全评价与事故分析鉴定技术的研究》《先进驾驶辅助系统(ADAS)技术与标准研究》《车载电子在车联网领域的应用》《汽车行业强制性标准实施效果分析》《中国安静行驶车辆低速提示音　声音特性及试验方法研究》等多个项目的研究。

【年会情况】2015年9月24日,第四届全国汽车标准化技术委员会2015年委员大会在北京召开。会上,有关专家分别就产业发展形势、标委会工作及规划等内容做重要报告。在落实产业发展规划、建立更为完善的管理和工作程序、加强行业和部门的协调沟通、发挥企业主体作用、加大标准投入和标准预研、加强标准国际化工作、完善标准评估体系等方面提出新的工作目标。秘书处向委员汇报汽车标准化工作概况介绍、汽车标准"十三五"规划纲要建议方案、汽车智能网联标准体系研究、新能源汽车标准体系建设、汽车节能标准体系建设等内容。

供　稿:SAC/TC114秘书处
撰稿人:李维菁
审稿人:冯　屹

全国麻醉和呼吸设备标准化技术委员会(SAC/TC116)

【概况】截至2015年底,全国麻醉和呼吸设备标准化技术委员会归口管理现行标准37项,其中国家标准3项(强制性标准2项、推荐性标准1项)、行业标准34项(强制性标准25项、推荐性标准9项)。37项标准中32项转化自国际标准,另有5项标准为国内自主起草标准。

SAC/TC116对口国际标准化组织ISO/TC121,ISO/TC121发布现行有效标准和文件91项,除去修改单等,剩余的有效标准和技术报告77项(含8项IEC标准),其中标准75项、技术报告2项。其中17项现行标准和25项现行标准的前一版本已转化为中国标准,另有12项标准已在转化中(2项在起草中,10项已报批),23项标准由于涉及通标第三版、国内无相关产品或相关产品在国内不作为医疗器械管理等原因尚未立项转化。

麻醉呼吸领域的中国标准86%转化自国际标准,其中超过40%以上的标准为国际最新版本的标准,与国际保持相同的水平,另有50%多的标准其对应的国际标准已更新,国内尚未来得及及时更新。

是年,SAC/TC116秘书处接到标准咨询3次,并作出标准解释和回复工作。

【标准制修订工作】2015年,SAC/TC116组织制修订医药行业标准4项,其中制定2项、修订2项;强制性标准2项,推荐性标准2项。

【国际标准化工作参与情况】2015年,SAC/TC116完成7份文件的复审和28份文件的投票(其中9份文件附有意见)。推荐1人注册成为ISO/TC121/SC3工作组的专家。组团参加ISO/TC121于6月12—16日在德国柏林召开的第44届国际年会和分技术委员会会议及工作组会议。11月30日至12月4日,ISO/TC121/SC3的3位中国专家参加ISO/TC121/SC3分技术委员会在英国伦敦召开的第82次分技委会议及工作组会议。

【年会情况】2015年11月24—26日,SAC/TC116在海南海口召开年会和标准审定会。会议听取秘书长对标准制修订工作、标准上报后的后续完善确认工作、国际标准化活动、换届筹备工作、2016标准制修订预立项和分类目录修订等几个方面的情况汇报。与全体委员讨论后两年标准制修订计划。会议审定

2015 年制定的 4 项行业标准，对 2 项在用医疗器械标准进行预审。

供　稿：SAC/TC116 秘书处

全国颜色标准化技术委员会（SAC/TC120）

【概况】截至 2015 年底，全国颜色标准化技术委员会归口管理推荐性国家标准 24 项，其中 2 项非等效采用国际标准；强制性国家标准 7 项。

是年，SAC/TC120 向各有关单位公开征集第五届标委会委员，上报委员人员名单和委员会组建方案，并获国家标准委批复，同意按上报方案组建第五届委员会。

是年，SAC/TC120 与中国涂料工业协会在深圳联合举办"中国颜色标准——涂料行业应用培训交流会"，国内 30 余家知名涂料企业派员参加培训。

【标准制修订复审工作】2015 年，国家标准委批准发布 SAC/TC120 归口管理的国家标准 2 项；批准立项 SAC/TC120 归口管理的国家标准 1 项。SAC/TC120 完成 1 项在研标准的征求意见。SAC/TC120 复审标准 28 项，其中 3 项建议修订、25 项继续有效。

【标准化科研】2015 年，SAC/TC120 承担 GB/T 15608—2006《中国颜色体系》等多项颜色国家标准的修订和研制工作。在上述标准支撑下，中国科学院心理研究所、惠州君道实业有限公司、中国计量科学研究院和北京服装学院等单位承担的《中国传统色色名及色度特性》国家标准作为质检总局"质检公益性行业科研项目"，经过承担单位的大量社会调研和繁重的测试研制工作，于 2015 年 5 月 15 日正式批准发布。

供　稿：SAC/TC120 秘书处
撰稿人：王培华
审稿人：张保洲

全国工业电热设备标准化技术委员会（SAC/TC121）

【概况】截至 2015 年底，全国工业电热设备标准化技术委员会归口管理国家标准 78 项、行业标准 41 项，其中 27 项采用国际标准；在研国家标准 22 项，其中 7 项采用国际标准。

SAC/TC121 对口国际电工委员会工业电热及电磁处理技术委员会（IEC/TC27），国际标准化组织工业炉及相关工艺设备技术委员会（ISO/TC244）。

是年，SAC/TC121 组织工作组会议，审查国家标准 4 项；举办标准化培训 3 次，培训 70 人次；开展标准化技术咨询服务 34 次；提供各类证明、说明及标准化资料 50 余份。

【标准制修订复审工作】2015 年，国家标准委批准立项 SAC/TC121 归口管理的国家标准 6 项。SAC/TC121 向国家标准委报批国家标准 11 项，向工业和信息化部报批国家标准1 项。审查国家标准、行业标准送审稿 8 项。国家标准委批准发布SAC/TC121 归口的国家标准 18 项，工业和信息化部批准 SAC/TC121 归口的行业标准 1 项。SAC/TC121 复审归口国家标准 5 项，其中继续有效 2 项、修订 2 项、废止 1 项。

【国际标准化工作参与情况】2015 年，SAC/TC121 收到并处理技术文件 28 项、国际标准新工作项目和草案稿 3 项。与日本联合承担 ISO 13579-11 项目召集人，主导标准制定工作。参与 3 项国际标准的制修订工作。组团参加 ISO/TC244 年会，参与会议讨论和投票表决。接待 ISO/TC244 秘书处和日本工业炉协会来访，就标准化工作与 ISO 13579 标准进行探讨。

【标准化科研】2015 年，SAC/TC121 完成科技部和质检总局下达的《空间电荷等 6 项新能源及传统产业领域国际标准研究》子课题——《工业电热装置国际标准研究》，完成项目合同约定的各项任务。

【年会情况】2015 年 5 月 17—19 日,SAC/TC121 在江苏苏州举行全体会议,委员出席率 79%。会议审查通报《全国工业电热设备标准化技术委员会“十三五”指导意见》、2015 年标准制修订计划。秘书处讲解“全国专业标准化技术委员会工作平台”使用方法。会议审查中国拟提出的 IEC 新工作项目提案《电热和电磁处理装置　感应透热装置的试验方法》,通过《全国工业电热设备标准化技术委员会成员考核管理办法》,对工业炉(燃料炉)的标准体系框架、产品分类、拟制定工业炉标准项目进行探讨。

供　稿:SAC/TC121 秘书处

全国试验机标准化技术委员会(SAC/TC122)

【概况】截至 2015 年底,全国试验机标准化技术委员会归口管理国家标准 113 项、行业标准 153 项,其中转化国际标准 48 项;在研国家标准 55 项、行业标准 40 项。

SAC/TC122 对口的国际标准化组织包括:ISO/TC6(纸、纸板和纸浆)、ISO/TC45(橡胶和橡胶制品)、ISO/TC61(塑料)、ISO/TC108(机械振动、冲击与状态监测)、ISO/TC135(无损检测)、ISO/TC164(金属力学试验)等 6 个 TC 中有关试验仪器设备的标准化工作范围。

SAC/TC122 下设两个分技术委员会(SC):无损检测仪器(SC1),振动试验设备(SC2)。

【标准制修订复审工作】2015 年,SAC/TC122 向国家标准委申报国家标准立项 12 项,向工业和信息化部申报行业标准立项 20 项。国家标准委、工业和信息化部批准立项 SAC/TC122 归口管理的国家标准 8 项、行业标准 19 项。SAC/TC122 审查行业标准 17 项,向国家标准委、工业和信息化部报批国家标准 20 项、行业标准 11 项。国家标准委、工业和信息化部发布 SAC/TC122 归口管理的国家标准 4 项、行业标准 16 项。

【国际标准化工作参与情况】2015 年,SAC/TC122 参与国际标准复审意见回复 10 项。

【年会情况】2015 年 12 月 1—3 日,SAC/TC122 在广东深圳举行全体会议,委员出席率 80%,会议听取各分委会秘书长对本分委会标准制修订计划执行情况、存在问题、标准化工作需求和国际标准化动态的汇报,对 2015 年标委会工作进行总结。与会委员审查17 项行业标准的送审稿及送审稿编制说明。审查论证各标准化单位提交的 8 项国家标准和 19 项行业标准申报书和草案,确定将 27 项标准列为申报项目。

供　稿:SAC/TC122 秘书处
撰稿人:杨正旺
审稿人:张金伟

全国劳动定额定员标准化技术委员会(SAC/TC131)

【概况】截至 2015 年底,全国劳动定额定员标准化技术委员会归口管理国家标准 10 项、行业标准 130 项;在研行业标准 30 项。

SAC/TC131 下设 2 个分技术委员会(SC):航空工业劳动定额定员(SC1),铁路工程劳动定额定员(SC2)。

是年,SAC/TC131 指导并推动全国机械工业劳动定额定员标准化技术委员会、全国工业锅炉行业协会、国家电网公司、中航公司等单位,开展劳动定额定员指导标准的制定及试行工作。

是年,SAC/TC131 参加国家标准委组织的国际标准化综合知识培训、社会管理和公共服务标准化综合知识及试点建设培训。

【标准制修订工作】2015 年,SAC/TC131 审定通过《电站锅炉制造劳动定额(系列标准)》《电线电缆制造劳动定额(系列标准)》《数控加工劳动定额(系列标准中 6 项)》3 个行业 22 项行业标准。完成人社部“标准化十二五规划”中的《供电企业劳动定员标准》。组织开展2015年度标准项目申报工作，组织电缆制造工时定额（系列标准）、铁路工业劳动定额（系列标准）等行业标准制定的立项。

【标准化科研】2015年，SAC/TC131完成部级重点课题《新时期劳动定额定员问题研究》，以及《工业锅炉制造劳动定额标准预研究》。

【标准化调研】2015年，SAC/TC131集中开展劳动定额定员标准化工作情况调研。上半年，以《工业锅炉制造劳动定额标准预研究》课题为切入点，在江苏、上海、四川等地，对劳动定额定员标准的制修订、宣贯、执行和管理的现状调研，了解地方政府、行业组织、企业以及群团组织等各方面对劳动定额工作的认识、态度、管理等基本情况，发现亟待解决的问题。4月，对外资企业集中的江苏太仓地区开展调研，了解分析外资企业劳动定额管理状况。8—11月，赴辽宁省和福建省等地开展调研，了解政府、工会、企联等有关部门和企业相关管理部门的劳动定额定员工作管理和开展情况。9月，与国家电网公司共同组织有关专家，赴内蒙古自治区开展供电企业劳动定额定员标准执行、管理以及修订情况调研。

【标准化学术交流】2015年，SAC/TC131与机械行业、电信服务业有关专家和实务工作者开展多次研讨。参与、观摩定额定员标准化有关培训。与首都经贸大学、北京信息科技大学专家多次探讨定额定员标准化问题。组织有关专家对中航工业集团公司西安飞机制造股份有限公司提交的《数字化背景下钣金加工劳动定额标准制定与应用研究》课题进行评审。

供　稿：SAC/TC131秘书处
撰稿人：徐惟奋
审稿人：王　竞

全国量具量仪标准化技术委员会（SAC/TC132）

【概况】截至2015年底，全国量具量仪标准化技术委员会归口管理国家标准77项、行业标准93项；待批准发布行业标准6项（制定5项、修订1项）；在研国家标准11项（制定3项、修订8项）、行业标准17项（制定12项、修订5项）。

SAC/TC132对口的国际标准化组织分别为：产品尺寸和几何技术规范技术委员会（ISO/TC213），螺纹配件、焊接设备、焊接配件、管道螺纹及螺纹量规分技术委员会（ISO/TC5/SC5），机器轴及附件技术委员会（ISO/TC14），螺纹技术委员会（ISO/TC1）。SAC/TC132专业领域对应ISO标准18项，等同、修改和等效采用转化为中国标准各3项，转化国外主要发达国家标准21项（10项等效采用、11项非等效采用）。

SAC/TC132下设3个分技术委员会（SC）：量具分技术委员会（SC1），量仪分技术委员会（SC2），数显装置分技术委员会（SC3）。

是年，SAC/TC132开展标准化技术咨询服务58次、服务企业58家。参与全国几何量工程参量计量技术委员会MTC4组织召开的规程/规范审查会议、机床工具协会组织召开的机床工具行业标准化工作会议等活动。

【标准制修订复审工作】2015年，工业和信息化部批准立项SAC/TC132归口管理的标准项目8项、批准发布SAC/TC132归口管理的行业标准10项。

SAC/TC132向工业和信息化部报批行业标准6项；审查行业标准送审稿5项。召开2次会议，研讨审议10项正在制修订的国家标准。组织SC1、SC2分技术委员会复审归口国家标准18项，其中继续有效10项、修订8项。

【标准化科研】2015年，SAC/TC132承担国家十二五“高档数控机床与基础制造装备”科技重大专项课题3“高精度、高分辨力绝对式光栅旋转编码器研制”项目，科研成果为立项的行业标准《光栅编码器加速寿命试验方法》和《光栅编码器可靠性试验方法》。

供　稿：SAC/TC132秘书处
撰稿人：姜志刚
审稿人：许　刚

全国医用临床检验实验室和体外诊断系统标准化技术委员会(SAC/TC136)

【概况】 截至2015年底,全国医用临床检验实验室和体外诊断系统标准化技术委员会归口管理国家标准16项、行业标准156项,在研国家标准8项、行业标准66项。

SAC/TC136对口国际标准化组织临床实验室检测和体外诊断试验系统技术委员会(ISO/TC212)。

SAC/TC136下设3个常设标准工作组:实验室管理(WG1),参考系统(WG2),体外诊断产品(WG3)。

是年,SAC/TC136就体外诊断产品量值溯源、凝血标准化、统计学评价等相关标准举办标准宣贯培训班,培训200余人。秘书处接待日常标准咨询80余次,为108位委员、观察员邮寄2014年发布的标准36项。3月发行第4期《工作通讯》。秘书处筹备标委会微信公众平台,10月通过认证并上线。

是年,SAC/TC136开展系列调研活动,起草"十三五"规划,提出"十三五"重点工作。

【标准制修订复审工作】 2015年,SAC/TC 136承担国家标准8项、行业标准21项,其中国际标准ISO 15189新版(2012年版)《医学实验室 质量和能力的要求》转化是2015年度标委会标准制修订重点项目,于年底完成。SAC/TC136向国家标准委报批国家标准1项,向食品药品监管总局报批行业标准21项,7项国家标准正在制定过程中。SAC/TC136组织对22项行业标准进行复审,其中继续有效13项、修订9项。年内,征集到2016年行业标准项目提案53项,确定将23项行业标准提案列为向食品药品监管总局申报项目。

【国际标准化工作参与情况】 2015年,ISO/TC212有30轮投票,其中涉及委员会内部投票(CIB)12轮,标准复审投票(SR)7轮,新项目提案投票(NP)3轮,标准CD稿投票8轮。SAC/TC136对30轮投票进行表决。组织2名委员参加ISO/TC212于4月在美国芝加哥召开的第二工作组会议,组织1名委员参加5月在瑞典斯德哥尔摩召开的第一工作组会议,组织8名代表参加ISO/TC212于11月在比利时召开的年会,参与会议讨论和投票表决。

【标准化科研】 2015年,SAC/TC136参加科技部《战略性新兴医疗器械产业关键技术标准研究》课题,与体外诊断系统相关的课题内容是制定超微量免疫分析系统2项行业标准,正在进行中。

【年会情况】 2015年12月11日,SAC/TC136在海南海口召开年会,委员出席率81%。年会提名新任常务副主任委员和顾问。全体委员审议2015年度标委会工作报告和2016年工作计划。会议审查通过1项国家标准、21项行业标准,按照会议意见修改后形成报批稿,提交相关部门完成报批。会议复审标龄满5年的标准项目。

供　稿:SAC/TC136秘书处
撰稿人:代蕾颖
审稿人:王　军

全国磨料磨具标准化技术委员会(SAC/TC139)

【概况】 截至2015年底,全国磨料磨具标准化技术委员会归口管理国家标准75项、行业标准112项,其中44项采用国际标准;在研国家标准16项、行业标准15项,其中4项采用国际标准。

SAC/TC139对口国际标准化组织小工具技术委员会砂轮和磨料磨具分技术委员会(ISO/TC29/SC5)。

SAC/TC139下设4个分技术委员会(SC):普通磨料(SC1),普通磨具和碳化硅特种制品(SC2),超硬磨料及制品(SC3),涂附磨具(SC4)。

是年,SAC/TC139联系国家磨料磨具质量监督检验中心组织召开GB 2494—2014《固结磨具 安全要求》、GB/T 2493—2013《砂轮的回转试验方法》等重要国家标准宣贯会。组织召开标准宣贯培训班3次,培训300余人次。开展标准化技术咨询服务26次,服务企业14家。

【标准制修订复审工作】2015 年，国家标准委批准立项 SAC/TC139 归口管理的国家标准 13 项，工业和信息化部批准立项 SAC/TC139 归口管理的行业标准 12 项。SAC/TC139 向国家标准委、工业和信息化部分别报批国家标准 4 项、行业标准 12 项，审查国家标准送审稿 4 项、行业标准送审稿 3 项。工业和信息化部批准发布 SAC/TC139 归口管理的行业标准 13 项。SAC/TC139 组织各有关分技术委员会复审归口国家标准 34 项，其中继续有效 25 项、修订9 项；复审行业标准28 项，其中继续有效 15 项、修订 9 项、废止 4 项。

【国际标准化工作参与情况】2015 年，SAC/TC139 组织办理国际标准送审稿 2 项、国际标准草案稿 2 项、国际标准复审件的网上电子投票和意见回复 16 项。组团参加 5 月 19 日在意大利那不勒斯召开的 ISO/TC29/SC5 第 39 届会议，参与会议讨论和投票表决，并在会上提议而增加中国拟提交的国际标准提案的讨论议题。

【年会情况】2015 年 10 月 13—17 日，SAC/TC139 在湖北武汉举行全体会议，委员出席率 82%。会议学习《深化标准化工作改革方案》和《贯彻实施〈深化标准化工作改革方案〉行动计划（2015—2016 年）》两个重要文件，审议秘书处所作的 2015 年度 SAC/TC139 工作报告和财务收支情况报告。与会委员对 4 项国家标准和 3 项行业标准送审材料进行审查，对 2006—2008 年发布的现行标准进行复审并逐项形成复审意见，讨论 2016 年标委会及各分技术委员会的工作计划。

供　稿：SAC/TC139 秘书处
撰稿人：张　良
审稿人：包　华

全国拖拉机标准化技术委员会（SAC/TC140）

【概况】截至 2015 年底，全国拖拉机标准化技术委员会归口管理标准 265 项（强制性国家标准 7 项、推荐性国家标准 133 项，推荐性行业标准 125 项）；在研国家标准5 项、行业标准 16 项，其中 1 项采用国际标准。

SAC/TC140 对口国际标准化组织农林拖拉机和机械技术委员会拖拉机分技术委员会（ISO/TC23/SC4）。

SAC/TC140 下设 3 个专业分技术委员会（SC）：手扶拖拉机（SC1），电器仪表（SC2），非金属制品（SC3）；和 1 个工作组：液压工作组（WG1）。

是年，SAC/TC140 组织有关专业分委会召开标准宣贯培训会议 3 次，培训 300 余人次；开展标准化技术咨询服务 63 次，服务企业 69 家。

【标准制修订工作】2015 年，国家标准委批准立项 SAC/TC140 归口管理的国家标准 2 项，工业和信息化部批准立项 SAC/TC140 归口管理的行业标准 8 项。SAC/TC140 向国家标准委和中国机械工业联合会报批国家标准、行业标准 18 项，审查国家标准、行业标准送审稿 7 项。国家标准委批准发布 SAC/TC140 归口管理的国家标准 9 项。

【国际标准化工作参与情况】2015 年，SAC/TC140 全年投票 6 次，投票率 100%。SAC/TC140 委员廖汉平参加亚太农机检测年会，提交 GB/T 6229《手扶拖拉机　试验方法》作为农机检测方法互认的标准。

【年会情况】2015 年 8 月 18—22 日，SAC/TC140 在甘肃兰州组织召开六届一次换届会议暨标准审查和征求意见会议，委员、委员代表和专业技术人员 136 人参会。会议通过第五届工作总结及第六届工作设想的报告；通报《农用齿轮泵（恒流泵）标准实施情况摸底的相关事项》；表彰先进单位及个人，并颁发奖状和奖励；讨论通过拟上报的 3 项新行业标准项目计划；对 7 项标准送审稿和 9 项标准征求意见稿审议并征求意见。

供　稿：SAC/TC140 秘书处
撰稿人：陈　嵩
审稿人：尚项绳

全国造纸工业标准化技术委员会(SAC/TC141)

【概况】截至2015年底,全国造纸工业标准化技术委员会归口管理国家标准347项、行业标准105项(其中,产品标准224项,基础、测试方法标准228项)。

SAC/TC141对口国际标准化组织纸、纸板和纸浆测试方法和质量规范技术委员会(ISO/TC6)。ISO/TC6有标准177项,其中纸、纸板和纸浆通用标准59项,纸和纸板相关标准71项,纸浆相关标准47项。

SAC/TC141下设8个分技术委员会(SC):印刷用纸和纸板(SC1),文化、办公用纸和纸板(SC2),包装用纸和纸板(SC3),技术用纸和纸板(SC4),生活用纸和纸板(SC5),特种纸(SC6),竹浆(SC7),造纸纤维原料(SC8)。

【标准制修订复审工作】2015年,SAC/TC141申报国家标准计划项目19项,17项造纸标准计划项目获得批准。SAC/TC141复审国家标准42项,结论为31项继续有效、11项修订,复审完成率100%。

【国际标准化工作参与情况】2015年,SAC/TC141参与ISO/TC6的标准投票项目51项,包括22项标准草案(DIS)和最终标准草案(FDIS)投票、1项新标准提案(NP)投票以及28项系统复审投票。参与ISO 20494《纸　普通印刷用纸的稳定性要求》等标准的起草工作。组团参加ISO/TC6、ISO/TC6/SC2年会和工作组讨论会,参与各组标准项目的讨论和投票表决。

【标准化科研】2015年6月,SAC/TC141承担的质检公益性行业科研专项标准化项目《生活用纸及纸制品安全技术规范系列标准研究》通过课题验收,科研成果转化为9项标准。开展2015年质检公益项目《消费品中化学危害共性安全标准及10类重点产品关键技术标准研制》中纸制品部分的研究工作,最终将完成4项标准草案。

【年会情况】2015年11月24—26日,SAC/TC141在贵州贵阳召开年会,近170位委员及专家代表参加会议。会上,标委会秘书处总结2014—2015年度标委会工作,委员现场审议通过年度工作报告(完成工作、财务收支情况、下年度工作计划)。会议组织5项重点消费品标准的宣讲培训,审查通过7项国家标准、10项行业标准,研讨4项国家标准。会议审查了新的造纸工业标准体系表,并审查通过下年度准备申报的国家标准计划项目。

供　稿:SAC/TC141秘书处
撰稿人:黎的非
审稿人:邱文伦

全国压缩机标准化技术委员会(SAC/TC145)

【概况】截至2015年底,全国压缩机标准化技术委员会归口管理现行有效的国家标准25项、行业标准71项,其中18项采用国际标准;在研国家标准2项、行业标准18项。

SAC/TC145对口国际标准化组织压缩机、气动工具及气动机械技术委员会(ISO/TC118)及其下设的压缩空气净化技术分技术委员会(SC4)、空气压缩机分技术委员会(SC6)。

SAC/TC145下设1个分技术委员会(SC):压缩气体净化设备(SC1)。

是年,SAC/TC145及SAC/TC145/SC1完成换届工作。

是年,SAC/TC145组织召开标准宣贯培训会1次,宣贯回转空压机新标准,40余家螺杆压缩机企业的60余技术人员参加;开展标准化技术咨询服务3次,服务企业80余家。SAC/TC145在《流体机械》《压缩机技术》等杂志组织撰写JB/T 6431—2013《容积式压缩机用灰铸铁件　技术条件》、JB/T 6430—2014《一般用喷油螺杆空气压缩机》等新颁布标准的解读。SAC/TC145/SC1收集汇编《压缩空气净化技术资料选编(二十二)》。

【标准制修订复审工作】2015年,SAC/TC145向国家标准委和工业和信息化部报批国家标准2项、行业标准6项。工业和信息化部批准立项SAC/TC145

归口管理的行业标准 12 项。国家标准委批准发布 SAC/TC145 归口管理的国家标准 6 项，工业和信息化部批准发布 SAC/TC145 归口管理的行业标准 9 项。SAC/TC145 向国家标准委申报 2 项国家标准的制修订计划。SAC/TC145 组织复审归口管理的国家标准 13 项，其中继续有效 9 项、修订 2 项，2 项强制性标准将在完成国家标准委下达的《强制性国家标准整合精简预评估》工作后再行安排下一步工作计划；复审行业标准 24 项，其中继续有效18 项、修订 2 项、废止 4 项。

【国际标准化工作参与情况】 2015 年，SAC/TC145 参与 ISO/TC118 关于压缩机、压缩空气质量方面标准草案 2 次投票，均投赞成票。年内，组织有关单位完成 ISO 11011:2013《压缩空气　能效评估》翻译工作并对其内容验证落实，计划 2016 年立项申请转化。

【标准化科研】 2015 年，SAC/TC145 与行业厂合作，依托压缩机技术国家重点实验室，开展往复活塞压缩机气量无级调节装置的研究。项目依托国家科技支撑计划课题“大型流体机械节能技术研究与应用”，希望解决大型工艺压缩机实际运行过程中流量经常处于过剩状态，有效负荷率低的问题，实现节能减排。SAC/TC145 在科研基础上，提出立项制定《往复活塞压缩机气量无级调节装置》标准。

【年会情况】 2015 年 11 月 3—4 日，SAC/TC145 在上海召开第六届全国压缩机标准化技术委员会成立大会暨六届一次会议，委员出席率 98%。SAC/TC145 主任委员向大会作第五届委员会工作总结，并宣布六届委员会组成方案，六届委员会成立。六届委员审查通过 7 项标准送审稿；六届委员讨论并通过 2016 年计划立项的标准项目及复审计划，并落实相应的标准起草单位。

11 月 18 日，SAC/TC145/SC1 在河南新乡召开二届一次会议，委员出席率 84%。SAC/TC145/SC1 主任委员向大会作第一届委员会工作总结，并宣布二届委员会组成方案，二届分会成立。二届分会委员审查通过《压缩空气系统用旋风式气水分离器》送审稿并讨论通过 2016 年计划立项的标准项目及复审计划，并落实相应的标准起草单位。会议介绍正在起草的颗粒和液态水两项压缩空气过滤器试验方法标准。

供　稿：SAC/TC145 秘书处
撰稿人：任　芳
审稿人：陈　放

全国技术产品文件标准化技术委员会（SAC/TC146）

【概况】 截至 2015 年底，全国技术产品文件标准化技术委员会归口管理国家标准 127 项、行业标准 12 项，其中 57 项采用国际标准；在研国家标准 24 项、行业标准 7 项。主导制定国际标准 4 项。对口国际标准 148 项，57 项已转化为中国标准。

SAC/TC146 对口国际标准化组织技术产品文件技术委员会（ISO/TC10）。

SAC/TC146 下设 2 个分技术委员会（SC）：CAD 制图与技术信息（SC1），工艺文件与技术信息（SC2）。

是年，SAC/TC146 向国家标准委提交成立 TC146/SC3“通用规则与文件管理分技术委员会”的申请。

是年，SAC/TC146 组织有关分委会召开国家标准和行业标准实体宣贯会。组织召开标准宣贯培训班 12 次，培训人数 400 人次；开展标准化技术咨询服务 3 次，服务企业 30 家。

【标准制修订工作】 2015 年，国家标准委批准立项 SAC/TC146 归口管理的国家标准 2 项。SAC/TC146 审查国家标准、行业标准送审稿 3 项。

【国际标准化工作参与情况】 2015 年，SAC/TC146 组织办理国际标准新工作项目和草案稿 3 项、国际标准复审件的网上电子投票和意见回复 42 项。主导承担 3 项国际标准的制修订工作。参与 2 项国际标准的制修订工作。组团参加 ISO/TC10 及其下设 2 个分技术委员会和 3 个工作组年会，参与会议讨论和投票表决；主持召开 ISO/TC10/SC6 年会及工作组会议。

【标准化科研】 2015 年，SAC/TC146 完成国家“十二五”科技支撑计划课题《支撑传统产业升级的国际标准研制与培育》和《支撑国际突破与国际贸易的重要国际标准研制与培育》2 项标准化研究课题。

【年会情况】 2015 年 10 月 17 日，SAC/TC146 在山东济南举行全体会议，委员出席率60%。会议听取秘书长对标委会标准制修订计划执行情况、存在问题、标准化工作需求和国际标准化发展动态的情况汇报。与会委员对2项国家标准报批稿进行审查论证。

供　稿:SAC/TC146秘书处
撰稿人:张晓璐
审稿人:肖承翔

全国地毯标准化技术委员会(SAC/TC150)

【概况】截至2015年底,全国地毯标准化技术委员会归口管理国家标准23项(产品标准11项、基础标准2项、试验方法标准10项)、行业标准21项(产品标准6项、试验方法标准15项),其中23项采用国际标准;在研国家标准2项,其中1项采用国际标准。

SAC/TC150对口国际标准化组织铺地物技术委员会(ISO/TC219)。

是年,SAC/TC150完成换届工作的材料准备和上报工作;召开全国地毯标准化技术委员会工作年会;组织标委会委员参加"新版标准编写规则""社会团体、联盟标准知识及编写方法"等培训;组织地毯行业产品标准培训,并通过《地毯通讯》《东方地毯》期刊及标准特刊等方式发布新标准;组织编制《地毯行业标准化"十三五"发展规划》,明确"十三五"地毯标准化发展思路,力争到2020年基本建立适应中国地毯行业健康发展的现代标准化体系。

【标准制修订复审工作】2015年,SAC/TC150修订2项标准,均处于送审阶段。复审2项行业标准,结论为1项继续有效、1项废止。

【国际标准化工作参与情况】2015年,SAC/TC150答复处理ISO/TC219相关标准技术提案35项;首次作为项目负责成员,承担ISO 21868《纺织铺地物维护与清洗指南》国际标准的制定工作。

3月22—25日,由SAC/TC150承办的ISO/TC219年会在中国上海召开,9个国家58名世界铺地物行业专家到会。三个工作组分别召开纺织、弹性、层压木地板和三个铺地物工作组联合专家会议,完成既定的各项标准讨论、复审确认工作。ISO/TC219主席及各国参会代表对会议组织给予高度评价。

【标准化科研】2015年,SAC/TC150组织对行业强制性标准GB 18587《室内装饰装修材料　地毯、地毯衬垫及地毯胶粘剂易挥发有机化合物(VOC)释放限量》修订稿测试整理出2 000余组对比数据,编写数据分析报告,查找欧美等先进国家对VOC限量的规定,作为制修订标准的参照依据。跟踪GB/T 31891《生态地毯技术要求》、GB/T 14768《地毯燃烧性能45°试验方法及评定》审批和出版工作。参加海关总署《化纤地毯加工贸易单耗标准》审定会。

【年会情况】2015年12月初,SAC/TC150年会在江苏镇江召开,会议听取2015年标委会工作情况,标准制修订、标委会换届情况,以及实质性参与国际标准化工作等方面汇报;形成GB 18587征求意见稿;《弹性纺织和层压铺地物对易挥发有机化合物(VOC)释放量的测定方法》第二次征求意见稿征集委员意见;对2015年拟申请立项的9项国家标准、2项行业标准征集标准起草单位;2016年标委会将尝试开展社团标准的制定工作,提高标准制修订进度,加强行业自律;与会代表一致表决通过在2016年ISO/TC219年会上提交关于地毯燃烧测试的中国提案;对GB 18587、GB 50222、GB 20286及GB 8624中的要点及注意事项进行分析讲解。

供　稿:SAC/TC150秘书处
撰稿人:刘　畅
审稿人:武淑雯

全国质量管理和质量保证标准化技术委员会（SAC/TC151）

【概况】 截至2015年底，全国质量管理和质量保证标准化技术委员会归口管理国家标准31项，在研国家标准4项。

SAC/TC151对口国际标准化组织质量管理和质量保证技术委员会（ISO/TC176）。

ISO 9000族的两个核心标准ISO 9001:2015《质量管理体系　要求》和ISO 9000:2015《质量管理体系　基础和术语》于2015年9月15日发布。为确保新版标准顺利过渡，IAF（国际认可论坛）于2015年1月正式发布《ISO 9001:2015版转换实施指南》，规定新版标准转换期限为：在ISO 9001:2015版正式发布日后3年内转换完毕。SAC/TC151按照国家标准制修订计划，于2015年底提交GB/T 19001—2015/ISO 9001:2015和GB/T 19000—2015/ISO 9000:2015的报批稿，实现同年转换。

11月，SAC/TC151受中国合格评定委员会国家认可委的邀请，培训质量管理体系评审员约100人。培训内容为ISO 9001:2015《质量管理体系　要求》。

【标准制修订工作】 2015年，SAC/TC151向国家标准委报批国家标准3项，审查国家标准3项。国家标准委批准发布SAC/TC151归口管理的国家标准1项。

【国际标准化工作参与情况】 2015年，SAC/TC151完成国际标准的网上电子投票和意见回复27项。参与ISO 9004:2009《追求组织的持续成功质量管理方法》和ISO 10018:2005《质量管理人员参与和能力指南》的修订工作。组团参加ISO/TC176年会，参与会议讨论和投票表决。

【标准化科研】 2015年，SAC/TC151完成质检总局下达的《推广先进质量管理方法》研究课题。

供　稿：SAC/TC151秘书处
撰稿人：田　武
审稿人：王立志

全国量度继电器和保护设备标准化技术委员会（SAC/TC154）

【概况】 截至2015年底，全国量度继电器和保护设备标准化技术委员会归口管理国家标准68项、行业标准4项；在研国家标准12项、行业标准13项。

SAC/TC154对口国际电工委员会量度继电器和保护装置技术委员会（IEC/TC95）。

是年，SAC/TC154加强信息化建设，搭建行业信息系统服务平台（http://tj. dlwg. net），通过平台开展标准项目征集、投票、征求意见、审查等工作。在许昌组织召开“标准化工作系列新标准宣贯及企业标准化实用技能”培训会。

【标准制修订复审工作】 2015年，国家标准委批准发布SAC/TC154归口管理的国家标准3项。SAC/TC154组织制定国家标准7项和行业标准7项。向国家标准委报批国家标准3项。复审归口国家标准13项，其中1项继续有效、12项废止。

【国际标准化工作参与情况】 2015年，SAC/TC154组织国内专家参与6个国际标准维护工作组；参与制定9项国际标准；完成6次国际标准草案和国际标准复审件的研究和网上投票。4月，在成都组织召开IEC/TC95 MT4工作组会议。6月，参加在俄罗斯召开的CIGRE工作组会议。

【年会情况】 2015年9月15—18日，SAC/TC154在江西南昌召开标委会五届二次会议暨国家标准审查会，委员（代表）及有关单位专家78人出席会议，委员出席率95.9%。会议听取并审议通过标委会工作总结及下一步工作报告。

供　稿：SAC/TC154秘书处
撰稿人：杨慧霞
审稿人：李志勇

全国自动化系统与集成标准化技术委员会(SAC/TC159)

【概况】截至2015年底，全国自动化系统与集成标准化技术委员会归口管理国家标准196项、行业标准23项，其中143项采用国际标准；在研国家标准44项，其中4项采用国际标准。

SAC/TC159对口国际标准化组织自动化系统与集成技术委员会(ISO/TC184)，国际标准化组织机器人技术委员会(ISO/TC299)。

SAC/TC159下设4个分技术委员会(SC)：物理设备控制(SC1)，机器人与机器人装备(SC2)，工业数据(SC4)，体系结构、通信和集成框架(SC5)。

是年，SAC/TC159组织有关分委会召开6次自动化系统与集成领域标准研讨与实体宣贯会。组织召开标准宣贯培训班6次，培训人数263人次；开展标准化技术咨询服务180次，服务企业212家。

【标准制修订工作】2015年，SAC/TC159向国家标准委报批国家标准4项，审查国家标准送审稿8项。国家标准委批准发布SAC/TC159归口管理的国家标准8项。

【国际标准化工作参与情况】2015年6月，SAC/TC159/SC2秘书长杨书评当选为“服务机器人模块化”(ISO/TC299/WG06)工作组副组长，实现中国专家在机器人领域领导职务零的突破；10月，SAC/TC159/SC2委员专家当选为“个人护理机器人安全”(ISO/TC299/WG02)“个人护理机器人安全指南”项目组副组长。SAC/TC159/SC4承担ISO 13584《工业自动化系统与集成　第511部分：通用机械系统与部件紧固件参考字典》制定工作。SAC/TC159/SC5主任委员苏宏业担任ISO/TC184/SC5/WG5(先进过程控制与优化集成)工作组召集人和ISO/TC184/SC5/SG3(两化融合评估)研究组召集人，主导和推进先进过程控制与优化集成和两化融合系列国际标准的制定。SAC/TC159组织国内专家参与ISO/TC184/SC5/WG9、ISO/TC184/SC5/WG10和IEC/TC65E-ISO/TC184/SC5/JWG5等多个工作组的标准制定工作，参与研究和制定ISO 22400、ISO 20140、IEC/ISO 62264等系列国际标准。

【标准化科研】2015年，SAC/TC159完成科技部科技支撑计划《制造物联共性技术研究与应用》项目、国家高技术研究发展计划(863计划)《基于CAD/CAE技术融合的工业机器人设计开发平台》项目、国家高技术研究发展计划(863计划)《机器人模块化标准体系研究》项目。SAC/TC159/SC2承担并完成国家高技术研究发展计划(863计划)《服务机器人模块化研究报告》和6项国家标准，6项标准全部立项为国家标准外文翻译版计划；开展《智能制造专项综合标准化试验验证项目》之《人机交互和协同安全标准制定与试验验证系统》课题；参加《腹胸腔微创手术机器人共性关键技术与示范应用》之医疗机器人安全标准研究。SAC/TC159/SC5完成国家科技支撑计划《制造过程物联关键技术及标准规范研究》课题的研究工作，制定《制造过程物联网功能体系结构》《自动识别技术和ERP、MES和CRM等技术的接口规范》《PLM产品全生命周期数据管理标准》《制造企业过程互操作框架要求》《制造过程物联网的数字化模型信息交换标准》《制造过程物联网的数字化模型信息表达规范》；完成国家科技支撑计划《制造过程物联信息集成技术及系统开发》课题的研究工作，制定《制造过程物联信息集成中间件平台参考体系》；完成国家科技支撑计划《制造业RFID共性技术研究及应用》课题的研究工作，制定《装备制造业制造过程射频识别　第1部分：电子标签技术要求及应用规范》《装备制造业制造过程射频识别　第2部分：读写器技术要求及应用规范》《装备制造业制造过程射频识别　第3部分：系统应用接口规范》《装备检维修过程射频识别技术应用规范》；完成国家科技支撑计划《面向食品质量安全管控的RFID技术研究与应用》课题的研究工作，制定《面向食品制造业的射频识别系统环境适应性要求》《面向食品制造业的射频识别系统射频标签信息与编码规范》《面向食品制造业的射频识别系统应用要求》；完成国家科技支撑计划《面向海西产业集群的服务制造支持系统开发与应用示范》课题研究工作，制定《制造业信息化服务平台参考体系结构》《制造业信息化服务平台服务资源分类规范》；完成国家高技术研究发展计划(863计划)《基于CAD/CAE技术融合的工业机器人设计开发平台》课题的研究工作，制定《机器人设计平台集成数据交换规范》《机器人设计平台系统集成体系结构》。

【年会情况】2015年11月2—3日，SAC/TC159在上海安亭举行全体会议，委员出席率80%。年会以智能制造为主题，与“2015智能制造与工业4.0国际峰会”同期举行，大会上工业和信息化部原副部长杨学山等智能制造领域领导和专家做特邀主旨报告，引起与会委员代表共鸣。

供　稿：SAC/TC159 秘书处
撰稿人：孙洁香
审稿人：高雪芹

全国钟表标准化技术委员会（SAC/TC160）

【概况】 截至 2015 年底，全国钟表标准化技术委员会归口管理国家标准 29 项、行业标准 79 项，其中 22 项采用国际标准；在研国家标准 11 项、行业标准 6 项，其中 5 项采用国际标准。

SAC/TC160 对口国际标准化组织钟表技术委员会（ISO/TC114）及其下设的防震手表分技术委员会（ISO/TC114/SC1），防水手表分技术委员会（ISO/TC114/SC3），发光材料分技术委员会（ISO/TC114/SC5），贵金属覆盖层分技术委员会（ISO/TC114/SC6），总尺寸分技术委员会（ISO/TC114/SC7），技术定义分技术委员会（ISO/TC114/SC9），走时精度分技术委员会（ISO/TC114/SC11），防磁手表分技术委员会（ISO/TC114/SC12），手表玻璃分技术委员会（ISO/TC114/SC13）和台钟和挂钟分技术委员会（ISO/TC114/SC14）。

SAC/TC160 下设 3 个分技术委员会（SC）：时钟（SC1），手表（SC2），手表材料及外观件（SC3）。

是年，SAC/TC160 组织标委会及其分委会召开标准宣贯会，宣讲 2013 年和 2014 年批准发布的 8 项国家标准和 9 项行业标准，培训人数 53 人；开展标准化技术咨询服务 30 次，服务企业 40 家。

是年，SAC/TC160 换届申请得到国家标准委正式批复，第五届 SAC/TC160 由 89 名委员组成。

【标准制修订复审工作】 2015 年，国家标准委批准立项 SAC/TC160 归口管理的国家标准 2 项，批准发布 SAC/TC160 归口管理的国家标准 1 项。工业和信息化部批准发布 SAC/TC160 归口管理的行业标准 2 项。中国轻工业联合会批准立项 SAC/TC160 归口管理的行业标准 3 项。SAC/TC160 向国家标准委和中国轻工业联合会报批国家标准、行业标准 7 项，审查国家标准、行业标准送审稿 10 项。SAC/TC160 组织标委会及其分委会复审归口的行业标准 13 项，其中继续有效 9 项、修订 1 项、废止 3 项。开展强制性行业标准清理工作，审查 1 项强制性行业标准，审查结果保留该标准为强制性标准。

【国际标准化工作参与情况】 2015 年，SAC/TC160 主导制定的第二个时钟国际标准 ISO 19235：2015《指针式石英钟走时精度》于 2015 年 10 月正式发布；参与和跟踪国际标准制修订项目 4 项；提出 2 项国际标准新工作项目建议，1 项通过投票表决正式立项。2015 年度 SAC/TC160 各类投票项目 12 项，需 2015 年投出的 10 项全部投出，按时投票率 100%。组团参加 5 月 17—22 日在瑞士卢塞恩召开的 ISO/TC114 全会及其 WG1、WG5 两个工作组会议，以及 SC3、SC12、SC14 三个分委会会议，参与会议讨论和投票表决；主持召开 SC14 分委会会议及其工作组会议。SAC/TC160 与参加 ISO/TC114 钟表标准化国际会议的日本代表团召开中日双边钟表国际标准化技术交流会，促进理解和共识，加强国际标准化工作中亚洲国家的合力。

【标准化科研】 2015 年，SAC/TC160 开展采用国际标准 ISO 23160：2011 的国家标准《表壳体及其附件　耐磨损、划伤和冲击试验》草案中耐磨损、划伤和冲击性试验方法的多方论证试验，完善提高标准技术内容的科学性和可操作性；开展“推广应用国际标准 ISO 13074：2012 经济效益的评价”工作，探索主导制定的国际标准为国内时钟出口贸易企业带来的经济效益。

【年会情况】 2015 年 12 月 1—5 日，SAC/TC160 在四川成都召开年会，委员出席率93.5%。会议听取秘书长对标委会及其 3 个分委会 2015 年标准化工作所作报告，总结标准制修订计划的执行情况、标准工作会议、标准宣贯工作、国际标准化工作、参加国际标准化会议和存在的问题；审查 5 项国家标准和 5 项行业标准计划项目的送审稿及其编制说明和标准征求意见稿意见汇总处理表；审查通过 4 个国家标准制定项目和2个行业标准制定项目及1个修订项目,列为2016年申报国家标准和行业标准计划项目。

供　稿:SAC/TC160秘书处
撰稿人:金英淑
审稿人:张宏光

全国特种加工机床标准化技术委员会(SAC/TC161)

【概况】 截至2015年底,全国特种加工机床标准化技术委员会归口管理国家标准30项、行业标准41项;在研国家标准计划1项、行业标准计划10项。

是年,SAC/TC161派人参加中国机械工业联合会在重庆举办的机械工业标准复核人员研讨会。

【标准制修订复审工作】 2015年,SAC/TC161向国家标准委申报国家标准计划6项(含标准综合体标准4项);向工业和信息化部申报行业标准计划4项。审查行业标准送审稿4项,并向工业和信息化部报批。国家标准委批准发布SAC/TC161归口管理的国家标准4项,工业和信息化部批准发布SAC/TC161归口管理的行业标准2项。SAC/TC161组织复审国家标准7项、行业标准2项,复审结论全部继续有效。

【年会情况】 2015年3月28日,SAC/TC161在江苏苏州召开五届二次会议。31名委员(或委托代表)出席,委员出席率84%。会议听取标委会《2014年工作总结及2015年工作计划》报告,对9项标准提出复审结论意见,讨论表决秘书处提出的拟申报11项国家标准、行业标准计划项目,就《机械工业"十三五"标准化发展规划(特种加工机床部分)》初稿向与会者征求意见,审查4项行业标准送审稿草案。

【委员调整】 根据SAC/TC161五届二次会议决议,向国家标准委提出委员调整建议:解聘卢建鸣标委会副主任委员职务;增补周志凯为标委会委员兼副秘书长。国家标准委工业一部批准这一调整建议。

供　稿:SAC/TC161秘书处
撰稿人:于志三
审稿人:叶　军

全国高电压试验技术和绝缘配合标准化技术委员会(SAC/TC163)

【概况】 截至2015年底,全国高电压试验技术和绝缘配合标准化技术委员会归口管理国家标准19项,其中18项采用国际标准;在研国家标准3项,其中2项采用国际标准。

SAC/TC163对口国际电工委员会绝缘配合技术委员会(IEC/TC28)及高电压和大电流试验技术技术委员会(IEC/TC42)。

SAC/TC163下设2个分技术委员会(SC):高电压试验技术(SC1)和绝缘配合(SC2)。

是年,SAC/TC163组织标准培训宣贯会2次,累计培训107人。提供标准化技术咨询服务13次,服务企业8家。

【标准制修订工作】 2015年,国家标准委批准立项SAC/TC163归口管理的国家标准1项,批准发布SAC/TC163归口管理的国家标准1项。SAC/TC163向国家标准委报批国家标准1项。

【国际标准化工作参与情况】 2015年5月11—12日,SAC/TC163派员参加在德国法兰克福举行的IEC/TC28 MT9会议;11月3—6日,派员参加在韩国大田举行的IEC/TC28 MT9、MT10会议。

【标准化科研】 2015年,SAC/TC163秘书处完成"带外串联间隙线路避雷器续流切断试验技术研究""复合绝缘子的直流人工污秽试验方法研究”“强降雨对绝缘子冲击闪络特性影响的试验研究”3 项课题，并取得多项发明专利。

【年会情况】2015 年 10 月 14—17 日，SAC/TC163 在湖北武汉举行全体委员会议，参加会议的委员、通讯委员和标准起草工作组成员 57 人，委员出席率 92%。会议总结 2015 年标委会工作情况；介绍 IEC 标准动态；审查标准制修订工作组提交的 1 项国家标准送审稿；介绍 SAC/TC163 的标准体系并对标委会归口管理的、标龄超过 5 年的标准进行复审；讨论确认下一步标准制修订计划。

供　稿：SAC/TC163 秘书处

全国颗粒表征与分检及筛网标准化技术委员会（SAC/TC168）

【概况】截至 2015 年底，全国颗粒表征与分检及筛网标准化技术委员会归口管理国家标准 46 项、行业标准 4 项，其中 34 项采用国际标准；在研国家标准 12 项、行业标准 3 项，其中 7 项采用国际标准。

SAC/TC168 对口国际标准化组织颗粒表征含筛分技术委员会（ISO/TC24）及其颗粒表征分技术委员会（ISO/TC24/SC4）和试验筛、筛分和工业网分技术委员会（ISO/TC24/SC8）。

SAC/TC168 下设 1 个分技术委员会（SC）：颗粒（SC1）。

2015 年 3 月，SAC/TC168 秘书处联合机械工业基础标准情报网组织开展“产品标准编写规则”等标准化工作系列最新国家标准宣贯会及企业标准化信息管理技术研讨会；5 月，联合机械工业基础标准情报网举办“机械工程系列制图标准”宣贯会。年内，组织召开标准宣贯培训班 2 次，培训人数 90 人次；开展标准化技术咨询服务 2 次，服务企业 6 家。

【标准制修订复审工作】2015 年，国家标准委批准立项 SAC/TC168 归口管理的国家标准项目 1 项；SAC/TC168 向国家标准委报批国家标准 4 项、向中国机械工业联合会报批行业标准 3 项；审查国家标准送审稿 5 项。组织复审归口国家标准 26 项，其中继续有效 25 项、修订 1 项；复审行业标准 3 项，全部继续有效。

【国际标准化工作参与情况】2015 年，SAC/TC168 组织办理国际标准复审件的网上电子投票和意见回复 17 项。组团参加 ISO/TC24/SC4 年会，参与会议讨论和投票表决。

【年会情况】2015 年 11 月 30 日至 12 月 1 日，SAC/TC168在江苏苏州召开全体会议，38 人参会，委员出席率 79.49%。会议听取并通过秘书长关于 2015 年工作总结和 2016 年工作计划；审查国家标准送审稿 5 项；审查 26 项国家标准和 3 项行业标准复审提案；听取 6 位代表的委员申请，建议秘书处将代表申请材料发送全体委员重新审查，符合程序要求后向国家标准委提交申请；听取 ISO/TC24/SC4 对口工作组临时组长关于对口工作组及国内开展工作情况，鼓励委员自荐和推选各工作组组长、副组长开展工作；责成秘书处界定各工作组工作范围、职责，并负责国内工作组组长与对口召集人建立联系；要求秘书处加强对颗粒分技术委员会的工作管理，重点处理符合条件的标准申报工作；听取 2 项行业标准新项目建议提案、1 项国家标准修订建议提案和 6 项国家标准新项目建议提案，建议补充项目建议书和标准草案后再提交全体委员讨论。

供　稿：SAC/TC168 秘书处
撰稿人：侯长革
审稿人：王世刚

全国计划生育器械标准化技术委员会（SAC/TC169）

【概况】截至 2015 年底，全国计划生育器械标准化技术委员会归口管理国家标准 4 项、行业标准23 项，其中1项采用国际标准;在研国家标准4项、行业标准4项,其中1项采用国际标准。

SAC/TC169对口国际标准化组织局部避孕和性传染预防屏障器械标准化技术委员会(ISO/TC157)。

是年,SAC/TC169组织YY 0336—2013等行业标准宣贯会。组织开展标准宣贯培训班1次,培训人数50人次;开展标准化技术咨询服务2次,服务企业30余家。

【标准制修订复审工作】 2015年,食品药品监管总局医疗器械标准管理中心批准立项SAC/TC169归口管理的行业标准3项。SAC/TC169向食品药品监管总局医疗器械标准管理中心报批行业标准3项,审查行业标准送审稿3项。食品药品监管总局批准发布SAC/TC169归口管理的行业标准3项。SAC/TC169组织复审归口管理的国家标准4项,结论为全部修订;复审行业标准2项,拟废止1项、继续有效1项。

【国际标准化工作参与情况】 2015年,SAC/TC169组团参加由美国标准化协会主办的第32届ISO/TC157年会,参与会议讨论和投票表决;全年,SAC/TC169参加国际标准投票15项,对国际标准提出建设性建议并被采纳。

【标准化科研】 2015年,SAC/TC169承担《输卵管导管》行业标准的制修订工作。其中,导丝的头端柔软度评价,ISO标准、ASTM标准尚未有良好的方法。标准编写小组开展科学研究,开发一种定量测试导丝头端柔软度的仪器。

【年会情况】 2015年11月3日,SAC/TC169在云南昆明召开三届第八次会议暨标准审定会,委员出席率90%。会议听取秘书长对标委会标准体系的建设、制修订计划执行情况、标准化工作需求、分类目录整体性修订和命名工作、国际标准化发展动态、存在问题和下一年度计划的情况汇报。与会委员对推荐的多项国家标准和行业标准进行论证,确定将其中的3项行业标准列为2016年向食品药品监管总局医疗器械标准管理中心申报项目。

供　稿:SAC/TC169秘书处

全国汽轮机标准化技术委员会(SAC/TC172)

【概况】 截至2015年,全国汽轮机标准化技术委员会归口管理国家标准15项、行业标准38项,其中7项采用国际标准;在研国家标准3项、行业标准22项。

SAC/TC172对口国际电工委员会汽轮机技术委员会(IEC/TC5)。

是年,SAC/TC172组织成员单位参加中国机械工业联合会举办的“机械工业标准编写人员培训”和“标准复核人员培训”11人次;对标委会委员、顾问和有关专家进行“燃煤机组节能减排技术和应用”专题培训和“新IEC 60953系列标准的构架及发展”培训。

【标准制修订工作】 2015年,SAC/TC172审查国家标准送审稿3项、行业标准送审稿11项,申报立项国家标准1项。

【国际标准化工作参与情况】 2015年,SAC/TC172参与IEC/TC5的MT12、MT13和MT14三个标准维护组,实质参与《汽轮机　规范》《汽轮机　蒸汽纯度》《汽轮机热力性能验收试验规程》等国际标准修订工作。

【年会情况】 2016年1月6日,SAC/TC172在四川成都召开标委会四届三次会议,委员出席率(含委员代表)100%。会议审查“2015年度汽轮机标委会工作报告”、“2015年度汽轮机标委会财务报告”、2015版“汽轮机标准体系”修订方案;审核落实5项国家标准的制定任务分配;审查国家标准送审稿3项;审核标委会秘书处提交的2项国家标准和9项行业标准申报立项计划,责成秘书处组织标准制修订承担单位申报立项。

供　稿:SAC/TC172秘书处

全国凿岩机械与气动工具标准化技术委员会（SAC/TC173）

【概况】截至2015年底，全国凿岩机械与气动工具标准化技术委员会归口管理国家标准20项（噪声限值、安全要求强制性标准2项、术语类基础标准4项、基本尺寸系列类产品标准4项、性能试验方法标准10项），其中18项采用国际标准；行业标准73项（基础标准17项、方法标准1项、产品标准55项）。在研国家标准8项、行业标准15项，其中5项国家标准采用国际标准。

SAC/TC173对口国际标准化组织压缩机、气动工具和机械技术委员会气动工具和机械分会（ISO/TC118/SC3），并兼管ISO/TC82/SC5（矿业/凿岩设备）、ISO/TC29（螺丝、螺母装配工具、钳子和镊子）和ISO/TC43（声学）等有关工作。ISO/TC118/SC3发布国际标准33项（基础标准3项、方法标准18项、安全标准12项）。另有5项产品标准分别归属于委托标委会对其噪声方面技术文件进行投票的ISO/TC82、ISO/TC29和ISO/TC29/SC10。

是年，SAC/TC173对标委会80余名标准化工作人员进行标准培训，宣贯国家深化标准化工作改革、国家“中国制造2025”产业规划、机械工业“十三五”标准化发展规划等精神，以及国家标准委新系统、新平台作为标准信息导航、标准制修订工作全过程监管、进度实时监控、动态跟踪和周期管理的重要意义和具体操作及应用。并对行业标准最新标准制修订规范性要求进行简要培训和宣贯。

是年，SAC/TC173开展标准化技术咨询等服务200余次，服务企业108家；为标委会委员单位免费提供相关标准资料80余套，为其他企业出售标准40余册；出版发行4期《凿岩机械与气动工具　信息》内部刊物，向行业企业发送产业发展动态、行业标准化工作进展情况、“工程建设项目信息”等企业开拓市场急需的信息情报服务。

【标准制修订复审工作】2015年，国家标准委批准立项SAC/TC173归口管理的国家标准1项，工业和信息化部批准立项SAC/TC173归口管理的行业标准5项。SAC/TC173向国家标准委、工业和信息化部报批国家标准4项、行业标准10项，审查国家标准、行业标准14项。国家标准委批准发布SAC/TC173归口管理的国家标准4项、工业和信息化部批准发布SAC/TC173归口管理的行业标准9项。SAC/TC173组织复审归口管理的国家标准10项，其中继续有效7项、修订3项。

【国际标准化工作参与情况】2015年，SAC/TC173完成国际标准组织发来的国际标准提案的投票项目4项。

【标准化科研】2015年，SAC/TC173完成《凿岩机械与气动工具　安全要求》标准修订工作；等同采用ISO标准，制定《手持便携式动力工具　振动试验方法　第3部分：抛光机，回转式、滑板式和复式磨光机》《手持便携式动力工具振动试验方法　第5部分：钻和冲击钻》《手持便携式动力工具振动试验方法　第9部分：除锈锤和针束除锈器》3项国家标准。自主研发《轮胎式掘进钻车》《气动喷漆枪》等8项行业标准，预研《全断面硬岩掘进机用刮刀》等3项行业标准。

【年会情况】2015年10月18—20日，SAC/TC173在甘肃天水召开五届五次年会暨标准审查会议，委员出席率79.1%。会上主任委员对一年来的工作情况以及第五届标委会五年来的工作进行回顾和总结，对下一届标委会的工作思路和努力方向进行探讨，提出标委会要深刻领会国务院《深化标准化工作改革方案》的精神，以“中国制造2025”的战略决策为导向，贯彻执行“十三五”标准化发展规划制定的各项措施，携手行业协会共谋行业标准化合理规划、加快采标和贯彻国际标准步伐，为满足行业产业打造中国制造业升级版对标准的需求而努力；对2016年的主要工作任务进行安排。会议重点讨论2016年国家标准和行业标准的立项问题，对预立项标准进行投票；2016年计划项目的时间安排，小组会承办单位、召开时间和地点的确定；2016年培训计划、培训内容、培训时间的确定；新增观察员的资格审查；对第五届标委会的10家标准化工作先进单位、10位标准化工作先进个人进行表彰；决定标委会换届相关事宜。会议审查通过4项国家标准计划项目和10项行业标准计划项目。

供　稿：SAC/TC173秘书处
撰稿人：高学径
审稿人：王建祖

全国五金制品标准化技术委员会(SAC/TC174)

【概况】截至2015年底,全国五金制品标准化技术委员会归口管理国家标准69项(含计划11项)、行业标准290项(含计划29项)。

SAC/TC174秘书处承担单位中国五金制品协会是国际标准化组织家用燃气烹饪器具技术委员会(ISO/TC291)的国内技术对口单位,SAC/TC174/SC2秘书处承担单位上海市工具工业研究所是国际标准化组织小工具标准化技术委员会手工具分技术委员会(ISO/TC29/SC10)的国内技术对口单位。

SAC/TC174下设5个分技术委员会(SC):日用五金(SC1),工具五金(SC2),建筑五金(SC3),厨卫五金(SC4),拉链(SC5)。

是年,SAC/TC174加强组织机构建设,组织委员在原标准体系基础上,针对今后一段时期内五金行业标准化工作实际需求,提出修订、补充建议,修改完善标准体系;对委员进行换届调整;落实标委会信息交流平台网站建设工作。

【标准制修订工作】2015年,SAC/TC174及各分标委会申请7项标准的立项计划,提出制定3项国家标准的立项申请。启动2项国家标准和18项行业标准制修订工作。

【国际标准化工作参与情况】2015年6月、10月,作为国内技术对口单位,中国五金制品协会组团参加ISO/TC291年会和ISO/TC219/WG1第一、二次会议。参与起草《家用燃气烹饪器具的安全》国际标准,并提出意见以及具体的产品参数指标。

6月9—10日,SAC/TC174/SC2参加在美国纽约召开的ISO/TC29/SC10第32次国际标准会议。代表团提出在中国QB/T 4619—2013《棘轮扳手》和美国ASME B107.66《棘轮梅花扳手》的基础上制定相关ISO国际标准,提议被正式列入ISO/TC29/SC10大会的议程,会议后按照ISO/TC29/SC10规定的标准申报程序进行立项申请;提出2017年在中国上海召开ISO/TC29/SC10第34次国际标准会议,被正式列入ISO/TC29/SC10大会的议程并被采纳。

【标准化科研】2015年,SAC/TC174根据国家标准委的部署,在锁具、水龙头、家用燃气灶具等3个重点领域开展"消费品安全国内外标准对比行动"专项工作,完成"五金制品领域标准对比分析及标准体系构建"项目。

供　稿:SAC/TC174秘书处
撰稿人:勾海鹏
审稿人:柳润峰

全国水轮机标准化技术委员会(SAC/TC175)

【概况】截至2015年底,全国水轮机标准化技术委员会归口管理国家标准25项、行业标准4项,其中12项采用国际标准;在研国家标准5项,其中3项采用国际标准。

SAC/TC175对口国际电工委员会水轮机技术委员会(IEC/TC4)。

SAC/TC175下设1个分技术委员会(SC):控制设备(SC1)。

【标准制修订复审工作】2015年,国家标准委批准立项SAC/TC175归口管理的国家标准5项。SAC/TC175向国家标准委报批国家标准3项。组织复审国家标准2项,其中继续有效1项、修订1项。

【国际标准化工作参与情况】2015年,SAC/TC175办理国际标准网上投票和意见回复2项。担任IEC/TC4/WG33"混流式水轮机压力脉动"工作组召集人,主导承担IEC 62282《混流式水轮机模型到原型压力脉动换算导则》国际标准制定工作。派员参加IEC/TC4相关工作组会议。申请增加2名中国专家参加IEC/TC4/WG33工作组,增加1名专家参加IEC/TC4/MT34工作组。

【标准化科研】2015年,SAC/TC175参与完成质检总局下达的《智能制造装备技术国际标准研制》课题中期研究。

【年会情况】2015年11月24—27日,SAC/TC175在福建福州召开2015年换届会议,委员及委员代表出席率96.6%。会议听取全国水轮机标委会第四届标委会工作总结报告、第五届工作计划报告和2015年财务报告；复审2项国家标准；讨论确立标委会2016年主要工作计划。5项国际标准的中国工作组成员介绍有关工作情况。期间召开3个工作组会议。

供　稿：SAC/TC175秘书处
撰稿人：刘诗琪
审稿人：覃大清

全国刑事技术标准化技术委员会（SAC/TC179）

【概况】 截至2015年底，全国刑事技术标准化技术委员会归口管理标准制修订项目770项，其中国家标准59项、行业标准711项。发布实施的刑事技术标准298项，其中国家标准27项、行业标准271项。

SAC/TC179下设毒物分析（SC1）、刑事信息（SC2）、指纹检验（SC3）、理化检验（SC4）、刑事照相、录像（SC5）、法医检验（SC6）、电子物证检验（SC7）、刑事技术产品（SC8）、痕迹检验（SC9）、文件检验（SC10）等10个分技术委员会和DNA、智能语音技术、现场勘查等3个标准化工作组，委员及专家473人。

是年，SAC/TC179秘书处制定《刑事科学技术标准化工作联系点合作协议》，10个分技术委员会和3个标准化工作组分别与30余家地市级公安机关，签署《刑事科学技术标准化工作联系点合作协议》，共同推进全国刑事技术标准化工作。

【标准制修订复审工作】 2015年，公安部发布实施SAC/TC179归口管理的行业标准6项，批准立项SAC/TC179归口管理的行业标准28项。SAC/TC179归口管理的3项国家标准经公安部科信局审核通过，报国家标准委审批。完成73项标准制定审查工作，报公安部科信局审批。复审27项行业标准，其中23项继续有效、3项需修订、1项申请废止。完成2016年度行业标准制修订项目征集和专家评审，征集到55项，优选43项上报公安部科信局审批。完成《车辆驾驶人员毒（药）驾认定规范》《公安标准制修订工作导则》等公共安全行业标准的意见反馈工作。

【国际标准化工作参与情况】 2015年，SAC/TC179参与ISO组建法庭科学技术委员会的工作。撰写《the Standardization of Criminal Science and Technology in China》，向亚洲法庭科学学会会刊投稿。

【DNA技术应用服务标准化试点】 2015年5月，国家标准委审核批准“DNA技术应用服务标准化试点”列为国家标准委第二批社会管理和公共服务综合标准化试点项目。在公安部科信局组织协调下，成立由SAC/TC179承担，公安部物证鉴定中心、河南、广东、重庆等DNA实验室共同执行的项目执行领导组、专家组和工作组。编制起草《国家公共安全领域DNA技术应用服务标准化试点实施方案》《DNA技术应用服务标准化试点工作任务分解表》。7月7日，参加北京市质监局举办的“2015年北京市国家级标准化试点工作会暨培训会”；7月15日，参加国家标准委举办的2015年第三期服务业标准化试点工作培训班。8月3—7日，在公安部科信局举办的全国公安标准制修订工作培训班上，对“DNA技术应用服务标准化试点”进行介绍，与山西省公安厅、上海市公安局等服务标准化试点单位进行经验交流；9月23日，SAC/TC179和公安部物证鉴定中心在黑龙江伊春市组织召开“DNA技术应用服务标准化试点”工作座谈会，50余人参会，与会专家研究讨论《DNA技术应用服务标准化试点实施方案》。10月9—10日，第四届公安机关DNA数据库建设应用研讨会，对“DNA技术应用服务标准化试点”工作和《国家公共安全领域DNA技术应用服务标准化试点实施方案》进行讲解和宣贯；11月3—4日，在公安部科信局举办的部属标委会秘书长座谈暨信息系统安全标准体系研讨会上，对“DNA技术应用服务标准化试点”项目执行情况进行介绍。

供　稿：SAC/TC179秘书处

全国频率控制和选择用压电器件标准化技术委员会(SAC/TC182)

【概况】截至2015年底,全国频率控制和选择用压电器件标准化技术委员会归口管理国家标准30项、行业标准33项,其中37项采用国际标准;在研国家标准2项,均采用国际标准。

SAC/TC182对口国际电工委员会频率控制、选择和探测用压电、介电和静电器件及相关材料技术委员会(IEC/TC49)。

是年,国家标准委批准SAC/TC182换届方案,第四届标委会由25名委员组成,秘书处设在中国电子元件行业协会。

是年,SAC/TC182根据工业和信息化部的要求,分别于4月和10月对本领域的标准体系进行完善,进一步研究国际标准总体情况,核实现有标准、标准计划的数据,补充完善进入体系库的数据内容,保证国际标准、国内现行标准的数据完备性、时效性。

【标准制修订复审工作】2015年,SAC/TC182向工业和信息化部报批行业标准1项,审查国家标准送审稿2项。国家标准委批准发布SAC/TC182归口管理的国家标准2项。SAC/TC182组织复审归口管理的行业标准29项,其中继续有效20项、修订3项、废止6项。

【国际标准化工作参与情况】2015年,SAC/TC182组织国际标准草案网上电子投票和意见回复21项。6月1—3日,2人出席IEC/TC49在柏林召开的会议,参加3个工作组的活动。

【年会情况】2015年12月3—4日,第四届SAC/TC182成立暨2015年年会在北京召开。参加会议的委员和专家有23家单位27人,委员出席率92%。大会向委员颁发聘书。与会委员讨论并通过《全国频率控制和选择用压电器件标准化技术委员会章程》。会议听取秘书处所作的第三届标委会工作总结和第四届工作计划,以及对SAC/TC182准备立项的9项国家标准和7项行业标准的说明。委员一致同意上述项目申报国家标准和行业标准。全体专家审查通过2项国家标准送审稿。

供　稿:SAC/TC182秘书处
撰稿人:章　怡
审稿人:古　群

全国风机标准化技术委员会(SAC/TC187)

【概况】截至2015年底,全国风机标准化技术委员会归口管理国家标准15项、行业标准45项,其中8项采用国际标准;在研国家标准2项、行业标准16项,其中2项采用国际标准。

SAC/TC187对口国际标准化组织风机技术委员会(ISO/TC117),国际标准化组织透平压缩机分技术委员会(ISO/TC118/SC1)。

是年,SAC/TC187组织标准宣贯会1次,宣贯标准4项,全行业30余个单位50余人参加宣贯会。开展标准化技术咨询服务36次,服务企业87家,并为委员及行业企业提供标准资料。

是年,SAC/TC187调整委员2人,新增委员2人。

【标准制修订复审工作】2015年,SAC/TC187审查国家标准送审稿1项、行业标准送审稿6项。标准征求意见5项。完成15项行业标准,其中5项方法标准、3项基础通用标准、7项产品标准。组织复审归口管理的国家标准8项,其中继续有效2项、修订6项;复审行业标准15项,其中继续有效6项、修订9项。

【国际标准化工作参与情况】2015年,SAC/TC187完成国际标准投票4项和相关国际标准的翻译工作。组织参加ISO/TC117在法国里昂召开的第29届会议,参加大会及WG07(通风机性能试验)、WG09(风幕机)、WG11(效率)、WG12(系统效应因子)以及WG13(射流风机)5个工作组会议。会上,中国代表团提出的标准意见建议全部得到采纳。

【年会情况】2015 年 12 月 3—5 日，SAC/TC187 在云南昆明召开标委会五届五次全体会议，参加会议的委员及代表出席率 91%。会议听取 2015 年标委会工作总结和 2016 年工作计划；审查 1 项国家标准、5 项行业标准；讨论 2016 年的工作计划；讨论布置 2016 年国际标准化会议（ISO/TC117 风机）在中国召开筹备工作，以及标委会换届等事项。

供　稿：SAC/TC187 秘书处
撰稿人：郑　华
审稿人：陈凤义

全国阀门标准化技术委员会（SAC/TC188）

【概况】截至 2015 年底，全国阀门标准化技术委员会归口管理标准 247 项，其中现行有效的标准 191 项，包括国家标准 65 项、行业标准 126 项；在研标准 56 项，包括国家标准 14 项、行业标准 42 项。

SAC/TC188 对口国际标准化组织 ISO/TC153（阀门），中国是 ISO/TC153 的“P”成员。ISO/TC153 发布 23 项国际标准，已转化为中国标准 17 项。

SAC/TC188 下设 1 个分技术委员会（SC）：阀门驱动装置（SC2）。

是年，SAC/TC188 对起草单位培训“标准编制说明、征求意见汇总处理表”的编写。通过阀门标准网，建立标准咨询平台。通过网络、邮件、QQ 和电话，对行业企业长期开展技术咨询报务，开展标准化技术咨询服务约 200 次，服务企业 400 余家。

【标准制修订复审工作】2015 年，国家标准委批准立项 SAC/TC188 归口管理的国家标准 4 项；工业和信息化部批准立项 SAC/TC188 归口管理的行业标准 12 项。SAC/TC188 向国家标准委报批国家标准 4 项，SAC/TC188 向中国机械工业联合会报批行业标准 12 项。国家标准委批准发布 SAC/TC188 归口管理的国家标准 4 项，工业和信息化部批准发布 SAC/TC188 归口管理的行业标准 4 项。SAC/TC188 组织委员和各有关单位复审归口国家标准 19 项。

【国际标准化工作参与情况】2015 年，SAC/TC188 对 ISO 相关标准进行 5 次投票。6 月，中国正式向 ISO/TC153 秘书处提交关于制定《工业阀门　电动执行机构　一般要求》新国际标准的提案文件。9 月，在 ISO/TC153（阀门）第二届全体会议（法国巴黎）上，中国代表团介绍新标准提案的背景、过程以及范围等，经过讨论和答疑，ISO/TC153 会议决议中国牵头起草《工业阀门　电动执行机构　一般要求》国际标准，韩国等参加。

【国家标准外文版翻译计划】2015 年 11 月 5 日申请 4 项国家标准翻译计划并获批准。

【标准化科研】2015 年，在对阀门标准体系以及国外标准进行分析研究的基础上，发表论文 2 篇。分别为《液化天然气用阀门检验标准的分析与研究》和《阀门逸散性国内外标准的分析与研究》。

【年会情况】2015 年 12 月 18—20 日，SAC/TC188 四届七次会议和 SAC/TC188/SC2 一届四次会议在福建长泰召开。全国各地约 150 位专家参加会议，其中阀门标委会委员、委员代表 54 人，分会委员、委员代表 18 人，超过委员总数的四分之三。标委会秘书长做 2015 年工作报告，从国内标准、国际标准两方面总结 2015 年和“十二五”期间的工作，介绍标准制修订情况、标准计划申报情况和要求、标准报奖、标准网站、国际标准投票、参加国际会议情况、国际会议决议等内容，提出 2016 年工作计划和拟申请标准计划项目。两个会议审查通过 4 项国家标准和19 项行业标准。

供　稿：SAC/TC188 秘书处
撰稿人：胡春艳　胡　军
审稿人：黄明亚

全国低压电器标准化技术委员会(SAC/TC189)

【概况】截至 2015 年底,全国低压电器标准化技术委员会归口管理现行国家标准 67 项、行业标准 33 项。国家标准中,强制性标准 25 项、推荐性标准 32 项、指导性技术文件 10 项;等同采用国际标准 38 项、修改采用国际标准 14 项、非采标标准 15 项。

SAC/TC189 对口国际电工委员会低压开关设备和控制设备分技术委员会(IEC/SC121A)。SAC/TC189 下设 1 个分技术委员会:家用断路器和类似设备(SC1),SAC/TC189/SC1 对口国际电工委员会家用断路器及类似设备分技术委员会(IEC/SC23E)。

5 月 29 日,SAC/TC189 组织 SAC/TC189/SC1 在上海召开"电弧故障保护电器(AFDD)标准培训",培训低压电器行业代表 94 名。

是年,SAC/TC189 开展强制性国家标准整合精简预评估,初评归口的 27 项强制性国家标准和计划,并上报精简工作报告。其中,19 项需要转为推荐性标准或推荐性计划,8 项继续保留为强制性。

是年,SAC/TC189 组织 73 家低压电器企业参与标准制修订工作。秘书处组织专家答复企业提出的咨询问题。

【标准制修订复审工作】2015 年,SAC/TC189 向国家标准委、能源局报批标准 9 项。复审国家标准 5 项,其中 1 项继续有效、4 项修订。

【国际标准化工作参与情况】2015 年,SAC/TC189 秘书处处理 IEC 文件 88 份,其中投票文件 37 份,包括 IEC/SC121A 的 12 份和 IEC/SC23E 的 25 份。组织相关专家参与 3 项国际标准的制修订工作。组团参加 IEC/SC121A/WG2 接触器、起动器及类似设备工作组 8 人次,IEC/SC121A/MT9 标准(IEC 60947-2)维护工作组 9 人次,IEC/SC23E/WG1 家用和类似用途小型断路器工作组 3 人次,IEC/TC121/WG1 能效 1 人次,IEC/SC23E/WG2 电击危险防护工作组3 人次。申报 IEC/TC121/WG1 能效工作组专家1 人,IEC/SMB/SEG4低压直流配电系统应用评估工作组专家2 人。

SAC/TC189/SC1 向国际电工委员会申报并立项通过 DCMCB(家用及类似用途直流断路器)的国际标准项目提案。参与 2 项国际标准的制修订工作。

【标准化科研】2015 年,SAC/TC189 开展《具有自动重合闸功能的剩余电流保护断路器(CBAR)》《电动汽车模式 2 充电的缆上控制与保护电器(IC - CPD)》《远程智能控制小型断路器》等项目的技术与标准研究。7 月 31 日,中国电器工业协会通用低压电器分会会同 SAC/TC189 在上海组织举办"远程智能控制及自动重合闸小型断路器"技术研讨会,会议邀请科研院所、认证机构、检测机构、企业等专家共同研讨该类产品的技术与应用要求。

【年会情况】2015 年 11 月 23—25 日,SAC/TC189 在浙江杭州召开"2015 年度标委会工作会议暨标准审查会",77 个单位 116 人参会。会议听取上级主管部门领导关于中国标准化工作的发展现状及调整标准化管理机制的工作重点分析。秘书处汇报标委会年度工作进展、制修订计划执行情况、存在问题等,总结本年度标委会工作情况以及国内外标准化技术发展动态。会议审查 9 项标准,探讨 2016 年工作规划。

供　稿:SAC/TC189 秘书处
撰稿人:李人杰
审稿人:栗　惠

全国电梯标准化技术委员会(SAC/TC196)

【概况】截至 2015 年底,全国电梯标准化技术委员会归口管理国家标准 46 项、行业标准 2 项。在研国家标准 5 项,其中 2 项采用国际标准。

SAC/TC196 对口国际标准化组织电梯、自动扶梯及自动人行道技术委员会(ISO/TC178);与欧洲电梯、自动扶梯和自动人行道标准化技术委员会

(CEN/TC10)建立技术合作关系。ISO/TC178标准34项，其中18项转化为中国国家标准，1项转化为中国行业标准，1项申请批准发布，2项正在转化国家标准过程中，3项上报国家标准委立项建议，1项正在研究能否转化，8项不宜转化。

SAC/TC196下设7个工作组(WG)：电梯(WG1)，自动扶梯和自动人行道(WG2)，安全应用及电梯在紧急情况下的应用(WG3)，电气要求和电磁兼容性(WG4)，能量效率(WG5)，乘运质量和检测(WG6)，安全等效评价(WG10)。

是年，SAC/TC196组织标准宣贯培训班5次，重点宣讲4项国家标准和标准化指导性技术文件，培训人数5 500人次。开展标准化技术咨询服务46次，服务企业66家。

【标准制修订复审工作】2015年，国家标准委批准立项SAC/TC196归口管理的国家标准3项，批准发布SAC/TC196归口管理的国家标准3项。SAC/TC196向国家标准委报批国家标准5项，审查国家标准送审稿4项。SAC/TC196组织复审归口国家标准3项，全部继续有效。

【国际标准化工作参与情况】2015年，SAC/TC196参加5项国际标准制修订工作；完成国际标准投票14项。10月，组团参加ISO/TC178/WG4、ISO/TC178/WG6在以色列特拉维夫举办的工作会议，并组织参加CEN/TC10在以色列特拉维夫举办的CEN/TC10/AH17工作会议。8月和10月，两次组织召开SAC/TC196与CEN/TC10的技术交流会。

【标准化科研】2014年7月，SAC/TC196承担的2014年度第一批本级专项《在用电梯安全风险评估与监测分析(技术要求)》获质检总局批准立项。项目于2015年1月21日通过鉴定，4月1日上报到主管部门。

为使中国电梯行业的需要体现在ISO 4190-6等有关ISO标准中，10月底，SAC/TC196秘书处组织SAC/TC196/WG1和SAC/TC196/WG3开展中国常用的电梯配置情况调查研究工作。11月中下旬，按SAC/TC196/WG1和SAC/TC196/WG3建议，研究所收集的调查数据，确定回复ISO 4190-6编制组的调查内容。

为做好GB 7588—2003《电梯制造与安装安全规范》和GB 21240—2007《液压电梯制造与安装安全规范》修订工作，SAC/TC196/WG1和该标准编制组，组织开展驱动主机制动器、110%额定载重量超载、限速器和安全钳动作速度、缓冲器动作速度、轿厢意外移动保护装置、柔性部件进入底坑避险空间尺寸等专题项目研究。

供　稿：SAC/TC196秘书处
撰稿人：陈凤旺
审稿人：李守林

全国人造板标准化技术委员会(SAC/TC198)

【概况】截至2015年底，全国人造板标准化技术委员会归口管理国家标准60项、行业标准70项，其中19项采用国际标准；在研国家标准25项、行业标准21项，其中10项采用国际标准。

SAC/TC198对口国际标准化组织人造板技术委员会(ISO/TC89)及3个分技术委员会：纤维板分技术委员会(ISO/TC89/SC1)、刨花板分技术委员会(ISO/TC89/SC2)和胶合板分技术委员会(ISO/TC89/SC3)以及国际标准化组织铺地物技术委员会第三工作组，强化木地板工作组(ISO/TC89/WG3)。

SAC/TC198下设浸渍纸层压木质地板分技术委员会(SC1)。

是年，SAC/TC198举办标准宣贯培训班2次，培训全国120多家单位200余名代表；组织召开重要标准研讨会7次，200余名专家和代表参会。

是年，SAC/TC198负责浸渍纸层压木质地板(强化木地板)产品标准自我声明公开和监督制度试点工作，制定试点工作方案，发布强化木地板企业产品标准指南清单。

【标准制修订工作】2015年，SAC/TC198征集标准项目建议21项(国家标准7项，行业标准14项)；上报国家标准委、林业局2015年国家标准提案2项，行业标准提案6项；签订10项新立标准任务合同书，其中国家标准3项、行业标准7项；组织审查11项标准(国家标准3项，林业行业标准8项)；报批标准17项，其中国家标准13项、行业标准4项、修改单1项。国家标准委、林业局批准发布SAC/TC198归口管理的国家标准12项、行业标准5项。

【国际标准化工作参与情况】2015年，SAC/TC198完成ISO/TC89国际标准投票16项。3月，SAC/

TC198 副主任委员兼秘书长段新芳等 8 人参加在上海召开的第 16 届国际标准化组织铺地物技术委员会(ISO/TC219)第三工作组(强化木地板工作组)会议,秘书处周冠武代表中方作《中国的木质地板市场状况以及中国与 ISO 、欧洲的强化木地板标准内容比较》报告。5 月,SAC/TC198 主任委员叶克林等 3 人赴意大利参加国际标准化组织人造板技术委员会(ISO/TC89)2015 年会,参与 6 项国际标准内容和征求意见讨论,以及 3 个分技术委员会会议决议表决。

【第二届中国林产品质量与标准化及产业发展研讨会】2015 年 9 月,SAC/TC198 在山东临沂主办"第二届中国林产品质量与标准化及产业发展研讨会",全国 80 余家单位近 130 名代表参会。大会以"加强人造板产品质量和标准化研究,推动人造板产业转型升级"为主题,解读林产品质量和标准化管理政策,交流林产品质量和标准化经验。会议邀请 7 位专家进行特邀主题报告和企业质量与标准化工作交流发言;围绕"人造板产业如何发展"和"如何提升人造板质量"2 个议题,16 位企业高管、技术骨干和科研人员进行交流讨论。

【年会情况】2015 年 11 月,SAC/TC198 组织召开全国人造板标准化技术委员会第三届委员会第四次会议。会议总结 2015 年工作,部署 2016 年工作计划。

供　稿:SAC/TC198 秘书处
撰稿人:段新芳
审稿人:李守林

全国农业机械标准化技术委员会(SAC/TC201)

【概况】截至 2015 年底,全国农业机械标准化技术委员会归口管理国家标准 299 项、机械行业标准 297 项、农业行业标准 302 项。

SAC/TC201 下设 6 个分技术委员会(SC):植保与清洗机械(SC1),农业机械化(SC2),畜牧机械(SC3),排灌设备和系统(SC4),耕种和施肥机械(SC5),农业电子(SC6)。

是年,SAC/TC201 在长沙召开排灌机械标准宣贯会暨标准征求意见会,宣贯 4 项标准,翻译并审查国家标准 GB/T 2816—2014《井用潜水泵》(英文版)。

【标准制修订复审工作】2015 年,国家标准委、工业和信息化部、农业部发布 SAC/TC201 归口管理的国家标准 14 项,机械行业标准 27 项、农业行业标准 22 项;下达国家标准计划 2 项、机械行业标准 2 项、农业行业标准制修订计划 21 项。SAC/TC201 复审国家标准 89 项、机械行业标准 20 项、农业行业标准 165 项。

【国际标准化工作参与情况】2015 年 9 月,SAC/TC201派员参加在波兰举行的 ISO/TC23/SC6 农林拖拉机和机械技术委员会植物保护设备分会第 32 届全会及 WG18、WG19、WG20 工作组会议,讨论 9 个复审标准、12 个 NP、DIS、FDIS 标准文件,并开展以"亚洲无人机施药"等为主题的学术研讨活动。年内,ISO/TC23 发布新国际标准 21 个、新工作项目提案(NP)13 个、委员会草案(CD)7 个、国际标准草案(DIS)22 个、最终国际标准草案(FDIS)9 个、国际标准复审(SR)69 项、系统内部投票(CIB)28 项。SAC/TC201 投票 146 项,投票率 100%。

【标准化科研】2015 年 7 月,SAC/TC201 承担的国家质检总局公益性行业科研专项项目《现代农业装备精准控制系统标准的研究》,通过质检总局科技司组织的专家验收。开展国家质检总局公益性行业科研专项项目《玉米生产农机农艺融合关键标准研究》项目工作,向国家标准委提交项目执行情况自查报告。

【年会情况】2015 年 10 月,SAC/TC201 在安徽合肥召开五届二次会议暨标准审查会。会议讨论未来 5 年需制定的标准项目及"十三五"农机标准规划,复审 89 国家标准和 20 项机械行业标准,审议确定 2016 年全国农机标委会标准制修订项目计划,审查 10 项国家标准和行业标准。

供　稿:SAC/TC201 秘书处
撰稿人:陈俊宝
审稿人:赵凤敏

全国半导体设备和材料标准化技术委员会(SAC/TC203)

【概况】截至 2015 年底,全国半导体设备和材料标准化技术委员会归口管理国家标准 295 项、行业标准 96 项;在研国家标准 112 项、行业标准 36 项。

SAC/TC203 对口国际半导体设备和材料协会(SEMI)。SAC/TC203 秘书长刘筠承担 SEMI 中国光伏标准化技术委员会联席主席职务。

SAC/TC203 下设气体(SC1)、半导体材料(SC2)、封装(SC3)等 3 个分技术委员会,国际工作组(WG1)、光伏材料和设备工作组(WG2)、电子化学品工作组(WG3)、LED 材料和设备工作组(WG4)等 4 个工作组;另有设备、微光刻、电子专用材料3 个分技术委员会已申请组建待批复。

是年,SAC/TC203 重点完成气体分技术委员会换届工作;完成标委会总会换届筹备工作,初步完成新一届委员会组建方案。

【标准制修订复审工作】2015 年,SAC/TC203 重点开展太阳能光伏材料、锂离子电池材料、集成电路设备、LED 照明材料和设备、平板显示材料、电子化学品等领域标准制修订工作。全年,国家标准委批准立项 SAC/TC203 归口管理的国家标准 24 项,工业和信息化部批准立项 SAC/TC203 归口管理的行业标准2 项;SAC/TC203 向国家标准委、工业和信息化部报批国家标准 26 项、行业标准 19 项,审查国家标准、行业标准送审稿 22 项。国家标准委批准发布 SAC/TC203 归口管理的国家标准 39 项,工业和信息化部批准发布 SAC/TC203 归口管理的行业标准 43 项。

SAC/TC203 复审行业标准 262 项,其中废止标准 10 项、继续有效标准 207 项、计划修订标准 45 项。

【国际标准化工作参与情况】2015 年,SAC/TC203 秘书处工作人员参加当年 SEMI 中国光伏标准化技术委员会工作全部 3 次会议。SAC/TC203 委员单位及国内其他相关企业通过 SEMI 中国光伏标准化技术委员会提交 8 项 SEMI 标准提案并成功立项,《光伏组件超薄玻璃规范》《光伏组件封框胶带》等 9 项中国牵头制定的 SEMI 光伏标准获批准发布,另有 3 项SEMI 光伏标准发布中文版本。

【标准化科研】2015 年,SAC/TC203 完成国家质检公益性行业科研专项《电子工艺化学品综合标准化研究》,项目成果包括:发表科技论文 5 篇,完成《薄膜晶体管液晶显示器(TFT-LCD)用显影液》等 5 项标准,形成电子工艺化学品综合标准体系等。

支撑工业和信息化部电子信息司研究制定"锂离子电池产业综合标准化技术体系",重点完成锂离子电池材料部分标准体系研究。

【技术研讨】2015 年 1 月,SAC/TC203 联合中国电子材料行业协会电子锡焊料材料分会在江苏昆山组织召开"光伏焊接材料及焊接工艺技术与标准研讨会"。工业和信息化部、中国电子材料行业协会电子锡焊料材料分会以及来自光伏组件、焊带、锡焊料和助焊剂领域的 40 家企事业单位的 70 余名专家代表参加会议。SAC/TC203 秘书处介绍电子行业标准《晶体硅光伏组件用浸锡焊带》和《晶体硅光伏组件用免清洗助焊剂》的技术内容,与会专家代表就焊带涂层和基材成分、涂层厚度及其均匀性、力学性能以及助焊剂与 EVA、栅线及焊带的化学兼容性、助焊剂残留、助焊剂结晶、助焊剂固含量等因素对光伏组件焊接质量和焊接工艺的影响进行交流,并对反光焊带、焊带无铅化、助焊剂无卤化、焊带助焊剂一体化等技术发展方向及存在的问题,以及焊接过程造成电池片隐裂或碎片现象的原因等进行探讨。

【海峡两岸信息产业和技术标准论坛】2015 年 9 月,SAC/TC203 组织大陆光伏领域专家代表团,参加在台湾淡水召开的第十二届海峡两岸信息产业和技术标准论坛,介绍大陆光伏国际标准化工作进展情况。会上发布 1 项海峡共通标准《光伏组件包装保护技术规范》和两岸太阳能光伏电池测试比对结果,并达成 5 项新共识。

【标准化技术服务】2015 年,SAC/TC203 有关分技术委员会和工作组召开标准宣贯会和技术研讨会,出版气体领域论文集并进行论文交流,利用行业内知名的"中国半导体行业协会半导体分立器件分会年会暨中国微纳电子技术交流与学术研讨会"进行微光刻标准化技术的推广宣贯工作,培训人数 327 人。组织分技术委员会对企业进行走访调研,协助有关企业开展企业标准的编制、协助相关检测和科研单位依据国标建立检测实验室等,为 65 家企业提供标准化技术咨询服务。

供　稿:SAC/TC203 秘书处
撰稿人:裴会川
审稿人:张宏图

全国环境管理标准化技术委员会(SAC/TC207)

【概况】截至2015年底,全国环境管理标准化技术委员会归口管理国家标准30项,其中13项采用国际标准;在研国家标准11项。

SAC/TC207对口国际标准化组织环境管理技术委员会(ISO/TC207)及其下设的5个分技术委员会:环境管理体系(SC1),环境审核(SC2),环境标志(SC3),环境绩效评价(SC4),生命周期评价(SC5)。

SAC/TC207下设3个分技术委员会(SC):环境管理体系(SC1),生命周期评价(SC5),环境意识设计(SC6)。

是年,SAC/TC207通过电话咨询、企业来访等形式为20余家企业、行业协会提供环境管理体系、清洁生产、产品生态设计等方面标准化技术咨询服务。支撑工业和信息化部开展生态设计示范企业的评价,将标准化作为示范企业建设的重要任务之一。

【标准制修订工作】2015年,国家标准委批准立项SAC/TC207归口管理的国家标准4项。SAC/TC207向国家标准委报批国家标准2项,审查国家标准3项。国家标准委批准发布SAC/TC207归口管理的国家标准8项。

【国际标准化工作参与情况】2015年,SAC/TC207组织各类投票20余项,对DIS和FDIS稿的投票率100%。其中,对重要标准的投票,SAC/TC207秘书处向国家相关部委、SAC/TC207委员、研究机构、认证机构、企业等发函对标准草案征集意见,组织召开反馈意见研讨会,形成统一投票意见并向国家标准委汇报,保证投票意见代表国家的利益。全年,参与环境管理体系国际标准(ISO 14001、ISO 14004)等的修订工作、环境技术验证标准(ISO 14034)等3项国际标准的制定工作。组团参加ISO/TC207和分委员会SC1、SC2、SC3、SC4、SC5、SC7年会及其各工作组的会议。

供　稿:SAC/TC207秘书处
撰稿人:刘　玫

全国机械安全标准化技术委员会(SAC/TC208)

【概况】截至2015年底,全国机械安全标准化技术委员会归口管理国家标准49项,其中38项等同采用国际标准、1项修改采用国际标准;在研国家标准13项,其中6项等同采用国际标准。

SAC/TC208对口国际标准化组织机械安全技术委员会(ISO/TC199)。

SAC/TC208下设7个工作组(WG):设计通则与风险评估(WG1),防护装置与安全距离(WG2),保护装置(WG3),安全控制系统(WG4),有害物质排放(WG5),登高安全设备与通道(WG6),安全特征(WG7)。

是年,SAC/TC208围绕重要机械安全基础通用标准,组织召开4次标准宣贯培训会,并为上海和浙江两家企业开展点对点机械安全标准和技术培训。培训人数150余人次,服务企业近百家。组织专家为上海和浙江两家企业开展包括高档数控机床在内的10余台机械设备和2条铸造生产线安全评估技术服务,提出安全整改方案。针对下设各工作组相关人员,组织召开一次GB/T 1.1—2009《标准化工作导则　第1部分:标准的结构和编写》培训会。

【标准制修订复审工作】2015年,国家标准委批准立项SAC/TC208归口管理的国家标准6项。SAC/TC208向国家标准委报批国家标准4项,审查国家标准6项。国家标准委批准发布SAC/TC208归口管理的国家标准3项。SAC/TC208复审归口管理的国家标准8项,其中继续有效7项、修订1项。

【国际标准化工作参与情况】2015年,SAC/TC208组织办理国际标准NWIP立项3项、CD稿1项、DIS稿1项、FDIS稿7项、复审7项,以及1项决议的网上电子投票和意见回复工作。由SAC/TC208主导制定的1项机械安全国际标准完成正式立项。参与7项国际标准的制修订工作。组团参加ISO/TC199/WG6安全距离与人类工效学英国爱丁堡(2015年12月)工作组会,ISO/TC199/WG7联锁装置丹麦哥本哈根(2015年9月)工作组会,以及ISO/TC199德国美因茨年会。在美因茨年会上，中国代表提出修订 ISO 29042 系列标准的意见，ISO/TC199 秘书处在会上原则上同意此意见，在国际标准草案准备完成之后可随时向秘书处提交。SAC/TC208 推荐中国专家李立言担任 ISO/TC199/WG6 下一任召集人，并在 ISO/TC199/WG6 英国爱丁堡工作组会上正式获得提名。

【标准化科研】 2015 年，SAC/TC208 完成科技部下达的《支撑国际突破与国际贸易的重要国际标准研究》研究项目中关于机械安全等国际标准研制部分的研究，为研制国际标准 ISO/TR 22100-3 奠定基础；完成质检总局下达的《消费品安全标准技术架构研究及标准研制》的子项目《消费品安全物理危害因素多元分类体系与标准技术架构原理研究》。承担国家科技支撑计划《显控界面工效学设计与测评技术应用示范研究》的子项目《工程机械显控界面工效学设计与产品技术应用示范研究》，以及国家科技支撑计划《航空装备等重要制造领域 49 项基础及关键共性技术标准研究》中基础通用领域的 2 项机械安全标准研制工作。

【年会情况】 2015 年 11 月 17—19 日，SAC/TC208 在福建泉州举行全体会议，70 余位委员、观察员和专家出席会议，委员出席率 84%。会议宣读国家标准委《关于增补全国机械安全标准化技术委员会委员的批复》，为本年增补的 6 位委员颁发国家标准委的聘书；标委会《关于增补观察员的通知》，为本年增补的 3 位观察员颁发标委会聘书；中国机械工业科学技术奖获奖单位和个人名单，为获奖单位和个人颁发证书。会议听取标委会 2015 年工作总结和 2016 年工作计划；审议通过拟在 2016 年申请立项的 8 项国家标准项目；审查通过 6 项国家标准送审稿；举行 SAC/TC208/WG7（安全特征工作组）成立大会和授牌仪式。

供　稿：SAC/TC208 秘书处
撰稿人：刘治永
审稿人：张晓飞

全国泵标准化技术委员会（SAC/TC211）

【概况】 截至 2015 年底，全国泵标准化技术委员会归口管理国家标准 33 项、行业标准 57 项（基础通用标准 10 项、产品标准 59 项、方法标准 21 项）。

SAC/TC211 对口国际标准化组织泵技术委员会（ISO/TC115）。

SAC/TC211 下设 2 个分技术委员会（SC）和4 个常设标准工作组（WG）：容积泵（SC1），螺杆泵（SC2）；杂质泵（WG1），纸浆泵（WG2），轻型多级离心泵（WG3），无轴封离心泵（WG4）。与泵相关的国际标准 20 项（基础通用标准 2 项、方法标准 5 项、产品标准 13 项），转化为中国国家标准 12 项，列入计划且正在转化的 4 项，未转化的 4 项已列入 SAC/TC211“十三五”标准规划。

是年，SAC/TC211 组织宣贯会 1 次，宣贯国家标准 4 项，58 人参加。

【标准制修订工作】 2015 年，SAC/TC211 完成报批国家标准 3 项、行业标准 3 项。申报国家标准项目 4 项、行业标准项目 6 项，其中 9 项获批立项。组织制修订标准 9 项。国家标准委批准发布 SAC/TC211 归口管理的国家标准 2 项，工业和信息化部批准发布 SAC/TC211 归口管理的行业标准 6 项。

【国际标准化工作参与情况】 2015 年 2 月 11 日，SAC/TC211派 2 名专家参加在美国圣彼德斯堡（佛罗里达州）召开的 ISO/TC115（泵技术委员会）第 18 届年会。会上，SAC/TC211 专家进行技术交流，了解 ANSI/HI 的组织机构和相关标准以及《回转动力泵　模型泵水力性能验收试验》等国际标准的进展情况，商议中国专家参加国际标准起草工作组等事宜。

年内，SAC/TC211 秘书处组织国际标准工作组参与 ISO/TC115 组织的 2 项国际标准复审工作，结论均为继续有效。截至年底，SAC/TC211 完成ISO/TC115 委员会内部投票（CIB）2 项，系统复审（SR）投票 4 项，DIS 文件投票 1 项，FDIS 文件投票 1 项。

供　稿：SAC/TC211 秘书处
撰稿人：董钦敏
审稿人：赵桂霞

全国家用自动控制器标准化技术委员会(SAC/TC212)

【概况】截至2015年底,全国家用自动控制器标准化技术委员会归口管理现行国家标准31项(强制性标准20项、推荐性标准11项)、行业标准12项。

SAC/TC212对口国际电工委员会电自动控制器技术委员会(IEC/TC72),18项IEC标准正在实施运作,均为IEC 60730系列标准。

SAC/TC212下设1个分技术委员会(SC):变频控制器(SC1)。

2015年8月30—31日,SAC/TC212在江苏常熟召开2015压缩机制冷技术研讨会,50余位企业标准从业专家参加宣贯研讨。

是年,SAC/TC212召开5次标准工作组会议,分别对5项国家标准及行业标准征求意见稿进行讨论并形成送审稿。

【标准制修订工作】2015年,国家标准委、工业和信息化部批准发布SAC/TC212归口管理的国家标准1项和行业标准5项。SAC/TC212完成4项国家标准、2项行业标准的制定(完成送审稿待审查)。5项国家标准、4项行业标准在研制中。

【国际标准化工作参与情况】2015年,SAC/TC212秘书处收到IEC/TC72文件53件,与IEC/TC72相关的其他TC文件20件。其中需投票答复19件,实际投票答复件19件,投票答复率100%。组团参加IEC/TC72于10月12—16日在比利时韦尔肯拉特市(Welkenraedt)召开的全体会议及其工作组会议。中国代表团介绍中国提出的《变频控制器的安全》国际标准提案,得到委员会支持,继续开展该项目,尽快开始正式的新标准申请流程。

供　稿:SAC/TC212秘书处
撰稿人:钱　峰
审稿人:孔睿迅

全国电线电缆标准化技术委员会(SAC/TC213)

【概况】截至2015年底,全国电线电缆标准化技术委员会归口管理国家标准245项(产品标准179项、试验方法标准66项),行业标准249项(产品标准192项,试验方法标准57项)。

SAC/TC213对口IEC/SC18A(船用电缆)、IEC/TC20(电缆)、IEC/SC46C(电线和对称电缆)、IEC/TC55(绕组线)。技术对口的IEC标准251项,其中172项转化为中国标准。

SAC/TC213下设1个分技术委员会(SC):绕组线(SC1)。SAC/TC213/SC1归口管理国家标准66项(产品标准58项、试验方法标准8项),行业标准42项(均为产品标准)。

【标准制修订复审工作】2015年,国家标准委批准发布SAC/TC213归口管理的国家标准6项。SAC/TC213复审归口的国家标准27项。

供　稿:SAC/TC213秘书处
撰稿人:王春红
审稿人:陈信民

全国纺织机械与附件标准化技术委员会(SAC/TC215)

【概况】 截至2015年底,全国纺织机械与附件标准化技术委员会归口管理国家标准112项、行业标准449项,其中121项采用国际标准;在研国家标准1项、行业标准47项。

SAC/TC215对口国际标准化组织纺织机械与附件技术委员会(ISO/TC72)及其下设的6个分技术委员会:纺纱准备、纺纱、加捻和卷绕机械与附件(SC1),织造和准备机械与附件(SC3),印染和整理机械与附件(SC4),工业洗涤和干洗机械与附件(SC5),纺织机械安全要求(SC8),通用标准(SC10)。

SAC/TC215下设3个分技术委员会(SC):纺纱、染整机械(SC1),纺织器材(SC2),非织造布机械(SC3);归属全国工业机械电气系统标准化技术委员会(SAC/TC231)的"纺织机械电气系统分技术委员会"(SAC/TC231/SC1)的业务也由SAC/TC215管理。

10月22日,国家标准委复函同意第五届SAC/TC215及其第二届SAC/TC215/SC1、第二届SAC/TC215/SC2组成方案。

是年,SAC/TC215通过"全国纺织机械标准化及检验技术服务网"为纺织机械行业相关企事业单位和标准化工作者搭建标准化信息交流平台,并提供咨询及技术服务,年内,编辑出版标准网《网讯》4期,拥有网员130余人。

【标准制修订复审工作】 2015年,工业和信息化部批准SAC/TC215归口管理的行业标准25项;SAC/TC215申报下一年度国家标准立项6项、行业标准立项18项。SAC/TC215向国家标准委、工业和信息化部报批国家标准6项、行业标准15项,审查国家标准送审稿1项、行业标准送审稿20项。工业和信息化部批准发布SAC/TC215归口管理的行业标准13项。SAC/TC215及各有关分技术委员组织复审归口国家标准27项,经确认继续有效;复审行业标准55项,其中继续有效35项、修订15项、废止5项。

【国际标准化工作参与情况】 2015年,SAC/TC215组织办理国际标准项目最终阶段投票7项,新工作项目和草案投票3项,国际标准阶段复审投票和意见回复17次。

【年会情况】 2015年12月22日,SAC/TC215在浙江绍兴召开全体会议,到会委员42人,委员出席率89%。SAC/TC215上级标准化主管部门中国纺织工业联合会科技发展部主管领导就国家标准化改革政策及纺织行业标准化工作要求做讲话。标委会秘书长做年度标准化工作总结,提出今后标委会工作重点。会议审查通过6项行业标准(送审稿)。

12月23—24日,SAC/TC215/SC1年会在浙江绍兴召开,完成换届工作。分标委主任介绍行业标准化工作的总体情况和下一个五年计划部署和规划,秘书长做分标委上年度工作总结;会议审查国家标准和行业标准11项;对计划复审标准进行研讨,并要求各委员会后做好意见反馈。

12月18日,SAC/TC215/SC2在陕西咸阳召开二届一次全体委员会议。会议总结第一届纺织器材分会完成的工作情况,并由新一届秘书长作"十三五"纺织器材标准化工作规划报告;会议审查2项纺织行业标准。

4月9—10日,SAC/TC215/SC3在上海召开2015年年会,29名委员出席会议,中国纺织机械行业协会主管领导、特邀专家代表等37人到会。会议安排行业专家做"熔融纺丝成网非织造布生产设备及技术展望"专题报告,审议分委员会2014年度工作报告,审查2项行业标准,落实2015年标准项目参编单位,提出下一阶段标准项目计划。会议编印《非织造布(纺织品)相关标准目录》、《纺织行业标准制定工作细则》、GB/T 16733《国家标准制定程序的阶段划分及代码》等文件,并对其内容进行宣贯。

供　稿:SAC/TC215秘书处

全国医疗器械质量管理和通用要求标准化技术委员会（SAC/TC221）

【概况】截至2015年底，全国医疗器械质量管理和通用要求标准化技术委员会归口管理现行有效标准10个，即将发布标准9个，均为国际标准等同转化的推荐性行业标准。

是年，SAC/TC221开展标委会换届工作，向上级主管部门上报换届文件。

【标准制修订工作】2015年，SAC/TC221对1项行业标准修订项目组织起草和征求意见。预立项行业标准1项，由SAC/TC221归口单位北京国医械华光认证有限公司与全国输液器具标准化技术委员会（SAC/TC106）归口单位山东省医疗器械产品质量检验中心合作起草。食品药品监管总局批准发布SAC/TC221归口管理的2项推荐性医疗器械行业标准。

【国际标准化工作参与情况】2015年6月8—11日，SAC/TC221组团参加在美国科罗拉多州丹佛市举行的国际标准化组织/医疗器械质量管理和通用要求技术委员会/质量体系对医疗器械的应用工作组（ISO/TC210/WG1）会议。11月15—20日，6人组团参加在美国西雅图举行的ISO/TC210第十八届年会。参加包括WG1（质量体系对医疗器械的应用工作组）、WG2（质量原则对医疗器械应用的通用要求工作组）、WG3（医疗器械的符号和命名工作组）、WG5（贮液器输送系统用小孔径连接件工作组）、WG6（上市后监督系统对医疗器械的应用工作组）、JWG4（小孔径连接件联合工作组）6个小组会议和ISO/TC210全体会议。

【标准化科研】2015年，SAC/TC221主要基于YY/T 0316—2008《医疗器械　风险管理对医疗器械的应用》标准，继续进行医疗器械风险管理课题研究，针对不同类别的医疗器械完善相应的风险管理评价细则，研究成果是风险管理相关标准的应用研究和推广，可用于风险管理认证，产出行业标准宣贯教材。5月12—13日，SAC/TC221和北京国医械华光认证有限公司在北京召开质量管理和通用要求工作组会议。参加会议的有SAC/TC221和企业代表等15人。会议主要议题ISO 13485（第3版）/DIS. 2存在的问题及如何将中国法规要求融入ISO 13485（第3版）。与ISO 13485修订进程同步，SAC/TC221秘书处与北京国医械华光认证有限公司启动YY/T 0287—201×/ISO 13485：201×《医疗器械　质量管理体系　用于法规的要求》标准导读编写工作。

【标准质量调研】2015年8月，SAC/TC221对归口制修订的10个医疗器械行业标准（截至2015年12月17日）开展质量调研工作的问卷调查暨实地调研。发放问卷97份，收到86份反馈表，反馈率88.7%。调研结合北京国医械华光认证有限公司9月审核计划，采用问卷与现场调研相结合的方式，反馈问卷企业主要集中在北京、广东、浙江、江苏、上海等地。调研表明医疗器械质量管理和通用要求的行业标准得到产业界的认可和贯彻实施。同时反馈出存在以下问题：应提高对质量管理和通用要求领域标准的重要性和必要性的认识，积极推广应用；继续领会国际先进的管理理念和方法，改变标准与实际应用脱节的倾向性，提高质量管理体系的有效性；加强质量管理标准与产品标准和其他过程标准的协调。

【标准宣贯】2015年1—11月，SAC/TC221依托北京国医械华光认证有限公司平台培训YY/T 0287标准内审员4 765人，GMP及新法规1 050人，风险管理培训635人，无菌检验员286人，YY/T 0505电磁兼容194人，ISO 11607《最终灭菌医疗器械包装》标准194人，GB 9706.1标准120人。年内，新编印《医疗器械生产质量管理规范》《统计技术在质量管理中的应用》《医疗器械注册专员》等培训教材。

供　稿：SAC/TC221秘书处
撰稿人：王美英
审稿人：米兰英

全国互感器标准化技术委员会(SAC/TC222)

【概况】截至2015年底,全国互感器标准化技术委员会归口管理国家标准10项(其中8项采用IEC标准)、行业标准8项;在研国家标准4项。

SAC/TC222对口国际电工委员会互感器技术委员会(IEC/TC38)。

2015年8月,国家标准委批复标委会换届及组建方案。第五届标委会委员59名,标委会秘书处挂靠单位为沈阳变压器器研究院股份有限公司。

是年,SAC/TC222参加由上级标准化主管部门组织的IEC技术归口工作考评活动,按有关要求准备并上报考核材料,于9月参加由中国电器工业协会组织的“IEC技术对口单位现场考评会议”,进行现场答辩。

是年,SAC/TC222对归口管理的所有强制性国家标准及计划提出整合精简结论并上报。对原有标准体系更新和调整,完善现有标准体系。

【标准制修订工作】2015年,SAC/TC222开展4项标准的制修订工作(修订2项、制定2项)。工业和信息化部批准立项SAC/TC222归口管理的行业标准3项。国家标准委批准发布SAC/TC222归口管理的国家标准2项,工业和信息化部批准发布SAC/TC222归口管理的行业标准2项。

【国际标准化工作参与情况】2015年,SAC/TC222秘书处收到IEC/TC38文件17份,需表态文件1份。对于表态文件,秘书处征求意见并汇总整理后,按时报送IEC/TC38。SAC/TC222委派1名专家参加MT48(IEC 61869-1《互感器　第1部分:通用技术要求》)标准修订工作组。

【标准化科研】2015年,SAC/TC222承担“智能化输配电设备关键技术标准项目研究课题(该课题属于国家高技术产业化项目、国家能源应用技术研究及工程示范项目《智能化输配电关键设备研制及工程应用示范》子课题”中的《智能化输配电设备关键技术标准项目研究》的研究工作,项目将产生2项国家标准。SAC/TC222跟踪IEC 61869-6和IEC 61869-9进展情况,并组织有关单位在开展频率响应和谐波准确度要求、低功率电流互感器的暂态特性要求和低功率电压互感器的暂态特性要求等方面的研究工作。

【年会情况】2015年12月19日,SAC/TC222在广东广州举行全体会议,委员出度率98.3%。会议听取上级主管部门就标准体系建设、强制性标准改革、智能制造、一带一路行动计划、2015年电工行业所开展的重点标准化工作情况的介绍以及强制性国际标准整合精简工作的有关情况,并就重点领域团体标准、企业标准化工作、国际标准化工作、技术委员会管理、国家标准立项等方面的工作给予指导。标委会副主任委员就国家电网建设及发展、全球能源互联网、±1 100 kV直流输电、电子式互感器等方面的情况进行通报。会议听取秘书处有关《第四届全国互感器标准化技术委员会换届及组建工作总结》;审议由秘书处提出的技术委员会章程、秘书处工作报告等;审查国家标准送审稿1项;审议通过2016年拟申报的标准制修订项目计划建议及2016年标委会经费预算情况等。

供　稿:SAC/TC222秘书处
撰稿人:林　然
审稿人:章忠国

全国交通工程设施(公路)标准化技术委员会(SAC/TC223)

【概况】截至2015年底,全国交通工程设施(公路)标准化技术委员会归口管理现行标准430项(国家标准84项、行业标准265项、计量检定规程81项);在研标准104项(国家标准10项、行业标准83项、计量检定规程11项)。

SAC/TC223对口国际标准化组织道路交通安全管理体系技术委员会(ISO/TC241)。

是年,SAC/TC223组织宣贯标准16项,分别举办《高速公路交通数据报表格式》等7项标准宣贯讲解班、《LED主动发光道路交通标志》等5项标准宣贯会、《冰雪天气公路通行条件预警分级》等3项标准宣贯讲解班、《公路蓄能型自发光交通标识》标准宣贯讲解班、《沥青路面裂缝处治材料系列标准》宣贯会,来自地方交通主管部门、设计、科研、安全设施生产厂家等单位600余人参加宣贯会。

是年,SAC/TC223公路工程材料及仪器设备专业标准化工作组拓展宣贯途径,采取出版专著、编写宣贯材料、召开宣贯会等多元化宣传方式,对2015年度发布实施的标准,编写宣贯材料,于2月和8月分别在"中国公路学会道路分会"网站、期刊《道路科技信息》上进行宣传报道。发放和邮寄宣传刊物文本350份,网上浏览1 000余人次,宣传对象涵盖行业管理部门、设计部门、检测部门、科研和高校、施工行业、企业用户等。

是年,SAC/TC223筹备第四届换届工作,上报国家标准委进行换届申请。

【标准复审工作】2015年,SAC/TC223针对2010年发布实施的33项标准进行复审,其中国家标准16项、行业标准10项、计量检定规程7项。结论为继续有效标准20项、建议修订标准13项。

【国际标准化工作参与情况】2015年,SAC/TC223参与ISO/TC241第九次全体会议,编写提交"ISO 39001国际标准在中国"报告,使与会各国对该国际标准在中国的转化、推广、认证认可工作有全面了解。经国家标准委批准,对口单位交通运输部公路科学研究院研究员张高强、研究员矫成武注册为ISO/TC241第四工作组专家,参与一次工作组电话会议和编写面对面会议的报告。基于国际标准工作,参与国家认可委"道路交通安全管理体系认可制度研究项目"并在国内权威期刊发表4篇文章介绍ISO 39001及"道路交通安全管理体系"认证工作。

【标准化科研】2015年,SAC/TC223推荐并作为保证方负责的3项交通标准化研究项目《道路逆反射材料国际标准研究》《道路交通标线雨夜可视性测试方法研究》《低合金结构钢用于公路波形梁钢护栏的技术要求研究》通过项目验收会,并以此为基础提交相应的标准草案,3项标准草案涉及行车安全和节约型安全设施,为建设绿色、安全的公路提供技术支撑。

供　稿:SAC/TC223秘书处
撰稿人:张　帆
审稿人:唐琤琤

全国地震标准化技术委员会(SAC/TC225)

【概况】截至2015年底,全国地震标准化技术委员会归口管理国家标准26项(强制性标准6项)、行业标准77项、地方标准15项。

是年,SAC/TC225加强制度建设,修订《地震标准化管理办法》《地震标准制修订工作程序(试行)》等现有制度。其中,《地震标准制修订工作程序(试行)》修订后的名称为《地震标准制修订工作管理细则》,于2015年颁布实施。

【标准制修订复审工作】2015年,SAC/TC225归口管理的1项国家标准、5项行业标准和3项地方标准批准发布。审查2项国家标准、1项行业标准。完成1项行业标准征求意见。复审28项标准,其中继续有效13项,修订13项,2项需进行会议审查。

【标准化科研】2015年,SAC/TC225开展地震标准体系研究,进一步细化今后3年至5年地震标准体系建设的总体需求和功能布局,制定标准体系建设清单,推进完善地震标准体系的管理模式。开展国家地震社会服务工程科研成果中相关标准产出研究,结合项目开展国家地震社会服务工程科研成果中相关标准产出研究,形成14个标准草案稿。

【标准宣贯】2015年,SAC/TC225配合中国地震局震防司开展新一代区划图强制性国家标准的宣传贯彻,结合2015年世界标准日宣传活动以及"较大的市地震部门行政执法培训班",对新一代区划图标准实施的若干问题进行解读。标准文本出版印刷后发送至地市级地震工作主管部门。指导推进四川省地震局2项地方标准以及广东省地震局1项地方标准。

供　稿:SAC/TC225秘书处
撰稿人:和　锐
审稿人:吴何珍

全国起重机械标准化技术委员会(SAC/TC227)

【概况】截至2015年底,全国起重机械标准化技术委员会归口管理国家标准185项、行业标准110项。

SAC/TC227对口国际标准化组织起重机技术委员会(ISO/TC96)和钢制圆环链、吊链、部件及附件技术委员会(ISO/TC111)。ISO/TC96和ISO/TC111有现行国际标准117项(其中ISO/TC96有98项,ISO/TC111有19项,可进行转化的为114项),中国标准转化率达94%。中国承担ISO/TC96的主席国和国际秘书处,主席由北京起重运输机械设计研究院副院长张喜军担任,秘书由长沙中联重工科技发展股份有限公司付玲担任。国家标准委批复成立ISO/TC96国内技术对口专家工作组。

SAC/TC227下设塔式起重机(SC1)、流动式起重机(SC2)、桥式和门式起重机(SC3)、臂架起重机(SC4)等4个分技术委员会和停车设备(WG1)、千斤顶(WG2)、电气设备工作组(WG3)等3个工作组。

是年,SAC/TC227完成11项强制性国家标准和6项强制性国家标准计划项目的技术评估,结论为2项强制性国家标准继续有效、1项强制性国家标准计划项目废止、其余项目全部转化为推荐性国家标准;完成《起重机械"十二五"技术标准体系建设方案》的修订工作。

是年,SAC/TC227组织5期标准宣贯会,培训560余人,组织编写4本宣贯教材。

【标准制修订工作】2015年,SAC/TC227组织完成11项国家标准和12项行业标准,并组织申报7项国家标准计划和7项机械行业标准计划。组织召开标准初稿讨论会、专家审查会和标准审查会等12次会议;在北京组织召开2015年起重运输机械标准制修订工作会议,介绍标准的制修订程序、标准编写要求及编制说明的内容和要求、落实标准计划项目进度。

【国际标准化工作参与情况】2015年,SAC/TC227对ISO/TC96的31个投票文件及ISO/TC111的9个投票文件进行投票,投票率100%。9月7—14日,组团参加在澳大利亚悉尼举行的2015年ISO/TC96起重机技术委员会系列会议,提出3项国际标准提案,其中《起重机　术语　第4部分:臂架起重机》经ISO/TC96成员投票表决,正式立项。根据国家标准委下达的翻译计划要求,组织起重机械行业有关专家开展对4项中国国家标准英文版的翻译工作。组织申报14项起重机械国家标准英文版的翻译计划。

供　稿:SAC/TC227秘书处
撰稿人:林夫奎
审稿人:赵春晖

全国电工合金标准化技术委员会(SAC/TC228)

【概况】截至2015年底,全国电工合金标准化技术委员会归口管理国家标准32项、行业标准110项,其中11项采用国际标准或国外先进标准;在研国家标准3项、行业标准3项,采用国际标准和国外先进标准各1项。

是年,SAC/TC228与中国电器工业协会电工合金分会、中国稀土行业协会磁性材料分会等协会合作,通过会议、期刊《电工材料》发表标准释义等形式,开展标准宣贯。其中,会议培训126人次。开展标准化服务26次,服务企业37家。

【标准制修订复审工作】2015年,工业和信息化部批准发布SAC/TC228归口管理的行业标准12项。SAC/TC228审查通过1项国家标准、3项行业标准。复审国家标准9项。向国家标准委、工业和信息化部申报国家标准制修订计划项目5项、行业标准制定项目3项,其中3项行业标准制定项目获立项。

【国际标准化工作参与情况】2015年,SAC/TC228委员周星负责主持修订IEC 60404-13:1995《电工钢片(带)密度、电阻率和叠装系数的测量方法》,预计2017年完成修订。

【标准化科研】2015年,SAC/TC228完成《电触头元件结合强度试验方法(超声波检测法)》等标准预研工作,研制出小容量继电器电性能试验平台、电触头接触电阻测试设备,为下一步制定相关试验方法标准提供技术支撑。

【年会情况】2015 年 12 月 13—15 日,SAC/TC228 在广西桂林召开 2015 年度标委会年会暨标准审查会,委员、委员代表、特邀专家和标准起草小组成员 56 人参会,其中委员及委员代表 38 人,委员出席率 79.1%。会议听取秘书长对 2015 年度工作总结及标准计划执行情况、财务收支等的汇报;审查《电工合金标准化十三五发展规划》,对规划提出修改和补充意见和建议;审查通过 4 项标准;对拟列入2016 年度标准制修订计划项目的《用抽拉或旋转法测量磁性材料磁偶极矩的方法》等 5 项标准计划申报书进行审查。

供　稿:SAC/TC228 秘书处

全国电工术语标准化技术委员会(SAC/TC232)

【概况】截至 2015 年底,全国电工术语标准化技术委员会归口管理 71 项国家标准,范围涵盖电工全行业 9 大类:基本概念,电工材料,仪器仪表,电工设备,电子设备,发电、输电和配电,电信技术,特殊应用,生态环境。

SAC/TC232 对口国际电工委员会术语技术委员会(IEC/TC1),IEC/TC1 管理着 86 项国际术语标准,从 2000 年中国开始与国际同步转化,转化率 95% 以上。

【标准制修订工作】2015 年,SAC/TC232 修订标准 1 项,制定标准 2 项。

【国际标准化工作参与情况】2015 年,SAC/TC232 完成国际标准草案投票,投票率 100%。主导制定中文国际标准 2 项。

供　稿:SAC/TC232 秘书处
撰稿人:李　婧
审稿人:李桂芳

全国地名标准化技术委员会(SAC/TC233)

【概况】截至 2015 年底,全国地名标准化技术委员会归口管理国家标准 15 项、行业标准 4 项;在研国家标准 16 项。

SAC/TC233 对口联合国地名专家组。

3 月 18 日,SAC/TC233 将 2014 年 7 月 2 日经第三届委员会第一次会议审议通过的《全国地名标准化技术委员会章程》和《全国地名标准化技术委员会秘书处工作细则》正式印发。组织全体委员对《地名规划通则》国家标准送审稿进行函审。对本届委员中由于工作变动导致的几名委员(包括秘书长)调整事项,提请全体委员进行投票表决,并报国家标准委批准。

是年,SAC/TC233 与中国地名学会共同召开“地名普查与地名标志产品质量”培训工作,并结合第二次全国地名普查领导小组办公室组织开展的地名普查业务培训,开展地名标准化培训工作,对《地名标志》等国家标准进行宣贯。召开专门标准宣贯培训班 1 次,培训人数 40 余人。开展标准化技术咨询服务 121 次,服务企业 121 家。

【标准制修订工作】2015 年,SAC/TC233 组织申报国家标准、行业标准立项 2 项,组织审查标准送审稿 1 项。

【标准化科研】2015 年,SAC/TC233 组织开展《中国南极地名研究》研究工作,与民政部地名研究所等单位联合完成《南极洲德国地名词典》《南极洲中国地名图册》《南极洲地理实体通名术语词典》等南极地名标准化书籍的编辑出版工作。研制完成《武夷新区地名专项规划》。

供　稿:SAC/TC233 秘书处

全国广播电影电视标准化技术委员会（SAC/TC239）

【概况】截至2015年底，全国广播电影电视标准化技术委员会归口管理国家标准156项、行业标准244项；在研国家标准68项、行业标准220项。

SAC/TC239对口的国际标准化组织包括：国际电信联盟无线电通信部门广播业务研究组（ITU-R SG6），国际电信联盟电信标准化部门电视和声音传输与综合宽带有线网络研究组（ITU-T SG9），国际标准化组织电影技术委员会（ISO/TC36）和国际电工委员会音视频多媒体设备和系统技术委员会第5技术工作组（IEC/TC100/TA5）。

SAC/TC239下设4个分技术委员会（SC）：广播电视中心（SC1），无线传输与覆盖（SC2），有线广播电视（SC3）和电影（SC4）。

【标准制修订工作】2015年，经新闻出版广电总局科技司批准设立SAC/TC239归口管理的行业标准项目38项。SAC/TC239向国家标准委和新闻出版广电总局科技司报批国家标准、行业标准12项，审查国家标准、行业标准送审稿12项。新闻出版广电总局批准发布SAC/TC239归口管理的行业标准14项。

【国际标准化工作参与情况】2015年，SAC/TC239参加ITU-R SG6研究组和工作组会议，对建议书ITU-R BT. 1306-7《地面数字电视广播纠错、数据组帧、调制和发射方式》进行修订，增加中国提交的DTMB-A系统（系统E）；参加ITU-T SG9研究组和工作组会议，提交的C-DOCSIS等3项宽带接入标准立项提案获得批准立项；承办ISO/TC36年度会议。

【标准化科研】2015年，SAC/TC239完成新闻出版广电总局下达的《广播电视技术标准管理与专利相关性研究》标准化研究课题。

【标准宣贯】2015年，SAC/TC239组织相关单位编写《电影放映质量手册》《电影院放映岗位职责和操作规程》《电影放映相关技术摘编》等标准宣贯材料。为企业、社会组织等提供标准信息咨询、标准免费发行咨询等标准化技术咨询服务200人次。

供　稿：SAC/TC239秘书处
撰稿人：李庆国
审稿人：孙苏川

全国产品几何技术规范标准化技术委员会（SAC/TC240）

【概况】截至2015年底，全国产品几何技术规范标准化技术委员会归口管理国家标准94项、行业标准2项；在研国家标准8项、行业标准2项。

SAC/TC240对口国际标准化组织产品几何技术规范技术委员会（ISO/TC213）。

【标准制修订复审工作】2015年，国家标准委批准立项SAC/TC240归口管理的国家标准1项。SAC/TC240审查国家标准送审稿1项，制定归口管理的国家标准7项，修订国家标准1项。SAC/TC240复审国家标准31项，其中继续有效24项、修订7项。

【国际标准化工作参与情况】2015年，SAC/TC240组织完成ISO标准的复审和投票工作。审议ISO/TC213提出的国际标准，并对国际标准草案进行投票。开展国际标准投票55次，其中CD投票9次，DIS投票11次，FDIS投票18次，复审标准投票17次。

【标准化科研】2015年，SAC/TC240致力于国家重大科学仪器设备开发专项《X射线三维显微成像检测系统量值溯源系统建立及国家标准制定》中的子项目《X射线三维测量系统国家标准制定》研究，研制“X射线三维显微成像检测系统（工业CT）的校准方法及测量不确定度评定导则”国家标准。

在完成验收《高技术服务业知识库建设及研发设计服务数据质量验证技术研究与开发》任务基础上，进一步研制《高技术服务业知识库建设基本要求》联盟标准。参与《国家质量基础的共性技术研究与应用》实施方案和《中国大百科全书（修订版）》的编制编写。编制《全国产品几何技术规范标准化技术委员会“十三五”规划》，开展全国专业标准化技术委员会工作平台建设。翻译完成ASME Y14. 5—2009《尺寸与公差标注》。开展几何公差系列标准研究,推动中国制造业水平整体提高。

【年会情况】2015年12月26—29日,SAC/TC240在湖北恩施举行全体会议,委员出席率78%。会议听取标委会GPS标准制修订计划执行情况、国际GPS标准化工作发展、ISO/TC213组织框架与工作动态和在研标准进展的情况汇报。会议邀请机械科学研究总院专家就《标准助推“中国制造2025”发展》做专题报告。会议听取有关委员关于工业4.0以及智能制造及相关测量技术和标准发展情况报告,听取ASME北京代表处对ASME及ASME Y14系列标准的情况报告。与会委员对标龄超过5年的国家标准进行复审、对1项标准提案和7项在研标准进行审查论证,确定将提案列为向国家标准委申报项目、将《产品几何技术规范(GPS) 几何公差　检测与验证》国家标准向国家标准委提交报批。会议通过14名增补委员的资格审议。

供　稿:SAC/TC240秘书处

撰稿人:明翠新

全国天然气标准化技术委员会(SAC/TC244)

【概况】截至2015年底,全国天然气标准化技术委员会归口管理国家标准54项、行业标准5项,其中37项采用国际标准;在研国家标准4项、行业标准5项,其中2项采用国际标准。

SAC/TC244对口国际标准化组织天然气技术委员会(ISO/TC193),承担ISO/TC193/SC3秘书处工作。

SAC/TC244下设2个工作组(WG):天然气能量的测定(WG2),天然气上游领域(WG3)。

是年,SAC/TC244组织有关分委会召开12项国家标准和行业标准宣贯会,组织召开标准编写培训,培训80人次。2015年天然气标准制修订和标准科研工作协调会,复审国家标准12项,听取2015年新增8项标准制修订项目和7项标准科研项目负责人对项目基本情况和主要内容以及存在问题的汇报。召开“天然气能量的测定”标准技术工作组第十二次会议,审查2项国家标准征求意见稿(草案)、3项标准研究项目阶段研究报告、《采用便携式气相色谱仪现场分析的取样方法》国家标准研制方案及草案。召开“天然气上游领域”标准技术工作组第五次会议,审查9项国家标准1项行业标准草案;听取并审议《正压法音速喷嘴干、湿气气体流量测试方法研究》标准研究项目阶段报告和《用扣除干扰影响的冷原子吸收法测定井口天然气中汞含量》标准研究项目技术报告、“天然气湿气测量校准方法标准及配套装置要求研究”和“‘硫化氢/激光法’国际标准研究”两项新增研究项目研究方案。

【标准制修订复审工作】2015年,国家标准委批准立项SAC/TC244归口管理的国家标准10项,能源局批准立项SAC/TC244归口管理的行业标准5项。SAC/TC244向国家标准委和能源局报批国家标准、行业标准9项,审查国家标准、行业标准送审稿8项。SAC/TC244组织委员和工作组复审归口国家标准12项,其中继续有效8项、修订4项。

【国际标准化工作参与情况】2015年,SAC/TC244组织ISO/TC28/SC2“石油及相关产品的测量”分技术委员会投票文件24项,ISO/TC30“封闭管道内流体流量测量”技术委员会投票文件4项,ISO/TC30/SC2“差压装置”分委员会投票文件5项。承担ISO/TC193/SC1/WG24“硫/紫外荧光法”工作组及ISO/TC193/SC3/WG6“硫化氢”工作组的召集工作,负责2项国际标准制定工作,参与7项国际标准的制修订工作。参加ISO/TC193/SC3专家征集和推荐工作,参与讨论和投票表决;承担ISO/TC193/SC3秘书处工作,主持召开ISO/TC193/SC3第10届年会。

【标准化科研】2015年,SAC/TC244完成12项标准化研究项目和1项工作项目。

【年会情况】2015年11月18日,SAC/TC244在湖南长沙举行全体会议,委员出席率78.6%。会议听取国家标准委、能源局主管“国家标准化管理改革方向和‘一带一路’标准合作发展战略”和“国家能源局标准化工作情况”报告;听取主任委员、秘书长对标准制修订计划执行情况、存在问题、标准化工作需求和国际标准化发展动态的情况汇报;审议通过“全国天然气标准化技术委员会“十三五”技术标准发展规划和体系研究报告”,在“十三五”期间完成制修订国家标准和行业标准46项,参与制修订国际标准7项,开展标准科研33项,至“十三五”末,天然气专业完成的标准数量达到标准体系表项目的95%，天然气技术标准体系全面建成。

供　稿：SAC/TC244秘书处
撰稿人：李　克　刘晓霞
审稿人：罗　勤

全国电磁兼容标准化技术委员会（SAC/TC246）

【概况】截至2015年底，全国电磁兼容标准化技术委员会归口管理国家标准38项、行业标准6项，其中37项采用国际标准；在研国家标准39项、行业标准11项，其中37项采用国际标准。

SAC/TC246对口国际电工委员会电磁兼容技术委员会（IEC/TC77），低频现象分技术委员会（IEC/SC77A），高频现象分技术委员会（IEC/SC77B），大功率暂态现象分技术委员会（IEC/SC77C）。

SAC/TC246下设3个分技术委员会（SC）：高频现象（SC1），低频现象（SC2），大功率暂态现象（SC3）。

是年，SAC/TC246组织有关分委会召开“电磁兼容特殊适用方法介绍”标准宣贯培训、“谐波现象及测试计量技术标准化与应用”及“电磁防护与电磁兼容”等技术研讨会。组织召开标准宣贯培训班3次、培训人数120人次。开展标准化技术咨询服务575次，服务企业260家。参加国家标准委组织的“组织管理系统”和“强制性国家标准整合精简预评估”业务培训6人次。完成电力标准“十三五”规划的编制工作。

【标准制修订工作】2015年，国家标准委批准立项SAC/TC246归口管理的国家标准3项。SAC/TC246向国家标准委报批国家标准3项，准备报批国家标准5项，审查国家标准、行业标准送审稿4项，征求国家标准、行业标准意见7项，编制标准初稿4项。国家标准委批准发布SAC/TC246归口管理的国家标准1项。

【国际标准化工作参与情况】2015年，SAC/TC246组织办理国际标准草案稿、征求意见稿和送审稿等网上电子投票文件51项，国际标准复核结果、调查问卷、年会纪要等非投票文件99项，以及SMB文件2项。派专家参加IEC/ACEC、IEC/SC77A/WG1、IEC/SC77A/WG2、IEC/SC77B/WG10、MT 61000-4-23、PT 61000-4-24工作组，新推荐专家参加IEC/SC77B/JTF TEM联合工作组。参与15项国际标准的制修订工作。在武汉承办国际电工委员会电磁兼容顾问委员会（IEC/ACEC）的5月会议，并参加在美国召开的IEC/ACEC的11月会议；组团参加IEC/TC77、IEC/SC77A、IEC/SC77B和IEC/SC77C等4个委员会年会，参与会议讨论和投票表决；参加IEC/SC77A WG1会议和IEC/TC77-CISPR-IEC/TC8意大利斯特雷萨联合会议；主持召开2015年亚洲电磁会议（ASIAEM 2015）IEC/TC13的学术论文交流。

【标准化科研】2015年，SAC/TC246挂靠单位中国电力科学研究院承担多项与电磁兼容领域相关的国家电网公司科技项目，包括《超特高压变电站电磁骚扰特性及智能化条件下变电站电磁兼容防护技术研究》《谐波对电缆接头和容性套管的影响研究》《HEMP对电网的耦合作用机理及影响评估》等，项目成果可为本技术领域相关标准的试验方法及理论验证等提供参考。

【年会和审查会情况】2015年12月9日，SAC/TC246在湖北武汉召开年会，委员出席率90%。SAC/TC246及3个SC的秘书长分别做工作总结，通报参加IEC/ACEC活动的信息以及2016年总会换届的初步建议。会议表彰标委会内部在标准制修订、国际工作文件处理等工作中表现突出的8位委员。审查2项国家标准送审稿。

3月19—20日，SAC/TC246/SC2和SAC/TC246/SC3同期分别在湖北武汉和江苏南京召开年会暨换届大会，委员出席率100%。会议听取秘书长对标准制修订计划执行情况、存在问题、标准化工作需求和国际标准化发展动态的情况汇报。会上宣读换届文件，宣布换届名单并颁发委员证书，对积极分子进行表彰。SAC/TC246/SC2对2项国家标准工作组讨论稿进行讨论；SAC/TC246/SC3对2项国家标准的征求意见稿进行讨论。

供　稿：SAC/TC246秘书处
撰稿人：李　妮　尹　婷　赵文晖　谢辉春
审稿人：邬　雄　万保权　龚　增　张建功

全国建筑卫生陶瓷标准化技术委员会(SAC/TC249)

【概况】 截至2015年底,全国建筑卫生陶瓷标准化技术委员会归口管理现行标准66项。其中国家标准36项、行业标准30项;强制性标准4项、推荐性标准62项;基础标准1项、产品标准44项、方法标准21项。

SAC/TC249对口国际标准化组织瓷砖技术委员会(ISO/TC189)。ISO/TC189标准体系包括ISO 10545《陶瓷砖　试验方法》、ISO 13006《陶瓷砖　定义、分类、性能和标记》、ISO 13007《陶瓷砖　填缝剂和胶粘剂》等3个部分。ISO/TC189发布标准21项。中国标准相对应的国际标准转化率100%。

是年,SAC/TC249组织召开国家标准《卫生洁具　智能坐便器》、国家标准《外墙外保温泡沫陶瓷》、行业标准《坐便器安装规范》、行业标准《霞石正长岩粉(砂)》审查会,审查4项标准送审稿行。在多地组织召开标准宣贯会8次,宣贯2015年颁布的GB/T 4100—2015《陶瓷砖》、GB/T 31436—2015《节水型卫生洁具》、GB 6952—2015《卫生陶瓷》等重要标准,参加会议的人数累计达上千人。提供书面技术咨询5份,其他咨询多次。

【标准制修订工作】 2015年,国家标准委批准立项SAC/TC249归口管理的国家标准5项,工业和信息化部批准立项SAC/TC249归口管理的行业标准1项。SAC/TC249向国家标准委报批国家标准18项,审查国家标准、行业标准送审稿4项。国家标准委批准发布SAC/TC249归口管理的国家标准3项,工业和信息化部批准发布SAC/TC249归口管理的行业标准6项。

【国际标准化工作参与情况】 2015年,SAC/TC249组织完成ISO标准投票10项,组织参加ISO/TC189会议2次。

【标准化科研】 2015年,SAC/TC249组织申报质检总局和国家标准委组织的消费品安全标准"筑篱"专项行动项目。承担消费品安全标准"筑篱"专项行动,负责建筑卫生陶瓷领域的"筑篱"专项行动。参加消费品安全国内外标准对比行动、消费品安全标准助企惠民行动。参加质检总局下达的科技计划项目"标准GB/T 3768—1996在陶瓷坐便器冲洗噪声测试领域的应用技术研究"。

【年会情况】 2015年8月10—11日,SAC/TC249在辽宁沈阳召开标委会三届六次年会暨标准审议会,标委会委员、质检机构、认证机构、科研院所、企业代表、标准起草单位代表等200余人参会。年会上,秘书处组织审查4项标准送审稿。

供　稿:SAC/TC249秘书处

全国索道与游乐设施标准化技术委员会(SAC/TC250)

【概况】 截至2015年底,全国索道与游乐设施标准化技术委员会归口管理国家标准45项。

是年,SAC/TC250第三届换届大会在北京召开。第三届标委会由80名委员组成,秘书处设在中国特种设备检测研究院。

是年,SAC/TC250在湖南长沙举办特大型标准宣贯会,宣贯GB 8408—2008《游乐设施安全规范》和GB/T 30220—2013《游乐设施安全使用管理》等国家标准,300余人参加。

是年,SAC/TC250修订第六版《游乐设施实用手册》。对标委会网站进行整体升级,提高服务功能,为资格考试人员提供在线报名接口;完成在线考试的前期开发,做好试行准备。

是年,SAC/TC250开展标准化人才培训,50名技术人员参加培训;有目的地考察行业优秀技术人员,选拔40余人参加标准起草工作。

【标准制修定工作】 2015年,SAC/TC250制定新标准9项,送国家标准审查部门审查;组织修订标准4项,组织审定标准7项。

【标准化科研】 2015年,SAC/TC250完成国家标准委下达的"索道与游乐设施标准体系研究"。开展充气游乐设施安全项目研究,起草《充气式游乐设施安全规范》标准。

【小型游乐设施标准化工作】 2015年5月26日,

SAC/TC250 在江苏南京成立“中国小型游乐设施产业创新联盟”,50 余家小型游乐设备制造单位出席会议。联盟以推动技术创新发展,提升整个行业的质量技术水平;向社会推荐优秀产品,提升中国小型游乐设施产业核心竞争力;加强行业自律,解决市场不良风气,营造健康有序、可持续发展的行业环境为发展方向。年内,召开小型游乐设施安全标准研讨会,讨论国家强制标准《小型游乐设施安全规范》草稿的结构与内容,研究分析欧洲 EN 1176 标准与中国小型游乐设施的适用性。举办小型游乐设施安全质量座谈会,对小型游乐设施产品质量提出要求。完成 3 项小型游乐设施国家标准的征求意见工作。

【大型游乐设施安全管理人员和作业人员考核工作】 2015 年,SAC/TC250 做好资格考试辅导工作,重点宣传《特种设备安全法》和《大型游乐设施安全监察规定》,全年举办辅导班 16 个,辅导学员约 1 568 人。重点配合福建省南平市延平区樟湖镇地方政府做好安全管理人员的学习辅导工作,举办安全管理人员考试,350 人参加。开展大型游乐设施安装人员继续教育,在上海和浙江诸暨举办继续教育,近百人参加学习。配合上海迪士尼乐园度假区开园,为其特别举办大型游乐设施安全管理人员资格辅导与考试。

供　稿:SAC/TC250 秘书处
撰稿人:张爱文
审稿人:邢友新

全国玩具标准化技术委员会(SAC/TC253)

【概况】 截至 2015 年底,全国玩具标准化技术委员会归口管理国家标准 36 项、行业标准 16 项,其中6 项采用国际标准;在研国家标准 30 项、行业标准 17 项。

SAC/TC253 对口国际标准化组织玩具安全技术委员会(ISO/TC181)。ISO/TC181 制定发布 8 项 ISO 8124系列国际标准,其中 ISO 8124-6:2014《玩具和儿童用品中特定邻苯二甲酸酯增塑剂》是由中国牵头制定的第一个与玩具有关的国际标准。

是年,SAC/TC253 为 2014 版 GB 6755 系列标准的实施(2016 年 1 月 1 日实施)做好各项技术准备工作;对企业要求简化标准标注问题进行调研并向有关部门反映;对于老标准玩具市场存量问题协助有关方面调查和研究并制定解决方案。

【标准制修订工作】 2015 年,SAC/TC253 向国家标准委申报 6 项标准制修订计划,国家标准委下达4 项标准计划。国家标准委发布 SAC/TC253 归口管理的国家标准 2 项。SAC/TC253 召开标准审定会 2 次,完成 9 项标准的审定工作。

【国际标准化工作参与情况】 2015 年,SAC/TC253 完成国际标准投票 10 次,其中 FDIS 稿投票 1 次、CIB 稿投票 3 次、CD 稿投票 4 次、SR 稿投票 1 次、DTR 稿投票 1 次,投票率 100%。于 2014 年发布,中国主导承担的国际玩具标准 ISO 8124-6:2014,已列入 ISO 为期 3 年的修订计划,继续由中国广东出入境检验检疫局技术中心黄理纳承担工作组召集人牵头修订标准。另一项中国主导承担的“ASTM F 963、EN 71-1、ISO 8124-1 机械和物理性能差异比对”技术报告,任务组已着手开展相关工作,形成技术报告/标准草稿,即将在 ISO/TC181 委员会内部进行投票。

4 月 13—17 日,SAC/TC253 派出代表团以观察员的身份参加在捷克布拉格举行的欧盟玩具标准化组织 CEN/TC52“玩具安全”第 54 次年会,深度了解欧盟玩具标准的发展趋势。10 月 11—16 日,2015 年 ISO/TC181“玩具安全”年会在北京举办,SAC/TC253 秘书处承办会议各项服务与支持工作。

【标准化科研】 2015 年,SAC/TC253 牵头开展跨部门跨领域的《儿童用品通用安全技术要求》国家标准研究,取得阶段性成果;开展并完成《儿童用品领域标准对比分析》课题研究工作,已通过验收。

【年会情况】 2015 年 9 月 17—18 日,SAC/TC253 在广东广州召开 2015 年年会暨标准审定会。标委会委员、相关检测机构及企业专家、标准起草组成员以及中国轻工业联合会质量标准部领导 66 人参会。会议听取并审议通过秘书长作的秘书处工作报告。

供　稿:SAC/TC253 秘书处
撰稿人:张　霞
审稿人:张艳芬

全国香料香精化妆品标准化技术委员会(SAC/TC257)

【概况】截至2015年底,全国香料香精化妆品标准化技术委员会归口管理国家标准118项、行业标准223项,其中56项采用国际标准;在研国家标准55项、行业标准30项,其中3项采用国际标准。

SAC/TC257对口国际标准化组织精油技术委员会(ISO/TC54)、国际标准化组织化妆品技术委员会(ISO/TC217)。

SAC/TC257下设2个分技术委员会(SC):香料香精(SC1),化妆品(SC2)。

是年,SAC/TC257为上海市标协和区县标准化管理机构和执法部门提供标准咨询服务,配合完成企业标准的审查、备案工作,并为企业提供必要的帮助。

【标准制修订工作】截至2015年底,SAC/TC257/SC1已下达的香料香精标准制修订计划17项,其中国家标准6项、行业标准10项、食品安全国家标准1项(含36个产品标准)。报批国家标准3项,10项行业标准通过审查,目前正在准备报批材料。1项食品安全国家标准(含36个产品标准)通过审查并完成报批工作,待批准发布。3项国家标准在起草标准阶段。

SAC/TC257/SC2已下达的化妆品标准制修订计划72项,其中国家标准52项、行业标准20项。报批国家标准5项、行业标准8项。30项标准(23项国家标准、7项行业标准)提交年会审查,其中25项通过审查。22项国家标准、4项行业标准在起草阶段。

【国际标准化工作参与情况】2015年,SAC/TC257对ISO/TC54的52个国际标准草案及工作文件进行投票表决,投票率100%。6月,派员参加在法国召开的ISO/TC54第29次会议。应对ISO/TC217的21个国际标准草案及工作文件进行投票表决,实际投票19票,投票率90%。截至2015年底,中国担任ISO 3848爪哇型香茅精油国际标准修订项目召集人,有注册国际标准化专家3人;主导制定1项国际标准ISO/TR 18818《化妆品　分析方法　二乙醇胺的测定　气相色谱/质谱法》,有注册国际标准化专家4人。

供　稿:SAC/TC257秘书处
撰稿人:季金俊
审稿人:肖作兵

全国燃气轮机标准化技术委员会(SAC/TC259)

【概况】截至2015年底,全国燃气轮机标准化技术委员会归口管理国家标准21项、行业标准26项,其中12项采用国际标准;在研国家标准5项,其中2项采用国际标准。

SAC/TC259对口国际标准化组织燃气轮机技术委员会(ISO/TC192)。

SAC/TC259下设航空派生型燃气轮机分技术委员会(SC1)。

是年,SAC/TC259参加ISO/TC192的投票3项。

是年,SAC/TC259重点完成《燃气轮机"十三五"标准化发展规划》的编制工作,明确"十三五"时期燃气轮机标准化发展的具体目标和主要工作任务,提出要按照国家标准化改革的基本要求,密切跟踪国内燃气轮机产业的发展,跟踪燃气轮机应用范围的扩大、以及国产化和自主化的进程,充实优化燃气轮机国家标准。及时采标ISO/TC192标准,确保与国际标准水平保持一致;根据产业化的需求,特别针对燃气轮机在国内新兴领域的应用,对基础、共性的问题,制定相应的标准。到2020年,基本建成具有中国特色、满足国内燃气轮机产业需求的标准化体系,支撑国内燃气轮机产业的发展。

【标准制修订复审工作】2015年,SAC/TC259完成4项国家标准的复核、报批工作。上报国家标准委2项国家标准申请立项;工业和信息化部批准立项SAC/TC259归口管理的行业标准1项。安排采标ISO 19372:2015《微型燃气轮机应用　安全》标准的起草工作。工业和信息化部批准发布SAC/TC259归口的6项行业标准。SAC/TC259复审归口的国家标准 3 项，均继续有效。

【标准化科研】2015 年，SAC/TC259 继续组织开展《燃气轮机质量控制规范》标准课题的研究。11 月在南京组织召开首次工作组会议，会议对标准草案框架及内容进行讨论，安排工作组下一阶段的工作及工作组成员分工。

【年会情况】2015 年 8 月 20—21 日，SAC/TC259 在安徽巢湖召开年会，40 位委员、顾问及代表参加会议。会议重点听取并审议通过标委会工作报告；通过标委会工作计划；审查并通过标委会上一年度财务报告；听取秘书长所做的关于国务院《深化标准化工作改革方案》以及国家标准委开发的“全国专业标准化技术委员会工作平台”的介绍。

供　稿：SAC/TC259 秘书处
撰稿人：周　忆
审稿人：刘卫宁

全国信息安全标准化技术委员会（SAC/TC260）

【概况】截至 2015 年底，全国信息安全标准化技术委员会归口管理国家标准 166 项，其中转化国际标准 44 项；在研国家标准 200 项，其中转化国际标准 15 项。

SAC/TC260 对口 ISO/IEC JTC1/SC27。ISO/IEC JTC1/SC27 是国际标准化组织（ISO）和国际电工委员会（IEC）联合技术委员会（JTC1）下属专门负责信息安全领域标准化研究与制定工作的分技术委员会。SC27 下设 5 个工作组（WG）：WG1（信息安全管理体系）负责信息安全管理体系系列标准（即 ISO/IEC 27000 标准族）的研制和维护；WG2（安全技术与机制）负责密码、安全技术与机制相关标准的研制和维护；WG3（安全评估）负责信息安全测评相关标准的研制和维护；WG4（信息安全服务与控制）负责支撑信息安全管理体系实现的有关信息安全服务和控制方面标准的研制和维护；WG5（身份管理和隐私保护）负责身份管理和隐私保护相关标准的研制和维护。

是年，SAC/TC260 重点推动云计算、等级保护、保密、密码等领域的信息安全国家标准的应用实施。

在中央网信办网络安全协调局的指导下，组织开展云计算服务安全审查国家标准应用试点工作。组织政府部门云计算服务使用方、云计算服务提供商和第三方测评机构等各方试点参与单位，对《信息安全技术　云计算服务安全能力标准》和《信息安全技术　云计算服务安全能力要求》2 项国家标准进行试点试用，并召开“云计算服务网络安全管理国家标准应用试点总结会”。

结合等级保护测评工作，针对全国等级测评机构、信息系统运行使用单位的专业测评技术人员和全国税务系统的信息化人员，开展信息安全等级保护相关标准的宣贯培训活动，推动等级保护标准的实施应用和等级保护工作。

协助保密局对中央和国家机关涉密信息系统技术和管理人员进行涉密信息系统分级保护相关标准培训，推进涉密信息系统防护相关标准实施应用和涉密信息系统安全管理工作。

协助密码管理局举办密码相关标准宣贯培训会议，对近几年新发布的密码类国家标准进行解读，促进密码管理部门、密码产业单位和使用单位对标准的理解，提高标准指导技术研发的针对性。

开展标准宣贯培训和技术交流活动，推动信息安全国家标准的落地使用，提高相关技术与管理人员的信息安全意识和防护技能，促进政府云计算服务安全管理、信息安全等级保护、涉密信息系统安全防护以及商用密码检测等信息安全保障重点工作。

【标准制修订工作】2015 年，国家标准委批准立项 SAC/TC260 归口管理的国家标准 23 项。SAC/TC260 完成国家标准报批稿 52 项，已报送国家标准委，待审查发布。

【国际标准化工作参与情况】2015 年，SAC/TC260 答复 ISO/IEC JTC1/SC27 文件 110 份，答复率 100%。在 ISO/IEC JTC1/SC27 会议上将 SM3 算法纳入 ISO/IEC 10118-3 国际标准、将 SM2/IBS 算法纳入 ISO/IEC 14888-3 国际标准、将 TePA-EA 2.0 安全技术纳入 ISO/IEC 9798-3 研究工作中。主导承担 ISO/IEC 9798-3《实体鉴别　使用数字签名技术的机制》、ISO/IEC 27035-1《信息安全事件管理　第 1 部分：事件管理原理》项目的修订工作，参与 ISO/IEC 20009-4《匿名实体鉴别　基于弱秘密的机制》、ISO/IEC 10118-3《杂凑算法　专用杂凑算法》

项目的制修订工作。组团参加 ISO/IEC JTC1/SC27 工作组会议及全会,参与会议讨论并对有关提案做专题报告。

供　稿:SAC/TC260 秘书处
撰稿人:许玉娜
审稿人:上官晓丽

全国锅炉压力容器标准化技术委员会(SAC/TC262)

【概况】截至 2015 年底,全国锅炉压力容器标准化技术委员归口管理现行标准 290 项,其中国家标准 150 项、行业标准 140 项。立项在研国家标准 47 项、行业标准 47 项。

SAC/TC262 下设 7 个分技术委员会(SC):锅炉(SC1),固定式压力容器(SC2),压力管道(SC3),移动式压力容器(SC4),热交换器(SC5),在役承压设备(SC6),锅炉传热介质(SC7)。

是年,SAC/TC262 开展行业影响较大的国家标准和行业标准宣贯工作,举办标准宣贯 11 期,培训人数 2400 余人。

【标准制修订复审工作】2015 年,SAC/TC262 制定强制性标准设定和整合的基本原则,对承压设备标准体系进行修订,通过精简整合,SAC/TC262 归口管理强制性国家标准 13 项。SAC/TC262 归口管理的国家标准批准发布 3 项(包括 1 项修改单)、行业标准批准发布 14 项。SAC/TC262 复审国家标准 15 项,其中继续有效 9 项、建议修订 5 项、建议废止 1 项;复审行业标准 16 项,其中继续有效 2 项、建议修订 13 项、建议废止 1 项。SAC/TC262 在研国家标准中,形成报批稿上报 3 项、形成送审稿 7 项、形成征求意见稿 3 项。在研行业标准中,报批 4 项、形成送审稿 8 项、形成征求意见稿 14 项。召开标准审查会 25 余次,完成标准审查 22 项。

年内,SAC/TC262 修订 GB 18564.1。参加由交通运输部组织开展的《改进道路运输液体危险货物罐车管理制度》的工作。整理油气输送管道相关标准 45 项,申报《埋地钢制管道罐体缺陷修复》等 4 项国家标准,初步建立油气输送管道标准体系。开展节能减排的标准工作。

【标准化科研】2015 年,SAC/TC262 负责质检总局的质检公益项目"带脱硫脱硝装置锅炉检测技术及安全、能效评价方法研究"中子课题六:《工业锅炉水质标准关键指标及检测方法的研究》,对 GB/T 1576《工业锅炉水质》标准的修订及关键指标的调研、实验研究在全国范围内广泛开展。根据研究成果,形成 GB/T 1576《工业锅炉水质》(送审稿)。负责该项目子课题七:《有机热载体传热系统安全节能运行工况研究》,为 GB 24747《有机热载体安全技术条件》修订做准备,该标准修订已进入申报状态。

SAC/TC262 负责的质检公益性行业科研专项"压力容器分析设计标准钢材性能数值化研究"课题的研究成果,中国钢材性能数值处理方法将应用于国家标准《压力容器　分析设计》,该标准已完成国家标准立项。

SAC/TC262 承担的质检公益性科研专项"承压设备安全附件标准体系研究及重要标准研制"获中国特种设备检验协会科学技术一等奖,"钢制压力容器外压设计用系列材料外压曲线的研制"获质检总局科技兴检三等奖。

年内,SAC/TC262 加大科研对标准的支持力度,对标准亟需解决的关键技术问题投入大量资金,开展内部科研的立项研究。

2015 年,SAC/TC262 承担的科研项目如下表:

序号	课题名称	完成时间	标准应用情况	备注
1	水管锅炉标准关键技术研究与重点标准研制(200910210)	2015 年 12 月	部分技术成果已纳入 GB/T 16507	
2	超高压容器关键技术与标准研究(201210242)	2015 年 12 月	技术成果已纳入国家标准《超高压容器》标准,标准已上报	
3	压力容器分析设计标准钢材性能数值化研究(201410248)	进行中	技术成果将纳入正在制定的国家标准《压力容器　分析设计》	

续表

序号	课题名称	完成时间	标准应用情况	备注
4	球罐内热法焊后热处理温度常数值模拟研究（KT-001-2013）	进行中	修订国家标准 GB/T 30583—2014《承压设备热处理》	内部科研立项
5	承压设备介质分类研究（KT-C-2014001）	进行中	在研国家标准《过程装置中化学介质危险程度分类》	内部科研立项
6	大型承压设备荷载规范研究（KT-C-2014002）	进行中	修订 NB/T 47042—2014《塔式容器》	内部科研立项
7	Q345R 焊接接头断裂韧性研究及最低使用温度曲线（KT-C-2014003）	进行中	修订 GB 150.2—2011《压力容器　材料》	内部科研立项
8	应变强化奥氏体不锈钢制深冷压力容器标准研制（KT-C-2014004）	进行中	在研标准 GB 18442.7《固定式真空绝热深冷压力容器　应变强化技术规定》	内部科研立项
9	空冷器风机、翅片管性能测试数据分析及评价指标的研究（KT-C-2015002）	进行中	修订行业标准 NB/T 47007《空冷式热交换器》	内部科研立项

【国际标准化工作参与情况】2015 年，SAC/TC262 在北京承办 ISO/TC220 年会。会上通过由 SAC/TC262 提出的 ISO 深冷容器标准引入中国 9 个不锈钢材料牌号的提案。与会期间 SAC/TC262 副主任委员寿比南介绍近几年中国不锈钢材料的发展和研究成果。

年内，SAC/TC262 派员参加 ASME 第 2 卷的材料工作组的制修订工作，3 个中国材料牌号 Q345R、Q370R 和 15CrMoR 引入 ASME 标准材料篇。SAC/TC262秘书处 2 名技术人员在 ASME 进行为期 3 个月的学习和交流。

供　稿：SAC/TC262 秘书处
撰稿人：陈朝晖
审稿人：寿比南　杨国义

全国竹藤标准化技术委员会（SAC/TC263）

【概况】截至 2015 年底，全国竹藤标准化技术委员会归口管理国家标准 20 项、行业标准 58 项；在研国家标准 13 项、行业标准 40 项。

SAC/TC263 对口国际标准化组织竹藤技术委员会（ISO/TC296）。

【标准制修订工作】2015 年，国家标准委批准立项 SAC/TC263 归口管理的国家标准项目 1 项，林业局批准立项 SAC/TC263 归口管理的行业标准项目 18 项。SAC/TC263 审查 2 项国家标准和 14 项行业标准项目计划。完成 10 项行业标准征求意见工作。完成 3 项国家标准和 9 项行业标准专家审查和报批工作。

【竹藤标准化“十三五”发展规划】2015 年，SAC/TC263 按照林业局的标准工作部署，征集竹藤标准化“十三五”发展规划的主要任务和重要标准建议。从形势与需求、主要任务、重点领域与重大标准、标准国际化等方面征集高校、科研院所、企业等专家意见，形成竹藤标准化“十三五”发展规划的建议，并上报林业局。完成征集 2016—2020 年林业标准需求，征集全国“十三五”期间拟重点支持的林业竹藤领域国家和行业标准项目 49 项。

【标准化工作调研与服务】2015 年，SAC/TC263 针对福建、浙江、江西、云南、四川、安徽等主要竹产区和竹材加工企业开展竹藤产业与标准制定的调研工作。了解竹产业面临的问题，调查与标准化相关工作的开展情况及需求，将竹藤标准化工作融入地方政府的竹产业发展规划。组织产业和标准专家为地方政府和企业进行专业培训、授课以及解决实际中的问题等。与浙江鑫宙竹基复合材料科技有限公司等十余家国内企业合作,协助制定《竹质复合压力管》等行业标准,指导企业生产及销售,促进新技术转化。

【标准化科研】2015 年,SAC/TC263 完成国家标准委农业标准化专项“农业标准前期研究项目——主要竹制品标准国际化适应性研究”项目。秘书处收集国外主要的竹制品标准 31 份,深入 10 个主要竹制品产区 32 家企业进行摸底,系统分析中国竹制品标准与国外标准和企业产业实际差异,进行国际化适应性研究,完成《竹地板》《竹炭》《竹席》3 项标准国际化适应性研究报告。提出中国竹制品标准国际化的建议。与英国剑桥大学、加拿大英属哥伦比亚大学、国际竹藤组织、美国麻省理工学院等开展“竹质工程材料术语”国际合作研究,对竹材加工单元及其产品的术语和定义进行分析和探讨,对未来竹材加工产品有关术语及其定义标准化工作提出建议。完成国际合作论文《Nomenclature for Engineered Bamboo》并发表在国际期刊《BioResources》(SCI 收录)。

【国际标准化工作参与情况】2015 年,SAC/TC263 开展前期调研和技术准备,分析中国竹产业现状以及国际竹藤贸易情况,提出初步设想,协助召开多次研讨会,并完成国际标准化组织竹藤技术委员会筹备工作方案、路线图和申请书等基础性工作。5 月 28 日,国际标准化组织技术管理局通过决议批准中方提议,正式成立ISO/TC296,秘书处由中国承担。在国家标准委和林业局领导下,联合各方力量,开展国际标准化组织竹藤技术委员会成立大会和第一次年会筹备工作。

供　稿:SAC/TC263 秘书处
撰稿人:刘贤淼
审稿人:王　戈

全国超导标准化技术委员会(SAC/TC265)

【概况】截至 2015 年底,全国超导标准化技术委员会归口管理国家标准 16 项,其中 14 项采用国际标准;在研国家标准 8 项,全部采用国际标准。

SAC/TC265 对口国际电工委员会超导技术委员会(IEC/TC90)。

2015 年 10 月 29 日,在江苏苏州召开超导标准及测试技术专题讨论会,就超导领域国际、国家标准,以及相应的标准测试装置进行宣贯,与会者包括来自研究机构、高校、产业部门、使用单位 40 余人。

是年,SAC/TC265 委员、中国科学院电工研究所研究员张国民获 2015 年度 IEC-1906 奖。

【标准制修订复审工作】2015 年,国家标准委批准立项 SAC/TC265 归口管理的国家标准 4 项,批准发布 SAC/TC265 归口管理的国家标准 3 项。SAC/TC265 组织复审归口管理国家标准 15 项,结论为 10 项继续有效,5 项修订。

【国际标准化工作参与情况】2015 年,SAC/TC265 组织专家参与 6 项 IEC/TC90 国际标准制修订相关文件的处理工作。对文件的投票反馈率达 100%。对新工作项目提案(NP)和委员会草案(CDV)均提出 30 条以上的修改意见,绝大多数意见被工作组所接受。年内,制订 IEC 60050-815《电工术语　超导电性》第二版中文稿。9 月 6—11 日,派员参加在法国里昂召开的第 12 届欧洲应用超导会议,以及同期 IEC/TC90召开的 WG3、WG4 工作组会和第 13 次超导相关国际标准专题讨论会。10 月 18—23 日,派员参加在韩国首尔举行的国际磁体会议(MT24),以及 IEC/TC90/WG3 研讨会,讨论 IEC 61788-24 后续工作意见。

【标准化科研】2015 年,SAC/TC265 在江苏苏州、上海组织 2 次研讨会,成立《第二代高温超导长带临界电流测试标准》预研工作组,初步确定在 2016 年完成申请国家标准计划项目之前的预研工作。其余5 个于 2014 年正式启动的预研项目继续按计划进行。

供　稿:SAC/TC265 秘书处
撰稿人:李　洁
审稿人:刘宜平

全国低压成套开关设备和控制设备标准化技术委员会（SAC/TC266）

【概况】截至2015年底，全国低压成套开关设备和控制设备标准化技术委员会归口管理国家标准29项、行业标准38项，其中17项采用国际标准；在研国家标准5项、行业标准10项，其中4项采用国际标准。

SAC/TC266对口国际电工委员会低压成套开关设备和控制设备分技术委员会(IEC/TC121/SC121B)。

2015年10月13日，SAC/TC266联合中国电器工业协会电控配电设备分会、江苏省配电设备产品质量监督检验中心在江苏扬中召开GB 7251.1—2013和GB 7251.6—2015强制性国家标准宣贯会，全国低压成套设备专业领域的80余名代表参会。

【标准制修订复审工作】2015年，SAC/TC266成功申报国家标准立项2项、行业标准立项6项。SAC/TC266向中国电器工业协会和中国机械工业联合会报批国家标准2项、行业标准2项；审查国家标准、行业标准送审稿4项。国家标准委批准发布SAC/TC266归口管理的国家标准2项。SAC/TC266组织复审归口国家标准5项，其中继续有效1项、修订3项、废止1项。

【国际标准化工作参与情况】2015年，SAC/TC266完成5项IEC文件投票翻译等工作，投票率100%。申报并获批IEC注册专家8名。其中MT2维护组6人，主要负责IEC 61439-1、IEC 61439-2、IEC/TR 61439-0、IEC/TR 60890、IEC/TR 61641的修订；MT3维护组2人，主要负责IEC 61439-6的修订。

【年会情况】2015年12月1—3日，SAC/TC266在江苏苏州举行全体会议，委员、委员代表77人参会，委员出席率85%。会议审议通过SAC/TC266秘书处所作的2015年度工作报告和财务收支报告；审议通过标委会2016年标准制修订计划、立项、复审及其他相关工作；审查通过4项标准送审稿。会议邀请中国电器工业协会专家对电工行业标准化工作与形势进行介绍。

供　稿：SAC/TC266秘书处
撰稿人：刘　洁
审稿人：王　阳

全国物流信息管理标准化技术委员会（SAC/TC267）

【概况】截至2015年底，全国物流信息管理标准化技术委员会归口管理国家标准74项；在研国家标准39项。

SAC/TC267工作领域主要是物流信息基础、物流信息系统、物流信息安全、物流信息应用等标准化工作，秘书处所在单位为中国物品编码中心。

【标准制修订复审工作】2015年，国家标准委批准立项SAC/TC267归口管理的国家标准2项，SAC/TC267向国家标准委报批国家标准5项，以标准审查会的形式审查国家标准6项。国家标准委批准发布SAC/TC267归口管理的国家标准9项。

【国际标准化工作参与情况】2015年，SAC/TC267开展国家标准GB/T 21049—2007《汉信码》国际化研究工作，并使得《汉信码》国家标准在国际标准组织ISO立项成为国际标准项目。

供　稿：SAC/TC267秘书处
撰稿人：杜景荣
审稿人：李素彩

全国智能运输系统标准化技术委员会(SAC/TC268)

【概况】截至2015年底,全国智能运输系统标准化技术委员会归口管理国家标准84项、行业标准6项,其中9项采用国际标准;在研国家标准33项、行业标准11项,其中3项采用国际标准。

SAC/TC268对口国际标准化组织智能运输系统技术委员会(ISO/TC204)。

是年,SAC/TC268以标委会简报、标委会年报形式组织国家标准和行业标准宣贯。开展标准化技术咨询服务63次,服务企业51家。

【标准制修订复审工作】2015年,交通运输部批准立项SAC/TC268归口管理的行业标准项目5项。SAC/TC268向交通运输部科技司报批行业标准1项,审查国家标准、行业标准送审稿2项。国家标准委批准发布SAC/TC268归口管理的国家标准10项、交通运输部批准发布SAC/TC268归口管理的行业标准1项。SAC/TC268复审归口国家标准1项,结论修订1项;复审行业标准2项,结论修订2项。

【国际标准化工作参与情况】2015年,SAC/TC268组织办理国际标准送审稿1项,国际标准的网上电子投票和意见回复112项。主导承担ISO 13111-1《智能运输系统(ITS) 支持ITS服务的便携终端应用 第1部分:通用信息与用例》国际标准的制定工作。主持召开ISO/TC204春季会议,包括工作组会议、专题研讨会、代表团会议、工作组组长会议及全体大会;组团参加ISO/TC204秋季会议,参与会议讨论和投票表决。

供 稿:SAC/TC268秘书处
撰稿人:李 斌
审稿人:焦伟赟

全国物流标准化技术委员会(SAC/TC269)

【概况】截至2015年底,全国物流标准化技术委员会归口管理国家标准54项、行业标准44项,其中9项采用国际标准;在研国家标准54项、行业标准20项,其中3项为采用国际标准。

SAC/TC269下设6个分技术委员会(SC):物流作业(SC1),托盘(SC2),第三方物流服务(SC3),物流管理(SC4),冷链物流(SC5),仓储技术与管理(SC6)。2015年,SAC/TC269新成立2个专业领域的标准化工作组:化工物流(WG1)和医药物流(WG2)。

是年,SAC/TC269在行业年会、专业领域行业年会、专题会议等会议同期组织召开标准宣贯会5次,培训人数2 000余人次,开展标准化技术咨询服务30次。完成2015版《物流标准目录手册》在官网发布,并向2 000余家企业免费发放。在SAC/TC269专栏上,建立物流标准制修订系统,实现物流标准制修订全流程管理和物流标准实时查询。

【标准制修订工作】2015年,SAC/TC269向国家标准委申报立项国家标准8项,向发展改革委申报立项行业标准5项;向国家标准委和发展改革委报批国家标准18项,行业标准6项。发展改革委批准发布SAC/TC269归口管理的行业标准6项。

【标准实施推广】2015年,SAC/TC269依据国家标准《物流企业分类与评估指标》,开展A级物流企业评估工作,使A级企业的数量达3 500余家;依据国家标准《物流企业冷链服务要求与能力评估指标》,开展冷链物流企业星级评估,年内有22家企业参加星级冷链物流企业评估;开展国家标准《食品冷链物流追溯管理要求》试点工作,30家食品生产加工、第三方冷链物流、冷库、连锁餐饮、连锁零售参加试点;依据国家标准《担保存货第三方管理规范》,开展物流企业质押监管服务评估,72家物流企业完成评估。

【标准化科研】2015年,SAC/TC269启动科技部和质检总局下达的《支撑物流和电子商务发展的30项重要标准研究》质检公益性行业科研专项项目课题研究。承担国家标准委下达的《物流标准体系框架研究》课题。

供　稿：SAC/TC269 秘书处
撰稿人：衣　薇
审稿人：李红梅

全国环保产业标准化技术委员会（SAC/TC275）

【概况】 截至 2015 年底，全国环保产业标准化技术委员会归口管理国家标准 55 项，涉及大气污染物控制、水污染物控制、固废处理处置等领域的环保设备、环保产品和环保服务标准。

SAC/TC275 对口国际标准化组织污泥回收、循环、处理和处置技术委员会（ISO/TC275）和水再利用技术委员会（ISO/TC282）。

SAC/TC275 下设 2 个分技术委员会（SC）：环境保护机械（SC1），水处理设备（SC2）；另设 6 个工作组（WG）：袋式除尘器（WG1），地埋式生物接触氧化成套装置（WG2），空气（治理）净化产品（WG3），电袋复合式除尘设备（WG4），电袋复合式除尘设备和生活垃圾焚烧炉（WG5），污泥处理和利用（WG6）。

11 月 3 日，SAC/TC275 组织成立 SAC/TC275/WG6 污泥处理和利用标准工作组，主要负责在污泥处理处置领域提出国际标准提案，主导或参与国际标准制定，并负责国际标准的转化和国内相关标准的提出、研制和宣贯等。年内，中国提出的《集中式水回用系统设计指南》《集中式水回用系统管理指南》《再生水安全性评价指标与方法指南》3 项国际标准提案获得立项。

【标准制修订工作】 2015 年，SAC/TC275 完成 20 项国家标准的研制，14 项国家标准在研。

【标准化科研】 2015 年，SAC/TC275 参与战略性新兴产业标准化发展规划（2013—2015 年）节能环保产业标准化发展规划的编制工作。联合多家委员单位共同承担的国家"十二五"科技支撑计划《大气污染控制重大环保装备运行效果评价技术标准研究》和《重点行业典型节能减排监测控制技术集成应用研究与示范》课题分别于 2015 年 6 月和 5 月完成结题验收。在前期《环保产业标准化技术服务体系研究》研究成果基础上，针对财政部、发展改革委推行的 PPP 模式，开展第三方环境治理研究，初步提出环境污染第三方治理模式政策和标准体系建议。

【年会情况】 2015 年 12 月 30 日，SAC/TC275 在北京召开标委会 2015 年年会，35 位委员、专家和代表参会。会议听取标委会 2015 年度工作情况总结，研讨 2016 年工作重点。标委会计划 2016 年全面启动《高效能大气污染物控制装备评价技术要求　空气净化器》等近 10 项重要国家标准研制工作。

供　稿：SAC/TC275 秘书处
撰稿人：黄　进
审稿人：林　翎

全国牵引电气设备与系统标准化技术委员会（SAC/TC278）

【概况】 截至 2015 年底，全国牵引电气设备与系统标准化技术委员会归口管理国家标准 60 项，其中 58 项采用国际标准；在研国家标准 68 项，其中 45 项采用国际标准。

SAC/TC278 对口国际电工委员会轨道交通牵引电气设备与系统标准化技术委员会（IEC/TC9）。其归口 IEC 标准 93 项。

是年，SAC/TC278 对《轨道交通　有人环境中电子和电气设备产生的磁场强度测量方法》（报批稿）和 TB/T 3351—2014《动车组内低频磁场限值与测量方法》进行行业内宣贯,12 个单位的 24 位技术人员参与培训。

【标准制修订复审工作】2015 年,国家标准委批准立项 SAC/TC278 归口管理的国家标准 23 项。SAC/TC278 审查国家标准送审稿 5 项,向国家标准委报批国家标准 5 项。国家标准委批准发布SAC/TC278 归口管理的国家标准 11 项。根据 2012、2013 年铁路局要求对 SAC/TC278 归口的 50 项国家标准进行全面复审后得出复审结论,2015 年有 4 项标准立项修订。

【国际标准化工作参与情况】截至 2015 年底,中国负责 IEC/TC9 的国际标准工作组累计 14 个,主持 11 项国际标准,其中 8 项已颁布;参与 68 项国际标准的制修订。中国在 IEC/TC9 的贡献率排名由 20 世纪 90 年代的倒数升至第 5 位,位列德国、法国、意大利和日本之后。

【标准化科研】2015 年 10 月 30 日,SAC/TC278 承担的国家质检公益性行业科研专项——高速列车交流传动电气系统重要标准研究通过验收。该项目完成高速列车交流传动电气系统的标准体系建设,完成 6 项国家标准报批稿,以及 1 项国际标准 IEC/TR 61375-2-7:2014《高速列车无线骨干网》。

为配合中国标准动车组"走出去"战略,SAC/TC278 参与中国铁道科学研究院主持的中国标准动车组标准研究工作,以中国标准动车组采用的重要标准列表为参考,本着体现中国标准动车组产品的技术特点及创新水平的原则,对 SAC/TC278 归口的、中国标准动车组采用的 25 项重要标准与国外标准在关键指标或技术路线等方面的差异进行梳理。

供　稿:SAC/TC278 秘书处
撰稿人:唐　柳　刘　贵
审稿人:王秋华

全国纳米技术标准化技术委员会(SAC/TC279)

【概况】截至 2015 年底,全国纳米技术标准化技术委员会归口管理国家标准 45 项,管理标准制定项目 66 项(4 项完成报批,尚未出版)。

SAC/TC279 对口国际标准化组织纳米技术委员会(ISO/TC229)和国际电工委员会纳电子产品技术委员会(IEC/TC113)。

SAC/TC279 下设 1 个分技术委员会(SC)和6 个工作组(WG):纳米材料(SC1);上海地区纳米技术工作组(WG1),微纳加工技术标准化工作组(WG3),纳米压入与划入标准化技术工作组(WG4),纳米检测技术标准化工作组(WG5),纳米健康安全和环境标准化工作组(WG6),纳米储能技术标准化工作组(WG7)。

是年,SAC/TC279 组织标准草案 33 项。秘书处对标准草案进行初审和委员会审,选定 14 项标准进行国家标准草案初筛评审。

是年,SAC/TC279 参加新兴产业标准化(苏州)协作平台;与上海市纳米科技与产业发展促进中心共同举办"实验室认可、标物研制和不确定度知识学习班",30 余位学员参加培训。

【标准制修订复审工作】2015 年,国家标准委立项 SAC/TC279 归口管理的国家标准 9 项。SAC/TC279 上报 7 项国家标准申请,完成 9 项国家标准的报批工作,发布 7 项标准评审通知,完成 7 项标准的委员会投票并按期通过;全年复审标准 5 项。

【国际标准化工作参与情况】2015 年,SAC/TC279 派员参与 ISO/TC229 于 9 月 28 日至 10 月 2 日在加拿大埃德蒙顿、IEC/TC113(春季)于 5 月 18—23 日在捷克布拉格、IEC/TC113(秋季)于 10 月 19—23 日在韩国首尔、ISO/TC229/WG4 于 10 月 13—14 日在韩国首尔召开的纳米技术国际标准会议,推动各项承担的项目,并参与主席顾问组(CAG)等战略讨论。年内,中国主导纳米技术国际标准 9 项,其中 3 项国际标准获得出版、1 项国际标准进入询问(CD)阶段、2 项国际标准进入新工作项目(NWIP)阶段、3 项国际标准获得预工作项目立项(PWI)。

【标准化科研】2015 年,中国科研人员在纳米测试标准化方法、纳米计量装置研制、纳米标准物质和样品等方面取得进展。中国科学技术大学发展基于扫描电镜(SEM)成像物理原理的数据库方法,在此基础上提出基于模型的数据库算法作为使用 CD-SEM 进行纳米线宽测量的 CD 确定算法的国际标准,获得 ISO/TC201 认可,进入立项投票程序。国家纳米科学中心与中科院电工所合作,研制可溯源计量型扫描电子显微镜。年内,中国发布金纳米棒等二级国家标准物质。

【年会情况】2015 年 11 月 27 日,SAC/TC279 召开

2015年度会议，委员或委员代表及秘书处成员近40人参加会议，委员出席率90%。会议介绍标委会近一年来的发展情况，国际纳米标准最新进展和参加ISO/TC229与IEC/TC113会议的相关情况。标委会秘书处分别汇报2015年度工作总结和2016年度工作计划。各分委会及工作组分别汇报2015年度工作进展及2016年度工作计划。会议审查1项国家标准送审稿，并对本年度的标准送审进行讨论。

供　稿：SAC/TC279秘书处
撰稿人：高　洁
审稿人：王孝平

全国石油产品和润滑剂标准化技术委员会（SAC/TC280）

【概况】截至2015年底，全国石油产品和润滑剂标准化技术委员会归口管理国家标准396项、行业标准891项；在研国家标准58项、行业标准116项。

SAC/TC280下设6个分技术委员会（SC）：石油燃料和润滑剂（SC1），石油静态和轻烃计量（SC2），石油蜡类产品（SC3），石油沥青（SC4），合成油脂（SC5），在用润滑油液应用及监控（SC6）。经国家标准委同意，并受全国塑料标准化技术委员会、全国橡胶与橡胶制品标准化技术委员会和全国化学标准化技术委员会的委托，SAC/TC280负责管理石化塑料树脂产品分技术委员会、合成橡胶分技术委员会和石油化学分技术委员会的标准化工作。

是年，SAC/TC280组织成立项目组启动第Ⅵ阶段车用汽柴油国家标准的研制工作。

【标准制修订复审工作】2015年，SAC/TC280审定2015年国家标准制修订计划草案16项、行业标准制修订计划草案32项。

国家标准委批准立项SAC/TC280归口管理的国家标准21项、能源局批准立项SAC/TC280归口管理的行业标准16项、工业和信息化部批准立项SAC/TC280归口管理的行业标准11项。SAC/TC280向国家标准委、能源局及工业和信息化部报批国家标准、行业标准76项，审查国家标准、行业标准送审稿35项。国家标准委批准发布SAC/TC280归口管理的国家标准14项、能源局批准发布SAC/TC280归口管理行业标准32项、工业和信息化部批准发布SAC/TC280归口管理的行业标准21项。SAC/TC280复审归口管理的行业标准28项，其中继续有效21项、修订6项、废止1项。

【国际标准化工作参与情况】2015年，SAC/TC280分别组团参加ASTM D02和D16技术委员会夏季年会、ISO/TC61技术委员会第64届年会、ISO/TC45技术委员会第63届年会，并参加会议的讨论和投票表决。

【年会情况】2015年12月9日，SAC/TC280在北京组织召开标委会第二届二次年会，会议听取标委会秘书处工作报告，审议并通过石化标委会秘书处2015年工作经费决算、2016年工作经费预算及及中国石化、中国石油和中国海油的经费分摊金额。会议邀请环境保护部、中国石化石科院、上汽集团技术中心等单位有关专家分别就国Ⅵ排放标准、国Ⅵ油品标准以及中国汽车的发展趋势做专题报告。

供　稿：SAC/TC280秘书处
撰稿人：何玗玲
审稿人：华祖瑜

全国海洋标准化技术委员会（SAC/TC283）

【概况】截至2015年底，全国海洋标准化技术委员会归口管理国家标准85项、行业标准239项，在研标准304项。

SAC/TC283对口的国际标准化组织包括：国际标

准化组织船舶和海洋技术委员会海洋技术分技术委员(ISO/TC8/SC13),水质技术委员会物理、化学、生物方法分技术委员会(ISO/TC147/SC2),水质技术委员会微生物方法分技术委员会(ISO/TC147/SC4),生物技术委员会生物库和生物资源工作组(ISO/TC276/WG2),生物技术委员会分析方法工作组(ISO/TC276/WG3);国际电工委员会海洋能转换设备技术委员会(IEC/TC114)等。

SAC/TC283 下设 7 个分技术委员会(SC):海洋环境保护(SC1),海洋观测及海洋能源开发利用(SC2),海域使用管理(SC3),海洋调查技术与方法(SC4),海洋工程勘察与测绘(SC5),海洋生物资源开发与保护(SC6),海水淡化与综合利用(SC7)。

是年,SAC/TC283 选取海洋工作急需标准,组织开展 2 期全国范围的宣贯培训,累计培训 300 人次。

【标准制修订工作】2015 年,SAC/TC283 收到 34 家单位报送的 159 项海洋标准立项申报材料,其中国家标准 39 项、行业标准 120 项,最终确定 151 项标准立项材料上报。开展 60 项海洋国家标准、244 项海洋行业标准各阶段稿件的技术审查工作,组织开展 21 项标准征求意见工作,组织召开 39 项标准送审稿审查会,完成 23 项标准报批。归口管理的 7 项国家标准、16 项行业标准出版发布。

【地方和企业标准化工作】2015 年,SAC/TC283 推动沿海地方海洋部门开展海洋标准化工作,支持地方开展涉海地方标准制修订及地方海洋标准化技术委员会组建工作,天津市等沿海地方将海洋标准化工作纳入地方海洋经济发展规划,浙江和广州两省成立地方海洋标准化机构。鼓励企业、科研机构、高校联合在海洋重大产业和关键共性技术领域研制重要技术联盟标准,组织涉海企事业单位贯彻执行标准化法律法规和海洋国家标准、行业标准,鼓励制定企业标准,并开展企业标准备案工作。

【国际标准化工作参与情况】2015 年,SAC/TC283/SC4 秘书处承担单位国家海洋局第二海洋研究所申请成立国际标准化组织船舶和海洋技术委员会海洋技术分技术委员会(ISO/TC8/SC13),并建立“海洋水文气象观测仪器与测试技术”和“海水淡化”两个工作组。SAC/TC283/SC2 参加编制国际标准 IEEE P 2402《海洋观测复杂虚拟仪器设计规范》草案。开展海洋国际标准和国外先进标准的跟踪研究,完成《海洋国内外标准目录》校稿。开展 3 项 IEC 海洋能标准采标预研工作。

【标准化科研】2015 年,SAC/TC283 开展“极地环境综合考察与评估技术规程及标准的制定”专项、“海洋可再生能源开发利用技术标准与规范成果整合与集成”专项、“海洋强国建设的评价体系研究及应用”行业公益项目等重大科研项目的标准化研究工作。

极地专项。截至年底,完成《极地生态环境监测规范》等 12 项规程编制任务。开展《极地科学考察术语》国家标准编制工作,并完成标准征求意见。完成 3 项技术规程转化为行业标准的报告,召开 3 项技术规程宣贯会。

海洋可再生能源专项。年内,完成《海洋能开发利用标准体系》等 4 项行业标准报批工作;开展 4 项国家标准《海洋能资源调查与评估指南》(第 1-4 部分)编制工作;集成海洋可再生能源三项术语标准研究成果,出版《海洋能词典》。完成《国际海洋能开发利用技术标准与规范研究》专著初稿,并开展部分国际海洋能标准的采标预研工作。

“海洋强国建设的评价体系研究及应用”行业公益项目。年内,开展海洋强国建设评价综合标准化研究。引入综合标准化方法,编制完成海洋强国建设评价标准结构图、明细表及系统分析报告。

供　稿:SAC/TC283 秘书处

全国光辐射安全和激光设备标准化技术委员会(SAC/TC284)

【概况】截至 2015 年底,全国光辐射安全和激光设备标准化技术委员会(SAC/TC284)归口管理国家标准 16 项、行业标准 10 项,其中 5 项采用国际标准;在研国家标准 10 项,其中 5 项采用国际标准。

SAC/TC284 对口国际电工委员会光辐射安全和激光设备技术委员会(IEC/TC76)。下设 3 个分技术委员会(SC):激光材料加工和激光设备分技术委员会(SC1),对口 IEC/TC76/WG10(IEC/ISO-工业原材料处理环境中激光和激光设备的安全性工作组);大功率激光器应用分技术委员会(SC2),对口 IEC/TC76/WG7(强激光工作组);非相干光辐射安全分技术委员会(SC4),对口 IEC/TC76/WG4(医学激光设备的安全性工作组)。

【标准制修订工作】2015 年,SAC/TC284 会审国家标准项目4项，报批国家标准项目6项。上报申请国家标准立项3项。国家标准委批准发布SAC/TC284归口管理的国家标准2项，工业和信息化部批准发布SAC/TC284归口管理的行业标准1项。

【国际标准化工作参与情况】2015年，SAC/TC284参加IEC/TC76网络国际标准投票2次。10月，组织11人的中国代表团参加在英国召开的IEC/TC76年会和9个工作组会议，参加11项国际标准制定会议和全部21次会议；对IEC 60825-1-1《激光产品的消费者安全》和IEC 60825-18《传输系统光束指南》2项国际标准NP投票，均投赞成票；委员牟同升被授予IEC 1906奖；会议决定2016年IEC/TC76年会由中国承办。

【标准化科研】2015年5月，SAC/TC284承担的公益性行业专项研究《半导体照明和显示光辐射安全评价标准研究》完成项目验收，项目成果是《普通照明用LED产品光辐射安全要求》和《普通照明用LED产品光辐射安全测量方法》2项国家标准。国家科技支撑计划《支撑国际突破与国际贸易的重要国际标准研究》子课题《LED检测方法国际标准研究》，完成项目成果国际标准1项（IEC/TR 62471-4《灯和灯系统的光生物安全　第4部分：测量方法》）。国家科技支撑计划《信息显示界面工效学设计技术和标准研究》子课题《典型光学环境对人体视觉及生理的影响研究》，9月6日完成中期检查汇报，12月10日完成年度执行报告。年内，新增公益性行业专项研究《消费品中化学危害共性安全标准及10类重点产品关键技术标准研制（激光指示器）》，11月11日完成项目阶段检查汇报。

【年会情况】2015年7月14—16日，SAC/TC284在四川成都召开全体会议，委员出勤率95%。会议听取SAC/TC284及SC1、SC2工作总结，SC3筹备情况汇报、SC4组建情况和标准体系汇报，SAC/TC284"十三五规划"介绍；审议标准立项提案；复审国家标准3项和行业标准2项；2015年公益性行业专项研究内容介绍；汇报IEC/TR 62471-4国际标准制定情况；审议IEC/TC76注册专家提名。召开3项国家标准项目技术审查会。委员表决通过2项国家标准提案，通过2项国家标准复审继续有效，1项国家标准和2项行业标准复审废止；通过IEC/TC76注册专家提名；通过3项国家标准的技术审查。

8月14—15日，SAC/TC284/SC4第一届成立会在浙江杭州召开，并召开《半导体照明设备与系统光辐射安全要求与测试方法》国家标准项目技术审查会，通过该标准的技术审查。9月18—19日，SAC/TC284/SC1年会在广东中山召开，同期召开SAC/TC284/SC2第二届换届成立会暨年会。

供　稿：SAC/TC284秘书处
撰稿人：戚　燕
审稿人：张平雷

全国标准化原理与方法标准化技术委员会（SAC/TC286）

【概况】截至2015年底，全国标准化原理与方法标准化技术委员会归口管理国家标准17项，其中10项采用国际标准，1项与国际标准的一致性程度为非等效；在研国家标准12项，其中1项采用国际标准。

SAC/TC286对口ISO技术管理局部分工作。

SAC/TC286下设1个分技术委员会（SC）：标准化评价（SC1）。SAC/TC286/SC1于2015年6月10日由国家标准委正式批准成立，主要负责三方面的国家标准制修订工作：一是标准制修订评价，包括标准制修订程序符合性评价、标准编写质量评价、标准与法规和其他标准协调性评价；二是标准实施效益评价，包括标准化经济效益评价和标准化社会效益评价；三是标准化技术组织评价，包括标准化技术委员会评价和标准化社会团体评价。第一届委员会由23名委员组成。

是年，SAC/TC286制定并发布《SAC/TC286国家标准制修订项目提案管理规定》。SAC/TC286委员作为讲师，4次为质检总局、国家标准委组织召开的标准化业务培训活动讲授GB/T 1.1—2009《标准化工作导则　第1部分：标准的结构和编写》、GB/T 20000.1—2014《标准化工作指南　第1部分：标准化和相关活动的通用术语》等国家标准，培训人数500人次，开展标准化技术咨询服务次数18次，服务企业389家。

【标准制修订复审工作】2015年，国家标准委批准立项SAC/TC286归口管理的国家标准2项。SAC/TC286向国家标准委报批国家标准3项。国家标准委批准发布SAC/TC286归口管理的国家标准4项。SAC/TC286

组织复审归口管理的国家标准2 项,其中修订 2 项。

【标准化科研】2015 年,SAC/TC286 完成科技部和质检总局下达的《标准化方法体系架构及关键技术标准研制》公益性行业专项项目 1 项。SAC/TC286/SC1完成科技部和质检总局下达的《基于模糊数学理论的产业标准化绩效评估与微观比对研究》公益性行业专项项目 1 项。

【年会情况】2015 年 12 月 16 日,SAC/TC286 在北京举行全体会议,委员出席率 89%。会议听取 SAC/TC286/SC1 的 2015 年度工作总结汇报、SAC/TC286的 2015 年工作总结。与会委员和顾问讨论并通过工作总结报告,并对下一年度工作设想提出意见和建议。会议表决通过增补 3 名委员,审查通过 3 项国家标准。

供　稿:SAC/TC286 秘书处
撰稿人:杜晓燕
审稿人:逄征虎

全国物品编码标准化技术委员会(SAC/TC287)

【概况】截至 2015 年底,全国物品编码标准化技术委员会归口管理国家标准 11 项;在研国家标准 39 项。

SAC/TC287 下设全国物品编码标准化技术委员会特种设备编码与标识分技术委员会。

SAC/TC287 负责商品、产品、服务、资产、物资等物品的分类编码、标识编码和属性编码,物品品种编码,单件物品编码的国家标准制修订工作;全国物品编码管理与服务及物品编码相关载体技术等方面的国家标准制修订工作。SAC/TC287 秘书处所在单位为中国物品编码中心。

10 月 15 日,SAC/TC287 秘书处所在单位中国物品编码中心、中国自动识别技术协会及中国汽车维修行业协会在南京联合举办"'同质配件'统一编码与标识国标宣贯培训研讨会"。来自中国物品编码中心各地方分支机构代表以及北京、上海、天津等全国各省市的行业主管部门和企业代表参加此次研讨会。

【标准制修订复审工作】2015 年,国家标准委批准立项 SAC/TC287 归口管理的国家标准 14 项,其中物联网标识体系的相关标准 11 项;SAC/TC287 向国家标准委报批国家标准 3 项,以标准审查会的形式审查国家标准 3 项。国家标准委批准发布 SAC/TC287 归口管理的国家标准 2 项。

【标准化科研】2015 年,SAC/TC287 完成科技部和质检总局下达的《物联网物品编码技术及质检领域应用研究》公益性行业科研专项任务的标准化研究课题;完成《物联网编码标识标准体系框架》、8 个研究报告及相应的试点应用。完成发展改革委和国家标准委下达的《物联网标识体系等 13 项标准研制》中 13 项标准的相关内容。

【SC 成立情况】2015 年 1 月,国家标准委批准特种设备编码与标识分技术委员会成立,分技术委员会完成该技术委员正常运转的基础性支撑工作并召开成立大会。会上,颁发委员证书;秘书处汇报工作;讨论并通过分委会章程和秘书处工作细则等文件;讨论并通过第一届分委会工作计划、分委会标准体系;研讨拟申报的国家标准计划项目。

供　稿:SAC/TC287 秘书处
撰稿人:杜景荣
审稿人:李素彩

全国安全生产标准化技术委员会(SAC/TC288)

【概况】截至 2015 年底,全国安全生产标准化技术委员会归口管理标准 795 项,其中现行标准 495 项

（国家标准127项、行业标准368项）、在研标准300项（国家标准42项、行业标准258项）。

SAC/TC288下设7个分技术委员会（SC）：煤矿安全（SC1），非煤矿山安全（SC2），化学品安全（SC3），烟花爆竹安全（SC4），粉尘防爆（SC5），涂装作业（SC6），防尘防毒（SC7）。

是年，SAC/TC288根据《国家标准委办公室关于调整和筹建全国安全生产标准化技术委员会有关分技术委员会的复函》，制定换届及调整方案，开展7个分技术委员会换届准备工作，以及新增冶金有色安全、工贸安全2个分技术委员会组建准备工作。

【标准制修订工作】 2015年，SAC/TC288完成57项标准计划的申报工作。其中，6项国家标准报送国家标准委审批，51项行业标准报送安全监管总局审批。安全监管总局批准下达SAC/TC288归口管理的51项行业标准计划项目，国家标准委批准下达SAC/TC288归口管理的6项国家标准计划项目。国家标准委批准发布SAC/TC288归口管理的国家标准4项，安全监管总局批准发布SAC/TC288归口管理的行业标准37项。年内，SAC/TC288审查21项标准，其中20项标准通过审查，1项标准需经过重大修改后重审。SAC/TC288完成19项行业标准报批工作。

【标准化科研】 2015年，SAC/TC288完成商务部"十二五"科技支撑课题"生活必需品一体化应急保障标准体系研究"，提出标准体系构架模式和亟需制修订的标准目录。完成国家标准委专项课题"安全生产重点领域标准体系研究"，提出安全生产标准体系框架和金属非金属矿山安全生产标准体系框架，以及金属非金属矿山安全生产重点标准项目建议。完成《"十三五"安全生产技术标准专项规划》编制建议，提出"现代化安全高效绿色煤矿建设与生产安全技术装备关键技术标准研究"等7个重点任务方向。根据安全监管总局工作部署，完成《安全生产标准"十三五"发展规划》（初稿）。完成"危险化学品安全标准体系研究"，确定重点标准研制领域，提出危险化学品安全标准体系建设建议。完成涂装作业强制性国家标准实施情况调查研究。根据安全监管总局工作安排，完成"职业卫生标准顶层设计研究"文献调研工作。

【标准宣贯】 2015年，SAC/TC288组织17期标准培训班，包括1期标准化知识及标准编写培训班和16期标准宣贯培训班。标准化知识及标准编写培训班，培训人员152人。标准宣贯培训班宣贯标准37项，参加培训人数累计1 424人。SAC/TC288组织编写《粉尘防爆标准汇编》《氧化铝厂防尘防毒技术规程实施指南》《耐火材料企业防尘规程实施指南》作为标准实施的参考资料。SAC/TC288举办3期危险化学品标准知识竞赛，即"祥云杯"知识竞赛、"海能达杯"知识竞赛和乌海市标准知识竞赛，参加竞赛人数累计10余万人。

供　稿：SAC/TC288秘书处
撰稿人：苏宏杰
审稿人：田东胜

全国文物保护标准化技术委员会（SAC/TC289）

【概况】 截至2015年底，全国文物保护标准化技术委员会归口管理国家标准48项、行业标准131项。其中，在研国家标准33项、行业标准59项。

SAC/TC289下设1个分技术委员会（SC）：文物保护专用设施（SC1）。

是年，SAC/TC289组织召开标准编制培训班1次，培训人数30人；结合工作实际，编印工作通讯4期。

【标准制修订复审工作】 2015年，文物局批准立项SAC/TC289归口管理的行业标准10项；批准发布SAC/TC289归口管理的行业标准10项。SAC/TC289向国家标准委报批国家标准20项；审查国家标准1项、行业标准4项；复审国家标准4项、行业标准18项。

【文物保护专用设施分技术委员会成立】 2015年9月11日，国家标准委批准成立"全国文物保护标准化技术委员会文物保护专用设施分技术委员会"（SAC/TC289/SC1），主要负责文物调查与考古发掘、文物保护、文物修复、文物风险管理、文物展陈、文物传承利用等专用工具、装具、装备及系统等领域的标准制修订。11月17日，SAC/TC289/SC1在重庆召开成立大会，委员、代表33人出席。会议审议《章程》《秘书处工作细则》、标准体系和分委会工作计划。对21项文物保护装备产业化及应用协同工作平台团体标准进行技术审查。

【年会情况】2015 年4 月8 日,SAC/TC289 在北京举行全体会议,委员出席率78%。国家标准委纪检组长郭辉出席会议并讲话。标委会主任委员、文物局副局长宋新潮做题为《系统管理 重点突破 全面提升文物保护标准化发展质量效益》的讲话。会议审议通过标委会2014 年度工作报告;审查通过20 项国家标准和9 项行业标准报批稿,以及5 项拟申请立项的国家标准。

供 稿:SAC/TC289 秘书处
撰稿人:李春玲

全国城市轨道交通标准化技术委员会(SAC/TC290)

【概况】截至2015 年,全国城市轨道交通标准化技术委员会归口管理标准58 项。其中,现行国家标准17 项、行业标准31 项;在研国家标准6 项、行业标准4 项。

是年,SAC/TC290 为重庆市质监局、湖北省质监局、广东省珠海市质监局等地方标准主管部门和标准服务咨询机构提供城市轨道交通标准化技术咨询工作。参加国家标准委组织的标准审查培训2 批4 人次。

【标准制修订复审工作】2015 年,SAC/TC290 申报标准11 项,归口管理的3 项标准获批立项。在研标准完成4 项报批、1 项审查。复审国家标准23 项,其中继续有效14 项、修订9 项;复审行业标准35 项,其中继续有效21 项、修订14 项。

【国际标准化工作参与情况】2015 年,SAC/TC290 秘书处调研探讨与国际标准化组织对接的途径。探讨将中国特有技术标准转化为国际标准的可能性和途径。

【标准化科研】2015 年,SAC/TC290 承担的中华人民共和国国家发展和改革委员会、世界银行、全球环境基金中国节能融资项目《城市轨道交通投资项目节能评估与审查技术要求研究》完成专家评审工作。SAC/TC290 秘书处发表的论文《美国国家标准采用专利的政策管理探讨与比较》获“中光杯’第二届中国工程建设标准化高峰论坛有奖征文活动”优秀论文奖。

供 稿:SAC/TC290 秘书处
撰稿人:徐素敏
审稿人:陈燕申

全国体育用品标准化技术委员会(SAC/TC291)

【概况】截至2015 年底,全国体育用品标准化技术委员会归口管理国家标准31 项、行业标准2 项;在研国家标准10 项。

SAC/TC291 下设1 个分技术委员会:运动服装(SC1)。

是年,SAC/TC291 召开体育用品标准化改革、创新座谈会。对5 项国家标准分别召开宣贯会。

【标准制修订工作】2015 年,SAC/TC291 新立项标准项目3 项。在研项目10 项,其中6 项完成标准报批稿,4 项标准正在起草过程中。

【标准化科研】2015 年,SAC/TC291 承担单位中国体育用品业联合会联合北京林业大学、哈尔滨高新技术检测服务中心完成国家质检公益项目《公共体育设施安全管理和服务重要标准研究》研究工作。

供 稿:SAC/TC291 秘书处

全国人力资源服务标准化技术委员会(SAC/TC292)

【概况】截至2015年底，全国人力资源服务标准化技术委员会归口管理3项国家标准；在研国家标准17项。

是年，SAC/TC292完成标委会换届工作。SAC/TC292由来自人力资源服务机构、行业主管部门、行业协会、科研院所、高等院校等利益相关方的57名委员组成，负责全国公共就业、人力资源服务等领域的标准化技术归口管理工作。

是年，SAC/TC292在河南省、江苏省举办《现场招聘会服务规范》《人才测评服务业务规范》国家标准宣贯培训班，培训人数150人。完成《人才测评服务业务规范》宣贯教材送审稿。启动《现场招聘会服务规范》宣贯教材编制工作

【组织建设】2015年2月9—10日，SAC/TC292在北京召开换届大会暨第二届一次工作会议，全体委员及观察员120余人出席会议。会议总结第一届标委会工作，审议通过标委会《章程》《秘书处工作细则》《近期工作计划》等文件，颁发第二届标委会委员、顾问和观察员证书，并对《人力资源服务标准体系》提出修改意见。会议审查《流动人员人事档案管理服务规范》等5项国家标准。

【标准制修订复审工作】2015年，SAC/TC292向国家标准委报批《流动人员人事档案管理服务规范》《人力资源培训服务规范》《人力资源管理咨询服务规范》3项国家标准。开展《高级人才寻访服务规范》国家标准的复审工作。

【标准化科研】2015年，SAC/TC292开展《人力资源服务标准体系》修订工作，成立《人力资源服务标准体系》修订工作课题组，由中国人事科学研究院牵头组织相关专家开展课题研究，进行多次调研论证，召开由人力资源社会保障部主管部门、部分标委会委员和专家参加的研讨会征求意见，对《人力资源服务标准体系》(修改稿)进行修改完善。完成《高级人才寻访服务机构等级划分与评定》预调研工作。

供　稿：SAC/TC292秘书处

全国电工电子产品与系统的环境标准化技术委员会(SAC/TC297)

【概况】截至2015年底，全国电工电子产品与系统的环境标准化技术委员会归口管理国家标准55项，其中4项采用国际标准；在研国家标准45项，其中2项采用国际标准。

SAC/TC297对口国际电工委员会电工电子产品环境技术委员会(IEC/TC111)。

SAC/TC297下设5个分技术委员会(SC)：材料声明(SC1)，环境设计(SC2)，有害物质检测方法(SC3)，回收利用(SC4)，环境评价(SC5)。

是年，国家标准委批复成立第二届SAC/TC297/SC2。

是年，SAC/TC297组织有关分委会和国内标准起草专家对电子行业关注的《电子电气产品中限用物质筛选应用通则　X射线荧光光谱法》等国家标准项目编写宣贯教材，进行解读和宣贯，培训人数约50人。

【标准制修订复审工作】2015年，国家标准委批准立项SAC/TC297归口管理的国家标准10项，其中制定8项、修订1项、外文翻译标准1项。SAC/TC297向国家标准委报批国家标准16项，审查国家标准送审稿15项。国家标准委批准发布SAC/TC297归口管理的国家标准6项。SAC/TC297复审归口国家标准5项，其中继续有效3项、修订2项。

【国际标准化工作参与情况】2015年，SAC/TC297组织开展47份IEC文件转发工作，并对10份国际标准送审稿、草案稿等国际标准文件开展投票和意见征求工作。推荐3名专家参加IEC/TC111检测方法新项目组工作。作为召集人牵头并完成IEC/TC111/PT 62824《电气电子产品的环境意识设计　考虑材料效率导则》国际标准制定工作，并主导提出“环境绩效标准”研究思路。SAC/TC297派30余名专家参加IEC/TC111各个工作组工作，年内

主持召开3次工作组会议,组织专家14人参加4次IEC/TC111工作组会议和全会。

【标准化科研】2015年,SAC/TC297完成科技部和质检总局下达的"提高电工电子产品循环利用水平相关标准研究"公益性行业科研专项项目验收工作,并承担"电子电气产品生态设计评价体系构建及关键技术研究"公益性行业科研专项,制定生态设计相关国家标准。基本完成"十二五"国家科技支撑计划课题"循环经济技术、产品与模式推广机制研究"研究工作,制定"电子电气行业循环经济产品评价方法导则"国家标准。完成发展改革委"目录产品拆解处理资源产出率标准研究"课题研究,开展《废弃电子电器产品资源产出率评价方法》国家标准制定工作。开展国家科技支撑项目"支撑国际突破与国际贸易的重要国际标准研究",牵头制定IEC/TR 62824《电气电子产品的环境意识设计 考虑材料效率导则》国际标准制定工作。质检公益专项"电工电子产品资源循环利用标准化体系及关键技术研究"获质检总局科技兴检奖三等奖。

【年会情况】2015年,SAC/TC297及下属各分委会先后召开全体会议,委员出席率75%以上。会议听取标委会及各分委会秘书长对2015年国内外标准制修订工作、标准化科研、经费使用情况、存在问题、标准化工作计划等情况的汇报,并对深化标准化工作改革、生态设计、回收利用、有害物质控制等领域的相关政策法规实施情况及国家标准进行宣贯。会议审查16项国家标准、1项行业标准,通过15项国家标准、1项行业标准;复审5项国家标准;对在研的国家标准开展研讨并面向委员征集新国家标准项目的起草单位。

结合年会,于11月6日在广东广州召开"电子电气产品生态设计"论坛,宣贯国家在电子电气产品生态设计方面的政策、法规,介绍标准化研究和认证新领域信息,分享企业实践经验。

供 稿:SAC/TC297秘书处

全国珠宝玉石标准化技术委员会(SAC/TC298)

【概况】截至2015年底,全国珠宝玉石标准化技术委员会归口管理国家标准12项、行业标准1项,在研国家标准8项、行业标准2项。

【标准制修订工作】2015年,SAC/TC298申请国家标准计划项目10项;向国家标准委和国土资源部报批国家标准4项。国家标准委批准发布SAC/TC298归口管理的国家标准2项,国土资源部批准发布SAC/TC298归口管理的行业标准1项。

【国际标准化工作参与情况】2015年,SAC/TC298参与由ISO/TC174主导的关于钻石及绿松石国际标准的研讨工作。

【标准化科研】2015年,SAC/TC298研制国家标准《石英质玉》中,研究中国各地产的各类石英质玉,收集各地产的不同石英质玉的样品,并对样品进行实验与测试,研究包括石英质玉颜色的成因、地质成因、产状和质地,5月对已完成的研究成果及意见征集稿进行会议研讨。

研制国家标准《祖母绿分级》中,专门组织关于祖母绿的研讨会,请有关专家对市场中祖母绿的优化处理方法进行解析,并对祖母绿优化处理时常用的浸油及充填物质进行系统分析研究,明确国内外对祖母绿品质的评价方法。

围绕绿松石的鉴定与分级两个国家标准项目,安徽省国土资源厅和湖北省国土资源厅均对绿松石设立专项科研支持。绿松石鉴定项目组完成国内外各产地的绿松石样品采集、整理,利用各类大型仪器及常规宝石学测试方法对天然绿松石、经优化处理的绿松石、绿松石仿制品进行研究,基本确定各类绿松石的鉴别依据,绿松石鉴定国家标准的文字稿正在起草中。绿松石分级项目组的部分标本已完成采集,颜色测试工作以及标准色板研究性工作正在进行中。

【年会情况】2015年11月29日,SAC/TC298在北京召开第二届第一次年度会议,29名委员代表出席会议,委员出席率64.4%。会议学习党的十八大以来中央对标准化工作提出的最新指示,以及党中央、国务院关于深化标准化工作的改革方案;秘书长汇报本届技术委员会标准制修订计划执行情况、存在的问题,提出2016年工作计划,并向各位委员征集下一年标准计划。

供 稿:SAC/TC298秘书处

全国电工电子产品着火危险试验标准化技术委员会（SAC/TC300）

【概况】截至2015年底，全国电工电子产品着火危险试验标准化技术委员会归口管理推荐性国家标准及指导性技术文件37项，均等同采用国际标准；在研国家标准4项、行业标准1项。

SAC/TC300对口国际电工委员会着火危险试验技术委员会（IEC/TC89）。

是年，SAC/TC300在广东广州召开"材料安全服役技术交流会"，邀请工业产品环境适应性国家重点实验室外聘美籍技术专家、威斯康辛州立大学麦迪逊分校研究员HsinjinE Yang做专题报告。

【标准制修订情况】2015年，SAC/TC300提出5项国家标准修订计划，均得到批复。组织开展4项国家标准修订工作，其中2项审查通过待报批。

【国际标准化工作参与情况】2015年，SAC/TC300收到IEC/TC89发出的48份工作文件，其中22份需要答复。SAC/TC300均按时答复，答复率100%。SAC/TC300分别推荐2名和1名专家加入IEC/TC89的PT 60695-2-14和PT 60695-11-5项目组，参与相关标准制修订工作。派3名代表参加11月3—6日在瑞典斯德哥尔摩/西斯塔召开的IEC/TC89会议。截至年底，中国有IEC/TC89国际专家5名，分别加入到PT 60695-2-20、PT 60695-2-14、PT 60695-2-15。

【标准化科研】2015年，SAC/TC300秘书处联合工业产品环境适应性国家重点实验室，制备出纳米复合材料置于对高分子材料老化影响严重的典型湿热（海南琼海）和干热（新疆吐鲁番）自然环境进行自然暴露试验，重点研究服役过程中材料的内部组成、结构等对纳米复合材料阻燃性能、燃烧特性、热性能及机械性能的影响机制，为聚合物纳米复合材料的设计及实际应用提供实验基础和理论依据。

【年会情况】2015年11月18—20日，SAC/TC 300在贵州贵阳召开第二届三次工作会议暨标准审查会，27人出席会议，其中委员及委员代表25人（占全体委员总数的81%）。会议听取标委会2015年工作总结，讨论2016年标准工作计划安排，通报标委会对口的IEC/TC89年度标准化工作情况，审查通过2项国家标准。

供　稿：SAC/TC300秘书处
撰稿人：吴　倩
审稿人：黄开云

全国电气绝缘材料与绝缘系统评定标准化技术委员会（SAC/TC301）

【概况】截至2015年底，全国电气绝缘材料与绝缘系统评定标准化技术委员会归口管理国家标准59项、能源行业标准5项、机械行业标准1项。在研国家标准7项、能源行业标准1项、中国电器工业协会团体标准2项。标委会有委员63名，顾问2名。

SAC/TC301对口国际电工委员会电气绝缘材料与系统的评估与鉴别委员会（IEC/TC112）。IEC/TC112发布国际标准及技术文件59项（国际标准47项、技术规范9项、技术报告3项）。SAC/TC301归口的59项国家标准中有56项采用IEC/TC112标准或技术文件。

是年，SAC/TC301着重宣贯自主制定标准、新修订标准、对口IEC/TC112的标准。及时将发布的标准发送给行业专家；在标委会网站上发布标准化最新动态信息；将IEC/TC112国际标准化情况以总结文章形式发布在行业期刊上；随时回复企业咨询的相关标准实施情况。

【标准制修订及复审工作】2015年，国家标准委批准发布SAC/TC301归口管理的国家标准6项；批准立项SAC/TC301归口管理的国家标准5项。SAC/TC301完成6项标准送审稿，其中国家标准5项、行业标准1项。完成3项标准草案稿，其中中国电器工业协会标准2项、国家标准1项。复审国家标准14项，其中继续有效11项、建议修订3项。

【国际标准化工作参与情况】 2015 年,SAC/TC301 接收 IEC/TC112 标准投票及工作文件 40 份,其中国际标准投票文件 16 份。组织提交 1 份国际标准新项目文件。主导承担 1 项国际标准项目制定工作。推进完成 IEC/TR 62836 Ed1.0:2013《利用压力波法测量绝缘材料内电场分布》平行试验验证工作。推荐 4 名国内专家分别参与 IEC/TC112 的 3 项国际标准新项目的起草工作。推荐 2 名国内专家加入 IEC/TC112 相关工作组。2 名专家参加 IEC/TC112/WG4 工作组会议。组织 10 名专家参加 IEC/TC112 的 2015 年年会及各个工作组会议。

【标准化科研】 2015 年,SAC/TC301 秘书处挂靠单位机械工业北京电工技术经济研究所牵头开展质检公益专项《空间电荷等 6 项新能源及传统产业领域国际标准研制》实施工作。项目取得研究成果有:技术论文 1 篇、国际标准 3 项、国际报告框架 2 份、国际国家标准委员会投票草案稿 1 项。

【标委会自身建设情况】 2015 年,SAC/TC301 增补 3 名委员和 2 名通讯委员,解聘连续两年不参与标委会任何活动的委员。派员参加“国家标准编写培训”会议 1 次。1 名委员单位获中国电器工业协会评审的“电器工业标准化良好行为示范企业”称号。建立 SAC/TC301 微信公众账号,采用网络平台宣传 SAC/TC301 各项工作。扩大 SAC/TC301 专家和委员联络的微信群,沟通和交流工作动态、行业资讯、技术热点等。

供　稿:SAC/TC301 秘书处
撰稿人:陈　昊
审稿人:刘亚丽　郭振岩

全国家用纺织品标准化技术委员会(SAC/TC302)

【概况】 截至 2015 年底,全国家用纺织品标准化技术委员会归口管理国家标准 14 项、行业标准 75 项;在研标准 22 项。

SAC/TC302 下设 3 个分技术委员会(SC):床上用品(SC1),线带(SC2),毛巾(SC3)。

【标准制修订复审工作】 2015 年,SAC/TC302 完成国家标准报批 3 项、行业标准报批 13 项;完成国家标准立项评估 12 项;完成 3 项国家标准和 13 项行业标准的制修订工作。复审推荐性行业标准 74 项,其中继续有效 49 项、修订 24 项、废止 1 项;复审推荐性国家标准 21 项,其中继续有效 9 项、修订 12 项;复审推荐性行业标准制修订计划 32 项,其中继续有效 29 项、延期 2 项、直接废止 1 项;复审推荐性国家标准制修订计划 5 项,均继续有效(其中 3 项已报批)。

【标准化科研】 SAC/TC302 秘书处单位江苏省纺织产品质量监督检验研究院在承担标准制修工作的同时,对家用纺织品防辐射性能、家用纺织品 VOC、家用纺织品中可挥发甲醛、家用纺织品毛巾可水取萃物、家用纺织品填充物中粉尘、床上用品的舒适性指数、窗帘的遮光性能和隔音性能、家用纺织品分类、家用纺织品标签指南已进行多年的研究,其中“纺织品　防微波性能测试方法　矩形波导管法”纺织行业标准已报批,家用纺织品分类国家标准已列项。

【年会情况】 2015 年 11 月 26—27 日,SAC/TC302 在江苏南通召开年会,来自北京、河北、山西、山东、江苏、安徽、上海、浙江、湖南、福建、广东、陕西等全国 16 个省、直辖市的 96 名代表参加会议,委员出席率 77.9%。

供　稿:SAC/TC302 秘书处
撰稿人:唐祖根
审稿人:李　辉　阮　航

全国云锦产品标准化技术委员会(SAC/TC303)

【概况】 截至 2015 年底,全国云锦产品标准化技术委员会制定国家标准 1 项。

是年,SAC/TC303 围绕宣贯国家标准 GB/T 30670—2014《云锦妆花缎》,组织 3 次全国织锦行业标准培训,培训人数 60 余人。与南京市云锦行业协会,对云锦生产、销售单位的相关人员进行GB/T 30670—2014 国家标准、标准化基础培训和标准宣贯材料的学习。组织部分委员参加江苏省、南京市质监局举办的标准培训班。为云锦行业及全国织锦行业提供标准化技术咨询服务。

是年,SAC/TC303 在国家标准委、江苏省质监局以及中国纺织工业协会科技发展部指导下,开展标准化的宣传普及和培训工作,参加由中国纺织工业联合会主持的全国丝绸标准体系框架的研讨和编制。

【标准复审工作】 2015 年,SAC/TC303 和江苏省质监局、南京市质监局按全国原产地域产品标准化工作组的要求,共同组织 GB/T 21930—2008《地理标志产品　云锦》国家标准起草单位、主要起草人及云锦生产、销售单位的相关人员,开展地理标志产品国家标准复审工作,工作从 2014 年开始进行,将于 2016 年底完成。

【标准化科研】 2015 年,SAC/TC303 和南京市产品质量监督检测院合作,共同研究“云锦妆花缎中真扁金(银)线、真圆金(银)线的金(银)层含金(银)量的测定方法”中的化学测定的细节问题,其中包括国产扁、圆金线和日本产的扁、圆金线的金、银层含金、银量的测定方法。

【年会情况】 2015 年 11 月 13 日,SAC/TC303 组织壮锦、土家锦、黎锦、侗锦等民族织锦召开研讨会,探讨这些大范畴属于纺织/织锦,却不属于丝绸的织锦如何纳入 2012 年纺织/丝绸行业标准体系框架(草案)内的问题。并在上报国家标准委的“标准化体系建设发展规划(2014—2020 年)编制需求和建议中,建议除南京云锦、四川蜀锦、苏州宋锦、杭州杭锦等少数几个以丝绸为原料的织锦外,将更多的中国织锦如壮锦、土家锦、黎锦、苗锦等民族织锦纳入纺织/丝绸行业标准体系框架。

供　稿:SAC/TC303 秘书处

全国制鞋标准化技术委员会(SAC/TC305)

【概况】 截至 2015 年底,全国制鞋标准化技术委员会归口管理国家标准 71 项(强制性国家标准 2 项、推荐性国家标准 69 项)、推荐性行业标准 56 项,其中 59 项采用国际标准;在研国家标准 13 项、行业标准 14 项,其中 2 项采用国际标准。

SAC/TC305 对口国际标准化组织鞋类技术委员会(ISO/TC216)、鞋类标识与标记体系技术委员会(ISO/TC137)。

SAC/TC305 下设 1 个分技术委员会(SC)、4 个专业工作组(WG):皮鞋(SC1);鞋号、鞋楦标识和标记体系专业工作组(WG1),物理机械性能工作组(WG2),化学性能工作组(WG3),鞋类和微生物工作组(WG4)。

【标准制修订工作】 2015 年,SAC/TC305 上报标准计划 23 项,其中国家标准 7 项、行业标准 16 项。报批国家标准 4 项,行业标准 2 项。国家标准委批准立项国家标准 4 项,工业和信息化部批准立项行业标准 8 项。

【国际标准化工作参与情况】 2015 年,SAC/TC305 在葡萄牙召开 ISO/TC216/WG3 (鞋类　术语)成立大会暨一次年会;完成 ISO/NP 20150 草案稿并开展验证试验;完成 ISO/PWI TS 19577 草案稿,开展验证试验,并在 CEN/TC309/WG2 2015 年年会讨论;完成 ISO/PWI 20535 草案,开展验证试验,并在 CEN/TC309/WG1 2015 年年会讨论;完成 ISO/PWI 21061 草案,开展验证试验,并在 CEN/TC 309/WG2 2015 年年会讨论;完成 ISO/PWI 20537 草案稿的编写,并在 ISO/TC 216/WG3 2015 年成立大会暨一次年会讨论;完成 ISO 9407 草案稿的编写,并在 SAC/TC305/WG1 工作组内征集意见;开展 ISO/PWI 20536 的验证试验;完成 9 项 ISO/TC216 标准投票;完成 2 项 ISO/TC137 国际标准的编写、发起投票并意见汇总;完成中关村管委会针对国际标准制修订工作企业活动需求报告;派员参加国家标准委举办的“国际标准化发展趋势和战略”讲座;参与世界三大标准化组织(ISO/IEC/ITU)举办的国际视频大赛;在葡萄牙波尔图参加 CEN/TC309/WG1、WG2 工作组会议,ISO/TC216/WG3、WG5 工作组会议以及 CEN/TC309 & ISO/TC216 以及 ISO/TC137 年会等 6 场会议,中方主持 3 场。

【标准化科研】 2015 年,SAC/TC305 召集制鞋行业鞋材领域专家在哈尔滨召开“鞋底材料和发展技术研讨会”;参加国家标准委组织的“筑篱”行动,包括《儿童用品国内外标准对比分析》(童鞋)和《纺织服装等消费品领域标准对比分析及标准体系构建》(制鞋)2 项研究工作;作为协作单位参与科技部 2014 年度政策引导类计划专项课题《儿童鞋舒适性与安全性监测体系建设》项目研究;承担《国家教学资源库职业教育鞋类设计与工艺专业项目》子项目的研究工作,开展《鞋类技术标准信息库》的建设并协助项目牵头单位开展"鞋类国家教学资源库应用推广"的工作;与方圆标志认证有限公司在北京召开关于《儿童健康功能鞋认证技术规范》研讨会;组织北京师范大学、北京大学第三医院、中国康复研究中心等单位专家在北京召开"儿童健康功能鞋专家论证会";申报出国留学人员科技活动项目《鞋类防滑性能及检测技术研究》;与仪器厂商合作,开发试制童鞋抗冲击性设备和整鞋切割机;在秘书处承担单位中国皮革和制鞋工业研究院申请立项,开展鞋类和鞋类部件中多环芳烃及二甲基甲酰胺的检测研究、鞋类防滑性能检测试验条件的优化研究、老化方式对鞋类产品性能的影响研究。

【标准宣贯】2015 年 1 月 9 日,SAC/TC305 秘书处在上海科学会堂主办 GB 30585—2014《儿童鞋安全技术规范》宣贯培训会,69 人参加。4 月 18 日受温岭市质监局邀请,SAC/TC305 秘书处派员向当地童鞋企业宣贯《儿童鞋安全技术规范》《儿童旅游鞋》《鞋类产品标识》标准,50 余名代表参加。6 月 10—12 日,SAC/TC305 在北京举办第一期鞋类国际标准化综合知识培训班(2015 年),8 名学员参加。7 月 22—24 日,国家鞋类质量监督检验中心(北京)、SAC/TC305 在北京举办鞋类新标准宣贯与检测技术培训班,全国 23 家质检机构、10 家企业单位的 45 位代表参加。

【年会情况】2015 年 11 月 2—4 日,SAC/TC305 在浙江桐乡举行全体会议,200 余人参会。会议通报 2015 年标委会主任委员扩大会议及国际标准培训班情况,鞋底材料和发展技术研讨会、标委会成立技术专家小组、SAC/TC305 验证实验室考核结果;表彰 2015 年度优秀委员和优秀观察员;为 13 家 SAC/TC305验证试验实验室颁发牌匾和证书,为 11 位新增观察员颁发证书。会议听取标委会 2015 年度工作报告和 2016 年度工作计划。投票通过SAC/TC305 2015 年度经费决算及 2016 年度经费预算、委员的变更、2016 年标准项目计划等议题,以及"关于成立鞋标委五金专业工作组的申请"。会议审查通过 4 项标准。7 位不同领域专家与各位代表进行技术交流。

供　稿:SAC/TC305 秘书处

全国减灾救灾标准化技术委员会(SAC/TC307)

【概况】截至 2015 年底,全国减灾救灾标准化技术委员会归口管理国家标准 15 项、行业标准 29 项;在研国家标准 2 项、行业标准 14 项。

是年,SAC/TC307 通过《中国减灾》杂志(2015 年 3 月)和"世界标准化日"民政标准化展板开展减灾救灾标准化工作专题宣传,参加民政部标准化工作培训班 1 次。

【标准制修订工作】2015 年,SAC/TC307 组织开展9 项标准的立项申请工作,其中,国家标准制定项目 4 项、行业标准制定项目 5 项。组织开展 2 项国家标准和 14 项行业标准的制修订工作,其中,2 项行业标准正式报批,1 项国家标准和 10 项民政行业标准完成技术审查,1 项国家标准和 2 项民政行业标准正在起草。

【标准化科研】2015 年,SAC/TC307 参与实施质检公益行业专项"公共安全突发事件一线处置应对标准体系与 32 项关键技术标准研究"中"自然灾害应急处置关键技术标准研究",形成初步研究成果,《社区灾害风险图编制规范》《救灾帐篷通用技术要求》《自然灾害灾情统计　第 4 部分:报表格式》3 项国家标准草案已申请立项。《自然灾害灾情报送基本术语》《应急救灾通用图形标识》《减灾救灾物资配置》3 项民政行业标准完成立项申报工作。

【年会情况】2015 年 6 月 9 日,第二届 SAC/TC307 成立大会暨标准审查会在北京召开。新一届标委会由 33 名委员组成,秘书处设在民政部国家减灾中心。会议讨论通过第二届标委会工作章程和秘书处工作细则,并对新一届标委会标准体系框架和分技术委员会设置方案进行研讨;组织审查 1 项国家标准和 2 项民政行业标准。1 项行业标准通过技术审查,对未通过会议技术审查的 1 项国家标准和 1 项行业标准,要求标准起草组修改后由标委会秘书处发标委会委员函审。

供　稿:SAC/TC307 秘书处
撰稿人:陈　厦
审稿人:张　磊

全国氢能标准化技术委员会(SAC/TC309)

【概况】截至2015年底,全国氢能标准化技术委员会归口管理国家标准26项,其中3项采用国际标准;在研国家标准13项。

SAC/TC309对口国际标准化组织氢能技术委员会(ISO/TC197)。

是年,国家标准委批复成立第二届全国氢能标准化技术委员会。第二届标委会有成员单位53个、成员66人,秘书处设在中国标准化研究院。

是年,SAC/TC309组织召开GB 50516—2010《加氢站技术规范》等国家标准宣贯培训会,培训人数150人次。

【标准制修订复审工作】2015年,SAC/TC309审查国家标准9项,向国家标准委报批国家标准7项。国家标准委批准发布SAC/TC309归口管理的国家标准1项。SAC/TC309组织复审归口国家标准3项,均继续有效。

【国际标准化工作参与情况】2015年,SAC/TC309组织办理国际标准投票17项,其中新工作项目提案3项,复审项目4项,工作组草案WD稿4项,委员会草案CD稿6项。牵头WG17工作,负责《水电解制氢系统》国际标准的制定工作;参与《氢气加氢站通用要求》《金属氢化物可逆吸收氢》等国际标准的制修订工作。参加ISO/TC197第24次全体会议。中国清华大学教授毛宗强受邀担任ISO/TC197副主席职务。SAC/TC309秘书处在委员单位范围内征集ISO/TC197注册专家,截至年底,收到5位专家的申请,并完成上报工作。SAC/TC309秘书长王赓受邀成为ISO可再生能源战略工作组专家,参与ISO可再生能源领域国际标准布局、规划的决策与执行。

【标准培训与宣贯】2015年,SAC/TC309秘书处1名工作人员参加全国专业标准化技术委员会工作平台培训及标准化原理与方法国家标准培训班,加强业务学习和标委会管理工作。SAC/TC309举办加氢站技术与标准交流会,ISO/TC197/WG24《氢气加氢站通用要求》国际标准召集人、GB 50516—2010《加氢站技术规范》第一起草人、加氢站及其附属设施类国家标准主要起草人、国内加氢站运营单位专家代表参会,会议讲解和交流国内外加氢站及相关法律和标准的最新进展。

【年会情况】2015年12月28日,SAC/TC309在北京举行全体会议,委员出席率94%。会议主要介绍2015年国内外氢能工作进展和两岸标准工作进展,并听取标委会2015年工作报告及2016年工作计划。与会委员对各标准化承担单位提交的4项国家标准项目申报书、草案稿进行审查论证,确定向国家标准委申报的标准项目。

供　稿:SAC/TC309秘书处
撰稿人:李　燕
审稿人:王　赓

全国风险管理标准化技术委员会(SAC/TC310)

【概况】截至2015年底,全国风险管理标准化技术委员会归口管理国家标准6项,已报批国家标准1项。

SAC/TC310对口国际标准化组织风险管理技术委员会(ISO/TC262)。

【国际标准化工作参与情况】2015年,SAC/TC310主导制定国际标准ISO 32022《企业法律风险管理实施指南》。3月,赴法国参加ISO/TC262/WG2会议,参与会议讨论和投票表决。

【标准化科研】2015年,SAC/TC310完成中央基本科研业务费项目《法律风险管理标准化试点示范评定技术及工作机制研究》的验收,主要任务是探索标准化成果的应用推广。

供　稿:SAC/TC310秘书处

全国家用卫生杀虫用品标准化技术委员会(SAC/TC311)

【概况】截至2015年底,全国家用卫生杀虫用品标准化技术委员会归口管理国家标准14项、行业标准14项,其中在研国标准家5项、行业标准4项。

SAC/TC311下设1个分技术委员会(SC):燃香(SC1)。

是年,SAC/TC311开展标准化技术咨询服务20次,服务企业10家。

【标准制修订复审工作】2015年,SAC/TC311在研国家标准5项;完成3项行业标准的报批工作;完成1项国家标准的上报工作;完成1项行业标准的复审工作,结论为修订。

【年会情况】2015年5月20日,SAC/TC311在北京召开标委会换届大会,委员出席率95%。会议宣读换届批复文件,向委员颁发证书,听取标委会秘书长做的工作报告和财务报告,全体委员讨论、审议并通过有关事项,审查通过2项行业标准,并召开《线香》行业标准研讨会。

供　稿:SAC/TC311秘书处
撰稿人:王昕瑶
审稿人:魏晓英

全国空间科学及其应用标准化技术委员会(SAC/TC312)

【概况】截至2015年底,全国空间科学及其应用标准化技术委员会建立涵盖五大类、八个研究方向的“空间科学及其应用标准体系”,形成504项标准构成的《空间科学及其应用标准体系表》,完成空间科学及其应用领域标准的系统设计;归口管理国家标准52项,其中已发布国家标准18项,正在制定国家标准34项。已发布国家标准均纳入载人航天、探月及其他国家重大工程项目空间应用标准体系中进行推广应用。

是年,SAC/TC312面向参与中国空间站工程空间应用系统的研制人员开展国家标准《空间试验设备中使用的非金属材料的燃烧性能》(第1部分、第2部分)宣贯培训。

是年,SAC/TC312归口管理的国家标准《月球空间坐标系》获北京市技术标准评选奖励;国家标准《空间科学实验转动部件规范　第1部分:设计总则》获上海市标准化优秀技术成果二等奖。

【标准制修订工作】2015年,国家标准委批准立项SAC/TC312归口管理的国家标准5项。SAC/TC312向国家标准委报批国家标准14项。

【标准化科研】2015年,SAC/TC312完成科技部和质检总局下达的《遥感技术标准体系和空间站空间科学与应用重要标准研究》质检公益性标准化科研专项中的研究任务“空间站空间科学与应用标准体系和重要标准研究”,建立空间站空间科学与应用标准体系,研究制定空间科学实验柜、空间生命科学实验装置、空间有效载荷数据通信、安全可靠性方面6项基础通用性标准。

【国际标准化工作参与情况】2015年,SAC/TC312提名的1名技术专家成为IEC ahG62(空间技术)工作组成员。

供　稿:SAC/TC312秘书处
撰稿人:廖胜蓝
审稿人:顾逸东　巴纪新

全国食品质量控制与管理标准化技术委员会（SAC/TC313）

【概况】截至2015年底，全国食品质量控制与管理标准化技术委员会归口管理国家标准6项。

SAC/TC313对口国际标准化组织食品技术委员会（ISO/TC34）及其下设的食品安全管理体系分技术委员会（ISO/TC34/SC17）。

SAC/TC313下设1个分技术委员会（SC）：食品追溯技术（SC1）。

【标准制修订工作】2015年，SAC/TC313申请立项项目3项，报批国家标准4项，审查国家标准2项。

【国际标准化工作参与情况】2015年，SAC/TC313组织完成ISO/TC34国际标准投票17项，其中委员会内部投票8项，新工作项目提案9项；完成ISO/TC34/SC17国际标准投票6项，均为委员会内部投票；组团参加ISO/TC34/SC17年会，参与会议讨论和投票表决。

供　稿：SAC/TC313秘书处

全国社会福利服务标准化技术委员会（SAC/TC315）

【概况】截至2015年底，全国社会福利服务标准化技术委员会归口管理国家标准1项、行业标准6项。完成待发布的国家标准3项，在研国家标准3项、行业标准6项，行业标准立项2项。

是年，SAC/TC315按照相关规定筹备标委会换届调整工作。

是年，SAC/TC315组织召开标准审查会4次，审议标准8项。组织开展“2015年民政养老机构标准化建设培训班”，培训人数80人次；利用其他培训班进行标准宣贯，培训人数60人次。提供标准化咨询服务10次，服务养老机构等12家。

【标准制修订工作】2015年，SAC/TC315完成3项国家标准，报国家标准委待审查批准发布；3项国家标准和6项行业标准正在研制中。

【标准化科研】2015年，SAC/TC315参与的科技部“十二五”国家科技支撑计划课题——“社区管理与服务技术标准研究项目”顺利通过科技部课题验收，完成《社区管理与服务技术标准研究》项目研究报告，并将科研成果转化为标准，成功申请《社区老年人日间照料中心服务基本要求》《社区老年人日间照料中心设施设备配置》2项国家标准立项，并完成标准研制工作，等待发布。

SAC/TC315参与住房城乡建设部、民政部合作研究项目“婚姻登记机构业务用房建设标准”课题研究工作，成果产出为国家标准《婚姻登记机构业务用房建设标准》，正在研制中。

申请民政部本级彩票公益金中央级项目——“社会福利服务领域标准体系研究课题”等标准化相关研究课题（项目），已获批。

供　稿：SAC/TC315秘书处

全国生铁及铁合金标准化技术委员会（SAC/TC318）

【概况】截至2015年底，全国生铁及铁合金标准化技术委员会归口管理国家标准190项、行业标准117项，其中67项采用国际标准；在研国家标准27项、行业标准49项。

SAC/TC318对口国际标准化组织铁合金技术委员会（ISO/TC132）和镍及镍合金技术委员会（ISO/TC155）。ISO/TC132有国际标准项目71项，其中58项已转化为中国国家标准，转化率81.69%；ISO/TC155与铁合金相关的国际标准项目为18项，9项已转化为中国标准，转化率50%。

SAC/TC318 下设 2 个分技术委员会(SC):化学分析(SC1),锰矿石与铬矿石(SC2)。

是年,SAC/TC318 组织召开标准宣贯会 1 次,40 人参加宣贯,编写标准宣贯材料 1 册。为河北钢铁股份有限公司承德分公司、西北腾达铁合金有限公司、鄂尔多斯市西金矿冶有限公司、江南铁合金等企业提供标准化技术咨询服务。

【标准制修订复审工作】2015 年,国家标准委批准立项 SAC/TC318 归口管理的国家标准 10 项,工业和信息化部批准立项 SAC/TC318 归口管理的行业标准10 项。SAC/TC318 向国家标准委和工业和信息化部报批国家标准、行业标准 22 项,组织召开 4 次标准审查会,审查国家标准、行业标准送审稿 24 项。国家标准委批准发布 SAC/TC318 归口管理的国家标准5 项、工业和信息化部批准发布 SAC/TC318 归口管理的行业标准 15 项。SAC/TC318 组织各有关分技术委员会复审归口国家标准6 项,其中继续有效 5 项、修订1 项;复审行业标准 13 项,其中继续有效12 项、修订 1 项。

【国际标准化工作参与情况】2015 年,SAC/TC318 组织开展对口的 ISO/TC132 的 2 项国际标准制定工作。其中,ISO WD5446《锰铁》国际标准进行 3 次征求意见,并进行意见处理,下一阶段进行征求意见,问题处理后,争取进入到 DIS 阶段;ISO WD6467《钒铁钒含量的测定电位滴定法》标准进行 1 次征求意见,并进行意见处理,正在进行方法的实验室验证阶段。年内,SAC/TC318 秘书处派人参加在中国广西召开的 ISO/TC155 年会。

【标准化科研】2015 年,SAC/TC318 承担课题项目"铁合金行业支撑化解产能过剩标准体系研究",课题通过分析和总结,构建出针对重点品种的铁合金行业化解产能过剩的标准制修订方案,通过标准的更新和升级,提升产品的性能指标,助力淘汰落后技术,推进产品结构升级,为化解铁合金行业落后产能和落后技术提供理论支撑,为铁合金行业的"十三五"标准化建设奠定基础。

【年会情况】2015 年 4 月 14 日,SAC/TC318 在四川攀枝花召开标委会年会,会议宣读国家标准委关于 SAC/TC318 及 SAC/TC318/SC1、SAC/TC318/SC2 换届的通知。会议总结 2014 年标委会主要工作,讨论和部署下一步工作计划,表彰 2014 年度委员会先进工作者。会议传达国务院深化标准化工作改革方案的精神,强调在化解钢铁行业产能过剩中,发挥标准化的支撑作用,进一步贯彻实施国务院关于化解产能严重过剩矛盾的指导意见,做好化解产能过剩重点领域标准化工作;配合国家"一带一路"的发展战略,推进中国标准"走出去",主导国际标准的制定,培育中国企业国际竞争新优势;推进钢铁行业的两化深度融合中,发挥标准化的促进作用,开展两化融合的标准化体系的研究和建设,适时制定相应标准,以引导行业健康发展。

供　稿:SAC/TC318 秘书处
撰稿人:卢春生
审稿人:李士宏

全国电气化学标准化技术委员会(SAC/TC322)

【概况】截至 2015 年底,全国电气化学标准化技术委员会归口管理国家标准 19 项、行业标准 74 项,其中 16 项采用国际标准;在研国家标准 2 项、行业标准 13 项,其中 3 项采用国际标准。

【标准制修订复审工作】2015 年,能源局批准立项 SAC/TC322 归口管理的行业标准 6 项。SAC/TC322 向国家标准委和能源局报批国家标准、行业标准 17 项,审查国家标准、行业标准送审稿 17 项。能源局批准发布 SAC/TC322 归口管理的行业标准 12 项。SAC/TC322 组织复审归口行业标准 4 项,其中继续有效 2 项、废止 2 项。

【年会情况】2015 年 5 月 6 日,SAC/TC322 在江苏南京举行全体会议,委员出席率 81%。会议听取标委会秘书长对标委会标准制修订执行情况、存在问题、标准化工作需求和国际标准化发展动态的情况汇报。与会委员对标准起草单位提交的 15 项行业标准申报书、草案稿进行审查论证,确定将其中 8 项行业标准列为能源局申报项目。

供　稿:SAC/TC322 秘书处
撰稿人:肖秀媛
审稿人:李烨峰

全国遥感技术标准化技术委员会(SAC/TC327)

【概况】截至2015年底,全国遥感技术标准化技术委员会归口管理国家标准4项,在研国家标准11项。

SAC/TC327对口国际标准化组织地理信息技术委员会(ISO/TC211)下设的影像工作组。

是年,SAC/TC327组织召开标准研讨交流会4次,参会人数100余人次,开展标准化技术咨询服务18次,服务企业14家。

是年,SAC/TC327与中国遥感应用协会合作,筹建并成立中国遥感应用协会标准化分会,成员35名。

【标准制修订工作】2015年,SAC/TC327向国家标准委报批国家标准1项,上报拟立项国家标准项目7项;组织召开标准审查会3次,对26项国家标准项目建议进行会议集中审查。

【国际标准化工作参与情况】2015年,SAC/TC327密切联络ISO/TC211,了解ISO/TC211工作动态,跟踪遥感技术国际标准的立项、发布等情况。同美国国家标准学会地理信息技术委员会(INCITS-L1)开展合作交流,启动主导编制1项遥感技术国际标准项目工作。

【标准化科研】2015年,SAC/TC327完成科技部和质检总局下达的质检公益性行业科研专项项目"遥感技术标准体系和空间站空间科学与应用重要标准研究",编制形成《遥感技术及其标准状况调查报告》《遥感技术标准体系框架》《遥感技术标准体系表》《遥感技术标准制修订发展规划》4份研究报告,申请发明专利1项(已受理)。SAC/TC327秘书处挂靠单位中国科学院光电研究院负责的国家863计划子课题"无人机安全检测标准规范与试验任务组织管理技术研究",修改完成11项无人机遥感系统安全检测标准的初稿;受中国遥感应用协会委托承担的"我国空间技术服务'一带一路'战略研究"任务,对遥感技术标准化进行了战略布局。

【年会情况】2015年1月28日,SAC/TC327在北京举行全体会议,委员出席率88.6%。会议听取秘书处对国家标准制修订、标准体系建设、国际标准化、自身能力建设、存在问题及举措、下年度工作计划等的情况汇报,审议通过遥感技术标准体系以及委员调整提案。会议就无人机遥感安全系列标准、无人机遥感组网系列标准进行技术交流。会议审查11项国家标准立项申请,并确定将其中5项列为向国家标准委申报项目。

供　稿:SAC/TC327秘书处
撰稿人:贾媛媛
审稿人:唐伶俐

全国移动电站标准化技术委员会(SAC/TC329)

【概况】截至2015年底,全国移动电站标准化技术委员会归口管理国家标准23项,在研1项;行业标准21项,在研13项;国家军用标准20项,在研5项,正在申报立项7项。

是年,SAC/TC329按照程序对第二届部分委员进行调整上报。改版行业网站"中国内燃发电信息网"(www.zgnrfd.com)。为各相关企业提供技术咨询与服务,开展相关培训4次。

【标准制修订复审工作】2015年,SAC/TC329完成1项国家标准、13项行业标准的征求意见稿。复审国家标准14项。

【国际标准化工作参与情况】2015年,SAC/TC329承担2项国际标准的修订工作。截至年底,完成DIS稿的发布,正在进行征求意见。

【标准化科研】2015年,SAC/TC329编制《移动电站体系建设方案》,进一步完善标准体系。5月,完成《SAC/TC329标委会"十三五"标准化发展规划》征求意见稿,编制完成《全国移动电站标准化技术"十三五"发展规划》。

【年会情况】2015年4月13—15日,SAC/TC329在

湖北武汉组织召开2015年工作年会暨标准起草工作会议。会议完成第二届标委会换届成立工作;召开《往复式内燃机驱动的交流发电机组　控制器》国家标准起草小组会议和2项国家军用标准起草编制工作会议。会议对第一届委员会先进标准化工作者予以表彰。

供　稿:SAC/TC329秘书处

全国高原电工产品环境技术标准化技术委员会(SAC/TC330)

【概况】截至2015年底,全国高原电工产品环境技术标准化技术委员会(SAC/TC330)归口管理国家标准6项、行业标准7项。

【标准制修订复审工作】2015年,国家标准委批准立项SAC/TC330归口管理的国家标准3项,批准发布SAC/TC330归口管理的国家标准1项。SAC/TC330组织委员复审归口国家标准2项,2项继续有效;复审行业标准2项,2项继续有效。

【年会情况】2015年12月9—10日,SAC/TC330在云南昆明召开年会暨标准审查会,委员出席率80%。会议审议通过技术委员会工作报告和财务收支报告,确定2016年度技术委员会拟申报国家标准和行业标准项目及下年度工作计划,审查通过国家标准、行业标准送审稿5项。

供　稿:SAC/TC330秘书处
撰稿人:周琼芳
审稿人:张东宁

全国连续搬运机械标准化技术委员会(SAC/TC331)

【概况】截至2015年底,全国连续搬运机械标准化技术委员会归口管理现行有效标准77项,其中国家标准10项、行业标准67项。

SAC/TC331对口国际标准化组织连续机械搬运设备技术委员会(ISO/TC101),现行有效国际标准33项(其中包括5项技术报告)。

是年,SAC/TC331开展强制性标准精简整合,完成1项强制性国家标准和2项强制性国家标准计划项目的技术评估。评估结论为1项强制性国家标准继续有效,1项强制性国家标准计划项目继续有效,1项强制性国家标准计划项目转化为推荐性国家标准。完成《连续搬运机械"十二五"技术标准体系建设方案》的修订工作,对部分标准进行整合修订。完成机械工业"十三五"标准化发展规划中连续搬运机械部分的编写工作。

【标准制修订工作】2015年,SAC/TC331标准计划项目6项,其中国家标准计划项目1项、行业标准计划项目5项。全年组织完成1项国家标准、3项行业标准,并组织申报1项国家标准计划和4项机械行业标准计划。年内,组织召开标准初稿讨论会、专家审查会和标准审查会等3次会议;在北京组织召开"2015年起重运输机械标准制修订工作会议"。

【国际标准化工作参与情况】2015年,SAC/TC331根据国家标准委下达的国家标准英文版翻译计划安排,组织开展对GB/T 14695—2011《臂式斗轮堆取料机　型式和基本参数》英文版的翻译工作。

供　稿:SAC/TC331秘书处
撰稿人:程路祥
审稿人:赵春晖

全国工业车辆标准化技术委员会(SAC/TC332)

【概况】截至2015年底,全国工业车辆标准化技术委员会归口管理现行有效国家标准40项(包括2项强制性标准;等同采用国际标准的27项)、行业标准17项。

SAC/TC332对口国际标准化组织工业车辆技术委员会(ISO/TC110)。ISO/TC110有正式国际标准59项(不包括2个技术规范、1个技术报告、2个修改单和2个技术勘误)。除9项国际标准不准备进行转化外,其余50项均可转化为中国标准。已转化为中国国家标准的国际标准27项,转化率54%。

是年,SAC/TC332开展强制性标准精简整合,完成2项强制性国家标准和2项强制性国家标准计划项目的技术评估。评估结论为全部转化为推荐性国家标准。完成《工业车辆"十三五"技术标准体系建设方案》的修订工作,对部分标准进行整合修订。

是年,国家标准委发文《国家标准委办公室关于承担国际标准化组织工业车辆技术委员会可持续性分委会(ISO/TC110/S5)副主席、联合秘书处等有关事项的通知》,正式任命北京起重运输机械设计研究院赵春晖担任ISO/TC110/SC5副主席,任期为2015年至2017年。同意安徽合力股份有限公司承担ISO/TC110/SC5联合秘书处工作,由该公司毕胜担任ISO/TC110/SC5秘书,试用期为1年。

9月16—18日,SAC/TC332在浙江长兴组织召开GB 10827.1—2014及GB 10827.5—2013宣贯会,60余人参加宣贯会。

【标准制修订情况】2015年,SAC/TC332完成5项国家标准、3项行业标准的征集上报工作。开展4项国家标准、3项行业标准的制修订工作。在北京组织召开"2015年起重运输机械标准制修订工作会议"。

【国际标准化工作参与情况】2015年,SAC/TC332国际标准文件投票率100%。组团参加国际会议,并提出1项国际标准提案,实现中国主导制定工业车辆国际标准零的突破。9月2—6日,中国组成9人代表团参加在澳大利亚悉尼召开的2015年ISO/TC110系列会议。会议包括ISO/TC110/SC1"通用术语"分技术委员会会议、SC1/WG2"工业车辆属具术语"工作组会议、SC2"机动工业车辆安全"分技术委员会会议、SC5"可持续性"分技术委员会会议及ISO/TC110"工业车辆"技术委员会会议,中国代表参加所有会议。参与国家标准委组织开展的中国装备走出去典型领域标准需求研究课题——工程机械子课题领域的研究和调研工作,提出"中国装备重点领域走出去标准名录"中的"工业车辆标准目录",完成《中国装备走出去典型领域标准需求研究研究报告》中的相关内容。组织申报GB/T 26945—2011《集装箱空箱堆高机》等5项国家标准英文版的翻译出版计划。

供　稿:SAC/TC332秘书处
撰稿人:王墨洋
审稿人:赵春晖

全国高压直流输电设备标准化技术委员会(SAC/TC333)

【概况】截至2015年底,全国高压直流输电设备标准化技术委员会归口管理国家标准5项,在研标准1项。

是年,SAC/TC333开展标准化技术咨询服务12次,服务企业4家。

【标准制修订工作】2015年,SAC/TC333开展《高压直流输电系统直流转换开关用电容器》标准制定工作,计划2016年完成报批。

【国际标准化工作参与情况】2015年,SAC/TC333参与2项国际标准的制修订工作,并组团参加IEC/TC22/SC22F年会。

【年会情况】2015年10月27—28日,SAC/TC333在陕西西安举行全体委员会议,委员出席率86%。与会委员听取并通过2015年标委会工作总结、标委会财务收支情况、下一步工作计划和相关国际标准化发展动态等报告,并对标准化工作需求和该领域国际标准化进行了讨论。

供　稿:SAC/TC333 秘书处
撰稿人:杨晓辉
审稿人:苟锐锋

全国微机电技术标准化技术委员会(SAC/TC336)

【概况】2015 年,全国微机电技术标准化技术委员会结合微机电技术国内外发展趋势,对微机电技术领域体系表及相关体系编号进行更新,组织起草《全国微机电技术标准化技术委员会"十三五"标准规划》。

是年,SAC/TC336 完成第二届换届工作。第二届委员会由 47 名专家构成。

【标准制修订工作】2015 年,SAC/TC336 完成 4 项国家标准报批。完成 2 项国家标准报批稿,完成1 项国家标准外文版的报批稿。

【国际标准化工作参与情况】2015 年,SAC/TC336 组织参与完成 1 项国际标准的 FDIS 稿。

【标准化科研】2015 年,SAC/TC336 参与质检公益性行业科研专项《航空装备等重要制造领域 49 项基础及关键共性技术标准研究》和《航天等高端装备技术 17 项国际标准研制》,已完成微机电领域 3 项国家标准的预研,形成标准草案;国际标准进入 FDIS 阶段。

供　稿:SAC/TC336 秘书处
撰稿人:李海滨
审稿人:肖承翔

全国绿色制造技术标准化技术委员会(SAC/TC337)

【概况】截至 2015 年底,全国绿色制造技术标准化技术委员会完成 16 项国家标准研制工作,正在研制国家标准 13 项(已立项),预研标准 6 项。

SAC/TC337 秘书处承担单位为机械科学研究总院中机生产力促进中心,下设再制造分技术委员会(SAC/TC337/SC1),秘书处承担单位为中国人民解放军装甲兵工程学院。

【标准制修订工作】2015 年,SAC/TC337 完成 6 项标准报批稿,主要开展机械产品绿色设计与评价标准、机械产品再制造标准、能源相关标准、绿色供应链管理标准 4 方面标准的研究制定工作。在北京、南宁组织召开 3 次标准讨论会,邀请有关研究单位及制造企业共同参与标准的讨论和修改工作。

【国际标准化工作参与情况】2015 年 5 月,再制造分委会与英国布莱顿大学联合申请由英国政府设立的"中国繁荣战略项目基金",项目主要研究再制造标准体系和基于遵循国际标准的再制造产业市场准入制度。通过项目研究推动中方与英方合作申请再制造国际 TC 委员会,共同开展再制造国际标准的制定工作。截至年底,完成再制造技术 TC 委员会提案草案的撰写。

【标准化科研】2015 年,SAC/TC337 完成"863 计划"机电产品绿色制造基础标准与应用课题中的子课题"典型机电产品关键技术标准研制"的研究和验收工作。在研 2015 年质检公益项目"航空装备等重要制造领域 49 项基础及关键共性技术标准研究",负责《绿色制造　超高强钢热冲压工艺规范》等 8 项绿色制造标准的研制和协调工作。参与编写"十三五"技术标准规划、计划建议:制造企业绿色采购标准;装备制造业节能标准。参与编写 NQI 重点专项实施方案:制造企业绿色供应链管理及应用研究;装备制造业节能及其评价技术标准研究。

【年会情况】2015 年 10 月 22 日,SAC/TC337 在广西

南宁召开6项标准审查会。审查采用会审加函审的方式进行，审查结果为全部通过。

供　稿：SAC/TC337秘书处
撰稿人：孙婷婷
审稿人：奚道云

全国茶叶标准化技术委员会（SAC/TC339）

【概况】截至2015年底，全国茶叶标准化技术委员会归口管理国家标准63项、行业标准12项，其中20项国家标准采用国际标准；待发布的国家标准11项、行业标准3项；在研国家标准24项、行业标准4项，其中4项国家标准采用国际标准。

SAC/TC339对口国际标准化组织食品技术委员会茶叶分技术委员会（ISO/TC34/SC8）。

SAC/TC339下设11个标准工作组（WG）：龙井茶（WG1），乌龙茶（WG2），碧螺春茶（WG3），普洱茶（WG4），边销茶（WG5），特种茶国际标准国内工作组（WG6），白茶（WG7），红茶（WG8），黑茶（WG9），花茶（WG10），黄茶（WG11）。其中黄茶工作组是2015年SAC/TC339根据标准制修订工作需要批准成立。

是年，SAC/TC339组织召开GB/T 31740.1—2015《茶制品　第1部分：固态速溶茶》、GB/T 31740.2—2015《茶制品　第2部分：茶多酚》、GB/T 31740.3—2015《茶制品　第3部分：茶黄素》标准宣贯会，茶叶深加工企业和茶制品应用企业代表70余人参会。借助国家职业资格评茶员（师）培训和浙江大学农业技术推广中心平台，在各种技能培训班中开展茶叶标准化宣贯13次，培训450余人次。

是年，SAC/TC339先后参与花茶工作组一届一次、红茶工作组一届三次和乌龙茶工作组二届二次等工作组系列会议，指导各工作组开展相关工作。秘书处为多家企业提供标准、茶叶品质与安全等领域的技术咨询和服务。

是年，SAC/TC339推动全国茶叶标准化工作的信息服务工作。加强SAC/TC339网站建设，丰富网站信息，提高信息的真实性、时效性、权威性和全面性；通过网站宣贯标准和宣传标准化活动，征集对茶叶标准制修订的意见和建议。协办《中国茶叶加工》杂志6期，通过技术交流平台宣传和推进中国茶叶标准化工作。

【标准制修订复审工作】2015年，国家标准委批准立项SAC/TC339归口管理的国家标准11项，中华全国供销合作总社批准立项行业标准6项。SAC/TC339组织征求意见、审定、报批国家标准12项、国家标准英文出版稿10项、行业标准5项。国家标准委批准发布SAC/TC339归口管理的国家标准8项、中华全国供销合作总社批准发布SAC/TC339归口管理的行业标准6项。SAC/TC339组织各相关单位复审归口国家标准4项，其中继续有效2项、修订2项。

【国际标准化工作参与情况】2015年，SAC/TC339组织办理新工作项目和草案5项，国际标准复审件的网上电子投票和意见回复12项，主导承担2项国际标准的制定工作，组团参加ISO/TC34/SC8第25次年会，参与会议讨论和投票表决，并在会上做“特种茶”和“绿茶术语”工作报告。中国国家标准化管理委员会与英国标准化协会就ISO/TC34/SC8联合秘书处正式签订合作协议。

【标准化科研】2015年，SAC/TC339主持完成国家质检公益项目“茶制品质量标准研究”，在研究基础上提出并完成3项茶制品系列国家标准的制定，该系列标准于2015年7月发布、11月实施。参与完成国家十二五科技支撑课题“传统优势特产资源生态高值利用技术研究与产品开发”子课题“产品标准制定”，“茶叶质量安全与茶园标准化生产关键技术的研究与示范”子课题“茶叶质量安全控制关键技术研究与示范”的标准研究，形成4项行业标准、参与制定2项国家标准。

【年会情况】2015年3月9—11日，SAC/TC339在福建福州组织召开二届三次会议，委员出席率92.3%。委员和观察员听取和审议秘书处2014年度工作报告、财务收支报告、各副主任委员的专题报告和9个标准工作组的年度工作报告，委员及观察员就加强茶叶标准化宣贯、制修订及标准体系建设等内容进行讨论和交流，并审议和讨论标委会2015年度工作计划，审定11项国家标准和1项国家标准修改单，对3项国家标准立项计划进行投票。

供　稿:SAC/TC339秘书处
撰稿人:张亚丽
审稿人:翁　昆

全国熔断器标准化技术委员会(SAC/TC340)

【概况】截至2015年底,全国熔断器标准化技术委员会归口管理国家标准21项、行业标准2项,其中21项采用国际标准;在研国家标准8项、行业标准1项,其中6项采用国际标准。

SAC/TC340对口国际电工委员会熔断器技术委员会(IEC/TC32)。IEC/TC32下设3个分技术委员会:熔断器技术委员会高压熔断器分技术委员会(IEC/TC32/SC32A)、熔断器技术委员会低压熔断器分技术委员会(IEC/TC32/SC32B)、熔断器技术委员会小型熔断器分技术委员会(IEC/TC32/SC32C)。

SAC/TC340下设3个分技术委员会(SC):高压熔断器(SC1),低压熔断器(SC2),小型熔断器(SC3)。

是年,SAC/TC340启动"十三五"标准化发展指导意见的编制工作,确定"十三五"重点国家标准计划项目6项。开展强制性国家标准整合精简预评估工作,对熔断器领域范围内9项强制性国家标准进行核对,建议9项标准全部转化为推荐性国家标准,形成精简工作报告并上报。

是年,SAC/TC340/SC1协助国家标准委承办IEC国际标准化综合知识培训班,培训65人次。SAC/TC340开展标准化技术咨询服务22次,服务企业10家。

【标准制修订复审工作】2015年,SAC/TC340向国家标准委申报国家标准计划项目2项;分别向国家标准委、工业和信息化部报批国家标准3项、行业标准1项;审查国家标准、行业标准送审稿4项;完成征求意见稿并广泛征集意见的在研国家标准5项。国家标准委批准发布SAC/TC340归口管理的国家标准3项。SAC/TC340组织各有关分技术委员会复审归口国家标准1项,结论为修订。

【国际标准化工作参与情况】2015年,SAC/TC340组织各分标委处理国际标准草案文件24项,其中网上电子投票10项,投票率100%。SAC/TC340/SC1参与1项国际标准的制修订工作,SAC/TC340/SC3参与2项国际标准的制修订工作;国际电工委员会发布的由SAC/TC340/SC3参与制定的标准4项。SAC/TC340组团参加IEC/TC32、IEC/TC32/SC32B、IEC/TC32/SC32C等3个技术委员会年会,出席代表1人;SAC/TC340/SC3派专家和代表3人在英国伦敦主持召开IEC/TC32/SC32C/MT10、WG12工作组会议,研讨IEC 60127系列小型熔断器国际标准制修订工作。SAC/TC340推荐的参与国际标准化制修订工作组及维护组的注册专家4人。

【标准化科研】2015年,SAC/TC340/SC2组织开展"低压熔断器在电动汽车中的技术标准研究及应用"专题。

【年会情况】2015年10月13—16日,SAC/TC340/SC1在山东青岛召开年会,委员出席率86%。会议听取上级主管部门领导关于中国标准化工作的发展现状标准和调整标准化管理机制的工作重点分析,分委会秘书对年度分委会工作进展、制修订计划执行情况、存在问题等情况汇报,对1项标准开展复审,确定1项拟申报标准修订计划。11月24日,SAC/TC340/SC2在浙江杭州召开年会,委员出席率95%,会议总结分委会年度工作情况及标准化工作需求、汇报低压熔断器国际标准最新发展动态,讨论标准征求意见稿1项,确定拟申报国家标准计划1项,并研究该标准的基本框架与内容。5月12—13日,SAC/TC340/SC3在贵州贵阳召开年会,委员出席率75%,会议对分委会新一届换届工作进展、年度制修订工作执行、国际标准化工作、协助产品认证工作、标准化队伍建设工作等情况进行汇报,审查通过国家标准3项、行业标准1项。

供　稿:SAC/TC340秘书处
撰稿人:张丽丽
审稿人:栗　惠

全国审计信息化标准化技术委员会(SAC/TC341)

【概况】截至2015年底,全国审计信息化标准化技术委员会归口管理国家标准10项。在研国家标准2项。

SAC/TC341对口国际标准化组织审计数据采集项目委员会(ISO/PC295)。

【标准制修订工作】2015年,国家标准委批准发布SAC/TC341归口管理的国家标准6项。

【国际标准化工作参与情况】SAC/TC341于2014年底向国家标准委报送ISO“审计数据采集”项目委员会申报提案,经国家标准委审查通过,向ISO提交投票。在ISO成员层面的投票结果中,22票赞成、5票反对,12个成员表示愿意作为参与成员(P成员)参与新委员会的工作,在ISO/TMB层面投票结果中,14个成员投赞成票,符合ISO成立项目委员会的条件规定。2015年3月16日,国际标准化组织审计数据采集项目委员会(ISO/PC295)以ISO 2015年第53号决议确立主席和秘书处均由中国承担。

2015年11月3—4日,SAC/TC341在北京组织召开ISO/PC295第一次全体会议,来自中国、美国、加拿大、俄罗斯、罗马尼亚、印度尼西亚、科威特、韩国、泰国、日本、尼泊尔、马来西亚以及可扩展商业报告语言国际组织(XBRL)的近40人出席会议。会议讨论ISO/PC295审计数据采集国际标准的框架、范围、成员结构以及后续会议计划。

【标准化国际合作】2015年,SAC/TC341完成世界审计组织(INTOSAI)IT工作组“会计核算软件数据接口国际标准”课题的年度工作任务,完成标准草案的编制,向课题组各成员征求意见,针对意见对草案进行修改。5月,SAC/TC341、计算中心等相关部门向来访的泰国审计考察团介绍“审计信息化的发展及展望”“审计大数据”“审计数据采集标准”等专题。9月,SAC/TC341第22届中印审计研讨会上,向印度副主计审计长阿颜塔·达雅兰一行介绍中国审计信息化和审计数据标准的发展情况。

【标准化科研】2015年,SAC/TC341秘书处承担单位审计署计算机技术中心负责国家科技支撑计划项目“中央税收收入征管政策执行效果联网审计预警分析研究及审计应用”课题和“面向国家审计‘免疫系统’的审计模拟与仿真平台研发及应用示范”课题,开展《海关计算机审计实务体系》《国税计算机审计实务体系》《中央税收收入征管政策执行效果与征管风险评价指标体系》《计算机审计方法评价指标体系》等审计行业标准研究。

供　稿:SAC/TC341秘书处
撰稿人:彭　涛
审稿人:杨蕴毅

全国燃料电池及液流电池标准化技术委员会(SAC/TC342)

【概况】截至2015年底,全国燃料电池及液流电池标准化技术委员会归口管理燃料电池领域国家标准26项、指导性技术文件4项,正在开展燃料电池国家标准制定项目10项、修订4项,其中采用国际标准13项;液流电池领域国家标准2项,正在制定国家标准2项。

SAC/TC342对口国际电工委员会燃料电池技术委员会(IEC/TC105)。IEC/TC105发布标准18项,中国转化10项(其中8项等同采用,2项修改采用)。

是年,SAC/TC342开展标准化技术服务。3月和7月召开2期燃料电池沙龙活动;9月22—23日,联合中国电器工业协会燃料电池分会举办题为“聚焦技术发展、展望展业革命”的燃料电池技术与标准化国际研讨会,世界各地的200余名专家参会。

【标准制修订复审工作】2015年,SAC/TC342报批燃料电池国家标准项目1项,报批液流电池国家标准项目1项,均获批复立项。开展燃料电池领域5项自主标准项目制定和5项采标标准项目翻译工作,组织行业专家审查国家标准9项。组织行业专家复审归口国家标准指导性技术文件1项,结论继续有效。标准委批准发布SAC/TC342归口管理的国家标准 2 项。

【国际标准化工作参与情况】2015 年,SAC/TC342 完成 IEC/TC105 文件处理45 份,其中非投票文件29 份,投票文件 16 份。9 月,在北京承办 IEC/TC105 年会。

截至年底,中国有 13 位专家加入 IEC/TC105 的 10 个工作组和 4 个特别工作组参与相关工作,其中 WG1(术语工作组)由中国专家齐志刚担任召集人;中国提出的低温冷启动测试方法国际标准提案被合并入《聚合物燃料电池单电池测试方法》国际标准中;2015 年立项的《可逆模式下燃料电池储能》系列国际标准,由中国专家俞红梅牵头其中 1 项国际标准的制定工作。

液流电池领域有 3 项国际标准。其中,IEC 62932-2-1《固定式领域用液流电池　第 2-1 部分:性能一般要求及试验方法》国际标准项目由中国科学院大连化学物理研究所的张华民作为项目召集人,负责制定工作。中国还参与其他 2 项国际标准的制定工作。

【年会情况】2015 年 12 月 9—10 日,SAC/TC342 在江苏昆山召开标委会二届二次会议暨标准审查会。会议通报标委会 2015 年度工作总结;审查通过 9 项燃料电池国家标准送审稿;讨论通过燃料电池标准体系修订计划;通报标委会委员调整等事宜。

供　稿:SAC/TC342 秘书处

全国项目管理标准化技术委员会(SAC/TC343)

【概况】截至 2015 年底,全国项目管理标准化技术委员会完成 4 项国家标准。

SAC/TC343 对口国际标准化组织项目、项目群及投资组合管理技术委员会(ISO/TC258)。

SAC/TC343 下设成熟度评估分技术委员会(SC1)。

是年,SAC/TC343 秘书处参加国家标准委组织的全国专业标准化技术委员会培训。组织开展标准化基础知识培训工作,举办培训班 20 余期,培训人数千余人。

【标准制修订复审工作】2015 年,SAC/TC343 组织专家对 3 项国家标准的适用性进行研讨,并计划适时启动复审程序。

【年会情况】2015 年 12 月,SAC/TC343 召开年会,各委员单位 30 余人参加会议。会议总结 2015 年工作,听取 2016 年工作计划以及换届工作安排等。

供　稿:SAC/TC343 秘书处
撰稿人:崔　艳
审稿人:徐新忠

全国气象基本信息标准化技术委员会(SAC/TC346)

【概况】截至 2015 年底,全国气象基本信息标准化技术委员会归口管理国家标准 1 项、行业标准 34 项(气象信息传输标准 7 项、气象数据管理标准 18 项、气象档案管理标准 6 项、通信网络标准 3 项、计算机应用标准 1 项)。

2015 年 1 月,第二届全国气象基本信息标准化技术委员会组成,秘书处挂靠在国家气象信息中心。标委会不断完善全国气象基本信息标准体系,设计由总体标准、数据资源标准、基础设施资源标准、信息平台标准、信息安全标准、信息化管理标准等 6 个分体系组成的体系框架。

【标准制修订复审工作】2015 年,SAC/TC346 11 项标准项目获得立项,其中 1 项国家标准,1 项由 SAC/TC345 转来的国家标准,7 项行业标准和 2 项研究项目。开展 1 项行业标准征求意见、4 项行业标准预备审查、2 项行业标准技术审查。向国家标准委和气象主管部门报批1 项国家标准和 1 项行业标准。气象主管部门批准发布 SAC/TC346 归口管理的行业标准 4 项。SAC/TC346 组织复审行业标准 6 项,其中继续有效 3 项、修订 3 项。

【国际标准化工作参与情况】2015 年 9 月 22—24 日，SAC/TC346 派员参加 ISA 主办在意大利罗马召开的 CAP 启动培训与实施研讨会，会上做“CAP 在中国的实施”报告。11 月 10—12 日，SAC/TC346 作为专家组成员之一派员参加在瑞士日内瓦 WMO 总部召开的元数据和数据表示开发跨计划专家组第三次会议（IPET-MDRD-3）。

【标准化科研】2015 年，SAC/TC346 研究中国气象数据访问接口的应用需求，形成相关技术报告，在调查及研究的基础上，编制完成《气象数据访问接口规范（初稿）》，向上级主管部门提交气象行业计划项目的申报。

供　稿：SAC/TC346 秘书处
撰稿人：朱　彤
审稿人：鄞　薇

全国变性燃料乙醇和燃料乙醇标准化技术委员会（SAC/TC349）

【概况】截至 2015 年底，全国变性燃料乙醇和燃料乙醇标准化技术委员会归口管理国家标准 1 项；在研国家标准 2 项。

是年，SAC/TC349 秘书处购买并向标委会成员单位发送行业相关的国内外标准最新版以及其他标准化研究资料。为中石化、吉林燃料乙醇、龙力科技等单位提供技术咨询服务 2 次。

【标准制修订工作】2015 年，SAC/TC349 归口管理的 1 项标准获批立项；完成 1 项标准报批稿；对 1 项国家标准的指标进行修订，并将材料报送国家标准委。

【年会情况】2015 年 5 月 15 日，SAC/TC349 在北京召开年会，委员出席率 75% 以上。会议听取标委会秘书长对变性燃料乙醇和燃料乙醇相关标准制修订情况、存在问题、标准化工作需要的汇报。下达组建标准《变性燃料乙醇和燃料乙醇中总无机氯的测定方法（离子色谱法）》起草组的通知。教授杨国勋做《E85 燃料中氯化物对 FFV 车性能及腐蚀研究》的报告。会议讨论 GB 18350—2013《变性燃料乙醇》的实施情况及项目硫、钠、硫酸根离子的适用性；审查通过《车用乙醇汽油 E85》审查稿 。

供　稿：SAC/TC349 秘书处
撰稿人：杜　平
审稿人：杜风光

全国中文新闻信息标准化技术委员会（SAC/TC352）

【概况】截至 2015 年底，全国中文新闻信息标准化技术委员会归口管理国家标准 2 项；在研国家标准 4 项。

SAC/TC352 的标准化工作主要同国际新闻电信理事会（International Press Telecommunications Council，IPTC）对应，SAC/TC352 作为会员参加 IPTC 的标准制定工作。

是年，SAC/TC352 完成换届工作，第二届标委会由 61 名委员、5 名顾问委员组成。

是年，SAC/TC352 与中国新闻技联联合举办 GB/T 20092—2013《中文新闻信息置标语言（CNML）》和 GB/T 20093—2013《中文新闻信息分类与代码》国家标准培训班。

【标准制修订工作】2015 年，国家标准委批准立项 SAC/TC352 归口管理的国家标准 2 项。SAC/TC352 在研国家标准 4 项。

【标准应用推广】2015 年，SAC/TC352 重点推动归口管理的 2 项国家标准的应用推广实施。《中文新闻信息置标语言》标准在新华社各个系统中应用,统一新华社各技术系统的接口规范,并在多个发布系统中实现以CNML标准向国内近600家、海外近70家新闻信息用户提供新闻供稿服务,为多家新闻媒体用户资源统一提供基础。方正、华光照排、新华紫光等多家媒体技术公司在产品开发中采用CNML标准,为多家报社媒体接收新华社的CNML稿件提供技术支持,使得CNML标准在新闻信息“采集、编辑、生成、发布、展示、检索、存储和评估反馈”等整个产业链中落地。

《中文新闻信息分类与代码》标准在广西日报、人民日报、天津日报、中国日报、南京日报、香港文汇报等多家报社得到采用。青苹果数据中心利用该标准将15家报社的历史报纸进行分类,经过报刊数字化将超过120万版的报纸版面分类入库。点通公司通过对报刊、书籍等纸面内容的数字化将历史信息分类归档。

【国际标准化工作参与情况】2015年,SAC/TC352对IPTC组织的新闻交换格式工作组(News Exchange Formats WP),新闻代码工作组(News Code WP),JSON新闻格式工作组(News - in - JSON WG),图片元数据工作组(Photo metadata WG),版权置标语言工作组(RightsML WG),语义交换工作组(Semantic Exchange WG)和体育内容工作组(Sports Content WP)等工作组的工作草案进行赞成投票。参加图片元数据(Photo metadata)标准的修订。

【标准化科研】2015年,SAC/TC352与北京大学计算机研究所签订外协项目,研制“中文信息内容语义交换标准”,项目承担单位2015年已提交新闻信息标注示例和新闻主题受控词表,并根据以上文档起草标准草案。

【年会情况】2015年12月16日,SAC/TC352在新华社召开换届大会暨二届一次会议,来自人民日报、新闻出版广电总局、全国新闻技术工作者联合会、工业和信息化部电子技术标准化研究院等单位的标委会副主任委员、委员和观察成员,以及新华社技术局的相关技术人员近90人参加大会,委员出席率90%。会议完成对SAC/TC352的换届工作,并对2015年工作进行总结,对新一届的工作进行部署。会议听取“中文新闻信息标准体系工作组”“报道策划及新闻事件置标语言标准工作组”“中文新闻图片内容描述元数据规范工作组”“统一内容标签(UCL)格式规范工作组”的工作汇报。参会委员对四个工作组提交的议案进行投票表决,发出表决票50份,收回50份,四个工作组议案均获得通过。

【标准化组织建设】2015年10月29日,SAC/TC352在安徽召开“中国新闻技联新闻信息标准化分会成立暨新闻信息标准研讨会”。依托“中国新闻技术工作者联合会”并在其下面成立“中国新闻技联新闻信息标准化分会”,根据中国新闻传媒领域的技术发展方向、战略规划,指导、组织、协调、宣贯和管理全国新闻传媒行业(报社、电台、电视台、通讯社、网络媒体等)的标准化工作。

供　稿:SAC/TC352秘书处
撰稿人:黄　菁
审稿人:高连涛

全国殡葬标准化技术委员会(SAC/TC354)

【概况】截至2015年底,全国殡葬标准化技术委员会归口管理国家标准9项、行业标准15项;在研国家标准6项、行业标准6项。

是年,SAC/TC354组织召开标准宣贯培训班1次,培训人数45人次,开展标准化技术咨询服务3次,服务企业3家。筹备《殡仪馆安全工作通用要求》(国家标准)宣贯材料。帮助企业对标准编写基础流程进行了解,提供帮助。

【标准制修订工作】2015年, SAC/TC354组织协调完成2项国家标准和2项行业标准的审查工作。

【标准化科研】2015年,SAC/TC354以《殡仪馆等级划分》标准作为试点,着手研究制定团体标准,并探讨实施试点工作。

供　稿:SAC/TC354秘书处

全国制药装备标准化技术委员会(SAC/TC356)

【概况】截至2015年底,全国制药装备标准化技术委员会归口管理国家标准9项、行业标准194项;在研国家标准5项、行业标准31项。

是年,SAC/TC356提出设立“原料药机械及设备分技术委员会”和“制剂机械分技术委员会”的筹建申请,上报待批复。

是年,SAC/TC356评估领域内1项强制性国家标准,结论继续有效;评估25项强制性行业标准,结论2项废止,其他转化为推荐性行业标准。

是年,SAC/TC356组织标准培训会1次,培训40个单位54人。

【标准制修订工作】2015年,国家标准委下达SAC/TC356国家标准制修订项目5项,工业和信息化部下达行业标准制修订项目9项。国家标准委批准发布SAC/TC356归口管理的国家标准2项,工业和信息化部批准发布SAC/TC356归口管理的行业标准33项。年内,组织2次标准审定会和2批函审,审查标准25项。

【国际标准化工作参与情况】SAC/TC356建议设立ISO制剂机械秘书处的申请,得到国家标准委支持。年内,源于SAC/TC356组织制定的行业标准JB/T 20133—2010和国家标准GB/T 30219—2013《中药煎药机》的国际标准ISO 18665:2015《Herbal Decoction Apparatus》发布。

供　稿:SAC/TC356秘书处
撰稿人:董春亮
审稿人:高云维

全国森林工程标准化技术委员会(SAC/TC362)

【概况】截至2015年底,全国森林工程标准化技术委员会归口管理国家标准1项、行业标准20项;在研行业标准4项。

是年,SAC/TC362组织东北、内蒙古林区森林抚育技术要求等标准研讨和培训3次,参加人数30余人。完善和丰富森林工程标准网(www. slgcbz. org)。

【标准制修订工作】2015年,林业局批准SAC/TC362归口管理的行业标准计划项目2项。SAC/TC362向林业局报批行业标准1项,审查行业标准2项。林业局批准发布SAC/TC362归口管理的行业标准2项。

【年会情况】2015年8月28日,SAC/TC362在天津召开全体会议暨2015年森林工程标准审定会,27名委员和专家出席,委员出席率超过82%。会议通报2015年标准计划上报情况,部署2016年标准计划上报工作;审议通过2014—2015年度标委会总结报告;通过该次标准审定会主任和副主任候选人名单。审查通过行业标准《森林工程　林业架空索道架设、运行和拆转技术规范》;暂缓通过《东北、内蒙古林区森林抚育技术要求　总纲》,并要求标准起草小组按会议意见和建议修改完善。

供　稿:SAC/TC362秘书处
撰稿人:樊冬温
审稿人:李　湃

全国野生动物保护管理与经营利用标准化技术委员会(SAC/TC369)

【概况】截至2015年底,全国野生动物保护管理与经营利用标准化技术委员会归口管理国家标准6项(发布2项、研制4项)、行业标准95项(发布43项、待发布7项,研制45项)。

【标准化科研】受林业局林业科技发展中心委托,SAC/TC369承担《生产经营性珍贵稀有濒危物种认证》野生动物部分认证标准的设计和研制工作,标准体系由3项独立标准组成。其中,《中国森林认证　野生动物饲养管理体系　要求》作为行业标准于2014年8月21日发布实施。2015年拟进行国家标准立项,于10月在海口召开标准的专家研讨会。《中国森林认证　野生动物饲养管理体系　审核》《中国森林认证　野生动物饲养管理体系　指南》,已在海口泓盛达农业养殖有限公司进行试点工作。

【标准化技术服务情况】2015年,SAC/TC369组织标准起草人员进行标准编写格式培训以及标准相关知识学习,利用网络、电视、报刊、户外等信息传播媒体对现行标准进行宣传,增进公众对野生动物管理与养殖领域标准的了解。到基层养殖单位,进行现行野生动物养殖标准的宣传及解疑工作。利用野生动物行政管理主渠道,把现行的标准与行政法规和行政指导性文件结合起来,自上而下进行宣传,促进野生动物保护管理和经营利用领域更好贯彻实施标准。

供　稿:SAC/TC369秘书处
撰稿人:杨　阳　孙红瑜
审稿人:钟立成

全国乐器标准化技术委员会(SAC/TC371)

【概况】截至2015年底,全国乐器标准化技术委员会归口管理乐器类已发布、报批和在研国家、行业标准111项,其中基础通用标准29项、方法标准6项、产品标准73项、材料标准3项。

是年,SAC/TC371拟筹备组建"手风琴标准制修订工作组"。

是年,SAC/TC371在不断完善《乐器标准体系》的基础上,根据"十二五"规划,对现有体系进行动态调整。

是年,SAC/TC371对不属于"保障人身健康和生命财产安全、国家安全、生态环境安全和满足社会经济管理基本要求的范围"的乐器现行强制性标准将其转化成为推荐性标准。

【标准制修订工作】2015年,SAC/TC371向主管部门提出1项国家标准和2项行业标准申报计划。完成标准报批5项,其中国家标准3项、行业标准2项。归口管理的5项标准发布,其中国家标准2项、行业标准3项。

【标准化科研】2015年,SAC/TC371秘书处针对欧盟REACH法规中第1~11批次公布的161种高度关注化学物质,与广州珠江钢琴集团股份有限公司、吟飞科技(江苏)有限公司开展并承担"乐器产品中化学物质的分析与研究"项目课题。

【标准培训宣贯工作】2015年,SAC/TC371派员参加国家标准委举办的国际标准化知识、国际标准化工作程序、国际标准编写规则的培训,并经考核获得资格证书。派员参加由中轻联举办的《轻工行业标准制定工作细则》与轻工标准复核员的培训,并经考核获得资格证书。配合GB/T 10159—2015《钢琴》国家标准的实施,对部分钢琴企业就该项标准制定背景、技术内容的确定等进行宣贯与讲解。

供　稿:SAC/TC371秘书处

全国往复式内燃燃气发电设备标准化技术委员会（SAC/TC372）

【概况】截至2015年底，全国往复式内燃燃气发电设备标准化技术委员会归口管理国家标准3项、行业标准13项；在研国家标准4项、行业标准8项。

SAC/TC372协同全国内燃机标准化技术委员会（SAC/TC177）对口国际标准化组织内燃机技术委员会（ISO/TC70）。

是年，SAC/TC372组织标委会和用户单位召开《往复式内燃燃气电站设计规范》等行业标准实体宣贯会；组织召开培训班1次，培训人数40人次；开展标准化技术咨询服务22次，服务企业8家。

【标准制修订工作】2015年，能源局批准SAC/TC372归口管理的能源行业标准1项。SAC/TC372向国家标准委、能源局报批国家标准4项、行业标准7项。审查国家标准、行业标准送审稿11项。

【标准化科研】2015年，SAC/TC372完成科技部和质检总局下达的质检公益性行业科研专项项目《低热值余热余能和废气利用发电设备标准研究》。重点开展往复式内燃燃气发电设备标准体系研究，开展具有自主知识产权、高可靠性、智能化控制、高效率中大功率燃气发电机组和兆瓦级以上电站和智能化电站管理系统研究，以及4项往复式内燃燃气发电设备关键技术国家标准的研制。

【年会情况】2015年11月18日，SAC/TC372在山西太原召开2015年年会，委员出席率76%。会议传达一些重要上级精神；总结年度标委会工作；审议表决部分委员的调整建议；增补标委会副主任委员及委员等；布置下一年重点任务；审查通过《往复式内燃燃气电站系统　通用技术条件》国家标准。

供　稿：SAC/TC372秘书处

全国质量监管重点产品检验方法标准化技术委员会（SAC/TC374）

【概况】截至2015年底，全国质量监管重点产品检验方法标准化技术委员会归口管理标准25项。SAC/TC374有委员62名，专业工作组38个，专业工作组委员561名，标准化专家315人。秘书处承担单位为中检华纳质量技术中心。

是年，SAC/TC374在广州组织开展3次国家标准宣贯培训班，累计培训150人次。标委会建有官方网站（http://bwh.ctatest.com），并开通“检标委”微信公众号、检标委微博，发布相关资讯，宣传标准化政策法规知识。

【标准制修订工作】2015年，SAC/TC374申报国家标准立项项目16项，在研项目11项。国家标准委批准发布SAC/TC374归口管理的国家标准9项。

【年会情况】2015年10月21—23日，SAC/TC374在浙江温州召开标委会2015年工作会议，委员出席率91.94%。会议审议标委会年度工作报告等有关事项；围绕“检标委如何适应国家标准化工作改革方案要求”等7项议题进行讲解与研讨；研究制定标委会工作规划与2016年度工作重点。

供　稿：SAC/TC374秘书处
撰稿人：李紫光
审稿人：郑存哲

全国制笔标准化技术委员会(SAC/TC378)

【概况】截至2015年底,全国制笔标准化技术委员会归口管理国家标准7项、行业标准33项,其中3项采用国际标准;在研行业标准7项。

ISO/TC10/WG18承担笔类产品的国际标准化工作,SAC/TC378通过全国技术产品文件标准化技术委员会(SAC/TC146)参与国际标准化的相关活动。

是年,第二届全国制笔标准化技术委员会成立,委员35名,秘书处由上海市制笔工业研究所和贝发集团股份有限公司联合组建。

是年,SAC/TC378开展标准化技术咨询服务36次,服务企业34家。秘书处指导部分企业完成企业标准制定和备案工作。

【标准制修订复审工作】2015年,工业和信息化部批准立项SAC/TC378归口管理的行业标准5项,批准发布SAC/TC378归口管理的行业标准6项。SAC/TC378审查并向工业和信息化部报批行业标准1项。国家标准委批准发布SAC/TC378归口管理的国家标准1项。SAC/TC378组织复审行业标准5项,结论均为修订。国家标准委公告批准2项国家标准修改单;工业和信息化部公告批准2项行业标准修改单。

【国际标准化工作参与情况】2015年4月16日,SAC/TC378参与ISO新工作项目提案(N1342)投票,并按时回复意见。

供　稿:SAC/TC378秘书处
撰稿人:陈景强
审稿人:王淑琴

全国黄金标准化技术委员会(SAC/TC379)

【概况】截至2015年底,全国黄金标准化技术委员会归口管理国家标准31项、行业标准27项;在研国家标准7项、行业标准18项。

是年,SAC/TC379组织召开标准宣贯会2次,宣贯人数80人;开展标准化技术咨询5次,服务企业6家。

【标准制修定复审工作】2015年,国家标准委批准立项SAC/TC379归口管理的国家标准2项,工业和信息化部批准立项SAC/TC379归口管理的行业标准7项。SAC/TC379审查国家标准、行业标准送审稿11项。国家标准委批准发布SAC/TC379归口管理的国家标准3项。SAC/TC379复审归口国家标准22项,均计划修订。

【年会情况】2015年12月17—19日,SAC/TC379在湖南长沙召开标委会年会,委员出席率79%。会议听取秘书长对黄金标准制修订计划的执行情况、存在问题、标准化工作需求、发展方向和国际标准化发展动态的工作汇报。与会委员审查论证各承担单位提交的国家标准和行业标准建议书、草案稿,确定将其中的25项国家标准和4项行业标准列为向国家标准委、工业和信息化部申报的项目。与会委员、专家审查18项国家标准、行业标准。

供　稿:SAC/TC379秘书处
撰稿人:王　芳
审稿人:薛丽贤

全国生物基材料及降解制品标准化技术委员会(SAC/TC380)

【概况】截至2015年底,全国生物基材料及降解制品标准化技术委员会归口管理国家标准22项,其中4项采用国际标准;在研国家标准14项。

SAC/TC380对口国际标准化组织塑料技术委员会方法分技术委员会生物降解工作组和生物基塑料工作组(ISO/TC61/SC5/WG22、WG23)、土壤技术委员会生物方法分技术委员会(ISO/TC190/SC4)、水质量技术委员会生物方法分技术委员会(ISO/TC147/SC5)。

是年,SAC/TC380组织召开标准宣贯培训班2次,培训人数300人次;开展标准化技术咨询服务11次,服务企业30家。

是年,SAC/TC380参与ISO/DIS 16620-2等国际标准的验证试验等工作。部分委员参与对口国际标准化组织标准制修订工作。

【标准制修订复审工作】2015年,国家标准委批准立项SAC/TC380归口管理的国家标准项目5项。SAC/TC380向国家标准委报批国家标准6项。国家标准委批准发布SAC/TC380归口管理的国家标准2项。SAC/TC380组织复审归口国家标准21项,21项全部继续有效。

【标准化科研】SAC/TC380自2013年承担国家标准委公益项目生物聚酯及制品关键技术标准研究,在《现代化工》《塑料科技》《塑料工业》《中国塑料》发表论文5篇,2015年产生GB/T 32106—2015和GB/T 32366—2015两项成果。年内,发表科技期刊论文4篇,其中SCI收录论文2篇。

【年会情况】2015年12月19日,SAC/TC380在北京召开年会,委员出席率76%。会议听取秘书长对标委会标准制修订计划执行情况、存在问题、标准化工作需求和国际标准化发展动态的情况汇报,并进行换届工作,第二届标委会有45名委员。会议审议秘书处的2015年工作总结和2016年工作计划,审定国家标准1项,讨论《热塑性淀粉通用技术要求》征求意见稿,以及《生物聚酯连卷袋》等国家标准草稿。

供　稿:SAC/TC380秘书处

全国图书馆标准化技术委员会(SAC/TC389)

【概况】截至2015年底,全国图书馆标准化技术委员会归口管理国家标准23项(发布6项)、行业标准35项(发布27项)。牵头制定《全国图书馆标准化工作"十二五"规划纲要》《全国图书馆标准化工作"十三五"规划纲要》等文件。

SAC/TC389与国际标准化组织信息及文献工作技术委员会(ISO/TC46)相关联。

是年,国家标准委发文批复SAC/TC389第二届委员会正式成立,委员会由41名专家组成,秘书处承担单位为国家图书馆。

【标准制修订工作】2015年,SAC/TC389归口管理的1项行业标准获批立项;完成2项国家标准和10项文化行业标准的审查、报批工作;归口管理的8项行业标准发布实施。

【标准化科研】截至2015年底,SAC/TC389归口管理14项标准化研究项目。2015年,"图书馆移动服务标准研究"(2012年立项)、"图书馆总分馆服务和流动服务标准研究"(2013年立项)、"ISO、IFLA图书馆标准规范体系研究"(2013年立项)3项文化行业标准化研究项目通过专家鉴定并通过文化部审查批准结项。

【换届及年会情况】2015年5月20日,国家标准委文件批复,SAC/TC389第二届委员会正式成立。8月27—28日,SAC/TC389第二届委员会成立大会暨第一次工作会议在国家图书馆召开,委员及嘉宾40余人参会。会上,标委会主任委员做"站在新起点抓住新机遇,推进图书馆标准化工作再上新台阶"的讲话,总结第一届委员会工作成果,分析第二届委员会委员的结构,围绕制定"十三五"时期标准化工作规划、逐步构建较为完善的标准体系、加快制修订事业发展亟需标准、推进标准成果的宣传与推广、加强国内外交流合作、构建图书馆标准化信息平台和进一步加强图标委秘书处工作等7个方面提出第二届委员会主要工作思路。会议围绕《全国图书馆标准化工作"十三五"规划纲要》(讨论稿)及第二届委员会工作思路开展专题研讨。

【标准化宣贯与服务工作】2015 年,SAC/TC389 通过召开标准化工作专题讨论会、组织出版行业标准文本及支持重点文化工程工作,宣传与推广图书馆标准化成果。8 月 28 日,SAC/TC389 秘书处组织"标准化工作与图书馆事业发展"研讨会,包括 SAC/TC389第二届委员会委员及部分标准起草工作组专家在内的 70 余人参加会议。SAC/TC389 秘书处支持中国图书馆学会等单位在南京、广州等多地举办多次《图书馆参考咨询服务规范》研讨会;支持并指导国家古籍保护中心购置古籍保护国家标准、编制《建设古籍标准书库,改善古籍存藏环境》《〈汉文古籍特藏藏品定级　第 1 部分:古籍〉释例》等古籍标准宣贯材料;2015 年组织出版行业标准 11 项。SAC/TC389 秘书处接受并解答全国人大委员会图书馆关于会议文献元数据规范项目工作的咨询,协助组织并参加 8 月在北京举办的第 42 届 ISO/TC46 工作会议。

供　稿:SAC/TC389 秘书处

全国丝绸标准化技术委员会(SAC/TC401)

【概况】截至 2015 年底,全国丝绸标准化技术委员会归口管理国家标准 26 项、行业标准 52 项,全部为推荐性标准。

是年,SAC/TC401 采用各种方式进行多种形式的标准宣贯,累计培训 550 人左右。通过电话为企业和社会组织提供标准化技术咨询服务,并解答标准委转来的标准答疑。

【标准制修订复审工作】2015 年,SAC/TC401 归口管理的 4 项国家标准和 11 项行业标准计划获批立项,审定或报批 3 项国家标准,1 项国家标准在起草征求意见稿,审定或报批 12 项行业标准,2 项行业标准完成委员意见征求,1 项行业标准在起草征求意见稿。年内,召开标准审查会 2 次,审查通过 12 项行业标准、3 项国家标准。归口管理的 4 项国家标准、1 项行业标准发布实施。完成 4 项行业标准复审工作,其中 1 项修订,3 项继续有效。

【国际标准化工作参与情况】2015 年,SAC/TC401 向 ISO/TC38/SC23 提出由中国主导的国际标准新工作项目提案《蚕丝纤度试验方法》,并于 8—11 月进行国际投票通过后,获 ISO 中央秘书处批准立项。并对各国投票时提出的评论意见进行处理和对标准草案进行修改。

【标准化科研】2015 年,SAC/TC401 承担的质检总局 2013 年公益性行业科研专项"《生丝纤度检验方法》等 5 项国际标准的研究"完成项目验收,提出并成功获得 1 项国际标准新工作项目立项;承担浙江省科技厅"丝绸行业标准化信息服务平台",完成项目验收,建设并成功上线"全国丝绸标准化技术委员会"网站(www. TC401. com);完成国家茧丝绸风险基金项目"鲜茧缫生丝对丝绸品质影响研究及评价"项目。

供　稿:SAC/TC401 秘书处

全国太阳能标准化技术委员会(SAC/TC402)

【概况】截至 2015 年底,全国太阳能标准化技术委员会归口管理国家标准 38 项(推荐性标准 37 项、强制性标准 1 项)。

SAC/TC402 对口国际标准化组织太阳能技术委员会(ISO/TC180)。

是年,SAC/TC402 组织召开标准宣贯培训活动 2 次,培训人数约 300 人次。开展企业标准化技术咨询服务 10 余次,服务企业 20 余家。

【国际标准化工作参与情况】2015 年,SAC/TC402 组织办理 ISO/TC180 国际标准项目投票 2 次,其中 CIB 投票 1 次、NP 稿投票 1 次,投票率 100%。组团参加包括 ISO/TC180 年会和相关分技术委员会(SC1)会议和工作组(WG3)会议在内的系列会议,参与会议讨论和表决。其中,中国专家担任召集人主持召开

WG3 工作组会议。

【标准化科研】2015 年，SAC/TC402 依托相关国际标准化科研项目，组织开展由中国担任召集人的 ISO 22975-1、ISO 22975-2 和 ISO 22975-5 等 3 项太阳集热器组件和材料相关国际标准研制工作。

供　稿：SAC/TC402 秘书处
撰稿人：刘　猛
审稿人：王　赓

全国土壤质量标准化技术委员会（SAC/TC404）

【概况】截至 2015 年底，中国与土壤质量相关的现行国家标准 26 项，正在制修订与土壤质量相关的国家标准 37 项，其中 26 项归口全国土壤质量标准化技术委员会。与土壤质量相关的行业标准 141 项，涉及 11 个不同行业。

SAC/TC404 对口国际标准化组织土壤质量技术委员会（ISO/TC190），ISO 有土壤质量标准 159 项，另有 46 项在研制中。SAC/TC404 对 6 项 ISO 土壤质量标准的修订提出意见建议。

是年，SAC/TC404 配合中国土壤学会，开展“国际土壤年”系列纪念活动，召开中国土壤学会成立 70 周年暨土壤科学的传承与发展学术研讨会、第二届国际有机农业发展与健康高峰论坛等。组织标准制定知识讲座 1 次，20 余人参加。

【标准制修订工作】2015 年，SAC/TC404 征集土壤质量标准项目，向国家标准委申请 3 项土壤质量国家标准，3 项国家标准项目获批立项。SAC/TC404 开展标准制修订工作，11 项国家标准通过国家标准技术审查部审查，1 项标准完成审查稿，1 项标准向社会征求意见。

供　稿：SAC/TC404 秘书处
撰稿人：陈美军
审稿人：林先贵

全国辛香料标准化技术委员会（SAC/TC408）

【概况】截至 2015 年底，全国辛香料标准化技术委员会归口管理国家标准 51 项，其中 50 项采用国际标准；在研国家标准 17 项。

SAC/TC408 对口国际标准化组织 ISO/TC34/SC7。

是年，SAC/TC408 完成换届，第二届委员 28 名，秘书处设在南京野生植物研究院。

组织技术委员会委员复审归口国家标准 47 项，其中继续有效 25 项、修订 22 项。

【国际标准化工作参与情况】截至 2015 年底，SAC/TC408 挂靠单位南京野生植物研究院，组织办理国际标准送审稿投票审核 10 项、国际标准新工作项目和草案稿各 5 项、国际标准复审件的网上电子投票和意见回复 20 项。

【年会情况】2015 年 11 月 19 日，SAC/TC408 在江苏南京召开换届暨 2015 年年会，委员出席率 90%。会议听取主任委员和秘书长对本届标准制修项计划执行情况、取得成绩、存在问题、标准化工作需求和国际标准化发展动态的情况汇报。

供　稿：SAC/TC408 秘书处

全国冶金设备标准化技术委员会(SAC/TC409)

【概述】截至2015年底,全国冶金设备标准化技术委员会归口管理国家标准2项、行业标准349项;在研国家标准12项、行业标准149项。

【标准制修订复审工作】2015年,国家标准委批准立项SAC/TC409归口管理的国家标准2项,工业和信息化部批准立项SAC/TC409归口管理的行业标准6项。SAC/TC409向国家标准委报批国家标准4项、向工业和信息化部报批行业标准37项;审查国家标准、行业标准送审稿36项。工业和信息化部批准发布SAC/TC409归口管理的行业标准44项。SAC/TC409组织复审归口管理的行业标准22项,其中继续有效20项、修订2项。

【标准化科研】2015年,SAC/TC409开展国家科技支撑计划项目"冷轧板带板形控制技术"成果转化标准《接触式板形仪》及《板形仪测控系统》的预研,年底前完成草案编写。完成《重型机械　通用技术条件》(共16部分)标准草案的编写和英文版翻译工作,该系列标准是指导重型装备制造企业进行设计、生产、检验、验收和包装运输等的基础标准。

【年会情况】2015年11月10—13日,SAC/TC409在贵州贵阳召开全体年会,委员出席率79%。会议听取主任委员2015年标委会工作总结报告和秘书长对标委会标准制修订计划执行情况、存在的问题和2016年标准化工作主要思路的汇报。与会委员复审22项行业标准;审查36项标准;审查论证各单位提交的标准立项建议书,确定将其中的12项列为2016年度向国家标准委和工业和信息化部申报项目。

供　稿:SAC/TC409秘书处
撰稿人:苏　静
审稿人:胡觉凡

全国金属餐饮及烹饪器具标准化技术委员会(SAC/TC410)

【概况】截至2015年底,全国金属餐饮及烹饪器具标准化技术委员会归口管理国家标准15项、行业标准22项;在研国家标准5项、行业标准1项。

SAC/TC410下设1个分技术委员会(SC):不锈钢厨具(SC1)。

10月9—10日,在国家标准委举办的"世界标准日宣传周"宣传纪念活动新闻发布会上,SAC/TC410对GB/T 32147《家用电磁炉适用锅》做解读和宣贯。

【标准制修订工作】2015年,SAC/TC410申报国家标准2项、行业标准1项。制修订国家标准13项,其中已发布8项、在研5项。

【标准化科研】2015年,SAC/TC410会同协作单位完成2010年9月申报的国家质检公益性行业科研专项项目"家用食品金属烹饪器具不粘性能的要求及试验规范的研究",通过质检总局验收。项目历时4年,召开2次项目组工作会议和7次标准起草组工作会议,研究工作取得科研成果,输出成果为6项国家标准。

【年会情况】2015年1月26—27日,SAC/TC410在湖北武汉举行全体会议,委员出席率84%。会议听取秘书处的2014年度的工作总结;讨论并审议通过2015年工作计划;表彰金属餐饮及烹饪器具行业标准化工作的先进单位和个人;审定3项国家标准。

供　稿:SAC/TC410秘书处
撰稿人:张　金
审稿人:刘　纲

全国电器设备网络通信接口标准化技术委员会(SAC/TC411)

【概况】截至2015年底,全国电器设备网络通信接口标准化技术委员会归口管理国家标准1项;在研国家标准3项、行业标准2项。

是年,SAC/TC411确立并开始宣传用户端能源管理标准体系,在专业技术论坛和技术研讨会宣讲3次,受众人数550人次。

【标准制修订工作】2015年,国家标准委批准立项SAC/TC411归口管理的国家标准1项,能源局批准立项SAC/TC411归口管理的行业标准2项。SAC/TC411向国家标准委报批国家标准2项。

【国际标准化工作参与情况】SAC/TC411秘书长吴小东兼任IEC/PC118项目委员会WG1“需求侧智能设备域电网交互接口”和WG2“电力需求响应”两个工作组专家,被指定为主席顾问,依托SAC/TC411,承担国际标准分析和“智能电网用户接口技术报告”的编写。作为国际负责人,吴小东主持制定“智能电网用户接口规范”国际标准,参加2015年3月韩国会议。

【标准化科研】2015年,SAC/TC411申报2项科研项目。“智能电网用户端能源管理系统应用开发高新技术标准化试点”被上海市质监局列入上海市标准化试点项目计划。“用户端能源管理系统主要标准制定及验证示范”被上海市科委列入年度“科技创新行动计划”技术标准项目。

【年会论坛研讨会情况】2015年7月26—27日,SAC/TC411作为主办单位组织召开全国智能电网用户端能源管理学术年会,250人参会,SAC/TC411秘书处做“智能电网用户端能源管理标准研究与制定”专题报告。10月28—29日,SAC/TC411作为主办单位组织举办2016中国智能电网用户端技术论坛,秘书处做“SAC/TC411智能电网用户端能源管理标准化工作介绍”专题报告,400余人参加论坛。10月29日,SAC/TC411邀请IEC/TC8、IEC/PC118、IEC/TC57中国专家以及SAC/TC549秘书处共同召开用户端能源管理标准化研讨会,30余人参会。

供　稿:SAC/TC411秘书处
撰稿人:王璐玥
审稿人:蔡忠勇

全国电工专用设备标准化技术委员会(SAC/TC412)

【概况】截至2015年底,全国电工专用设备标准化技术委员会归口管理现行标准36项(均为推荐性标准)。其中,国家标准7项(2项基础通用标准、5项方法标准);行业标准29项(均为产品标准)。

SAC/TC412下设1个工作组(WG):锂离子电池制造成套设备标准制修订工作组(WG1)。WG1申报的国家标准项目计划“锂离子电池生产设备通用技术要求”,通过国家标准委立项,拟申报国家标准项目计划7项。

是年,SAC/TC412在北京组织开展5项标准宣贯会;组织召开标准宣贯培训班1次;开展标准化技术咨询服务5次,服务企业3家;指导企业开展标准化工作,协助企业申请地方政府颁发的科技经费。

【标准制修订复审工作】2015年,工业和信息化部批准立项SAC/TC412归口管理的行业标准2项;批准发布SAC/TC412归口管理的行业标准3项。SAC/TC412向国家标准委申报国家标准计划项目1项。复审归口国家标准8项,其中继续有效4项、修订3项、废止1项。审查通过行业标准5项。

供　稿:SAC/TC412秘书处
撰稿人:潘理达
审稿人:王　琨

全国输配电用电力电子器件标准化技术委员会(SAC/TC413)

【概况】截至2015年底,全国输配电用电力电子器件标准化技术委员会归口管理国家标准7项、行业标准68项,其中2项采用国际标准;在研国家标准1项、行业标准6项,其中1项采用国际标准。

SAC/TC413受全国半导体器件标准化技术委员会(SAC/TC78)委托,负责对其对口的国际电工委员会半导体分立器件分技术委员会(IEC/TC47/SC47E)有关功率半导体器件的新工作项目、草案稿、送审稿和报批稿提出意见并提交。

是年,SAC/TC413组织召开标准宣贯会3次、培训人数280人,开展标准化技术咨询服务21次、服务企业48家。

【标准制修订复审工作】2015年,SAC/TC413组织制修订归口管理的国家标准1项、行业标准6项,复审归口管理的国家标准4项,结论为修订。

【国际标准化工作参与情况】2015年,受SAC/TC78委托,SAC/TC413对2项IEC标准送审稿提出意见并提交。应IEC/TC47/SC47E功率器件工作组(WG3)召集人要求,经SAC/TC78推荐,工业和信息化部和国家标准委批准报送SAC/TC413的1位专家于11月正式注册为该工作组唯一的中国成员。

【标准化科研】2015年,SAC/TC413组织开展自主创新和以企业为主体的国家标准《电工术语电力半导体器件》和行业标准《绝缘栅双极晶体管(IGBT)》系列(5项)、《电力半导体器件用管壳》、《电力半导体器件用管壳瓷件》及《电力半导体器件用管壳选用导则》研究。

【年会情况】2015年11月,SAC/TC413在陕西西安召开年会,委员出席率83%。会议听取和审议SAC/TC413年度工作报告,讨论工业和信息化部部署编制的电力半导体器件及附件专业领域标准体系的年度修订,复审国家标准,讨论标准草案,通报IEC/TC47/SC47E年会情况,商议标准制修订项目计划的完成和申报。

供　稿:SAC/TC413秘书处
撰稿人:蔚红旗
审稿人:陆剑秋

全国醇醚燃料标准化技术委员会(SAC/TC414)

【概况】截至2015年底,全国醇醚燃料标准化技术委员会归口管理国家标准2项,参与制定醇醚燃料相关国家标准3项、行业标准2项。指导全国各省市制定醇醚燃料相关地方标准32项。为配套工业和信息化部甲醇汽车试点工作,制定配套的甲醇燃料作业安全管理规范。

是年,SAC/TC414组织行业内有关检测机构、研发机构和企业召开GB/T 31776—2015《车用甲醇汽油中甲醇含量检测方法》国家标准实体宣贯会。组织召开全国性标准宣贯培训班1次,在各省开展相关标准宣贯培训课22次,培训人数900人次。开展标准化技术咨询服务130次,服务企业64家。完成醇醚燃料标委会第二届委员会的换届工作。

【标准制修订工作】2015年,SAC/TC414向国家标准委和能源局申报国家标准、行业标准9项。审查通过国家标准送审稿1项。指导编制3项山西省地方标准。指导协助贵州等12个省市的地方标准制修订工作,并对河南等地40余家企业提供企业标准制修订服务和支持。

【国际标准化工作参与情况】2015年,SAC/TC414与美国、巴西、以色列、澳大利亚和国际甲醇协会等国家、组织进行多次交流和合作,协商一致成立国际醇燃料产业联盟。为以色列甲醇燃料的发展提供技术服务。

【标准化科研】2015年,SAC/TC414组织行业内企业与北京理工大学车辆排放试验室共同完成M15甲醇汽油和M85甲醇汽油的常规和非常规排放及对国四、国五车辆的影响试验研究,开展醇类燃料机动车排放标准研究。试验证明国四在用车使用M15甲醇汽油能够达到国五排放标准,各项指标都优于国标汽油的排放。组织吉利集团研究院进行车用甲醇燃料润滑油标准各项技术要求验证试验和产品开发,配套M100车用甲醇燃料的应用推广。以长安大学汽车学院牵头联合行业内有关企业进行M100车用高清洁甲醇燃料标准项目研究及应用试验,对M100车用高清洁甲醇燃料的各项技术指标进行系统测试,对车辆的适应性及排放性进行验证。取得6项发明专利。

供　稿:SAC/TC414秘书处
撰稿人:常永龙
审稿人:吴跃曲

全国产品回收利用基础与管理标准化技术委员会(SAC/TC415)

【概况】截至2015年底,全国产品回收利用基础与管理标准化技术委员会归口管理国家标准13项;在研国家标准31项、行业标准10项。

SAC/TC415对口国际标准化组织跨境贸易二手货项目组(ISO/PC245),国际标准化组织固废焚烧过程热量回收项目组(ISO/TS/PC252),国际电工委员会电工电子产品与系统的环境标准化技术委员会(IEC/TC111),国际标准化组织环境技术评价(ETV)工作组(ISO/TC207/SC4/WG5)。

【标准制修订工作】2015年,国家标准委批准立项SAC/TC415归口管理的国家标准项目9项。SAC/TC415向国家标准委报批国家标准1项,审查国家标准送审稿3项。国家标准委批准发布SAC/TC415归口管理的国家标准4项。

【标准化科研】2015年,SAC/TC415支撑863课题"工业固废资源化产品风险监测与生态设计技术及工具"的研究工作,建立涵盖源头减量、过程清洁、末端控制的资源化产品生态设计评估体系,通过相关标准规范资源化行业发展。

SAC/TC415组织参与的《循环经济标准化关键技术方法和示范应用研究》成果获2015年度中国商业联合会科学技术奖一等奖;SAC/TC415组织参与的《支撑园区循环化改造的产业链诊断方法及应用研究》成果获2015年中国循环经济协会科学技术奖二等奖。

【标准宣贯培训】2015年,SAC/TC415组织编辑出版《大宗工业固废产品资源综合利用常用标准汇编(上)》《大宗工业固废产品资源综合利用常用标准汇编(下)》。通过组织标准试点座谈等形式,对接标准应用企业。通过参加中国再生资源回收利用协会、中国物资再生协会、中国循环经济协会等行业机构以及全国节能减排标准化技术联盟、中国再生资源产业技术创新战略联盟、尾矿综合利用产业技术创新战略联盟、资源强制回收联盟等联盟的会议及论坛,宣贯回收利用标准及标准体系建设进展,加强与企业实践活动的联系,吸收大型企业参与SAC/TC415的活动,为企业提供技术咨询。

供　稿:SAC/TC415秘书处
撰稿人:高东峰

全国林业生物质材料标准化技术委员会(SAC/TC416)

【概况】截至2015年底,全国林业生物质材料标准化技术委员会归口管理国家标准5项、行业标准14项,在研国家标准16项、行业标准3项。

是年,SAC/TC416与全国木材标准化技术委员会、全国人造板材料标准化技术委员会联合主办"第二届中国林产品质量与标准化及产业发展研讨会",协办"第六届全国生物质材料科学与技术学术研讨会",2个会议550余名代表参会。

【标准制修订工作】2015 年,SAC/TC416 征集标准项目建议 17 项(国家标准 10 项、行业标准 7 项);上报国家标准委、林业局 2015 年国家标准提案 9 项,行业标准提案 6 项;完成 4 项标准审查,其中国家标准 2 项、行业标准 2 项;报批标准 7 项,其中国家标准 1 项、行业标准 6 项。林业局批准发布 SAC/TC416 归口管理的行业标准 6 项。

重点推动《国家战略新兴产业标准化发展规划(2013—2020)》"生物质(非能源)综合利用标准综合体"11 项国家标准制定工作,组织召开项目推进会,明确标准制定要求。完成并上报国家标准委《战略性新兴产业标准化工作总结和 2015 年战略性新兴产业标准综合体项目研制计划》,组织申报标准综合体 2015 年项目 8 项。

【年会情况】2015 年,SAC/TC416 召开全国林业生物质材料标委会第一届委员会第五次会议。会议总结 2015 年度工作,确定 2016 年主要工作计划。

供　稿:SAC/TC416 秘书处
撰稿人:段新芳

全国低压设备绝缘配合标准化技术委员会(SAC/TC417)

【概况】截至 2015 年底,全国低压设备绝缘配合标准化技术委员会归口管理国家标准 6 项,均为推荐性标准且均采用国际标准。

SAC/TC417 对口国际电工委员会低压设备绝缘配合技术委员会(IEC/TC109)。

是年,SAC/TC417 启动"十三五"标准化发展指导意见的编制工作,研究"十三五"新目标和新规划,提出对新能源技术和智能输变电设备等重点领域的新思路。

是年,SAC/TC417 开展标准化技术咨询服务 5 次,服务企业 11 家。

【标准复审工作】2015 年,SAC/TC417 复审归口国家标准 2 项,均继续有效。

【国际标准化工作参与情况】2015 年,SAC/TC417 组织处理国际标准草案文件 11 项,其中网上电子投票 5 项,投票率 100% 。

【标准化科研】2015 年,SAC/TC417 秘书处跟踪 IEC 针对中压领域的绝缘配合理论开展研究的动向,结合中国实际,及时研究并向行业企业反馈其"IEC/TS 62993第 1 版(草案):确定额定电压在交流 1 000V 以上至 2 000V,直流 1 500V 以上至 3 000V 间的设备的电气间隙、爬电距离的数值以及对固体绝缘要求的指南"的进展情况。

【年会情况】2015 年 11 月 24 日,SAC/TC417 在浙江杭州召开年会,委员出席率92.6 %。会议听取上级主管部门领导关于中国标准化工作的发展现状和调整标准化管理机制的工作重点分析,标委会秘书长对年度标委会工作进展、制修订计划执行情况、存在问题等情况汇报,对 2 项标准开展复审。

供　稿:SAC/TC417 秘书处
撰稿人:陈雪琴
审稿人:栗　惠

全国小型电力变压器、电抗器、电源装置及类似产品标准化技术委员会(SAC/TC418)

【概况】截至 2015 年底,全国小型电力变压器、电抗器、电源装置及类似产品标准化技术委员会归口管理国家标准 18 项,均采用 IEC 标准;在研国家标准 1 项。

SAC/TC418 对口国际电工委员会 IEC/TC96。

是年，SAC/TC418 完善本领域标准体系。参加上级标准化主管部门组织开展的标准化工作会议及培训。向行业单位提供标准化服务。在 CTN 网站和《变压器行业通讯》发布标准化信息。根据有关要求，对本专业所有国家标准及计划进行整合精简，征求有关专家意见后，提出整合精简结论并上报。参加上级标准化主管部门组织的 IEC 技术归口工作考评活动，按要求上报考核材料，并于 9 月参加由中国电器工业协会组织的“IEC 技术对口单位现场考评会议”，进行现场答辩。

【标准制修订工作】2015 年，SAC/TC418 开展 2 项国家标准制修订工作。向国家标准委报批 3 项国家标准。

【国际标准化工作参与情况】2015 年，SAC/TC418 秘书处收到 IEC/TC96 文件 7 份，需表态文件 3 份。秘书处对收到文件分类归档，对需要投票及表态的文件向有关方面征求意见和汇总整理后，按规定时间向 IEC/TC 96 报出。

【年会情况】2015 年 12 月 11 日，SAC/TC418 在广东广州举行全体会议，委员出席率 84.8%。会议审议通过秘书处工作报告及财务报告；审查 2 项国家标准送审稿；审议通过 2016 年拟申报的标准制修订项目计划建议及 2016 年标委会经费预算情况等。

供　稿：SAC/TC418 秘书处
撰稿人：林　然
审稿人：章忠国

全国裸电线标准化技术委员会（SAC/TC422）

【概况】截至 2015 年底，全国裸电线标准化技术委员会归口管理国家标准 42 项、行业标准 19 项，其中9 项采用国际标准；在研国家标准 8 项、行业标准 4 项。

SAC/TC422 对口国际电工委员会架空电导体技术委员会（IEC/TC7）。

是年，SAC/TC422 组织召开国家标准和行业标准宣贯及研讨会。举办标准宣贯培训班 3 次，培训 300 人次。开展标准化技术咨询服务 12 次，服务企业 100 余家。

【标准制修订工作】2015 年，国家标准委批准立项 SAC/TC422 归口管理的国家标准 4 项。SAC/TC422 向国家标准委和能源局报批国家标准、行业标准 4 项；审查国家标准、行业标准送审稿 3 项；申报国家标准外文版翻译项目 2 项。能源局批准发布 SAC/TC422归口管理的行业标准 3 项。

【国际标准化工作参与情况】2015 年，SAC/TC422 组织办理国际标准文件投票和意见回复 5 项。主导承担 1 项国际标准制定工作。参与 1 项国际标准制定工作。组团参加 PT 62818 工作组会议，参与会议讨论和投票表决，提出技术意见，展示中国的试验验证数据和结果，建议将中国国家标准中的试验项目和试验方法纳入 IEC 62818，得到与会专家认可。

【标准化科研】2015 年，SAC/TC422 完成质检总局下达的“架空导线用非金属支撑材料国际标准研究”质检公益性行业科研专项项目任务的标准化研究课题。在研多项试验方法标准、能效标准。

供　稿：SAC/TC422 秘书处
撰稿人：郑　秋
审稿人：毛庆传　黄国飞

全国设备监理工程咨询标准化技术委员会（SAC/TC423）

【概况】截至 2015 年底，全国设备监理工程咨询标准化技术委员会归口管理国家标准 4 项；在研国家标准 4 项。

是年，SAC/TC423 在 30 个省开展国家标准的培训宣讲工作,截至年底,参加培训人员总计 11 911 人次。在总结前期工作的基础上,继续开展《设备工程监理规范》公开承诺,总计有 101 家设备监理单位签署了公开承诺书,郑重声明遵守规范标准。

是年,SAC/TC423 组织委员参加国际标准化综合知识培训学习;举办GB/T 1.1—2009《标准化工作导则 第1部分:标准的结构和编写》培训班。

【标准制修订工作】2015 年,SAC/TC423 组织指导相关单位开展《机械式停车设备制造、安装、涂装、安全防护及整机性能监理技术要求》《自动化立体仓库制造及安装监理技术要求》《石油钻机设备监理技术要求》《石油钻井和修井井架、底座设备监理技术要求》等国家标准草案的起草工作。

【标准化科研】2015 年,SAC/TC423 组织修改完善设备监理行业标准体系,研究提出设备监理行业基本标准目录。设备监理标准体系框架研究报告等课题成果提交 SAC/TC423 标委会会议审议通过。与电力、轨道交通、物流设备等行业标准起草意向单位讨论研究,明确电力行业标准体系框架、轨道交通行业标准体系框架、物流设备标准体系框架。

【年会情况】2015 年 5 月 13 日,SAC/TC423 在北京召开换届会议,28 名委员出席,第二届 SAC/TC423 委员由 29 个单位 31 名专家组成。会议审议通过第一届全国设备监理工程咨询标准化技术委员会工作报告、第二届全国设备监理工程咨询标准化技术委员会章程、秘书处工作细则、经费管理办法、工作计划。

供　稿:SAC/TC423 秘书处
撰稿人:张文燕
审稿人:王建庭

全国宇航技术及其应用标准化技术委员会(SAC/TC425)

【概况】截至 2015 年底,全国宇航技术及其应用标准化技术委员会归口管理国家标准 41 项,其中 9 项采用国际标准;在研国家标准 26 项,其中 4 项采用国际标准。

SAC/TC425 对口国际标准化组织航空航天技术委员会(ISO/TC20)下设的航天系统及其应用标准化分技术委员会(SC14)和空间数据与信息传输系统标准化分技术委员会(SC13)。

SAC/TC425 下设 2 个分技术委员会(SC):空间环境(SC1),电子(SC2)。

是年,SAC/TC425 组织召开标准宣贯培训班 3 次,培训 60 人次,开展标准化技术咨询服务 8 次,服务企业 8 家。

【标准制修订复审工作】2015 年,国家标准委批准立项 SAC/TC425 归口管理的国家标准外文版翻译出版计划 2 项。SAC/TC425 在研标准计划 26 项,向国家标准委报批国家标准 6 项,审查国家标准外文版送审稿 12 项。组织复审归口国家标准 3 项,均继续有效。

【国际标准化工作参与情况】2015 年,SAC/TC425 对 49 项在研及复审国际标准进行跟踪研究及意见反馈。主导承担 8 项国际标准的制定工作,其中 ISO/TR 19473、ISO 16679、ISO 18238 等 3 项国际标准正式发布,5 项国际标准正在编制。组团参加 ISO/TC20/SC13、ISO/TC20/SC14 等 2 个分技术委员会年会,参与会议讨论和投票表决。

【标准化科研】2015 年,SAC/TC425 承担"卫星导航增强信息互联网播发关键技术标准研究"质检公益性行业科研专项标准化课题研究,完成《卫星导航增强信息互联网传输 第1部分:播发体制》《卫星导航增强信息互联网传输 第2部分:接口要求》《卫星导航增强信息互联网传输 第3部分:数据传输格式》3 项国家标准报批稿,并形成相关研究报告,完成项目验收准备工作;参与国家科技支撑计划《支撑国际突破与国际贸易的重要国际标准研究》,承担航天领域国际标准研制和国际标准培育工作;开展卫星及应用领域标准综合体研究工作,上报国家标准委《陆地观测卫星地面处理系统关键技术标准综合体》;配合国家标准委开展"中国装备走出去"典型领域标准需求研究,推动实施中国装备标准推广计划;牵头铁路、机械等 5 个行业完成"航天等高端装备技术 17 项国际标准研制"重点公益性项目论证,助力中国航天标准走出去,为中国航天装备、产品和服务走出去提供技术支持。

【年会情况】2015 年 12 月 23 日,SAC/TC425 在北京举行全体会议,委员出席率 88%。标委会秘书长做工作报告,总结 2015 年标委会在指导航天国家标准研究与编制、组织参与标准化领域国家科研专项、推进国际标准化工作以及加强标委会自身建设等方面的工作,并向全体委员汇报 2016 年标委会计划完成的重点任务；秘书处汇报12项国家标准外文版的编制和专家预审情况，并提交全体委员审议。

供　稿：SAC/TC425秘书处
撰稿人：许冬彦　仝　欣
审稿人：陆　静

全国智能建筑及居住区数字化标准化技术委员会（SAC/TC426）

【概况】截至2015年底，全国智能建筑及居住区数字化标准化技术委员会归口管理国家标准23项，其中已发布国家标准10项、在研国家标准13项。

SAC/TC426对口国际标准化组织ISO/TC205/WG3。

SAC/TC426下设2个工作组："智能楼宇控制标准工作组"和"智能家居标准工作组"。

是年，SAC/TC426组织工作组召开《数字城市一卡通互联互通　通用技术要求》等国家标准实体宣贯会。组织召开标准宣贯培训班5次，培训人数400人次；开展标准化技术咨询服务3次，服务企业300家。

【标准制修订工作】2015年，国家标准委批准立项SAC/TC426归口管理的国家标准9项。SAC/TC426向国家标准委报批国家标准3项，审查国家标准送审稿5项。国家标准委批准发布SAC/TC426归口管理的国家标准1项。

【国际标准化工作参与情况】2015年，SAC/TC426办理国际标准的网上电子投票和意见回复3项，参加JTC1智慧城市研究组在北京召开面对面会议，讨论智慧城市基础模型、智慧城市评价和智慧家庭等研究报告，并参与JTC1智慧城市研究组转为JTC1智慧城市工作组的研讨。推动《数字化城市管理信息系统　第1部分：单元网格》等8项国家标准上升为国际标准《城市治理与服务数字化》工作。

【标准化科研】2015年，SAC/TC426承担国家标准委"智慧城市领域35项国家标准研制"课题研究，开展发展改革委的物联网专项"物联网基础共性标准研制"项目。组织编写《城市公共自行车智能化系统技术要求》导则，该导则已在1个公共自行车及2个社区共3个项目试点应用。

【年会情况】2015年3月26日，SAC/TC426在北京举行全体会议，委员出席率60%。会议听取各委员对标准制修订计划执行情况、存在的问题、标准化工作需求和国际标准化发展动态的情况汇报。发布住房和城乡建设部2013年科学技术项目"智能化养老基地建设关键技术研究"课题研究成果。

供　稿：SAC/TC426秘书处
撰稿人：樊静静
审稿人：张永刚　尚治宇

全国航空电子过程管理标准化技术委员会（SAC/TC427）

【概况】截至2015年底，全国航空电子过程管理标准化技术委员会归口管理国家标准2项，在研国家标准5项，全部采用国际标准。

SAC/TC427对口国际电工委员会航空电子过程管理技术委员会（IEC/TC107）。

是年，SAC/TC427完成换届工作，成立第二届标委会，秘书处设在中国航空综合技术研究所。2月6日，在北京举行第二届第一次全体会议暨换届大会，会议以"优势融合、系统管理、深入国际、稳步发展"为题，回顾第一届标委会工作，明确第二届标委会的工作思路及2016年工作计划。

是年，SAC/TC427贯彻落实标准化与"互联网+"相融合的思想，创建航空电子过程管理标准化微信公众号，打造创新、开放、共享的行业技术及标准化信息交互平台,发布和共享该领域技术及标准化信息。

【标准制修订工作】2015 年,SAC/TC427 组织申报国家标准 2 项。开展 3 项国家标准研制工作,召开技术讨论会,完成标准送审稿,进入审查发布阶段。国家标准委发布 SAC/TC427 归口管理的 2 项国家标准,均为指导性技术文件,等同采用 IEC 国际标准。

【国际标准化工作参与情况】2015 年,SAC/TC427 组织办理国际标准送审稿、国际标准新工作项目和草案稿以及国际标准复审件的网上电子投票和意见回复 21 项。主导承担 IEC 62396-1 国际标准修订工作。参与系列标准 IEC/TS 62396-6/7/8 等 7 项国际标准制修订工作。

年内,SAC/TC427 增补 7 名国内专家为IEC/TC107 注册专家,覆盖 IEC/TC107 所有下属工作组。

10 月,经国家标准委同意,以标委会秘书处所在单位中国航空综合技术研究所为中国代表团团长单位组织国内科研院所、高校及企业 6 人参加 IEC/TC107 捷克布拉格年会及 MT1、MT2、WG1、WG2、WG3、WG46 个工作组会议,参与会议各项讨论和投票表决。重点关注并参与 IEC TS 62396 系列标准、IEC TS 62647 系列标准、《ADHP 航空航天、国防和高性能电子组件》系列标准、IEC TS 62239 系列标准的技术研讨。

【标准化技术交流与服务】2015 年,SAC/TC427 与 IPC 国际电工联接协会初步达成国际标准合作意向,借力国际标准化伙伴,持续深入开展国内外技术交流。组织开展"航空电子设备大气中子单粒子效应(NSEE)与防控方法"等专题学术交流,聚焦领域热点问题,促进行业专家间的沟通和互动,营造良好的专业氛围。邀请秘书处所在单位中国航空综合技术研究所标准中心专家多次开展 GB/T 1.1 的培训工作,对标准起草人进行培训,提升航空电子领域标准编写质量。

供　稿:SAC/TC427 秘书处

全国带轮与带标准化技术委员会(SAC/TC428)

【概况】截至 2015 年底,全国带轮与带标准化技术委员会归口管理国家标准 82 项、行业标准 36 项,其中 68 项采用国际标准。

SAC/TC428 对口国际标准化组织带轮与带(包括 V 带)技术委员会(ISO/TC41)及其 3 个分技术委员会(SC):摩擦型带传动分技术委员会(SC1),输送带分技术委员会(SC3),同步带传动分技术委员会(SC4)。ISO/TC41/SC1 有标准 24 项,ISO/TC41/SC3 有标准 40 项,ISO/TC41/SC4 有标准 11 项,标准均已转化或正在转化为相应的中国国家标准或行业标准。

SAC/TC428 下设 3 个分技术委员会(SC):输送带(SC1),同步带传动(SC2),摩擦型带传动(SC3)。SAC/TC428 有委员 35 人、顾问 1 人,SAC/TC428/SC1 有委员 21 人,SAC/TC428/SC2 有委员 29 人,SAC/TC428/SC3 有委员 37 人。

是年,SAC/TC428 召开标准宣贯培训会议 1 次,学术交流研讨会 1 次,并通过电话、邮件和网站等形式,开展带轮与带标准化等方面的技术咨询工作。

【标准制修订工作】2015 年,SAC/TC428 上报立项国家标准 16 项,其中 13 项批准立项;完成 10 项国家标准的报批工作。国家标准委批准发布 SAC/TC428 归口管理的国家标准 6 项。

【国际标准化工作参与情况】2015 年, SAC/TC428 完成 15 项国际标准投票工作,投票表态率 100%。提交 2 项国际标准提案并在美国亚特兰大年会上获得通过。

【年会情况】2015 年 10 月, SAC/TC428、SAC/TC428/SC2、SAC/TC428/SC3 年会在广西北海召开。会议听取 SAC/TC428 及各分技术委员会 2015 年工作总结及2016 年工作计划报告,报告涵盖标准制修订工作、组织建设和人才培养、国际标准化、"十三五"规划、技术交流、项目研究等方面内容。会议介绍国家《深化标准化工作改革方案》的背景、内涵和特征,解读改革方案的整体框架和重点内容。会议审查通过 5 项国家标准报批稿。12 月,SAC/TC428/SC1 年会在山东青岛召开,会议听取输送带分技术委员会 2015 年工作总结及2016 年工作计划报告,审查通过 7 项国家标准报批稿。

供　稿:SAC/TC428 秘书处
撰稿人:周玉杰　周　鹏
审稿人:秦书安

全国光学功能薄膜材料标准化技术委员会（SAC/TC431）

【概况】截至2015年底，全国光学功能薄膜材料标准化技术委员会归口管理国家标准15项、行业标准13项（产品标准10项、方法标准17项、基础通用标准1项）；在研国家标准12项、行业标准6项。

是年，SAC/TC431开展国家标准委、石化联合会组织的标准体系建设工作，补充和完善光学膜领域技术标准体系表，拓展标准制修订领域，开展新材料标准研究和制定工作。组织并召开《深化标准化改革方案》《团体标准管理办法》等标准政策和管理办法的宣贯会。将《中国制造2025》等政策信息通过网络发给标委会各委员学习。梳理筛选各委员上报的标准项目，汇总整理未来重点发展领域标准38项，形成新材料标准化工作"十三五"工作计划上报石化联合会。

是年，SAC/TC431组织召开标准宣贯培训班4次、培训人数100余人次；开展标准化技术咨询服务20余次、服务企业5家。

是年，SAC/TC431进行秘书长变更工作；面向光学功能薄膜领域的生产、科研、设计、使用及大专院校等单位征集9名新委员加入标委会；对超过两年未参加标委会任何形式的会议及活动的5名委员，撤销其委员资格，同时报石化联合会和国家标准委。

【标准制修订复审工作】2015年，SAC/TC431组织制定并审查通过7项推荐性国家标准、行业标准；起草标准5项；复审行业标准5项。

【年会情况】2015年10月26日，SAC/TC431在浙江宁波举行标委会二届三次年会暨标准审查会议，委员出席率96%。会议听取秘书长对2015年标准制修订计划执行情况、存在问题、标准化工作需求和标准化发展动态的情况汇报；制定2016年标委会工作计划；宣传和宣讲国务院下达的标准化改革方案；传达国家标准委和石化联合会2015年的指示精神；对标准起草中常见问题进行培训和讨论学习；审查通过7项标准。

供　稿：SAC/TC431秘书处
撰稿人：白银亮
审稿人：张希堂

全国航空器标准化技术委员会（SAC/TC435）

【概况】截至2015年底，全国航空器标准化技术委员会归口管理国家标准48项，其中27项采用国际标准；在研国家标准31项，其中10项采用国际标准。

SAC/TC435对口国际标准化组织航空航天技术委员会（ISO/TC20），承担ISO/TC20/SC1和ISO/TC20/SC6秘书处工作（ISO/TC20/SC6与俄罗斯标准化与统一化研究院联合承担）。

是年，SAC/TC435完成换届工作，成立第二届标委会，秘书处设在中国航空综合技术研究所。

是年，SAC/TC435参加国家标准委举办的"如果没有标准，世界将会怎样"短视频竞赛，其中由中国航空综合技术研究所制作的标准化宣传短片获全国二等奖、网络票选冠军。借助互联网媒介宣传推广标准知识。组织委员和专家参加装备制造业"标准化+互联网+智能"国际论坛，为企业提供交流和咨询服务平台。

【标准制修订复审工作】2015年，SAC/TC435向国家标准委上报5项国家标准。国家标准委发布SAC/TC435归口管理的国家标准1项。SAC/TC435在研国家标准31项。复审国家标准19项，结论均继续有效。

【国际标准化工作参与情况】2015年，SAC/TC435承办ISO/TC20第49届年会，新增国际标准化组织分委会领导人职务2个，分别为ISO/TC20/SC6副主席（中国航空综合技术研究所副所长辜希）和ISO/TC20/SC6秘书（中国航空综合技术研究所国际合作部副部长高丽稳）。年内，SAC/TC435完成ISO/TC20及其下属SC1、SC4、SC8、SC10、SC16等分技术委员会国际标准编制各阶段投票60余次，由中国航空综合技术研究所与西北工业大学联合提出的"飞机智能接触器通用要求"国际标准提案获得ISO正式立项批复。

【标准化科研】2015年，SAC/TC435做好"制造业标准化提升计划”编写支撑，完成制造业标准化提升计划中“航空装备领域”的重点领域及相关工作计划的编写;参与“航空装备等重要制造领域49项基础及关键共性技术标准研究”,负责其中航空15项技术标准研究;开展“民用飞机机载设备环境条件和试验方法标准综合体研究”,为中国民航适航技术标准规定(CTSO)提供基础技术标准支撑,并基于项目研究成果将RTCA/DO-160转化为《民用飞机机载设备环境条件和试验方法　霉菌》《民用飞机机载设备环境条件和试验方法　磁影响》《民用飞机机载设备环境条件和试验方法　射频能量发射》等3项国家标准。

考虑民机产业发展需求的急迫性,以标准综合体的方式成系统进行规划,梳理出急需制定的民用飞机客户服务、民用飞机燃气涡轮机、民用飞机非标设备和大型试验系统及产品计量测试、民用飞机闪电防护、通用航空等7个标准综合体。

供　稿:SAC/TC435秘书处

全国燃烧节能净化标准化技术委员会(SAC/TC441)

【概况】截至2015年底,全国燃烧节能净化标准化技术委员会负责归口管理国家标准5项;在研国家标准4项。

SAC/TC441对口国际标准化组织燃油燃器燃烧器技术委员会(ISO/TC109)和节能量评估技术委员会(ISO/TC257)。

【标准制修订】2015年,SAC/TC441向国家标准委申报国家标准9项,其中2项获批立项。国家标准委批准发布SAC/TC441归口管理的国家标准1项。SAC/TC441组织2次《燃烧方式　术语和定义》国家标准编写会议。

【标准化科研】2015年,SAC/TC441在中冶南方(武汉)威仕工业炉有限公司成立“全国燃烧节能净化标准化技术委员会标准实验与验证中心”,开展标准的预研、标准的验证、科研成果向标准的转化研究。年内,SAC/TC441安排委员单位进行蒸汽发生器标准项目、高温空气燃烧标准项目的预研。

【标准化宣贯】2015年6月6日,SAC/TC441在中国电石工业协会第九届全国电石行业健康发展大会上就《环形套筒窑》标准进行宣贯培训,500余名代表参加会议。9月21日,SAC/TC441举办学术报告会,邀请SAC/TC441副秘书长分析标准与专利的关系;黄山市质量技术监督局介绍如何写好标准,如何把技术转化为标准;秘书处工作人员介绍国家标准委网上“办公系统”。12月26日,SAC/TC441在安徽合肥举办GB/T 32037—2015《工业窑炉燃烧节能评价方法》国家标准宣贯会,36人出席会议。

供　稿:SAC/TC441秘书处
撰稿人:徐咏梅
审稿人:林其钊

全国节水标准化技术委员会(SAC/TC442)

【概况】截至2015年底,全国节水标准化技术委员会(原全国工业节水标准化技术委员会)归口管理国家标准89项,其中发布48项、正在制修订41项。

SAC/TC442下设1个分技术委员会(SC):用水产品和器具用水效率(SC1)。

是年,SAC/TC442组织召开标准宣贯培训班4次,培训人数500人次。

【标准制修订复审工作】2015年,国家标准委批准立项SAC/TC442归口管理的国家标准2项。SAC/TC442向国家标准委报批国家标准15项,审查国家标准送审稿12项。国家标准委批准发布SAC/TC442归口管理的国家标准5项。SAC/TC442复审归口国家标准2项,全部修订。

【国际标准化工作参与情况】ISO/TC282水回用标委

会由SAC/TC442和SAC/TC275共同对口。2015年，SAC/TC442派员参加ISO/TC207和ISO/TC282年会。SAC/TC442全程参与国际标准ISO 14046:2014《环境管理　水足迹　原则、要求和指南》研制，参与投票。

【标准化科研】2015年，SAC/TC442完成质检总局下达的质检公益性行业专项项目"水足迹量化与评价方法共性技术标准研究"，完成重点行业节水标准和定额制订评估项目"部分重点工业行业取用水定额国家标准编制"，完成化解产能过剩标准支撑工程项目"《节水型企业　电解铝行业》标准研制"。

【年会情况】2015年12月8日，SAC/TC442在北京举行全体会议，委员出席率76%。会上，秘书长向全体委员汇报2015年度工作情况，包括标准体系及标准制修订现状、工作完成情况、标委会自身建设以及秘书处日常工作等。会议审查论证各标准化承担单位提交的10项国家标准申报书、草案稿，确定将其中7项国家标准列为向国家标准委申报项目。

供　稿：SAC/TC442秘书处
撰稿人：胡梦婷
审稿人：白　雪

全国工业玻璃和特种玻璃标准化技术委员会（SAC/TC447）

【概况】截至2015年底，全国工业玻璃和特种玻璃标准化技术委员会归口管理国家标准24项、行业标准67项；在研国家标准28项、行业标准11项。

SAC/TC447下设2个分技术委员会（SC）：超薄玻璃（SC1）和家居工业玻璃（SC2）。

是年，SAC/TC447承担的高速动车组车辆玻璃性能试验方法5项国家标准发布，为中国高铁"走出去"提供重要技术支撑。加大标准化宣传，编辑出版《工作玻璃和特种玻璃标准化通讯》3期。加强标准信息化工作，开通微信公众平台并建立委员微信群。

【标准化科研】2015年，SAC/TC447承担"化解产能过剩标准支撑工程及重点能效标准制修订专项（2015年度）——《平板玻璃》和《光伏真空玻璃》等2项标准研究课题"，完成《光伏真空玻璃》标准的审查和报批，并在项目研制过程中申报专利2项，且以研究报告为依托，提出工业玻璃和特种玻璃领域化解产能过剩标准9项，其中4项已立项。承担"实施制造业标准化提升计划——电致液晶贴膜调光玻璃等5项重要标准研制项目"。

【国际标准化工作参与情况】2015年，SAC/TC447研究分析工业玻璃和特种玻璃领域相关企业在"一带一路"沿线国家"走出去"的情况，以及对于标准的需求情况。梳理标准体系，加强国家标准外文版翻译工作，承担2项国家标准外文版翻译计划。加强参与国际标准化活动能力，加大国内外工业玻璃和特种玻璃产业及标准情况研究，以及国际标准跟踪、评估力度，加快转化适合中国国情的国际标准。5月，派员参加中国国家标准化管理委员会与ISO在瑞士日内瓦合作举办的ISO秘书周活动。组织人员参加国际标准化综合知识培训班。

【年会情况】2015年5月18—19日，SAC/TC447在北京组织召开第二届标委会成立大会暨年会。行业主管部门、标委会委员以及行业代表60余人参会，委员出席率95%。会议宣读《国家标准委办公室关于全国工业玻璃和特种玻璃标准化技术委员会换届及组成方案的批复》，并为委员颁发证书。会议回顾和总结标委会在组织机构建设、标准体系建设、标准制修订、标准化研究、标准培训、信息化建设等方面取得的工作成绩和存在的问题；审议并通过第二届标委会章程（草案）、秘书处工作细则（草案）、标准体系框架（草案）、工作计划（2014—2019年）等文件。会议审查归口的8项国家标准和行业标准。

供　稿：SAC/TC447秘书处
撰稿人：李　娜
审稿人：陈　璐

全国建筑幕墙门窗标准化技术委员会(SAC/TC448)

【概况】截至2015年底,全国建筑幕墙门窗标准化技术委员会归口管理国家标准43项,其中11项采用国际标准;在研国家标准24项,其中1项采用国际标准。

SAC/TC448对口国际标准化组织门和窗技术委员会(ISO/TC162)。

是年,SAC/TC448召开建筑幕墙工程检测方法标准培训,讲解《建筑幕墙工程检测方法标准》《玻璃幕墙工程技术规范》《金属与石材幕墙工程技术规范》《人造板幕墙工程技术规范》。举办"建筑幕墙门窗耐火完整性论坛",解读GB 50016《建筑设计防火规范》、GB/T 31433—2015《建筑幕墙、门窗通用技术条件》,介绍建筑门窗防火试验方法和建筑门窗耐火完整性标准及检测技术。

【标准制修订工作】2015年,国家标准委批准立项SAC/TC448归口管理的国家标准5项。SAC/TC448向国家标准委报批国家标准5项,审查国家标准送审稿8项。国家标准委批准发布SAC/TC448归口管理的国家标准5项。

【国际标准化工作参与情况】2015年,SAC/TC448组织参加ISO国际标准《建筑幕墙术语》立项预备会议和国际标准《建筑幕墙术语》(提案讨论稿)第二次工作会议。

【标准化科研】2015年,SAC/TC448承担住房城乡建设部标准定额司2015年工程建设标准化实施指导监督重点研究工作计划项目《建筑幕墙产品系列标准应用该技术指南》。为配合国家标准《人行自动门通用技术要求》的编写,SAC/TC448秘书处所在单位中国建筑科学研究院完成住房城乡建设部科学技术项目计划"人行自动门安全性能研究"。SAC/TC448秘书处按照住房城乡建设部标准定额研究所安排,完成"工程建筑产品标准实质性采用国际标准研究"课题的幕墙门窗部分内容。

供　稿:SAC/TC448秘书处

全国建筑节水产品标准化技术委员会(SAC/TC453)

【概况】截至2015年底,全国建筑节水产品标准化技术委员会归口管理国家标准1项(在报批阶段)。

是年,SAC/TC453与乐家、美标、科勒、和成卫浴等企业签订技术咨询服务合同,为企业提供卫生陶瓷、五金、水嘴等产品性能的检测和咨询服务。

是年,SAC/TC453筹备换届工作,修订完成新一届《全国建筑节水产品标准化技术委员会章程(草案)》《全国建筑节水产品标准化技术委员会秘书处工作细则》,征集第二届委员42人、顾问1人、观察员5人。

【标准化科研】2015年,SAC/TC453完成上海市闵行区科技项目"分户型排水节水中水系统应用关键技术研究与示范"。

供　稿:SAC/TC453秘书处
撰稿人:邱　琴
审稿人:岳　鹏

全国建筑构配件标准化技术委员会(SAC/TC454)

【概况】截至2015年底,全国建筑构配件标准化技术委员会归口管理国家标准24项,其中5项采用国际标准;在研国家标准5项。

与SAC/TC454相关的国际标准化组织主要有:国际标准化组织技术产品文件技术委员会建筑文件分技术委员会(ISO/TC10/SC8),国际标准化组织建筑和土木工程技术委员会(ISO/TC59),国际标准化组织门窗技术委员会(ISO/TC162)。

是年,SAC/TC454联合中国质检出版社策划"建筑工业产品国家标准GB/T 29906—2013《模塑聚苯板薄抹灰外墙外保温系统材料》宣贯、培训及技术交流研讨会"。

【标准制修订工作】2015年,国家标准委批准立项SAC/TC454归口管理的国家标准1项。SAC/TC454向国家标准委、住房城乡建设部报批国家标准4项;审查国家标准送审稿3项。国家标准委批准发布SAC/TC454归口管理的国家标准2项。

【国际标准化工作参与情况】2015年,SAC/TC454组织办理相关ISO标准投票46项(ISO/TC59,24项;ISO/TC162,3项;ISO/TC10/SC8,19项)。中国专家成功当选ISO/TC59/WG3——模数协调编制工作组召集人,中方专家赴西班牙主持召开ISO/TC59/WG3模数协调标准(modular coordination)工作组会议,主导ISO/TC59领域重要国际标准编制。11月24日,SAC/TC454秘书处承担单位与加拿大标准协会集团(CSA Group)共同在中国成功主办"中加工程建设标准化交流会",应中国建筑标准设计研究院有限公司邀请,加拿大标准协会集团可持续发展标准部负责人Inga J. Hipsz、建筑环境标准技术负责人Dwayne Torrey、可持续发展标准项目经理Jose Luis Hernandez等专家来北京进行工程建设标准化交流。年内,SAC/TC454组团参加ISO/TC59技术委员会年会。

【标准化科研】2015年,SAC/TC454完成"十二五"农村领域国家科技计划课题《村镇建设标准体系实施保障条件研究》中《村镇建设产品标准编制导则》的研编工作,承担或参与住房城乡建设部《建筑遮阳产品系列标准应用实施指南》《系统分析国外标准及技术法规实施监督体制》《工程建设标准专利管理制度研究》《工程建设产品标准实质性采用国际标准研究》《团体标准培育和发展政策研究》《建筑工业化系列标准应用实施指南(木结构建筑)》《建筑工业化系列标准应用实施指南(预制装配式混凝土结构)》《建筑工业化系列标准应用实施指南(钢结构建筑)》《建筑外墙外保温产品系列标准应用指南》等标准化研究课题,参与撰写研究报告或专著。

供　稿:SAC/TC454秘书处

全国城镇供热标准化技术委员会(SAC/TC455)

【概况】截至2015年底,全国城镇供热标准化技术委员会研制城镇供热国家标准18项,其中5项发布实施、13项在研。SAC/TC455秘书处挂靠在中国城市建设研究院有限公司。

是年,SAC/TC455在《全国城镇供热标准化技术委员会章程》和《全国城镇供热供热标准化技术委员会秘书处工作细则》基础上,结合现阶段标准化管理主要问题,制定相应管理制度,保障标准研制进度和质量。建设开通标委会网站(www. china-grbz. cn),及时向委员发布标准化工作信息,公示标准立项及标准研制的各个环节。

【标准制修订工作】2015年,国家标准委发布SAC/TC455归口管理的国家标准1项,下达标准编制计划8项。

【标准化科研】2015年,SAC/TC455在国家标准《硬质聚氨酯喷涂聚乙烯缠绕预制直埋保温管》研制过程中,对产品性能做大量试验,并进行论证,为标准的研制提供技术支持。

【国际标准化工作参与情况】2015年,SAC/TC455与欧洲"区域供热预制直埋管道标准化委员会"CEN/TC107建立联系,了解供热技术及标准化情况,探讨建立供热行业国际标准化组织事宜。

【年会情况】2015年12月7—9日,SAC/TC455在河北廊坊召开年终工作会议,全体委员、供热行业专家等62人参会。会上,标委会秘书长做工作总结,委员们对供热行业技术的发展和标准化工作进行探讨,对标委会秘书处的工作提出建议。会议审查3项国家标准,讨论国家标准《城镇供热技术规范》初稿。

供　稿:SAC/TC455秘书处
撰稿人:杨　健
审稿人:罗　琤

全国能量系统标准化技术委员会(SAC/TC459)

【概况】截至2015年底,全国能量系统标准化技术委员会归口管理国家标准4项,其中1项采用国际标准。

SAC/TC459对口国际标准化组织技术能量系统技术委员会(ISO/TC203)。

是年,SAC/TC459组织召开标准宣贯培训活动2次,培训人数800余人次。开展企业标准化技术咨询服务10余次,服务企业10余家。

【标准制修订工作】2015年,国家标准委批准立项SAC/TC459归口管理的国家标准项目1项。

【标准化科研】2015年,SAC/TC459依托相关国家标准制修订项目,持续推进分布式冷热电联供系统的设计、技术条件、蓄能/储能等,以及工业余热利用等重要标准研制工作。

【年会情况】2015年11月26日,SAC/TC459在北京举行全体会议。会议听取标委会秘书长对标委会标准制修订计划执行情况、存在问题、标准化工作需求、下一步工作重点等情况的汇报。与会代表审查通过2项国家标准送审稿。

供　稿:SAC/TC459秘书处
撰稿人:刘　猛
审稿人:成建宏

全国邮政业标准化技术委员会(SAC/TC462)

【概况】截至2015年底,全国邮政业标准化技术委员会归口管理国家标准9项、行业标准22项。

是年,SAC/TC462研究提出第二届邮政业标准化技术委员会换届方案,完成换届材料的编写和委员信息采集。

【标准化科研】2015年,SAC/TC462启动"快件铁路运输信息交换标准预研"项目,开展铁路运输快件业务发展现状分析、快件处理流程分析和双方信息交换需求分析。组织召开快递包装材料及相关标准研讨会,分析快递包装用品及材料的使用现状和存在问题,以及现行标准在使用中存在的问题,启动《快递封装用品》系列国家标准修订前期研究工作。

【年会情况】2015年11月27日,SAC/TC462在北京举行全体会议,委员出席率90%。会议审查《智能快件箱设置规范》《邮政业车辆定位系统技术要求》等2项标准,听取秘书处对全年工作的汇报,全体委员重点讨论标准项目制修订情况、存在问题、标准化工作建议等。与会委员审议秘书处提交的预算执行情况,对2016年标准立项发表见解,最终确定将在快递装载设施、快递车辆、快递包装、产业间信息交换等方面加大研制力度,并提出继续提高企业参与标准制修订工作比重的建议。

供　稿:SAC/TC462秘书处
撰稿人:张　辛
审稿人:焦　铮

全国煤化工标准化技术委员会(SAC/TC469)

【概况】截至2015年底,全国煤化工标准化技术委员会归口管理国家标准31项;在研国家标准25项。

SAC/TC469对口国际标准化组织固体矿物燃料委员会(ISO/TC27),国际标准化组织化学委员会(ISO/TC47)。

SAC/TC469下设4个分技术委员会(SC):煤转化(SC1),煤制化学品(SC2),炼焦及焦化产品(SC3),煤化工产品检测方法(SC4)。

是年,SAC/TC469为企业提供标准支持16人次。

【标准制修订工作】2015年,SAC/TC469向国家标准委报批国家标准2项。国家标准委批准立项SAC/TC469归口管理的国家标准14项;批准发布SAC/TC469归口管理的国家标准5项。

【年会情况】2015年7月,SAC/TC469/SC3在安徽马鞍山召开分技术委员会年会,研讨冶金焦炭等标准,审核2016年修订相关标准。11月26—28日,SAC/TC469/SC2在内蒙古自治区阿拉善盟召开煤制化学品分会二届二次会议暨标准审查会。12月16—18日,SAC/TC469/SC4在宁夏银川召开检测方法分会年会暨国家标准《煤基合成气中硫化氢、羰基硫、甲硫醇和甲硫醚含量的测定　气相色谱法》的技术审查会。

供　稿:SAC/TC469秘书处
撰稿人:秦小艳
审稿人:刘全兰

全国社会信用标准化技术委员会(SAC/TC470)

【概况】2016年2月,国家标准委正式批复成立“全国社会信用标准化技术委员会(SAC/TC470)”,委员会成立之前,由“全国信用标准化技术工作组”代行其权利和职责。

截至2015年底,全国信用标准化技术工作组归口管理国家标准27项,其中强制性国家标准1项,推荐性国家标准26项;在研国家标准21项,均为推荐性国家标准。

全国信用标准化技术工作组对口国际标准化组织在线信誉技术委员会(ISO/TC290)和信用评价技术委员会(ISO/TC235)。

全国信用标准化技术工作组下设两个分技术委员会(SC):质量信用(SC1),商业信用(SC2)。SAC/TC470/SC1于2015年启动换届工作。

是年,在发展改革委和人民银行的领导、社会信用体系建设部际联席会议成员的共同参与下,组建全国社会信用标准化技术委员会(SAC/TC470)。对2015年发布的GB 32100—2015《法人和其他组织统一社会信用代码编码规则》等10项国家标准开展宣贯、培训和技术咨询服务,组织召开标准宣贯、培训会10次,培训800余人,开展标准化技术咨询服务25次,服务企业135家。

【标准制修订复审工作】2015年,国家标准委批准立项全国信用标准化技术工作组归口管理的国家标准10项,批准发布全国信用标准化技术工作组归口管理的国家标准9项。全国信用标准化技术工作组审查国家标准送审稿6项;组织复审归口国家标准26项,其中继续有效23项、修订3项;复审归口标准计划25项,其中继续有效21项,废止4项;开展10项国家标准的预研和申报工作。

【国际标准化工作参与情况】2015年,全国信用标准化技术工作组组织或参与国际标准新工作项目和标准讨论会议(含网络视频会议)8次,参与《ISO 20488在线消费者评论——收集、审核和发布在线消费者评论的原则和要求》国际标准提案项目的投票表决,提出回复意见25项。作为ISO/TC290的国内技术对口组长单位,组织承办ISO/TC290在线信誉技术委员会年会及WG1在线消费者评论工作组会议1次,参与ISO/TC290在线信誉技术委员会商业计划框架的设计和修改工作。

【标准化科研】2015年,全国信用标准化技术工作组开展2项质检总局下达的公益性行业科研专项项目

"社会信用标准体系及基础标准研制与试点应用"和"支撑物流和电子商务发展的30项重要标准研究"的标准化研究课题,完成1项《质量发展纲要》贯彻实施专项"推进质量诚信体系建设"研究课题,为国内10家机构或企业提供信用标准化技术服务。

【年会情况】 2015年12月7日,全国信用标准化技术工作组在北京举行全体委员会议,委员出席率88%,会议听取秘书长和各分委会秘书长对工作组和各分委会在信用标准制修订计划执行情况、信用标准化工作现状、存在问题、标准需求以及国际标准化动态的情况汇报。与会委员结合中国社会信用体系建设的新形势,依据《社会信用体系建设规划纲要(2014—2020年)》中提出的具体要求,按照急用先行的原则,制定全国社会信用标准化技术委员会成立后的标准研制工作计划,提出信用标准体系的建设要与政府管理部门加强沟通,围绕政务诚信、商务诚信、社会诚信和司法公信,系统研究信用领域工作重点,加强信用标准体系规划设计,形成信用标准体系。会议审查论证各标准化承担单位提交的11项国家标准申报建议书和标准草案稿,确定将其中10项国家标准列为向国家标准委申报项目。

供　稿:SAC/TC470秘书处

全国中西医结合标准化技术委员会(SAC/TC476)

【概况】 全国中西医结合标准化技术委员会是2009年10月由国家标准委批准成立的技术委员会,负责中西医结合标准化技术与管理,由中医药局进行业务指导,由中国中西医结合学会作为秘书处支持单位。

自成立以来,SAC/TC476先后制定和上报"中西医结合标准化工作计划"和"实施中西医结合标准化中长期发展规划"等重要计划和实施方案。

SAC/TC476对口国际标准化组织中医药标准化技术委员会(ISO/TC249)和世界中医药学会联合会标准化建设委员会。

是年,SAC/TC476特邀中西医结合标准化专家为SAC/TC476委员和中国中西医结合学会各专业委员会的代表进行标准化知识培训,并进行交流研讨,培训约80人。

截至2015年底,由行业主管部门中医药局批准立项的中西医结合标准研究项目5项,其中2项初步完成编制,正在修改和审查,3项在研。

【标准制修订工作】 2015年,由中医药局批准立项、目前正在进行的中西医结合行业标准研制项目5项。其中2项草案编写完成,经SAC/TC476审查,需起草工作组做进一步修改和补充。其余3项正在研制中。

【国际标准化工作参与情况】 2015年3月14日,SAC/TC476参加中医药局组织召开的ISO/TC249中方协调会议,对相关中医药国际标准化工作提供意见。

SAC/TC476推荐工程院院士陈香美为世界中联标准化建设委员会(世界中医药学会联合会)副会长,广州中医药大学教授卢传坚为常务理事,中国中医科学院西苑医院教授马晓昌为理事。

【标准化科研】 2015年,SAC/TC476秘书处在中国科协学会学术部改革发展处的指导和帮助下,组织中西医结合标准体系框架和共性技术的先期研制工作,制定中西医结合标准的体系表、团体标准的制修订通则和制修订路径,为中西医结合团体标准工作的全面开展制订整体规划,制定完成《中西医结合标准化工作指南》(草案)等标准化文件。

11月22—24日,SAC/TC476派员参加在北京召开的中国科协所属学会团体标准研制试点工作研讨班,就标准化工作进行学习和交流。

12月16日,针对《中西医结合标准化工作指南》(草案),召开专家评审会,邀请到会专家15人,对《中西医结合标准化工作指南》(草案)进行审议,提出意见和建议。

供　稿:SAC/TC476秘书处
撰稿人:耿文佳
审稿人:孔令青

全国家具标准化技术委员会（SAC/TC480）

【概况】截至2015年底，全国家具标准化技术委员会归口管理国家标准68项、行业标准73项。

SAC/TC480对口国际标准化组织家具技术委员会（ISO/TC136）。

【标准制修订工作】2015年，国家标准委批准发布SAC/TC480归口管理的国家标准5项；SAC/TC480对11项标准征求意见；组织11项标准审查会和1项标准研讨会；审查完成10项标准的报批；SAC/TC480秘书处组织编制2项国际标准提案，以及22项国家标准、行业标准计划项目提案，经全体委员研讨同意并向标准化管理部门申报。

【国际标准化工作参与情况】2015年，ISO/TC136/WG4（床类工作组）由中国承担，在研的ISO/WD 19833《家具　床　强度和耐久性测试方法》由中国承担制定。《家具　床　强度和耐久性测试方法》第三草案（WD3）正在征求意见阶段。5月，工作组会议召集人组织国内床类家具相关专家在江苏苏州召开ISO/WD 19833标准研讨会。10月4—9日，SAC/TC480组团在意大利乌迪内组织召开ISO/TC136/WG4工作组会议，召集全体ISO/TC136/WG4专家集中讨论ISO/WD 19833第三稿和各个专家提出的意见和建议。

【标准化科研】2015年，SAC/TC480承担家具领域国内外安全标准技术要求、检测方法及其机制的对比工作（筑篱行动），历时10个月，对比ISO、EN、ANSI、ASTM、BIFMA以及欧盟、美国、日本、英国、德国等4个国家、1个地区和5个标准化组织的7项ISO安全标准、12项EN安全标准、2项ANSI/BIFMA安全标准、2项ASTM安全标准、1项英国（BS）安全标准。对18项中国标准从家具物理结构安全、软体家具阻燃性能要求及等级、可挥发性有害物质要求及测试方法等角度，对比分析21个检测方法及120项指标及方法。

【标准宣贯】2015年4月，SAC/TC480秘书处承担上海市质监局组织的上海市“标准化服务中小企业系列论坛——家具标准化培训”，解读重点家具产品的质量安全要求及生产工艺规范。参与中国家具协会和地方家具协会举办的家具产业发展等论坛或研讨会，宣贯家具相关标准，参加人数累计达800余人。年底，SAC/TC480开展木家具、软体家具（床垫、沙发）等重要产品有害物质限量要求和检验方法等标准的宣传宣贯工作。9月9日，主办首届国际家具标准化讲坛，来自中国家具协会、全国各检测机构、高校科研院所、各家具企业及国际标准化组织的代表80余人参加论坛。

供　稿：SAC/TC480秘书处

全国保健服务标准化技术委员会（SAC/TC483）

【概况】截至2015年底，全国保健服务标准化技术委员会归口管理国家标准2项、技术规范3项；在研国家标准4项、技术规范2项。

是年，SAC/TC483分别在北京、贵州、重庆举办3场国家标准和行业标准实体宣贯会，累计1250余家企业代表参加。

【标准制修订工作】2015年，国家标准委批准立项SAC/TC483归口管理的国家标准2项。SAC/TC483负责研制的2项国家标准完成征求意见并形成送审稿。国家认监委发布3项SAC/TC483组织制定并归口管理的技术规范。SAC/TC483研制的1项认证行业标准通过中国认证认可协会组织的认证认可行业标准审查。

【标准化科研】2015年，SAC/TC483在国家标准委指导下，组织专家编制《全国保健服务标准化技术委员会五年发展规划纲要（2015—2020年）》《保健服务国家标准体系基本框架》。在中医药局指导下，制定《中医药保健服务标准体系建设规划（2015—2020年）》。向中医药局申报科研立项，承担中医药局中医药标准化项目《中医药保健服务标准研究》。

【自身建设情况】2015年，SAC/TC483与北京中医药大学、南京中医药大学、辽宁中医药大学等15所中医药高等院校，共同建立15个“中医药保健服务国家标准研发和专业人才培训基地”，组建由著名中医专家、认证认可专家、法律和管理方面的专家组成的专家委员会（秘书处设在南京中医药大学）。组建由中医专家、经营管理专家、知名企业家等近百人的“中医药保健服务人才培训基地专家团”,开展保健服务国家标准的研究工作。

年内,SAC/TC483 建立地方宣贯部制度,并制定地方宣贯部管理办法,首批批准设立云南省、广东省、贵州省保健服务国家标准宣贯部,加强保健服务国家标准的贯彻落实。优化 SAC/TC483 官网(www. bjfwbz. org),向企业展示和宣传保健服务国家标准和行业动态,提供优质及时的标准化服务。并建设 EC 协同办公系统,提升工作效率。

供　稿:SAC/TC483 秘书处
撰稿人:魏永学
审稿人:刘　玲

全国光电测量标准化技术委员会(SAC/TC487)

【概况】2015 年,SAC/TC487 完成换届工作,第二届委员会由 50 名代表组成,秘书处的承担单位为中国科学院光电研究院。

是年,SAC/TC487 建立标委会网站,定期发布最新政策信息和各类通知,对委员单位和社会群体开展标准化宣贯工作。SAC/TC487 参加国家标准委、中国标准化研究院的标准化培训活动,在网站上及时发布培训信息,及时将会议精神、会议内容发给各企业、社会组织,促进光电测量领域的标准化服务工作。

【标准制修订工作】2015 年,SAC/TC487 征集标准提案 17 项,对 26 项(包括 2014 年的 9 项标准提案)标准项目申报书和标准草案进行审查论证。

【标准化科研】2015 年,SAC/TC487 加强标准预研工作,对现有与光电测量有关的国家标准进行搜集和整理,并对有关标准进行筛选、分类和分析,对光电测量领域的国际标准和国外先进标准进行跟踪、比对分析,为委员单位标准提案的完成提供服务。调研委员单位承担的光电测量领域的国家级重大科研项目情况。

【年会情况】2015 年 11 月 22 日,SAC/TC487 在浙江杭州召开标委会第二届第一次全体会议。会议听取标委会上一届工作总结和下一届工作计划,审议通过第二届标委会章程和秘书处工作细则。各位委员和专家就如何开展和推进新一届标委会的工作,建设和完善光电测量标准体系,提出意见建议。

【第一届学术年会暨光电产业项目对接会】2015 年 11 月 22 日,SAC/TC487 在浙江杭州召开标委会第一届学术年会暨光电产业项目对接会,由 SAC/TC487、中国科学院光电研究院、中国计量学院、杭州经济技术开发区管委会共同主办。中国计量学院光学与电子科技学院、中国计量学院国家大学科技园、北京国科华智技术服务有限公司、杭州嘉量科技企业管理有限公司、教育部现代计量测试技术与仪器工程研究中心、浙江省质量检测技术与仪器协同创新中心承办。科技部副部长曹健林、浙江省科技厅厅长周国辉、国家标准委副主任殷明汉、国家自然基金委信息学部常务副主任秦玉文、中科院光电院院长王宇、中科院条财局主任张红松、杭州市科委副主任毛国峰、杭州经开区管委会副书记邵立春等出席大会。中国工程院院士金国藩、庄松林、周立伟、叶声华、许祖彦和中国科学院院士王立军受邀参加大会并做报告。来自全国各高等院校、科研院所、企事业单位的 400 余名代表以及中国计量学院光电学院师生 1 000 多人参加大会。

供　稿:SAC/TC487 秘书处
撰稿人:沈小雯
审稿人:卢永红

全国焙烤制品标准化技术委员会（SAC/TC488）

【概况】截至2015年底，全国焙烤制品标准化技术委员会归口管理国家标准14项、行业标准12项。其中，基础标准3项、管理标准2项、产品标准20项、方法标准1项。

SAC/TC488下设1个分技术委员会（SC）：糕点（SC1）。

是年，SAC/TC488组织相关人员参加国家标准委举办的全国专业标准化技术委员会培训，参加广东省质监局举办的全省标准化活动培训及工作会议，学习标准制修订程序、国际标准化相关知识。

是年，SAC/TC488多次举办标准宣贯培训班，并在年会宣贯有关标准。根据企业实际情况，为企业解答标签标识、产品质量、食品添加剂使用等法规标准问题，帮助数百家焙烤企业更好理解并实施标准，避免无标生产等不良行为；跟踪标准的实施情况，对企业在标准实施中遇到的相关问题及时反馈意见，为完善标准体系提出技术主张，为行业企业服务。

是年，SAC/TC488/SC1秘书处配合3家公司完成企业标准的备案工作。根据企业产品生产实际需求，承担食品添加剂扩项工作。

【标准制修订工作】2015年，SAC/TC488完成3项国家标准的制修订工作，完成1项国家标准、2项行业标准审定工作；启动2项国家标准修订工作，2项行业标准制定工作。

【国际标准化工作参与情况】2015年，SAC/TC488提交国际标准提案，推动国内外标准互认工作。筹备推进GB/T 19855—2015《月饼》国内外互认工作，申请《粽子》国际食品法典标准计划项目。

【标准化科研】2015年，SAC/TC488与有关部门沟通，就在植脂奶油产品中设定"酸价"为食品安全性指标的必要性进行技术磋商。

【年会情况】2015年12月15日，SAC/TC488在北京召开标委会及第二届SAC/TC488/SC1第二次工作会议，80余人参加会议。会议通报《国务院深化标准化工作改革方案》及食品安全标准相关情况和企业关注的重点问题；SAC/TC488/SC1秘书处汇报2015年糕点分技术委员会工作情况和2016年计划；国家标准委有关专家介绍"国家标准委标准制修订管理系统"；标委会秘书处通报有关标准化工作和标准体系变动等情况，并召开国家标准《糕点通则》（修订版）的预审会，形成统一意见；会议委托单位委员宣贯GB/T 19855—2015《月饼》的重点内容，结合2016年如何执行该标准和企业应关注的重点问题提出参考性意见，并就《冷冻面团》《糕点预拌粉》等行业标准的制定工作予以重点说明。

供　稿：SAC/TC488秘书处
撰稿人：冼燕萍
审稿人：吴玉銮

全国国际货运代理标准化技术委员会（SAC/TC489）

【概况】截至2015年底，全国国际货运代理标准化技术委员会归口管理国家标准36项、行业标准10项；在研国家标准33项、行业标准1项；在编外文（英语）翻译标准17项。

是年，SAC/TC489利用主持和参与中亚区域经济合作（CAREC）国际区域会议的机会，介绍中国国际物流标准及标准化工作情况，并开展标准化培训400人次。在日常工作中接受企业、主管部门、大专院校、非政府组织等技术咨询，介绍已颁布标准的运用范围和使用准则，推荐企业运用标准解决在日常经营、管理和处理纠纷过程中遇到的实际问题。

是年，SAC/TC489开始筹备标委会换届工作。

【标准制修订工作】2015年，SAC/TC489向国家标准委申请立项国家标准23项；上报4项国家标准报批稿；完成3项国家标准征求意见稿及对外征求意见，并召开专家审查会；完成3项国家标准征求意见稿，并开始征求意见；向商务部递交1项行业标准报批稿；完成2015—2020年国际货运代理标准体系表。

【国家标准外文翻译】2015年4月，SAC/TC489组建外文(英语)翻译组,开展17项英语版翻译工作;12月,向国家标准委申请17项俄语版翻译立项计划。

【国家标准外文翻译】2015年,SAC/TC489联合中亚区域经济合作承运人和货运代理协会联合会(CAREC Federation of Carrier and Forwarder Association,CFCFA),开展国际区域非政府组织团体标准研究,通过国际区域合作机制,率先尝试在新兴的服务业领域制定、颁布国际区域非政府组织团体标准。重点开展支撑国际物流(跨境)服务管理规范与服务质量要求等相关标准制修订研究,注重供应链管理流程再造和标准化、安全、风险控制以及全球供应链利益相关方的利益诉求。重点开展支撑国际物流(跨境)物流服务模式创新和新技术运用等相关标准制修订工作。重点开展支撑国际物流(跨境)物流无纸化、信息化的相关标准研究。围绕"一带一路"区域标准化合作、高新技术、物联网、节能减排、安全环保、跨境电子商务等行业难点热点开展标准前期研究。

参与《物流标准化中长期发展规划(2015—2020年)》的编制讨论,多次提出建议,并草拟2015—2020年物流标准体系表(草案)。与SAC/TC83合作,共同组织起草6项国家标准。与企业合作,申报2014年度公益性行业科研专项——商贸物流标准化建设工程(一期)。参与国家物联网基础标准工作组活动,协助企业申请与国家物联网相关的国家标准立项。多次参加SAC/TC462、SAC/TC83等单位组织的国家标准评审会。

【国际标准化工作参与情况】2015年8月19—21日,SAC/TC489联合CFCFA在蒙古乌兰巴托召开2015年CFCFA年会及区域标准化工作会议,共同制定CFCFA开展国际区域非政府组织团体标准和推动区域标准化的工作计划。与会成员应邀参加于9月24—25日在乌兰巴托召开的中亚区域经济合作海关合作委员会(CAREC Customs Cooperation Committee,CCC)会议。会上与中亚十国海关代表、世界海关组织(WCO)、亚洲开发银行以及其他国际机构的专家,就如何加强公、私营领域在安全与便利上的合作等进行对话。CFCFA、SAC/TC489就联合国标准与WCO标准的差异性,公、私营领域在标准化领域的合作进行讨论,并提出标准化工作计划。SAC/TC489联合CFCFA,通过国际区域合作机制,推动成立国际区域标准化组织。SAC/TC489联合CFCFA,正在完成10项国际区域非政府组织团体标准的起草任务。

【年会情况】2015年,SAC/TC489年会以通讯方式召开,把2015年工作总结及2016年拟将开展的工作计划发送给全体委员讨论,并收集委员意见。各委员对2015年工作予以肯定,要求秘书处围绕行业难点和热点问题,做好标准前期研究,保持标准化工作与行业发展同步;鼓励秘书处加强国际交流与合作;要求秘书处加大培训力度,组织专家编写标准宣贯材料。

供　稿:SAC/TC489秘书处
撰稿人:胡素芳
审稿人:林　忠

全国机械密封标准化技术委员会(SAC/TC491)

【概况】截至2015年底,全国机械密封标准化技术委员会归口管理国家标准5项、行业标准33项;在研国家标准3项、行业标准6项。涵盖泵用机械密封、釜用机械密封、旋转接头等8类机械密封产品标准。

是年,SAC/TC491沟通机械密封检测中心、机械产品审查部,更新机械密封实施细则中相关标准,并通过机械密封生产许可证实施细则宣贯会,向企业解读标准中的重要条款,促进新版标准实施;秘书处参加机械密封生产许可证现场审查,了解企业对新标准的实施情况,帮助企业更好使用标准;与机械密封协会合作,于12月在河北石家庄召开全国机械密封行业年会(参会人数240人),介绍机械密封新标准,重点解释2015年批准发布的新标准与老标准的差异以及标准重点条款等;秘书处通过电话、邮件等方式解答企业在组织生产、质量检验等方面提出的有关标准或技术问题。

【标准制修订工作】2015年,工业和信息化部批准立项SAC/TC491归口管理的行业标准5项。国家标准委批准发布SAC/TC491归口管理的国家标准1项,工业和信息化部批准发布SAC/TC491归口管理的行业标准2项。SAC/TC491向国家标准委报批国家标准1项。

【标准化科研】2015年,SAC/TC491参与国家大型先进压水堆核电站重大专项中国先进核电标准体系研究——核电机械密封标准体系研究，完成核电机械密封标准体系的需求分析报告。编写《压水堆核电厂常规岛机械密封技术条件》《压水堆核电厂常规岛试验方法》2 项标准草案。

【年会情况】2015 年 5 月 8—9 日，SAC/TC491 在江苏张家港召开标委会一届六次会议。会议听取 2014—2015 年全国机械密封标准化技术委员会工作总结；讨论下一步工作计划；审定 2016 年拟计划立项的国家标准和行业标准项目。

供　稿：SAC/TC491 秘书处
撰稿人：李　香
审稿人：吴兆山

全国喷射设备标准化技术委员会（SAC/TC493）

【概况】截至 2015 年底，全国喷射设备标准化技术委员会归口管理国家标准 3 项、行业标准 14 项；在研国家标准 2 项、行业标准 5 项。

是年，标委会秘书处通过电话、邮件等方式解答企业在组织生产、质量检验等方面提出的有关标准或技术问题。

【标准制修订工作】2015 年，国家标准委批准立项 SAC/TC493 归口管理的国家标准 2 项，工业和信息化部批准发布 SAC/TC493 归口管理的行业标准 8 项。SAC/TC493 完成 4 项行业标准的报批工作。

【年会情况】2015 年 12 月 17—19 日，SAC/TC493 在浙江宁波召开标委会第二届一次会议，100 人余参会。会议听取标委会秘书处 2014—2015 年标委会工作总结，并讨论下一步工作计划、审定 2016 年拟计划立项的国家标准和行业标准项目。

供　稿：SAC/TC493 秘书处
撰稿人：韩彩红
审稿人：陈正文

全国休闲标准化技术委员会（SAC/TC498）

【概况】截至 2015 年底，全国休闲标准化技术委员会归口管理国家标准 16 项；在研国家标准 6 项。

是年，SAC/TC498 联合中国旅游车船协会等相关机构组织召开 GB/T 31710—2015 等国家标准宣贯培训班 15 次，培训 2400 人次；开展标准化技术咨询服务 10 次，服务企业 55 家。

【标准制修订工作】2015 年，国家标准委批准立项 SAC/TC498 归口管理的国家标准项目 4 项。SAC/TC498向国家标准委报批国家标准 7 项，审查国家标准 7 项。国家标准委批准发布 SAC/TC498 归口管理的国家标准 4 项。

供　稿：SAC/TC498 秘书处

全国物流仓储设备标准化技术委员会（SAC/TC499）

【概况】截至 2015 年底，全国物流仓储设备标准化技术委员会归口管理国家标准 4 项（均为推荐性标准)、行业标准13项。

【标准制修订情况】2015年,SAC/TC499上报国家标准制修订计划1项,行业标准计划8项。开展12项国家标准的制定工作。组织完成4项国家标准的征求意见工作。与全国物流标准化技术委员会在北京联合组织召开《重力式货架》等4项国家标准审查会,完成2个标委会双归口的4项国家标准的审查工作。在北京组织召开"2015年起重运输机械标准制修订工作会议"。

【年会情况】2015年11月9—11日,SAC/TC499在上海组织召开"全国物流仓储设备标准化技术委员会一届三次会议",标委会委员、特邀代表32人出席会议。会议审查通过3项国家标准送审稿。

供　稿:SAC/TC499秘书处
撰稿人:王墨洋
审稿人:赵春晖

全国语言文字标准化技术委员会(SAC/TC500)

【《汉字应用水平等级及测试大纲》修订完成】2015年1月16日,《汉字应用水平等级及测试大纲》修订项目通过专家鉴定。该项目于2014年初启动,依据2013年6月国务院发布的《通用规范汉字表》、参考义务教育阶段汉字使用情况,根据2007年以来全国14个省(自治区、直辖市)先后开展的汉字应用水平测试试点工作的数据统计,在"测试字表""等级标准""试卷结构和试题类型"等方面进行必要调整。8月,该规范经国家语委语言文字规范标准审定委员会函审通过。

【《国家语委语言文字规范标准管理办法(2015年修订)》印发】为加强语言文字规范标准管理,2015年3月10日印发《教育部　国家语委关于印发〈国家语委语言文字规范标准管理办法(2015年修订)的通知》,对规范标准的计划、研制、审定、审批发布、复审、实施等做出明确规定。11月修订《国家语委语言文字规范标准审定委员会章程》,调整成立新一届国家语委语言文字规范标准审定委员会。

【《普通话异读词审音表》修订工作】第三次普通话审音工作于2011年正式启动,目的是建立健全普通话语音规范标准体系,满足现代语言生活需要。2015年完成《普通话异读词审音表》修订的研制。研制工作遵循几项原则:一是审音表的修订要慎重,以不折腾为原则,注重保护中国几十年来推广普通话所取得的丰硕成果。二是注重文化传承,不以减少异读为出发点,重视汉字读音中所承载的历史文化内涵。三是考虑海峡两岸语言生活实际状况,尽量减少两岸语音差异。四是综合考虑播音主持、基础教育、科技术语、人名地名管理等相关领域一线人员对语音规范的需求。

2015年下半年,发文向语委各成员单位、各地语委等广泛征求对《普通话异读词审音表》(修订稿)的意见,并在北京、上海、广州等地召开座谈会,向语音研究和辞书编纂、公共服务和广播影视、基础教育和普通话测试等领域征求意见。

【《公共服务领域英文译写规范》国家标准制定】2015年4月15日,《公共服务领域英文译写规范》(第2—10部分)通过专家鉴定,11月26日通过国家语委语言文字规范标准审定委员会审定。制定《公共服务领域英文译写规范》国家标准,是促进中国对外开放的现实需求,有利于提升中国国际形象和传播中国文化。该标准涉及英、俄、日、韩4个语种,涵盖交通、旅游、文化娱乐等领域。(《公共服务领域英文译写规范　第1部分:通则》于2013年12月31日发布,2014年7月15日起实施)。

【中华思想文化术语传播工程】2014年初,为做好中华思想文化术语传播工作,经国务院批准,设立"中华思想文化术语传播工程"。2015年6月11日,"中华思想文化术语传播工程"在"第四届全国对外传播理论研讨会"上公布最新成果,《中华思想文化术语　第一辑》正式出版并举行首发式。该书收录"中华思想文化术语传播工程"首批整理、翻译的100条术语,内容涉及文艺、历史、哲学三大学科领域。其中既包括"道""仁""义"等反映传统文化特征与思维方式的核心术语,也有"阴阳""修齐治平"等属于交叉学科的术语。其中个别条目如"不学诗,无以言""玄览"等术语是第一次作为学科术语被挖掘整理。10月24日,"中华思想文化术语传播工程"秘书处与牛津布鲁克斯大学共同策划的"东方智慧:中华思想文化术语书法作品展"开幕。该展览主要以书法形式向英国青年学生传递中国智慧的结晶——中华思想文化术语,每幅书法作品均配有相应的英文内容释义，让外国观众在欣赏中国书法的同时，能够了解每个术语的思想文化内涵。

【《信息与文献——中文罗马字母拼写法》出版发布】 2015 年 12 月 15 日，经国际标准化组织批准，由中国主导修订的国际标准 ISO 7098《信息与文献——中文罗马字母拼写法》正式出版发布。《信息与文献——中文罗马字母拼写法》是汉语拼音在国际上得到认可并推广使用的重要依据，是用以规范国际上使用汉语拼音的统一标准，主要应用于世界各国图书馆、博物馆、国际机构中有关中国人名地名的拼写、图书编目、信息与文献的排序检索等。该项国际标准最早发布于 1982 年，1991 年微调。鉴于该标准自发布至今时间久远，内容不够细化，不能满足国际相关应用领域的需要，2011 年中国提出修订建议，并通过争取翌年获得由中国主导的标准修订权。

【语言文字规范标准培训】 2015 年，举办 8 期语言文字规范标准培训班（含 2 期国培班），培训来自全国相关省、自治区、直辖市的教研员、辞书编纂人员、语委干部等 2 200 余人。培训班邀请国家语言文字工作主管部门领导和参加国家语言文字规范标准制修订的专家为学员作专题报告，内容包括《通用规范汉字表》《标点符号用法》《出版物上数字用法》等规范标准解读、国家语言文字政策宣讲等。

供　稿：SAC/TC500 秘书处
撰稿人：王　奇
审稿人：田立新

全国果品标准化技术委员会（SAC/TC501）

【概况】 截至 2015 年，全国果品标准化技术委员会归口管理现行国家标准 110 项、行业标准 489 项（包括农业、林业、商检、供销等各类行业标准，其中农业行业标准 269 项）。初步建立健全苹果、柑橘、梨、桃、枣、葡萄、柿、核桃、板栗等 9 种主要果品的标准体系，使各主要果品产前、产中、产后全过程标准覆盖率达到 95% 以上，并有完善配套的基础标准。

是年，SAC/TC501 组织中国农业科学院信息所等相关支持单位完成新发布国家标准的入库工作，对数据库的信息进行分类，完善全文和关键词搜索功能并进入运行调试阶段，方便标准查阅。定期对标准编制人员进行业务培训，培训后进行考核，发放培训证书。参加国家标准制修订工作管理信息系统培训，掌握新系统及工作平台的操作，完成相关工作。

是年，SAC/TC501 筹备换届工作，研究谋划下一届工作计划草案，与相关部门协调，完成委员推荐工作。

是年，SAC/TC501 组织专家编制家庭农场标准化生产经营手册，并选择樱桃种植家庭农场试点，为其提供具体技术指导。应部分农业产业化龙头企业要求，为其建立企业标准体系，提供技术咨询服务。

【标准制修订复审工作】 2015 年，SAC/TC501 组织 1 项国家标准的立项工作。审定并报批 5 项国家标准。国家标准委发布 SAC/TC501 归口管理的 1 项国家标准。SAC/TC501 对 91 项标准复审，并提出修订、合并、废止建议。

【国际标准化工作参与情况】 2015 年，SAC/TC501 对联合国欧洲经济委员会（UNECE）发布的第一个柿子国际标准，与中国相关标准进行比对分析，并撰写分析报告，提出关于柿子国际和国内现行标准分析及相关工作建议的报告。组织翻译整理 10 个 UN/ECE 和 7 个 CAC 果蔬类的最新标准。

供　稿：SAC/TC501 秘书处
撰稿人：路馨丹
审稿人：郝文革

全国安全泄压装置标准化技术委员会(SAC/TC503)

【概况】截至2015年底,全国安全泄压装置标准化技术委员会归口管理国家标准10项、行业标准3项;在研国家标准7项、行业标准3项。

SAC/TC503对口国际标准化组织泄压保护装置技术委员会(ISO/TC185),中国是ISO/TC185的"P"成员。ISO/TC185发布1项国际标准,该国际标准分为第1~7部分、第9、10部分等9个部分,每个部分都是独立的标准。已被转化为中国标准2项,正在转化中2项。

是年,SAC/TC503组织相关标准起草单位培训"标准编制说明、征求意见汇总处理表"的编写;建立标准咨询平台,通过网络、邮件、QQ和电话,对行业企业长期开展技术咨询报务;开展标准化技术咨询服务次数约200余次,服务企业约300余家。

【标准制修订复审工作】2015年,国家标准委批准立项SAC/TC503归口管理的国家标准1项,工业和信息化部批准立项SAC/TC503归口管理的行业标准2项。SAC/TC503向国家标准委报批国家标准2项。国家标准委批准发布SAC/TC503归口管理的国家标准1项、工业和信息化部批准发布SAC/TC503归口管理的行业标准2项。SAC/TC503组织委员和各有关单位复审归口国家标准3项,均为继续有效。

【国际标准化工作参与情况】2015年10月12—14日,SAC/TC503组织专家代表中国参加ISO/TC185在德国柏林举行的全体会议,及其下属的WG12会议,中国作为P成员第一次参加ISO/TC185的会议,得到主席和参会代表的欢迎。中国代表与各参会成员国代表进行交流沟通,对WG12工作组讨论修订ISO 4124-2:2003发表中国的意见。

供　稿:SAC/TC503秘书处

全国出版物发行标准化技术委员会(SAC/TC505)

【概况】截至2015年底,全国出版物发行标准化技术委员会归口管理国家标准2项、行业标准45项,项目标准21项、标准辅助文件2项。其中,在研行业标准7项,项目标准19项。

2011年11月,SAC/TC505正式加入负责协调图书和连续出版物电子商务标准体系建设的国际组织——EDItEUR组织,成为其会员,并以中国国家工作组身份成为ONIX国际指导委员会成员之一,参与国际书业标准的工作与讨论并行使投票权。

【标准培训与宣贯工作】2015年1月9日,SAC/TC505在北京举办CNONIX国家标准学习培训班,22家示范单位的项目与技术负责人以及其他相关单位60余人参加培训。8月26日,由新闻出版广电总局数字出版司指导,SAC/TC505、新闻出版总署信息中心主办的CNONIX国家标准应用示范成果展在京召开。成果展展示近两年来行业各应用示范单位在CNONIX国家标准实施工作中的发展成就。11月15日,SAC/TC505在北京组织召开CNONIX国家标准应用示范工作标准内容宣讲,22家示范单位,50余人次参加宣讲会。11月25—26日,SAC/TC505联合中国出版集团,在北京召开数字化转型业务培训班,80人次参加。

【国际标准化工作参与情况】2015年10月13—18日,SAC/TC505受EDItEUR组织邀请,由中国国家新闻出版广电总局数字出版司带队,赴德国参加法兰克福书展期间召开的"出版物在线信息交换标准"(以下简称:ONIX)和"图书贸易主题分类词表"标准(以下简称:Thema)国际会议,并就中国实质性参与国际标准化工作进行会谈。访问期间,中国代表团在ONIX和Thema国际会议上发言,介绍ONIX标准和Thema标准在中国的应用推广情况。

【标准化科研】2013年,SAC/TC505与北方工业大学成立"中国ONIX应用研发联合实验室",共同研发CNONIX实验室网站。截至2015年底,完成的工作成果包括:研究国际ONIX标准及其体系架构和运行模式,跟踪国际ONIX标准及代码表的动态,更新和维护CNONIX国家标准的代码表;参与国际ONIX交流活动,开展对中国出版行业的需求研究,协助标委会编写内刊《标准与科技——CNONIX专刊》;开展针对CNONIX国家标准的符合性数据测试工作研究，规范针对 CNONIX 国家标准的符合性测试内容、测试流程和测试接口等工作，完成新闻出版行业标准《CNONIX 标准符合性测试规范》报批稿；开发 CNONIX 实验室的网站（www. cnonixlab. com），编写并通过网站发布《中国 ONIX 国家标准最佳实施指南》；协助有关出版发行企业申报 CNONIX 标准应用的财政项目；2013 年 10 月实验室申请完成“元数据标准符合性测试软件 V1.0”。

2015 年，SAC/TC505 完成由新闻出版广电总局下达的“新闻出版大数据应用工程”申报项目工作。由 SAC/TC505 提出并归口的“Thema 预研报告”的研究课题已结项。参与研发“出版端 CNONIX 数据采集管理工具”“发行端 CNONIX 数据采集管理工具”“CNONIX 数据文件生成工具”3 个工具，并配合新闻出版广电总局完成出版发行信息公共服务平台的建设工作。

供　稿：SAC/TC505 秘书处

全国大型铸锻件标准化技术委员会（SAC/TC506）

【概况】截至 2015 年底，全国大型铸锻件标准化技术委员会归口管理行业标准 80 项；在研国家标准 3 项，行业标准 20 项。

10 月 26 日，国家标准委批复第二届 SAC/TC506 换届及组成方案。第二届 SAC/TC506 由来自 38 个单位的 51 位委员组成，高级以上职称占 92%，观察员人数 1 名，秘书处设在中国第二重型机械集团公司。

是年，SAC/TC506 参加各级标准化业务培训 2 人次，开展标准化技术咨询服务次数 40 次，服务企业 30 家。

是年，SAC/TC506 挂靠单位中国第二重型机械集团公司被四川省认定为技术标准创制中心单位。

【标准制修订复审工作】2015 年，工业和信息化部批准立项 SAC/TC506 归口管理的行业标准 13 项。SAC/TC506 向国家标准委报批国家标准 2 项；审查国家标准送审稿 1 项、行业标准送审稿 6 项；组织征求意见国家标准 1 项、行业标准 6 项；向国家标准委申报国家标准 2 项，同步申报国家标准外文版翻译出版项目 2 项，向工业和信息化部申报行业标准 13 项。工业和信息化部批准发布 SAC/TC506 归口管理的行业标准 4 项。SAC/TC506 组织复审归口管理的行业标准 22 项，其中继续有效 15 项、修订 4 项、废止 3 项。

【标准化科研】2015 年，SAC/TC506 完成中国机械工业联合会下达的机械工业大型铸锻件专业领域“十三五”标准化发展规划的编制工作任务。规划总结大型铸锻件专业领域标准化工作在“十二五”期间取得的成果和存在的问题，分析面临的形势与需求，提出“十三五”期间的指导思想、三大基本原则和四个发展目标和三项主要任务，在大型铸锻件标准体系框架下确定发电设备用大型铸锻件、大型铸锻件通用材料、大型铸锻件管理等 12 个标准化工作重点，为实现规划制定的目标，提出 10 项具体措施和建议。

【年会情况】2015 年 11 月 11 日，SAC/TC506 在广西南宁举行换届暨二届一次全体委员会议，委员出席率 88%。会议宣布“国家标准委办公室关于全国大型铸锻件标准化技术委员会换届及组成方案的批复”；审议通过技术委员会的《全国大型铸锻件标准化技术委员会章程》《全国大型铸锻件标准化技术委员会会费缴纳标准与管理办法》；听取 SAC/TC506 主任委员作的技术委员会第一届主要工作及第二届工作计划专题报告；审议 2015 年度 22 项行业标准复审意见、国家标准委搭建的技术委员会工作平台建设情况等事项。

供　稿：SAC/TC506 秘书处
撰稿人：董　涛　徐文全
审稿人：蒋新亮

全国消费品安全标准化技术委员会(SAC/TC508)

【概况】截至2015年底,全国消费品安全标准化技术委员会归口管理国家标准21项,在研国家标准6项。

是年,SAC/TC508组织召开GB/T 22760—2008《消费品安全风险评估通则》等国家标准宣贯培训2次,培训300人次,开展标准化技术咨询服务69次,服务企业78家。

【标准制修订工作】2015年,国家标准委批准立项SAC/TC508归口管理的国家标准10项。SAC/TC508向国家标准委报批国家标准7项,审查国家标准7项。

【国际标准化工作参与情况】2015年,SAC/TC508向ISO/COPOLCO主席团提交国际标准《消费品安全风险管理通则》的提案,获ISO/COPOLCO一致通过,并决定成立标准任务工作组(TG),向ISO/TMB递交标准提案。年内,派员参加在瑞士召开的第37届ISO/COPOLCO年会。

【标准化科研】SAC/TC508秘书处单位承担国家科技支撑计划项目"产品质量安全风险监控关键技术研究及标准研制"产出的国家标准报批稿《消费品分类与代码》等8项国家标准已报批。承担行业公益项目"消费品安全标准技术架构研究及标准研制",项目针对消费品安全标准体系进行梳理,并对消费品和消费品安全危害进行分类,项目产出强制性国家标准《儿童用品安全技术规范》。SAC/TC508申报重大行业公益专项"消费品中化学危害共性安全标准及10类重点产品关键技术标准研制",专项中拟立项《消费品中化学危害安全技术要求》等4项消费品安全领域的基础通用标准。

供　稿:SAC/TC508秘书处
撰稿人:刘　霞
审稿人:刘　霞

全国大型发电机标准化技术委员会(SAC/TC511)

【概况】截至2015年底,全国大型发电机标准化技术委员会归口管理国家标准15项、行业标准55项,其中1项采用国际标准;在研国家标准3项、行业标准4项。

SAC/TC511对口国际电工委员会旋转电机技术委员会(IEC/TC2)。SAC/TC511秘书处承担单位哈尔滨大电机研究所是IEC/TC2的国内第二技术对口单位,负责协助国内第一技术对口单位(IEC/TC26秘书处承担单位上海电器科学研究所有限公司)开展有关大型发电机方面的国际标准化工作。

是年,SAC/TC511秘书处对标准制修订工作人员宣贯标准制修订工作的相关要求,举例重点说明标准的编制说明、意见汇总处理表及报批稿等材料的编写特点。组织专人参加由中国机械工业联合会组织的标准复核人员研讨会及2015年机械行业标准报批材料审核会,接受《机械行业标准制定工作细则(2015年)》培训,并对2015年报批的标准材料进行自查、修改和整理,相关材料均获审核通过。

【标准制修订复审工作】2015年,国家标准委批准立项SAC/TC511归口管理的国家标准1项,工业和信息化部批准立项SAC/TC511归口管理的行业标准4项。SAC/TC511组织审查国家标准、行业标准6项,并全部向国家标准委、工业和信息化部报批。组织复审归口的国家标准2项,结论为继续有效;复审行业标准16项,其中继续有效10项、修订6项(全部作为下一年度计划申请立项);中国电器工业协会标准8项,结论为全部废止。工业和信息化部批准发布SAC/TC511归口管理的行业标准3项。

【国际标准化工作参与情况】2015年,SAC/TC511组织行业单位对IEC/TC2各阶段标准文件征集意见,并将意见反馈至上海电器科学研究所有限公司。SAC/TC511委员焦晓霞作为工作组成员,参加IEC 60034-3《旋转电机　第3部分:由汽轮机或燃气轮机拖动的发电机技术要求》修订工作。8月19日,

SAC/TC511 在哈尔滨召开“水轮发电机技术要求”国际标准推进工作会议，全国 12 个单位的 16 位专家代表参会。10 月，SAC/TC511 向国家标准委提交提案申请表及初稿等相关文件。国家标准委将提案上报给 IEC 中央办公室及 IEC/TC2 秘书处。IEC/TC2于 11 月 27 日开始向各国征集意见。

【标准化科研】2015 年，SAC/TC511 配合哈尔滨电机厂有限责任公司和东方电机有限公司开展单机容量 1 000 MW 级水电机组的前期研究工作，提出研制相应标准，立项且制定 3 项 1 000 MW 水轮发电机相关的国家标准化指导性技术文件，并组织报批。

【标准化技术服务情况】2015 年，应中国电器工业协会的要求，SAC/TC511 组织编写针对 GB/T 20834—2014《发电电动机基本技术条件》的案例分析。SAC/TC511 定期向委员单位提供《大电机技术》《国外大电机》杂志，以及新出版的标准单行本，提供标准订购、信息咨询等服务。组织相关委员进行试验评估、故障分析、产品鉴定等工作。

【年会情况】2015 年 10 月 29—30 日，SAC/TC511 在湖北武汉召开 2015 年年会暨标准审查会，全国47 个单位的 66 位代表出席会议，委员出席率 92.8%。会议听取标委会 2015 年度工作总结，中国电器工业协会做关于 2015 年电工行业标准化工作重点的报告，哈尔滨动力发电配件公司提出建立水轮发电机用微型吸尘器标准的构想。会议审查通过 3 项标准送审稿。秘书处介绍并演示标委会工作平台的使用方法。与会代表听取本届标委会委员及委员单位的构成情况，及有关标委会 2016 年换届的相关事宜与要求的介绍。

供　稿：SAC/TC511 秘书处
撰稿人：周　谧
审稿人：孙玉田

全国螺杆膨胀机标准化技术委员会（SAC/TC512）

【概况】截至 2015 年底，全国螺杆膨胀机标准化技术委员会归口管理国家标准 3 项、行业标准3 项；报批国家标准 1 项、行业标准 3 项；在研国家标准1 项、行业标准 3 项。

2015 年初，SAC/TC512 秘书处牵头组织有关行业专家研究制定《螺杆膨胀机领域“十三五”标准化发展规划》，并于 6 月提交全体委员会讨论通过。

是年，SAC/TC512 和秘书处参加上级主管部门业务会议 4 次，并在《江西科学》发表《螺杆膨胀机领域技术标准化工作现状与实践》学术论文；4 月，标准科研项目组编制完成并上报《国家质检公益性行业科研专项项目——螺杆膨胀发电设备标准研究报告》；6 月，秘书处为承担单位向江西省工信委编制申报高端装备制造业标准化试点项目。

是年，SAC/TC512 组织召开螺杆膨胀机专业领域标准研讨会（含标准征求意见）2 次，开展标准化技术咨询服务 1 次，服务企业 3 家。

【标准制修订工作】2015 年，国家标准委批准立项 SAC/TC512 归口管理的国家标准 1 项，能源局批准立项 SAC/TC512 归口管理的行业标准 3 项。SAC/TC512 向国家标准委报批国家标准1 项、向能源局报批行业标准3 项。审查国家标准、行业标准送审稿 4 项。国家标准委批准发布 SAC/TC512 归口管理的国家标准 1 项 。

【国际标准化工作参与情况】2015 年8 月，SAC/TC512 秘书处参加在吉林长春举办的 2015 年国际标准化综合知识培训研讨班。期间，就螺杆膨胀机专业领域参与国际标准化活动和推动标准走出去战略等与国家标准委国际合作部进行咨询交流。

【标准化科研】2015 年，SAC/TC512 完成与中国电器工业协会合作开展的质检总局下达的“低热值余热余能和废气利用发电设备标准研究”公益性行业科研专项，并承担“螺杆膨胀发电设备标准研究”课题及结题总结验收工作任务。在开展科研标准化专项中，完成 3 项国家标准研制，建立本领域技术标准体系框架，提出本领域近期标准化发展规划。

【年会情况】2015 年 6 月 29 日，SAC/TC512 在北京举行全体会议，委员出席率 84%。全国人大环资委原主任委员、本届标委会主任委员毛如柏主持会议并做总结讲话。会议传达学习国务院关于《深化标准化工作改革方案》的通知文件，听取标委会年度工作报告并提出下一年度工作要点，审议《螺杆膨胀机领域“十三五”标准化发展规划》。会议就标委会接受国家标准委考核评估情况、标委会 2015 年和 2016 年国家、行业标准制定计划安排等有关事项作汇报和安排。会议审查通过 1 项国家标准、3 项行业标准送审稿。

供　稿:SAC/TC512 秘书处
撰稿人:宣喻龙

全国沼气标准化技术委员会(SAC/TC515)

【概况】 截至 2015 年底,全国沼气标准化技术委员会归口管理国家标准 6 项、行业标准 57 项;在研国家标准 6 项、行业标准 13 项。

SAC/TC515 对口国际标准化组织沼气技术委员会(ISO/TC255)。

是年,SAC/TC515 通过多种途径组织沼气标准宣贯,开展标准化技术咨询服务近百次,服务企业 200 余家。

【标准制修订复审工作】 2015 年,农业部批准立项 SAC/TC515 归口管理的行业标准 5 项。SAC/TC515 向国家标准委和农业部报批国家标准、行业标准 18 项,审查国家标准、行业标准送审稿 18 项。农业部批准发布 SAC/TC515 归口管理的行业标准 7 项。SAC/TC515 复审归口国家标准 3 项,其中修订 3 项;复审行业标准 6 项,其中继续有效 3 项、修订 3 项。

【国际标准化工作参与情况】 2015 年,SAC/TC515 组织办理国际标准新工作项目和草案稿 2 项。主导承担《沼气工程火焰燃烧器》1 项国际标准的制定工作。参与《沼气生产使用的术语、定义和分级》1 项国际标准的制定工作。主持召开 ISO/TC255 第三次会议并参与 2 个工作组会议。

【标准化科研】 2015 年,SAC/TC515 完成农业部下达的"沼气国际标准追踪分析研究"财政专项项目任务的标准化研究课题,提出《沼气国际标准分析研究报告》。

供　稿:SAC/TC515 秘书处

全国农产品购销标准化技术委员会(SAC/TC517)

【概况】 截至 2015 年底,全国农产品购销标准化技术委员会牵头制修订农产品流通国家标准、行业标准 65 项。

是年,SAC/TC517 秘书处设计标委会 LOGO,在标准培训、标准会议等活动中宣传推广标委会及相关标准。秘书处承办全国城市农贸中心联合会的网站设立标委会工作专栏,在会刊、微信宣传标委会相关工作。与中国商报、中国食品报、中国新闻社等知名媒体合作,不定期发布专题报道。17 家企业参与国家标准和行业标准的制修订,会员单位特别是标准参编单位等通过网站、微信等方式推广现有标准。

【标准制修订工作】 2015 年,SAC/TC517 完成 4 项国家标准制定,并正式提交相关部门报批;完成 1 项国家标准修订和 5 项行业标准制定及专家审定工作。年内新立项的 1 项国家标准和 3 项行业标准正在组织起草中。

【国际标准化工作参与情况】 2015 年,SAC/TC517 重点研究如何推动与"一带一路"沿线国家标准互认;结合国家实施"一带一路"战略,推进与一些国际标准化组织交流合作;研究建立农产品流通行业标准化培训体系,加大标准化培训力度,培训一批能够参与农产品流通国际标准化活动、具有较高专业水平的人才队伍。推进燕窝等产品国际贸易,组织相关贸易国家和经销商,以中国为主导,研究推进燕窝等产品国际标准化工作。

【标准化科研】 2015 年,SAC/TC517 配合国家标准委参与国家标准化规划编制工作,提出农产品流通标准化有关政策建议。配合商务部开展冷链物流标准化体系研究等工作。引导行业研究机构、专家和企业开展农产品流通相关标准化交流和研究工作，参与相关标准制修订和宣贯。

【年会情况】2015 年6 月,SAC/TC517 在江苏南京召开年会。会议通报标委会 2014 年工作情况及 2015 年工作安排;组织讨论标委会“十三五”工作要点;明确要求标委会在农产品批发市场标准化的基础上,加快向产业链上下游拓展,健全农产品流通产业链的标准体系,为农产品流通企业升级发展实践提供标准化支撑,着力服务好农产品流通产业发展的大局。

供　稿:SAC/TC517 秘书处
撰稿人:王　菲
审稿人:纳绍平

全国变频调速设备标准化技术委员会(SAC/TC518)

【概况】截至 2015 年底,全国变频调速设备标准化技术委员会归口管理国家标准 6 项、国家标准计划 1 项、能源标准计划 1 项。

是年,SAC/TC518 开展强制性国家标准及计划整合精简工作,对归口的 2 项强制性国家标准计划进行预评估,建议转化为推荐性标准,并上报预评估结论。

是年,SAC/TC518 新增委员 2 名。派员参加中国机械工业标准化技术协会换届会议,秘书处承担单位天津电气科学研究院有限公司再次当选中国机械工业标准化技术协会理事单位。组织行业专家参加起重机标委会的行业标准《起重机械用变频器》审查工作。

【标准制修订工作】2015 年,SAC/TC518 完成 2 项国家标准的报批工作。申请立项 2 项标准,获批 1 项。

供　稿:SAC/TC518 秘书处
撰稿人:柴　青
审稿人:韩东明

全国林业有害生物防治标准化技术委员会(SAC/TC522)

【概况】截至 2015 年底,全国林业有害生物防治标准化技术委员会归口管理国家标准 7 项、行业标准 34 项;在研国家标准 1 项、行业标准 18 项。

是年,SAC/TC522 按照林业局科技司要求,组织人员研究《林业标准化“十三五”发展规划框架(初稿)》,提出相关修改意见,补充相关素材。征集 2016—2020 年林业有害生物防治标准项目,修改完善标准体系框架、标准体系表。开展标准信息化工作,初步建成全国林业有害生物防治标准化管理系统。秘书长参加全国林业专业标准化技术委员会秘书长工作会议及林业标准化发展规划编制座谈会。

【现有标准整合清理工作】2015 年,林业局批准发布 SAC/TC522 归口管理的行业标准 8 项。SAC/TC522 对标龄超过 5 年的 14 项标准整合清理,其中 6 项正常、7 项需修订、1 项已修订。

【年会情况】2015 年 10 月 23—25 日,SAC/TC522 在江西井冈山召开年会及标准审定会。会议总结 2015 年标委会工作,查找存在问题,提出下年度计划,审定7 项行业标准(6 项通过、1 项未通过)。

供　稿:SAC/TC522 秘书处
撰稿人:邱立新
审稿人:曲　涛

全国新闻出版标准化技术委员会(SAC/TC527)

【概况】截至2015年12月,全国新闻出版标准化技术委员会主导制定完成国际标准1项;完成国家标准5项,正在制定国家标准5项;完成行业标准67项,正在制定行业标准61项;完成行业指导性技术文件2项。

是年,SAC/TC527加强标准化研究,完善标准体系建设,提升标准质量,定期开展标准宣贯和培训,标准实施工作逐渐推进,形成标准研究、标准制定、标准培训、标准实施良性工作机制。标准化组织机构制度化、信息化不断增强,队伍建设卓有成效。

是年,SAC/TC527分别组织学术出版系列标准培训和电子书标准培训三期,培训学员总数近800人。建立标委会网站,加强标准化工作的报道和宣传。标准测试和认证提上工作日程,筹建的数字出版标准符合性测试获得北京市科委重点实验室认定,认证认可体系研究和标准化注册管理机构建设研究等相关研究项目取得阶段成果。加大人才队伍建设力度,提高秘书处工作人员标准化业务水平;强化与委员的联系沟通,邀请吸引相关企业业务人员参与标准化工作;加强制度化建设,编制《全国新闻出版标准化技术委员会工作手册》。

【标准制修订工作】2015年,SAC/TC527完成发布国际标准1项,报批国家标准5项,发布行业标准1项(5部分);制定完成报批行业标准16项,完成发布工程项目标准33项;在研行业标准61项,工程项目标准38项。发布的国际标准ISO 17316《国际标准关联标识符(ISLI)》是中国首个提出并主导制定的国际标识符标准,对提升中国在国际标准化舞台上的影响,促进中国文化走出去将发挥积极作用。发布的数字版权保护技术研发工程标准和在研的数字复合出版工程标准是列入"十二五"规划的新闻出版业重大科技工程项目标准,贴近行业发展的实际需求,对新闻出版业转型升级具有重要的推动和支撑作用。

【标准化科研】2015年,依托中国新闻出版研究院的科研优势,SAC/TC527开展标准化科研工作,重点包括三个方面,一是围绕ISLI的研制、产业应用推广开展了多项研究,二是标准符合性测试研究,三是标准化战略规划研究。先后启动或完成多项课题:"ISLI在知识服务中的应用研究""ISLI相关标准及应用研究""新闻出版业认证认可体系研究"等。

【国际标准化工作参与情况】2015年,SAC/TC527跟踪和参与国际标准制定,组织专家参加ISO/TC46年会。5月,由中国主导制定的《国际标准关联标识符(ISLI)》国际标准在ISO正式出版。

供　稿:SAC/TC527秘书处
撰稿人:张书卿
审稿人:刘颖丽

全国港口标准化技术委员会(SAC/TC530)

【概况】截至2015年底,全国港口标准化技术委员会归口管理国家标准33项、行业标准160项;在研国家标准8项、行业标准64项。

是年,SAC/TC530秘书处进一步优化港口标准体系框架结构,对《港口标准体系表》系统梳理、动态维护。

是年,SAC/TC530开展2项行业标准宣贯工作,聘请专家编写讲义,组织召开标准宣贯培训会,参会人数70余人。

是年,SAC/TC530分别增补主任委员、副主任委员、委员兼秘书长、委员各1人。

【标准制修订复审工作】2015年,国家标准委批准立项SAC/TC530归口管理的国家标准6项,交通运输部批准立项SAC/TC530归口管理的行业标准38项。SAC/TC530向交通运输部报批行业标准14项,审查行业标准送审稿15项。交通运输部批准发布SAC/TC530归口管理的行业标准10项。SAC/TC530复审归口管理的国家标准13项,其中继续有效2项、修订11项;复审行业标准16项,其中继续有效8项、修订8项。

SAC/TC530对各标准化承担单位提交的标准申报书、草案稿进行审查论证,确定将其中3项国家标准和42项行业标准列为2016年度向国家标准委和交通运输部申报标准化项目。

【标准化科研】 2015年，SAC/TC530组织指导有关单位对行业重点标准体系、标准制修订及计量、质量相关等问题开展研究，履行保证方职责，监督项目承担单位保证进度及质量，在研项目总体情况良好。“港口老旧设备检测技术研究与报废标准制订”“港口安全管理信息系统标准研究”“内河航运综合信息服务电子报文数据元标准研究”等项目已报验。

【国际标准化工作参与情况】 2015年，SAC/TC530主导承担ISO/NP 20662、ISO/NP 20661、ISO/NP 20663等3项国际标准制定工作。

供　稿：SAC/TC530秘书处
撰稿人：唐思远
审稿人：梁　克

全国劳动管理与保护标准化技术委员会（SAC/TC535）

【概况】 截至2015年底，全国劳动管理与保护标准化技术委员会归口管理行业标准1项；在研行业标准2项。

是年，SAC/TC535重新梳理劳动管理与保护标准体系框架，根据实际情况调整完善；完成“企业岗位分类标准研究”课题，召开专家论证会，在此基础上起草“企业岗位分类导则”国家基础类标准草案报国家标准委；基本完成“企业岗位设置和编制定员标准研究”课题，为下一步制定相关标准草案奠定基础；与全国总工会中国能源化学工会、中国国电集团公司、龙源电力集团股份有限公司密切合作，开展《全国风力发电行业劳动防护用品配备标准》的调研起草工作。组织人员研究拟订《完善最低工资标准调整评估机制》，提交人力资源和社会保障部劳动关系司参考，并参与研究制定相关政策文件。

【标准制修订工作】 2015年，SAC/TC535与全国总工会中国能源化学工会共同推动、研究制定《全国风力发电行业劳动防护用品配备标准》。于8月、12月分别召开调研工作启动会议和标准起草研讨会，并于11月、12月分别组织专家和工会、电力企业人员到江苏、云南等省实地调研风电企业，组织起草《全国风力发电行业劳动防护用品配备标准》草案。

3月，SAC/TC535向国家标准委上报《企业岗位分类导则》草案初稿；6月报送有关问题说明；同月邀请部分专家学者召开专题研讨会，根据研讨会意见对标准草案修改完善后，提交国家标准委。

【国际标准化工作参与情况】 2015年3月，SAC/TC535委员冯喜良参加第二届“劳动关系与劳工问题中日学术研讨会”，近50名学者和代表出席会议。冯喜良就“劳务派遣中劳资博弈压力机制”及其相关劳动标准问题进行发言。9月，冯喜良参加在南非开普敦召开的“第17届国际劳动与雇佣关系学会大会”，并宣读题为《中国三方机制的现状与发展》的研究论文。11月28—29日，冯喜良参加在中国人民大学召开的第七届“劳动关系规制与政府劳工政策”国际研讨会，发表题为“中国集体劳动争议与劳动关系群体性事件辨析”的研究论文。

【标准化科研】 2015年，SAC/TC535继续研究完善劳动管理与保护标准体系，进一步明确本标准体系在人力资源社会保障标准化建设领域的位置和作用，进一步划分本标准体系与人力资源社会保障领域其他标准体系的相互关系及边界；在《企业人力资源管理有关基础标准预研究——关于“企业岗位分类导则”“企业岗位设置和编制定员导则”的预研究》课题的基础上，开展《企业岗位分类导则》的标准转化工作，邀请部分专家学者召开专题研讨会，对标准草案做进一步的修改与完善，并开展《企业岗位设置和编制定员导则》标准转化的前期准备工作；开展最低工资标准评估机制研究，从理论和操作层面论述该标准确定调整的依据和程序，形成标准研究报告。

供　稿：SAC/TC535秘书处
撰稿人：李淑玉
审稿人：苏海南

全国气候与气候变化标准化技术委员会(SAC/TC540)

【概况】 截至2015年底,全国气候与气候变化标准化技术委员会归口管理国家标准8项、行业标准5项;在研国家标准10项、行业标准21项。

SAC/TC540下设2个分技术委员会(SC):大气成分观测预报预警服务(SC1),风能太阳能气候资源(SC2)。

是年,SAC/TC540完成气候与气候变化标准体系研究报告。根据气象局统一安排,开展标准项目电子化、信息化管理,实现标准制修订项目网上流程化管理。

【标准制修订工作】 2015年,SAC/TC540归口管理的9项行业标准进入征求意见阶段,组织完成1项国家标准审查,报批4项行业标准,归口管理的4项行业标准发布实施。

供　稿:SAC/TC540秘书处
撰稿人:宋亚芳
审稿人:张培群

全国北斗卫星导航标准化技术委员会(SAC/TC544)

【概况】 截至2015年底,全国北斗卫星导航标准化技术委员会归口管理北斗专项标准20项;在研国家标准8项、国家军用标准12项、北斗专项标准27项。

是年,SAC/TC544组织召开标准宣贯培训班1次,培训人数50人次。开展标准化技术咨询服务3次,服务企业35家。

【标准制修订工作】 2015年,国家标准委批准立项SAC/TC544归口管理的国家标准5项;中国卫星导航系统管理办公室批准立项北斗专项标准21项。SAC/TC544审查北斗专项标准送审稿20项,上报中国卫星导航系统管理办公室北斗专项标准报批稿20项。在研国家标准计划项目8项、国家军用标准项目12项、北斗专项标准27项。审查国家军用标准送审稿2项。

【国际标准化工作参与情况】 2015年,SAC/TC544持续推进北斗卫星导航系统加入国际民航组织(ICAO)、国际海事组织(IMO)、第三代移动通信标准化伙伴项目(3GPP)和接收机国际通用数据标准等标准化组织的工作。国际民航标准方面,北斗已被国际民航组织认可为四大GNSS核心星座之一,北斗B1I标准和建议措施(SARPs)草案正在持续修订。国际海事标准方面,国际海事组织(IMO)认可北斗系统为第三个世界无线电导航系统,批准发布《船载北斗接收机设备性能标准》。移动通信标准方面,第三代、第四代移动通信系统支持北斗B1I定位业务的26项标准已获得通过。接收机通用数据格式标准方面,已提交的4项RTCM北斗标准(草案)提案、1项NMEA标准(草案)提案获得委员会接受。

【标准化科研】 2015年,SAC/TC544组织开展北斗卫星导航标准体系的研究,编制《北斗卫星导航标准体系1.0》并在北斗官网上发布。

供　稿:SAC/TC544秘书处
撰稿人:王如龙
审稿人:焦文海

全国海洋能转换设备标准化技术委员会(SAC/TC546)

【概况】 截至2015年底,全国海洋能转换设备标准化技术委员会归口管理国家标准1项,在研国家标准1项。SAC/TC546秘书处设在哈尔滨大电机研究所。

SAC/TC546对口国际电工委员会海洋能——波浪能、潮流能和其他水流能转换设备技术委员会（IEC/TC114）。截至2015年底，IEC/TC114出版国际标准6项。

【国际标准化工作参与情况】2015年，SAC/TC546完成国际标准投票8项，投票率100%。其中对3项国际标准，组织国内专家提出修改意见，并提交到IEC/TC114。组织2名国内专家加入IEC/TC114的2个工作组。组团参加在爱尔兰都柏林召开的IEC/TC114全体会议，参与会议讨论和投票表决。

【年会情况】2015年11月25—27日，SAC/TC546在福建福州举行全体会议及工作组会议，来自全国海洋能转换设备行业科研、高校、设计、制造、安装、测试和运行等19个单位的委员、工作组成员及特邀代表31人参会。会议听取并通过SAC/TC546工作总结和财务总结的报告；听取IEC/TC114/AHG6、IEC/TC114/PT 62600-20 、IEC/TC114/PT 62600-201国际标准工作组情况介绍；介绍并讨论SAC/TC546/WG1“术语”国家标准初稿情况；介绍IEC/TC114 2015年都柏林全体会议情况和IEC/TC114 2016年广州年会准备情况，及全国标准化技术委员会平台。

供　稿：SAC/TC546秘书处
撰稿人：刘　佳
审稿人：覃大清

全国平板显示器件标准化技术委员会（SAC/TC547）

【概况】截至2015年底，全国平板显示器件标准化技术委员会归口管理国家标准18项、行业标准21项，其中20项采用国际标准；在研国家标准10项、行业标准15项，其中9项采用国际标准。

SAC/TC547对口国际电工委员会电子显示器件技术委员会（IEC/TC110）。

是年，SAC/TC547与广东省触控及应用产业协会联合，调研触控显示产业，就触控显示器件标准化工作进行研讨，对有意向参与标准化工作的技术人员进行有关国家、国际标准化知识培训；参加“2015中国平板显示会议暨亚洲信息显示会议”，做《触摸和交互显示器件标准现状及规划》技术报告；参与举办“2015新型电子显示器件国际标准及光学测量技术讲座”，做《电子显示器件国际标准、国家标准最新制定动态》技术报告；与苏州市质监局开展战略合作，并于新兴产业标准化（苏州）协作平台成立大会暨第一次联席会议会议上，做《电子显示器件标准动态》技术报告。

【标准制修订复审工作】2015年，国家标准委批准立项SAC/TC547归口管理的国家标准7项。SAC/TC547向国家标准委和工业和信息化部报批国家标准、行业标准18项，审查行业标准送审稿4项。国家标准委批准发布SAC/TC547归口管理的国家标准2项，工业和信息化部会批准发布SAC/TC547归口管理的行业标准4项。SAC/TC547复审归口管理的行业标准4项，其中继续有效3项、修订1项。

【国际标准化工作参与情况】2015年，SAC/TC547组织答复IEC文件38份，答复率97%，对其中15份标准提出意见约50余条。主导承担IEC 62341-2-1：2015、IEC 61747-30-4、IEC 62715-6-2、IEC 61747-30-5、IEC 62906-5-1和IEC 62906-5-3等6项国际标准制定工作。参与IEC/TC110所有在研标准的制修订工作。组团参加6月在美国举办的IEC/TC110各工作组会议，承办并组团参加10月在中国陕西西安召开的IEC/TC110年会及各工作组会议，参与会议讨论和投票表决；主持召开总会及WG10工作组会议。

【标准化科研】2015年，SAC/TC547组织承担科技部和质检总局下达的公益性行业科研专项“消费品中化学危害共性安全标准及10类重点产品关键技术标准研制”中“家用激光显示光安全标准”子课题的研究工作。

【年会情况】2015年4月28日，SAC/TC547在北京召开第二次委员大会，委员出席率89%。会议听取秘书处关于《全国平板显示器件标准化技术委员会2014年工作总结》的报告；审查8位新的委员申请并进行表决；讨论《全国平板显示器件标准化技术委员会标准体系》和《全国平板显示器件标准化技术委员会2015年工作计划》;对2015年拟提出的国家标准和行业标准立项申报进行审查和表决;试用“全国专业标准化技术委员会平台”及“视频会议系统”。

供　稿:SAC/TC547秘书处
撰稿人:赵　英
审稿人:赵　英

全国碳排放管理标准化技术委员会(SAC/TC548)

【概况】全国碳排放管理标准化技术委员会对口国际标准化组织碳捕获与碳储存技术委员会(ISO/TC265)和环境管理技术委员会温室气体管理分技术委员会(ISO/TC207/SC7)。

【标准制修订工作】2015年,国家标准委发布SAC/TC548归口管理的国家标准11项。截至2016年5月,SAC/TC548标委会的标准制修订计划25项,其中包括10项在SAC/TC548内申请立项的标准计划,另外15项标准计划是为了统一管理而由全国环境管理标准化技术委员会(SAC/TC207)转入SAC/TC548中的标准。

【国际标准化工作参与情况】加拿大和中国联合承担ISO/TC207/SC7、ISO/TC265秘书处工作。中国担任ISO气候变化协调委员会(简称ISO CCCC)副主席之职。中国承担ISO/TC265/WG4(碳捕获与碳储存技术委员会量化与核查工作组)和ISO/TC207/SC7/WG4(组织层面温室气体排放核算方法国际标准)召集人和秘书处工作。2014年9月,中国在ISO/TC265中提出《CCS集成项目生命周期风险管理技术报告》的新工作项目提案,2015年2月获得正式批准。

年内,SAC/TC548组织各相关单位专家参加年会、工作组会议,组织委员会内部投票(如NWIP、成立工作组、标准WD和CD阶段、联络组织申请等)、标准DIS和FDIS阶段投票、国际标准复审投票等的数量在20~30项。

【标准化科研】2015年,SAC/TC548承担国家重点基础研究发展计划(973计划)课题“应对气候变化国际标准的相关问题研究”;开展中国主要行业温室气体核算、报告、核查技术研究;开展平板玻璃、电机等产品低碳评价技术标准研究。

供　稿:SAC/TC548秘书处
撰稿人:陈　亮

全国食品加工机械标准化技术委员会(SAC/TC551)

【概况】截至2015年底,全国食品加工机械标准化技术委员会归口管理国家标准4项、行业标准63项。

【标准制修订工作】2015年,SAC/TC551申报7项国家标准制修订计划,其中1项获国家标准委批准立项,并开展研制工作。申报4项行业标准制修订计划,获工业和信息化部批准立项,并开展研制工作。

【国际标准化工作参与情况】截至2015年底,SAC/TC551转化各类国际标准4项(等效采用2项,修改采用2项)。

供　稿:SAC/TC551秘书处

全国新闻出版信息标准化技术委员会（SAC/TC553）

【概况】截至2015年底，全国新闻出版信息标准化技术委员会归口管理已发布实施的行业标准68项、项目标准27项，在研行业标准39项。SAC/TC553秘书处工作由新闻出版总署信息中心承担。

【标准培训与宣贯工作】2015年5月、8月、9月、11月、12月，SAC/TC553分别在北京、兰州、成都、长沙、北京五地举办《数字内容对象存储、复用与交换》和《新闻出版内容资源加工规范》标准宣贯培训班，5期累计培训200余人。

【标准化科研】截至2015年底，SAC/TC553承担标准化科研项目3项。国家质检公益性行业科研专项项目——数字出版标准体系研究（2008—2012年）。项目历时4年完成，于2014年1月通过验收。该项目完成"数字出版标准体系研究报告""电子图书领域标准工作需求及发展调研报告""数字报纸领域标准工作需求及发展调研报告""数字期刊领域标准工作需求及发展调研报告""数据库出版领域标准工作需求及发展调研报告""网络教育领域标准工作需求及发展调研报告""手机出版领域标准工作需求及发展调研报告""数字音乐领域标准工作需求及发展调研报告""网络原创文学领域标准工作需求及发展调研报告""网络动漫领域标准工作需求及发展调研报告""网络地图领域标准工作需求及发展调研报告""网络游戏领域标准工作需求及发展调研报告"；形成《数字出版标准体系表》《数字出版标准制定及实施指南》《数字出版标准体系公共术语表》3项标准草案。

国家科技支撑计划项目——面向专业领域的定向投送服务技术与系统研发及应用示范项目课题：关键技术研究与标准规范研究（2012—2014年）中《面向企业学习的数字出版物加工规范》标准的制定工作，项目通过科技部评审。

国家科技支撑计划项目——动态数字出版关键支撑技术研发与应用示范项目课题：面向科技教育领域的动态数字出版标准规范研究（2012—2015年）。项目产出《面向科教领域的DTD数据标准》《面向科教领域的DTD知识单元关联规范》《面向科教领域的XML文档验证标准》《面向科教领域的数字对象标识规范》《面向科教领域的动态数字出版术语表》《动态数字出版业务流程标准》《动态数字出版服务系统质量和等级评价规范》《内容资源数字加工规范》《动态数字出版应用服务接口规范》9项标准。经专家审查，在北京市西城区质量技术监督管理部门完成备案。

供　稿：SAC/TC553秘书处
撰稿人：刘成勇　刘　勇　张　沫
审稿人：康宝中

全国知识管理标准化技术委员会（SAC/TC554）

【概况】截至2015年底，全国知识管理标准化技术委员会归口管理国家标准计划5项。

2月13日，SAC/TC554在北京召开成立大会暨第一次全体委员会议，第一届标委会由67名专家组成，由国家知识产权局负责日常管理和业务指导，秘书处设在中国标准化研究院和国家知识产权局专利管理司。

SAC/TC554对口国际标准化组织创新管理技术委员会（ISO/TC279）。ISO/TC279下设4个工作组（WG）：创新管理体系（WG1），词汇、术语和定义（WG2），方法和工具（WG3），创新管理评估（WG4）。

是年，SAC/TC554出版《全国知识管理标准化技术委员会工作简报》3期。秘书处建立SAC/TC554专家数据库，制定"全国知识管理标准化技术委员会内部管理办法（暂行）"。

【标准制修订工作】2015年，SAC/TC554归口管理国家标准计划5项。其中2项形成标准送审稿，3项处于起草阶段。

【国际标准化工作参与情况】2015年4月，SAC/TC554参加ISO/TC279在挪威奥斯陆召开的WG4工作组会议。会议讨论明确 WG4 工作组章程;研制"创新管理评估"标准的方法论和关键因素;制定"创新管理评估"的新工作项目建议;起草"创新管理评估"标准的结构等内容。10 月,SAC/TC554 组织中国专家组参加在爱尔兰都柏林召开的创新管理第 3 届年会及工作组会议。会上,中国专家组参与会议讨论和投票表决,并做"基于创新管理的知识产权标准化工作"的主题发言,介绍中国知识产权标准化有关工作情况,提出组建知识产权特别工作组的建议,得到各国与会专家一致认可,后续将进入特别工作组新标准提案研究制定实质性程序。获得在中国北京举办 ISO/TC279 第四次年会的机会。年内,SAC/TC554 参与国际标准草案投票 6 次,参与投票率 100%。

【年会情况】2015 年 2 月 13 日,SAC/TC554 在北京召开成立大会暨第一次全体委员会议。知识产权局局长申长雨、国家标准委主任田世宏出席大会并致辞。SAC/TC554 主任委员、知识产权局副局长贺化到会讲话,对 SAC/TC554 下一步的工作进行安排和部署。会议审议表决通过《全国知识管理标准化技术委员会章程》和《全国知识管理标准化技术委员会秘书处工作细则》等相关文件,并对全体委员开展标准化知识培训。

供　稿:SAC/TC554 秘书处
撰稿人:雷筱云
审稿人:张　立　路宏波

全国制伞标准化技术委员会(SAC/TC556)

【概况】截至 2015 年底,全国制伞标准化技术委员会归口管理国家标准 5 项、行业标准 6 项;在研国家标准 2 项、行业标准 1 项。

1 月 5 日,国家标准委批文成立全国制伞标准化技术委员会,秘书处设在北京市轻工产品质量监督检验一站。

是年,SAC/TC556 开展标准化技术咨询服务 20 次,服务企业 10 家。

【标委会成立大会】2015 年 5 月 28 日,SAC/TC556 成立大会暨第一届一次会议在北京召开,委员出席率 85%。会议宣读国家标准委"关于成立全国制伞标准化技术委员会的批复",为标委会委员颁发证书。标委会秘书长宣读标委会章程、秘书处工作细则及标准体系框架等文件并提交全体委员讨论。根据委员意见,秘书处对标委会标准体系框架进行调整和补充。会议一致通过标委会章程、秘书处工作细则等文件。

【标准制修订工作】2015 年,国家标准委批准发布 SAC/TC556 归口管理的国家标准 2 项,工业和信息化部批准发布 SAC/TC556 归口管理的行业标准1 项。SAC/TC556 开展 2 项国家标准的修订工作。完成 1 项行业标准制定、审查及上报工作。

供　稿:SAC/TC556 秘书处
撰稿人:相晓霞
审稿人:魏晓英

全国经济林产品标准化技术委员会(SAC/TC557)

【概况】截至 2015 年底,全国经济林产品标准化技术委员会归口管理国家标准 18 项、林业行业标准 110 项。

【标准制修订与复审工作】2015 年,SAC/TC557 通过委员征求十三五经济林产品标准建设 200 余项,经委员会投票和专家组评议,提交林业局入库标准建议 40 项。组织行业标准审查 3 项,审核发布林业行业标准 11 项。启动归口管理国家及行业标准复审,提出农产品冷链国家标准修订建议 2 项,行业标准修订建议 1 项。

【国际标准化工作参与情况】2015 年,SAC/TC557 组织提出世贸组织卫生与植物卫生措施委员会通报第G/SPS/N/BRA/1017/ADD.2号投票意见。

【标准宣贯】2015年，SAC/TC557在全国木本油料生产技术培训班、山核桃栽培技术培训班开展木本油料标准体系建设专题讲座，培训经济林产业管理与生产技术人员260余人次；组织开展2次企业服务活动企业咨询活动。

【年会情况】2015年12月17—18日，SAC/TC557成立大会暨2015年年会在北京召开，委员出席率82.4%。会议听取SAC/TC557秘书处工作汇报，审议通过标委会章程等文件，讨论决定归口领域标准体系框架及体系表，审议标委会五年工作任务计划及十三五标准项目建议名单等。

供　稿：SAC/TC557秘书处
撰稿人：林长春
审稿人：王剑波

全国林化产品标准化技术委员会（SAC/TC558）

【概况】2015年，国家标准委批复成立全国林化产品标准化技术委员会。12月18日，SAC/TC558成立大会在北京召开，第一届标委会由42名委员组成，秘书处承担单位为中国林业科学研究院林产化学工业研究所。

截至2015年底，SAC/TC558归口管理国家标准72项、行业标准83项；在研国家标准10项、行业标准25项。

【标准制修订工作】2015年，林业局批准立项SAC/TC558归口管理的行业标准8项。国家标准委发布SAC/TC558归口管理的国家标准5项。SAC/TC558组织审定国家标准2项、行业标准4项。

【标准化科研】2015年6月，SAC/TC558承担的公益性行业科研专项经费“双打”研究专项项目““双打”中林业相关产品检验鉴定技术研究”之任务一“双打”中重要林化产品鉴别方法研究完成结题验收，制定6项国家标准。项目研究成果达到维护林化产品市场秩序，打击假冒伪劣的目的。

【年会情况】2015年12月18日，SAC/TC558在北京召开标委会年会，委员出席率86%。会议审议通过《全国林化产品标准化技术委员会章程》《全国林化产品标准化技术委员会秘书处工作细则》《林化产品标准化“十三五”发展规划》；对现行国家标准、行业标准以及在研国家标准、行业标准进行清理和复审；向各位委员征集“十三五”制修订标准建议；审议标准体系框架和标准体系表；通过《木质活性炭试验方法甲苯吸附率的测定》等6项国家标准、行业标准审定会议纪要。

供　稿：SAC/TC558秘书处
撰稿人：刘军利　赵振东
审稿人：储富祥　蒋剑春

全国物业服务标准化技术委员会（SAC/TC560）

【概况】2015年10月9日，全国物业服务标准化技术委员会正式成立。首届SAC/TC560由41名委员组成，秘书处由中航物业管理有限公司承担，主要负责物业服务领域国家标准制修订工作。

【标准化科研】2015年，SAC/TC560完成中国物业管理协会2015年重点研究课题“物业管理行业标准建立的必要性及可行性研究”，获2015年物业管理行业课题一等奖。

【年会情况】2015年11月23日，SAC/TC560举办成立大会暨第一次工作会议，委员出席率93%。会议审议通过标委会章程、秘书处工作细则、标委会工作规划并确定标委会会徽，与会委员就物业服务标准体系的完善和国家标准立项计划展开讨论，确定在基础术语、管理项目标识领域率先开展标准制修订工作。

供　稿：SAC/TC560秘书处

索　引

索引使用说明

一、本索引是《中国标准化年鉴(2016)》的内容分析索引。正文中凡具有独立检索意义的完整资料,都可以通过本索引进行检索。

二、索引原则上按汉语拼音顺序排列,具体排列规律如下:以数字开头的款目,排在最前面;以英文字母打头的款目,列于其次;汉字款目则按首字的音序、音调依次排列;首字相同时,则以第二个字排序,并依次类推。

三、索引款目后的数字表示内容所在的页码,数字后的拉丁字母(a、b)表示栏别(即版面的左、右栏)。

C

D

E

F

G

K

L

M

N

P

Q

R

S

T

Z

图文风采展示

中国标准化协会
CHINA ASSOCIATION FOR STANDARDIZATION

中国标准化协会（China Association for Standardization，缩写 CAS），成立于 1978 年，是全国从事标准化工作的组织和个人自愿构成的全国性科技团体，受质检总局、国家标准委及中国科协的领导和业务指导。主要从事标准研究、标准制定、技术交流、培训科普、服务咨询、期刊出版、认证服务等工作。

质检总局支树平局长（左三）、国家标准委田世宏主任（左四）关怀指导工作

举办 2016 年度全国标准化综合学术交流——第十三届中国标准化论坛

下设 11 个分会：

纤维分会、汽车分会、冶金分会、化工分会、企业分会、媒体受众率调查分会、电子商务与现代物流分会、海洋分会、中医药分会（筹）、家电分会（筹）、太阳能应用分会（筹）。

承担 5 个全国标准化技术委员会秘书处：

全国标准样品技术委员会（SAC/TC118）、全国雷电防护标准化技术委员会（SAC/TC258）、全国洁净室与相关受控环境标准化技术委员会（SAC/TC319）、全国项目管理标准化技术委员会（SAC/TC343）和全国原产地域产品标准化工作组（SAC/WG4）。

服务实体 4 个：

方圆标志认证集团有限公司、中国标准化杂志社有限公司、北京华标伟业科技发展有限公司、赛艾思（北京）科技有限公司。

设有 7 个专业工作委员会：

检验技术、传统工艺、产品可靠性、汽车用品、金融设备、技术传播服务、滚塑技术。

组织走进校园科普活动

2010 年国家民政部授予“**全国先进社会组织**”荣誉；

2013 年《中国标准化》杂志获评国家新闻出版广电总局“**全国百强科技期刊**”称号；

2015 年中国科协授予“**学会创新与服务能力提升工程优秀科技社团**”。

方圆集团举办 IQNet 论坛暨方圆 25 周年主题日活动

中国标准化协会是党和政府联系标准化工作者、企业和消费者之间的桥梁和纽带。使命愿景是做好政府的得力助手、企业的知心朋友、标准化工作者之家；工作方针是适应形势、抓住重点、创新发展；发展目标是建设国际国内知名的最具竞争力的综合性国家级专业技术协会。

编辑出版技术期刊和科普杂志

地　　址：北京市海淀区增光路 33 号
联系电话：800-810-8000　010-6848 8892
网　　址：http://www.china-cas.org

辽宁出入境检验检疫局

辽宁出入境检验检疫局（以下简称：辽宁局）认真贯彻落实国家标准化管理委员会的各项决策部署，充分发挥辽宁局在国家标准样品领域的领先优势，利用自己的优势学科和特点，卓有成效地开展了大量工作，为中国标准化事业做出贡献，为提升中国在标准化领域的国际地位贡献了力量。

一、稳步发展，成为辽宁局科技工作的亮丽名片。截至 2016 年底，辽宁局独立制定国际标准 3 项，参与制定国际标准 2 项；承担制定国家标准 51 项，行业标准 327 项，有色行业标准 11 项。自开展国家标准样品研复制工作以来，已承担 500 余项研复制项目，涵盖了食品微生物、转基因、动物检疫、植物检疫、媒介生物等不同专业领域，全部拥有自主知识产权，其中部分获得了国家发明专利，部分标准样品达到国际先进水平。辽宁局技术中心率先在检验检疫系统开展标准样品生产者能力体系的评审工作并顺利通过。

二、勇攀高峰，两次获得中国标准创新贡献奖。2009 年，“GSB11-2232—2008《毒麦标准样品》等 50 项标准”首次获得中国标准创新贡献奖二等奖，时隔 7 年，辽宁局再次获得中国标准创新贡献奖二等奖，该项目由辽宁局技术中心研究员吴斌牵头承担的 44 项标准样品“犬瘟热病毒、齿裂大戟标准样品”等动植专业的项目组成。

三、刻苦钻研，相关领域重大科研项目输出优秀成果。2012 年以来，辽宁局承担的 4 项国家质检公益性科研项目及 2 项质检总局项目均涉及标准样品的研制和输出。辽宁局在标准样品体系建设方面的深入研究为定性标准样品从规划、设计、管理、研制、验收、评估、备案、监管等一系列工作提供了理论依据，为进一步建立和完善中国完整的食品安全检测标准样品体系具有重要的引领作用；填补了动检领域关键监测技术研究领域的空白。

四、共享发展，积极参加国家、国际标准化活动。自 2010 年以来，辽宁局专家连续出席 REMCO 标准样品国际研讨会、中国标准样品及认可国际交流会并做学术交流发言，在微生物标准样品研究、有限分类测量结果溯源性方法、传染性造血器官坏死病毒标准样品研制等方面发表真知灼见。积极参与国际交流活动，连续五年参加 REMCO 年会及工作组会议，勇于探索、不断创新，将中国标准样品的国际影响力逐渐扩大。在国际标准化组织的技术委员会中保留定性标准样品工作组的工作并拥有长期话语权，为未来辽宁局乃至中国在标准样品，特别是定性标准样品领域的发展奠定了良好基础。

五、人才辈出，食品标准样品工作组助力科技工作持续发展。全国标准样品技术委员会食品专业工作组于 2006 年 7 月批准成立至今，秘书处设在辽宁局科技处。为有效开展食品工作组的各项工作，秘书处紧密结合国家标准化管理委员会及全国标准样品技术委员会的工作思想，开展了大量卓有成效的研究工作。食品工作组经过十年的运行，通过组织开展技术培训、承担国家标准样品项目、科研项目的研究及参加国内外学术交流等活动，锻炼和培养一批又一批优秀科技人员，并形成团队。通过借助食品标准样品工作组，培养了大批优秀科技人员，对全面推动辽宁局科技工作，发挥了重要作用。

成都市标准化研究院

近年来，成都市标准化研究院主动适应经济新常态，围绕区域经济社会化发展大局，聚焦日益增长的标准化需求，保持创新发展、转型发展的战略定力，以“五大兴院战略”不断夯实发展基础、提升发展质量、增强发展效益、鼓足发展后劲，服务能力、服务水平显著提升，成为建设西部标准高地的强劲引擎。

一是人才兴院战略。与四川大学、电子科技大学、西南交通大学等知名高校建立“产学研”立体式人才培育机制；聚集 500 余名国内外标准化领域知名专家，引进博士研究生 3 名、硕士研究生 20 名、高级职称 12 名，打造专业化、年轻化、高素质的科研和服务团队。**二是开放合作战略**。以开放的姿态坚持“引进来”与“走出去”相结合，与中科院、中标院、深圳标院、中国电子技术标准化研究院、中国计量大学、四川省社科院、深圳先进质量院构建新型战略合作关系，深化项目、资源、信息的共建共享，构建央地协力、互动支撑、互利共赢的发展模式。**三是创新发展战略**。推进“三证合一、一照一码”改革；全力打造国家技术标准创新基地（成都），构建区域科技、产业、标准化协同创新服务体系；创新建设成都医学城标准化事务所，与天府新区、高新区共同打造标准文献信息资源服务平台，构建标准化技术机构服务地方经济社会发展的新模式。**四是品牌提升战略**。高标准建设成都数字标准馆，打造现代、高效的线上、线下标准资源查询及服务平台，在社区综合减灾、商务写字楼等级评定、公共信息标志、厂务公开民主管理等领域强化标准应用实施，探索标准实施效果评价，探索出了“标准化 + 社区综合减灾”“标准化 + 楼宇经济”服务新路径、新经验，为成都国际化城市建设打造出一张张形象名片，也铸就成都标院技术服务新品牌。**五是国际化战略**。引进英国标准协会设立成都联络处，高水平承办 2015 年中德标准化合作委员会会议、首届中英标准化合作委员会会议、首届中德城市间标准化合作论坛等国际会议，树立成都品牌、展示成都特色、留下成都印象。以国际化视野举办标准引领成都生物产业发展研讨会，引领成都产业升级和城市国际化进程。

成都市标准化研究院院长常汞表示：将以建设国内一流标准化技术机构为目标，加快研究和创造产出一批具有国际影响力的标准成果，加快建设一批立足促进产业、服务产业的检测试验和标准认证实验室，加快建设一批具有全球影响力的国际性专业技术委员会，为成都建设国家中心城市，打造具有国际影响力的区域创新创业中心提供更加强大的标准化技术支撑。

杭州市标准化研究院

杭州市标准化研究院直属于杭州市质量技术监督局，是杭州市专业从事标准化科研与服务的公益一类事业机构。近年来，在上级党委的正确领导下，在全社会的关心支持下，院紧紧围绕“抓质量、保安全、促发展、强质监”工作方针，坚持“有形平台、无限发展”的发展思路，从运行模式、规范管理、能力提升、人才队伍、组织文化等基础建设着手，着力“为企业的生产经营，为人民群众的品质生活，为政府的宏观决策和管理”提供标准支撑。

坚持创新引领，扎实推进“标准共享网（杭州）”公共服务平台建设。创新搭建标准共享网（杭州）互联网平台，以“互联网＋标准”的思路，整合标准数据资源、行政管理资源、社会服务资源，构建线上线下联动，全社会互联互通的O2O服务模式，推动标准化管理与服务向立体多维主动交互型模式转变。已服务全市企事业单位1.2万余家，提供各类标准资讯服务40余万次。在2016年1月29日杭州创建“全国质量强市示范城市”验收会上，国家验收组对该平台给予高度评价。

坚持科研为本，着力加强标准技术研究能力建设。一是助推全国电子商务产业健康发展。配合市局成立全国电子商务质量管理标准化技术委员会（SAC/TC563），与阿里巴巴联合组建“标准化战略工作室”。牵头研制《电子商务产品质量网上监测规范》省级地方标准并荣获“中国质量协会质量技术优秀奖”，该标准已申报国家标准立项。二是推进社会管理与公共服务领域标准创新。高质量完成《城市公共自行车服务》国家标准委标准化试点，主导制定《城市公共自行车服务规范》国家标准，城市公共自行车标准化管理经验在全国25个省142个城市得到推广应用，《标准化助推公共自行车服务规范化》论文荣获 第十届中国标准化论坛特等奖。

截至2015年底，全院共主导制定国家标准1项，省、市地方标准30余项，承担国家级标准化试点3个，承担财政部、国家标准委、科技部标准化研究课题4项，申报立项国家标准3项，省地方标准3项，获得中国标准化协会标准创新奖2项，中国机械工业联合会科学技术奖1项，获软件著作权2项，发表论文13篇。

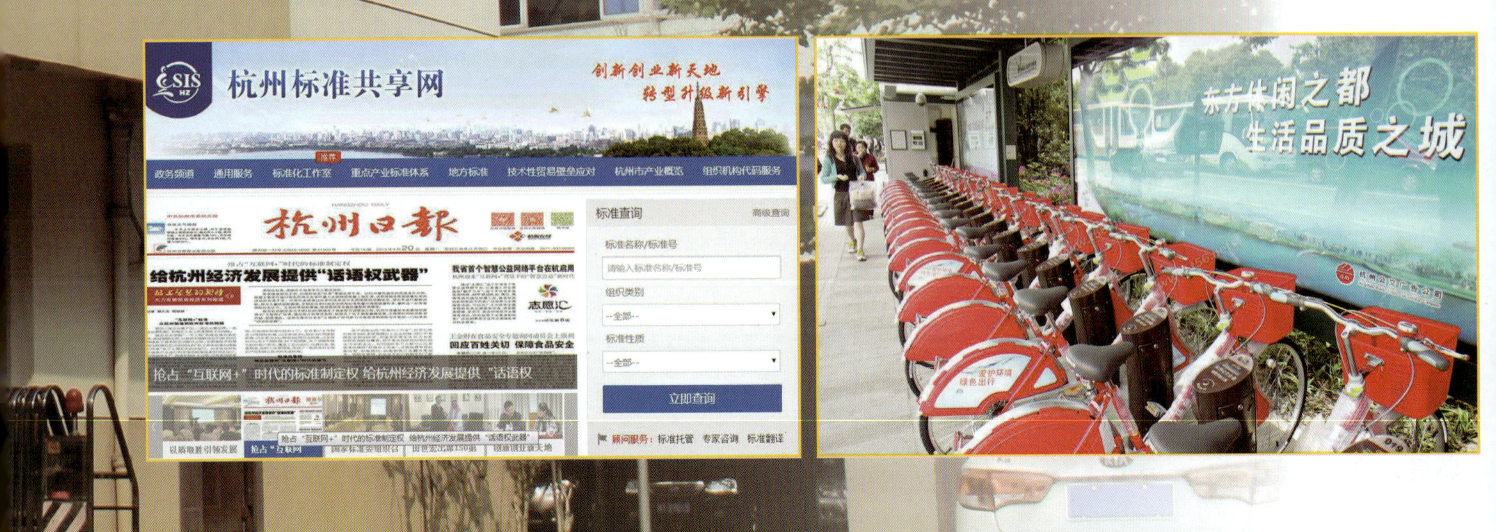

中车青岛四方机车车辆股份有限公司

中车青岛四方机车车辆股份有限公司（以下简称：中车四方股份公司）是中国中车股份有限公司的一级子公司，是中国中车的核心企业。中车四方股份公司致力于成为世界轨道交通客运装备最强企业，主营业务是高速动车组、城轨地铁车辆和高档铁路客车等高端轨道交通客运装备产品的研发、制造、服务和销售。

中车四方股份公司是国家级高新技术企业，拥有 4 大国家级技术创新平台：国家高速列车系统集成工程实验室、国家高速动车组总成工程技术研究中心、国家级技术中心和博士后科研工作站。以技术中心、国家工程实验室、国家工程中心、技术工程部、计量理化中心等单位为承载，中车四方股份公司构建了定位清晰、职责明确、接口顺畅的一体化技术创新体系，将基础性、前瞻性技术、产品研发技术、产品工程化制造与运维技术的创新和发展融为一体，形成了“制造一代、研发一代、储备一代”的技术能力。

中车四方股份公司拥有高速动车组、城市轨道交通车辆、高档铁路客车、内燃动力产品四大产品制造平台。CRH2 和 CRH380A 型动车组已成为中国高速动车组的主力军和行业的名片。

中车四方股份公司拥有世界先进的不锈钢车体、铝合金车体、转向架生产线，高速动车组、城轨车辆、高档铁路客车总装生产线及调试试验线，车体、转向架、总组装、调试生产流水线 40 余条。

强化标准化对企业现代化、集约化的保证作用，公司设立了以总经理为主任的公司标准化委员会。该委员会是标准化工作的组织领导和决策机构，全面负责公司标准化工作。建立了以技术标准为主体，包括管理标准和工作标准相配套的企业标准体系，从而促使企业形成一套完整、协调配合、自我完善的标准体系和运行机制。

推进中国铁路进入高铁时代，充分发挥标准化的桥梁和纽带作用，推进科技成果向生产力转化。围绕公司原始创新、集成创新和引进消化吸收再创新成果，系统开展技术标准的对比分析、研究、转化、提升工作。中车四方股份公司标准化在动车组研发方面开展了大量卓有成效的工作。

及时跟进科研项目，总结产品研发与制造过程中积累的丰富经验，推动公司标准向国际标准、国家标准、行业标准的转化。近年来完成了企业标准 500 余项的制定，主持或参与了国际标准 14 项、国家标准 77 项、行业标准 179 项的制修订工作。自 2010 年以来公司获得了“国家 AAAA 级标准化良好行为企业”“山东省标准创新型企业”称号，并连续获得“山东省标准化先进单位”称号。为推动先进的轨道交通装备走向世界奠定基础。

中国物品编码中心

中国物品编码中心是统一组织、协调、管理我国商品条码、物品编码与自动识别技术的专门机构，隶属于国家质量监督检验检疫总局，负责推广国际通用的、开放的、跨行业的全球统一编码标识系统和供应链管理标准，向社会提供公共服务平台和标准化解决方案。

中国物品编码中心组织领导全国 47 个分支机构做好商品条码、物品编码与自动识别技术工作，贯彻执行我国物品编码与自动识别技术发展的标准、方针、政策，落实《商品条码管理办法》，并对口国际物品编码协会（GS1），推广全球统一标识系统和我国统一的物品编码标准。提出并建立了国家物品编码体系，研究制定了物联网编码标识标准体系，制修订 70 多项物品编码与自动识别技术相关国家标准，取得了一批具有自主知识产权的科技成果，推动汉信码成为国际 ISO 标准，有力地促进了国民经济信息化的建设和发展。

目前，物品编码与自动识别技术已广泛应用于零售、物流、电子商务、移动商务、医疗卫生、产品质量追溯、物联网等国民经济和社会发展的诸多领域。全球统一标识系统已逐渐成为全球应用最为广泛的商务语言，商品条码作为基础与核心，为我国的产品质量安全、诚信体系建设提供了可靠产品信息和技术保障。

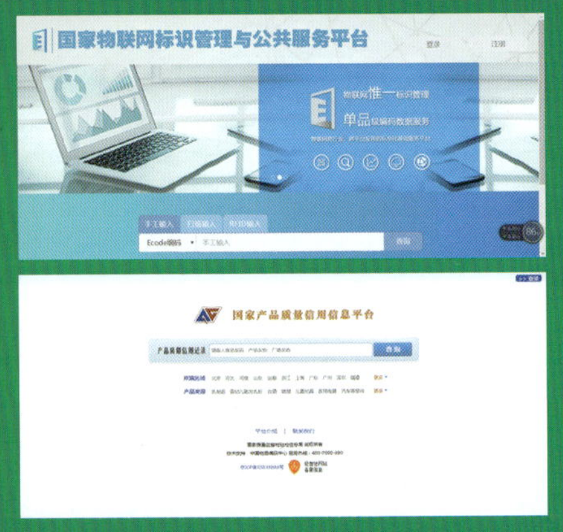

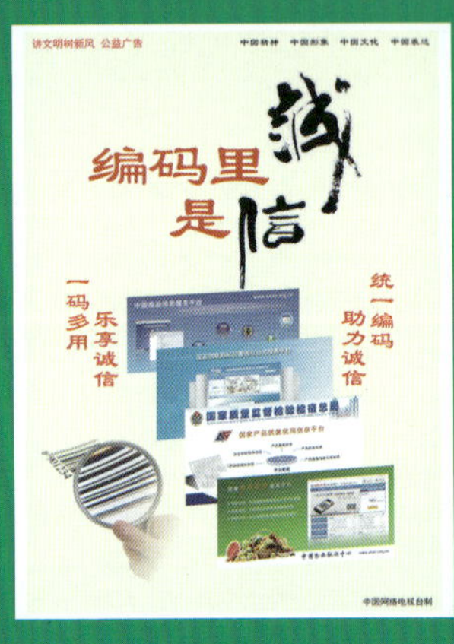

国家海洋标准计量中心

深化海洋标准化工作改革　助推海洋事业创新发展

国家海洋标准计量中心是全国海洋标准化技术委员会（SAC/TC283）、中国标准化协会海洋标准化分会和中国海洋学会标准化分会秘书处挂靠单位，负责海洋领域标准化归口管理工作，下设 7 个分技术委员会，拥有完善的标准化工作组织体系。

截至 2015 年底，累计报批发布 85 项国家标准、239 项行业标准、6 项标准体系，在研标准 304 项，基本覆盖海洋经济、海洋环境保护、海洋资源开发、海洋维权执法等海洋各专业领域，海洋标准体系日臻完善。开展标准技术咨询、宣贯培训和实施情况监督检查，基本实现规范化和常态化。开展海洋国际标准跟踪研究，编撰《海洋国内外标准目录》《海洋能词典》等多项专著，开展 3 项国际标准采标工作。

承担“863”计划、极地专项、海洋能专项等 20 余项国家重大科研项目，编制完成三十多项标准和规程，为高质量完成重大项目工作和推动产业技术发展等提供了支持和保障。

开展强制性标准精简整合、推荐性标准复审，推动地方海洋标准化工作，鼓励研制海洋重大产业和关键共性技术联盟标准和团体标准，聚集多方力量，助推海洋领域标准化工作。

中家院（北京）检测认证有限公司

中家院（北京）检测认证有限公司成立于 2014 年 12 月，隶属于中国家用电器研究院，是以国内知名家电检测技术服务机构——中国家用电器检测所（国家家用电器质量监督检验中心）为班底打造的技术机构。公司是中国家用电器检测所和国家家用电器质量监督检验中心的所在单位，并保有原检测机构的所有相关授权资质。同时在原有检测资质的基础上，完善扩充自愿性产品认证机构资质，成为“检测认证一体化”机构。

业务范围：检测、产品认证、产品评测评价、风险评估、标准及技术规范制修订、产业研究、培训、技术咨询、实验室规划、实验室管理体系咨询等覆盖技术、管理、质量控制。

中国家用电器研究院承担国家 / 行业标准的制修订、新标准的审查报批和宣贯培训等技术工作，也是新版 GB/T8059 标准的起草及修订单位。同时中国家用电器研究院也是全国家用电器标准化技术委员会（SAC/TC46）秘书处，全国家用电器标准化技术委员会是 IEC/TC61 和 TC59 及其分技术委员会以及 ISO/TC86/SC3 和 SC5 的国内对口单位，参与相关国际会议及国际标准制修订工作。

华帝股份有限公司

华帝股份有限公司自 1992 年创立至今，专注厨电领域 24 年，始终以产品创新作为企业发展的核心驱动力，在新时代厨电产业升级转型的浪潮下，积极布局中国民族品牌的全球化之路，从一家珠三角经济区的小型加工企业，稳步成长为一家市值近百亿，年销售近 50 亿元的知名上市企业。2016 年，华帝股份有限公司蝉联“中国品牌价值 500 强”，并荣获“2016 中国上市公司创新品牌 100 强”等荣誉称号。现今，华帝股份有限公司正以完善的产业体系为全球数亿家庭提供更高品质的厨电产品与服务。

华帝股份有限公司主要从事生产和销售整体厨房、燃气具、厨房用品、卫浴产品、家用电器及企业自有资产投资、进出口经营业务。控股子公司包括中山百得厨卫有限公司、广东德乾投资管理有限公司、中山市华帝集成厨房有限公司、上海粤华厨卫有限公司、中山炫能燃气科技股份有限公司、中山市正盟厨卫电器有限公司、中山市华帝电子科技有限公司、沈阳粤华厨卫有限公司、杭州粤迪厨卫有限公司、中山华帝南京厨卫有限公司、中山市华帝环境科技有限公司等。

作为中国高端智能厨电的先行者，华帝坚守“诚信、责任、创新、共赢”的价值观，以用户需求为导向，从品牌力、产品力、渠道力、服务力、文化力等多个维度，不断完善产业布局，用人性科技与国际时尚并举的高端厨房生活方式，创造中国厨卫产业新高度，引领行业发展。多年来，华帝投入巨额资金用于工业设计创新与企业技术研发，申请专利数百项，并将多项成果进行项目投产。目前，华帝产品集群已涵盖灶具、抽油烟机、热水器、蒸箱、烤箱、消毒柜、橱柜等累计千余款产品。其中，以语音控制的魔镜烟机、可触控的灶具等单机智能产品为创新发力点，力求全面创造核心性能优异、设计时尚、操作便捷的“后厨房生活电器”。

家电智能化时代，华帝正从过去的防御型战略转向积极的进攻型战略，围绕“高端智能厨电”战略定位全面进阶。在“互联网 +”思想推动下，踩准市场节奏，推出契合消费者的颠覆性技术产品阵容，去展现智能厨电改变家庭生活的无限可能。未来，华帝将继续努力，以“人工智能”为方向，在世界范围内掀起里程碑式的厨电智能革命，成为当之无愧的智造者。

华帝深信：无论时代怎样变化、科技如何发展，人们选择一件厨电产品的原动力，永远都是他们对家人的爱。华帝将与合作伙伴一起，用更积极的行动、更智能的科技，简化繁琐厨房家务，提升人们的生活乐趣，让他们能投入更多的爱去经营生活、照顾家人，让所有人享受“智慧 +，更爱家”。

北京市海淀区产品质量监督检验所

北京市海淀区产品质量监督检验所（以下简称：海淀质检所）同时拥有国家食品质量安全监督检验中心、国家化妆品质量监督检验中心（北京）两大国家级质检资质，是全国米面食品标准化技术委员会秘书处单位，全国休闲食品、香料香精化妆品标准化技术委员会委员单位。拥有多名食品安全国家标准审评委员会委员、食品安全国家标准审评委员会相关产品分委员会委员、全国包装标准化技术委员会包装与环境分委员会委员、北京市食品安全地方标准审评委员会委员等标委会成员。2015 年，海淀质检所承担并完成了《食品安全国家标准　食品中乙基麦芽酚的测定》《食品安全国家标准　食品中 1，2- 丙二醇的测定》《食品安全国家标准　食品中邻苯二甲酸酯的测定》《食品安全国家标准　食品容器、包装材料用玻璃制品》《食品容器、包装材料及其制品中邻苯二甲酸酯的测定》《食品中硼酸的测定》等 6 项国家标准的整合修订工作。牵头起草的《口腔护理产品中氯酸盐的测定　离子色谱法》和《口腔护理产品中乙二醇与二甘醇的测定方法》2 项国家标准已于 2015 年 10 月发布实施。

中国建材检验认证集团股份有限公司

中国建材检验认证集团股份有限公司（简称 CTC，股票简称国检集团）起源于 20 世纪 50 年代，伴随新中国建材工业的发展而茁壮成长。经过 60 余载的积极探索和不懈努力，已经发展成为国内建筑和装饰装修材料及建设工程领域内最具规模、涵盖标准、计量、检验检测、认证等业务的第三方检验认证服务机构。

国检集团一直以来非常重视标准制修订工作，“十二五”期间，国检集团主持完成国家和行业标准 148 项、国际标准项，其中 ISO 13124：2011《精细陶瓷（高性能陶瓷、高技术陶瓷）　陶瓷材料界面粘结强度测试方法》为中国建材行业由自主知识产权转化的国际标准，另有在研 ISO 标准 3 项、IEC 标准 2 项。研制的标准涉及水泥、玻璃、陶瓷、耐火材料以及建筑装饰装修材料、无机非金属新材料、新能源材料、节能环保安全健康等领域，特别是在装饰装修材料安全性能评价、陶瓷力学性能评价、安全玻璃性能评价等方面做出了突出贡献，推动了相关领域技术的发展。